中外安全生产法

比较研究

—— 詹瑜璞　詹士杰◎著 ——

**Comparative Study
on Chinese and
Foreign Production Safety Laws**

知识产权出版社
全国百佳图书出版单位

图书在版编目（CIP）数据

中外安全生产法比较研究 / 詹瑜璞，詹士杰著 . —北京：
知识产权出版社，2019.5
ISBN 978-7-5130-6193-3

Ⅰ . ①中… Ⅱ . ①詹… ②詹… Ⅲ . ①安全生产—安全
法规—对比研究—中国、国外 Ⅳ . ① D922.544
② D912.504

中国版本图书馆 CIP 数据核字 (2019) 第 064638 号

责任编辑：宋　云　褚宏霞　　　　　　责任校对：潘凤越
封面设计：北京麦莫瑞文化传播有限公司　责任印制：刘译文

中外安全生产法比较研究

詹瑜璞　詹士杰　著

出版发行：	知识产权出版社 有限责任公司	网　址：	http：//www.ipph.cn
社　址：	北京市海淀区气象路 50 号院	邮　编：	100081
责编电话：	010-82000860 转 8388	责编邮箱：	hnsongyun@163.com
发行电话：	010-82000860 转 8101/8102	发行传真：	010-82000893/82005070/82000270
印　刷：	三河市国英印务有限公司	经　销：	各大网上书店、新华书店及相关专业书店
开　本：	787mm×1092mm　1/16	印　张：	38
版　次：	2019 年 5 月第 1 版	印　次：	2019 年 5 月第 1 次印刷
字　数：	645 千字	定　价：	168.00 元

ISBN 978-7-5130-6193-3

题 记

　　国际公约中的国家责任和义务，在我国安全生产法中尚未完全体现；外国法中的一些先进制度，尚待我国安全生产法制建设认真借鉴。谨以此书贡献于读者。

前　言

本书是原国家安全生产监督管理总局和现应急管理部三个相关项目研究成果的最终汇合。

本书研究主要选取了中国法、国际公约（简称国际法）、英国法、美国法、澳大利亚法（含新威尔士州法）、南非法、德国法、日本法的有关法律文本以及少量的俄罗斯法、印度法、新加坡法等资料。其中，国际法是世界各会员国应当普遍遵守的规则，英国法、美国法、澳大利亚法、南非法、印度法、新加坡法属英美法系，德国法、日本法、俄罗斯法属大陆法系。比较研究旨在寻找其共同性、差异性，探讨其适宜性及先进性或落后性，着重于关注中国法的差距和今后可以引进的先进法律制度。可以说，中国安全生产法（含职业病防治法）永远在路上，需不断地改革和完善，比较研究永不过时。

通过比较研究，我们从前列国家或地区的安全生产法或职业安全健康法中得到的基本印象和形成的总体思路是：

（1）英美法系国家立法体例较为复杂，文本结构和文字表述也繁琐，以中国法角度看，它们的法律文本是法律与细则结合在一起的，篇幅较大、字数较多；而且，法律下面往往有着单行条例配合。突出特点是繁琐、详细、周到。他们的安全生产注重司法保障和监督。其中，英国法、澳大利亚法、南非法共同性较多，美国法有自己的独特性。中国法在立法体例上则延续了民国时期的法，章节、条款、数字以及法律下设细则的安排等方面均极为相像。突出特点是简洁、量少。百年来，这成了我们的立法惯例。而中国台湾地区有关规定是从清末修律因袭和从日本法移植而去，日本法是从德国法移植而去，德国法则渊源于罗马法。这是现行中国法立法体例和惯例的沿

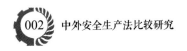

袭轨迹。

（2）英国是老牌资本主义国家，安全生产或职业安全卫生是伴随它的近代工业和采矿业产生而产生的。相应地，世界各国安全与卫生问题及其解决办法和法律也发源于英国，因此，英国以及英美法系国家的安全卫生法律制度是相对成熟和健全的。我国应更多关注和学习英国法律制度，当然也不能不学习大陆法系中先进的法律制度。

（3）本书选取的国际法是中国已加入的，中国应在国内立法中遵守已经参加的国际法所确立的各项安全生产法律制度，为此，我们要在国内立法中把国际法的法律制度转化为国内法的法律制度。这应该成为我们立法遵守的基本方针。

（4）对各国安全生产法进行比较研究，应该结合各国国情深入探讨，必须了解其社会实际情况或背景，掌握其法律的生成规律、适应前提或条件以及实践效果。为此，本书在对各国法律条款进行研究时也对一些国家的安全生产法实施情况进行了引述。

目 录

导　论

一、本书研究范围

通过研究安全生产状况较好的国家的安全生产国家战略、政策、立法、执法、司法等环节的制度（包括国际公约等），特别关注矿山安全领域的法制建设，重点介绍各国的特色制度，并结合我国安全生产法在实施中出现的各种问题，从比较研究的视角，提出解决问题的意见与建议。

主要研究范围：国际职业安全卫生公约及建议书，包括职业安全和卫生及工作环境公约及建议书、工人的意外事故赔偿公约、工人的职业疾病赔偿公约、工商业劳动监察公约、矿山安全与卫生公约及建议书、预防重大工业事故公约及建议书、职业卫生服务公约等；美国职业安全与健康法，包括美国的职业安全与健康概况、立法体系、监管制度及其矿山安全法制；澳大利亚职业安全与健康法，包括澳大利亚职业安全与健康（OHS）立法与执法、澳大利亚职业安全与健康国家战略、澳大利亚职业安全与健康自律治理模式及其矿山安全法制；德国的安全生产法，包括德国的安全生产法规体系、监管体制、安全生产文化及其矿山安全生产法制；南非的安全生产法，包括其职业健康与安全立法体系、监管机构、矿山安全法制；英国职业健康与安全法，包括其概况、立法、监管机制、执法政策等；俄罗斯安全生产法，包括其历史与现状、立法、监管机制、煤炭生产安全法制等；印度安全生产法，包括概况、监管体制、法规体系及其国家政策；国外安全生产法制经验的分析与借鉴，包括安全生产与经济社会发展之间的关系、国外政策与战略借鉴、国外安全生产法律责任制度借鉴、国外合作服务型安全生产执法模式借鉴等。

我们还着重研究了中国台港澳地区及外国的危险作业罪及相关罪名的法

律条款。

二、不同的经济发展水平的国家给予我们的基本启示

通过研究，我们认为，安全生产状况与经济社会发展水平有一定的同步关系，为此要处理好安全与生产的关系，及安全保障与经济发展的关系。

我们从发达国家得到的启示是：以企业自治为主导，以建立安全明星企业为核心，加快安全生产标准化建设，提升标准化建设水平，逐步由政府主导转移到社团组织主导，使企业走自我约束、自我发展的路子，把政府的标准化建设职能剥离出来，集中精力进行安全监督或监察工作。

我们从中等发达国家得到的启示是：我国主要经济地区和经济行业处于中等发达水平，安全生产技术水平和管理水平也大致是中等发达，但在国际化和国际接轨大潮下，我们的安全期望值是发达国家的水平，因此这几年我们的安全生产工作深感力不从心。但这决不能成为我们推脱责任、减轻压力的借口，而应该成为我们立足现实，加强安全基础建设，提高安全技术水平和管理水平，减少事故率、伤亡率和职业危害程度并向零目标迈进的理由和动力。

我们从发展中国家得到的启示是：我国也有不少发展中地区，在处理安全与生产的关系时不可太超前，要采取与发展中国家水平相适应的政策和法律，这就要求国家政策和国家立法要为发展中地区留有余地，发挥地方政策和地方立法的功能。

三、各国安全生产法综合比较研究结论和重点学习或借鉴的经验

总体看来外国安全生产法制经验有许多值得我们学习或借鉴的地方。

（一）法律适用范围

美国法适用范围是工作场所的雇佣关系。这种把雇佣关系作为法律适用基本标准的规定是值得学习和借鉴的。但该法同时作了除外规定，即联邦机构和州机构在行使有关职业安全卫生标准或条例的法律权力时不适用本法。

日本法没有规定总的适用范围，但在一些条款中规定了此类条款的适用。这样处理与南非法类同。它把矿山安全、使用船员安全排除于适用范围之外，

这又与德国法类同。中国法应学习、借鉴这一点，将矿山安全、船运安全另行立法规定。中国也有矿山安全法、各类水上运输安全条例等，但安全生产法却把着眼点放在矿山安全上，而忽视水上运输安全，似有欠缺。

（二）总体义务规范之立法技术

受英国 1972 年"罗本斯"报告的影响，澳大利亚、南非等美国殖民地，包括美国，都普遍"自我规制"（Self-regulation）的 OHS 治理模式。这种模式下的 OHS 立法有一个共同特征，在总则中都会制定一个"总体义务"（General Duties）条款，抽象地、原则性、目标性地规定雇主有保护雇员职业安全与健康的义务，从而避免出现具体立法上的漏洞。我国可以考虑在修订后的安全生产法总则中加入这一总体义务规定。

（三）政府行政的民意基础

英国法规定主管职业安全卫生工作的是劳工大臣及其任命的健康与安全委员会和安全卫生执行局（两个法人团体）。大臣在任命委员会成员之前，应分别与雇主代表组织、雇员代表组织和地方当局协商，当他认为合适时予以确定。英国等西方国家的政府在确定有关事宜甚至立法时，往往要征求有关社会组织的意见，以体现其民意基础，这反映了他们的民主精神，避免政府武断专行。这应该值得中国立法和政府监管活动借鉴和学习。

（四）安全生产战略发展规划或计划

美国、澳大利亚、南非等安全生产状况较好的国家，都制定有明确的国家战略计划，用于指导一定时期内全国的安全生产工作。我国也有各时期的安全生产五年规划，但执行情况不很过硬。

（五）国家职业健康与安全委员会

澳大利亚国家职业健康与安全委员会值得一提。它是政策、法律制定者、研究者、执行者，是判决作出者，因而是一个综合机构。其权力之大可等同于中国的综合安监部门，这在英美法系国家中并不多见（其权力无制约，仅对部长负责）。

它值得中国法学习和借鉴的地方具体是：（1）它具有政策执行效果评估职能或职责。中国往往不进行这项工作。（2）它与政府、组织、个人建立了磋商、合作机制。中国政府部门通常是居高临下的命令、指示，缺少磋商、合作。（3）它有职业安全卫生方面的财政资助批准权。但这似乎不符合目前中国的财政审批程序。（4）它设立、管理研究基金和奖学金。（5）它还处理与国防有关的职业安全卫生事务。这是中国安监部门没有的职权或职责，中

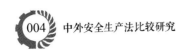

国应补足这项权力或职责。（6）它还根据自己提供的服务收取费用，这与日本法此类规定相同。但中国法禁止许可、审批收费，似乎禁止一切服务项目收费。对这个问题还是应该区别对待。

注意：大部分矿业国家都把矿业安全作为一个相对独立的领域予以特殊对待，我国也把矿业安全作为一个相对独立的领域对待。

（六）安全监管部门与其他部门的职权关系

除劳工部之外，德国其他联邦机构也有自己的职业安全卫生责任或职能：一是制定职业安全卫生方案；二是提供安全卫生的工作场所和条件；三是取得、保持和要求使用安全卫生设备及其各种保护设施；四是保存职业事故和职业病记录，向劳工部长提交年报。这里正确处理了劳工部门与其他政府部门之间在职业安全卫生工作中的职权（职能）关系，集中表现为监察权与管理权的关系。劳工部履行职业安全卫生工作监察权，其他各部门（机构）履行职业安全卫生管理权。这很值得中国法学习、借鉴。我国 2017 年撤销安监总局，设立应急管理部，安监体制和应急体制发生了变化。

（七）安全生产科学技术研究、推行和标准制定

美国职业安全卫生研究所是卫生、教育、福利部成立的机构，旨在发展和制定职业安全卫生标准，负责组织职业安全卫生科学技术研究工作。这是美国法的一大立法特色，体现其高度重视科学技术研究工作和标准制定的国家精神，值得中国及其他国家学习。

美国法规定了安全生产或职业安全卫生科学技术研究和技术推广应用的内容。值得学习和借鉴的地方：一是多部门负责此类工作。美国法规定卫生部、教育部、福利部、劳工部以及其他有关部门应进行协商，对职业安全卫生问题的新方法、新技术和新措施开展研究。二是把标准制定与科学技术研究工作相结合，而且各部门要会商合作制定标准发展和科技研究的专门计划。中国没有这样相结合的全盘计划，法律也没有细到这种程度。这里有一个"发展标准"或"标准发展"的概念值得注意。发展标准是以科学技术研究为基础的，科学技术研究推动标准发展，这是一个重要的关系。三是突出强调发展有关有毒物质、有毒物理因素标准，规定其不同工作阶段中的暴露水平，以防健康受害、工作能力减退、寿命减退。这体现了美国法对职业卫生工作的重视。美国法关于职业卫生的概念比中国法把职业卫生或范围局限于职业病要广泛得多，而且中国法的职业病概念也仅指 115 种职业病，尚未涉及全部职业病。四是建立职业卫生标准的政府企业联动机制：联邦各部门公布标

准——雇主、雇员代表提出毒性要求——各部门决定——送交雇主、雇员代表，各部门并有权对雇主、雇员进行视察和询问。五是避免研究工作重复，方法是劳工部要与卫生部、教育部、福利部以及公共机构、私人组织进行协商、合作，签订合同、协议或做出安排。六是情报公开和传播，政府部门应把情报交流到雇主、雇员。七是发挥国家职业安全卫生研究所的作用，联邦各部门可以在适当范围内授权它行使政府职能。美国的国家职业安全卫生研究所有很高的地位，属于国家职业安全卫生体制的一部分，足见美国对科学研究的重视。中国也有一些安全生产科学研究机构，但不具有美国研究所的性质、地位和责任。

（八）安全生产执法原则与执法政策

安全生产监管效果较好的国家，其行政执法部门都制定并公布了详细且专业的执法原则与执法政策，其执法政策大都规定了职业安全卫生（OSH）执法应遵循的原则，从而确保执法在中央与地方、地方与地方、行业与行业等有区别的情况下保持基本一致性，增加义务人对安全法律规范的学习与预知能力，强化公众对安全行政执法的信任，从而有利于安全行政执法工作的开展。

目前我国安全生产行政执法的差异性较大，不仅在前后时间上，中央与地方、地方与地方、行业与行业间执法差异很大；而且同一执法机构内部不同的执法人员，在具体的执法方式、执法范围、执法程度等方面也有较大的差异，制定并公布统一的安全生产行政执法政策，有利于解决这一特殊问题。

（九）安全生产行政执法机制

国外的经验表明，长期的政府单方强制治理可能会产生以下问题：（1）长期的积累，导致法律规则变得臃肿庞杂，并且难免相互冲突，增加了执法和守法的难度；（2）在行政主体与行政相对人之间长期形成对立面，不利于三方机制的运转；（3）缺乏利益各方的合作机制，没能吸收其他利益主体的参与，行政效率偏低；（4）忽略政府的服务意识，缺乏对企业安全生产水平提高的奖励激励机制。

我国安全生产行政监管领域存在的诸多问题，都与不得不实行的单边政治强制治理模式有关。我们应尝试各种非强制性执法方式。外国的多元合作执法机制应予以借鉴。现阶段的国外 OSH 执法实践中几乎没有一个国家是只靠政府力量，而是大都在采取各种措施，调动 OSH 所有利益相关者的监管积极性。这一方面美国 OSHA 近年来推出了一系列合作执法项目，较有代表性。

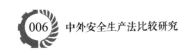

这种执法机制能一定程度上解决我国目前过度依重于政府强制执法但执法主体资源不足的困难。

还应借鉴外国的违法分类制度。比如，美国职业安全与健康法规定了6种违法行为，分别是轻微违法、一般违法、严重违法、恶意违法、重复违法和未改正违法，不同违法承担不同的法律后果。这种分类有利于执法工作细化，并有利于安全管理的统计分析工作。

（十）安全生产信息化建设和政府安全信息收集与发布机制

国外普遍强调安全生产相关的信息系统建设，信息的分类、收集、分析与公布都遵循法定标准，对于安全生产状况的提升起着基础性的辅助作用。例如，美国的违法信息公开办法，OSHA定期公布其执法实践中发现的排名前10种的OSH违法行为。执法部门公布违法统计信息，既是对行政执法的制约，更重要的能够让社会、企业和劳动者获得安全生产的阶段性信息，从而有利于企业认清安全生产形势，并有利于形成社会压力，促进企业积极主动改进安全生产条件。

我国要完善安全信息收集与发布机制。我国安全生产规划中明确提出把安全信息系统建设作为重点工程之一。安全生产监督管理总局也下发了关于安全信息系统建设的专门文件。目前建设更偏重于硬件系统的投入；对于软件系统，尤其是信息收集与发布规范，仍有待规范与完善。

安全生产信息系统对一国安全生产至关重要：（1）能够客观地反映全国或某一地区在特定时期内的安全生产变化状况，并进行科学的统计、分析和预测。（2）安全信息系统能够为安全生产国家治理提供科学的决策依据。（3）安全信息系统有利于企业管理者认清安全生产整体形势及自身的客观水平，从而为企业安全管理决策提供科学依据。（4）安全信息的发布还有助于实现安全生产的市场调节机制，那些安全生产状况较好的企业会具有更大的人才竞争优势；在安全信息被引入"企业社会责任（CSR）"报告机制后，还会进一步影响企业的市场供求因素，从而更好地激励企业提高自身的安全水平。（5）安全信息系统的公布可以提高公众对于安全问题的关注与信心，也能为安全相关研究人员提供科学的数据基础。

信息系统的关键点并不在于技术，而在于技术标准与技术规范。我国应当尽快完善安全生产信息收集与发布标准规范。这方面可以向美国、澳大利亚学习，他们制定了专门的信息规范标准，统一了信息数据收集项，收集责任人、收集程序和收集时间要求，统一了统计分析的方法，统一了发布的内容与程序，也统一了发布的报告的格式，违反这一信息技术标准的行为要承担相应的法律责任，从而保证了信息系统运行的客观性、及时性、科学性、一致性、连续性和可比性。

（十一）执法部门联合侦查权和建议起诉权

美国、英国、澳大利亚等普通法系国的安监员或职业安全健康行政监管机构大都享有侦查权和起诉权或建议起诉权，行政权与司法权结合情况良好，这与两大法系在刑事诉讼体制上的差别有关。如果雇主拒绝执行行政监管部门下达的整改指令，行政监管部门可以考虑就其拒绝执行行为提起刑事指控。这一措施极大地增强了安全监管部门权威，也增强了行政监管人员的法定职责。

但我国安全生产行政执法与刑事司法之间缺乏有效的衔接机制，不利于安全执法，也不利于生产安全类犯罪的责任追究，可以考虑借鉴国外相关制度，赋予我国煤矿安全生产监察局以一定的侦查权以及/或建议起诉权。

目前我国安全生产调查形式与内容都非常简单，主要是针对发生事故后的调查。《生产安全事故报告与调查处理条例》规定了调查级别，但没有专门规定有争议的违法行为（未发生事故）的调查，联合种类也比较单一。我们可以考虑引进国外相关调查制度。

前几年国内研究集中于我国安全生产相关的刑事罪名与罪状立法的完善，历经多次刑事修正，尤其是刑法修正案（六）的颁布实施，客观地说，目前我国关于安全生产的刑事立法已经趋于完善。现在，我们的研究重点则应当转移到具体的刑事责任的实现途径上。

根据刑法规定，安全生产类犯罪并没有特殊的刑事诉讼程序，和普通刑事诉讼程序一样，由公安机关侦查，检察部门批捕与起诉，人民法院予以审理。这种普通程序难以反映安全生产治理的特殊性，并在实践中了暴露了不少问题，例如，公安机关在侦查过程中缺乏专业的安全知识，检察院在办案过程中偏于关注公职人员犯罪、专家委员会的事故鉴定的法定地位与救济措施的缺失、安全生产行政监管部门对事故企业长期的监管经验、监管数据及对事故企业的违法恶性的真实了解难以对刑事诉讼产生实际影响等。其实对于某一领域的犯罪在刑事追诉过程中实行特殊程序在我国现行刑事诉讼程序中已经存有不少先例，例如军人违反职责罪，再如对于铁路运输方面的犯罪，再如从1999年起失火案和消防责任事故案归由公安消防部门侦查等。据此先例，结合安全生产领域的特殊情况，可以考虑先在矿山安全领域，赋予国家

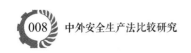

煤矿安全监察局在进行矿山安全类犯罪查处时，享有（联合）侦查权与建议起诉权，或者由矿区公安机关侦查、移交起诉。在条件成熟时，再推到其他安全生产行政监管部门，从而增强行政监管机关的权威。

此外，外国的独立行政复议机构也值得我国借鉴。国外大都针对职业安全健康领域设置了专门的行政执法救济机构。例如美国设置了职业安全与健康复审委员会（OSHRC），既是对工人及单位的救济，也形成了对 OSH 执法权的制约。

（十二）安全生产保险业和保险介入安全监管制度

国外保险业及其他专业组织的介入在一定程度上推动着安全生产水平提升，我国要完善保险介入制度。

保险介入，形成三元模式：德国安全生产成功经验之一就是工伤事故保险协会在 OSH 治理实践中所发挥的巨大作用。结合我国工人及工会力量缺失所导致的"劳方—资方—政府"难以建立的实际困难，可以考虑引进德国事故保险协会的模式形成"劳方—保险方（实际上代表工人利益）—政府"的三方机制模式的可行性。

保险的最主要功能是分摊风险。从 20 世纪中期开始，世界各国开始注意加强保险的风险预防功能，体现为两个措施上，一是实行浮动保险费率；二是建立保险风险检查机构，派出安全检查员实地检查并提出建议。上述的德国工伤事故保险协会即是一典型例证。

我国目前已经采纳了浮动保险费率制，下一步应当考虑建立并完善保险检查机构与运行保障制度。保险公司作为一个独立的盈利企业，与政府部门相比，不会形成"权钱勾结"，具有天然的"防腐性"；此外，保险检查员的行为可以在很大程度上减轻国家安全生产行政监管部门的工作压力，有利于安监部门履行好其他法定职责。

此外，如何鼓励并保障工人及工会对安全生产事故的参与机制也是事关安全生产治理的重要因素，需要政府予以重视。

（十三）OSH 记录保留与报告制度

国外 OSH 立法大都规定了非常严格的 OSH 记录保留与报告制度，从记录与报告的事项、数据与表单格式、记录保存期限、报告时间等方面规定详细，违者将受到严厉的行政处罚，情节严重的可能会受到刑事处罚。例如，《美国联邦矿山安全健康法》规定，在矿山安全监管中提供虚假信息的，最高可判处 5 年以下监禁。及时、客观、真实、高效的 OSH 信息系统，是一个国家 OSH 管理的基础性工作，我国尤需加强。

（十四）行业协会协助

德国各个行业都有自己的行业协会。这些协会在承担着本行业发展互助管理职责的同时，也开展工伤保险和事故预防工作。目前我国政府监管力量总体上不足，但各行业协会普遍存在，可以考虑引进德国经验，强化协会在安全生产方面的职能，从而强化安全生产社会监管。

（十五）OSH 代表或机构

国外 OSH 立法中，普遍要求在生产经营单位内设立 OSH 代表或 OSH 机构，其中以美国、南非规定最为详细。这些代表或机构独立于工会组织，专门负责就 OSH 事项与企业主进行交涉、谈判与协作。我国安全生产法也规定在生产经营单位内部设立安全生产机构，但没有政府部门代表设置制度。

（十六）禁止打击报复

目前国内安全生产治理实践中，工人及工会不敢举报企业安全生产违法行为的情况比较普遍。造成这一现象的原因很多，其中担心遭到企业主的打击报复是核心原因之一。这与我国没有设立一套专门针对劳动关系中防止雇主对雇员打击报复的法律机制有关。国外相关规定可以借鉴。

（十七）合并标准入法律

我国安全生产相关的国家标准、行业标准及企业标准庞杂繁多。有些社会公众难以获得，或者难以理解，甚至标准相互冲突，大大降低了其作为技术法规的权威性。可以借鉴国外尤其是美国的做法，把重要的强制标准直接写入立法原文，或者作为法定附件写入法规之中，从而解决我国安全生产的标准问题。

（十八）企业对于安全生产相关的执法信息的公告制度

应当有一个完善的法律机制，确保工人能够准确、及时地知道本企业在每一次安全行政监管中的真实情况。美国矿山安全法对于执法结果的现场公示规定非常严格，例如，《美国联邦矿山安全健康法》规定，每个煤矿或其他矿山都应设有一个办公室，该办公室必须有一块公告板，或将公告板设于该矿入口处附近一个明显的地方，以张贴所有按法律或规程制定的命令通知书和决定，并要求在张贴后所有人都容易看到。公告板必须保护良好，以免气候环境破坏及擅自移走；要求给经营者的任何命令、通知书、通告或决定的副本都必须递交该办公室并立即张贴在公告板上。否则每次违反可能面临不超过 10000 美元的处罚。

（十九）严禁检查前告知

安全生产行政检查是安全生产监管中一个极其重要的环节，但现实中许多检查流于形式，很大程度上与企业提前获得检查信息有关。我们应当严格安全生产检查立法，严惩检查前告知者，这方面可引入美国相关制度。如美国《美国联邦矿山安全健康法》规定，对安全检查事先通风报信的，可罚金1000美元或6个月以内监禁或二者并用。

（二十）统计和年报制度

职业安全健康信息统计分析对于企业、地区及整个国家的安全生产管理至关重要，但我国目前仍未建立一个有效的 OSH 信息系统。这一系统的建立并不能完全依赖现行的国家统计局系统，而应当通过专门立法，建立包括政府、企业、工人、工会、保险业、其他社会相关主体都承担信息报告责任的系统。美国、英国、德国等国相关制度可以借鉴。

为了突出企业在 OSH 方面的重视程序，有些国家要求职业安全健康危险性较大的行业企业每年要上报 OSH 工作年报；在另外一些没有法律强制要求的国家，往往受企业社会责任运动的影响，也会主动公布工作年报，其中包括其职业安全与健康项目。这些年报制度有利于社会对企业的 OSH 情况的监督。

（二十一）政府援助企业以及小企业优待制度

职业安全与健康工作对于企业而言在绝大多数情况下是一种负担，尤其是在实行"自我规制"模式下，对于小企业而言更是一种沉重的负担。在社会整体经济不景气时，企业往往以经济条件为由拒绝承担法定义务。针对小企业的特殊性，国外 OSH 立法大都设置了专门的优待制度。例如，美国推出专门针对小企业的 OSH 服务项目。美国法规定中小商业者管理处帮助任何一个小商业者增加或更换设备装置，或改变经营，以求符合职业安全卫生法颁布的标准或州计划中所采用的标准；可给予一定贷款（直接或与银行合作，或通过协议由其他贷款机构即时或随后提供），或保证贷款。

日本法规定劳动大臣要尽可能地提供资料以及其他必要帮助，设法提高安全管理员、卫生管理员、安全卫生推进员、顾问及其他从事防止劳动灾害业务人员的素质，提高劳动者防止劳动灾害的观念。英国法也推行小企业 OSH 发展改革规划等。

中国法应该学习美国法、日本法、英国法有关政府援助或帮助企业尤其是中小型企业开展安全卫生工作的法律政策规定。企业需要监察，更需要援助或帮助。我们应当建立中国特色的中小企业职业安全与健康扶持发展制度。

（二十二）企业或雇主或投资人责任

英国法关于雇主的责任有以下几项值得学习和借鉴：（1）雇主应提供劳动和福利设施，维护劳动环境无危害。这些"福利设施"和"劳动环境"概念是中国法缺少的，建议在适当的法律环境中引入和使用。（2）雇主应该经常适当地修改其安全卫生方式和具体组织措施，并通知雇员。这项规定与国际公约的相关规定衔接较为紧密，中国法应借鉴。

（二十三）企业设立许可条件的限制

日本法规定企业设立许可条件不能随意强加上不合理的安全卫生义务，而必须是确实为了实施许可事项所必要的最低限度。中国法应该学习这一条，而且要对设立企业许可条件的规范性文件的级别有所要求。

（二十四）企业管理模式或治理模式

国外普遍采用"安全技术、教育培训与依法管理"三管齐下的"3E"对策，并特别强调立法与法律适用的基础地位，我国要采用"安全技术、教育培训与依法管理"三管齐下的"3E"对策。英国20世纪70年代开始的"自我调节"（Self-regulation）治理模式对英国、美国、澳大利亚、南非等国家产生了重大影响，这一模式的原理、改革与发展状况值得我们关注。

（二十五）企业风险评估制度

风险评估是企业或技术服务机构的专业资格人员对企业存在的危险因素进行查找，采取降低、消除危险的措施，使风险降低到当前技术条件下可以接受的程度。但风险评估不须经政府批准、备案，而是政府执法检查的向导。

危险（dangerous）与风险（risk）不同。比如，汽油危险，但加油站风险小；电危险，但绝缘电线风险小。风险评估包括安全风险评估和职业健康风险评估。它是企业制定安全卫生政策文件（规章制度、规程、风险管理措施、培训措施）的依据，是政府监督检查的主要对象和执法的主要依据。

目前我国法律上没有正式设立风险评估制度，但近几年出台的《生产安全事故应急预案管理办法》《企业安全生产标准化基本规范》等文件都提到风险评估或安全评估等，为我国以后设立风险评估制度提供了基础。2018年安全生产法修订草案增设了安全风险评估制度。

（二十六）企业建立安全生产管理机构

日本法规定企业建立有关安全卫生机构、配备有关安全卫生人员是以企业规模为依据或标准的，值得中国法学习。规模企业是统计系统、税务系统的概念，易于掌握。

（二十七）三方工作协调机制

国外普遍强调"政府—雇主代表—雇员代表"三方机制。工会组织作为雇员代表对于安全生产状况的持续提升往往起着基础性的推动作用。我国也可推行"政府—雇主代表—雇员代表"三方机制。

新南威尔士法规定在工作场所建立职业健康安全委员会。职权是：经常检查工作场所健康安全措施；调查和解决该工作场所危及安全或健康的事件和引起雇主注意的事件；遇到不能解决的问题时，要求监察员依法对该工作场所进行监察，监察员应在委员会要求后立即进行。从这里可以看出雇员、雇主、政府三方的工作协调关系机制，很值得中国法学习。他们是以企业自我管理为主导，政府为辅助，雇员对雇主予以配合。

（二十八）工人安全代表以及工人、雇主的责任界限

国际公约规定企业应设立工人安全代表、工人健康与安全委员会、工人安全卫生联合委员会；此联合委员会中工人代表至少应与雇主代表人数相等。设立工人安全代表是国际公约内容，中国法应采纳。

国际公约规定工人安全代表或委员会的职责是：研究影响工人安全和健康的因素并提出措施建议；对安全卫生重要措施、劳动工序、劳动内容、劳动组织提出自己的意见并努力取得工人的支持；履行劳动安全卫生职责时受到保护，不被解雇或利益遭受损害；能够进入一切工作场所，并在工作时间和工作场所同工人就安全卫生问题进行交谈；能够自由接触劳动监察员；与雇主就职业安全卫生问题举行谈判；履行职责时照发报酬，接受同职责有关的培训。这些职责设置很值得中国法学习，因为工人安全代表最能代表工人利益，他要比中国的工会更为专业和强势。照此说来，工人也是企业的安全责任主体之一（另有雇主）。

并由此可知，国际公约把工人、雇主在企业安全卫生管理中的责任界限加以区别开来，且倾向于对工人阶级的支持和保护。

（二十九）雇主无过错责任及其限制

南非法规定：雇员的作为或不作为将会被视为雇主或使用者的作为或不作为，从而构成雇主和使用者的违法行为。这是在强调雇主要承担无过错责任，很重要。但也规定了雇主的除外责任：雇主或使用者没有允许该雇员的行为或为该雇员的作为或不作为提供便利；雇员的作为或不作为与雇员的工作职责没有任何关系，无论该被指控的作为或不作为是否合法；雇主和使用者已经采取了合理的措施去防止雇员的该项作为或不作为，但仅仅签发了禁

止雇员该项作为或不作为的指令，不足以作为证据证明已经尽到了合理预防措施。雇员的这几种非关职责行为所产生的法律责任由雇员自己承担。

中国法应向南非法学习和借鉴关于雇员及其与雇主等人责任关系的规定，这是很重要的。

（三十）政府安全监察员职权、职责、责任

中国法关于安全卫生监察员具体职权、职责的规定较少，应贯彻和学习国际法、英国法、新南法、南非法、德国法、日本法的监察员职责。

国外普遍赋予行政监管部门以刑事起诉权或建议起诉权，从而强化了执法与司法的联系，我国要赋予执法部门联合侦查权和建议起诉权。

中国法对安全监察员或安监员规定了许多责任，外国法极少有此类规定，也值得借鉴。

（三十一）行政执法方式

国外安全生产行政执法呈多样化发展趋势，在传统的强制执法的基础上，发展出了大量服务型、合作型的非强制方式，并取得了良好的社会效果。我国要改革创新安全生产行政执法方式，发展服务型、合作型的非强制方式。

（三十二）事故调查权和联合调查机制

南非法事故调查与《南非审查法》规定的司法审查可以联合进行；联合调查由司法官主持并适用《南非审查法》，但监察员与司法官应当分别依据《南非审查法》各自制作报告。这种联合调查制度对调查很有利并符合法理，值得中国法学习、借鉴。

南非法还规定：任何人均不得无正当理由不遵守主持监察员依法发出的指令、传唤、要求及命令；对于主持监察员提出的或经其同意他人提出的问题，不得拒绝或没有尽自己所能地回答，但符合"任何人不得自证其有罪"的场合例外；不得以任何方式去建议、鼓励、煽动、命令或劝说他人不服从监察员的指示、传唤、要求或命令；在主持监察员要求下，不得拒绝或不提供调查所需的必要帮助；在主持监察员要求下，不得拒绝或不参加调查；不得故意袭击主持监察员或其助手，或者故意破坏调查进程。

南非法建立的保障调查开展的制度很值得学习，中国调查苦于手段贫乏。

（三十三）安全生产教育和训练

安全生产教育和训练在我国叫安全生产教育培训。台湾地区相关规定区分了教育与训练概念，即安全卫生教育和预防灾变训练，还要求雇主将其训练计划、课程及内容报请当地主管机关核备，这都值得学习借鉴。

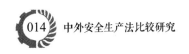

（三十四）法律责任条文形式和处罚标准

中国法律责任的条文规定太复杂，且多对原正面条文进行反面重复。外国法律责任的规定很简洁，多是把若干条文归类集中，统一规定处罚标准，值得中国法学习。

（三十五）安全生产法实施效果评估

国外普遍重视执法和法律实施效果的评估工作，为此制定并公布执法原则与执法政策，我国也要效仿。

（三十六）危险作业罪设立

我们对中国台港澳地区和主要国家的危险作业罪及相关罪名进行了研究，借鉴他们的经验，提出了我国的危险作业罪条款稿❶。这就是：在生产、作业中违章冒险作业或者指使、允许他人违章冒险作业，或者明知存在重大事故隐患仍然进行生产经营性作业，可能造成重大伤亡事故或者其他严重后果的，对直接负责的主管人员和其他直接责任人员处拘役，并处罚金。

未取得安全生产许可证或者其他有效证照从事生产经营活动，依照前款规定对组织生产经营活动的责任人员和其他直接责任人员处罚。

涉及核能工程、核材料、易爆可燃物品、建筑、水库等高度危险作业有前两款情形的，处一年以下有期徒刑，并处罚金。高度危险作业范围另行规定。

---

❶ 此条款稿在征求意见时被修改，增加了几个具体危险作业类别。

第一章 各国安全生产立法概述

第一节 各国安全生产立法概况

一、中国安全生产立法概况

（一）安全生产基本法及单行法

1.《安全生产法》

2.《矿山安全法》

3.《消防法》

4.《道路交通安全法》

5.《突发事件应对法》

（二）安全生产相关法律

1.《刑法》《刑法修正案》（六、九）和《关于办理危害生产安全刑事案件适用法律若干问题的解释》

2.《行政处罚法》

3.《行政许可法》

4.《职业病防治法》

5.《劳动法》《劳动合同法》

（三）安全生产行政法规

1.《安全生产许可证条例》

2.《生产安全事故报告和调查处理条例》

3.《特种设备安全监察条例》

4.《工伤保险条例》

5.《危险化学品安全管理条例》

6.《建设工程安全生产管理条例》

7.《烟花爆竹安全管理条例》

8.《煤矿安全监察条例》

9.《国务院关于预防煤矿生产安全事故的特别规定》

10.《国务院关于特大安全事故行政责任追究的规定》

11.《使用有毒物品作业场所劳动保护条例》

（四）部门规章和标准规则

1.《注册安全工程师执业资格制度暂行规定》

2.《注册安全工程师管理规定》

3.《生产经营单位安全培训规定》

4《特种作业人员安全技术培训考核管理规定》

5.《劳动防护用品监督管理规定》

6.《作业场所职业危害申报管理办法》

7.《建设工程消防监督管理规定》

8.《安全生产事故隐患排查治理暂行规定》

9.《生产安全事故应急预案管理办法》

10.《生产安全事故信息报告和处置办法》

11.《安全评价机构管理规定》

12.《建设项目安全设施"三同时"监督管理暂行办法》

中国台湾地区相关规定：

（一）台湾地区安全生产主要规定

主要有：1975"台湾地区工厂法"、2011 年"台湾地区职业安全卫生法"（原名"台湾地区劳工安全卫生法"）、2002 年"台湾地区劳动基准法"、2002年"台湾地区劳动检查法"、2002 年"台湾地区劳工保险条例"等。

（二）台湾"行政管理机构劳工委员会"推广的安全生产制度

台湾于 1987 年成立"行政管理机构劳工委员会"（于 1992 年成立劳工安全卫生研究所），推广如下制度：

（1）企业自主加强卫生管理及自动检查制度。依据"台湾地区劳工安全卫生法"，雇主应根据企业的规模和性质，实施安全卫生管理，并设置劳工安全卫生组织、人员。对于相关设备及其作业，企业应制订自主检查计划，实施自主检查。企业规模在 100 人以上的，须设置劳工安全卫生管理部门，及劳工安全卫生委员会。企业劳工安全卫生人员，有劳工安全卫生业务主管、劳工安全管理师、劳工卫生管理师、劳工安全卫生管理员等。台湾地区的监管检查机构均将设置劳工安全卫生组织、人员列为检查重点。中小型企业劳工安全卫生管理工作较为薄弱。

（2）劳工安全卫生教育训练制度。"台湾地区劳工安全卫生教育训练制度"规定，对危险性机械或设备操作人员，劳工安全卫生人员，作业环境测定人员，施工安全评估人员，急救人员，有机、铅等有害作业主管，建筑作业主管等，均需进行 10 余项特种作业训练。而一般作业劳工也必须进行安全卫生教育训练。培训课程、课时、举办方式、考试均有规定。台湾地区"职业培训局"负责危险性机械、设备操作人员、安卫人员、作业环境测定人员的技能鉴定。

（3）承包工程中的安全卫生管理制度。"台湾地区职业安全卫生法"规定，发包者应于事前告知该承包人有关其事业工作环境、危害因素及有关安全卫生规定应采取之措施；承包人就承包部分负有关规定的雇主之责任；发包单位就职业危害补偿负连带责任。并签订有关协议。协议的执行多靠劳动检查机构强力督导落实。

（4）劳工体格检查及健康检查制度。"台湾地区职业安全卫生法"规定：雇主雇佣劳工时，应施行体格检查；对在职劳工应施行定期健康检查；对于从事特别危害健康作业者，应定期施行特定项目健康检查；并建立健康检查手册，发给劳工。检查应有医疗机构或事业单位设置的医疗卫生单位医师进行，检查记录应予保存。健康检查费用由雇主负担。

（5）作业环境测定确认制度。建立作业环境测定确认制度：由主管机关指定实施作业环境测定的作业场所范围。这些指定场所包括中央空调设备建筑室内作业场所、坑内作业场所、显著发生噪音作业场所、高温作业场所、粉尘作业场所、铅作业场所、有机溶剂作业场所、四烷基铅作业场所、特定化学物质作业场所及其他指定的作业场所。

（三）台湾劳工安全卫生规章体系

1. 各业通用劳工安全卫生规章

（1）劳工安全卫生设施规则；（2）劳工安全卫生组织管理及自动检查办法；（3）劳工安全卫生教育训练规则；（4）劳工健康保护规则；（5）局限空

间作业危害预防要点；（6）高架作业劳工保护措施标准；（7）重体力劳动作业劳工保护措施标准；（8）异常气压危害预防标准；（9）工作场所重大灾害通报及检查处理要点；（10）事业单位安全卫生自护制度实施要点。

2．分业适用劳工安全卫生规章

（1）营造安全卫生设施标准；（2）林场安全卫生设施规则；（3）船舶清舱解体劳工安全规则；（4）码头装卸安全卫生设施标准；（5）矿场劳工卫生设施标准。

3．危险性机械设备危害预防规章

（1）锅炉及压力容器安全规则；（2）起重升降机具安全规则；（3）危险性机械及设备安全检查规则；（4）危险性机械或设备代行检查机构管理规则；（5）机械器具防护标准；（6）机械器具型式检定实施办法；（7）危险性机械及设备型式检查实施要点。

4．有害物质危害预防规章

（1）有机溶剂中毒预防规则；（2）特定化学物质危害预防标准；（3）粉尘危害预防标准；（4）铅中毒预防规则；（5）四烷基铅中毒预防规则；（6）缺氧症预防规则。

二、国际安全生产立法概况

本书研究选用的国际公约及建议书如下：

1．1981年《职业安全和卫生及工作环境公约》

2．1981年《职业安全、卫生和工作环境建议书》

3．《工人的意外事故赔偿公约》

4．《工人的职业疾病赔偿公约》

5．《本国工人与外国工人关于事故赔偿的同等待遇公约》

6．《工商业劳动监察公约》

7．《保护工人以防电离辐射公约》

8．《商业和办事处所卫生公约》

9．《商业和办事处所卫生建议书》

10．《三方协商促进履行国际劳工标准公约》

11．《保护工人以防工作环境中因空气污染、噪音和振动引起职业危害公约》

12.《安全使用石棉公约》

13.《作业场所安全使用化学品公约》

14.《矿山安全与卫生公约》

15.《矿山安全与卫生建议书》

16.《残疾人职业康复和就业公约》

17. 1993年《预防重大工业事故公约》及建议书

18.《预防重大工业事故实践守则（基本框架）》

19.《促进职业安全与卫生框架公约》

20.《对企业工人代表提供保护和便利公约》

21.《国际劳工标准公约》

22.《职业卫生服务公约》

23.《职业安全和健康（码头工作）公约》

三、英国职业健康与安全立法概况

（一）历史沿革

英国较早地进行了职业健康安全的立法。1802年《英国学徒健康与道德法》对纺织厂童工工作时间进行了限制，这是世界上第一个含有职业安全卫生内容的法规。1833年颁布了《英国工厂法》，对工人的劳动安全、健康、福利等作了规定，成为职业健康安全立法的先驱；9世纪中叶以后，随着资本主义经济的继续发展和各国工人运动的普遍高涨，英国在1937年、1948年、1959年、1961年4次修改了《英国工厂法》，使职业健康安全立法进一步发展。

20世纪70年代，英国有不少社会组织和机构特别是工会对已有职业健康安全法规是否足以保障所有劳动者的健康安全提出质疑。1974年，在专业委员会进行调研的基础上，英国颁布了1974年《英国工作健康与安全法》（Health and Safety at Work Act 1974）。这部法律比美国、日本晚了几年，但不失为最全面、最严谨的，法中有法，措施有力，规定详细，成为不少国家借鉴的蓝本。

（二）罗本斯报告

19世纪的法律模式为雇主提供了一种"检查目录"式的方法。雇主只需确保法定的标准得到实施，这是他们对安全问题的唯一责任。20世纪70年代以前，英国的职业健康与安全（OHS）治理以法律强制性规范及政府单方治理为主。这种模式多年下来积累了大量庞杂并且相互冲突的规范，给当事人守法带来了较大的困难，而且各种其他弊端也日益显露出来，难以适应社会化大生产的需要，需要做根本性的立法变革。

1970年，以罗本斯为首的一个专业委员会被任命评估 OHS 法律体系是否需要变革。该委员会于1972年提交的报告中指出："我们经过调查得出一个最基本的结论，那就是在实践中存在着严重阻碍更好劳动健康与安全的束缚，我们需要一个更加有效的自我调节机制。"罗本斯委员会提出了一种新的预防事故的观点，即法律应该鼓励自我调节（Self-regulation）。

内容是：（1）管理部门的责任。委员会明确提出，确保工人劳动安全与健康是管理部门的基本责任。（2）工人的合作与配合也是必需的。为了确保这一点，雇主有义务与工人或工人代表就劳动场所内的劳动健康与安全措施进行沟通。（3）行业标准协会可以发挥建设性作用。行业标准协会由于具有相关行业特定问题的知识，因而对于提高劳动安全与健康起着极其重要的作用。为了使行业标准协会的工作发挥更大的法律效用，就需要有一个更好的机制。（4）巡查员需与工人进行沟通。罗本斯委员会提出，巡查员应该告知工人在工作场所检查时发现的问题与得到的信息。❶

罗本斯委员会的观点非常明确，即在安全问题上没有讨价还价的余地，而在进行交流沟通、联合检查、合作解决事故问题方面，应尽可能多地进行沟通协调。这一报告被社会各方广为接受，成为其后1974年《英国工作健康与安全法》的指导思想，并从根本上影响了其后澳大利亚、南非、新西兰、马来西亚等国家的 OHS 立法，从而确立了"自我管制"和"总体关爱义务"这种目标导向的整体立法模式。

（三）现行 OHS 法律体系

职业健康法律法规、标准规范等体系共分为四个层级，分别是法案、法规、实施条例和指导。法案（Act）是最高级别的法律，是由议会通过，很难进行更改。法规是在法案的指导下形成的，是由国会授权健康安全执行局（The Health and Safety Executive，HSE）制定，部长签署，相对较容易更改，如不遵守则被视为违法。实施条例（Approved Codes of Practice，ACOP）是由

---

❶ 参见贺洪超.英国劳动安全与健康立法历史演变［J］.中国职业安全卫生管理体系认证，2004（2）。

HSE 制定，主要用于在怎样执行法律、法规上给予合理指导，可以在出庭时使用。主要的法案都附有实施条例。指导（Guidance）也是由 HSE 制定，属于非法律规定，但应保证执行。目前，以 1974 年《英国工作健康与安全法》为基础的职业健康法律法规共包括有 200 个法规、55 个实施条例和 500 个指导；由英国职业健康安全执行局负责有效执行的行政法规约 200 项。其中有效执行的立法见表 1 — 1。

表 1 — 1　目前英国 HSE 执行的立法

立法名称	实施年份（年）	适用范围
《英国工作健康与安全法》	1974	商业
《英国工作健康与安全管理条例》	1992	商业
《英国海上安全法》	1992	海洋
《英国环境与安全信息法》	1988	化工
《英国石油法》	1987	海洋
《英国重大伤害、疾病及危险事故报告规程》	1995	工伤
《英国医疗顾问服务雇佣法》	1972	卫生服务
《英国海上采矿作业法》	1971	矿业
《英国采矿法》	1969	矿业
《英国办公室、商店与铁路房产法》	1963	商业
《英国工厂法》	1961	工厂
《英国农业安全、健康与福利法》	1956	农业
《英国矿山与采石场法》	1954	矿业
《英国石油许可转让法》	1936	海洋
《英国石油合并法》	1928	海洋
《英国胶片电影法》	1922	消防
《英国妇女、少年与儿童雇佣法》	1920	劳工
《英国炸药管理法》	1875	防爆
《英国煤矿健康与安全管理规定》	未详	煤矿

简介如下：

1. 1974 年《英国工作健康与安全法》

共四部分，主要内容有：

第一部分：与工作相关的健康、安全与福利，对危险物品的管制及特定物品向空气中泄漏的管理。

其中对"总体义务"（General Duties）的规定最具特色，具体包括雇主对雇员的总体义务、雇主及自雇人员对雇员以外人的总体义务、生产经营场所所有人对雇员以外的人负的总体义务、制造商等人对生产中的设备与物料的总体义务、工人的总体义务、任何人不得干涉或误用健康安全设备及措施的义务等。此外，这一部分还规定了国家健康与安全委员会（Health and Safety Commission，HSC）、企业健康与安全代表及健康与安全委员会的设立与职能、健康与安全行政法规、HSC 公布健康与安全规程、OHS 检查机构设置、检查员的刑事控诉权、法院的管辖与处理、违法的民事法律责任、第一部分的总体解释等。

第二部分：职业医疗咨询服务。包括企业提供职业医疗咨询服务的义务与职责、功能、相关收费、行政管理与报告制度等。

第三部分：原立法被 2005 年修订删除。

第四部分：其他与总体规定。包括立法与行政法规的解释、修改与废除的规定、法律的适用等立法技术性内容。

该法明确规定了雇主具有保证雇员在健康安全的环境中工作的责任，并明确了雇主、雇员和安全代表相应的权利和义务。

2. 1992 年《英国工作健康与安全管理条例》（The Management of Health and Safety at Work Regulations 1992，MHSW92）

该法更详细、明确地提出了雇主应承担的具体责任和 1974 年《英国工作健康与安全法》的各个条款的要求。主要内容包括：风险评估、计划安排、健康监护、支持、重大危险源及区域的过程控制、员工信息、合作与协作、能力培训、雇员责任、临时用工等管理。

3. 2004 年《英国突发事件应急法》（Civil Contingencies Act 2004）

2004 年 11 月 18 日实施的《英国突发事件应急法》明确地方政府负责民众的保护工作，只有在非常紧急的情况下，有权处理突发事件。根据有关规定和指南，设立新的工作机制，在地区层次加强应急服务，当地政府和其他工作人员协调配合，能够保障他们及时处理当地的重大事件和严重自然灾害，防火和救灾管理局有责任与当地有关部门共同制定应急计划。

内容包括：评估突发事件发生的风险，并用来制订应急计划和商业恢复计划；重视应急计划，对有关人员进行适当的培训、演练，了解和及时修订应急计划；重视商业恢复计划，以便政府管理部门能够在突发事件中发挥指导作用；确保做好向公众宣传应对突发事件的准备，保证这些措施能够在突发事件中起到警示、通知和劝说的作用；与当地处理突发事件人员分享信息，加强协调；与其他当地处理突发事件人员合作，加强协调与工作效率。

根据 2004 年《英国突发事件应急法》，中央政府为地方政府增加了专项经费，高达 4000 万英镑，地方其他机构和组织应对突发事件的费用则由其他渠道提供。

4. 1954《英国矿山与采石场法》

英国是世界上矿业活动开展比较早的国家，但 2015 年关闭了最后一座煤矿，目前只剩有不多的非煤矿山在开采。有些经验还是值得学习借鉴的。

1954 年颁布的《英国矿山与采石场法》(此后进行过多次修订)中对矿山安全管理做出了严格规定。包括矿井通道的设计形式、尺寸、工作面的人数、易燃或有毒气体含量限定，空气中氧含量的最低保证度等，以及安全监察员的设置和相关职责，矿长和矿主的安全职责等。例如法律规定，矿长有责任防止井下采矿、进矿、运矿中新产生的粉尘；防止井下空气中粉尘对雇员身体有害；防止井下或地面工作场所任何易燃物质燃烧产生有害气体和有害物质；矿主和矿长都有责任采取措施，掌握矿井的废弃巷道、采空区、含水层、天然洞穴、泥炭沼、沙砾层、流沙层情况，以便立即治理；有责任查明各种地表水与井下工作面之间的地层厚度，以便立即采取措施。矿井管理人员的责任是防止工作面的水、瓦斯、煤尘涌出。矿井工作面发生了瓦斯涌出，监察员可通报矿长，提出抢险救灾的措施，同时矿井管理人员应当保护井下其他部分的安全，任何人都不准进入事故地点（救灾人员除外）并停止该区运输工作，直到救灾工作结束为止。

5.《英国防火和救灾国家计划框架草案》(Draft Fire and Rescue National Framework 2006/8)

该草案第四章有关于防火和救灾管理法定责任的规定。根据该草案，国务大臣授权给防火和救灾管理局特别应急职能。这将进一步加强国家对恐怖袭击、自然灾害和重大事故的应急能力。

防火和救灾局负责提供救助：降低化学、生物和放射性核物质泄漏后对人的污染；把人从倒塌的建筑结构中或者在没有道路的情况下从运输工具的残骸中解救出来；把人从围困的洪水中解救出来。

四、美国职业安全与健康立法概况

（一）普通职业安全与健康立法简史

19 世纪初，恶劣的劳动条件和严重的工业污染导致了工伤事故和职业病危险十分严重。在公众的巨大压力下，美国政府开始着手研究职业安全与健康的立法问题。1877 年，马萨诸塞州通过了第一个《美国工厂监察法》，要求对传送带、齿轮、主轴等易出事故的危险机件加防护装置，对升降机、电梯也要采取防护措施，并规定工作场所要设置足够的消防器材和安全门。另外，美国国会于 1891 年通过了第一部《美国联邦矿山安全管理条例》，要求在井工煤矿中要达到最低通风条件，并禁止雇佣 12 岁以下童工。进入 20 世纪以后，美国联邦政府和州政府对职业安全与健康更加重视。

1902 年美国公共安全服务部门开始着手研究制订职业安全规划，并于 1910 年在内政部下组建了联邦矿业局。

1916 年美国颁布了《美国联邦工人补偿法》，规定对因工受伤残疾者发放津贴；同年颁布了《美国铁路工人法》，规定铁路工人 8 小时工作制度。

1934 年美国在劳工部下成立劳工标准处（后改称劳工标准局），是美国第一个针对劳动安全的常设性联邦机构。

1952 年，为了遏制频频发生的重大矿难事故，美国国会颁布了《美国联邦煤矿安全法》。

1968 年 11 月 20 日，美国法明顿市康苏尔煤矿发生瓦斯爆炸，死亡 78 人，迫使国会修订并公布了更严格的 1969 年《美国联邦煤矿安全与健康法》。

1968 年美国约翰逊总统提出制订一个统一、综合、全面的职业安全与健康计划，包括立法工作，但因越南战争及工商业界反对，且即将离任等原因而未果。

1970 年，美国工伤事故和职业病危险日益严重，共有 1.4 万人死于与工作有关的各种事件，工伤高达 250 万人次，工伤导致的工时损失是罢工导致的工时损失的 10 倍，职业病新增 30 多万例。在这种严峻的现实面前，美国国会在经激烈辩论后通过了 1970 年《美国联邦职业安全与健康法》，从此联邦政府开始加强对州职业安全与健康事务的管理与控制工作。

1977 年，美国国会制定了《美国联邦矿山安全与健康法》，将范围扩大到所有矿业，强化了执法检查，加重了法律责任，严格了执法程序，成为美国矿业领域基本法之一。

历经几十年发展，至 20 世纪 70 年代末期，美国职业安全与健康法律体系基本形成。

（二）美国矿山安全立法的历史发展

1891 年，美国国会通过了《美国联邦矿山安全管理条例》。这是美国历史上第一部调整矿山安全的法规，但该法规调整力度较弱，只制订了矿井通风标准和童工问题。1910 年，美国国会批准成立了联邦矿业局，隶属于内政部。

"二战"后，凯恩斯主义成为西方经济学的主导学派，包括美国在内的西方国家普遍采取了干预主义政策。政府对社会各领域的行政管理功能日益加强。美国国会曾多次通过扩大矿业局执法权的特别授权。1941 年，矿业局被授权进入煤矿监督检查，1947 年被授权制定《美国联邦矿山安全建议标准》，1952 年《美国联邦煤矿安全法》（1966 年修订）及 1966 年的《美国联邦金属与非金属矿山安全法》进一步授权矿业局享有强制性标准发布权、检查与调查权、通知命令权等。

1968 年 11 月 20 日，美国法明顿市康苏尔煤矿发生瓦斯爆炸，死亡 78 人，社会舆论纷纷指责政府对煤矿安全管制太弱。在此压力下，美国国会颁布了 1969 年《美国联邦煤矿安全与健康法》，明确规定矿主有义务保证矿场安全与健康，并赋予矿工劳动场所安全权，由联邦矿业局负责监督执行，从而创设了一个与以往尊重市场自由选择完全不同的执法图景，规则、检查、处罚等几乎构成了执法活动的全部。1973 年，内政部新成立了联邦矿山安全执法局（Mine Enforcement Safety Administration，MESA），专门负责原来由联邦矿业局承担的执法工作，该局有权对境内所有违反矿山安全强制性标准的行为处以罚金，并有权对故意违法行为施以刑事处罚。

1972 年 2 月，巴费洛围水大坝决堤，125 名矿工死亡；1972 年 6 月，布莱克斯威尔火灾矿难，9 名未经紧急逃生培训的矿工死亡；1976 年 3 月，斯格的亚矿难，因瓦斯存积两次爆炸，23 名矿工和 2 名联邦检查员死亡；1977 年 2 月，宾夕法尼亚州托维尔矿难，9 名矿工死于矿井水灾。这些悲剧推动着美国走上了更加严格的强制服从执法道路。1977 年，美国国会按照 1969 年煤矿安全法思路，制定了 1977 年《美国联邦矿山安全与健康法》，把非煤矿山也统一纳入管辖范围，并加强了工人权利保护的内容与程序，加重了矿主的安全责任。为了强化行政执法力度，1978 年 3 月 9 日，美国国会决定把原隶属于内政部的联邦矿山安全执法局划归带有明显劳动者单方权利保护倾向的劳动部，并更名为联邦矿山安全与健康局，专门负责矿山安全与健康法律法规

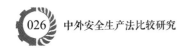

实施工作。

（三）1970年《美国联邦职业安全与健康法》（Occupational Safety and Health Act of 1970）

历经多年发展，美国形成了现行的以1970年《美国联邦职业安全与健康法》为基本法，以《美国联邦矿山安全与健康法》等法为特别法，以标准及指令为补充的多层次的、多领域的职业安全与健康法律体系。《美国联邦职业安全与健康法》于1970年由国会批准通过，尼克松总统签署发布，共34节。要求雇主必须严格遵守联邦职业安全与健康局（Occupational Safety & Health Administration，OSHA）签发的标准及规章。此外，为了防止立法疏漏，《美国联邦职业安全与健康法》还在第5节特别规定了"总体义务条款"，规定即使对于OSHA标准中没有明确规定的危险，雇主也有义务采取合适的措施，确保雇员不会受到工作环境中任何可能的伤害。

1. 该法管辖范围

1970年《美国联邦职业安全与健康法》适用于全美50个州及哥伦比亚特区、波多黎各及其他所有美国领土的雇主与雇员。OHSA可以直接适用该法，也可以授权州政府开展特别的行政计划来适用该法。联邦邮政服务业也适用该法。

该法把雇主定义为"从事商业活动并雇佣他人的人，不包括联邦政府、各州或行政部门"。据此，该法的适用行业领域很广泛，包括制造业、建筑业、海事、农业、司法与医疗服务、慈善与灾难救助、劳务组织、私人教育等。另外，《美国联邦职业安全与健康法》特别设立了一个专门针对联邦政府雇员的OSH独立项目，后通过批准州府计划将之扩展到各州的政府雇员。

除外规定，该法对以下领域不适用：自我雇佣人员；只雇佣家庭内部成员的农场；根据其他联邦法律由其他机构单独进行OSH管辖的行业，目前主要是矿业、核能源与核武器制造业、交通运输业、未参加特别计划行动的州及地方政府雇员。

2. 该法基本要求

该法授予OSHA两大职能：制定标准和实施检查，以确保雇主提供出安全健康的工作场所。OSHA有权要求雇主接受特定的方法或过程以合理地保护雇员。雇主必须熟知相关标准，以识别并消除各种工作场所的危险。

遵守标准意味着雇员接受了有效培训，配备了必要的防护装备，并且工作场所符合安全与健康的其他要求。雇员也必须遵守相应的行为准则。

《美国联邦职业安全与健康法》鼓励各州发展运作自己的职业安全与健康项目。OSHA批准并监督相关部门按照各州法律实施这些项目。目前有22个州正式实施完整的职业安全与健康州计划（既包括私人雇佣领域，也包括州及地方政府雇佣领域），有4个州（康涅狄格、新泽西、纽约、维尔京群岛）只实施针对州及地方政府雇佣领域的OSH项目。实施这些特别项目的州所制定的标准不得低于联邦标准的最低要求。实践中，大部分州都采取了和联邦一样的标准。

3. 该法规定的雇员权利

《美国联邦职业安全与健康法》赋予了雇员一些很重要的OSH权利，包括对职业安全与健康的投诉权、隐私权以及参与OSHA的现场检查权等。为了确保雇员行使这些权利，《美国联邦职业安全与健康法》第11节C条款单独作了保护雇员免受雇主打击报复的规定。根据这些规定，如果雇员认为受到了雇主打击报复的歧视性待遇，他应当在30日内向OSHA报告。OSHA会前来调查。如果查证歧视属实，会命令雇主补偿雇员因为该歧视而遭受的损失；如果有必要，OSHA还会代表雇员对雇主提供诉讼，雇员无须负担诉讼费用。在一些实行OSHA批准的州计划的州也规定了雇员享有类似的权利，包括免受雇主打击报复的权利。

4. 该法规定了政府部门协助义务人守法职责

因为与职业安全健康相关的法律法规、行政规章、法定标准、行动指南数量繁多，并且专业性较强，这就给义务人带来了较大的守法困难。在义务人守法困难的情况下一味地强调加强法律处罚，有悖公平，而且不能真正实现立法目的。为此，美国率先在环境保护局和劳动部开展了协助守法行动，建立专门的协助守法中心，通过设立信息查询网站、出版电子书、印刷、分发小手册等形式，为企业提供守法援助。OSHA的协助守法是整个美国劳工部协助守法行动的重要组成部分，它在OSHA官方网站上建立了"协助守法"（Compliance Assistance）专栏，特别提供了法定标准方面的查询与指导信息。

OSHA网站对公众提供所有其制定的行政规章与法定标准。这些规章与标准被整理成册收编于美国联邦法规第29卷（Title 29 CFR）。其中1900~1999部分及2200~2400部分目前可以OSHA网站上下载。另外，因为OSHA制定的行政规章和法定标准必须在《美国联邦公报》（Federal Register）上公布，所以义务人也可以在《美国联邦公报》上查找相关标准信息。

为了帮助公众理解并实施其规章与标准，OSHA提供了许多印刷品和网

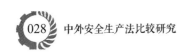

站电子服务工具，包括特别说明书、小手册、专家建议、安全与健康黄页等，在其网站的协助守法专栏里都可以查询到这些信息。

美国有些州推行了 OSHA 批准的职业安全与健康州计划。他们适用本州的法律与标准。公众可以从各州获取相关法规与标准信息。在 OSHA 的"职业安全与健康州计划"专栏中也可以找到相关链接。

5. 该法规定的政府检查员职权与法律责任

OSHA 的职业安全与健康检查员（Compliance Safety and Health Officers, CSHOs）有权检查《美国联邦职业安全与健康法》管辖的任何工作场所。他们从职业安全与健康领域经验丰富的专家中选出，并接受联邦标准全面培训，善于辨识工作场所的安全与健康隐患。在那些推行职业安全与健康州计划的州里，依照各州自己的法律，由各州官员进行安全与健康检查，签发违法令状（Citations for Violations），并采取与联邦一样有效的处罚措施。

根据《美国联邦职业安全与健康法》第 17 节的规定，美国职业安全与健康的违法形式包括以下 6 种：

（1）轻微违法（de Minimus Violations）：虽然违反了法律规定，但与职业安全与健康没有直接影响的，无须处罚，OSHA 也不签发违法令状。

（2）一般违法（Other Than Serious Violation）：违法对职业安全与健康产生了直接影响，但不会造成死亡或严重身体伤害的违法行为。是否处罚由 OSHA 自己决定，对每一违法行为的处罚最高可达 7000 美元。

（3）严重违法（Serious Violation）：违法行为极有可能导致死亡或严重身体伤害的后果，并且雇主对此是知道或者应当知道的，是严重违法。OSHA 必须对此违法行为加以处罚，对每一违法行为的处罚最高可达 7000 美元。

（4）恶意违法（Willful Violation）：又称雇主有意实施的违法行为。此时雇主要么明知自己的行为是违法的，要么知道自己的行为会造成职业安全与健康危险并且没有采取任何合理的防备措施。《美国联邦职业安全与健康法》规定对于每一恶意违法行为，可以给予 5000 美元以上 70000 美元以下的民事罚款。

对一般违法和严重违法的处罚额度可以根据雇主的善意（例如，证明其已经建立了有效的职业安全与健康管理体系并尽力遵守法律）、违法历史及企业规模予以调整。但恶意违法处罚只可依据企业规划调整，一般不考虑其守法善意因素。

如果一个雇主被确认为因为违反标准而导致雇员死亡，案件会被移送到法院，法院会判处该雇主刑事罚金，或者入狱 6 个月，或者二者并罚。罚金刑是针对个人的处罚是 25 万美元以下，针对组织的是 50 万美元以下（这一处罚的依据不是《美国联邦职业安全与健康法》，而是 1984 年《美国综合犯罪控制法》）。

（5）重复违法（Repeated Violation）：在二次检查中，如果发现了基本相同的违反标准、法规、规则或命令的行为，就是重复违法。每一违法行为的处罚可以高达 70000 美元。

（6）未改正违法（Failure to Correct Prior Violation）：指已经指出的违法状态在再次检查中被发现仍未产生实质性改正，根据状态延续时间，可给予从规定整改日起每天最高 7000 美元的处罚。

6. 该法规定的上诉与复审程序

（1）雇员上诉。雇员投诉会导致一项官方检查，但如果检查的结果并没有签发任何违法令状，则该雇员或经授权的雇员代表可以要求非正式的复审，以确定不签发违法令状是否正确。

雇员无权就违法令状本身、违法令状的变更、是否处罚提出异议，但如果违法令状要求雇主限期整改，则雇员可以在 15 日内就令状中规定的整改时间向 OSHA 提出书面异议，OSHA 的地区主管必须把该书面异议转交职业安全与健康复审委员会（Occupational Safety and Health Review Commission，OSHRC，该委员会独立运作，与 OSHA 及劳工部没有关系）。如果雇主提出整改变更（Modification of Abatement，PMA）申请，要求延长整改期，则雇员也可以在 10 天内提出异议。

另外，雇员也可以要求与 OSHA 进行非正式会谈，讨论检查、违法令状、处罚建议及雇主相关异议中的一些问题。

（2）雇主上诉。在接到违法令状或处罚通知书后，雇主可以要求与 OSHA 地区主管举行非正式会谈，雇员代表也可以被邀请加入。为了避免纠纷被无限推延，OSHA 地区主管有权确定雇员和雇主达成和解协议以变更违法令状或处罚。

如果雇主决定对违法令状、整改期限、处罚通知提出异议，其必须在 15 日内向 OSHA 地区主管提出书面异议通知（Notice of Contest）。口头表达不满不构成有效的异议。异议通知并不需要特别的格式，但必须表明异议的理由，并标明引发异议的检查及令状的编号。雇主必须同时将异议通知书的复本送交给雇员代表。如果受此异议影响的雇员没有代表参与其后的交涉程序，则雇主还必

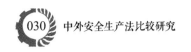

须在工作场所显著的位置张贴该复本，或者与每一个受影响的雇员单独交涉。

（3）复审。如果在15日内提交了书面异议，OSHA地区主管会把该异议转交职业安全与健康复审委员会（OSHRC）。委员会把案件分配给一名行政法官（Administrative Law Judge, ALJ）。经初步审查后，如果行政法官认为异议没有法律依据，可以决定不予受理，否则就会择期在雇主工作场所附近举行一个公开的听证会。雇主与雇员都有权参加，他们可以自己决定是否聘请诉讼代理律师。

行政法官做出裁决后，任何一方当事人都可以向职业安全与健康复审委员会提出要求进一步复审。此外，复审委员会共有3名委员，他们中任何一人都可以独立决定将一个案件移送到委员会复审。如果对委员会的复审决定还不服，可以向美国联邦上诉法院提起上诉。

在实行职业安全与健康州计划的州里，他们往往都有自己的上诉与复审程序，大体上都与联邦规定相似，但是不像联邦程序由行政法官组织听证，而是通常由州复审委员会或相当机构组织听证程序。

7. 本法与州、地方及其他联邦法律的关系

除依其他联邦法律规定由其他联邦机构管辖的行业外，所有私人行业的职业安全与健康都由《美国联邦职业安全与健康法》管辖。OSHA负责监督检查全联邦雇员的职业安全与健康状况，经OSHA批准的职业安全与健康州计划则又把OSHA的影响进一步扩展到州及地方政府雇员的范围。

（四）1977年《美国联邦矿山安全与健康法》（Federal Mine Safety & Health Act of 1977）

1977年《美国联邦矿山安全与健康法》是美国矿业安全与健康立法史上最严格的一部法律。它是在原有的《美国联邦金属与非金属安全法》和1969年《美国联邦煤矿安全与健康法》的基础上，通过合并和做了大量修改后制定出来的，规则与标准更加严格，并且由劳工部下的联邦矿业安全与健康局（Mine Safety and Health Administration, MSHA）专门负责执行。该法共分5个部分，8.5万字。

第一部分"总则"：从101~115节，主要内容包括法定安全与健康标准，顾问委员会，检查、调查和记录的保存，通知书和命令，执行程序，司法复审，指令、命令和决定的张贴，惩罚，矿工权利，管理规定，联邦矿山安全与健康复审委员会，拨款核准，法定健康与安全培训等内容。

第二部分"法定健康标准"：从201~206节，主要内容包括粉尘标准和呼

吸系统保护装备、体检、凿岩粉尘、含石英粉尘标准和噪音标准。

第三部分"井工矿法定安全暂行标准适用范围"：从 301~318 节，主要内容包括顶板支护、通风、防火、电器设备总则、拖曳电缆、接地、井下高压电分配、井下低压、中压交流电线路、放炮和炸药、提升与运人、紧急避护所、通信及其他。

第四部分"尘肺抚恤金"：从 401~426 节，主要内容包括必须向因尘肺病完全致残的矿工、因尘肺病死亡的矿工家属提供抚恤金以及计算方法。

第五部分"科研管理"：从 501~513 节，主要内容包括培训和教育、对各州的支援、对州法律的影响与司法限制等。

（五）其他有关法案

1. 1960 年《美国联邦有害物质管理法》（Federal Hazardous Substances Act，FHSA）

1960 年颁布的《美国联邦有害物质管理法》为有害物质管理设置了非常严格的标准。该法要求对有害物质必须提供安全标签以警示用户产品的潜在危害及防护措施。对任何属于毒害品、腐蚀品、可燃物或易燃物、刺激物、强氧化剂或产品在分解、受热或其他方式导致压力升高的物品，必须进行标签标注。若产品对人体有潜在伤害，包括可能被小孩误食，也要进行标注。

2. 1976 年《美国有毒物质控制法》（Toxic Substances Controls Act，TSCA）

1976 年的《美国有毒物质控制法》授权美国环保局（EPA）管理那些"可能造成危害健康或环境"的化学品或混合品的权力。美国环保局有权限制或禁止国家规定的有害化学物质的生产、制造、加工、销售、使用以及排放，有权要求生产厂家提交补充资料或进行补充试验，并建立必需的数据资料库，并可就化学物质接触人体前，对之进行安全评价。

3. 1975 年《美国联邦危险物品运输法》（Hazardous Materials Transportation Act，HMTA）

1975 年《美国联邦危险物品运输法》主要调整联邦内危险品运输环节。它赋予交通运输部长在危险品运输上更多更大的管理权力。1990 年为了减少州、地方和联邦政府关于危险品运输法规的不一致与冲突，又颁布了《美国危险物品运输统一安全法》。

4. 1947 年《美国联邦杀虫剂、杀菌剂和灭鼠剂法》（Federal Insecticide Fungicide & Rodenticide Act，FIFRA）

FIFRA 要求 EPA 对已在美国登记注册的 21000 种杀虫剂的销售和使用进

行管理。法规要求 EPA 在兼顾各方利益的前提下，尽可能限制那些对人体或环境有害的杀虫剂。FIFRA 要求在美国销售的任何杀虫剂必须登记注册并对其使用和限制条件进行标注，否则禁止销售。此外，制造厂每年要接受政府执法部门的检查，并且每 5 年登记一次。

5. 1972 年《美国消费品安全法》（Consumer Product Safety Act，CPSA）

1972 年颁布的《美国消费品安全法》设立了联邦政府的独立机构——消费产品安全委员会（CPSC），负责消费产品方面的研究和立法。

6. 1963 年《美国空气净化法》（Clean Air Act，CAA）

该法要求 EPA 制定全国空气质量健康标准，防止如臭氧、一氧化碳、二氧化硫、二氧化氮、铅和灰尘等的污染。此外，EPA 还制订了新的主要污染源，如汽车、发电厂废气等的健康标准。同时，该机构还对治理或控制如苯等有毒物进行收费。

7. 1972 年《美国联邦水污染控制法》（Federal Water Pollution Control Act，FWPCA）

该法又称为《美国清洁水法》（Clean Water Act），颁布后历经多次修改。本法规授权公共卫生部，在其他联邦、州和地方管理部门的配合下，消除或减少对跨州水域的污染，提高地面水或地下水的卫生条件。

8. 1976 年《美国资源保护和回收法》（Resources Conservation & Recovery Act，RCRA）

要求美国环保局对危险废料实行从"摇篮"到"坟墓"的全程监控。同时还负责全美国近 200 万个地下储罐的设置、建造和监控。

（六）有关法规、标准和指导性文件

1. 职业安全与健康标准

美国 OSHA 制定的职业安全与健康方面的联邦标准可以分成四大类：一般工业类（29 CFR 1910）、建筑业类（29 CFR 1926）、海事业类（包括造船、海港和海岸作业 29 CFR 1915–19）、农业类（29 CFR 1928）。有些标准只对特别行业适用，有些则可以跨行业适用。在各行业所有的标准中，关于医疗与辐射记录、个人防护装备以及危险交流 ❶ 的要求大都基本一致。

---

❶ 所谓危险交流，指危化品的制造商及进口商必须对该危化品进行危害评价。如果根据联邦标准该物质被认定为有危害，他们必须在危化品容器上标明。该危险品首次运抵第一客户时，必须同时包括一份危化品安全技术说明书（Material Safety Data Sheet，MSDS）。雇主必须使用这些危化品安全技术说明书去培训其雇员如何识别并避免该危险物质可能造成的危害。

为确保这些标准得到遵守，OSHA 规定了极其严格的记录保留与报告制度。

记录保留：除零售、金融、保险、房地产交易或其他低风险的服务行业外，如果雇主雇工 10 人以上，则他就必须保留有 OSHA 规定的与职业伤病有关的三类记录：OSHA-Form300 记录单、OSHA-Form300A 记录单、OSHA-Form301 记录单。

OSHA-Form300 记录单实际上是工伤与职业病登记日志，那些只需要简单初步治疗即可的轻微伤害可不予记录。

OSHA-Form300A 是供张贴用的带有上一年度职业伤病统计摘要的OSHA-300。每年 2 月 1 日，雇主都必须把 OSHA-300A 张贴在其雇员的工作场所，并至少保持到 4 月 30 日。

OSHA-Form301 是附有详细细节的单独的工伤或职业病事故报告表。如果雇主有保险事故调查单或劳工赔偿表格可以提代类似细节的，可以替代OSHA-Form301。

一般情况下，低风险行业或雇工少于 10 人的雇主无须遵守这些记录保留的规定，但是如果年末他们收到劳工部劳动统计局（Bureau of Labor Statistics，BLS）或 OSHA 的年度职业伤病调查表，则从来年开始他们必须保留这些记录。

报告制度：根据规定，无论雇主是工业领域的，只要发生了伤病事故导致死亡一人以上，或者导致三人以上住院治疗，则他必须在事故发生后 8 小时内向当地的 OSHA 管理办公室报告。OSHA 会接着调查事故是否是由于违反标准而导致的责任事故。

2. 职业安全与健康指令（Directive）

职业安全与健康指令实际上是 OSHA 执法政策与项目管理的内部文件，但是会对外部职业安全与健康治理产生重大影响，所以也备受关注。

2003 年 9 月 3 日，OSHA 对其指令实施了新的分类与编码标准，目前新旧编码都可以使用。按照现行分类与编码，OSHA 指令共分为以下几类：ADM- 内部行政管理类；AOC- 顾问与其他委员会类；BUG- 预算管理与计划类；COM- 委员会、组织与会议类；CPL- 执法类；CSP- 合作项目与州项目类；DIS- 歧视类；EAA- 评价、分析与审查类；EEO- 平等就业类；FAP- 联邦机构项目类；FIN- 财政管理类；HSO- 国土安全管理类；IPC- 信息、发布与联络类；IRT- 信息资源与技术类；OFF- 办公服务类；PAE- 项目操作、分析与评估类；PER- 人力资源管理类；PRO- 程序类；PUB- 公共信息类；REP- 报告与统计类；STD- 标准类；STP- 州项目类；TED- 培训与教育类。这些指令可在 OSHA 的官方网站查询下载。

3. 职业安全与健康指南（Guidance）

为了简化行政程序，提高行政效率，更好地为公众提供行政服务，1993年9月30日美国总统签署了《行政管理计划与复审行政命令》（Regulatory Planning and Review），2002年2月26日和2007年1月18日又分别进行了两次修订。该命令要求各行政分支机构必须改革、规划好各自的行政管理与程序，更好地为公众服务。美国国务院管理与预算办公室也发布了"做好行政指导实践的最终公告"，要求各行政分支做好重要的行政指南工作，以提高行政透明度。据此，OSHA 也公布了其重要的职业安全与健康指南，主要包括养殖工人禽流感预防指南、家庭护理指南、工作场所流感预防指南、室内工作铸模相关问题指南、护理与社会服务场所暴力预防指南、肉类加工业职业安全与健康指南、职业安全与健康管理体系指南等。公众可以从 OSHA 的网站上查询并下载指南。

五、澳大利亚职业健康与安全立法

（一）澳大利亚联邦与各州职业健康安全立法的关系

澳大利亚是联邦制国家，无论联邦还是各州（地区），都有各自的议会和独立的法律体系。在工作场所方面，有关职业安全与健康方面的法律法规的立法和执法由各州负责。虽然各州在职业安全与健康方面的法律法规不完全相同，但与美国、加拿大等联邦国家的各州相比，澳大利亚联邦和各州法律法规体系近乎一样。

澳大利亚职业安全与健康法律框架是由法律、法规及其支持性材料（如实施规范和标准等）构成。职业安全与健康法（Act or Statute）由议会制定，由政府部门强制实施。安全与健康法规则根据管辖职业安全与健康的主体法律制定，但法规通常管辖某类安全与健康方面的事务，如危险品管理或特种设备。违犯法律和法规是违法行为，可以被处以罚款、责令改进或禁止、监禁。

标准有两种涉及安全与健康的来源。一种是由国家职业安全与健康委员会与各州职业安全与健康管理机构、工会和雇主协会协商后制定和颁布的国家标准（National Standards），同实施规范一样，在涉及特殊工作场所的危险方面，国家委员会牵头制定并颁布国家标准。国家标准提出工作场所职业安全与健康的最低要求。国家标准不是法律，本身不具有强制性，只有当州在其法规中采纳后才具有强制性。通常，各州均在其职业安全与健康法律法规中予以采纳（但可能全部或部分采纳，有所差别）。另一种标准则是由澳大利亚标准机构制定的澳大利亚标准（Australian Standards，AS）。澳大利亚标准与国家标准的区别是，国家标准规范往往规定的是工作场所的安全与健康问题，而澳大利亚标准主要提供技术和设计规范，有些也涉及安全与健康方面。澳大利亚具有非常强大的 AS 标准体系，澳大利亚国际标准有限公司 30 个标准部下设的 1700 个技术委员会负责组织制定标准，每年可以制定 300~400 个国家标准，旨在满足澳洲服务及提高经济效益和国家安全、环保等需要。目前，已有 2400 多个国家标准被澳大利亚联邦和各州法律法规引用。

"行业标准"（Industry Specific Standards）和"行业实施规范"由有关雇主协会、工会和相关产业共同制定，国家职业安全与健康委员会提供"国家指南解释"（National Guidance Notes），各州制定适合本州的有关指南或解释。行业标准和行业实施规范通常针对某一行业涉及安全与健康的共性问题，只适用于特定行业，而国家指南解释则适用澳大利亚全境。行业标准、行业实施规范和国家指南解释没有法律效力，但在缺乏更好选择的情况下，应优先选用行业标准、行业实施规范或国家指南解释。

（二）《澳大利亚联邦工作健康安全法》

澳大利亚全国长期没有统一的职业安全健康立法。各州和地区制定自己的职业安全健康安全有关法律法规。近年来，鉴于不同地区、不同行业采用不一致的法律规定，容易产生不公正的安全标准，而且增加某些行业企业的安全成本，澳大利亚联邦政府逐步认识到制定一部统一职业安全健康法的重要性。2009 年，在联邦、各州、各地区共同资助下成立了一个法定政府机构"澳大利亚安全工作委员会"（Safe Work Australia），专门负责全国职业安全健康一体化工作。2010 年澳大利亚安全工作委员会制定的首个《三年战略规划》中就明确提出，要致力于制定一部全国统一的职业安全健康法律及配套法规、执行政策等，以改善劳动者的职业安全健康状况。

2011 年 11 月 29 日，澳大利亚联邦议会审议通过了一部统一的《澳大利亚联邦工作健康安全法》，自 2012 年 1 月 1 日开始实施。这是澳大利亚历史上首次将联邦、州、地区等相关安全健康立法进行统一，在全国范围内统一实施的重要立法，掀开了澳大利亚职业健康安全法制建设的新篇章。《澳大利亚联邦工作健康安全法》共有 14 章 276 条，内容涵盖总则、安全健康义务、事故报告、法律授权、协商、代表与参与、歧视性、强制性与欺骗性行为、工作场所进入许可、监管机构、强制措施、强制承担、决定复审、法律诉讼、附则等。澳大利亚新法是在 1974 年《英国工作健康与安全法》基础之上的最新发展，尤其强调了该法的统一适用性，注重风险管理、过程管理等内容。

《澳大利亚联邦工作健康安全法》确立了下述六个方面的立法目的，包括：通过消除或者降低工作场所风险，保护劳动者及相关人员的安全健康权益；确保建立有效的安全代表、安全协商和安全合作机制，以解决工作场所安全健康管理问题；鼓励协会和雇主采取建设性的角色来改善安全健康实践；提升安全健康方面的信息、教育和培训工作；提供有效的安全健康守法和执法措施；促进安全健康方面的持续改进和相关标准的渐进提高。新法通篇所规定的健康，包括生理和精神健康两个方面。其立法目的涉及雇员、雇主、协会、安全代表等安全健康工作的各个参与主体，涵盖工作场所安全风险、安全协商、教育培训等全方位的安全健康管理。其核心可以概括为一点，保障劳动者及相关人员的安全健康权益。

《澳大利亚联邦工作健康安全法》确立了四项责任承担的基本原则。一是义务不可转移原则。一项义务不能被转移到其他人员身上。二是一人可以负担多项义务原则。三是多人可以共担一项责任原则。多人可以共同分担同一责任。即使有其他人对其负责，义务承担人也必须遵守其法定义务。如果多人对同一事项都有责任，每人应当承担其自身应当承担的责任，必须对其有能力影响或控制的事项承担责任。四是风险管理原则。因健康安全设定的责任，要求当事人尽最大合理可行来消除健康安全方面的风险，如果不能消除，则应当尽最大合理可行来降低职业健康方面的风险。

《澳大利亚联邦工作健康安全法》为从事工作的所有劳动者，以及可能受到影响的所有其他人员，提供一套安全、健康和福利保护机制。全国统一安全健康立法意味着雇主无论何时都要承担更确定的责任，尤其是那些跨地区的雇主。同时，减轻了企业的守法成本。此外，较之过去的法律，《澳大利亚联邦工作健康安全法》以明确责任为基础，更为强调雇主、雇员和他们的代表之间的协商，使得工作场所更加安全。

根据《澳大利亚联邦工作健康安全法》的规定，大部分劳动者都在新法的调整范围之内，包括从事工作的雇员、合同方、转包方、外包工人、学徒和受训员、实习学生、志愿者和雇主等。新法同时对社会公众也一并予以保护，以免他们的安全健康受工作活动的影响。

《澳大利亚联邦工作健康安全法》规定了一切有关人员，包括雇主、雇员、管理人员、设计者、制造商、承包商、供应商等的安全健康"照顾"责任，突出风险评估与控制等管理方法。《澳大利亚联邦工作健康安全法》除了将雇主作为职业安全健康的主要义务承担人外，还将上游的相关主体一并纳入调整范围。

《澳大利亚联邦工作健康安全法》规定全过程安全管理。从事设施设备、管道建筑的设计方、生产方、进口方、供货方、安装方、建设方、委任方，应当尽最大合理可行，确保其设计、制造、进口、供货、安装、建设、委任的设施设备、工作场所对其使用者、建设者、接触者及相关人员的安全健康不产生危险。设计方、生产方、进口方、供货方、安装方、建设方、委任方，必须执行和安排实施任何可能的计算、分析、试验或检测，以履行其安全义务。

《澳大利亚联邦工作健康安全法》规定，从事设施设备、工作场所的设计方、生产方、进口方、供货方、安装方、建设方、委任方，必须为涉及设施设备、工作场所的每一相关人员提供足够的安全信息。

《澳大利亚联邦工作健康安全法》对法律责任主体的规定分类清楚。在多数法律责任条款中，区分个人和法人分别进行规定。如第99条规定，从事生产经营的主体违反监察员发布的即时整改指令的，对于个人处5万澳元罚款，对法人则处25万澳元罚款。第31条进一步区分为三类情况，不遵守法定职业健康安全义务的，对个人处5万元罚款，对从事生产经营的个人或者单位负责人处10万元罚款，对法人则处50万元罚款。

《澳大利亚联邦工作健康安全法》实施非常严厉的处罚，对违反安全健康义务规定，构成重大过失一级责任的，对个人最高处30万元罚金、5年监禁或者并施，对从事生产经营的个人或单位负责人最高处60万元罚金、5年监禁或并施，对法人则最高处300万元罚金处罚。

（三）澳大利亚昆士兰州职业安全法律架构

1. 刑法有关规定

《澳大利亚刑法》中有一些职业安全方面的规定，责任者在违反《澳大利亚刑法》的情况下有可能被起诉。根据《澳大利亚刑法》第203章，过失杀人罪被定义为："一个人，非法地以非谋杀的方式杀害了其他人"。肢体伤害罪被定义为："一个人如果非法地伤害到了其他人的肢体，将被判入狱14年"。

根据《澳大利亚刑法》328章，玩忽职守导致伤害罪被定义为：（1）如果一个人因非法作为，或在职责内作为导致他人受到伤害，将被判入狱2年。（2）责任者可能没有做出任何犯罪行为，仅仅因为所在职位而被逮捕。

根据法律的规定，公司的每一名执行官都因其所在岗位的影响，而被强行赋予了安全责任。所以公司的每一名执行官都必须竭尽全力确保公司符合法律法规的要求。每一名执行官都有可能因公司犯罪而被起诉，甚至无论该名执行官是否有影响了公司决策的行为。在实际操作中，因工作原因而受到起诉的官员，通常是那些每天参与工作，并且他们的工作与公司的犯罪行为有关的官员。

这些条款能够确保职业安全执法的有效性。在这种法律架构下，能够精确地处罚到最合适的人。很多其他法律也采用这种针对执行官的处罚方式，比如，2002年《澳大利亚电力安全法》、2001年《澳大利亚危险货物安全管理法》、1999年《澳大利亚矿山安全健康法》和1999年《澳大利亚采矿选矿安全健康法》。

2. 1995年《澳大利亚作业场所职业安全健康法》

该法主要规定了下列人员的安全责任。包括：雇主、作业场所的管理者、主要合同商、设计人员、制造商和供货商、特定设备的安装商和拆除商、原料的制造商和供应商、构建筑物的设计者或者其他结构物的设计者、作业场所相关区域内的维修者、各种设备设施的维修者、高风险设备操作规程的编写者（第23章）。

雇主还必须承担特定的法律责任。比如：第一，雇主必须确保在其业务范围内，没有工人处于职业安全健康的风险中；第二，雇主必须确保在其业务范围内，其雇员没有处于职业安全健康的风险中；第三，雇主必须确保在其业务范围内，其他人员没有处于职业安全健康的风险中。

如果成立公司，那么上述所有的责任都将由公司承担。公司如果没有承担起上述的责任，那么这就是犯罪。《澳大利亚作业场所职业安全健康法》第167章规定，公司的执行官必须确保公司符合《澳大利亚作业场所职业安全健康法》的要求。执行官被定义为："一个直接或间接参与公司管理的人，无论这个人是公司总裁，还是某某执行官。"

3. 矿山安全立法

昆士兰州现行矿山安全与健康法主要有两部: 1999 年《昆士兰州煤矿安全与健康法》(Coal Mining Safety and Health Act 1999 (QLD), CMSHA 1999) ; 1999 年《昆士兰州矿山与采石场安全健康法》(Mining and Quarrying Safety and Health Act 1999 (QLD), MQSHA 1999)。现行的行政法规也有两部: 2001 年《昆士兰州煤矿安全与健康行政法规》(Coal Mining Safety and Health Regulation 2001) ; 2001 年《昆士兰州矿山与采石场安全与健康行政法规》(Mining and Quarrying Safety and Health Regulation 2001)。

在 1999 年以前, 昆士兰矿山安全是传统的强制规则治理模式, 即立法者和政府制定非常详细的规则, 当事人必须严格遵守, 政府进行严格的执法检查, 对违法者施加重罚。1972 年, 这种模式在英国受到了罗本斯报告的严厉批评, 认为这种模式会导致大量复杂且相互冲突的法律规范, 而且这些规范大多严重过时, 当事人守法很困难, 并且会打击当事人 OSH 创新积极性, 增加企业运营成本, 削弱企业的国际竞争力。受罗本斯报告的影响, 英国及澳大利亚、菲律宾等国家从 20 世纪 90 年代开始, 陆续开始向 "自治" 的 OSH 法律治理模式转变。

但是,《昆士兰州煤矿安全与健康法》与《昆士兰州矿山与采石场安全健康法》并没有明确采用 "自治" 模式, 而是强调以危险管理与危险控制为核心, 要求每个矿山企业都必须达到合理的 "可接受的危险"(Reasonable Acceptable Level of Risk) 的程度。这一总体要求与自治模式下的目标导向的方法极为相似, 都明确要求当事人必须达到一定的安全程度, 但是毕竟与自治模式还是有一定的区别。例如, 自治模式往往会规定一些基本原则, 在原则的指导下由当事人自己寻找合适途径去实现目标。所以, 澳大利亚有些学者仍在呼吁昆士兰州应当完全采纳自治模式。

危险管理立法模式较为原则, 没有为义务人提供详细的规则指导, 但这一不足很大程度上可由大量的 "实践准则"(Codes of Practice) 弥补, 具体包括推荐标准、指南、工业操作规程等。这些实践准则为义务人提供了更加详细的操作指导, 并且与规则治理模式的庞杂立法不同, 实践守则只是根据危险管理原理提出较为具体的实践方法, 从而使义务人享有一定的操作自主权。实践守则并不是必须执行的, 所以如果义务人能够证明自己使用的其他方法能够至少与实践准则的方法一样有效果或者更好, 则不用承担不实施 "实践守则" 的法律责任。

2001 年《昆士兰州煤矿安全与健康行政法规》和 2001 年《昆士兰州矿山与采石场安全与健康行政法规》的调整领域更为详细，涉及 OSH 管理体系、标准操作程序、电子装备、应急处理、危险物资管理、矿山计划等诸多事项。除了对爆炸危险预防制定了特别专门的详尽规则以外，行政法规对其他所有危险都只是指明了抽象的、普遍的预防方法。法规的重点在于强调所有的程序与操作都应当建立在与矿工充分协商的基础之上。

昆士兰州的两部矿山安全法都为相关义务人设置了关键义务，以确保工作场所的危险程度是可以接受的，并且工人和其他人都不会因为矿山生产而受到安全与健康的实质影响。具体为：矿主是第一责任人；矿主应当聘任一个 OSH 管理人，专门负责实施和发展 OSH 管理体系，法律也为其设立了特别义务，如果不能履行义务将会承担法律责任；法律也为矿工设置了法律义务，矿工的操作不得把其他矿工和其他人置于一种不可接受的危险状态下；分包商也有义务确保，在其分包的工作范围内，任何相关的立法与可接受的 OSH 管理体系都得以遵守与实施。

20 世纪 90 年代的矿山 OSH 立法模式改革虽然不够彻底，但它至少标志着昆士兰州的矿山安全立法模式已经开始了由强制规则服从模式转向目标与过程导向的立法模式，其以危险管理为核心、辅以必要的强制规则为补充的立法模式是一项重大的创新，在某种程序上甚至已经超越了 OSH 立法模式，其对相关义务人加重责任，尤其是设置矿山 OSH 现场高级代表承担法定义务的做法值得赞扬。

（四）昆士兰矿山检查执法政策

2008 年 7 月，昆士兰州矿产能源部公布了其最新的矿山检查执法政策（Mines Inspectorate Compliance Policy-July 2008），重申与强调了其一贯的执法原则、执法目标与执法策略，对其矿山安全守法与执法实践影响深远。

1. 执法目标

（1）帮助执法官员在发现违法行为后，确保相关危险得到有效、一致和透明的管理；（2）帮助执法官员和授权人员依据法律正当行使权利，实现立法目标；（3）确保追究刑事责任建议的正当性；（4）以正式文档的形式证明矿产能源部履行了其法定执法职责，并确保公共利益和立法目标的实现。

2. 执法内容

此矿山检查执法政策是矿产能源部矿山检查战略的组成部分，是对矿产能源部审核与检查职能的补充，旨在确保执法人员及授权人员能够正当行使权利。

国家制定立法保护矿工及其他人员的职业安全与健康，矿产能源部通过矿山检查执法，具体实施这些法律，并对违反这些法律的人施加合适的法律责任。

矿产能源部的首要工作重点是要加强与利益相关者的合作。这包括建议和鼓励公司与个人遵守相关法规与标准，履行其 OSH 义务。任何违法者都会受到相应的处罚，其故意或重大过失导致他人陷入危险境地的，视其具体情节轻重，不排除还可能会受到刑事追诉。

对于重大违法行为、可能导致刑事追诉的处理结果，当事人可以向复议委员会提请复议，由复议委员会决定最终处理结果并通知矿产能源部负责人。

矿产能源部依法建立的检查机构与检查员有权执行这些法规。一旦发现了不安全行为或不安全状态，矿产能源部要求必须立刻纠正或采取补救措施。

矿业相关人员有义务遵守矿山安全法规的要求。根据法律规定，以下人员负有特定的矿山安全与健康义务：一般自然人；矿山所有人；矿山经营人；高级现场 OSH 主管；分包商；矿场或采石场的工厂的设计者、制造者、进口者、供应者；矿场的建造者与安装者；矿场所用物料的制造者、进口者与供应者；为矿场服务提供者。

3. 执法原则

（1）实现安全与健康法定义务的最主要措施是遵守法律，或者遵守依法签发的指令；（2）执行依法制定的标准也是实现法定安全与健康义务的途径之一；（3）法律规定的义务人有义务履行法律责任；（4）矿山检查旨在监督相关法律的实施；（5）作为管制者，矿产能源部有责任根据法律规定去发展、评价与公布相关标准与指南；（6）违法行为调查、责令改正或采取其他行政应对措施必须建立在公正、透明与一致的基础上；（7）行政应对措施应当保持内在一致性，与行为及结果严重性相一致，并且在以前措施效果不佳时予以适当加重；（8）法律授权矿山检查部门有权要求义务人履行义务。检查员依法独立、公正、一致地行使这一职责。本政策的任何表述都不应当被理解为对这种职责的任何减损。上述原则构成了执法政策的基础，执法官员应当严格遵守。

根据以上原则，昆士兰州矿产能源部将采取以下措施：（1）依据本政策执法法律；（2）发展、制定并公布相关标准与指南；（3）公布违法行为及其处理结果。

依据此执法政策，执法官员应当及时、高效地处理违法行为，并针对不同程度的违法行为适用不同的行政应对措施。

4. 关于确保"可接受的危险水平"及选择适当的行政应对措施的指南

（1）可接受的危险水平与行政应对措施。

任何存在不可接受的危险情况都是违法的，尤其当这种情况是由于义务人不履行义务而造成的时候，执法官员将会决定对每一种情况采取不同的行政应对措施。矿山安全检查包括审计、检查、调查及其他对违法行为的应对措施。在不会产生紧迫的安全与健康危险时，仅需把违法记录在案并发出书面整改建议或整改指令即可，但当情况表明安全与健康受到紧迫的威胁时，就必须立刻采取合适的措施。例如，签发禁令停止安装、行为中止、清理场地、撤出人员、停工等，违法行为与相应的措施都将记录在案。

在确定适当的行政应对措施时，应当考虑以下因素：违法行为的后果，具体包括主要伤害、危险程度、是否采取了减损措施等；其他违法相关因素，如过错程度、是否是意外事件等；历史因素，如过去的违法记录、安全记录等。

根据以上因素，可以决定采取以下不同的行政应对措施：表明关注并检查矿场记录；与特定的管理人员会面，提出书面意见；与现场高级 OSH 代表或高级 OSH 管理人员交流，提出书面意见；在检察官地区办公室开现场管理说明会；在矿产能源部召开高层会议，首席检察官、地区检察官与地区安全与健康代表参与；建议提起刑事诉讼。在任何情况下，企业必须提前准备好矿山记录并报送至现场高级管理代表和投资人处。

（2）确保危险处于可接受的水平。

发现违法行为以后，执法官员必须先对危险程度进行评估，然后再决定采取合适的行政应对措施。对于轻微的危险情况，执法官员可以直接做出相应的建议与整改指令，并记录在矿山工作记录中；对于重大复杂的危险情况，则需要成立由专家组成的危险评估小组，专门就危险程度进行评估，评估组的评估必须遵守相应的强制法规定。

（3）关于刑事指控建议。

1999 年《昆士兰州煤矿安全与健康法》和 1999 年《昆士兰州矿山与采石场安全与健康法》都规定在当事人严重违法的情况下，授权行政执法部门提起刑事诉讼，法律授权的特定主体（例如法定的现场高级安全主管）也可以提出刑事建议。

根据法律规定，不同主体可提出不同的刑事指控，分别是：对死亡事故或重大违法事件的调查团或执法官员提出的刑事指控建议；检察官因死亡事故和严重事件以外的原因提出的刑事指控建议；其他被授权的人可以提出的刑事指控建议。

根据法律规定，检查机构必须对所有的死亡事故进行调查并出具调查报告。调查员会对事故的自然情况、事故原因、与事故有关的违法行为进行全面调查。如果事故特别重大或造成的潜在危险性极高，会组成调查组进行调查。做出这种刑事指控建议必须依据复审委员会的规定收集相关的证据。但并不是所有的刑事指控建议都是因为死亡事故或严重事故或高潜在危险性造成的。对于多次违法，或者故意或者重大过失违法的行为也可以提出刑事指控建议。一些法律授权主体，例如现场安全高级主管等，也可以提出刑事指控建议。

总体看来，昆士兰的执法政策向社会公开了其执法的基本原则、基本程序与基本措施，有利于其行政公开，也有利于社会主体的学习与守法，是其行政效率的有力保障。

六、南非职业健康与安全立法

完善、全面的立法是职业健康与安全治理的基础。从 20 世纪 90 年代开始，南非逐步完善其与职业健康与安全有关的立法，并最终形成了现在的以 1993 年《南非职业健康与安全法》为基本法，以《南非矿山健康与安全法》等法为特别法，并有大量的指南、标准、规程、部门命令等法律规范为补充的 OSH 立法体系。

1996 年以前，南非没有专门的矿山健康与安全立法。但在 20 世纪 90 年代初，发生了一系列重大矿难，包括一起罐笼坠落，100 多人死亡的重大事故。1994 年南非成立了"里昂委员会"，专门调研南非的矿山健康与安全问题，后该委员会向政府报告，建立制定专门的矿山安全健康法。1997 年南非颁布了其第一部矿山健康与安全法，此后南非矿山健康与安全开始逐步走上法治正轨，矿山健康与安全情况平稳好转。

（一）立法

1. 1993 年《南非职业健康与安全法》（Occupational Health and Safety Act, 1993）

《南非职业健康与安全法》共 50 节，内容非常广泛，重要的制度有：

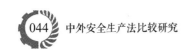

（1）关于国家职业健康与安全委员会（Advisory Council for Occupational Health and Safety）。

根据法律规定，该顾问委员会共 20 人，组成人员包括首席检察官（任委员会主席）、劳工部代表、赔偿委员会代表、国家健康与福利部代表、国家矿产能源部代表、工会选派的 6 名劳工代表等，委员会的主要职责是就职业健康与安全事项向劳工部提供建议，尤其是在标准、指南的制定与发布、OSH 教育培训、OSH 信息收集与发布方面进行研究并发挥着重大作用。

（2）总体义务（General Duties）。

与澳大利亚、马来西亚等国相同，南非的 OSH 立法也采用了英国传统的一般关爱义务（General Duties of Care）立法模式。具体规定为：

雇主对雇员的总体义务：根据法律规定，每一个雇主都应当在实践合理可行的限度内，尽最大可能向雇员提供并维持安全的、对健康没有危险的工作环境。

雇主及自雇人员对雇员以外的人的总体义务：每一个雇主都应当在实践合理可行的情况下，履行自己的法定义务，以确保除其雇员以外的可能受到其行为直接影响的人不处于健康与安全的危险之中。每一个自雇人员都应当在实践合理可行的情况下，履行自己的法定义务，以确保其他可能受到其行为直接影响的人不处于健康与安全的危险之中。

法定行业的雇主的总体义务：根据法律规定，劳工部长有权根据实践情况宣布某些行业为高风险的法定特别行业并予以特别管理。处于此法定行业的雇主必须在与企业健康与安全委员会充分协商后，辨识并评价职业健康与安全风险，并按照法律规定采取必要应对措施；在实践合理可行的限度内，阻止人员处于这种危险之中，或者尽最大可能减少与此种危险的接触；在对危险源性质及雇员接触危险的程度加以评估之后，执行职业病监测，并为这些雇员提供充分的医疗便利。

制造商等人对生产中使用物料的总体义务：工作中使用的物料的设计者、制造者、进口者或供应者，必须在实践合理可行的情况下，确保其物料是安全的，并且在按规定使用时不会有健康风险。为生产场所安装建造设施的人应当在实践合理可行的情况下尽最大可能确保其安装建造的设施是安全的，并且在合理使用时不会造成健康风险。

雇员的总体义务：谨慎关注自己及可能受自己行为或疏忽影响的他人的健康与安全；雇主或其他人依本法规定可要求雇员承担一定的责任，雇员应当与他们合作并履行职责；执行法律命令，遵守雇主或其授权的人为其利益而制定的职业健康与安全规则；如果观察到任何不安全或不健康的工作环境与条件，必须尽快向雇主或其工作范围的安全健康代表报告；如果身处事故之中，影响到健康或者已经造成了伤害，必须向雇主或雇主授权的人或其安全健康代表报告，报告必须尽可能迅速，除非情况表明不可能，否则最迟应当在事故实质性发生以前报告。

（3）企业安全健康委员会与安全健康代表。

根据法律规定，如果一个工作场所雇员达到 20 人以上，就必须在本法实施或开始其工商业之或者雇员超过 20 人之日起 4 个月内，为该工作场所书面任命一名安全健康代表。只有受雇于该特定场所并且熟悉该场所情况的全职职工，才可以被任命为安全健康代表。原则上，在商店、办公室等场所每 100 名雇员应当有一名安全健康代表，在其他作业场所每 50 名雇员就应当至少有一名安全健康代表。

法律详细规定了安全健康代表的职能，总结起来大致包括：审查健康安全措施的有效性；辨识潜在的职业健康与安全危险；与雇主合作查明事故原因；对雇员的投诉进行初步调查研究；作为雇主或雇员代表参与特定的活动；对作业现场和工作日志文件进行检查；陪同国家检查员检查工作现场；进行内部健康与安全审查；根据规定，如果一个工作场所有两个或两个以上安全健康代表，就应当建立安全健康委员会，履行相应职责，发展、促进、维持和复审各种健康与安全措施。其法定职能主要有：就特定的 OSH 事项向雇主或者检查员建议；讨论职业伤病事件；履行其他法定职责。

（4）行政规章。

根据《南非职业健康与安全法》第 43 节规定，劳工部长可以制定必要的行政规章，但制定规章前必须咨询国家职业健康与安全委员会或与其他部协商。在制定规章的过程中，劳工部长可以对当事人进行区别对待，但这种区别对待不得基于种族或肤色。部长设置的处罚只能是罚金，或者 12 个月以下监禁，或其他不高于这些标准的综合处罚。

（5）合并条款。

劳工部长有权通过政府公告的方式把 OSH 标准引用合并到行政规章里，使其具有与规章相同的效力，而且这种引用与合并无须把标准的全文都引用，只要引用该标准的编号、标题、签发年份，或者其他足以识别出某一份标准的东西即可，但引用之前劳工部长必须要先和国家职业健康与安全顾问充分协商。

2. 1996 年《南非矿山健康与安全法》(Mine Health and Safety Amendment Act，1996)

1997 年有少许修订，具体内容见"南非矿山安全法制"。

3. 1993 年《南非职业伤病赔偿法》(Compensation for Occupational Injuries and Diseases Act，1993)

为了明确职业伤病赔偿程序与标准，1993 年南非通过了职业伤病赔偿法，为了实施这一法律，劳动部会通过年度具体的赔偿办法与标准。以 2007 年南非劳工部公布的 2007 年 5 月 1 日以后《南非职业伤病赔偿计算办法》为例，该规定规范了五种赔偿：

（1）临时伤残赔偿。

在雇员临时性伤残期间，赔偿是按期计算的，即每月收入的 75%，但最高每月不超过 16832 兰特，换成周即每周不超过 3883.31 兰特。赔偿期从工人受工伤或职业病伤害而离开工作之日起计算，节假日也扣除，受伤的前三天不予赔偿，第四天开始才予以赔偿。

（2）永久伤残赔偿。

如果永久性伤残经鉴定是 30% 以下程度的伤残，则实行一次性赔偿，赔偿数额是雇员月收入的 15 倍，但作为计算依据的月收入最高不超过 9428 兰特，所以赔偿最高限额是 141420 兰特。另外，如果雇员月收入低于 2169 兰特，则以 2169 为月收入计算依据，此时赔偿最低限额是 32535 兰特。

如果永久性伤残经鉴定是 30% 以上程度的伤残，则实行按月发放赔偿津贴的做法。如果是完全残疾（100% 程度残疾），则按照上述临时伤残的方法发放赔偿。如果伤残程度不到 100%，则相应地按比例计算，月最低收入限额同样定为 2169 兰特。

（3）死亡赔偿。

支付给死亡者配偶的赔偿，包括（a）一次性支付，数额是 100% 残疾计算方法的两倍；（b）按月支付的津贴，数额是 100% 残疾计算方法的 40%。支付给 18 岁以下未成年子女的赔偿是月津贴，数额是 100% 残疾计算方法的 20%，但支付给子女和配偶的月津贴总额不得超过 100% 残疾计算方法的月津贴总额。如果配偶再婚，津贴不停止支付，子女的津贴支付到 18 岁成年，或者在此之前死亡或结婚则也停止支付。

另外还可从赔偿基金中支付不超过 9550 兰特用于丧葬费。

（4）医疗花费。

所有合理的医疗花费都从赔偿基金中支付。

（5）伤员运输费用。

把伤员运送到医院、诊所和家庭的合理支出的运输费用也可以从赔偿基金中支出。

4．1995年《南非劳动关系法》（Labour Relations Act，1995）

1995年的劳动关系法旨在调解劳资双方的法律关系，明确双方的权利义务，对雇主单方解除合同、罢工、劳资争议调解仲裁中心（CCMA）、劳动法庭（Labour Court）等事项都做了详细规定。这一法律把解决劳资纠纷限定于法律框架之内，对于解决因职业健康与安全问题而产生的纠纷具有法律约束力。

5．1997年《南非劳动基准条件法》（Basic Conditions of Employment Act，1997）

1997年的劳动基准法规定了劳动最低标准条件，旨在促进经济发展和社会正义。这部法律的规定十分详细，内容包括工作时间、就餐时间、周日、公休日及晚上工作、病假、产假、家庭原因的事假、解除合同的赔偿金、国内最低工资、农业及季节工的最低工资、批发零售工最低工资、未成年工（在南非禁止使用15周岁以下儿童，但15周岁以上不满18周岁的可有限度使用）等内容。这些内容中相当一部分规定有利于雇员的基本身心健康。

6．1998年《南非劳动平等法》（Employment Equity Act，1998）

劳动平等法旨在消除就业歧视，实现劳动就业机会平等。法律禁止任何基于种族、性取向、性别、孕产、婚姻或家庭原因、宗教、肤色、年龄、伤残、信仰、HIV感染状态、道德政治观点、文化或语言等因素予以歧视对待。

7．1998年《南非劳动技能发展法》（Skills Development Act，1998）

该法旨在推动南非全国劳工劳动能力的持续提升。该法规定建立培训基金，所有雇主都必须交其所支付的工资总额的1%的培训基金税。只有支付年工资额低于2.5万兰特的小雇主才可以免此税收。该法律还规定了日常培训、技工训练、学徒、学徒最低工资、失业人员培训等内容。这部法律对于提高职业健康与安全技能起到了一定的保障作用。

8．2001年《南非失业保险法》（Unemployment Insurance Act，2001）

在南非，所有每周工作24小时以上的工人都应当进行登记在册并缴纳失业保险基金。具体缴纳方式是雇员和雇主各缴纳雇员月收入的1%。失业保险基金（UIF）为失业、哺乳、疾病或其他合理原因而不能参加工作的人提供短

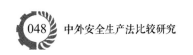

期补助。失业保险法为失业或因故不能工作的人提供了短期生活保障。

（二）法规与通告（Regulations and Notices）

根据南非法律规定，劳工部有权为实施相关法律而颁发相应的行政法规与通告。与其劳动立法体系相似，劳工部的行政法规与通告也集中在劳动基准、平等就业、劳动关系、职业健康与安全、劳动技能发展、失业保险基金管理、医疗基金管理等方面。

以职业健康与安全方面的法规与通告为例，近年来劳工部颁布的重要法规通告有：

对因工作而感染 HIV 雇员的赔偿通告，这一公告特别明确了政府的责任；职业伤害与职业病赔偿规范，对职业健康与安全赔偿法进行了一些完善；棉纤维吸入性肺炎防治指令；肺癌防治指令；听力永久丧失残疾防治与赔偿指令；因石棉皮肤病防治与赔偿指令；因硅尘肺病防治与赔偿指令；上肢不协调症防治与赔偿指令；上呼吸道职业病防治与赔偿指令；职业哮喘加重症的防治与赔偿指令等。

这些行政法规具有与法律一样的效力，在实践中发挥着十分重要的作用。

（三）分类规章（Sectoral Determination）

为了便于管理，劳工部就不同的职业领域专门颁布了许多分类规章，包括童工类、土木工程类、农业类、林业类、服务业类、学徒工类、批发零售业类等。

（四）基础指南（Basic Guides）

劳工部还颁发了一些基础指南，同样集中在劳动基准、职业伤病赔偿、平等就业、劳动关系、职业健康与安全、劳动技能发展、失业保险等领域。

（五）操作规程（Codes of Good Practice）

劳工部还颁发了大量的操作规程，在职业健康与安全方面应用最多的规程是《起重机操作员培训评估国家规程》。

（六）矿山安全法

南非的矿山安全法规主要由 1996 年《南非矿山健康与安全法》和大量的指南两部分组成，共有八章，其主要内容是：

第一章　立法目的

立法的主要目的是保护矿山工作人员的健康与安全；矿主与矿工都有义务去辨识、消除、控制并使矿山健康与安全风险最小化；给国家赋予国际公法上的义务去关注矿山 OSH 问题；通过安全健康代表与安全健康委员会为矿工提供参与矿山事务的机会；为矿山健康与安全行政执法提供依据；通过调查与检查提高矿山 OSH 水平；建立矿山安全文化，开展矿山安全培训，在政府、矿主和矿工及其代表之间建立一种合作协商机制，促进矿山安全。

第二章　矿山健康与安全

任何矿山的矿主都必须要确保其矿山安全，必须指定专门的矿山健康与安全管理人员，并确保不会影响矿工和其他人的生命健康与安全，管理人员要为矿工提供充足必要的个人救护设备，矿业工会可以要求国家安全检查员进行检查，管理人员应当建立各种管理准则和培训制度，落实健康与安全措施，矿工有权拒绝危险的工作等。

第三章　安全健康代表与安全健康委员会

矿工超过 20 人以上的矿山必须设立健康与安全代表；超过 100 人以上的，必须要建立安全健康委员会。安全健康代表与委员会矿工利益，有相关 OSH 事项与矿主进行谈判，并有权要求矿工撤出工作场所。关于代表与委员会的建立、代表选任、责任与权利、行动保障等问题法律都做了详细的规定。

第四章　三方机构

法律的第 41~46 条规定应当建立一个三方机构——矿山健康与安全理事会，作为矿产与能源部部长进行矿山 OSH 管理的顾问机构。理事会由矿主、矿工和政府三方各 5 名代表组成，国家首席矿山检查员是理事会主席。理事会的主要职责是为矿产能源部部长制定相关的政策法规提供建议，协调各方开展工作，促进创建矿山安全文化，协助提高南非的矿山健康与安全水平。

第五章　矿山健康与安全检查

设立国家矿山安全检查员与地区矿山安全检查员。矿产能源部部长任命首席检查员，其主要职责是管理国家矿山检查机制，任命地区检查员，并制定实施矿山 OSH 政策等。矿山安全检查员有权进入任何一个矿山现场进行检查，也可以检查任何工作档案，并可以对违法行为进行处罚或提出诉讼。

第六章　矿产与能源部部长的权力

部长有权宣布禁止某项行动，限制人员进入特定场所，制定相关的行政法规与指南，进行矿山健康与安全行政管理。

第七章　法律程序与违法

这一部分主要规定了劳动法庭的管辖权、禁止歧视主张权利的雇员、矿山安全设备不被破坏、井下禁止使用未成年工、疏忽或过失违法行为、对违法行为的诉讼等制度。

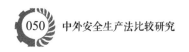

第八章　一般条款

主要内容包括 OSH 行政权力的赋予与行使、部长有权变更执法计划、行政法规、本立法的修改与解释、术语定义、1993 年职业健康与安全法对矿山领域不适用等内容。

矿产能源部还制定了大量的指南，有的是行政法规，有的则是各种标准与规程。主要有：矿山健康与安全法执法指南；单轨安全操作强制规程编写指南；井工矿顶板支护强制规程编写指南；风险分级与应对措施流程图；听觉保护措施；空气污染下的个人防护指南；煤矿可燃气体与煤尘爆炸防治指南；非煤矿可燃气体爆炸防治指南；热应力指南；氰化物管理强制规程指南；职业噪音危险防治规程指南；企业医生肺结核控制指导书；企业医生肺功能测试指导书；金属矿顶板控制与矿尘控制规程；职业健康控制计划指南；井工煤矿煤粉尘防爆指南；无轨移动设备操作指南；废弃物堆放指南等。

七、德国安全生产立法概况

（一）安全生产状况

德国的每单位生产总值事故数量全球最低，安全生产水平很高。据统计，2004 年德国全国发生各类安全生产事故共死亡 1142 人，其中工伤事故死亡 645 人，道路交通事故死亡 497 人❶；而 2004 年 1~6 月仅半年间，我国各类事故死亡总人数则高达 63735 人，其中各类交通事故死亡人数高达 53902 人。❷总体看来，德国的低事故率得益于其全面的事故控制体系，而立法与监管则在这一体系中起着至关重要的作用。

德国是欧洲矿产资源比较丰富的国家之一，现有各类矿山 250 多个。主要开采的矿种有煤、钾、盐，此外还开采少量金属、非金属和石油资源等。其煤炭产业曾经地其支柱产业之一。鲁尔矿区更是全球闻名，对德国经济发展起到了重要作用。近年来，由于浅层煤炭资源已经逐渐枯竭，德国矿井的开采深度也越来越深，生产危险性大大增加，生产成本也过高，所以德国在政府补贴的情况开始有计划地逐步减少并关闭其煤矿矿井。德国国内目前仅存 8 座煤矿，年产量仅 2200 万吨。德国政府已经明确宣布，2018 年前将全部

❶　数据来源：德国工商业工伤保险联合会（HVBG）。
❷　数据来源：2004 年上半年全国安全生产事故统计分析［OL］.国家安全生产总局网站，http://www.chinasafety.gov.cn/anquanfenxi/2004－08/04/content_22929.htm.

关闭其国内煤矿矿井。

　　但尽管如此，一方面历史上并直到今天，德国的煤矿开采安全与管理水平仍居于世界前列，其矿山事故与职业病发生率都很低。例如，据统计1996年德国百万工时受伤事故为40起（根据德国法的规定，受伤三天内无法恢复工作即应申报工伤事故），比建筑行业低，80%的事故都是磕磕碰碰的小事故，典型的矿山事故（如冒顶事故）只占20%，瓦斯伤亡事故极少发生；❶另一方面其他非煤矿山的开采与安全管理活动仍在继续。所以研究德国的矿山安全法制仍有较强的理论价值，能够为我国的矿山安全法制建设提供参考借鉴价值。

　　（二）国家安全生产立法

　　德国是联邦制国家，联邦议院可以进行安全生产立法，各州地方立法机关也可以进行相关立法。德国联邦议院下专门设立了劳动与社会福利专业委员会，专门进行相关立法。经过多年发展与完善，德国已经形成了比较完整、体系化的安全生产立法。

　　据初步统计，截至2004年底，德国保障安全生产的重要联邦法律法规与条例有：《德国劳动安全法》，由前联邦德国于1973年12月12日发布；《德国联邦矿业法》，1980年8月13日发布；《德国实施劳动保护措施改善雇员健康和安全条件法》，简称《德国劳动保护法》，1996年8月7日发布，强调通过采取劳动保护措施来确保雇员职业安全与健康；《德国施工场地安全和健康保护规范》，1998年6月10日发布；《德国劳动工具准备和使用安全和健康保护规范》，2002年9月27日发布；《德国仪器和产品安全法》，2004年1月6日发布；《德国技术工具和使用产品法》，2004年1月6日发布；《德国事故预防条例》，2004年7月发布；《德国工作场地规范》，2004年8月12日发布；《德国有害气体防护规范》，2004年12月23日发布；此外，《德国劳动场所条例》《德国危险原料条例》《德国工商业条例》《德国爆炸品法》《德国化学品法》《德国放射光线防护法》和《德国青少年劳动保护法》等也都有大量的职业安全与健康的规定。

　　这些联邦规范以1996年的《德国劳动保护法》为基本法，辅以《德国联邦矿业法》等行业法规规范，共同构成了完整的安全生产法律体系。

---

❶　科学技术部专题研究组.国际安全生产发展报告［M］.北京：科学技术文献出版社，2006：66.

（三）德国矿山安全立法

德国的矿业安全立法已有悠久历史，早在 13 世纪就有简单的矿业安全立法。现在适用于德国矿山安全卫生方面的法律、法规有三类：第一类是欧盟制定的有关职业安全卫生方面的法律、法规；第二类是联邦矿业法律、法规和其他有关职业安全卫生方面的联邦法律、法规；第三类是矿业公会制定的矿山安全卫生规章和技术标准。另外，州一级也有权制定矿山安全法规，但现在已逐渐被联邦统一的法规取代。

现行的矿业法律、法规有 1980 年颁布的《德国联邦矿业法》，根据《德国联邦矿业法》制定的《德国硬煤开采条例》；1983 年颁布，主要适用于硬煤矿、钾矿和盐矿的《德国矿业（有关防止井下气候影响职工健康）条例》；1991 年颁布，主要规定矿主有义务对矿工的身体进行定期检查，矿主必须对影响职工健康的危害因素采取预防措施的《德国矿业（有关职工健康保护）条例》；1993 年颁布的《德国矿用电气设备许可条例》。

《德国联邦矿业法》有 12 个部分，共有 178 条，除对采矿权人的权利与义务和探矿、采矿、矿产品加工利用等作出规定外，对保障矿山安全生产、保护矿工人身安全和健康方面作了详细规定，其中最重要的部分是规定了矿主必须确保员工的安全和健康，必须根据矿山开采的实际情况制定安全技术规则和安全卫生计划，雇用一定数量的安全专家和企业医生，企业必须成立健康与安全委员会，必须对员工进行培训等。

除上述法律、法规外，还有矿业公会（BBG）制定的一些安全卫生规章和技术标准，这些规章和技术标准，企业同样要认真执行。

八、日本安全生产立法概况

（一）劳动安全卫生法律体系完备

20 世纪 50 年代以后，随着工业化的发展和经济的增长，日本的工伤死亡人数曾在一段时期内剧增，对企业生产活动和国家经济发展都造成了严重影响。为此，日本政府陆续出台了《日本劳动安全卫生法》等一系列相关法律法规，各界也积极配合，尽力消除生产中的安全隐患。

日本安全生产立法是以 1947 年《日本劳动基准法》（昭和 22 年法律第 49 号）为基础和以 1972 年《日本劳动安全卫生法》为基本构建起来的法律体系，还有《日本工作环境测定法》（《日本作业环境测定法》）、《尘肺法》（じ

ん肺法）、《日本煤矿灾害造成的一氧化碳中毒症相关特别措施法》（炭鉱災害
による一酸化炭素中毒症に関する特別措置法）、《日本劳动灾害防止团体法》
（労働災害防止団体法）、《日本劳动者派遣事业的合理运营的确保及派遣劳动
者的保护等相关法》（労働者派遣事業の適正な運営の確保及び派遣労働者の
保護等に関する法律）、《日本过劳死等防止对策推进法》（過労死等防止対策
推進法）、《日本矿山安全法》（鉱山保安）等。

（二）1972 年《日本劳动安全卫生法》

该法值得着重一提的有两点：

一是该法规定，所有独立进行生产活动的企事业单位都必须建立劳动安
全生产体制，任命或指定劳动安全卫生负责人，监督和指导企业的安全生产
工作。安全负责人必须修完大学理工科正规课程，并从事过三年以上企业安
全管理工作。企业内的各个车间和班组必须设置安全卫生管理员或者作业主
任等具体实施安全生产措施的人员。

二是该法规定，有 50 名以上职工的企事业单位必须配备医生，负责企业
员工的健康和卫生管理，实施健康诊断，进行作业环境的维护，调查影响健
康的原因和采取相应防护措施等。如果生产场所内有高压电，企业必须要有
具备相应资格的技术人员负责有关安全问题。

（三）《日本矿山安全法》

1949 年，制定了《日本矿山安全法》，又颁布实施了煤炭、金属、石油
3 项省令安全规则。此后，由于灾害的发生、技术的进步等多次作了修改。
1994 年整合了这 3 项规则，统一为《日本矿山安全规则》。2005 年 4 月，由
于井工开采煤矿大幅减少和安全技术提高，为了激发民营企业的安全自主性，
日本政府总结《日本矿山安全规则》，使之适应现状，提高规则实效性，又对
《日本矿山安全法》及《日本矿山安全规则》实施了修订。修订后的《日本矿
山安全法》将自主安全作为法律的理念执行，以法律的形式给予煤矿执行自
主安全所必需的支持。

该法规定，矿业所有者必须防止矿井的塌方、冒顶、冒水、瓦斯爆炸和
矿井内火灾等各类事故。一旦发生事故，矿主必须迅速有效地组织救护，并
最大限度降低危害。该法强调事先监察，落实防范措施，消灭事故隐患，防
患于未然。为此，建立了日本矿山安全监察系统。

九、俄罗斯安全生产立法概况

俄罗斯关于职业安全与健康的立法历史悠久，而且一直比较重视安全生产的国家监管。早在 1719 年 12 月，彼得大帝就下令建立矿物总局，进行矿山安全监管，其后俄罗斯频繁颁布各种安全生产法律法规。据粗略统计，目前俄罗斯有大约 2000 多种职业安全与健康方面的法规、指令、卫生条约、国家标准等规范性法律文件。俄罗斯联邦宪法和俄罗斯劳动法典都规定，所有劳动者有权在安全健康的工作环境中工作，雇主有义务采取一切措施遵守劳动安全立法，确保雇员的工作环境是安全健康的。

（一）1997 年《俄罗斯联邦危险生产项目工业安全法》

该法规调整危险生产项目的批准、规划、建设、试产与投产等重要阶段的安全要求，由联邦中央和地方官员共同实施，是俄罗斯最重要的工业安全法规。该法的方针是预防危险生产项目发生事故，保障工业危险生产安全运行预防、限制和杜绝事故隐患。该法共 18 条：

第 1 条是基本概念，指出危险生产项目工业安全概念的提出旨在为人的生命安全、重要财产和社会提供保护，使之免受危险生产项目事故及其后果的危害；第 2 条界定了危险生产项目的范围，并规定了相应的登记程序；第 3 条规定了危险生产项目的工业安全要求；第 4 条指出工业安全法和俄罗斯联邦工业安全领域其他法律具有管辖权；第 5 条规范了联邦政府的执法权限；第 6 条规定了工业安全领域许可证发放问题；第 7 条是关于危险生产项目技术设备安全规定及相关强制标准；第 8 条提出了对危险生产项目的规划、建设和验收的工业安全要求；第 9 条提出对危险生产项目投产的工业安全要求；第 10 条是危险生产项目限制和消除事故后果准备工作的工业安全要求；第 11 条是对遵守工业安全制度的生产监督；第 12 条是关于事故调查的规定；第 13 条是对工业安全的技术鉴定问题；第 14 条调整工业安全申报工作；第 15 条调整危险生产项目运行过程中损害原因责任保险；第 16 条是对工业安全领域的联邦监督；第 17 条是对违反工业安全法的责任追究；第 18 条是关于法的生效的规定。

（二）1999 年修订的《俄罗斯联邦劳动保护基准法》

该法规定，国家对劳动保护实施监督，对当事人是否遵守劳动保护法规的情况进行监督检查；对工人在劳动保护方面合法权益的保护实施社会监督；对生产事故和职业病进行调查；国家对现代生产技术水平和劳动组织不可消除的重体力劳动和在有害或危险条件下作业的职工给予补偿；国家对劳动保护方面的各项措施给予拨款；为工人提供工伤事故和职业病社会保险，以保护工人、事故受害者和职业病受害者及其家庭的合法权利。

（三）1998 年《俄罗斯联邦工伤与职业病强制社会保险法》

该法建立了市场经济条件下的强制性社会保险，不仅用于事故后救治、恢复与补偿的支付，还有利于把保险业的监督力量纳入到事故预防工作中来，从而更有效地防止事故发生。

（四）2001 年颁布，2005 年修订的《关于在俄罗斯联邦领土范围内危险生产项目工业安全保障措施的决议》

为了保障境内危险生产项目的安全运行，俄罗斯联邦政府做出决议：

（1）采纳俄罗斯联邦矿业与工业监督局协同联邦工业和科学部、联邦经济发展与贸易部、联邦司法部以及有关联邦权力执行机构《关于在俄罗斯联邦领土范围内加强和贯彻危险生产项目监督系统组织工作的建议》，以实施工业安全技术监督。对危险生产项目边疆使用的技术装置、设备实施技术鉴定，以确定其有效性的安全使用期，对需延长安全使用期的此类设备实施技术鉴定，以确定其剩余使用价值。

（2）对于俄罗斯联邦领土范围内危险生产项目技术装置、设备以及延长安全使用期均须按俄罗斯联邦矿业与工业监督局制定的规程旅行。

近年来，俄罗斯多方面完善其安全生产法律法规体系，强化了安全生产许可证管理工作，并逐步建立了企业安全申报制度，即由专业机构对企业安全情况做出鉴定，包括对企业安全情况、风险程度、防范风险的措施进行评定；目前正在建立工业安全鉴定体系，使各种有关安全的统计、信息和监督程序通过数据库管理规范化。❶

十、印度安全生产立法概况

（一）宪法确定的安全生产立法原则

印度宪法设立了关于职业安全与健康的条款，规定安全和健康的工作环境是劳动者的一项基本权利。禁止任何工厂、矿山及其他危险行业使用 14 周岁以

---

❶ 参阅科学技术部专题研究组.国际安全生产发展报告［M］.北京：科技文献出版社，2006：127-131.

下童工；各邦制定的专门政策不得使劳动者从事其体力与年龄不适应的工作，不得剥夺儿童的自由、尊严和物质权利；国家应当采取措施确保公正、人道的工作条件，减轻孕妇工作压力等。这些规定是印度职业安全与健康法制的基础。

（二）1948 年《印度工厂法》

1948 年，印度颁布了独立以后的第一部有关职业安全与健康的法律《印度工厂法》，以后因经 1954 年、1970 年、1976 年、1987 年等多次修改，目前是最主要的执法依据之一。该法律规定了工厂雇主的 OHS 义务主要有：

（1）工作环境要求：确保厂房干净卫生；采取有效管理措施处理废物废水；保证车间空气通畅；确保工人在合适的温度下工作；及时清理生产过程中产生的对工人有害的灰尘和气体；为每位工人提供相对固定的工作空间；提供充足合适的光照环境；为所有工人提供干净便利的饮用水；工厂厕所要依据一定的具体标准建设等。

（2）机器设备及现场安全管理：厂方要确保危险机器的各个零部件的安全运转；对机器的安全操作与运行要给予提醒和警告；要安装紧急断电装置；对升降电梯要经常维护；要对起重器械、链索、绳索以及其他连接装置经常维修维护；对高压容器要定期测试和检验；确保工作中的行走路面安全；工人进入限制性工作区域之前，要确保没有危险的灰尘和气体；要有必要的消防设施等。

（3）安全管理联络义务：工厂的经营者应当向有关方面进行必要的信息通报；要向工人、管理人员、检查人员以及当地政府部门说明工厂在哪些地方存在危险或有可能损害工人健康，并说明保护工人健康与安全应采取的相应措施；说明工厂的安全政策与措施；废、旧物的处理情况；要制定保护工人和当地民众的应急预案；说明对危险物品的使用、运输、存储和处理情况等。

（4）关注工人职业健康义务：工厂应当定期对工人进行健康检查，要安排有经验的专门人员负责危险物品处理；专门人员处理危险品结束后，应采取相应的保护措施并给予定期的身体检查。

（三）1986 年《印度码头工人安全、健康与福利法》

《印度码头工人安全、健康与福利法》要求所有的港口、码头都应当制定安全应急预案，并经安全检查员认可；港口、码头管理部门应每月定期向安全检查人员递交事故情况报表；港口、码头要经常对工人进行安全教育和培训；港口、码头工作场所必须是安全的；在工人上岗前港口、码头必须对其进行必要的培训，提供操作指南，并对岗位中存在的危险预先给予说明。

每个港口、码头都应当成立一个安全委员会，负责人应当是港口、码头的副主任以上人员；其主要职责是调查安全事故发生原因；检查工作中存在的不安全因素并提出改进建议；对工人进行安全教育；对安全委员会的决定或建议，港口、码头应当遵照执行。

（四）1952年《印度矿山法》

1952年3月15日，印度国会通过了《印度矿山法》，其后历经多次修改，目前是印度矿山生产领域的基本法。该法共十章，分别为：第一章，序言；第二章，检查员与医疗保障；第三章，矿业委员会；第四章，矿山生产与管理；第五章，矿山安全与健康；第六章，工时制；第七章，带薪停工情况；第八章，行政法规、规则与企业规章；第九章，法律责任；第十章，附则。

其中第五章是关于矿山行业的职业安全与健康规范，主要内容包括矿主应提供干净清洁的饮用水；为男女矿工分别提供符合要求的厕所；为矿工提供医疗便利；矿山安全检查员的职责；特定情况下用工禁止；事故报告；政府有权成立事故调查法庭；特定职业病的报告制度；对职业病进行调查的规定以及相关矿山安全与健康的书面报告制度等。

（五）其他相关法律法规

主要包括：1855年《印度伤亡事故法》、1884年《印度爆炸物与爆破法》、1923年《印度锅炉法》、1934年《印度石油法》、1951年《印度农场劳工法》、1962年《印度原子能法》、1968年《印度杀虫剂法》、1971年《印度放射线保护法规》、1983年《印度危险机器安全操作法》、1989年《印度危险化学药品生产、储藏和进口法规》、1989年《印度铁路法》（2005年修订）、2005年《印度灾害管理法》等。

第二节　本书所选取的各国法律文本及其目录

一、本书所选用的各国或地区安全生产法或职业安全卫生（健康）法的基本文本

选用的中国法是2014年修正《安全生产法》（共七章114条）和2016年

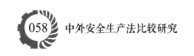

修正《职业病防治法》(共七章 88 条)。

选用的中国台湾地区有关规定是 1974 年"台湾地区劳工安全卫生法"及其施行细则,有六章,细则也有相对应的六章。

选用的国际法主要是 1981 年《职业安全和卫生及工作环境公约》,共五个部分;另有一个建议书以及若干个单行公约。公约订立主体是各个会员国家,公约内容也多是要求各国家承担其保护雇员安全和健康的责任。

选用的英国法是 1974 年《英国工作健康与安全法》,共三章。

选用的美国法是 1970 年《美国联邦职业安全与卫生法》,共二十七章。

澳大利亚没有联邦统一的职业安全卫生法,但有《澳大利亚国家职业健康与安全委员会法》,共十部分。近年,澳大利亚在制定职业安全卫生示范法,供各州选择采用。它们的职业安全卫生立法权在各州,所以本书研究选取 1983 年《新南威尔士州职业健康与安全法》及其职业健康与安全委员会条例。

选用的南非法是 1993 年《南非职业健康与安全法》,共五十大条;另有 1996 年《南非矿山健康与安全法》,共八章 106 节。

选用的德国法是 1996 年《德国劳动保护法》,共五章。

选用的日本法是 1972 年《日本劳动安全卫生法》,共十三章。

各国法的法名不同,与国际法的名称也不一样,它们总共用了安全、卫生(或健康❶)、生产、劳动、职业、工作环境、劳工等名词术语和概念,中国法是分别以安全生产和职业病防治冠名。中国台湾地区将劳工冠以"法"名,它着眼于劳工(不是职业者),旨在保护其安全和健康。从法名上看,主要区别在于中国法着眼于生产及经营活动,外国法着眼于职业者,国际法着眼于国家责任和义务。

本书正文所引述各国、地区相关法律条款,除特别指明者外,皆出自上列各对应的选用文本,不再一一赘述。

至于俄罗斯法、印度法、欧盟法,我们只是查询了一些资料,并未参照其基本文本。

---

❶ health,对应于中文健康、卫生,翻译中什么时候使用"健康"、什么时候使用"卫生"与其对应,长期来比较乱。我们认为,在对应于人特别是个体的人时,要译为"健康",比如在说到人、身体、岗位、职业时要使用"健康"一词;在对应于物、环境特别是整体物时,要译为"卫生",比如在说到矿山、化工、法名时要使用"卫生"一词。但本书使用或引用的资料时并未照此改正"健康"或"卫生"用语,仍照原文采用。

二、各国法目录

（一）中国法目录

2014 年修正《安全生产法》

第一章　总则

第二章　生产经营单位的安全生产保障

第三章　从业人员的安全生产权利义务

第四章　安全生产的监督管理

第五章　生产安全事故的应急救援与调查处理

第六章　法律责任

第七章　附则

2018 年修正《职业病防治法》

第一章　总则

第二章　前期预防

第三章　劳动过程中的防护与管理

第四章　职业病诊断与职业病病人保障

第五章　监督检查

第六章　法律责任

第七章　附则

台湾地区有关规定目录：

1974 年"台湾地区劳工安全卫生法"

第一章　总则

第二章　安全卫生设施

第三章　安全卫生管理

第四章　监督与检查

第五章　罚则

第六章　附则

以及 1974 年"台湾地区劳工安全卫生法施行细则"

另有：1975 年"台湾地区工厂法"第八章工厂安全与卫生设备、第九章工人津贴及抚恤。

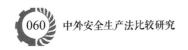

（二）国际法目录

1981年《职业安全和卫生及工作环境公约》（第155号公约）

第一部分　范围和定义

第二部分　国家政策的原则

第三部分　国家一级的行动

第四部分　企业一级的行动

1981年《职业安全、卫生和工作环境建议书》（第164号建议书）

一、适用范围和定义

二、技术行动领域

三、国家一级的行动

四、企业一级的行动

五、同现行国际劳工公约和建议书的关系

（三）英国法目录

1974年《英国工作健康与安全法》

第一章　同工作有关的健康、安全和福利以及对危险物质及排放物排入大气的控制

　　总体要求

　　基本责任

　　健康与安全委员会和健康与安全执行局

　　健康和安全法规和已批准的工作守则

　　实施

　　信息的获取和披露

　　和农业有关的特定条款

　　罪行的条文

　　财务法规

　　其他与补充

第二章　就业医疗咨询服务

第三章　建筑规程及1959年（苏格兰）建筑法修订案

（四）美国法目录

1970年《美国联邦职业安全与健康法》

为保证男女劳动者工作条件安全和卫生以及其他目的

国会调查结果和目的

定义

本法的适用性

责任

职业安全卫生标准

咨询委员会

视察、调查和记录保存

传票

执法步骤

司法复查

职业安全卫生复查委员会

抵制紧迫危险的步骤

民事诉讼代表

商务秘密的机密性

变动、宽容和豁免

罚则

州的司法权和州的计划

联邦机构的职业安全卫生方案和责任

研究和有关活动

培训和雇员教育

国家职业安全卫生研究所

给州以授给物（补助、拨款、授地）

统计

审计

年报

州工人补偿法全国委员会

为小商业者的经济援助

增设劳工部部长助理

增加职位

紧急定位信标

可分性

拨款

生效日期

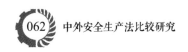

（五）澳大利亚法目录

《澳大利亚国家职业健康与安全委员会法》

第一部分——引言

第二部分——国家职业健康与安全委员会

第三部分——委员会的构成和会议

第四部分——执委会，分支委员会和专门委员会

第五部分——国家职业安全卫生办公室和国家职业安全卫生研究所

第六部分——国家标准和规范

第七部分——公开听证会

第八部分——工作人员和顾问

第十部分——其他

1983 年《新南威尔士州职业健康与安全法》

第 1 部分　序言

第 2 部分（已废除）

第 3 部分　工作中健康、安全和福利的一般规定

第 4 部分　相关的职业健康与安全的法规

第 5 部分　规程

第 6 部分　违规

《新南威尔士州职业健康与安全委员会条例》

第 1 部分　序言

第 2 部分　委员会的建立

第 3 部分　委员会成员

第 4 部分　委员会的程序

第 5 部分　委员会的职权和成员的权力

第 5A 部分　委员会成员的培训

第 6 部分　其他

（六）南非法目录

1993 年《南非职业健康与安全法》

1. 定义

2. 建立职业健康安全咨询理事会

3．理事会职能

4．理事会的构成

5．任职期限及理事会成员酬金

6．在理事会中设立技术委员会

7．健康安全政策

8．雇主对其雇员的总体义务

9．雇主及自我雇佣人员对其雇员之外人员的总体义务

10．制造商等与工作中使用的特定物品有关的人员的总体义务

11．本法列明的特殊工作

12．列明的特定工作的雇主的总体义务

13．告知义务

14．雇员的总体义务

15．不破坏，损毁或误用的义务

16．首席执行官的特定责任

17．健康安全代表

18．健康安全代表职能

19．健康安全委员会

20．健康安全委员会职能

21．全面禁止

22．特定物品的销售禁止

23．禁止扣减

24．向监察员报告事故

25．向首席监察员的职业病报告

26．禁止报复

27．首席监察员的任命与职能

28．部长对监察员的任命

29．监察员职能

30．监察员的特殊权力

31．调查

32．正式调查

33．联合调查

34．妨碍调查、审查或主持监察员以及拒绝提供帮助

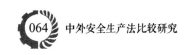

第四章 法规的授权

第五章 附则

（八）日本法目录

1972 年《日本劳动安全卫生法》

第一章 总则

第二章 防止劳动灾害计划

第三章 安全卫生管理体制

第四章 防止劳动者的职业危害和防止损害劳动者健康的措施

第五章 关于机械等和有害物质的规章制度

第六章 劳动者就业时的措施

第七章 保持、增进健康的措施

第八章 许可等

第九章 安全卫生改进计划等

第十章 监督等

第十一章 各种细则

第十二章 罚则

第十三章 附则

第二章　安全生产法总则事项比较

第一节　名词术语或概念解释

一、名词术语或概念解释的体例安排

名词术语或概念解释在此简称名词解释。中国法名词解释规定在最后的附则中。这种体例安排不同于德国、日本法，以及我国台湾地区有关规定，它们的定义（名词解释）均规定在法律文本的第二条。尽管中国法沿袭了它们的立法传统，但此点不同。建议中国立法今后借鉴。

国际法也把名词解释放在处于文本主要位置的第三条，美国、澳大利亚、南非等国也把名词解释放在文本中的前面位置，分别是第三条、第三条及第四条、第一条。但英国法把名词解释放在文本后面位置的第五十三条。看来英美法系各国立法体例也不是完全一样，有些地方有少许差别。

二、名词总揽

各国法分别用了以下名词：

中国法：危险物品、重大危险源，以及职业病危害、职业禁忌。

中国台湾地区有关规定：劳工、雇主、事业单位、职业灾害、工资、行业标准分类、事业、就业场所或工作场所、检查机构。

国际法：经济活动部门、工人、工作场所、条例、健康。

英国法：劳动用品、安全规程、有条件的销售协定、雇佣合同、贷款——销售协定、家用房屋设施、雇员、分期付款购货协定、地方当局、离海岸的设施、人身伤害、工厂、房屋设施、个体经营者、物质、在劳动中使用的物质、供应。

美国法：部长、委员会、商业、人、雇主、雇员、州、职业安全卫生标准、国家一致标准、已建立的联邦标准、咨询委员会、所长、研究所、工人补偿委员会。

澳大利亚法：疾病、执行委员会、基金、伤害、听证会、研究所、职业、职业安全卫生问题、办公室、相关法、民用房屋、雇员、雇主、工作场所、设备、场所、规程、自我雇佣人员、材料、工作、劳动保险管理局、危险、在工作场所的整个时间、职权。

南非法：事故、经授权的监察人、生理监测、建筑物、首席执行官、首席监察员、理事会、危险、雇主组织、雇佣、易爆物、危害、健康安全委员会、健康安全设施、健康安全代表、健康安全标准、健康、事件、工业法庭、专家、监察员、列明的特定工作、地方当局、机器、重大危险装置、重大事故、代理、医疗监护、部长、职业健康、职业健康医生、职业病防治、职业病防治医生、机构、工作人员、生物、机器设备、房屋设施、合理地使用、切实合理可行、报酬、风险、安全、销售、商店、标准、物质、工会、使用者、工作、工作场所。南非法定义了 51 个名词或概念，在各国法中最多。

德国法：劳动保护措施、劳动者、用工者、其他法规、企业。

日本法：劳动灾害、劳动者、企业主、化学物质、作业环境测定。

三、各国或地区法具体名词及其内涵解释或其片断

各国法创造了一些具体名词，并对其内涵进行了解释。中国法应当注意引进、借鉴或吸纳。为此，我们选取了 14 个名词，并对其解释进行分析如下。

1. 公共机构

国际法规定经济活动部门，是指一切雇佣工人的部门，包括公共机构。

中国法没有规定雇佣关系，法律主体也基本不包含公共机构，以后应注意借鉴国际法的此规定。其他一些国家也把公共机构当作安全卫生法的基本主体。

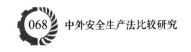

2. 工人

中国法规定为从业人员,但未作解释。

中国台湾地区定义为劳工,指受雇从事工作获得工资者。

国际法规定是指一切受雇人员,包括公务人员。这里强调公务人员。

英国法称为雇员,规定他是指根据雇佣合同从事劳动的人。这里强调雇佣合同和劳动。

美国法称为雇员,规定是为雇主所雇佣在其对商业有影响的业务部门中工作的人。这里强调的是对商业有影响的业务部门。这意味着在那些不对商业有影响的部门工作的人就不是职业安全卫生法的雇员或主体,就不适用本法。美国法的雇员是有所限制的。

澳大利亚联邦法提出了从业人员概念,但未解释。新南威尔士州法称雇员,规定是指依据雇佣或学徒合同工作的个人。这里的不同点是在雇佣合同之外多了一个学徒合同。

南非法没有解释工人,但在解释工作时称工作是作为雇员的工作、自我雇佣人员的工作等。

德国法称为劳动者,但把劳动者区分为雇员、培训人员、类似于雇员的从业人员、职员、审判员、士兵、车间工作的残疾人。德国法把存有雇佣关系的人与其他不存有雇佣关系的劳动者作了区别。我们认为,这在大陆法国家是必要的,比如审判员、士兵也是劳动者,但明显不存在雇佣关系,因为他们与国家的关系更为密切,与所服务的部门或单位则不是那么密切。

日本法定义为劳动者,与其劳动法同义。

中国法用从业人员指代工人,具有广泛意义,不仅指企业人,还包括其他单位从事生产经营等业务活动的人。这避免了他国法以雇佣关系为基础的雇员称呼。但其弊端有三:一是"从业人员"一词的字数较多,不符合技术要求,不如使用"职工"一词简洁;二是"从业人员"不属日常称呼上用语,不如使用"职工"一词通俗;三是没有像德国法那样加以细分,导致不同种类从业人员的责任不明。

3. 雇主

国际法没有定义雇主,但在定义"工作场所"时提到雇主。

我国台湾地区讲的是雇主,指事业主或事业的经营负责人。同时还建立事业单位的概念,指雇佣劳工从事工作之机构。这里的事业单位类同于我们的企业单位概念,雇主类同于我们的企业主要负责人或投资人。但投资人对企业应该承担什么样或何种程度的安全责任，则是值得思考或探讨的问题。

英国法没有定义雇主，但有专章规定雇主对雇员的基本责任。

美国法定义雇主是指从事对商业有影响的业务，且雇主是有雇员的人，但不包括联邦或州的行政分支机构（公共机构）。美国法总是强调对商业有影响的业务或业务部门。这说明"对商业有影响的业务"是其职业安全卫生法的适用基础。凡是对商业无影响的业务或业务部门及其雇员、雇主均不适用本法。中国法是以生产经营为基础，美国法是以商业影响为基础，生产经营与商业影响有类似性，接近程度也比较近。

美国法还规定了人的概念，是指合伙关系、协会、公司、商业托拉斯、法律代表或任何组织起来的人群。

新南威尔士州法定义雇主是依据雇佣或学徒合同雇佣人员的团体或个人。这里雇主的前提依然是雇佣合同或学徒合同，但不同点是在团体之外并列了个人雇主。个人可以成为雇主，会发生误会，这在中国法中基本不承认。

南非法讲雇主组织，与劳动法联系起来，而不专门定义雇主。

德国法称用工者，是指自然人和法人，亦指对劳动者具有法定资格的人事部门。同时还建立企业概念，定义为公共劳动服务场所，即联邦、州、区和其他劳动团体所属的各个行政部门、管理部门和所经管的企业，还指学校、国家法律慈善机构、联邦和州法院以及军队的有关的机构。其范围较广。

日本法用了企业主的概念，指因经营企业而使用劳动者的人。这里有两个概念：一是企业，二是企业主。企业等同于中国法的企业，企业主等同于中国的投资人或控制人。我们认为，安全生产法确实应该有两个主体或责任主体，才能满足此法的需要。所以，我们不能只强调企业主体的安全责任，而不强调企业主或投资人、控制人的安全责任。

中国法不使用雇主概念，对企业概念也没有定义；中国法没有企业主、事业主的概念，对投资人也没有定义，但对企业主要负责人或法定代表人规定了安全责任。似乎中国法对企业主要负责人与企业的关系没有弄明白，对投资人、法定代表人、主要负责人的区别也没有弄明白，往往把他们的责任关系弄混乱或混淆。

4. 健康和职业病

国际法把健康定义为没有疾病、体质不弱以及影响健康的身心因素。

我国台湾地区对职业灾害作了规定，基本是照抄日本法劳动灾害概念。它包括劳工疾病、伤害、残废或死亡，原因是就业场所的建筑物设备、原料、

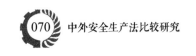

材料、化学物品、气体、蒸气、粉尘等引起的，也可能是由于作业活动及其他职业原因引起的。

英国法里有"人身伤害"的概念，指疾病以及对人身和精神上的损害，但没有对健康进行解释。

澳大利亚法对疾病进行解释，是指突发或渐发的身体或精神疾病、失调、缺陷或病状，并定义伤害为身体伤害和精神伤害，还指出了生理、心理需要、福利、工亡、工伤、预防工亡、工伤、对从业人员提供保护、康复、培训等职业安全卫生问题。这里的精神伤害值得借鉴。

南非法定义健康为特指免于职业导致的伤病，还指出职业健康包括职业保健、职业病防治和生物监测。其中，职业保健是指预测、识别、评估和控制工作场所内发生的或者与之有关的可能导致疾病或其他不利于身体情况的各种影响；职业病防治是指预防、诊断和治疗伤病或其他不利于身体的影响因素；生物监测是指监测可能造成人身疾病的生物体。而且规定了生理监测概念，特指有计划地定期收集并分析人的体液、组织、排泄物或呼出气体，从而定性定量地判断人体面临的或已经吸收的危险品质或危险生物的危害程度的活动。

日本法规定了劳动灾害概念，是指劳动者受伤、患病或者发生死亡。这通常是由于与劳动者作业有关的建筑物、设备、原材料、气体、蒸汽、粉尘等引起的，也可能是由于作业活动及其他业务引起的。

中国法没有对健康概念进行定义，也没有对人身伤害、疾病、劳动灾害、职业灾害等相关的概念做出解释。但职业病防治法规定了四个概念：一是职业病危害，是指对从事职业活动的劳动者可能导致职业病的各种危害。二是职业病危害因素，包括职业活动中存在的各种有害的化学、物理、生物因素以及在作业过程中产生的其他职业有害因素。三是职业禁忌，是指劳动者从事特定职业或者接触特定职业病危害因素时，比一般职业人群更易于遭受职业病危害和罹患职业病或者可能导致原有自身疾病病情加重，或者在从事作业过程中诱发可能导致对他人生命健康构成危险的疾病的个人特殊生理或者病理状态。四是职业病，是指企业、事业单位和个体经济组织的劳动者在职业活动中，因接触粉尘、放射性物质和其他有毒、有害物质等因素而引起的疾病。

中国立法应该借鉴其他国家法的健康、职业病、劳动灾害、职业灾害等概念解释或定义，在其法律中予以明确。

5．事故

南非法定义是特指在雇佣关系中发生的且与雇佣工作有关的、导致雇员遭受到人身伤病或者死亡的事故，同时规定重大事故是指工厂、机器或工作场所其他行为造成的灾难性后果。该法还规定了事件的定义。

日本法是关于劳动灾害、中国台湾地区关于职业灾害的概念。它们类同于事故的概念，但区别于职业危害概念。

中国法应借鉴这些概念解释。中国法把事故称为生产安全事故，但未作解释。

6．物品和危险物品

中国法规定危险物品是指易燃易爆物品、危险化学品、放射性物品等能够危及人身安全和财产安全的物品。

英国法定义了在劳动中使用的物品，是指为人们在劳动中使用或操作而设计的任何工厂和为任何此类工厂而设计，供人们作为配件（部件、组件）使用的任何物品。这里显然没有对物品和危险物品加以区别。英国法还定义了物质和在劳动中使用的物质概念，前者意指任何天然或人造的物质（固体、液体、气体或蒸汽状态），后者意指人们在劳动中使用的物质。

澳大利亚法定义了材料概念，是指各类自然的或人造的材料（固态、液态、气态或气化物）。

南非法定义了易爆物和危险的概念。前者特指南非标准化局《南非危险品质与危险货物的识别与分类操作规程》分类中所列明的物质，后者特指任何可能导致人员伤害或财产损失的情况。

日本法规定了化学物质概念，是指元素及化合物。

7．设备设施

英国法规定了工厂概念的外延，包括任何机器、设备或器具；并特意定义离海岸的设施，是指打算用于水下开采矿产资源或为此目的而进行水下勘探用的任何设施。

新南威尔士州法列举的设备包括任何机械、设备和装置。

澳大利亚法规定了船舶的定义。它包括各种各样的船只、气垫运输工具、漂浮设备等。

南非法规定了三个概念：（1）机器，特指单个或联合组装的装备，用于或将用于转换能量，或者发展、接收、存储、转化、运输或控制任何形式的能量。（2）重大危险装置，指永久或临时地保存了超出预定容量物质的装置，或者依据其形式和数量有可能造成重大事故的正在生产、处理、使用、操作或存储的物质。（3）机器设备，包括构造物、装备、器具、工具、设施以及其他任何用于与工厂目的有关的机器设备。

中国法以重大危险源来表述危险的设备设施，是指长期地或者临时地生产、搬运、使用或者储存危险物品，且危险物品的数量等于或者超过临界量的单元（包括场所和设施）；但没有对普通的设备设施进行定义。重大危险源的前概念是危险源。

8. 房屋

英国法规定了两个概念：（1）家用房屋设施，是指作为私人住宅的房屋设施，包括花园、庭院、车库、外屋、房屋的其他附属设施。该房屋并非由若干居住者共同使用；而非家用房屋设施也可作相应的解释。（2）房屋设施，是指任何场所，特别应包括任何车辆、船只、飞机或气垫船，陆地上的设施，离海岸的设施及其他设施，帐篷或可移动的结构。

南非法规定房屋设施包括建筑物、车辆、容器、火车或飞行器。

9. 工作场所及工作环境

国际法规定工作场所覆盖工人因工作而需在场或前往，并在雇主直接或间接控制之下的一切地点。

中国台湾地区规定就业场所或工作场所，包括雇佣劳工工作之场所，因劳工工作上必要所设置之场所或其附属建筑物等。

新南威尔士州法定义工作场所为人员工作的场所。场所则包括任何土地、建筑或任何建筑的一部分，车辆、船舶或飞机，在陆地、水下或水面上的工作站，帐篷或可移动的建筑。

南非法规定工作场所是指在雇佣期间进行工作的房屋设施或场所；还规定了建筑物概念，指任何地上附属建筑物，正在建设中的建筑物、结构体或其一部分，不附属于土地的预制安装的建筑物或结构体。值得注意的是该法解释了工作概念，是指作为雇员的工作，自我雇佣人员的工作，以及被视为雇员或自我雇佣人员的工作。

日本法规定了作业环境测定概念，是指为掌握作业环境的实际状态而对空气环境等的作业环境进行设计、采样和分析（包括解析）。

10. 安全标准

英国法以安全规程来表示，它包括有实践指导作用的标准、规范和任何其他文件。

美国法规定职业安全卫生标准是指提出需要条件，或要求采用某种手段、方法、操作、手续为保障工作场所的安全和卫生所必要和合理的标准。美国法主要着眼于工作场所。

新南州法规定健康安全标准，特指能够促进本法目标实现的标准，无论标准是否具有法律效力。这里提出了标准的法律效力问题。澳大利亚法使用的是规程概念。

南非法规定标准是指根据 1993 年《南非标准法》所定义的规范、强制规范、操作规程或标准方法；或者以标准化为目的并且由国内外组织或机构签发的，针对常见或特殊设备及问题，在国际上或某一国家或地区适用，旨在推动标准化的任何规范、法典或其他指令。

11．基金

澳大利亚法规定了基金，是指国家职业安全卫生研究基金。澳大利亚设立了专门的研究基金，值得中国法学习或借鉴。

12．政府机构和人员

美国法设立了职业安全卫生复查（案件）委员会和国家职业安全卫生咨询委员会，以及国家职业安全卫生研究所，州工人补偿法全国委员会。

澳大利亚法设立了国家职业安全卫生办公室、国家职业安全卫生研究所。新南州劳动保险管理法建立了劳动保险管理局。

南非法设立了首席监察员和监察员。前者指首席监察员和任何实际履行首席监察员职责的工作人员。设立了国家职业健康安全理事会。设立了监察专家，指具备专门知识，在专业设备的支持下，通过必要的调查取证和专业分析，就健康安全事项提供专门的、客观的结论的人。《南非劳动关系法》还设立了工业法庭。

上列三国都设立了劳动部长职务。大陆法国家以部门或机构相称呼。

中国台湾地区规定了检查机构，系指当局主管部门设置或授权地方主管机关或特定区域设置为贯彻劳工规定实施检查之机构。检查机构执行本规定及有关事项，并受当局主管部门之指挥监督。

13．企业机构、负责人和人员

南非法为企业设立了首席执行官，指与某一法人团体或企业有关的并对该法人团体或企业负整体管理与控制之责的人；设立了企业健康安全委员会和健康安全代表。

德国法解释了负责人员概念，是指除用工者外负责有履行本法所规定义务的负责人员。包括:(1)法定代理人;(2)有代表某法人资格的机关;(3)合作经营贸易公司的具有代表资格的合作经营者;(4)受委托负责某企业或工厂的人员;他们的职责和权限取决于委托人;(5)法律规定或安全技术规程规定享有一定职权的受委托的人员。

用工者可以用书面形式委托可靠的且有专业知识经验的人,让其承担依据本法规定本属于他自己所应负的前面讲到的职责或任务。

14. 地方当局

南非法把地方当局规定为《南非省政府组织法》所规定的机构或组织,《南非地区服务委员会法》所规定的地区服务委员会,以及其他机构或组织或劳工部长依据本法目的在国家公报上宣布的其他地方当局。

南非法的地方当局相等于中国法的地方各级人民政府。

第二节　法律目的

一、中国法目的

《安全生产法》第1条规定的法律目的是:加强安全生产工作,防止和减少生产安全事故,保障人民群众生命和财产安全,促进经济社会持续健康发展。

《职业病防治法》第1条规定的法律目的是:预防、控制和消除职业病危害,防治职业病,保护劳动者健康及其相关权益,促进经济社会发展。

台湾地区有关规定的目的:为防止职业灾害,保障劳工安全与健康,特制定本规定;本规定未规定者,适用其他有关之规定。

二、英国法目的

1. 要达到以下目的

(1)确保工作人员的健康、安全和福利。

(2)防止除了劳动者以外的有关人员或从事劳动活动的人员的健康与安全遭受危险。

（3）控制储存或使用爆炸品、高度易燃品或其他危险物质，并防止非法获取、储存和使用此类物品。

（4）控制任何要达到本条款目的的有毒有害物质排放到大气。

2. 保持和改进所制定的安全、卫生和福利标准

为上述目的，人们在劳动中所发生的危险应作为企业的经营方式或其生产活动中所使用的物品以及工作场所和设施等劳动条件引起的结果。

三、美国法目的

为保证男女劳动者工作条件符合安全和卫生以及其他诸目的，通过授权执行在本法令基础上发展起来的各项标准；帮助并鼓励各州做出努力以保证劳动条件的安全和卫生；为职业安全卫生领域提供科学研究、情报资料和教育训练。

（1）鼓励雇主和雇员尽可能地减少在受雇场所发生有关职业安全卫生的灾害次数，并促使雇主和雇员为提供安全卫生的劳动条件，制订新的方案或改进现行方案。

（2）规定雇主和雇员为获得安全卫生的劳动条件，双方在责任和权利上既要分工又要互相合作。

（3）授权劳工部长为有关各州之间的经济商业事务，规定带有强制性的职业安全卫生标准，并成立职业安全卫生复查委员会，根据本法令行使裁决权。

（4）依靠雇主和雇员的积极性，在他们已经提出的建议上保障职业安全和卫生的劳动条件。

（5）为开展职业安全卫生领域的科研工作提供条件，包括对心理因素的研究在内，以及为有关职业安全卫生的问题，开发新方法和新技术。

（6）探索发现潜伏性疾病的各种方法，探明劳动条件和疾病之间的因果关系，并从事其他有关卫生问题的研究，承认这样的事实，即职业卫生标准所提出的问题，常不同于职业安全标准所提出的。

（7）提供医疗标准，尽可能保证不使雇员由于劳动经历而蒙受健康、工作能力或寿命等减退的结果。

（8）制订培训方案以增加职业安全和卫生领域工作人员的数量和提高能力。

（9）为职业安全卫生标准的发展和推广提供便利。

（10）制定有效的实施方案，包括防止在作视察前，事先通知对方的禁令和对任何违禁者予以惩罚的决定。

（11）向各州提供拨款，帮助他们实现有关职业安全卫生的需要和责任，鼓励他们为管理和实施他们的职业安全卫生法令去承担最充分的职责，去发展根据法令条款所制定的计划，改进州的职业安全卫生法令的管理和实施，并开展与之相关的试验和示范项目。

（12）为有助于实现本法令的目的，并准确地陈述职业安全卫生问题的性质，应建立合宜的有关职业安全卫生的报告制度。

（13）鼓励劳资双方做出共同努力，以减少雇佣中出现伤害和疾病。

四、澳大利亚新南威尔士州法目的

（1）保证工作中的人员的健康、安全和福利。

（2）保护作业场所的人员（非工作中的人员）不遭受由工作中的人员的活动所造成的对健康或安全的危害。

（3）给工作中的人员创造一个适合于他们的生理和心理需要的职业环境。

五、德国法目的

通过劳动保护措施，保障和改进劳动者在劳动过程中的安全卫生。

六、日本法目的

《日本劳动安全卫生法》的法律的目的是与《日本劳动基准法》相配合，在采取确立旨在防止劳动灾害的危害防止标准，明确责任体制，促进自主的活动措施等及通过推行有关防止劳动灾害的计划性的综合对策，确保作业场所劳动者的安全和健康的同时，促进创造舒适愉快的作业环境。

分析与结论：

中国安全生产法律目的是加强安全生产监督管理，防止和减少生产安全事故，保障人民群众生命和财产安全，促进经济发展。这种表述有五个特点：一是监督管理当头；二是以防止和减少生产安全事故为要务（任务）；三是人民群众涵盖劳动者和劳动者之外的人或第三人；四是不涉及卫生或健康事项；五是讲安全时不能忘记经济发展。职业病防治法的目的是预防、控制和消除职业病危害，防治职业病，保护劳动者健康及其相关权益，促进经济发展。

外国法的法律目的可以按照英美法系与大陆法系的归属不同而进行分别比较，因为它们各自的表述方式是不同的。

（一）英美法系国家均采取分列式对多重法律目的予以列举

1. 英国法目的比较简单

英国法强调，要保持和改进所制定的安全、卫生和福利标准。把危险限定于在劳动中所发生的，从而把劳动之外发生的危险予以排除。这说明本法的目的只是预防和控制劳动中所发生的危险。这种危险是企业的经营方式、生产中所用物品、工作场所、设施等劳动条件引起的结果。

多重目的之间的关系是第一层级目的、第二层级目的等，以致终极目的的关系。各层级目的均为终极目的服务，确保工作人员和第三人的健康、安全便是本法的终极目的。

这里应注意英国法的目的之一是确保福利，为中国法所缺，中国安全法不涉及福利事项。

2. 美国法的终极目的是保证劳动者工作条件安全和卫生，而且详细列举了一系列具体目的

美国法详细列举法律目的，这种情况各国并不多见。为实现法的目的，还要完成几项任务：一是通过授权执行各项标准；二是帮助并鼓励各州做出努力以保证劳动条件的安全和卫生；三是为职业安全卫生领域提供科学研究、情报资料和教育训练。

3. 新南威尔士法的法律目的列举到创造生理和心理环境

新南威尔士法的法律目的有三项。这里比中国法先进的地方是：法律要促使各方责任主体给工作中的人员创造适合于生理和心理需要的职业环境。这很值得我们学习。

（二）大陆法系国家均采取集中式对法律目的予以表述

1. 德国法把法律目的称为立法的目的

法律目的的实质是保障和改进劳动者的安全和卫生。这是比较简洁的法律目的表述方式。

2. 日本法把劳动安全卫生法的目的与劳动基准法的目的结合起来

它强调与劳动基准法相配合，强调创造舒适愉快的作业环境。应该说日

本法的法律目的针对性很强，直指安全卫生工作的要害问题。比如，危害防止标准、责任体制、自主活动、确保作业场所劳动者安全健康、舒适愉快作业环境等，都是法律要达到的目的。其中，比较重要的目的之一是企业自主活动，在这个目的指引下，他们推行了先进的企业自主安全理念。

日本在所有工矿企业全面开展了自主保安活动，引入了"零灾害"的理念。"二战"后，加强了煤矿安全管理的法制建设，规范了安全管理体制，采取的模式与我国现在的情况相似，即国家对煤矿企业进行综合监管。完善、强化监督体制，大幅度增加矿务监督官人数，努力防止煤矿事故。但在20世纪60年代，日本经历了一个事故高发期，特别是1963年三池煤矿煤尘爆炸事故导致458名矿工死亡，1965年山野煤矿瓦斯爆炸事故导致237名矿工死亡。这些事故对政府的安全理念影响很大。政府认识到单纯通过增加监督官的数量并不能有效控制煤矿事故的发生，还需要通过发挥企业的自主性，明确经营者的责任，企业应作为确保安全生产的主体。日本政府开始改变以监督为主的安全管理方法，深入推进自主安全体制。为了健全企业的经营活动，并维护企业的社会信誉，体现尊重、保护矿工生命的原则，日本中央劳动灾害防止协会于1973年在全国生产行业推广"零灾害"运动。1982年，矿业劳动灾害防止协会也开始推广这一活动，使煤矿事故大幅度下降。全国百万人工伤事故率由1984年的60人次降到2005年的7人次。

另外，我国台湾地区有关规定目的是防止职业灾害，保障劳工安全与健康。我国台湾地区有关规定表述很简单，以细则补充之。我国台湾地区有关规定的目的没有顾及职业环境或作业环境或工作环境。

第三节　法律适用范围

一、中国法规定的适用范围

《安全生产法》第2条规定：在中华人民共和国领域内从事生产经营活动的单位（以下统称生产经营单位）的安全生产，适用本法；有关法律、行政法规对消防安全和道路交通安全、铁路交通安全、水上交通安全、民用航空安全以及核与辐射安全、特种设备安全另有规定的，适用其规定。《职业病防治法》第 2 条规定本法适用于中华人民共和国领域内的职业病防治活动。

我国台湾地区有关规定：

本规定适用于下列各业：矿业及土石采取业；制造业；营造业；水电、煤气业；交通运输业；其他经当局主管部门指定之事业。本规定未规定者，适用其他有关规定。另据"台湾工厂法"规定，凡用发运机器之工厂，均适用本规定。

二、国际法规定的适用范围

分为对行业或经济部门的适用、对个人的适用和建议适用三种范围。

1. 对行业或经济部门的适用

（1）适用于经济活动的各个部门。（2）成员方经与有关的、有代表性的雇主组织和工人组织进行协商后，对于其经济活动的某些特殊部门诸如海运或捕鱼，得部分或全部免除其应用本公约。（3）成员方应描述在已获豁免的部门中为适当保护工人而采取的措施，并在以后的报告中说明在扩大公约的适用面方面所取得的进展。

2. 对个人的适用

（1）本公约适用于所覆盖的经济活动的各个部门中的一切工人。（2）成员方经与有关的、有代表性的雇主组织和工人组织进行协商后，对应用本公约确有特殊困难的少数类别的工人，可部分或全部免除其适用本公约。（3）成员方应列举予以豁免的少数类别的工人，陈述豁免的理由，并在以后的报告中说明在扩大公约的适用面方面所取得的任何进展。

3. 建议适用

（1）建议尽可能适用于经济活动的各个部门和各种类别的工人。（2）应采取切实可行的必要措施，为个体劳动者提供公约和本建议书所规定的类似保护。

三、英美法系国家法规定的适用范围

1. 英国法

（1）对王国政府人员有约束力，但有些条款例外。（2）有些条款适用于在王国政府公共事业工作的人员。（3）在王国政府公共事业中工作的人员不

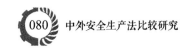

论其待遇如何，应视为王国政府的雇员。

不适用于对家庭雇佣者，即不适用于在家庭中雇佣别人或受雇佣的人。

2. 美国法

（1）适用于工作场所的雇佣关系。（2）其他联邦机构和州的机构，根据原子能法而雇佣的雇员的工作条件，在行使有关职业安全卫生标准或条例的法律权力时，不适用本法令。（3）部长应在本法令生效后 3 年内，向国会提出报告，建议立法，以避免不必要的重复并取得本法令和其他联邦法令之间的协调。（4）本法令不能被用以解释废除或以任何形式影响对任何工人的补偿法，或扩大或缩小或以任何其他形式影响雇主和雇员根据任何法令对雇员在雇佣场所或雇佣过程中的伤残和疾病，或死亡所赋予的普通法律或法律权利、义务或责任。

3. 澳大利亚法

（1）本法适用于每一个外部的准州。如含义不发生矛盾，本法也适用于澳大利亚以外的活动、事件和财产。（2）对澳大利亚以外的任何地点或事件均有效的条款仅适用于澳大利亚的飞行器和澳大利亚的船舶及其他法定活动、事件或财产。（3）本法条款适用于州和准州的交界区域，如同交界区域是澳大利亚的一部分。（4）本法关于州和准州交界区域条款的适用范围扩展到涉及澳大利亚或外部准州大陆架资源勘探和开采的全部活动、事件和财产。（5）本法关于州和准州交界区域规定的适用范围也可以扩展到全部活动、所有事件、受影响的环境和财产，以及在州或准州交界区域内的任何人（如果这些人是以参与勘探或开采澳大利亚或外部准州大陆架资源为目的进入交界区域的）。

4. 南非法

（1）适用于全国范围。（2）如果 1956 年《南非爆炸法》的条款与本法冲突，适用本法。（3）本法案不适用于矿井、采矿区，或 1991 年《南非矿业法》中规定的相关工作。

四、大陆法系国家法规定的适用范围

1. 德国法

（1）本法适用于所有工作范围。（2）私人家庭佣人的劳动安全卫生保护不适用本法。远洋船只和受联邦矿业法管制的矿山企业，如目前已有相应的法规，其劳动者的劳动安全保护不适用本法。（3）用工者依据其他法律规定保证劳动者在劳动过程中得到安全卫生保护所应有的义务，不受本法影响。与此相应，这句话亦适用劳动者的义务和权利。除用工者外的其他责任人员，负有采取劳动保护措施义务的法律规定仍有效。（4）法律上公认的宗教团体，依据教会法其宗教人士代表可进入企业协会或职工代表委员会。

2. 日本法

日本法没有规定一般适用范围，但在一些条款中规定了该条款的适用范围。这样处理类同于南非法。日本法指明了本法律（第2章的规定除外）对矿山方面保安是不适用的，对接受使用船员法的船员是不适用的，而由矿山保安法、使用船员法另行规定。

分析与结论：

中国法没被人们归入大陆法系，但具有浓厚的大陆法系背景。

中国法适用范围是生产经营单位的安全生产，但同时赋予消防安全、交通安全法律、行政法规的特别规定具有优先适用性。这里有三个着眼点：一是生产经营单位；二是生产；三是消防、交通的选择排除性。于是至少带来了三个问题：一是什么叫生产经营单位？在此前提下，非生产经营单位便不适用本法；二是什么叫生产？在此前提下，非生产活动便不适用本法；三是本法并不适用于所有行业领域的生产或生产安全，只要消防、交通行业领域有特别的安全规定，便被排除于本法管辖范围。这三个问题反映出中国法的适用范围是狭窄的，或者是有限制的。它不适用于非生产经营单位，不适用于非生产活动，还可能不适用于消防和交通领域。

我国台湾地区有关规定以列举行业的方式定义适用范围。这种列举方法并不可取，因为列举法难以穷尽所有甚至主要的行业种类；即便当局主管部门随时指定也难免挂一漏万。这里的问题是：不被列举的行业领域就不适用本规定吗？要适用什么规定呢？但这种列举法却比目前大陆法把一些特殊行业分头列入各条款的方法还要简洁一些，它避免了行业名称在各条款中重复出现。

相对而言，有些外国法适用范围要广泛得多。

国际法规定的适用范围是经济活动的各个部门及其一切工人，并建议为个体劳动者提供类似保护。但也允许会员国可把海运、捕鱼等某些特殊部门和确有特殊困难的少数类别的工人排除于适用范围之外。这近同于中国法，因为经济活动部门近同于中国法的生产经济活动，而且也允许特殊部门例外适用。中国法则对消防、交通领域作了例外适用处理；所不同的是国际法指明的例外适用是海运、捕鱼等特殊部门。国际法还指明了对工人的适用或不适用，中国法没有指明对工人的适用（事实上也适用之），但指明了生产经营单位主体。总的看，中国法与国际法在适用范围上的规定有较大的相同性。

英国法在法律制度中表明的适用范围是：工作人员、劳动者、其他从事劳动活动的人员或有关人员（适用对象）；储存或使用爆炸品、高度易燃品或其他危险物质，控制有毒有害物质，保持和改进安全、卫生和福利标准（适用行为）。这种以劳动者、有关人员和危险、有害物质作为适用范围的规定要比中国法广泛得多，因为它不限于生产经营单位和生产活动。以这个定义为标准，中国法应扩大适用范围，因为中国目前非生产经营单位、非生产经营活动领域的广大主体和职业活动尚缺乏应有的安全卫生法去调整。

英国法还规定适用于政府人员、政府公共事业中工作人员（政府雇员），同时规定例外条款。这种以适用对象（对人的适用）为适用范围的西方立法惯例并不少见。英国法把家庭雇佣者或受雇佣者排除在外，中国立法应借鉴。英国法在一些条款中规定了各该条款所适用的范围（人、行为、设施物品等），这是有特色的。

美国法适用范围是工作场所的雇佣关系，但同时作了除外规定，即联邦机构和州机构在行使有关职业安全卫生标准或条例的法律权力时不适用本法。这种以雇佣关系为法律适用基本标准的规定是值得学习和借鉴的。

《澳大利亚国家职业健康与安全委员会法》适用范围是各州、准州以及澳大利亚飞行器、船航的全部活动、事件、财产和受影响的环境，包括大陆架资源勘探和开采活动、事件、财产和参与勘探或开采大陆架资源的任何人。这样的法律适用范围要比雇佣关系的定义还要广泛，它似乎认为所有的活动、事件、生产都存在职业安全卫生问题，所以国家职业健康与安全委员会都可进入或介入。中国的安全生产监督管理机构甚至政府的安全生产委员会有权进入所有的社会经济活动领域吗？若有这个权力，那么也可以照澳大利亚法定义其适用范围。

南非法仅指适用于全国范围，而没有指出适用对象、行为、行业领域，但把矿井、采矿区行业领域排除了。这样定义适用范围是不足取的。该法不适用于矿山，是比较有特点的。南非矿山安全由南非矿产资源部下设矿山安全局（及其地区机构）负责监察、调查和认证工作，与职业安全和卫生监察工作分属不同的部门，后者归属于劳动部（以前是归属于人力资源部）。

德国法适用范围是所有工作范围，这要比中国法广泛，私人家庭佣人不适用本法，也值得中国法借鉴。远洋船只、矿山企业优先适用各自的特别规定，类同于中国法对消防、交通行业领域的规定，但中国法更主要针对或适用的却是矿山企业。德国法还指出了用工者、劳动者这两个法律适用对象。

日本法没有规定一般的适用范围，但在一些条款中规定了各该条款的适用。这样处理类同于南非法。它把矿山安全、使用船员安全排除于适用范围之外，这类同于德国法。中国法也应学习、借鉴这一点，矿山安全、船运安全另行立法规定。中国也有矿山安全法、各类水上运输安全条例等，但安全生产法却把着眼点放在矿山安全上，似有不妥。

结论是：各国法关于法律适用范围的规定或定义各有不同特点和重点或着眼点，范围有大有小。总的看，中国法适用范围较小，应借鉴雇佣关系这一标准；同时应回避"雇佣关系"这一名称，可以"劳动关系"或"工作关系"代替之，并辅以生产经营活动之行为适用标准。中国还应另行制定非生产经营活动的安全生产法。

第四节　法律原则

只有澳大利亚法和中国法规定了安全生产法律原则，其他各国均未明确安全生产法或职业安全卫生法的法律原则。

1985年《澳大利亚国家职业安全卫生委员会法》第一部分——引言规定：公平原则，本法充分考虑了国家、每个州和诺福克岛的权利。

中国《安全生产法》第3条规定：安全生产工作应当以人为本，坚持安全发展，坚持安全第一、预防为主、综合治理的方针。

中国《职业病防治法》第3条规定：职业病防治工作坚持预防为主、防治结合的方针，建立用人单位负责、行政机关监管、行业自律、职工参与和社会监督的机制，实行分类管理、综合治理。

分析与结论：

澳大利亚法规定了公平原则和充分考虑国家与地方（各州）权利关系的原则。中国法规定了安全第一、预防为主、综合治理的安全生产方针和预防为主、防治结合的职业病防治工作方针以及分类管理、综合治理的职业病防治原则，但没有明确其他原则。

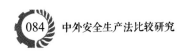

　　我们认为，中国法规定的这些方针也是安全生产法或安全卫生法的法律原则在安全卫生工作上的体现。当然，这并不是完整的安全生产法律原则表述。任何法律都应有原则规定，以指导制定具体的法律条款和具体的实际行为。安全生产法也应该有自己的法律原则。我们研究中国各有关安全生产法律文本，概括出安全生产法的法律原则是：安全第一，保护人权；预防为主，综合治理；加强救援，减少损害；政府主导，单位负责；属地监管，分级负责，分部门监管；教育为主，奖罚赔并重；全面建设，整体提高。这是中国法应有的法律原则。❶其他一些国家没有明确其安全生产法或职业安全健康法的法律原则，这是其缺陷。

---

❶　参见詹瑜璞．安全生产法的实践与理论［M］．北京：知识产权出版社，2011．

第三章　安全生产政策和战略规划比较

第一节　安全生产政策

一、国际公约要求成员方制定安全生产政策

国际法规定各成员方安全生产政策（以下简称国家政策）的原则、主要行动领域、政策的制定原则和实施措施，以及国家立法的内容或事项。

1. 国家政策的原则

（1）成员方应根据国家条件和惯例，经与最有代表性的雇主组织和工人组织协商后，制定、实施和定期审查职业安全、职业卫生及工作环境相关的国家政策。（2）这项政策的目的应是在合理可行的范围内，把工作环境中内在的危险因素减少到最低限度，以预防来源于工作，与工作有关或在工作过程中发生的事故和对健康的危害。

2. 国家政策的主要行动领域

国家政策应考虑到对职业安全和卫生及工作环境有影响的以下主要行动领域：（1）工作的物质要素（工作场所、工作环境、工具、机器和设备、化学、物理和生物的物质和制剂、工作过程）的设计、测试、选择、替代、安装、安排、使用和维修。（2）工作的物质要素与进行或监督工作的人员之间的关系，以及机器、设备、工作时间、工作组织和工作过程对工人身心能力的适应。（3）为使安全和卫生达到适当水平，对有关人员开展培训，包括必要的，进一步的培训、资格和激励措施。（4）在工作班组和企业一级，以及

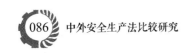

在其他所有相应的级别直至并含国家一级之间的交流和合作。(5)保护工人及其代表，使其不致因按照国家政策正当地采取行动而遭受纪律制裁。

3. 国家政策的制定原则

(1)阐明公共当局、雇主、工人和其他人员在职业安全和卫生及工作环境方面各自的职能和责任。(2)既考虑到这些责任的补充性又考虑到国家的条件和惯例。

4. 国家政策实施措施

强调从根源上消灭危害，在以下方面采取适当措施：(1)工作场所的设计、定位、建筑特点、安装、维护、修理及其出入通道的修理和改造。(2)工作场所的照明、通风和整洁。(3)工作场所的温度、湿度和空气流通。(4)可能产生危害的机器设备的设计、制造、使用、维护、测试和检查，其必要的批准以及不论何种名义的转让。(5)防止一切因劳动条件造成有害健康的身心紧张。(6)以人力或机械装卸、捆绑和贮藏物资器材。(7)电的使用。(8)危险物品的制造、包装、贴标签、运输、贮藏和使用及其残渣废料的处理和必要时以其他无害或较少危害物品取而代之。(9)辐射的防护。(10)防止和限制噪音或振荡的职业性危害及对工人的保护。(11)对工作场所的环境及其他环境因素的监测。(12)预防和限制过大的气压变化。(13)火灾和爆炸的预防及在发生火灾和爆炸时所须采取的措施。(14)个人防护设备和防护服的设计、制造、供应、使用、维护和测试。(15)卫生设施、水房、更衣室、饮用水的供应及其他与工人安全和健康有关的设施。(16)急救。(17)应急计划的制定。(18)对工人健康的监护。

5. 国家安全卫生立法的内容或事项

1995 年《矿山安全与卫生公约》(第 176 号公约)第二部分"实施范围和措施"要求会员国制定矿山安全与卫生政策、法律措施和技术标准、规程以及制定安全卫生法律法规时所应包含的内容或事项。

(1)矿山安全与卫生政策。

根据国家条件与实践，并经与最有代表性的有关雇主组织和工人组织协商，会员国应制定和执行有关矿山安全与卫生，特别是关于使本公约各条款生效的措施的整体政策，并进行定期检查。

(2)法律措施和技术标准、规程。

确保本公约实施的措施以国家法律和法规规定。国家法律和法规应以经主管机关认可的下列方式补充：(a)技术标准、指南或操作规程；(b)符合国家实践的其他实施手段。

（3）法律法规应含的内容。

此种国家法律和法规应指定负责监督和管理矿山安全与卫生各方面工作的主管机关。

此种国家法律和法规应规定：（a）矿山安全与卫生的监督；（b）主管机关任命的监察员对矿山的监察；（c）依照国家法律或法规的规定，对可能造成伤亡和严重事故、险情和矿山灾难进行报告和调查的程序；（d）依照国家法律或法规的规定，对事故、职业病和险情统计资料的汇编和公布；（e）主管机关因安全与卫生原因中止或限制采矿活动，直至导致中止或限制的情况得到纠正的权利；（f）指定有效程序，保证工人及其代表行使工作场所安全与卫生事务协商，以及参与工作场所安全与卫生措施的权利。

此种国家法律和法规应规定，矿山炸药和引火装置的制造、贮存、运输和使用，应由合格并经授权的人员进行，或在其直接监视下进行。

此种国家法律和法规应明确规定：（a）对矿山救护、急救和适当医疗设备的要求；（b）对煤矿井下工人，和如属必要，对其他井下工人提供并维护适用的自救呼吸装置的义务；（c）保证废弃矿场安全，以使其对安全与卫生的危险消除或减至最低程度的保护措施；（d）对采矿过程中使用的有害材料和矿山所产生的废物的安全贮存、运输和处置要求；（e）如属适宜，提供环境良好的洗浴、更衣和进餐便利条件和设施，并保持其卫生的义务。

此种国家法律和法规应规定，主持矿山的雇主应保证在开工前和有任何重大变动时制定适当的矿区工作计划，并保证此种计划的定期更新及易于在矿区查阅。

分析与结论：

国际公约要求各会员国制定有关安全生产（职业安全卫生及工作环境）的国家政策。综合起来看，中国在如下几个方面需加强政策制定或予以补足：

（1）政府在制定国家政策时应与最有代表性的雇主组织和工人组织协商。

（2）制定国家政策时应有工作环境的内容。"工作环境"名词在中国《职业病防治法》中已有，但未作解释，实际中也未被广泛使用。使用"工作环境"概念旨在减少控制工作环境中存在的危险、有毒因素，提高其品质，避免危害工人健康和发生事故，保持其身心舒适和愉快。

（3）阐明政府、雇主、工人和其他人员在职业安全卫生及工作环境方面各自的职能和责任。中国法没有很好处理他们各自的职能和责任。国际法强调政府的监察职能，而不主张政府的管理职能。雇主与企业的职能、责任应有所区分。还应强调工人和其他人员的职能和责任，中国法目前对他们的规定是薄弱的。

（4）在措施方面，中国法弱项或缺项是：①工作场所的照明、通风和整洁；②工作场所的温度、湿度和空气流通；③劳动条件造成身心紧张；④辐射防护；⑤噪音或振荡防止和限制；⑥工作环境和其他环境因素的监测；⑦过大气压变化的预防和限制；⑧卫生设施的供应；⑨工作场所、机器设备、个人防护设备和防护服等用品的设计；⑩工人健康的监护。

二、英国职业健康与安全执法政策

为了更透明、合理地执行法律，保护人们在工作中的健康、安全和福利，也为了便于当事人守法，HSC 公布了自己的执法政策（Enforcement Policy Statement），虽然已经被并入 HSE，但这一政策仍然是具有法律效力的，并且对 HSE 的执法实践有着重要影响，现将其主要内容简介如下。

（一）序言

HSC 的主要法定职能是建议制定和修改立法与标准、开展研究、提供信息与建议。HSC 接受 HSE 的建议与支持，后者的法定职责是全力执行健康与安全法。地方政府也对其管辖的作业场所执行健康与安全法。这些场所包括办公室、商店、批发零售中心、休闲娱乐场所、酒店与餐饮场所等。

本执法政策文件阐明了 HSC 期望健康与安全执法机构（主要是 HSE 和地方政府）执法时应当遵守的基本原则和方法。所有做出执法决定的地方政府和 HSE 的官员（通常情况下大都是检察官，所以本政策文件主要是针对检察官而言的）都应当遵守本文件。

正确行使权力，包括刑事指控权力，非常重要。这不但能保证人们遵守法律，而且能确保义务人不履行健康、安全和福利义务时将会承担法律责任。

在分配行政资源时，执法机构应该充分考虑本政策文件提出的各项原则、HSE 与地方政府执法联络委员会（Local Authority Enforcement Liaison Committee）共同签署的战略计划所确定的目标，以及在强制执法和其他活动（如检查）之间保持一定均衡的必要性。

（二）职业健康与安全执法政策实施的目的和方法

（1）执法机构的最终目标是确保义务人有效地管理和控制风险，从而防止伤害发生。执法一词含义广泛，它适用于执法机构和法定义务人（包括雇主、个体户、雇员以及其他人）之间的所有交往行为。

（2）执法的目的是：确保义务人立即采取措施处理严重的危险事故；提升当事人守法意识；确保任何违反健康和安全要求的义务人，以及失职的董事或经理，最终承担法律责任，直至依本政策规定，被提起（在英格兰和威尔士）或建议提起（在苏格兰）刑事指控。

行政执法不同于民事赔偿诉求，并不是所有可以提起民事权利请求的地方都可以进行行政执法或获得法律支持。

（3）为了确保守法并对犯罪行为做出适当的应对，执法机构拥有一系列具体措施：检查员可以为义务人提供口头或书面的信息和建议；可以警告义务人其行为已经构成违法；还可以视情况提出改进或禁止的通知、撤销批准，改变许可或免责的条件，或者签发正式的警告（只适用于英格兰和威尔士），或者提起刑事指控（如果在苏格兰则报告给地方检察官要求起诉）。

（4）提供信息和建议、签发改进或禁止的通知，以及取消或改变许可条件，或者其他有权行为，是检查员可采用的主要措施，其主要目的是处理严重的危险，确保当事人遵守健康与安全法并阻止伤害。改进或禁止的通告应该公开。

（5）每个改进通告都应当声明检查员认为存在违法行为。改进和禁止的通告，以及书面建议，即使是在法庭诉讼过程中仍可以做出。

（6）正式的警告和刑事指控是要求义务人对其违法行为承担责任的重要手段。在本政策文件认可的情况下，执法机构在警告与刑事指控的同时，仍然有权签发改进或禁止通告。

（7）在采取任何强制措施之前，进行必要的调查至关重要。调查可能源于执法发现，也可能源于事故的发生，还可能源于雇员的投诉。在决定如何配置调查资源时，执法机构应该遵从本政策文件的要求，还应当考虑 HSC、HSE 与地方政府执法联络委员会共同签署的战略计划所确定的目标。特别需要说明的是，在配置调查资源时，执法机构必须在调查和其他预防行为之间达到一种均衡。

（8）有时法律是规范性的——详细地说明什么是必须做的。然而，大部分健康与安全法律只是设定了目的——阐明必须达到什么结果，但并不说明怎样做。如何达到目的的建议经常由认可的操作规程（Approved Codes of Practice，ACOPs）来阐明。如果一个人因为违反健康与安全法被起诉，并且

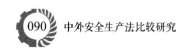

没有采取操作规程的相关预防措施，他就有责任去证明他已经以另一种方式遵守了法律。但每种情况都可能适用不同的操作规程和指南，这对于决定行为人的行为是否违法很重要。

（9）执法机构有权自由决定什么时间进行调查或者以怎样手段进行调查。执法机构应该以书面形式列明检查员做出决策时必须考虑的因素。

（三）执法原则

在运用法律和确保守法的情况下，实施该法应该遵循比例原则、目的性原则、一致原则、透明度原则和责任原则。这些原则应该既适用于特殊案件实施，又作为整体适用于健康与安全执法机构实施活动的管理。

1. 比例原则

意味着对于危险要采取相应的实施措施。受法律保护的人们和义务人期望，执法机构采取的措施应该同危及健康与安全的危险或者是与任何违法的严重性相适应，包括与来自违法的一切实际或潜在的危害相适应。实际上，采用比例原则意味着执法机构应该特别考虑义务人未达到法律所要求的程度以及人们违反法律的危害程度。

一些健康与安全法定义务是具体的和绝对的，必须无条件履行；而另一些义务则要求实践合理即可。执法机构应该在涉及这两种义务时运用比例原则。

认定什么是实践合理可行的控制风险措施，涉及事实判断。执法机构认为义务人采取的保护性措施必须一方面考虑到危险程度，另一方面考虑到成本，包括金钱、时间或不便。除非危险与成本无关，或成本与取得的风险收益严重不成比例，否则义务人必须采取措施降低风险。

政府期待有更多的操作指南。但在一些特殊的情况下，可能没有明确的操作准则，健康与安全法要求义务人明确规定危险的重要性以决定需要采取怎样的措施。最终，由法院来决定什么是合理可行的措施。有一些危险无法降低，必须充分重视其可能造成的损害结果。

2. 目的性原则

目标意味着要特别关注那些可能导致危险大幅增加的行为以及那些特别有效地控制危险的行为，要关注那些风险控制义务人及已经采取了有效措施的人，包括雇主、制造商、供应商及其他人。

HSC 认为，执法机构应该根据义务人提出的危险性质和程度，系统地决定采取检查、调查或者其他法定的行动。义务人的管理能力很重要，即使是一个低风险的场所，如果没有好好管理，其对工人或公众造成的危害可能不次于那些虽然危险程度高但已经采取了适当控制措施的场所。执法机构应当对特定的高危场所予以周期性检查，从而使公众相信这些危险已经得到了很好的控制。

一切执法措施都是直接针对违法义务人的，可能是使工人或其他人暴露于危险之中的雇主、自雇人员、生产经营场所的所有人、设备的供应商、项目设计者或顾客，或者雇员自己。如果义务人负多项义务，执法机构可以根据本政策同时采取多项合理的必要措施。

当检查员签发了改进或禁止的通知、撤销批准、变更许可证的条件或解除许可、签发了正式的警告或者起诉时，执法机构应该正式通知责任人上级部门。

3. 一致性原则

一致性原则并不意味着不加区分地采用同一执法方法，它只是意味着要在相似的情况下采取相似的方法并产生相似的结果。管理相似风险的义务人期望来自执法机构的建议、通告、许可、是否起诉和对事故的反应，是基本一致的。

HSC 也承认在实践中做到一致性并不是件简单的事。HSC 和地方当局的检查员总是面临着许多变数，包括危险的程度、管理的态度和能力，义务人的事故或违法记录、前期执法措施，以及违法行为潜在或实际危害的严重性等。执法者有权自主决定采取何种措施。所有的执法机构都应当合理安排，以促进决策过程中的一致性，并于其他相关执法机构的行为也保持一致性。

4. 透明度原则

透明度原则意味着帮助义务人理解执法机构期望他们去做或不做哪些行为，也意味着要清楚地向义务人解释哪些是必需的行为。成文法、建议以及指南对行为人的要求，其强制性是不同的。

透明度原则也要求执法机构采取措施，保证雇员、健康安全代表、受害者或其家庭成员能得到相关通知信息，这些措施必须遵守法律的要求与限制。

本文件阐明了执法机构应该遵从的总体政策框架。当被检查员联系时，义务人、雇员或其代表及其他人应当能够了解检查员希望他们做什么，并且应当知道自己有哪些可以行使的投诉权。所有执法机构的检查员都要向当事人发放他们签字的 HSC 出版的宣传册——《当健康与安全检查员拜访时期望是什么》。这个手册能解释当健康与安全检查员来到工作场所时，雇主、雇员及他们的代表应当做什么。尤其是：当检查员向义务人提供信息，或者提出口头或书面建议或警告，检查员是旨在告诉义务人应当如何遵守法律及其原因。如果义务人有疑问，检查员将应当确认其建议，并且告知是来自于操作指南的要求还是来自于法律规定的要求。至于改进的通知，检查员将会讨论该通知，如果可能的话，在实施前解决分歧。通知将会告知什么是必须做的，为什么要做和什么时间做，以及检查员是否认为已经构成了违法。至于禁止的通知，该通知会解释禁止的必要性。

5. 责任原则

管理者要对其行为向公众负责，这意味着执法机构必须要有其赖以决策的执法政策和标准（如以上四条实施原则），还必须有一个高效且易于接受的处理评论和投诉机制。

HSE 的这种处理评论和投诉的程序在本文件第二十六段中有所阐述，它特别描述了官员决定的一个投诉程序，或者如果程序不被遵守的处理，还解释了向劳动法庭上诉的权利。地方政府有他们自己的投诉程序——详细规定可从各政府处获得。

（四）事故调查

（1）在提起刑事诉讼时，HSC 期望执法机构自主决定该事故、医疗健康案件或投诉是否应该接受调查。在 HSC 经政府批准的战略计划中，有关于 HSE 不同层次的有目的性调查的描述。HSC 的优先权也反映在 HELA 的策略中，这一策略经由其部级服务计划，由地方政府作为活动和资源配置的目标使用。

（2）进行调查是为了决定：原因；是否已经采取了措施，是否有必要采取措施阻止反复发生，以确保守法；总结教训经验，为修订法律和指南服务；对于违法行为应当采取何种合适处理方式。

（3）要保持合理的行政反应程度，大部分事故调查资源将被配置在更危险的环境。HSC 的战略规划也认为，对所有在预防性检查中没有发现的违法行为或者对事故报告中涉及的违法行为都进行调查，既不可能，也无必要。

（4）执法机构应该对死亡事故进行现场调查，除非是成人犯罪行为造成的或者明显是卧轨自杀，或者有其他原因可以证明无须调查，但这些原因应当详细记录在案。

（5）在选择对哪些伤害投诉、报告或者职业疾病进行调查以及决定如何配置调查资源时，执法机构应该考虑以下因素：潜在或实际伤害的严重性和范围；一切潜在违法的严重性；义务人过去的健康与安全表现；执法的重点领域；得到结果的可行性；事件的影响面，包括公众关注的程度。

（五）刑事控诉

1. 英格兰和威尔士

在英格兰和威尔士，执法机构有权自主决定是否提起诉讼。在英格兰和威尔士，在决定是否起诉时，应该考虑总公诉人在皇家公诉法中列明的证据因素和公共利益因素。除非原告证据充分并且诉讼是为了公共利益，否则公诉不会成功。执法机构的主要职责是要确保义务人有效地管理和控制了危险，从而免于伤害，所以诉讼是执法过程的重要部分。HSC 期望，执法机构应当在经调查收集充分的有罪证据后，并且根据本政策和皇家公诉法认定诉讼具有公益性后，才能决定提起诉讼。在情况准许和有证据支持的情况下，执法机构可以不经先行警告或者实施其他处罚，而直接提起诉讼。

2. 苏格兰

在苏格兰，地方检察官决定是否提起诉讼。这可能是基于执法机构的建议，尽管可能地方检察官已经独立地进行了调并有独立的程序。执法机构自主决定是否建议地方检察官提起诉讼。国家办公室和地方检察官服务机构都接受了本政策文件，并且承认会按照规定的程序处理执法机构呈送的罪行报道。在起诉前，地方检察官必须要有充分证据证明诉讼是为了公共利益。因此，在苏格兰，是否起诉的决定是由地方检察官而不是执法机构做出的，但执法机构的观点会被考虑在内。

根据以上规定，为了维护公共利益，HSC 期望执法机构对于以下情况，在经调查后或采取法定措施以后，应当提起或建议提起诉讼。它们是：违法导致死亡后果；被指控罪行的严重性，连同一切实际或潜在危险的严重性，或者罪犯的一般记录和犯罪手段；忽视了健康与安全要求的；重复的违法行为会引起有重大危险，或者不良违法记录的；不遵守许可或者安全规范或者严重违法，即开始工作的；义务人管理健康和安全的标准远远低于健康与安全法所要求的下限，导致危险程度增加的；没有遵守改进或禁止的通知，或者重复的违法是受到正式警告的；故意提供不真实的情况，或者在涉及导致危险增加事件时故意欺骗；检查员在依法履行职务时，受到故意阻碍的。

HSC 期望为了公共利益，执法机构对于以下情况，在经调查后或采取法定措施以后，应当提起或建议提起诉讼。它们是：情况表明，起诉可以有效引起公众对守法或维持法定标准要求的关注，并且有罪判决可以阻止其他人犯相似的错误；尽管有自来雇员、他们的代表或来自受生产活动影响的其他

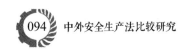

人的警告，但是违法行为仍在继续并增加了危险程度的。

3. 对个人的诉讼

根据以上规定，如果执法机构认为有必要，就应该对某个人提起诉讼或建议对他提起诉讼。应该特别考虑管理链以及董事和经理个人扮演的角色，如果检查或调查表明，罪行是经由他们同意或默许或可归因于他们，并且起诉符合本政策文件精神，就应可以对其提起诉讼。如有必要，执法机构应该根据 1986 年的《公司董事资格取消法》取消董事资格。

4. 诉讼信息公开

英格兰和威尔士的执法机构应每年指定一份出版物，刊登那些在过去 12 个月中违反健康与安全法并构成犯罪的所有公司和个人的名称。他们也应该将这些违法犯罪记录在他们自己发行的改进和禁止的通知上，并向社会公开。

在英格兰和威尔士的执法机构，也应该考虑到在所有案件中都引导媒体关注指控的事实信息，但是要特别注意不得因此而可能影响审判公正。他们也应该考虑公开有罪判决，以引起其他人注意遵守健康与安全法的必要性，或者防止他人无视健康与安全法法定义务。在苏格兰，如何公开指挥信息取决于皇家办公室。

5. 法院的措施

健康与安全法授予了法院相当大的权力去惩罚罪犯，包括对部分罪犯判处监禁。高等法院可以作出不限金额罚款的决定。由于法院掌握司法权去决定是否构成犯罪以及应当处以何种刑罚，所以 HSC 将会不断地寻求措施，以提高法院对于健康与安全罪行危险性的意识，并扩大判决的影响。目前法院可用的处罚措施列表已经被附于本文件中。

在英格兰和威尔士，执法机构应该提请法庭注意那些可能影响法院裁决的因素以做出一个合适的有罪判决。上诉法院已经制作了专门的指导原则，指出了在 OHS 案件中应当向法院提交的信息。HSC 特别提醒，皇家大法官曾说过，违反健康与安全法导致他人受伤，其罪行并不低于故意伤害。

6. 法庭陈述

如果情节很严重，同时具有可行性，英格兰和威尔士的执法机构应该考虑向地方治安法官指出罪行十分严重，以至于他们应当将案件送到高等法院审理，从而判处更重的刑罚。在考虑如何做出陈述时，执法机构应该注意上诉法院的指导原则，即上诉法院认为"我们的地方法官在受理职业健康与安全案件前应该慎重考虑，因为在这些案件中，即使是罚金都存在可能超越了他们裁决权的争议，当罪行导致死亡或者重伤是更应如此"。在苏格兰，由地方检察官提请法院注意罪行的严重程度。

7．工作中的死亡

如果因为违法行为而导致与工作有关的死亡，执法机构有必要分析案件的各种情况以决定该罪行是否应当被指控为过失杀人罪（在苏格兰为过错杀人）。

在苏格兰和威尔士，为了保证与职业死亡案件的调查和诉讼保持合作，HSE、警长协会（Association of Chief Police Officers，ACPO）和皇家检察总署（Crown Prosecution Service，CPS）共同同意并出版了《与工作有关的死亡：联络协议》。地方政府协会同意在处理与工作有关的死亡案件时，也会考虑该协议。

警察有责任决定是否进行过失杀人的调查或者是否把案件转交给皇家检察总署以提起控诉，而执法机构则负责调查可能的健康与安全罪行。如果执法机构在进行健康与安全案件调查过程中，发现证据表明应认定为过失杀人罪，则他们应将该案件移交给警察局。如果警察局或皇家检察总署决定不进行过失杀人案件调查，则执法机构应根据本文件正常提起健康与安全罪行诉讼。

在苏格兰，由地方检察官负责对突然或非正常死亡案件进行调查。除非案件发生在同样的已经发生过的环境中，否则地方检察官应当对职业死亡事件的环境进行致命工伤调查（Fatal Accident Inquiry）。如果死亡是突然的、可疑的或难以解释的，或者发生在诸如引发公众高度密切关注的场合，则地方检察官也可以以案件涉及公共利益为由开展调查。

8．皇家机构

皇家机构必须遵守健康与安全的要求，但是他们豁免于法律强制，包括豁免于刑事指控。内阁办公室已经就皇家如何加强健康与安全工作专门做了立法以外的安排。根据这些安排，HSE可以签发非法律性的改进和禁止的通知。在如果不是因为皇家享有豁免权就已经可以采取刑事指控的情况下，也可以对其予以书面追责。在决定何时进行调查或者采取何种执法措施时，HSE应当根据本政策文件，尽可能地采取与处理非皇家机构主体时相一致的方法与措施。

对我国的启示：

上列英国安全生产执法政策足以显示英国执法、司法的文明程度很高，特别值得我国学习。

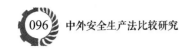

三、印度职业安全、健康与环境国家政策

根据 2006 年 3 月的最新修订文件,印度职业安全、健康与环境的国家政策主要内容如下。

(一)导言

(1)印度宪法明确规定公民及其他人享有职业安全与健康权利,并且规定了政府在进行职业安全与健康治理工作时必须要遵守的各种指导性原则。

(2)这些指导性原则包括:①确保男女劳工的劳动力;②禁止滥用童工;③不能够使公民因经济原因而从事与其年龄与体力不适应的危险工作;④为工人与孕妇提供公正并且人道的工作环境;⑤国家应当采取措施,通过合适的立法或其他手段,确保工人对安全管理的参与。

(3)根据上述指导原则以及国际惯例,印度政府公布了职业安全与健康政府工作的其政策、执法重点与战略目标。中央政府将与各邦政府及外国政府一起合作,共同管理职业安全与健康事务,采取措施保护国家财产及公民福利,并尽最大努力保障本国劳工在安全健康的环境下工作。

(4)本职业安全与健康及环境政策、重点及战略目标的确立是经国家相关部门充分协商的结果。

(5)印度政府坚信,如果没有安全健康的工作条件与清洁的工作环境,不可能真正实现社会公正与经济发展。

(6)不断变化的劳动关系、新型的自我雇佣、大量的分包商、外部采购、户内工作,以及飞速增长的异地雇员数量,给职业安全与健康风险管理带来了巨大挑战。新科技的使用也带来了各种新型的安全危险与健康风险。另外,除非得到有效控制,各种传统的职业风险仍然存在。

(7)应当特别关注高危险行业雇员、变化性大的雇员(例如外出异地就业人员)以及那些容易受到攻击的雇员群体。

(8)以下情况可能会导致更加严重的职业安全、健康与环境风险:持续高剂量地使用各种化学品、暴露于潜在的生化危险之中、农药及杀虫剂的滥用、新型农业机械与设备的使用对公众的危险、有重大事故危险的新工业、计算机控制技术的负面影响、许多现代工作中持续增加的工作压力等。

(9)本政策的主要目标是,不仅要消除职业伤病事故、灾难及其对国家财产的损失,确保国家 OSH 管理水平的提升,还要最大限度地增加雇员以及社会的总体福利。

（二）目的

为了逐年提高 OSH 水平，必须：对各行业的经济活动制定 OSH 法律框架，设计合适的守法、执法监控系统；提供行政与技术服务；提供雇主与雇员提高 OSH 水平的激励机制；强化突发风险的控制与管理能力研究；在雇员与工作之间通过技术进步系统建立一种互动关系；重视预防策略，通过完善的职业伤病数据信息系统监测行动效果；在不同行业的 OSH 领域研发人力替代系统。

（三）目标

本政策可以引起国家对 OSH 工作的关注，从而实现：职业伤害、职业死亡、职业病、职业事故灾难与国家财产损失的持续减少；职业伤病成本的降低；扩大职业伤病信息系统范围从而更好提供行动决策并为监测服务；持续增强公众对 OSH 的意识。

（四）行动措施

为了实现上述目标，印度政府制定了以下行动措施。

1. 强制执法

（1）建立高效执法系统；（2）在所有经济活动领域适用 OSH 法律与法规，并以各种现代技术为支撑，进行必要的执法检查；（3）建立"国家职业安全、健康与环境基金"，为政策实施提供保障；（4）为雇主、雇员及其他相关人员设置必要的 OSH 权利与义务；（5）根据国际做法修订日益增多的职业安全、健康与环境相关法律规范；（6）由监管机构监督国家标准的执行情况；（7）为分享成功经验提供便利，促进国内与国际监管机构的交流；（8）研究新的执法手段，包括各种鼓励并确保 OSH 的创新性的法律责任形式；（9）在职业安全、健康与环境方便扩大英文语言的立法。

2. 国家标准

在不同层面不同行业设立合适的、符合国际做法的国家标准、操作指南与操作手册，并促进利益相关人切实实施。

3. 守法

（1）促使相关政府部门充分认识到其承担 OSH 的管理与执法责任，中央政府应当充分考虑他们的相关责任与需求，依法审核发展规划，并实施相应的研究与实验项目；（2）吸收社会组织监督 OSH 法律的实施情况；（3）制作OHS 管理指南，强化自愿行动，建立相应的评审机制；（4）采取特定措施预防工业灾难发生，通过建立合作关系等形式，确保行动在不同的层面，尤其是高危工业领域或人口密集项目，都能得到实现；（5）树立 OSH 绩效模范并协助他人学习；（6）鼓励当事人接受并履行"关爱义务（Responsible Care）"及／或"企业社会责任（Corporate Social Responsibility）"，以提高 OSH 水平；（7）组建国家鉴定委员会，对各种 OSH 研究机构、专业服务进行认证。

4. OSH 意识

（1）采取措施提高 OSH 意识；（2）在国家关注的职业安全、健康与环境领域设立专业论坛，雇主代表、雇员代表及公众代表可以发表意见，加强 OSH 意识；（3）鼓励联合劳动管理行为，保护国家财产，消除职业伤病；（4）对于旨在增强 OSH 意识与经验交流的活动力争效果最大化；（5）在学校、技术、医药、职业教育等课程中增加职业安全、健康与环境内容；（6）与国际组织保持良好联络关系；（7）在已经发生职业病危害的情况下，提供医学标准，尽可能地减轻雇员的身体伤害，并得到合适补偿；（8）在各行业建立旨在保护职业健康条件的职业健康服务系统；（9）建立 OSH 报告程序，通过国家研究、调查，准确地识别、描述 OSH 问题特征，促进政策目标的实现。

5. 研发

（1）开展包括社会与心理因素在内的职业安全、健康与环境研究，创新 OSH 相关的方法与技术，建立国家标准；（2）探寻隐性职业病的诊断方法，开展职业病与作业环境条件之间的联系等相关研究。

6. 发展 OSH 技术

（1）增强劳资双方的良好关系，促进 OSH 提升；（2）强化 OSH 技术培训；（3）把职业安全、健康与环境纳入一个系统，统一培训；（4）为了尽可能地消除或减轻危险，以合适的方式提供信息与建议。

7. 数据收集

（1）分析职业安全、健康与环境数据，发现应当重点采取行动的领域，为政府与非政府组织研究、学习、与守法提供帮助；（2）在国家 OSH 框架内，强化不同利益相关者之间的职业安全、健康与环境数据分享机制；（3）扩大职业伤病数据统计范围，危险暴露原因，以及目前没有列入统计范围的人，例如自我雇佣人员，也纳入统计之内；（4）拓展数据收集系统，允许即时数据上报，完善数据收集制定；（5）在公共健康与职业危险交叠领域寻找合作伙伴建立数据收集系统。

8. 操作指南

（1）通过操作指南降低伤病率，激励劳资双方新建或完善与 OSH 项目；

（2）认真履行法官或其他审判组织与 OSH 有关的判决裁定；（3）拓宽指南信息获取途径；（4）加强由工业部门或政府制定的操作指南的分享机制。

9. 激励机制

（1）经济激励机制；（2）非经济激励机制。

10. 复审

（1）首先应当在各经济活动领域全面评估职业安全、健康与环境现状；（2）国家政策及其实施项目应当至少五年复审一次，如有必要，考虑到国家要实现的 OSH 目标，可以提前复审。

（五）其他

（1）应当动员地方资源，加强与社会组织的合作，解决风险评估与控制难度，把 OSH 保护扩展到工作条件较差，以及容易受到侵犯的雇员群体中。

（2）应当在三方机制下进行相关立法，提高执法效率与守法效果，加强统计分析，为高危行业建立特别的防治机制与培训机制，增加全国公民的 OSH 意识，动员一切可利用资源应对 OSH 问题。

（3）本国家政策充分重视所有利益相关方所承诺的义务与实际行动。在采取切实措施提高职业安全、健康与环境条件，提升雇员工作价值的同时，印度经济也将会持续稳定发展繁荣。

第二节　国家安全生产战略规划

职业安全与健康不仅事关职工的生命健康，也涉及一国的经济发展基础及社会的稳定，因而需要从国家政策与战略的高度进行策略规划，并据以指导国家立法、执法与司法活动。基于这一考虑，澳大利亚等国家都颁布了自己的职业安全与健康发展规划或战略，并制定了详细的检查、更新等制度，不乏可借鉴之处。《澳大利亚职业安全与健康国家战略》比较有代表性，其主要特点在于它明确了 10 年内国家要实现的 OSH 战略目标，确定了工作重点，并有一套较为详尽的执法与审查办法，对澳大利亚的 OSH 立法、执法与司法起着重要的指引作用。

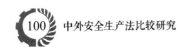

一、中国安全生产与职业病防治战略规划

中国《安全生产法》《职业病防治法》都规定了国务院和县级以上地方各级人民政府要制定和实施国家层级和各级地方层级的安全生产规划和职业病防治规划。事实上，国务院和县级以上地方各级人民政府也都制定和实施了各自的安全生产规划和职业病防治规划。

（一）法律规定

《安全生产法》第 8 条：国务院和县级以上地方各级人民政府应当根据国民经济和社会发展规划制定安全生产规划，并组织实施。安全生产规划应当与城乡规划相衔接。国务院和县级以上地方各级人民政府应当加强对安全生产工作的领导，支持、督促各有关部门依法履行安全生产监督管理职责，建立健全安全生产工作协调机制，及时协调、解决安全生产监督管理中存在的重大问题。乡、镇人民政府以及街道办事处、开发区管理机构等地方人民政府的派出机关应当按照职责，加强对本行政区域内生产经营单位安全生产状况的监督检查，协助上级人民政府有关部门依法履行安全生产监督管理职责。

《职业病防治法》第 10 条：国务院和县级以上地方人民政府应当制定职业病防治规划，将其纳入国民经济和社会发展计划，并组织实施。县级以上地方人民政府统一负责、领导、组织、协调本行政区域的职业病防治工作，建立健全职业病防治工作体制、机制，统一领导、指挥职业卫生突发事件应对工作；加强职业病防治能力建设和服务体系建设，完善、落实职业病防治工作责任制。乡、民族乡、镇的人民政府应当认真执行本法，支持职业卫生监督管理部门依法履行职责。

（二）国家和地方安全生产战略规划

2003 年 12 月，国家安全生产监督管理局、国家煤矿安全监察局制定了《国家安全生产发展规划纲要（2004~2010）》以及《国家安全生产科技发展规划（2004~2010）》等专项规划。2006 年 8 月，国务院办公厅发布了第一个安全生产规划，即《安全生产"十一五"规划》❶。该规划是对《中华人民

---

❶ 该规划规定到 2010 年，中国亿元国内生产总值生产安全事故死亡率将比 2005 年下降 35% 以上，工矿商贸就业人员十万人生产安全事故死亡率比 2005 年下降 25% 以上，一次死亡 10 人以上特大事故起数比 2005 年下降 20% 以上，职业危害严重的局面将会得到有效控制，安全生产状况将进一步好转。

共和国国民经济和社会发展第十一个五年规划纲要》中有关安全生产目标和主要任务的全面落实和细化，是指导"十一五"时期地方各级人民政府、国务院有关部门、重点行业和领域以及生产经营单位安全生产工作的重要文件。其下还有《危险化学品安全生产"十一五"发展规划》《煤矿安全生产"十一五"发展规划》等专项规划。2011 年 10 月 1 日，国务院办公厅发布了第二个安全生产规划，即《安全生产"十二五"规划》。规划之下有比较详细的专项规划。2017 年 1 月，国务院办公厅发布了《安全生产"十三五"规划》及各专项规划。

2009 年 5 月，国务院办公厅发布了《国家职业病防治规划（2009~2015 年）》❶。2016 年 12 月，国务院办公厅发布《国家职业病防治规划（2016~2020 年）》，也规定了类似的目标、任务。2016 年 6 月，安监总局发布《职业病危害治理"十三五"专项规划》（征求意见稿）。《安全生产"十一五"规划》和《安全生产"十二五"规划》确立的目标和任务较好地完成了；但在今天用国际眼光来看，还是很落后的，有些地方甚至比较原始。但毕竟，与以往工作相比还是取得了很大成绩，进步不小。

同时，各级地方政府在各自管辖范围内也都制定和实施了各时期自己的《安全生产规划》和《职业病防治规划》。

二、澳大利亚职业安全与健康国家战略

（一）职业安全与健康国家战略总体目标

职业安全与健康对于每一个澳大利亚人，以及商业组织，尤为重要。良

---

❶　该规划规定到 2015 年，新发尘肺病病例年均增长率由现在的 8.5% 下降到 5% 以内，基本控制重大急性职业危害事故的发生，硫化氢、一氧化碳、氯气等主要急性职业中毒事故较 2008 年下降 20%，主要慢性职业中毒得到有效控制，基本消除急性职业性放射性疾病；存在职业病危害的用人单位负责人、劳动者职业卫生培训率达到 90% 以上，用人单位职业病危害项目申报率达到 80% 以上，工作场所职业病危害告知率和警示标识设置率达到 90% 以上，工作场所职业病危害因素监测率达到 70% 以上，粉尘、毒物、放射性物质等主要危害因素监测合格率达到 80% 以上。可能产生职业病危害的建设项目预评价率达到 60% 以上，控制效果评价率达到 65% 以上。从事接触职业病危害作业劳动者的职业健康体检率达到 60% 以上，接触放射线工作人员个人剂量监测率达到 85% 以上；职业病防治监督覆盖率比 2008 年提高 20% 以上，严重职业病危害案件查处率达到 100%。监管网络不断健全，监管能力不断提高，对中小企业的监管得到加强；依托现有资源，建立完善与职责任务相适应、规模适度的职业病防治网络，基本职业卫生服务逐步覆盖到社区、乡镇。化学中毒和核辐射医疗救治的能力建设和管理得到加强，职业病防治、应急救援能力不断提高；有劳动关系的劳动者工伤保险覆盖率达到 90% 以上；职业病患者得到及时救治，各项权益得到有效保障。

好的 OHS 实践不仅提供安全的工作环境，而且能够提高工人的满意度并提高生产率。通过实施各种先进的 OHS 措施，商业组织会面临更少的职业伤害，并且提高工人出勤率，提升公司形象。企业不用再频繁地因工伤而更换工人或因事故而停工，从而减少损失。职业安全与健康的受益者不仅包括雇主和工人，还包括他们的家庭、社区和澳大利亚国家经济。职业安全与健康管理措施是企业愿意提高工作安全的标志，而在联邦层面上，《澳大利亚职业安全与健康国家战略（2002~2012 年）》（以下简称《战略》）则是联邦 OHS 措施的核心规范。

2002 年，《战略》经澳大利亚政府、澳大利亚工商业委员会（Australian Chamber of Commerce and Industry，ACCI）和澳大利亚工会（Australian Council of Trade Unions，ACTU）批准，表明各方协议一致合作，共同为实现《战略》所确定的 OHS 目标努力。

《战略》最重要的意义在于它提供了一个合作平台，有利于建设持续、安全与健康的工作环境，并减少职业伤病人数。为了实现这一总体目标，《战略》细化了以下目标：（1）持续减少职业事故死亡人数，在 2012 年 6 月 30 日前，至少降低 20%；（2）在 2012 年 6 月 30 日前，职业事故伤害至少降低 40%。

为了实现上述目标，并建立长远的生产安全文化，《战略》确定了五个工作重点：（1）降低劳动风险；（2）提高工商业管理人员及工人的 OHS 高效管理能力；（3）更高效地预防职业病危害；（4）在设计阶段即尽量消除风险；（5）强化政府对 OHS 的管理与影响。

《战略》进一步明确了重点工作领域，即经统计分析 OHS 风险较高的情况，有三种职业伤害倍受关注，分别是肌肉骨骼伤患、高处坠落和物体击打。这三类伤害案件占到全澳大利亚所有工人工伤赔偿案件的一半以上。《战略》还确定了需要予以特别关注的四个高危险行业，分别是建筑业、仓储运输业、制造业、以及健康与社区服务业。最近农业、林业及渔业也被加入了特别关注行业之列。之所以选择这些行业，是因为与其他行业相比，统计数据表明他们的事故率及工人的赔偿请求显著偏高。加强这些行业的 OHS 监管工作，不仅可以更高效地挽救生命，而且能够为其他行业的雇主提供很好的榜样。

（二）《战略》的主要内容

为了更高效地预防职业伤病，国家 OHS 委员会（2005 年被 ASCC 取代）成员，包括联邦政府、地方和州政府、雇主与雇员代表，共同规划了《战略》。《战略》规定了 5 个重点工作内容和 9 个重点工作领域；另外，《战略》将定期进行复审，以适用现实和未来发展的需要。

1. 职业伤病预防的基本原则

联邦政府、地方及州政府都有义务管理和实施 OHS 计划。国家 OHS 委员会及其后的 ASCC 扮演着重要的领导者角色。

OHS 的提升最终依赖于每一个作业场所。在澳大利亚各个司法管辖区，对工人和第三人的总体"关爱义务"（Duties of Care）适用于每一个其行为可能影响 OHS 的人。例如：雇主必须提供安全健康的工作环境与安全管理体系；雇员必须尽最大可能安全地工作；供应商、设计商、制造商必须提供安全的产品及材料与设备的安全使用详细信息。

《战略》规定应当通过系统的方法来预防职业伤病，并遵循以下基本原则：（1）系统地开展 OHS 风险管理工作，要把它融入日常商业管理行为中；（2）从源头上消除或控制风险，强化设计者、制造者、供应者的法律责任；（3）预防原则要求所有利益相关方必须承诺就 OHS 事项进行充分协商与合作，采取预防措施，并承担相应法律责任；（4）预防原则要求所有利益相关方必须具备一定的专业技能，从而更高效地参与协商、采取切实措施提升 OHS 水平；（5）各级政府，作为雇主、政策制定者、监管者及受益者，其行为对 OHS 水平有很大的影响；（6）高效的国家 OHS 行动需要主要利益相关者，包括各级政府，承诺相互合作一致；（7）对预防措施进行评估，并在 OHS 利益相关者中分离问题解决经验与数据。

2.《战略》基本目标

OHS 目标为各组织、企业、雇主及雇员指明了努力的方向，也激励着他们去创新各种更高效的组织与管理措施。《战略》所确定的目标是分阶段的，具体为：（1）持续减少职业安全事故死亡人数，在 2007 年 6 月 30 日前，降低 10%；在 2012 年 6 月 30 日前，至少降低 20%；（2）持续降低职业伤害率，在 2007 年 6 月 30 日前，降低 20%；在 2012 年 6 月 30 日前，降低 40%。

国家鼓励各工业部门及各个司法管辖区根据此战略目标制定更为详细的目标与实施办法。

为了降低职业伤病，《战略》应当改善整个作业场所环境，并应特别做好以下几个方面：（1）把 OHS 作为一项内部管理事务；（2）掌握 OHS 知识与内容；（3）政府加强高效监管，综合利用信息、协助、规制、强制执法及各种守法激励手段；（4）及时更新并提供各种研究数据与评价信息。

3. 《战略》实施重点

（1）降低劳动风险。

因为行业、职位等因素，工人所面临的职业危险是不同的。国家必须确定哪些是高风险领域，并予以特别对待。联邦政府将根据数据研究结果确定合理、高效的管理措施，去降低职业风险。尽管各个司法管辖区都可以制定自己的工作重点，但全联邦的合作是取得 OHS 成绩的重要基础。

（2）提高工商业管理人员及工人的 OHS 高效管理能力。

各个企业的 OHS 管理能力不同，但都应当把这项管理工作内化到日常管理工作中。在他们采取实际措施前，必须要让他们知道进行 OHS 管理可以带来更多的企业收益，以激励他们的积极性。本项工作即旨在激励雇主更高效地加强管理，雇员更积极地参与 OHS 管理。

这一方面工作希望达到的目标包括：OHS 管理工作更好地融入日常管理工作中；评价并识别出最有利于提高企业 OHS 管理能力的措施；识别出一个大中小型企业都适合的 OHS 管理体系；工商企业，尤其是中小型企业，能够获得 OHS 管理的指导与培训帮助；企业更好地理解 OHS 管理工具的积极影响，包括在提高企业收益方面的影响；工作场所各方都能够很方便地获得各种指导，以评价他们预防工作的效果。

（3）更高效地预防职业病危害。

各种新的职业病症层出不穷，与职业事故伤害不同，职业病普遍难以确定其原因，也难以确定其后果，而且从初次暴露在职业危害之日起，往往要经过一段很长的时间职业病才能显露出来，而且有时候职业病同时与职业和非职业性的危害暴露同时相关，所以，人们往往很难及时地对识别并预防职业病。

此项工作的目的在于促进相关人员辨识职业病危险风险并采取措施去消除或控制这些危险，具体包括：更及时有效地辨识和控制任何可能导致职业病的危险源；组织工业、医学等有团体研究更有效的职业病防治途径；通过数据统计分析研究职业病致病机理与防治方法；提高公众对职业病的关注意识；把职业病风险评估和风险控制并入日常管理工作中；提供更好的、更易获得的各种实践指南资料逐步改善职业健康水平；通过周期性的复审与改进，持续推动职业健康监管与规制水平的提高。

（4）在设计阶段即尽量消除风险。

在源头上消除或控制危险，适用所有危险源控制。这一责任最终落在许多主体上，包括工作场所之外的设计者、制造者、建设者和供应者。这项工作的主要目标有：在生产、物料和过程的全生命周期都采取足够的安全措施；把 OHS 的"安全设计"融入日常管理工作中去；经常对各种鼓励和规制安全设计的措施的关联性和实效进行评估，并持续改进；在设计行业不断提高对安全设计理念的认识；在设计工作过程中引入更多的风险管理理念。

（5）强化政府对 OHS 的管理与影响。

政府是最主要的雇主、政府制定者、行政管理者、装备及服务的采购者，在澳大利亚的 OHS 防治行动中处于领导地位。加强政府管理工作，确保 OHS 水平提高，期望实现以下目标：在政府作为雇主的情况下，不断提高其 OHS 水平；政府应当采取各种措施，全面考虑 OHS 要求，对所有政府 OHS 工作负责；在可行条件下，通过供应链管理，实现政府、项目经理、分包人之间的 OHS 合作；确保公众能够获知关于 OHS 水平的各种信息；持续提高政府作为政策制定者和行政监管者的工作效能。

4．需要重点行动的行业领域

1999 年 12 月，劳动关系部确立了一个澳大利亚 OHS 的十年规划，《战略》通过明确 OHS 目标进一步强化了这一规划框架。《战略》确定了 9 个需要重点行动的行业领域：

（1）OHS 数据收集。

OHS 与常规报告对于确定重大危险源、明确预防重点意义重大，各种数据对评估 OHS 措施的实际效果有很大帮助。具体工作内容包括：扩展数据覆盖范围；发展持续一致的数据定义与测量评价准则；扩展新的信息系统，实现更及时的数据报告与提交。

（2）加强相关领域研究。

确定 OHS 优先领域及预防方法需要信息和专业建议，也需要专业研究的支持。必须加强澳大利亚本土资源的 OHS 研究能力，把研究焦点集中到对工作场所风险控制上。应当合理配置国内相关研究资源，确保澳大利亚能够培养出足够的 OHS 专家。具体措施包括：建立合作研究网络，确定优先研究领域；从公共卫生和职业健康领域寻找研究项目的合作伙伴；加强与国内外 OHS 研究组织的交流。

（3）全国一致的 OHS 规范体系。

无论是对于雇主还是对于雇员而言，一个全国统一的 OHS 规范体系至关重要。对 OHS 的规制应当具有关联性，应当是高效的、清晰的、具有可行性的并且所有强制性规范都是必需的，必须在弹性和强制性之间寻找到合理的平衡点。OHS 管制措施不应当对公平竞争或国际贸易生产不应有的不利影响。具体措施包括：监督企业对国家标准的实施情况；对国家标准和法规进行复审；在必要的情况下发展新的国家标准；废除过时的法规。

（4）战略实施。

为了实现战略目标，必须采取系统的执法手段。但所采取的执法行动应当符合比例原则，并且当事人应当能够预知违法的后果，只有这样，才能确保 OHS 执法的公平一致性。具体行动包括：统一执法标准，分享成功执法经验；以预设目标为导向，根据风险评估和手段创新要求，发展新型执法手段；公布执法政策。

（5）高效的激励措施。

应当采取合适的激励措施鼓励澳大利亚工作场所关注风险预防工作，减少由职业伤病造成的损失。具体措施包括：检查当前激励措施的有效性；研究创新非金钱性的激励措施。

（6）守法支持。

OHS 法律体系的调整目标最终依赖于当事人的遵守。监管部门的建议性服务、信息服务、协助守法行动都极大地促进了当事人的主动守法。监管部门应当在各种媒体上通俗、简要、清楚地说明具体的法规要求。必须促进与企业，尤其是中小企业的交流。这些教育、指导当事人如何去承担自己法律责任的协助守法措施极其重要。具体行动包括：研究各种风险预防政府指南；各种协助守法手段；研究 OHS 管理体系指南及评审机制。

（7）操作指南。

操作指南能够帮助当事人认识到法律对其工作的具体 OHS 要求，有利于他们的风险评估工作，所以必须使用易理解的语言清晰表达，并在各种媒体上发布。具体措施包括：扩展信息获取渠道，加强指南制作与发展；在特定的行业与司法管辖区内，实现指南信息共享。

（8）OHS 意识宣传。

公众的 OHS 意识，是提高 OHS 总体水平各种手段中不可或缺的要素。应当细化宣传对象，并且重视各项行动的反馈与实际效果。具体措施包括：通过分享经验与知识等行动，加大宣传力度；研究合适的评价手段，以评估相关宣传活动的实际效果。

（9）OHS 技能。

必须提高 OHS 相关技能以确保持续提高 OHS 事务应对能力。在各个工作场所领域，包括 OHS 检查员、技术人员其任何可能直接或间接影响 OHS 的行业，都应当大力提高 OHS 专业技能。具体措施包括：把 OHS 管理融入职业教育、检查员培训管理中去；鼓励企业尤其是小企业把 OHS 技能融入企业管理与培训中去；鼓励发展合适的 OHS 培训资源；研究各种促进 OHS 技能的方法与手段。

5. 实施、检查与报告制度

为了推动 OHS 的持续提升，像其他发达国家一样，澳大利亚也使用实证分析的方法去分析各种 OHS 预防项目与政策的有效性。具体包括：监督当事人的守法情况；评估措施的效率、效果与影响；依据实践经验对措施进行复审与更新。所有当事方都必须通过 NOHSC（2005 年以后改为 ASCC）向劳动关系部报告其《战略》执行情况，报告的内容既包括具体的行动与过程，也包括在联邦范围内的合作行动情况。

评估是本战略实施的核心要素。应当在与当事人及利益相关者进行充分交流与协商的基础上不断完善评估机制，劳动关系部将就以下事项发布评估报告：《战略》要求的重点领域的行动项目；至少每三年一次，评估《战略》实施的效率、效果和影响。

（三）澳大利亚安全与补偿委员会在《战略》实施中的角色与职责

1. ASCC 的职责

2005 年雇佣与劳动关系部建立了澳大利亚安全与补偿委员会（以下简称 ASCC），其核心职责就是促进《战略》目标的实现。

ASCC 的主要任务就是建议政府制定 OHS 及工伤补偿相关的政策，具体职责为：（1）组织、配合国家行动去预防职业事故伤病与死亡，促进工伤补偿和康复与复工管理工作；（2）建立一个有效的多方对话机制，联邦与州政府、雇主及雇员代表都能在此机制下展开协商对话，共同参与相关政策的制定与完善；（3）促进并保持 OHS 及工伤补偿规章制度的一致性。

2. ASCC 所采取的措施

为了实现《战略》所确定的宏大目标，ASCC 所采取的措施包括：（1）发展并审查各种 OHS 国家标准及操作规程，确保工商业都采取了最佳的 OHS 保障措施；（2）支持学校、继续教育及工作场所进行广泛 OHS 教育；（3）发展并支持一些类似于"工科学生安全设计"的项目，让学生认识到设计安全产品、安全建筑、安全过程与安全体系的重要性，把风险预防做到最初环节；（4）通过一些专项行动提高公众对 OHS 重要性的认为，例如开始"安全周"活动等；（5）设立国家安全生产奖（National Safe Work Australia Awards），激励 OHS 工作先进者；（6）促进政府间合作，实现数据统计、分析与研究的共享，促进决策制定的科学化。

（四）《战略》执行现状

初步统计数据表明，战略的实施在预防职业事故死亡方面效果明显。2001~2003 财年度❶，总体死亡事故率下降了 25%。相应的是，2003~2004 财年度，农林渔业的事故率在所有行业中最高（平均每 10 万名工人中有 10 个职业伤害赔偿请求），比战略制定的基准年 2001~2002 财年的两倍还要高。正因为如此，《战略》最近把农林渔业也加入到了需要重点关注的高危行业之列。2001~2004 财年度澳大利亚的肌肉骨骼伤患率平均约 5.4%，超过了《战略》确定的 8% 的同期目标。

在实施了两年多以后，2004~2005 财年度，澳大利亚对《战略》进行了初次复审。复审结果认为，《战略》对于促进澳大利亚 OHS 水平的提高起到了重要作用，因为：（1）它以数据为基础确定了工作目标；（2）它明确了国家 OHS 努力目标，从而大大提高了 OHS 治理资源投入的效率；（3）建立了一个有利于国家、工商业和工人三方关系发展的较为完善的框架体系。

复审报告认为，澳大利亚 OHS 相关各方大都以《战略》为蓝本制订了自己的发展战略，澳大利亚安全与补偿委员会（Australian Safety and Compensation Council，ASCC）的成员组织都在大力宣传并促进企业采取措施，关注特别风险与特别行业。《战略》所确定的目标正在逐步实现。

经此次复审，《战略》又增加了一个新目标，即到 2009 年，澳大利亚的职业外伤死亡人数实现全球最低。

（五）《澳大利亚国家矿山安全框架》

1. 政府目的、目标与原则

政府的主要目的是为矿山行业职业安全与健康提供支持，为了实现这一目标，政府应当：做到全国保持一致，包括在矿山行业和其他行业的一致；鼓励企业级的利益相关方的正确行动；发展最佳措施并以之为基础促进措施

---

❶ 澳大利亚的财年度为每年的 7 月 1 日到次年的 6 月 30 日，2001~2003 财年度，即 2001 年 7 月 1 日到 2003 年 6 月 30 日，共两周年时间。

创新；要清醒地认识到，矿场的 OHS 义务最终应落实到雇主和雇员身上，并由高级 OHS 管理人员承担领导职能。行动目标：保证立法的一致性，从而确保相关义务人能够清晰、明确地履行其法律义务；促进革新与进步；消除各种重复的无效率的工作。政府应当对矿山安全与健康做出应有的贡献，这是对利益相关方共同合作实现这一目标的挑战。

2. 政府角色

为了实现上述目标与原则，政府应当遵循以下角色定位：在全国一致的法律框架下合作工作；支持矿业行业发展 OSH 管理能力；为企业及其他义务人提供守法帮助；采取最有效的执法措施；持续收集矿山行业可靠有用的 OSH 数据资料；支持地方性的，以及州内及州际利益相关人的协商，以确保相关信息与行业发展同步一致；大力开展矿业 OSH 研究，提高事故预防能力。

3. 矿山安全框架的主要内容

2001 年澳大利亚政府委员会建立了石油矿产资源部长委员会。2002 年，该委员会通过了一项决议：《矿山安全与健康——政府的贡献》，因为该决议确立了澳大利亚全境的矿山安全基本框架，所以又被称为《澳大利亚国家矿山安全框架》，由石油矿产资源部长委员会下属的子委员会——澳大利亚矿山安全首席检查员委员会——负责执行与实施。在与矿山安全利益相关各方进行充分协商的基础上，澳大利亚矿山安全首席检查员委员会制定并由 NMSF 批准公布了《澳大利亚国家矿山安全框架实施计划》(National Mine Safety Framework Implementation Plan)。这两个文件构成了目前澳大利亚联邦层面对全澳矿山安全的法律基础。

委员会认为，利益相关方都应当履行他们对矿山安全与健康的责任。首要责任当然由矿山行业各方承担，但是政府在实现安全健康的矿山行业这一目标中也应当发挥支持保障作用。本文件即旨在统一各种政府措施以实现这一作用。

在制定此框架文件前，委员会已经和澳大利亚、新西兰及巴布亚新几内亚及各州司法管辖区的利益相关方代表进行了充分的协商。此框架与 1999 年 NOHSC 制定的《国家 OHS 发展框架》(National OHS Improvement Framework) 精神一致，并较为详细地规定了各政府为了实施此矿山健康与安全法律框架需采取的措施与途径。

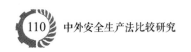

4. 为实现目标应采取的策略

为实现上述目标，不应当重视无意义的工作，也无须建立新的政府部门，而应当首先实现不同司法管辖区之间的信息共享与合作机制，并采取以下策略。

（1）全国一致的法律体系。

这对于保证矿山行业的高效规制至关重要。当然，这并不是说每个州的OSH立法都应当保持一致，而应当遵循国际劳工组织第176次大会"矿山安全与健康"文件精神，体现以下特色：应当遵循"一般关爱义务"立法模式，义务人应当包括董事、经理、承包人、雇员、制造人、设计人、供应人等；促进矿山安全系统管理方法的运用；确保与雇员协商机制的高效运行；矿山行业的重大危险都应当纳入此法律体系规制。应当根据ILO C176规定的危险管理的要求，并根据实践可行最低原则（As Low As Reasonably Practicable, ALARP）确定危险管理等级。关于危险管理的立法应当关注行业的核心危险，以确保降低事故率。不同法律概念的定义应当保持内在一致，不同术语应当清晰明了；应当允许义务人根据他们的客观环境条件创新更高效的OSH管理策略，支持企业超越法定规制标准实现更高的追求。

建议各司法管辖区应当实行全国基本一致的立法，并采纳ILOC176要求。

（2）OSH能力提升。

政府应当支持整个矿业行业的OSH能力。矿业行业也有责任在政府标准的监管下维持和发展OSH能力，并和国家对矿业行业的培训框架相适应。为了减少重复工作的负担，应通过澳大利亚国家认证体系把各司法管辖区的OSH认证和矿业行业的认证统一起来。

建议考虑与矿业行业的培训网络合作，确保整个行业的OSH能力标准培训与提升。

（3）协助守法。

所有的司法管辖区都向矿场提供各种咨询服务，以便相关义务人更好地履行责任。必须充分重视合作手段，以避免不必要的投入与重复投入，并促进行业内部的知识与经验的交流。另外，管制机构之间的合作也特别重要，它能够保证全国的执法政策的一致性，并强化义务人的守法意识。持续稳定的策略有利于帮助一些特别的义务人，例如小企业，去有效地应对一些特别的OSH事务。

建议建立不同机构之间的合作机制，实现指导政策内部一致，便于知识与经验交流和对标准的接受。

（4）执法。

协调一致的执法政策有利于义务人知晓自己的义务，能够真正体现政府行为的积极效果。这并不是说全国只能使用一个执法政策，而是说各个司法管辖区的执法政策应当在基本精神上保持一致。目前各司法管辖区的执法手段从轻到重，轻的有劝说和口头指导，稍重的有书面建议、整改通知、禁令等，更重的则是刑事指控。这通常被称为"执法金字塔"。

建议各司法管辖区之间的执法保持内在一致性。

（5）数据收集。

应当收集足够的数据信息，以便于矿业行业和政府了解具体情况。这些信息应当包括：OSH 结果数据，例如请求工伤赔偿的数据、伤害频率等；OSH 系统领导层指示与预防事故有关的企业文化等信息；没有导致伤害发生的较严重的事故数据；不同司法管辖区之间具有可比性的数据；政府行为相关数据，例如执法与守法支持数据。

建议建立一个有效的数据收集系统，并在不同司法管辖区和行业之间进行比较研究。

（6）协商咨询。

为了保证政府对行业的 OSH 管制效率，必须加强与行业利益相关人的协商。因为 OSH 立法权在各个司法管辖区，所以各司法管辖区有责任在其层面进行这方面的交流工作。如有必要，应当在司法管辖区范围内统一进行相关工作。

建议鼓励司法管辖区内的相关协商交流工作，并且这种协商应当有利于管辖区之间的交流。

（7）研究。

政府的重要角色之间就是鼓励行业及研究机构进行 OSH 治理研究。政府可以确定研究重点，提供建议，并建立合伙研究关系。政府应当建立专门的研究基金，并促进研究成果的实践转化。

建议建立一个适当的政府鼓励矿业 OSH 科研机制。

5. 矿山安全框架的实施

本框架所列策略应当在每个司法管辖区内经利益相关人充分协商并予以发展，并最终形成工作计划并提交给矿产与石油资源部长委员会。首席检察官委员会负责本策略的具体实施指导工作。

三、日本防止劳动灾害计划和安全卫生改进计划

日本法规定了防止劳动灾害计划和安全卫生改进计划：

（一）筹划制定防止劳动灾害计划

劳动大臣必须听取中央劳动基准审议会的意见，筹划制定有关防止劳动灾害的对策以及法规性的计划（称"防止劳动灾害计划"）。劳动大臣在考虑了劳动灾害的发生状况和有关防止劳动灾害对策的效果等之后，认为有必要变更防止劳动灾害计划，则应听取中央劳动基准审议会的意见。劳动大臣在筹划制定了防止劳动灾害计划后，必须立即公布；变更防止劳动灾害计划时，也必须如此。劳动大臣为了正确、顺利地实施防止劳动灾害计划，在认为有必要时，可以就防止劳动灾害的有关事项向企业主、企业主集团及其他有关人员提出必要的劝告或要求。

（二）与地方公共团体的合作

国家在推行防止劳动灾害的对策时，必须尊重地方公共团体的立场，并与其密切联系，取得其理解与合作。

（三）本节日本法相关原文摘录

劳动大臣必须听取中央劳动基准审议会的意见，筹划制订有关防止劳动灾害的对策的事项以及有关防止劳动灾害的重要事项的法规性的计划（以下称"防止劳动灾害计划"）。

劳动大臣在考虑了劳动灾害的发生状况和有关防止劳动灾害对策的效果等之后，认为有必要变更防止劳动灾害计划，则应听取中央劳动基准审议会的意见。

劳动大臣在筹划制订了防止劳动灾害计划后，必须立即公布；变更防止劳动灾害计划时，也必须如此。

劳动大臣为了正确、顺利地实施防止劳动灾害计划，在认为有必要时，可以就防止劳动灾害的有关事项向企业主、企业主集团及其他有关人员提出必要的劝告或要求。

国家在推行防止劳动灾害的对策时，必须尊重地方公共团体的立场，并与其密切联系，取得其理解与合作。

分析与结论：

与国外职业安全与健康的国家战略或国家政策相比，我国相应的规划存在以下较为突出的问题。

1．规范形成过程中的利益参与机制有待完善

安全生产是一项复杂的社会系统工程，需要利益相关各方的充分参与。安全生产的国家战略与政策，作为指导一国安全生产工作的中长期规划，其制定过程更需要充分反映利益相关各方的意见，并对各方利益进行充分的权衡，这样的战略或政策在实践执行过程中才会有更小的阻力。

澳大利亚的职业安全与健康国家战略由澳大利亚政府、澳大利亚工商业委员会和澳大利亚工会三方制作批准；英国的职业健康与安全执法政策最初由职业健康与安全委员会（HSC）负责，而这一委员会本身就是一个多方参与的组织；印度的职业安全、健康与环境国家政策在制定过程也充分保障的利益各方的意见表达与利益均衡。

我国安全生产"十一五"规划作为国民经济"十一五"规划在某一领域的细化，有充分的上层政策依据，集中表达了国家相关部门在安全生产规划方面的意志，但在制定过程中安全生产利益相关方的参与机制有待加强，尤其是企业代表、工人及工会代表、安全生产中介机构代表，他们的参与对于规划的全面性、科学性、合理性往往起着重要的影响。

2．需要建立并强化复审机制

中国的规划设置了明确的目标，确立了相应的执行措施与保障措施，但检查与复审制度设置模糊，从而大大削弱了规划在实践中的指导性作用。建议以后的安全生产规划应当设置详细的检查与复审机制。包括目标考核与责任制度、规划引用制度、审查与修正制度等。战略与政策目标能否得到落实，关键点之一在于是否有一套健全的检查与复审机制。国外职业安全与健康国家战略或政策都建立了专门的检查与复审机制。通过检查与复审机制，确保政策与战略得到贯彻，同时对根据实践反映的问题对战略或政策进行必要的修正，并形成"计划—实施—检查—行动"的PDCA闭环模式。

中国的规划并没有规定具体的实施机关，从发布对象上看，应当是各级人民政府及国务院各部委、各直属机构。这一责任主体过于宽泛，所以造成了实践中难以落实的情况。而澳大利亚、南非等国通常都指定某一中央机构作为专门的战略实施总负责部门，对中央政府或国会定期做战略实施情况报告，地方各级政府也要根据其实施情况对上级政府进行战略实施情况报告；而且每隔一定期间，则对其战略进行复审，对内容进行增加、更新或删除。

3．保证规划的连续性与一致性

国外安全生产战略的期限一般都是10年左右，这样能够保证一定时期内

的目标一致性与政策的连续性。我国安全生产规划与整个国民经济与社会发展规划的步调一致，都是五年，囿于这一体制，我们的安全生产规划应当尽可能地做到前后政策目标的连贯与一致，避免出现过大的波动，影响安全安全生产的立法、执法与司法工作。

4．完善战略制定过程中安全生产利益各方的利益表达与参与机制

战略是否符合社会现实，是否容易被贯彻实施，取决于在制定过程中是否充分参考安全生产各利益相关方的主张与建议，是否经多方协商后，探求能够综合反映利益各方要求的最佳方案。这既是政策制定的民主性要求，也是战略是否具备社会基础的直接体现。今后我国政府在制定安全生产规划的过程中应当为各行业主管部门、各行业协会商会、行业工人代表及工会组织提供畅通、有效的参与表达机制。

5．完善中国的规划的效力与实施保障

中国的规划已经提出要加大政策引导、资金投入和监管监察力度，落实安全责任，强化安全意识，保障规划目标的实现，但这些措施还有待进一步细化与完善，尤其是战略确定的目标对于各级政府政绩考核的约束力仍有待加强。

第三节　安全生产科学技术研究和技术推广应用

一、中国法

（1）《安全生产法》第15条规定：国家鼓励和支持安全生产科学技术研究和安全生产先进技术的推广应用，提高安全生产水平。

（2）《职业病防治法》第8条规定：国家鼓励和支持研制、开发、推广、应用有利于职业病防治和保护劳动者健康的新技术、新工艺、新设备、新材料，加强对职业病的机理和发生规律的基础研究，提高职业病防治科学技术水平；积极采用有效的职业病防治技术、工艺、设备、材料；限制使用或者淘汰职业病危害严重的技术、工艺、设备、材料。国家鼓励和支持职业病医疗康复机构的建设。

二、美国法

（1）卫生、教育、福利部长在和部长及相关联邦部门或机构磋商后，应进行（直接或授权或通过合同）有关职业安全和卫生问题的新方法、新技术和新措施的研究、试验和论证，包括对心理因素的研究。

（2）卫生、教育、福利部长应随时和部长会商，以便制定一个为发展各种标准，包括制定有毒物质的标准所需的研究、试验和论证工作的专门计划，帮助部长完成制定本法令所需的各项标准的任务。卫生、教育、福利部长根据这些研究、试验和论证以及其他可以得到的情报资料，至少应每年发展并公布对实现本法令的目的有实效的标准。

（3）卫生、教育、福利部长应在研究、试验和论证所得到的情报资料的基础上，发展有关有毒物质、有害物理因素和有害物质的标准。这些标准应规定在不同工作阶段中为保证安全所允许暴露的水平，包括只能以这样的暴露水平为限度，即保证没有一个雇员由于工作经历而导致健康受害，工作能力或寿命减退的结果。

（4）卫生、教育、福利部长还进行有关职业安全卫生特殊和专门的研究、试验和论证，以探索一些新问题，包括由于在职业安全卫生中采用一些新技术而产生的新问题。这些问题可能要求采取超出本法令现有条款规定以外的改进行动。卫生、教育、福利部长还须就职业安全和卫生领域里的动机和行为因素进行研究。

（5）卫生、教育、福利部长应在本法令颁布后 6 个月内公布已知有毒物质种属表或其他有用的分类表和这些物质出现毒性时的各种浓度。此后随时需要，随时公布，但至少须每年一次。任何雇主、雇员的授权代表如提出书面要求，并说明他们有充分理由提出这样的要求，卫生、教育、福利部长应对那些在工作场所中通常能找到的在使用的物质或找到时的浓度究竟有无潜在的毒性作用做出决定，并尽快地把决定送交雇主和雇员代表双方。倘卫生、教育、福利部长断定该物质在那种浓度时有潜在的毒性作用，并为职业安全卫生标准所未包括者，应立即把该决定和所有有关标准同时送部长。

（6）在本法令颁布后 2 年内，卫生、教育、福利部长应在整个工业范围内进行有关因长期或低水平地暴露在工业物质、工艺过程、紧张压力下导致成年人丧失工作能力或对产生疾病的潜在影响的研究并公布结果。此后并每年公布这样的研究材料。

（7）卫生、教育、福利部长有权视察和询问雇主或雇员，以履行他的职能和责任。

（8）部长为进行有关他的责任而进行的研究工作，可与相关公共机构或私人组织签订合同、协议或作其他工作安排，并与卫生、教育、福利部长合作以避免工作重复。

（9）部长应把他和卫生、教育、福利部长所得到的情报，传播给雇主和雇员以及他们的组织。

（10）卫生、教育、福利部长应在适宜的限度内，可授权给国家职业安全卫生研究所的所长行使。

三、日本法

政府为设法振兴有利于防止劳动灾害的科学技术，要尽可能地推进研究开发、普及研究开发的成果及采取其他必要的措施。

分析与结论：

中国、美国、日本三个国家的安全法律规定了安全生产或职业安全卫生科学技术研究和技术推广应用的内容，其他国家的法律尚缺。

此类规定尤以美国法最为详细，值得学习和借鉴的地方：一是多部门负责此类工作。美国法规定卫生部、教育部、福利部、劳工部以及其他有关部门应进行协商，对职业安全卫生问题的新方法、新技术和新措施开展研究。各部门合作方式：直接，或授权，或合同。中国的安全科研则缺乏部门合作或协商。二是把标准制定与科学技术研究工作相结合，而且各部门要会商合作制定标准发展和科技研究的专门计划。中国没有这样相结合的全盘计划，法律也没有细到这种程度。这里有一个"发展标准"或"标准发展"的概念值得注意。发展标准是以科学技术研究为基础的，科学技术研究推动标准发展，这是一个重要的关系。三是突出强调发展有关有毒物质、有毒物理因素标准，规定其不同工作阶段中的暴露水平，以防健康受害、工作能力减退、寿命减退。这体现了美国法对职业卫生工作的重视。美国法关于职业卫生的概念比中国法把职业卫生或范围局限于职业病要广泛得多，而且中国法的职业病概念也仅指115种职业病，尚未及全部职业病。四是建立职业卫生标准的政府企业联动机制：联邦政府各部门公布标准—雇主、雇员代表提出毒性要求—各部门决定—送交雇主、雇员代表，各部门并有权对雇主、雇员进行视察和询问。五是避免研究工作重复，方法是劳工部要与卫生部、教育部、福利部以及公共机构、私人组织进行协商、合作，签订合同、协议或做出安排。六是情报公开和传播，政府部门应把情报交流到雇主、雇员。七是发挥国家职业安全卫生研究所的作用，联邦政府各部门可以在适当范围内授权它行使政府职能。美国的国家职业安全卫生研究所具有很高的地位，属于国家职业安全卫生体制的一部分，足见美国对科学研究的重视。中国也有一些安全生产科学研究机构，但不具有美国研究所的性质、地位和责任。

第四节 安全生产标准的制定与执行

一、中国法

《安全生产法》第 10 条规定：国务院有关部门应当按照保障安全生产的要求，依法及时制定有关的国家标准或者行业标准，并根据科技进步和经济发展适时修订。生产经营单位必须执行依法制定的保障安全生产的国家标准或者行业标准。

《职业病防治法》第 12 条规定：有关防治职业病的国家职业卫生标准，由国务院卫生行政部门组织制定并公布。国务院卫生行政部门应当组织开展重点职业病监测和专项调查，对职业健康风险进行评估，为制定职业卫生标准和职业病防治政策提供科学依据。县级以上地方人民政府卫生行政部门应当定期对本行政区域的职业病防治情况进行统计和调查分析。

二、美国法

（1）部长应该在本法令生效之日起两年内，尽快把任何"国家一致标准"和任何"已建立的联邦标准"以确定性命令颁布为职业安全卫生标准。除非他判定：对某些特定的雇员，颁布这样的标准，并不能改进他们的安全和卫生条件。如果任何标准有互相抵触矛盾时，部长就选择对受影响的雇员的安全和卫生起最大保护作用的那个标准颁布之。

（2）部长颁布、修改或废除任何职业安全或卫生标准，可用以下各

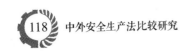

种方式：

①每当部长在收到来自有关当事人，或任何雇主或雇员组织的代表，或一个在国内被承认的标准制定组织，或卫生、教育、福利部长或国家职业安全卫生研究所，或一个州或它的行政分支机构的局面报告的基础上，或由部长整理加工或其他为他所准备的材料基础上，为了实现本法令的目的，决定必须颁布一项法则时部长可要求咨询委员会提出建议，部长可以将他自己或卫生、教育、福利部长的建议连同由部长或卫生、教育、福利部长或其他方面准备的恰当而又真实的情报资料，包括研究结果、论证和实验提供给咨询委员会。咨询委员会应在被任命后90天内，向部长就所要颁布的法则提出他们的建议，或在部长规定的或长或短的期限内提出，但最长不得超过270天。②部长应在联邦注册本上公布关于颁布、修改或废除职业安全卫生标准的法则草案，并给有关人员以公布后30天的限期内提出书面意见、论据或评论。如部长决定要发布某一法则，则他应在咨询委员会提出建议后60天内公布法则草案。③任何有关人员在根据第2款，提出书面意见或评论所规定期限之前可以书面说明理由，向部长对法则草案提出异议，并要求就此异议举行公开听证会，在异议提出后30天内，部长应在联邦注册本上刊登通知，说明有人对职业安全或卫生标准法则持有异议并公布为此而举行的公开听证会的时间和地点。④部长须在提出书面意见或评论期限告终后60天内，或公开听证会举行完毕后60天内，发布关于职业安全或卫生标准的颁布、修改或废除法则，或决定不发布该法则。该法则可以附有一项延期生效的附款（不得超过90天），延期的长短由部长根据需要决定。这是为了保证所有受影响的雇主和雇员都能知道有这样的标准存在和它的具体条款，为了让受影响的雇主有机会熟悉标准所提出的各种要求。⑤根据本条在颁布有关有毒物质或有害物理因素的标准时，部长应在最佳的有效证据基础上最大可能地扩大标准适用范围保证达到可行的限度，使得没有一个雇员会遭受健康或工作能力方面的实质损害，即使这个雇员在他的整个工作经历中在这样的标准下经常暴露在危害面前。这种标准的发展，要根据研究、论证、实验和其他适当的情报。为使对雇员的健康和安全的保护达到最高程度，其他应予考虑的是本领域里的可用的最新科学数据，标准的可行性和从这个或其他卫生和安全法律得来的经验。只要可能，颁布的标准应该用客观尺度来表示和按要求执行。⑥任何雇主可向部长提出申请发布临时命令准许暂时变动根据本节所颁布的标准或条款，这种临时命令的申请只能在下列情况下予以批准。雇主所提出

的申请符合条款规定并证实：他不能在标准生效日达到标准要求是由于找不到专业或技术人员，或为达到标准要求所需要的材料和设备，或所需要的设施的建造或改建不能在标准生效日完成；他正在采取一切可以办到的步骤保护他的雇员免受标准所述及的那些危害；他有一个有效计划尽可能快地符合标准。任何根据本款规定所发布的临时命令，必须规定在命令有效期间雇主所必须采取的步骤、方法、手段、操作和手续，并把他如何争取符合标准要求的方案陈述详细。这种临时命令只有在通知雇员之后和提供机会举行听证会之后才能批准，假若，部长先批准发布一个过渡性命令，它的有效期到根据听证会做出决定后为止。临时命令的有效期不能超过雇主用来达到符合标准所需要的时期或一半，不论采用那种，都应短些。除非重新发布这样的命令，但不得超过两次。如果申请重新发布命令应有效期的长短应以符合本款的要求为宜。在原命令到期前至少 90 天提出重新发布命令的有效期，不得超过 180 天。

（3）临时命令的申请应包含：雇主请示修改的标准或它的从属部分的详细说明；雇主陈述他不能符合标准的详细原因和理由，并向对所陈述的事实具有第一手知识的合格人员提供证据；一个关于他为了保护雇员免受标准所述及的那种危害已采用和将要采用的步骤（注明具体日期的说明）；一个关于他计划什么时候可以符合标准，为此已采取什么步骤，预备采取什么步骤（注有明确日期的说明）；一个证明，证明他为了通知雇员已把申请的副本给了雇员的合法代表；把有关申请的摘要张贴公布；告诉到哪个或哪几个地方可以去查看副本，哪里正式公布有给雇员的通知，和已采取其他适当办法的证明。证明里应包含有是怎样通知雇员的说明，给雇员的通知应同时告知他们有权要求部长举行听证会。

（4）部长决定后，有权批准对任何标准或某一部分变动，或由卫生、教育、福利部长证明为了准许一名雇主能参与一个经部长或卫生、教育、福利部长批准的试验，目的是论证或证实一项新的能保障工人安全或健康，经改进了的技术时，也可同意批准变动。

（5）公布经修改的任何标准应规定使用标志其他适当的警告形式，这是使雇员保证能明了他们所接触的各种危害，相应的症状，紧急措施，和安全使用或暴露的正常条件和预防，如合适时，这些标准还应规定适当的保护设备与这些危害有关的控制或技术程序和为了保护雇员有必要在某些地点，不同间歇时间和在这种情形下对雇员的暴露情况进行有害的影响，雇主或由雇主承担费用调查向暴露在这种危害下的雇员提供的医疗检查形式和次数和/或其他测试办法是否合宜。假如这种医疗检查是研究性质的，是由卫生、教育、福利部长决定的，则费用也许就由卫生、教育和福利部长负担。这种检查或试验的结果只能报告给部长或卫生、教育、福利部长，或应雇员的请求而送交他的医生。部长可在商得卫生、教育和福利部长同意后，可按根据美国法典颁布的法则，对上述有关使用标志或其他警告形式，监控、测量和医疗检查，已为经验、情报或医疗、技术的发展所验证了的，继有关标准的颁布做出相应的修改。

（6）如遇部长颁布的法则实质上不同于现有的"国家一致标准"，部长应在颁布同时，在联邦注册簿上公布一项声明，说明采用这一法则对实现本法令的目的将比"国家一致标准"更具有实效的理由。

（7）如部长鉴于雇员由于暴露在确定为有毒物质或有害物理因素或新的危害下而处于严重危险；发布紧急标准是保护雇员应对这种危险所必要的，他可以不按照美国法典的要求，在联邦注册簿上颁布一项临时紧急标准，自颁布日起立即生效。这种标准将一直有效，直到为程序而颁布的标准所取代时为止。当这样的标准在联邦注册簿上公布时，部长应即开始根据本法的程序行动，所公布的标准作为法则草案。部长应在公布临时紧急标准后6个月内根据本款颁布一项标准。

（8）任何一个受到影响的雇主都可以向部长申请一个裁定或命令。准许他对根据本节颁布的标准有所变动，应使受到影响的雇员得知每一个这样的申请，并有机会参加听证会。部长经过视察和听证会，如果优势的证据证明雇主所用或计划采用的环境、步骤、手段、方法、操作或手续将为雇员提供的工作和工作场所，与雇主遵照和符合标准要求时同样安全与卫生，可以决定出这样的裁定或命令。他所发布的裁定或命令里应规定雇主所应保持的环境条件，以及他必须采取和利用的步骤、手段、方法、操作和手续等以及与问题所涉原定标准的差异限度。这种裁定和命令在发布6个月后，在一个雇主、雇员的申请或部长自己的意向下，可以根据本条，按规定的方式随时修改或废除。

（9）每当部长颁布任何标准，做出一个裁定、命令、或决定、批准任何豁免或延长、或调解、减轻、或根据本法令予以惩罚等时，应附一项声明说明采取这一行动的理由，在联邦注册簿上公布。

（10）颁布的某一标准使任何人受到不利影响时，他可以在这一标准颁布后第 60 天以前的任何时候向他住家或主要买卖所在的美国上诉法院提出请求，如要求对此标准的合法性作司法复查，法院书记官应立即把请求书的副本转送给部长。这种请求不能使标准延期执行，除非法院另有命令。如果部长的决定总的说来是有重要证据支持的，则他的决定是结论性的。

（11）部长在决定建立本节标准的顺序时，应优先考虑特种工业、商业、手工业、各种职业、贸易、劳动场所和劳动环境对强制性安全和卫生标准的紧迫性。部长对卫生、教育、福利部长有关建立强制性标准的优先问题的建议也应给以应有的重视。

三、澳大利亚法

1. 国家标准和规范

（1）委员会可以书面公布涉及职业安全卫生事务的国家标准和规范。（2）除法律提出要求，以及根据这样的法律做出的判决或起草的文件提出要求外，国家标准或规范都是建议性文件。（3）国家标准或规范必须按规定方式发表。（4）在颁布国家标准或规范之前，委员会必须以规定的形式发布公告：阐述委员会打算颁布的标准或规范，邀请感兴趣的人讨论在规定之日将要提出的标准或规范，规定涉及该标准或规范的陈述寄送的地址。（5）在通知规定的日期之前，任何人都可以向委员会提出自己对将要颁布的标准或规范的意见或建议。委员会必须认真考虑这些意见或建议。如果委员会认为这些意见或建议是合理的，则应对将要颁布的标准或规范进行适当的修改。（6）国家标准或规范被颁布之后，委员会必须尽快向部长送交国家标准或规范的副本。

2. 现行的工业标准

（1）为对雇主、自我雇佣人员和雇员提供实际指导，劳动保险管理局可起草及准备现行的工业标准。（2）部长可应劳动保险管理局的建议，批准某个工业标准。（3）工业标准可由任何与职业健康或安全有关的经部长批准的法规、标准、细则、说明或规定组成；在工业标准被批准或在每次重新修订、发布或出版的过程中，应用、吸收或参考由某团体或部门正式颁布或出版的任何文件是有效的。（4）部长可考虑劳动保险管理局的任何建议，批准某项工业标准的整体或任何部分的任何修订或取消该工业标准的批准。（5）部长应要求在政府公报上公布制定、修订、废止的工业标准。（6）部长应使每一个被批准的工业标准的附本可供不在劳动保险管理局办公室任职的社会成员，在正常的办公时间查阅。（7）被批准的工业标准应在公报公布之日起生效，或在其后的、在该工业标准中规定的日期开始生效。（8）被批准的修订后的工业标准应在公报公布之日起生效，或在其后的、在修订的该工业标准规定的日期开始生效。（9）被批准的工业标准应在公报公布的批准取消该工业标准之日的次日起失效。（10）因未能遵守批准的工业标准中任何规定的人员，不应负任何民事或刑事责任。

3．工业标准的用途

在本法所指的任何宣称某人违反或未能遵守本法或规程的规定的诉讼中，与证明所宣称的违反或未能遵守与诉讼中任何事件有关的必需的工业规程，都可作为诉讼证据；某人在任何时间不遵守已批准的工业标准，均可被提起诉讼。

4．规程

总督职权：（1）可针对本法所要求或允许做出规定的事件，或针对执行或使本法生效所必需做出规定的事件，制定与本法不矛盾的规程。（2）可制定规程规定或禁止：任何设备的制造、供应或使用；任何材料的加工、供应、贮存、运输或使用；任何工序的处理或任何作业的进行。（3）可针对依据有关的职业健康与安全法规赋予监察员的权力制定规程：要求纠正任何对本法或规程的违反或可能的违反；在某工作场所，禁止任何危及健康或安全的活动。（4）规程的规定可：普遍适用或通过指出特定的豁免或因素限制它的适用；根据指定的不同因素区别适用；授权任何被重复决定、适用或规定的事件或事情给予特定的人员或团体；完全或有条件地同意某人或某类人员不遵守规程的规定。

对规程的任何违反，可强制罚款不超过100罚款单位。

四、南非法

（1）部长有权在下列情况下制定相关行政法规。

①为了解决本法规定的相关问题。②部长认为有必要制定行政法规以有效地解决雇员、与机器设备使用有关人员以及其他与工作活动有关人员的职业健康安全保护问题，具体可以涉及：建筑物的规划、布局、建设、使用、改变、修理、维护或者拆除；机器设备或健康安全设施的设计、制造、建设、安装、运行、使用、控制、改变、修理、维护及运输；雇主或使用者在何种

情况下应当对何人提供培训及健康安全装备设施，及其实施情况；雇主或使用者应当采取的健康安全措施；雇主或使用者应当采取的职业保健措施；对雇员的生理监测或医疗监测；危险品或潜在危险品的生产、处理、使用、控制、存储或运输，以及人员可暴露于该危险品的程度，以及对该种暴露的明确限制与合格标准；在有危害或潜在危害场合下的工作；雇主和使用者应当具备哪些应急装备和医疗药械，以及这些应急装备和医疗药械应放置于何处、应当符合什么要求，如何经常检查这些应急装备和医疗药械，以及在应急救援如何使用以及使用条件；雇主如何编制针对工作场所健康安全的操作指令，指令要解决什么问题以及指令应以什么形式引起该工作场所雇员及其他人的注意；对在危险场合操作人员及使用或控制机器设备的人员进行登记，以及这些人员的资格，和登记应当缴纳的费用；授权检查专家的资质认定、职责、义务和行为范围；雇主和雇员如何就健康安全事项进行磋商；雇主或使用者应当向雇员和公众所披露的健康安全信息；在什么情况下雇主应当禁止他人在从事特定工作的场所携带食品或者吸烟；在什么样的条件下制造易爆物品以及应当采取什么样的措施。③为了保护雇员和公众免受重大事故危害风险，规定采取哪些措施，防止重大危险装备事故。④对雇员的工作场所及使用了机器设备的工作场所进行登记以及国家登记的收费标准。⑤制定条款维持本法项下的登记行为。⑥对机器设备进行登记及国家登记的收费标准。⑦为了实施行政法规而建立一个或多个委员会，包括委员会的组成、职责、会议程序、国会拨款中用于支付的委员报酬、什么人可以享受固定报酬等。⑧应当保存的记录，以及雇主和使用者应当提供哪些查询记录或向什么人提供查询记录。⑨企业的健康安全代表及其健康安全委员会委员的选任与职能，以及对健康安全代表的培训。⑩对自我雇佣人员的行为调整。⑪部长认为对于实施本法有必要通过行政法规明确的其他事项。

（2）部长必须与国家职业健康安全理事会协商后才可以制定行政法规，与国家收入或支出有关以及与其他健康事项有关的行政法规，必须在与财政部长和健康福利部长分别协商后才可以制定。

（3）在制定行政法规的过程中部长可以分类施策，但分类不得建立在种族或肤色区别之上。

（4）行政法规可以针对违法设置罚金，或者处予不超过 12 个月的监禁。对于持续违法的，还可以附加 200 兰特以内的罚款或针对每持续一天违法而附加一天的监禁，但附加的监禁最长不得超过 90 天。

（5）把健康安全标准并入行政法规。

①部长有权通过国家公报把健康安全标准或其部分内容并入行政法规，只需要指明该标准的编号、标题、签发时间或者其他足以识别出该标准的特征即可，无须在行政法规中写明该标准的具体内容。②只有经商国家职业健康安全委员会后才可以把相关健康安全标准并入行政法规。③不与行政法规有冲突的健康安全标准，在被并入满2个月后，即具有行政法规效力。④在被并入以后，如果被并入的标准经有关主管部门进行了修订或替换，除非另有规定，否则修订或替换后的标准被视为自动并入。⑤首席监察员应当登记所有记录了被并入的标准的细目及其被修订或被替换的情况的出版物，或何处可以获得该出版物，以备检查时引用，并且该登记情况或其摘要应当对公众免费开放。

分析与结论：

1. 美国法经验和启示

部长应尽快把国家一致标准和已建立的联邦标准颁布为职业安全卫生标准。如果任何标准有互相抵触矛盾时，部长就选择对受影响的雇员的安全和卫生起最大保护作用的那个标准颁布之。部长可用各种方式颁布、修改或废除职业安全或卫生标准。任何有关人员可以书面说明理由，向部长对法则草案提出异议，并要求就此异议举行公开听证会。部长决定后，有权批准对任何标准或某一部分变动。颁布的某一标准使任何人受到不利影响时，他可以在这一标准颁布后60天内向他住家或主要买卖所在的美国上诉法院提出请求，如要求对此标准合法性作司法复查，法院书记官应立即把请求书的副本转送给部长。部长在决定建立标准的顺序时，应优先考虑特种工业、商业、手工业、各种职业、贸易、劳动场所和劳动环境对强制性安全和卫生标准需要的紧迫性。部长对卫生、教育、福利部长有关建立强制性标准的优先问题的建议也应给以应有的重视。

2. 澳大利亚法经验和启示

（1）国家标准和规范。

委员会可以书面公布涉及职业安全卫生事务的国家标准和规范。除法律提出要求，以及根据这样的法律做出的判决或起草的文件提出要求外，国家标准或规范都是建议性文件。在颁布国家标准或规范之前，委员会将阐述拟颁布的标准或规范，邀请感兴趣的人讨论在规定之日将要提出的标准或规范，规定涉及该标准或规范的陈述寄送的地址。任何人都可以向委员会提出自己对将要颁布的标准或规范的意见或建议。委员会必须认真考虑这些意见或建议。国家标准或规范被颁布之后，委员会必须尽快向部长送交国家标准或规范的副本。

（2）现行的工业标准。

部长可考虑劳动保险管理局的任何建议批准某个工业标准。

（3）规程。

总督可针对本法所要求或允许做出规定的事件，或针对执行或使本法生效所必需做出规定的事件，制定与本法不矛盾的规程。

3．南非法经验和启示

部长有权制定相关行政法规，但前提是与国家职业健康安全理事会协商；与国家收入或支出有关以及与其他健康事项有关的行政法规，必须在与财政部长和健康福利部长分别协商后才可以制定。部长有权通过国家公报把健康安全标准或其部分内容并入行政法规。首席监察员应当登记所有记录。

第五节　其他事项

一、事故抢救的社会义务

中国法规定了任何单位和个人支持、配合事故抢救的社会义务，要求他们提供一切便利条件。这是中国法独有的规定，目前尚未发现其他国家的职业安全法有类似规定。但有些国家的刑法规定了一般民众见死不救的刑事责任。这是社会共同体精神，值得其他国家学习。《安全生产法》第82条第4款原文规定是：任何单位和个人都应当支持、配合事故抢救，并提供一切便利条件。

二、安全生产宣传教育

（一）中国法

中国法规定政府及有关部门具有安全生产宣传义务、教育义务、普及知识义务，目的在于提高职工安全意识，增强单位安全观念。注意：这里政府的安全生产教育义务并不是宣传意义上的教育义务。中国政府讲究宣传，往往要落到法律文本上，是其历史传统，其他国家缺乏。中国的许多单项法律中总有关于专项宣传教育的规定，政府及其部门往往也有一个宣传教育机构（中心）。这也算是中国及中国法的一个特色。

《安全生产法》第 11 条规定：各级人民政府及其有关部门应当采取多种形式，加强对有关安全生产的法律、法规和安全生产知识的宣传，增强全社会的安全生产意识。《职业病防治法》第 11 条规定：县级以上人民政府职业卫生监督管理部门应当加强对职业病防治的宣传教育，普及职业病防治的知识，增强用人单位的职业病防治观念，提高劳动者的职业健康意识、自我保护意识和行使职业卫生保护权利的能力。

（二）英国法

英国的职业健康安全宣传教育方针是全民积极参与，提高全民健康安全意识。英国政府专门制定并公布了"重振安全与健康战略声明"，把安全与健康工作提升到战略高度，有力强化全民安全意识。

英国普及风险意识教育，从 2000 年开始修改苏格兰和威尔士全国学校课程，在中小学和高等院校中加入职业风险教育，主要通过事故模拟、游戏、网站等寓教于乐和易于青少年接受的方式进行。由 HSE 发起，每年 10 月份开展一次全国性"安全与健康周"活动，目前已经扩展到欧洲。活动主要邀请从事职业安全与健康的有关人员参加，特别是安全与健康组织、工会和雇主协会、公司、经理、雇员和员工中心安全代表参加，每年一个主题，提高公众的安全与健康意识。

在防火教育方面，他们把教育的重点放在学校和社区，重点向普通民众宣传防火的知识和方法。英国有专门的"防火大学"，模拟各种火灾事故进行教育和宣传。"防火大学"利用网络开设学习课程，进行防火、灭火的普及教育。英国政府每年拿出 300 万英镑做预防火灾的专项电视公益广告，收到很好的宣传效果。

在工作和生活中，处处体现了全民行动、全民参与，潜移默化地提高全民安全意识和行为习惯。英国安全工作做得很细，宾馆防火门非常多，并且在显著位置写有"防火门保持畅通"等字样。有的地方宾馆每周要有一次防火演练。汽车修理厂也划分好哪些是行人区并标志黄线和人行图案。

日常生活中不断深化全民的安全意识和行为习惯，成为他们的自觉行动。在交通管制上实行"人车相会，行人优先"的法则。马路上有一种用手触摸的标志，当行人需要穿越马路时，用手摁一下上面的按钮，红黄蓝信号灯就会按照行人优先的原则，一般在 3 分钟内，将行人穿越方向的信号灯变成绿色，将车通行方向的灯变成红色。行人与司机都很遵守交通规则，极少有闯红灯的现象，并且已经形成一种自觉行为。所有骑自行车的人都戴着安全头盔。这些行为习惯同样用在工作之中。

岗位操作人员安全意识强，能自觉穿戴劳动防护用品，并严格按安全规程作业。如驾驶员严格控制车速，自觉系安全带，红灯时绝对等候，礼让行人。司机行车途中停下来休息的时候会检查车况，车子轮胎的螺丝逐个拧紧。司机开车前会将车全部检查一遍，有问题就会到修理厂修理，确保万无一失。

三、安全生产工作奖励

中国法规定了安全生产工作奖励制度，未见其他国家有此类规定。这项制度也是各有利弊。《安全生产法》第 16 条规定：国家对在改善安全生产条件、防止生产安全事故、参加抢险救护等方面取得显著成绩的单位和个人，给予奖励。

四、举报、报告及其奖励

中国法规定了安全生产举报制度、基层群众组织报告制度以及举报、报告的有功奖励制度，未见其他国家有此类规定。举报、报告是中国的历史文化传统。封建时代一贯实行，有利于政府统治；目前安全生产工作实行举报、报告制度则有利于政府管理和监督。

《安全生产法》第 51 条规定：从业人员有权对本单位安全生产工作中存在的问题提出批评、检举、控告；有权拒绝违章指挥和强令冒险作业。生产经营单位不得因从业人员对本单位安全生产工作提出批评、检举、控告或者拒绝违章指挥、强令冒险作业而降低其工资、福利等待遇或者解除与其订立的劳动合同。第 71 条规定：任何单位或者个人对事故隐患或者安全生产违法行为，均有权向负有安全生产监督管理职责的部门报告或者举报。第 73 条规定：县级以上各级人民政府及其有关部门对报告重大事故隐患或者举报安全生产违法行为的有功人员，给予奖励。具体奖励办法由国务院安全生产监督管理部门会同国务院财政部门制定。第 70 条规定：负有安全生产监督管理职责的部门应当建立举报制度，公开举报电话、信箱或者电子邮件地址，受理有关安全生产的举报；受理的举报事项经调查核实后，应当形成书面材料；需要落实整改措施的，报经有关负责人签字并督促落实。《职业病防治法》第13条规定：任何单位和个人有权对违反本法的行为进行检举和控告。有关部门收到相关的检举和控告后，应当及时处理。对防治职业病成绩显著的单位和个人，给予奖励。

这些规定里含有四项安全生产举报、报告、奖励制度：一是政府受理举报制度。负有安全生产监督管理职责的部门应当建立举报制度，公开举报电话、信箱或者电子邮件地址，受理有关安全生产的举报；受理的举报事项经调查核实后，应当形成书面材料；需要落实整改措施的，报经有关负责人签字并督促落实。二是社会报告举报制度。任何单位或者个人对事故隐患或者安全生产违法行为，均有权向负有安全生产监督管理职责的部门报告或者举报。三是居民委员会、村民委员会报告制度。居民委员会、村民委员会发现其所在区域内的生产经营单位存在事故隐患或者安全生产违法行为时，应当向当地人民政府或者有关部门报告。四是报告奖励制度。县级以上各级人民政府及其有关部门对报告重大事故隐患或者举报安全生产违法行为的有功人员，给予奖励。国务院负责安全生产监督管理的部门会同国务院财政部门制定具体奖励办法。

五、媒体宣传、舆论监督

中国《安全生产法》第74条规定：新闻、出版、广播、电影、电视等单位有进行安全生产公益宣传教育的义务，有对违反安全生产法律、法规的行为进行舆论监督的权利。

这里规定了媒体单位有安全生产宣传教育的义务，有对安全生产违法行为舆论监督的权利，未见其他国家有过此类规定。但外国媒体单位进行舆论监督是广泛而深刻的，他们在新闻自由、言论自由体制内对安全生产或职业安全卫生方面的舆论监督也是必然的。我们认为，中国应制定统一的对各行业领域均适用的宣传教育法和舆论监督法；在这种前提或情况下，安全生产法也不必设专条规定有关的宣传教育、舆论监督相关关系。应注意，媒体单位的宣传教育义务并非公益性，并非不计报酬地进行宣传教育。能否对营利性、公益性宣传教育义务规定一个比例关系，有待探讨。

第四章 安全生产监管体制比较

第一节 英美法系国家或地区安全生产监管体制

一、英国体制

（一）总体框架

英国法规定主管职业安全卫生工作的是劳工大臣及其任命的健康与安全委员会（The Health and Safety Commission，HSC）和健康与安全执行局（The Health and Safety Executive，HSE，也译为安全卫生执行局）。委员会和执行局是两个法人团体。大臣在任命委员会成员之前，应在适当时分别与雇主代表组织、雇员代表组织和地方当局协商。英国等西方国家的政府在确定有关事宜甚至立法时，往往要征求有关社会组织的意见，以体现其民意基础，这反映了他们的民主精神，避免政府武断专行。这应该值得中国立法和政府监管部门借鉴和学习。英国与中国体制不同，其执行局是委员会的执行机构，而委员会又是大臣的下属。

2016 年 6 月，作者去英国考察又听说他们的委员会和执行局事实上合并了，平时工作只听说执行局，而听不到委员会。从 2008 年 4 月 1 日起，HSC 并入 HSE，所以目前英国具体负责职业健康与安全工作（OHS）监管的部门是健康与安全执行局，全面负责职业健康与安全监管工作。另外还有一个防火与救援委员会，专门负责火灾与救援工作。

（二）劳工部大臣与健康安全委员会

英国主管职业安全健康的部门是 Department of Work and Pensions，本书翻译为劳工部（有人翻译为工作与养老金部，有人翻译为劳动与养老部国务大臣，也有人翻译为劳工与福利部）。

英国由负责劳工部的国务大臣全面负责国内职业健康与安全事务，指导其他具体负责 OHS 事务监管机构的工作。该大臣是英国内阁成员。在法律上，大臣对 HSC 可以在两方面进行控制：一是批准委员会提出的建议；二是向委员会下达指示。这说明多数人要受一个人领导，委员会成了一个咨询和执行机构。专制和多数服从少数原则存在于西方行政体制内，这与其民主和少数服从多数的议会体制是不同的。

健康与安全委员会是根据 1974 年《英国作业场所健康与安全法》建立的，是英国最重要的 OHS 政策制定与评审机构，由主席 1 人、其他委员 6~9 人组成，分别来自于政府、雇主、雇员和其他领域，由负责就业与养老的国务大臣任命，其管辖范围包括英格兰、威尔士和苏格兰。一般职能：一是围绕职业安全卫生法的规定去做事情或安排；二是从事研究工作，编写训练条文；三是向政府各部门、雇主雇员及其组织和其他有关人员提供信息和咨询服务，向条例制定机关提供建议；四是向大臣提出建议并执行大臣的指示；五是同其他政府部门或代表政府部门的人达成协议授权其代表委员会和执行局行使职权；六是同其他大臣、政府部门达成协议受权行使其职权；七是向其他政府部门或公共事务机构提供行使职权方面的服务和便利。但委员会不可代表大臣、政府部门制定条例或其他法律性文件。主要职责是进行相关研究，评价 OHS 制度的效果，提供执法政策与法律法规及标准的修订、更新建议等。

（三）健康与安全执行局

1. 健康与安全执行局

HSE 是根据 1974 年《英国工作健康与安全法》创设，负责执行职业健康与安全及福利方面的政策法规，进行职业危害防治研究（北爱尔兰单独设立专门的北爱尔兰 HSE）。现在，HSE 是劳动与养老部的组成部门，以前对 HSC 报告工作；2008 年 4 月 1 日与 HSC 合并以后，则对劳工部报告工作。

HSE 由 3 名官员组成领导班子，其中 1 名为主席，经大臣批准，由 HSC 任命，其他成员由 HSC 和 HSE 主席协商后，经大臣批准，由 HSC 任命。该机构人员大致 4000 人，包括政府部门拥有制定政策经验的管理人员和律师、监察员以及科学家、技术人员和医学专家。其经费近年来大致每年由政府拨付 2 亿英镑，同时自己创收 1 亿英镑。

2．HSC 与 HSE 的合并

历史上 HSC 曾经发挥过重要作用。但经多年运行以后，许多人认为没有必要在 OHS 监管领域设立 HSC 和 HSE 两个部门，所以在 2007 年 8 月，劳动与养老部建议把 HSC 和 HSE 合并成一个部门。2008 年 3 月 18 日，开始启动合并进程到同年 4 月 1 日结束，HSC 不再存在，其职能由 HSE 接替。

3．HSE 的职责

一般的法定职责：一是按委员会指示代表委员会行使职权；二是执行大臣给委员会下达的指示和委员会的指示；三是向大臣提供自己的活动情况和任何问题的有关建议，比如建议制定行政法规。此外，习惯中形成的职责还有：帮助并鼓励人们关注作业场所健康与安全问题；亲自实施并鼓励他人进行与职业健康与安全相关的研究、培训与信息服务；确保政府、雇主、雇员及其他利益方及其代表们能够有一个有效的框架内进行交流，对其提供与 OHS 相关的咨询与信息服务。❶

中国人最关心的是他们保护公众权益和维护法律的职责，以及对各类企业具有的安全监察权、停产权、处罚建议权（而不是直接处罚权）、事故调查权。在与地方政府分工上，HSE 负责工厂以及高危企业的监管，重要工作之一就是进行各种工业事故调查。HSE 通常对规模较大、危险较高行业检查力度较大。

从 2006 年 4 月 1 日起，HSE 不再负责铁路安全监管。HSE 必须及时把工作计划通告主管的国务大臣，与国务大臣的政策保持一致，并执行国务大臣指令。

4．HSE 的组织结构与分工

（1）爆炸品检查局。负责实施与爆炸品分类与运输有关的法规，并进行爆炸品生产与大规模储存的许可。

（2）危险装备部（有人叫危险设施处）。负责对特定行业的职业危险进行监管，主要行业包括化工制造与存储、天然气存储与运输、海洋油气钻探、

---

❶　另有一种说法是：英国 HSE 的主要职能包括依法行使安全生产与职业健康的监察执法，保证人们在职业活动中面临的健康与安全风险得到恰当的控制；负责加强和普及健康与安全法律方面的工作及安全事故的统计、调查等。该局内设机构包括：研究和实验室服务处、核设施和危险设施服务处、强碱和洁净空气处、危害核物质处、矿山和采石场监察处、工厂监察处、机电安全处、辐射和噪声处、设计和资料处、安全政策处。监察领域包括工厂、矿山、核设施、铁路、海洋石油、化学及高危设施等。该局现有监察员 4100 名，其中技术人员 1200 名。

管道运输、矿业、潜水作业、爆炸器材行业、生物制剂业等。该部包括4个分部：一是沿海分部，对从事潜水和近海油和气工业活动的工人及公众在安全与健康上的风险进行控制；二是特殊工业分部，对从事瓦斯储存和运输、采矿和炸药工业活动的工人及公众在安全与健康方面的风险进行控制；三是化学工业分部，对从事化工生产和储存工业活动的工人及其公众在安全与健康方面的风险进行控制；四是中心分部，对危险的病原体和遗传修改生物体对工人以及公众的安全与健康造成的风险进行控制。

（3）现场执法部（有人叫现场执行处）。负责现场执法检查。该处是HSE最大的一个执行监察处，总部设在布特尔。主要负责提供有关法律的建议和指导；监察工矿场所；调查事故和处理申诉；提供医疗咨询服务。由七个地区分部、一个全国建筑分部、中心专家分部和总部组成。七个分部是：苏格兰分部；约克郡和东北部分部；西北部分部；中部地区分部；威尔士和西部分部；伦敦和东南分部；伦敦附近各郡分部。工作重点是对高危行业、工厂等进行安全管理。该机构对高危行业企业的检查次数比较多。发现违法行为，可以依法要求企业停产；可以要求企业到HSE提供合法证明；可以对违法企业进行起诉，由法院给予处罚。HSE检查后，如果企业出了事故，HSE是不是要承担责任，到目前为止尽管有议论，但还没有承担责任的案例。此外，如果企业出了事故，除了HSE到场调查事故，警察署也会派警察到场。

（4）皇家铁路监察员。该处参与铁路领域的安全检查、审计和评估，参与事故调查，处理申诉等。

（5）核能安全部（也叫核安全处）。负责核工业领域，包括核电站、核化工厂、核工业设施等重大安全事故的预防与控制，开展核安全研究，确保这一领域的职业健康与安全及对社会公众的健康与安全。

（6）安全健康实验室（The Health and Safety Laboratory，HSL）。坐落在德贝郡的Buxton镇，共有350多名雇员，由科学家、工程师、心理学与社会学家、健康专家与技术专家等组成。主要负责对爆炸防治原理进行研究、监测、治理，进行环境与生物监测、风险评价与监测、设立专业标准与规程、专业认证等事务。

此外，还有制定政策组。

应指出，HSE在承担监管职责的同时，也开展为企业的服务。其中，一些服务要收取费用。HSE的网站中，一些标准、指导书能够免费下载，但也有一些需要付费。目前英国政府部门都在削减预算，HSE的财政拨款也有压缩。以前他们有一个免费的咨询热线，现在因为经费原因已经停止了。因为经费原因，HSE以后在执法检查、提出技术建议方面可能会采取措施弥补经费不足。

此外，英国的商会拥有贸易数据库，向公司提供信息、建议及培训机会。英国的地方企业委员会根据标准提供培训、信息以及评估，为企业提供卫生安全标准规定的业务及服务。英国的公民指导局能够帮助公民履行权利和义务，提供相关服务信息，大部分服务是免费的。

（四）防火与救援委员会（The Fire and Rescue Commission）

英国的防火与救援委员会由250多名委员组成，全国有57000人从事防火与救援工作，其中85%是消防队员，救援工作包括火灾、道路交通和危险化学品引起的各类事故。防火与救援委员会在执法中采用分级管理的方法，各级地方担负各自的法律责任。政府每年都会划拨大量专项资金用于其防火与救援工作。

（五）地方政府的职业健康安全监管职责

英国各地方政府根据当地法律和议会规定实行地方监管，负责非高危行业领域的职业健康安全监管工作，具体是负责其辖区内特定场所的职业健康与安全执法工作。这些场所包括商店、商场、休闲娱乐、旅馆、餐饮、加油站、办公室及其他服务部门的工作场所等。但要向执行局报告工作及信息，与执行局保持沟通渠道，而且执行局或委员会有权力宣布地方当局不履行职责，从而正确处理了中央体制与地方体制的关系。这说明英国中央政府对地方政府具有监督权力。

根据《英国工作健康与安全法》《英国消费者保护法》《北爱尔兰健康与安全工作法令》以及相关规程，地方主管部门包括环保部门、消费者保护部门、消防部门及贸易标准部门等。全英国约有400个这样的机构，负责约100万个相关企业的安全管理，这些企业拥有1100万以上从业人员，并且每天吸引着数以百万计的公众。

（六）英国特种设备安全管理体制

英国与特种设备安全监察有关的政府机构主要是贸易与工业部（以下简称贸工部）、运输部、就业及退休金部（健康与安全执行局）等部门。

贸易与工业部的任务是促使英国的测试、认证、检验机构得到国际认可，并通过推进ISO 9000质量体系认证及产品认证，促进英国企业质量的不断提高，负责起草、制订有关电气、气体、机械、加工工艺等方面的技术规程，负责起草、制定电气、气体器具涉及消费者安全方面的技术规程。在英国从事特种设备检验的机构，必须经贸工部认可，作为被授权机构，才能从事特种设备的许可审查与检验业务。贸工部将被授权机构的名单向公众公布。

英国运输部（DFT）专门负责交通运输事务，对交通运输安全负有责任，包括道路交通、铁路运输、民用航空运输和航海运输安全事务。涉及运输安全的设备必须由政府批准的机构进行检验。在英国从事汽车槽车、铁路罐车（此外还有罐式集装箱）批准与检验的机构，必须取得英国运输部的认可。

健康与安全执行局的检验师都在现场开展执法监察和检验工作。他们可以无须预先通知而进入任何工作场所，与雇员或安全代表谈话，拍摄照片，提取样品，扣押危险设备或危险物品。如果检验师对执行健康安全标准的情况不满意，他们可以采用以下多种方式督促当事人整改：建议或警告通知；整改意见书或禁止令；向法庭提出起诉；在发生人员伤亡的情况下，同警方参与调查。

健康与安全执行局的危险装置监察局负责石化工业，化学品制造加工场所，储存大量化学危险物品的场所，制造、加工核储存爆炸品的场所，危险物品的管道输送及铁路运输、矿山开采及勘探开采等的安全健康执法；根据矿山经营及安全健康管理规程核准采矿资质。危险装置监察局的负责人是健康与安全执行局的首席科学家。

（七）1974年《英国工作健康与安全法》体制规定原文节选

1. 建立健康与安全委员会及安全卫生执行局

（1）健康与安全委员会及安全卫生执行局是两个法人团体。（2）健康与安全委员会由1名大臣任命的主席和7人以上、9人以下的成员组成。（3）在任命健康与安全委员会成员（不包括主席）之前，大臣应与代表雇主的各个组织协商，确定其中的3名成员；与代表雇员的各个组织协商，确定其中的3名成员；在他同代表地方当局的各个机构以及包括专业团体在内的其他组织进行协商，对合适人选予以任命，作为该委员会的其他成员。（4）大臣可任命其中一名成员为委员会副主席。（5）安全卫生执行局由3名成员组成，其中一名成员经大臣批准，由健康与安全委员会任命，并担任执行局的主席；其余2名成员也由健康与安全委员会同安全卫生执行局主席协商后，经大臣批准，委员会任命。（6）该委员会和执行局以及它们的官员和公务人员将代表王国政府行使职责。

2. 健康与安全委员会和安全卫生执行局的一般职责

（1）可以为了实现本法目的在它认为合适时去做某些事情或安排，支持和鼓励人们关心与本法目的有关的事情，促进本法目标的实现。（2）健康与安全委员会在它认为合适时，做出安排，从事研究，出版研究成果，编写训练条文并提供与那些目的有关的信息，鼓励其他人从事上述工作；向政府各部门，雇主、雇员和代表雇主和雇员的组织，以及其他有关人员提供信息与咨询服务，并且经常就这类事情提供信息及合宜的咨询；经常向有权根据有关法定条款制定条例的机构提出建议，以制定一些条例。（3）委员会经常向大臣提出建议，特别是与如何能更好地履行委员会的职责有关的建议；保证其活动是根据大臣所批准的建议进行的；执行大臣的指示。（4）安全卫生执行局的一般职责是按健康与安全委员会的指示代表委员会行使其职权；执行大臣给安全卫生委员会下达的指示和健康与安全委员会的指示，但健康与安全委员会一般不应给予安全卫生执行局下达其他任何指示；在其王国政府大臣的要求下，安全卫生执行局向大臣提供他所关心的有关执行局的活动情况，向大臣提供所关心的任何问题的有关建议，这些建议是安全卫生执行局官员和公务人员获得的专家意见。（5）健康与安全委员会和安全卫生执行局有权做他们认为对行使他们的职责便利、有益、附带的任何事情（但不能借款）。

3．大臣对委员会的控制

（1）大臣可以批准委员会向他提出的经过修改或未经修改的建议。（2）在任何时候向委员会下达有关职责的指示，包括修改它的职责的指示，但不是与某些剥夺职权的指示相抵触的指示。

4．健康与安全委员会的其他权力

（1）在条件许可时，同任何政府部门或其他代表政府部门的人，达成协议，代表委员会和执行局行使职权。（2）同王国的大臣、政府部门或行政当局达成协议，该委员会代表上述大臣、政府部门和行政当局行使职权（包括并非按照法律赋予的职权）。（3）对政府部门或其他公共事务部门行使职权时提供必要的服务和便利。（4）经大臣和文官事务大臣同意向被任命的人员支付报酬金；可向为履行委员会职责的任何人员支付差旅费、生活津贴费和使用有偿劳动时间的补偿金。（5）由健康与安全委员会或其代理人做出安排提供方便或服务，应由获得方便和服务的人员向健康与安全委员会或其代理人交纳费用。

但并未授权健康与安全委员会代表一名大臣、政府部门或行政当局行使制定条例或其他法律性文件的职权。

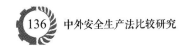

分析与结论:

从上列英国劳工大臣、健康与安全委员会、安全卫生执行局职能分布可看出,英国中央一级的职业安全卫生监管体制,它是由国务大臣、健康与安全委员会和安全卫生执行局三个主体组成的。这和中国的中央一级安全生产(及职业卫生)监管体制或应急管理体制是不同的。但中国可以借鉴英国体制的经验,进一步完善自己的体制。英国体制较好地处理了民主与独断的关系。

职能、职责中有两点值得中国法借鉴:一是中国的安监部门可以授权其他政府部门代表自己行使部分安监职权(平级政府部门之间的行政授权);二是安监部门可以受权行使其他政府部门的部分行业监察职权。中国法可以效仿英国法,在安监部门里内设一个安全生产咨询委员会,并赋予其相关职能;但英国的健康与安全委员会并非一个咨询机构。

英国正确处理了中央体制与地方体制的关系,分清了中央机构与地方机构各自的监管范围,很值得中国法学习。

二、美国体制

(一)美国联邦职业安全健康监管体制概述

美国体制分为联邦体制与各州体制。两套体制互有分工、互相配合。联邦职业安全健康体制在 1970 年法案中有明确规定。职业安全与健康事关多个行业,每个行业的职业安全与健康又涉及多个环节、多个方面,情况十分复杂。相应地,在多年的职业安全与健康治理实践中,美国政府历经多次改革,也逐渐形成了以 OSHA 为主,其他特别机构予以配合的职业安全与健康监管机构体系。

美国职业安全卫生体制是由劳工部长、职业安全卫生监察局、职业安全卫生咨询委员会、顾问委员会、职业安全卫生复查委员会、职业安全卫生研究所等机构及其职权(职能)组成的体系。

美国劳工部长的职权:一是有偿或无偿地使用联邦机构的设施、设备和人员,也可以有偿地接受、使用各州或其分支机构的设施、设备和人员(经其同意);二是雇佣专家和顾问或其组织,并给其补偿或费用。这两项权力是最基本的物质权、用人权、财政权,而真正的安全卫生监察权则并不由部长行使。

美国法、英国法都充满着金钱味道,他们都有较为详细的费用支付方面的规定，他们做什么都要有财政、物质保障，其实质表明权力行使关系也是一种金钱的运用关系或交换关系，体现着资本主义特征。中国法则尽可能回避这种金钱关系。不过，英美国家法律中的金钱关系也反映出他们的财政是透明的。

美国职业安全卫生监察局是劳工部成立的二级机构，其职权是对工作场所的安全标准实行强制监察，并代行卫生、教育、福利部长的各方面职权。这个执法机构与中国以前劳动部下属的职业安全卫生机构类同。

美国职业安全卫生咨询委员会是部长任命成立的，由行政管理、劳工、职业安全卫生专业、公众等方面的代表组成，职能是对管理事宜进行顾问或建议，每年至少开会两次。这是一个专家和代表组成的咨询机构，我们曾建议中国安监部门比照成立类似机构。

美国顾问委员会是由部长任命成立的另一组织，成员有卫生、教育、福利、雇主、雇员、各州等方面的，代表各自的观点，职能是帮助办理标准制定工作。中国安监部门、卫生部门成立有安全生产标准委员会、职业卫生标准委员会，职能上类同与美国的这个顾问委员会，但成员有所区别。

美国职业安全卫生复查委员会是独立于劳工部、职业安全卫生监察局的机构，三人组成，由总统征得参议院同意后任命。其职能是复查有关职业安全卫生争议的行政决定，在程序上是举行听证会。这类似于中国的行政复议制度，但不同的是美国的复查委员会是行政系统之外的机构，具有司法性质。中国的行政复议制度具有上级包庇下级之嫌。

美国其他联邦机构的职业安全卫生责任或职能：一是制定职业安全卫生方案；二是提供安全卫生的工作场所和条件；三是取得、保持和要求使用安全卫生设备及其各种保护设施；四是保存职业事故和职业病记录，向劳工部长提交年报。这里正确处理了劳工部门与其他政府部门之间在职业安全卫生工作中的职权（职能）关系，集中表现为监察权与管理权的关系。劳工部履行职业安全卫生工作监察权，其他各部门（机构）履行职业安全卫生管理权。这很值得中国法学习、借鉴。

美国职业安全卫生研究所是卫生、教育、福利部成立的机构，旨在发展和制定职业安全卫生标准，负责组织职业安全卫生科学技术研究工作。这是美国法的一大立法特色，体现其高度重视科学技术研究工作和标准制定的国家精神，值得中国及其他国家学习。

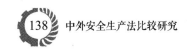

（二）联邦职业安全与健康管理局（OSHA）

1. 任务

1970年12月29日尼克松总统签署了《美国联邦职业安全与健康法》，次年，依据该法规定，美国国会批准设立了联邦职业安全与健康管理局。其主要任务是预防职业伤害、职业病及其导致的死亡事件。自从1971年OSHA成立以来至2007年8月份，据统计，美国职业伤病死亡人数下降了62%，职业伤害下降了42%。❶

2. 机构设置

为了便于对紧急事故进行处理，OSHA在全美设有10个区域性的管理机构，根据地理位置对所有州实行划片管理，目前在全国共有200多个办公室，还与一些高校等机构联合设立了二十多个职业安全与健康教育培训中心。OSHA的中央机构下设9个司，具体为：

内部管理司（Directorate of Administrative Programs，DAP），下设行政服务室、人力资源室、管理组织室、财务预算管理室；

建筑司（Directorate of Construction，DOC），下设建筑服务室、建筑标准与指南室、工程服务室；

合作与州项目司（Directorate of Cooperative and State Programs），下设卓越服务与联盟室、战略伙伴关系与论证室、小企业援助室、州项目室；

教育培训司（Directorate of Training and Education），由以前的教育培训室升级而来；

执法司（Directorate of Enforcement Programs），下设联邦机构项目室、一般工业执法室、健康执法室、协助调查室、海事执法室；

评估分析司（Directorate for Evaluation and Analysis），下设评估与审查分析室、项目复审室、调整分析室、统计分析室；

信息技术司（Directorate of Information Technology），下设互联网服务室、管理数据系统室；

科技医疗司（Directorate of Science，Technology and Medicine），下设医疗技术中心、人类环境学支持室、职业健康护理室、职业医药室、科技评估室、技术项目与合作室（盐湖城技术中心）、技术资料中心；

---

❶　数据来源：美国OSHA官方网站，http：//www.osha.gov/as/opa/osha－faq.html，2008年7月5日访问。

标准指南司（Directorate of Standards and Guidance），下设生物危险室、化学危险室（金属）、化学危险室（非金属）、工程安全室、物理危险室、海事室、安全体系室。

3. 财政预算

2007 年 OSHA 的财政预算是 4.869 亿美元。截至 2007 年 8 月，OSHA 共有雇员 2150 人，其中专职检查员 1100 人。

4. 执法检查

2006 财年，OSHA 共完成了 38579 次执法检查，26 个实施了职业安全与健康州计划的州共进行了 58058 次检查。

在以下情况下 OSHA 必须进行执法检查：（1）紧急的危险事故即将发生；（2）伤病事故可能导致死亡或导致 3 人以上住院治疗；（3）有雇员投诉；（4）其他政府部门建议实施检查；（5）专项目标检查，例如根据特别目标场所检查行动（Site Specific Targeting Program）就会对伤病率较高的雇主实施检查。

根据违法种类，OSHA 对每一违法行为的处罚最高可达 70000 美元，详情参本章第二节中关于《美国联邦职业安全与健康法》法律责任部分的介绍。如果雇主对处罚不服，则要在违法令状签发之日起 15 日提交书面异议，向职业安全与健康复审委员会提出上诉。

根据行政公开原则，OSHA 建立了专门的执法检查数据库。公众可以通过互联网在 OSHA 的网站上查询所有的执法检查记录。

5. 服务与合作项目

根据法律规定，雇主必须在工作场所张贴公告向雇员说明其享有的职业安全与健康权利，雇主可以向当地的 OSHA 办公室免费索取这些张贴材料或者在 OSHA 网站上下载张贴材料的电子文档然后自己打印出来并张贴。这些材料包括英语和西班牙语两个语种。

OSHA 开展的现场咨询服务可以为雇主提供免费的危险源辨识与控制建议服务，并且可以协助雇主建立自己的职业安全与健康管理体系。雇主还可以联系就近的 OSHA 区域办公室，请求协助守法专家提供相关的培训与教育服务。此外，OSHA 还开发了一些交互式的软件，也可以协助雇主解决特定的职业安全与健康问题，OSHA 的网站信息量十分丰富，并且提供了方便且功能强大的检索功能。这些都充分体现了 OSHA 的服务职能。

近年来，受公共治理理念的影响，OSHA 日益重视开展职业安全与健康方面的合作项目，以吸收社会力量共同参与职业安全与健康治理。其中比较重要的有联邦关系、战略伙伴关系、自愿保护计划等，本节第三部分将会对 OSHA 的合作项目进行详细介绍。

（三）其他相关机构

1. 美国联邦安全与健康复审委员会（Occupational Safety and Health Review Commission，OSHRC）

注意：这是职业安全与健康纠纷解决的程序问题；美国联邦安全与健康复审委员会与职业安全与健康管理局是什么关系。

该委员会依据《美国联邦职业安全与健康法》的规定设立，专门解决职业安全与健康执法工作中可能出现的纠纷，是整个美国司法系统的一个重要组成部分。该委员会下设复审委员会与行政法官（Administrative Law Judge，ALJ）若干名，总部在华盛顿，在亚特兰大和丹佛各设一个分支机构。其复审委员会共 3 名委员，分别是 1 名正主席和 2 名副主席，经总统任命由参议院通过。该机构是一个联邦独立机构，完全独立于劳工部和 OSHA。2006 年该机构国家财政拨款 1040.49 万美元，2007 年财政拨款为 1034.6 万美元，共 67 名全职员工。

该机构专门受理因为职业安全与健康执法行为而引发的纠纷。如果雇主或雇员对违法令状或限期整改令状不服，可以向 OSHRC 提出申诉。OSHRC 的执行秘书会分配一个案件号，然后首席行政法官会把案件分配给一名行政法官。行政法官认为有必要则会在雇主工作场所附近举行公开听证会，雇主雇员都可以参与，在听证的基础上，行政法官会作出一个书面裁决，决定维持、变更或撤销争讼的令状。如果在该裁决作出之日起 30 日内雇主或雇员都没有提出异议，则该裁决生效。

如果雇主或雇员对该裁决仍然不服，可以在 30 日内向 OSHRC 设在华盛顿总部的复审委员会提出申诉。只要 3 名复审委员中有 1 人认为应当复审，复审委员会的 3 名委员就会对该案的所有证据、引用法律、行政法官的裁决进行全面复审。然后做出维持、变更或撤销 OSHA 的引发争讼的令状的裁决。

如果雇主或雇员向复审委员会的申诉没有被受理，或者雇主或雇员或其他受复审委员会裁决影响的人对复审委员会的裁决不服，他们可以继续向联邦上诉法院提出上诉。上诉法院受理案件后会在复审委员会裁决作出后 60 日内审理案件。

2. 联邦矿业安全与健康管理局（Mine Safety & Health Administration，MSHA）

（1）历史沿革。

1910 年，美国国会批准成立了联邦矿业局，隶属于内政部。后来国会曾多次通过特别授权扩大矿业局的执法权。1941 年，矿业局被授权进入煤矿监督检查，1947 年被授权制定《美国联邦矿山安全建议标准》。1952 年《美国联邦煤矿安全法》（1966 年修订）及 1966 年的《美国联邦金属与非金属矿山安全法》进一步授权矿业局享有强制性标准发布权、检查与调查权、通知命令权等。

1969 年美国国会颁布了《美国联邦煤矿安全与健康法》，明确规定矿主有义务保证矿场安全与健康，并赋予矿工劳动场所安全权，由联邦矿业局负责监督执行。1973 年成立联邦矿山执法局（Mine Enforcement Safety Administration，MESA），隶属内政部。1978 年更名为联邦矿山安全与健康管理局，由内政部划归劳工部，劳工部副部长兼任局长。

（2）机构设置。

2004 年 MSHA 编制 2269 人，财政拨款 2.826 亿美元，2006 年 MSHA 编制 2187 人，财政拨款 2.805 亿美元。两年间人员编制略减，拨款数额略增。

MSHA 总部设在弗吉尼亚的阿林顿，机关设 9 个司室，分别是：局长办公室（MSHA 的局长由劳工部副部长兼任，所以又称副部长办公室）、煤矿安全与健康司，金属与非金属矿安全与健康司，评估办公室，标准法规办公室，教育政策与发展司，技术支持司，管理司，项目评估与信息资源司，雇员安全与健康办公室。

为了及时方便地执法与服务，MSHA 在全国设立了大量的地区管理处与现场办事处。例如，煤矿安全管理司就在全美国设立了 11 个地区管理处和 65 个现场办事处，金属与非金属矿管理司也在全国设立了 6 个地区管理处。

（3）职能与任务。

MSHA 的主要职能与任务就是负责实施 1977 年《美国联邦矿山安全与健康法》、2006 年的《美国矿山进步与新的紧急事件应对法》（Mine Improvement and New Emergency Response Act，MINER Act）❶以及相关国家强制标准，从而

---

❶ 2006 年 6 月 15 日布什总统签发，对 1977 年《美国联邦矿山安全与健康法》做出了一些重大修改。

尽力消灭死亡事故，减少非死亡伤病事故的发生，减轻矿业职业风险，促进国家矿业职业安全与健康的发展。

（4）战略目标。

根据 MSHA 公布的 2003~2008 年五年战略规划，其近期要实现的战略目标主要有：

①降低事故率。每年降低死亡事故率 15%；到 2005 年底把伤害事故率下降 50%。

②降低矿工职业病危害。在煤矿中针对特定岗位每年呼吸粉尘比国家标准下降 5%；在金属与非金属矿中针对高风险岗位每年比国家硅粉尘标准降低 5%；使矿工噪音危害比例每年降低 5%。

③把 MSHA 建设成模范工作场所。包括把 MSHA 雇员职业伤病率下降 20% 以及相应地实现每年降低雇员职业伤病赔偿总量 5% 的目标等。

④依靠高效的信息技术资源，开展有组织的行动更好地为公众服务。包括继续加强 MSHA 的标准信息系统（MSHA's Standardized Information Systems，MSIS）建设，继续扩大 MSHA 的网站服务范围等。

⑤保障信息技术服务资源，采取措施确保信息技术资源的稳定性与安全性。

3. 美国联邦矿业安全与健康复审委员会（Federal Mine Safety and Health Review Commission，FMSHRC）

FMSHRC 是根据 1977 年《美国联邦矿山安全与健康法》设立的一个带有司法裁判性质的独立的联邦机构，专门负责裁决 MSHA 执法过程中的法律争议。FMSHRC 下设专门的复审委员会，5 名委员组成，经总统任命由参议院核准；另有若干行政法官（Administrative Law Judges，ALJ）。目前 FMSHRC 有雇员 50 人，年财政拨款 7 亿多美元。总部设在华盛顿，丹弗市设有一个 ALJ 办公室。

FMSHRC 受理的案件主要包括：MSHA 的罚款争议、MSHA 关闭矿井的争议、矿工对于受歧视待遇及因矿井关闭的补偿向 MSHA 投诉后的处理不服的争议等。案件首先由 ALJ 负责审理并做出裁决，对此裁决不服可以向复审委员会申诉，如果不申诉则是 FMSHRC 的终局裁决。

复审委员会有权自主决定提审 ALJ 的案件，如果是雇主或雇员对 ALJ 不服的申诉，必须有 2 名以上委员同意才可以受理。如果对复审委员会的裁决仍然不服，可以向美国联邦上诉法院上诉。

4. 美国国家交通运输安全委员会（National Transportation Safety Board，NTSB）

美国国家交通运输安全委员会是一个独立的联邦机构，负责调查国内所有的航空事故以及重大的公路、铁路、海洋、内河等其他交通事故，并进行交通安全研究，提出交通安全建议。其调查热线每天 24 小时对公众提供服务。

NTSB 始建于 1967 年 4 月 1 日，尽管当时是一个法定的联邦独立机构，但实际上要依赖于美国交通部（Department of Transportation，DOT）的支持与管理。1975 年，根据《美国安全委员会独立法》（Independent Safety Board Act）❶ 的规定，所有的安全机构与 DOT 的组织联系受到了严格限制，自此，NTSB 才真正实现了独立。

NTSB 总部设在华盛顿，在全美各地设有许多地区办公室。该委员会由 5 名委员组成，由总统提名，参议院通过，每届任期 5 年，总统在其中任命一个主席一个副主席，每届任期 2 年，对主席的任命必须通过参议院表决。

NTSB 的主要职能有两个：一是事故调查，二是交通安全研究。自从 1967 年成立以来，NTSB 已经进行了 12.4 万多起航空事故以及 1 万多起地面 / 水面重大交通事故调查，并且向 2200 多人签发了超过 1.2 万个安全建议书。这些建议书对美国交通安全的提升起到了重要作用，目前许多重要的安全装置都可以在这些建议书中找到起源。

另外，NTSB 还承担了一定的"上诉法院"功能。如果飞行员、海员、交通机械师对美国联邦航空局（Federal Aviation Administration，FAA）或美国海岸警卫队司令部有关资格授予或取消的规定不服，或者对 FAA 的行政处罚不服，可以向 NTSB 提出上诉。

5. 美国化工事故防治中心（Chemical Emergency Preparedness and Prevention Office，CEPPO）

CEPPO 隶属于美国环保局（EPA），在化工事故的防治过程以及环境危机的解决过程中承担领导和合作伙伴的角色，并提供技术支持。CEPPO 同时负有向居民告知其所在地区存在的公演危险，并对其进行化工事故安全教育的职能。

---

❶ 为了保护交通安全事故尤其是航空事故调查的公正性，1974 年美国国会通过这个法律，旨在通过此项法律真正实现交通安全委员会的独立。该法在 1994 年做了一些修正。

CEPPO 与其合作伙伴合作的项目具有极大的灵活性，采取的不是简单的命令与执行的方式，而是特别强调合作的重要性，因为他们认为保护公众安全的责任应当由国家、地方政府和企业来共同承担。为此，CEPPO 与众多的联邦、州以及地方政府、各企业、环保机构、工会组织及社会机构都有合作，目的是部长可任命顾问委员会帮助办理标准制订工作。每个顾问委员会的成员人数不得超过 15 名，其中包括 1 名或几名是由卫生、教育和福利部长指派的。在成员中还须包括同等人数的，根据他们的经验和所属的分地机构，分别代表雇主和雇员观点的人。同时也必须有州的卫生安全机构的代表一个或数人。

顾问委员会里也可以包含有其他一些部长认为他们的知识和经验对该委员会的工作将会做出有益贡献因而有资格被任命的人。他们包括 1 名或几名技术人员专业组织的代表，或在职业安全或卫生方面有专长的人和 1 名或几名国家承认的标准制订组织的代表，但这样委派到该委员会的人数，不得超过联邦和州机构委派到该委员会的人数。

顾问委员会的任命人员中来自私人方面的，应与顾问或专家一样付给报酬。如某一个州的卫生安全机构的代表成为顾问委员会的成员，部长应付给那个州以足够弥补那个州为此导致的实际费用开支损失的。

这些委员会的任何成员（雇主和雇员的代表除外）对任何提议中的法则都不能涉及经济利益。

更好地了解化学危险品对各个社区的威胁，以更好地控制和降低这些风险，更好地处理紧急事故。

（四）1970 年《美国联邦职业安全与健康法》体制规定原文节选

1. 部长职权

（1）经任何联邦机构的同意，有偿或无偿地使用这个机构的服务设施、设备和人员。经任何州或它的分支机构的同意，有偿地接受和使用这个州或它的分支机构的服务设施、设备和人员。（2）雇佣专家和顾问或他们的组织，这种合同可每年更新。给所雇个人以补偿，包括旅行期间费用和他们离开家或通常工作地点的旅差费用（包括每天的生活补贴），但不得超过美国法 GS-18 级限额。给在政府中被断续性雇佣的人员以补偿。

劳工部长可按工资级别规定在劳工部内增加 25 个职位以履行职业安全卫生法赋予他的责任。设立劳工部部长助理负责职业安全卫生。

　2．职业安全卫生监察局

　在劳工部成立职业安全卫生监察局（OSHA），对工作场所的安全标准实行强制监察，代行本法所赋予的卫生、教育、福利部长的各方面职责。

　3．国家职业安全卫生咨询委员会

　（1）由部长任命成立一个国家职业安全卫生咨询委员会，包括12名委员。其中4个由卫生、教育、福利部长指派。该委员会由行政管理、劳工、职业安全和职业卫生专业及公众等方面的代表组成，部长指定公众代表中的一名担任主席，选任委员主要考虑他们在职业安全卫生领域里的经验和能力。（2）委员们就有关法令的管理事宜与部长和卫生、教育、福利部长商讨，作顾问，并提出建议，委员会每年至少要开会两次，所有委员会的会议都应向公众公开，要做出并保存记录，供公众查阅。（3）该委员会的委员们依法给予报酬。（4）部长为其配备一各执行秘书和秘书、办事员和其他人员。

　4．顾问委员会

　5．职业安全卫生复查委员会

　组建职业安全卫生复查委员会（Occupational Safety and Health Review Commission，OSHRC），独立于劳工部、职业安全卫生监察局，负责复查职业安全卫生监察决定。按工资级别规定安排10个职位履行职业安全卫生法赋予它的职责。

　（1）职业安全卫生复查委员会由三人组成，由总统从经过良好训练、教育或富有经验的有履职能力的人中选择，征得参议院同意后任命，并指定一人为主席。（2）委员会成员的任期6年，除（1）总统在任命当年时指定一名的任期为2年。一名为4年，另一名为6年。（2）遇有由于死亡、辞职或撤职而出缺时，只按此人原定任期的剩余时间补充，总统可撤换不称职、玩忽职守或渎职的成员。（3）委员会的主要办公处设在哥伦比亚特区。如为了便利公众和争论有关各方，或者为了促进、减少迟误或浪费，可在其他地方举行听证会或进行别的诉证程序。（4）主席负责代表委员会管理委员会的工作，他认为需要时可任命听证会主持人和其他雇员帮助他履行委员会各项任务，并按美国法典规定他们的报酬。（5）听证会主持人的委派，撤换和报酬按美国法典规定办理。（6）为了履行本法令赋予委员会的任务，委员会有两名成员即构成法定人数；正式的行动，至少须有两名成员同意方可采取。（7）委员会的每一项正式行动都须载入记录。所有听证会和记录都须公开。委员会有权制定法则使它的一切活动能有秩序地进行。除非委员会另行采用自己的

法则，否则其行动应遵从民事诉讼的联邦法则。

6. 国家职业安全卫生研究所

国家职业安全卫生研究所（NIOSH）负责组织职业安全卫生科学技术研究工作。为贯彻执行本法，每一会计年度可拨给以国会认为是必要数额的款项。

（1）为了贯彻本法令所提出的政策和履行本法令所规定的卫生、教育、福利部长的职责，特在卫生、教育、福利部内成立国家职业安全卫生研究所，设所长一人，由卫生、教育、福利部长任命，任期6年，除非先期被该部长撤换。（2）授权研究所发展和制定所建议的职业安全卫生标准；行使本法令赋予卫生、教育、福利部长的各项职责。（3）所长有权为发展新的、改进的职业安全和卫生标准而制订必要的研究和试验方案；在这些研究和试验所得结果的基础上，提出关于新的、改进了的职业安全和卫生标准建议。这些建议应即送交劳工部长和卫生、教育、福利部长。（4）所长为了履行研究所的职责，还有权详细制定必要的条例以履行研究所的职责；接受各方面捐赠、遗赠的款项和其他财物，不带任何条件约束，除非这种款项必须用于研究所的目的，和为了履行研究所职责的目的，须使用、出售或以其他方式处理这些财物；在某种条件或约束下接受捐赠或遗赠给研究所的款项和财物，如研究所使用所里的其他款项，必须是为了要馈赠的目的；依照文职人员法律，任用必要的人员，并规定他们的待遇报酬；取得专家或顾问的服务；接受并利用志愿人员或无报酬人员的服务，但偿付他们的旅行费用，包括每天的生活维持费；代表研究所和人签订或修改合同、转让证书或作其他安排，不带任何义务也不用考虑有关法典或有关公开招标的任何其他规定；认为有必要时可以预付货款或其他必要的开支，不受有关法典规定的限制；作其他必要的支出。（5）所长须就研究所所做的工作向卫生、教育、福利部长、总统和国会作年度报告，里面应包括公私款项的收支细账，以及他认为是适当的建议。

分析与结论：

美国法以及其他各国法对安全卫生监管体制都有明确规定，可是我国制定安全生产法回避了体制问题，认为体制是不应该在法律中进行规定的，而是应该交由中央编制委员会随时调整或者交由国务院进行机构改革时统一安排。事实上，长期以来中国的安监体制甚至其他体制也是如此。对比其他各国的办法，我们是落后了：一个是法治的办法，一个是人治的办法。

三、澳大利亚体制

澳大利亚联邦没有统一的在各州有效实施的职业安全卫生法，但设立了管理职业安全卫生工作的机构，这就是劳工部长和国家职业健康与安全委员会。

（一）劳工部长

其职权：一是与代表各州的州部长们签署协议，帮助国家职业健康与安全委员会履行职责或行使职权；二是与州部长们共同协商决定是否修改或撤销有效协议；三是发布所制定、修改或撤销的文件副本；四是向国会提出职业健康与安全委员会履行职责的报告副本。从这里可以看出澳大利亚的劳工部长基本上是协调联邦与各州关系的角色，是一个履行收收发发之类形式职责的角色。即便在职业安全卫生委员 17 位成员提名、任命中，部长也只有一位成员的提名权，无任命权。这与英国大臣的人事控制权和美国部长的物质权有极大的不同。澳大利亚联邦部长的行政权力为什么如此弱化？大概与其联邦、州之间的权力松散关系有关。

（二）国家职业健康与安全委员会

澳大利亚真正履行职业安全卫生管理权力的机构是国家职业健康与安全委员会。这个委员会的成员分别来自澳大利亚贸易联盟、工业联盟、劳工部、卫生部、各州、准州，具有广泛的行业、部门和地方代表性，具有女性成员。所有成员都由总理任命。

其主要职能：一是制定职业安全卫生政策、策略；二是提出解决职业安全卫生问题的具体行动建议，促进联邦政府、州政府、雇主、雇员组织及个人之间协作；三是提出遵守国际职业安全卫生协议的具体行动建议；四是审查职业安全卫生法律和判决，并为制定法律和做出判决提供咨询和建议；五是颁布国家法规和标准；六是鼓励和促进职业安全卫生政策、策略的执行；七是评估职业安全卫生政策、策略执行情况和效果；八是在处理国际职业安全卫生事务时充当联系人；九是主持召开职业安全卫生听证会；十是提供和帮助职业安全卫生知识和技术培训，实施教育计划；十一是与政府、组织、个人进行磋商与合作以解决职业安全卫生问题；十二是批准对职业安全卫生工作提供的财政资助；十三是试验检测；十四是进行、安排或协助职业安全卫生研究，鼓励和促进研究成果的应用；十五是设立、管理研究基金和奖学金；十六是建立自己的组织以协助完成法律、协议和职责；十七是向部长汇报行使职责情况。

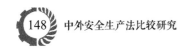

（三）澳大利亚矿山安全监管体制

1. 一般体制

澳大利亚矿产资源尤其是煤炭资源供应量丰富，是世界第四大煤炭生产国，第一大煤炭出口国，其境内的昆士兰、西澳大利亚、新南威尔士等州是主要的煤炭产地。

在澳大利亚的联邦体制下，联邦政府对全国行使 OSH 管辖权的行业仅限于联邦政府雇佣人员行业及海事行业，并不包括矿业。所以澳大利亚矿业 OSH 均由煤矿所在地的地方政府管辖。

因为矿山 OSH 管辖权归地方，所以实践中澳大利亚各州与地区负责矿山 OSH 的机构也各不相同。具体情况：西澳大利亚州是消费与劳动保护部，新南威尔士州是初级产品部，南澳大利亚是总理内阁部下的职业安全局，塔西马尼亚是州职业安全与健康局，昆士兰是矿产能源部，维多利亚是初级工业部，北方专区是工商业与资源部，巴布亚新几内亚是矿业部，新西兰则是劳动部。

由于澳大利亚没有一个像美国一样联邦统一的强有力的矿山 OSH 管理机构，所以目前缺乏关于全澳洲统一的矿山资源安全管理机构。各州自行负责事故数据统计：新南威尔士州、昆士兰和新西兰对矿山安全事故死亡统计自1957 年开始，而西澳大利亚和塔西马尼亚则自 1980 年开始，其他各州与地区的统计则从 1998 年才开始。尽管澳大利亚有相关工伤事故统计标准，但只是推荐性标准，各州实际执行的指标与标准也并不完全相同，所以目前我们很难得到关于全澳洲矿山安全事故的详细数据。

澳大利亚这种矿山 OSH 各地为政的体制符合其传统宪政精神，但实践上却给其全国的矿山安全 OSH 带来了诸多不便。例如，各地分管矿山 OSH 的主管机构并不一致，增加了执法机构之间合作的难度；另外，各地矿山 OSH 法律法规也不一致甚至相互冲突，缺乏州际数据比较与知识和经验的交流，因而这种分散体制一直是批评的焦点问题之一。为此，澳大利亚各州与地区率先建立了澳大利亚矿山安全首席检查员委员会，旨在初步统一全国的矿山 OSH 执法政策，后又建立了石油矿产资源部长委员会（Ministerial Council on Mineral and Petroleum Resources，MCMPR），通过并在全联邦推行《澳大利亚国家矿山安全框架》（National Mine Safety Framework，NMSF），从而在矿山 OSH 领域形成了全联邦统一规范的趋势。这样，州内的矿山企业及矿山 OSH 主管部门在适用本州法规的同时，也不得违背上述框架的基本精神。鉴于此，本文将从联邦层面和具体的州层面（以其产煤大州昆士兰州为例）分别阐述澳大利亚的矿山安全与健康法制基本情况。

2. 昆士兰州矿山安全监管体制

昆士兰州的矿山 OSH 事务由矿产能源部负责，目前人员与职责为：

（1）矿产能源大臣（Minister for Mines and Energy）：Hon. Geoff Wilson，全面负责相关工作。

（2）矿产能源部长（Director-General, Department of Mines and Energy）：Dan Hunt，负责矿产能源部日常工作。

（3）安全与健康执行局长（Executive Director, Safety and Health）：Stewart Bell，负责矿山安全与健康工作，向常务部长汇报工作；

（4）矿山首席检察官（Chief Inspector of Mines）：Roger Billingham，负责矿山检查工作，向安全与健康执行局长汇报工作。

（5）煤矿首席检察官（Chief Inspector of Coal Mines）：TBA，负责煤矿检查工作，也向安全与健康执行局长汇报工作。

（四）1985 年《澳大利亚国家职业健康与安全委员会法》体制规定原文节选

1. 部长职权

（1）可以就职业健康与安全委员会（委员会）为履行其职责而行使职权的问题与代表各州的州部长们签署协议。（2）可以与州部长们共同协商决定是否需要修改或撤销有效协议。（3）必须使制订、修改或撤销协议的所有文件副本都在公报上发表。（4）在履行研究和试验测试职责时，委员会必须遵守并维护科学性和客观性原则。（5）当委员会履行职责向部长提出报告后，部长可以在每次国会开会之前向国会提出报告的副本。

2. 国家职业健康与安全委员会

该委员会是一个永久继承的法人团体，可以获得、持有和处理动产和不动产，可以提出起诉或被起诉，所有法庭、法官和执法人员都必须接受文件上印有委员会通用印章的审判通知。

建立该委员会的目的是提高社会成员对职业安全卫生问题的认识和鼓励开展相关辩论和讨论；举办考虑公众利益的论坛从而使社会各界共同参与制定完善解决职业安全卫生问题的政策和策略，出席该论坛的人员有联邦政府的代表、州政府的代表、雇主的代表和雇员的代表；采取有效措施引导国民关注职业安全卫生问题。

3. 该委员会的职责

（1）制订关于解决职业安全卫生问题的政策和策略。（2）考虑为解决职业安全卫生问题应采取的行动，并就如何行动提出具体建议，以有利于联邦政府、州政府、雇主，从事职业活动的个人和从事职业安全卫生工作的雇主或雇员组织之间的协作。（3）考虑为遵守有关职业安全卫生方面的任何国际协议，澳大利亚必须采取的行动，并就如何行动提出具体建议。（4）审查关于职业安全卫生方面的法律和判决。（5）为制定关于职业安全卫生方面的法律和做出关于职业安全卫生方面的判决提供咨询和建议。（6）颁布国家的法规和标准。（7）鼓励和促进执行或采纳委员会提出的政策、策略，制定、审查法律或做出审查判决，以及研究法律或判决的建议，国家的法规和标准。（8）评估下列执行情况和效果：委员会提出的政策和策略；按委员会的建议采取的行动；按委员会的建议制定或审查的法律和做出审查判决；国家的法规和标准。（9）在处理国际的职业安全卫生事务时充当澳大利亚和其他国家或国际组织之间的联系人。（10）收集、翻译和散发有关职业安全卫生方面的资料。（11）主持召开关于职业安全卫生方面的听证会。（12）发表关于职业安全卫生方面的研究报告、期刊和论文。（13）提供和帮助开展有关职业安全卫生知识和技术培训。（14）实施促进职业安全卫生教育计划。（15）与其他个人，组织或政府就解决职业安全卫生问题进行磋商和合作。（16）批准对职业安全卫生工作提供的财政资助。（17）进行涉及职业安全卫生方面的试验检测，及安排或协助完成这样的试验检测。（18）进行、安排或协助职业安全卫生领域的研究。（19）鼓励和促进应用研究和试验取得的成果。（20）设立研究员基金和奖学金，并授予在有关职业安全与卫生方面从事技术和技能培训的人员以及在该研究领域从事研究的研究人员。（21）管理基金。（22）建立一个组织从而使委员会能够完成部长宣布的法律或协议，及打算推荐的法律或协议赋予委员会的职责。（23）主动或按部长的要求向部长汇报行使职责过程中出现的任何情况。（24）采取一切必要措施履行上述职责。（25）委员会还应履行联邦其他法律或准州法律赋予委员会的职责和根据有效协议赋予委员会的职责，以及根据州法律由部长宣布或由公报发表的书面布告赋予委员会的职责。

4. 委员会职权

（1）从国会得到委员会所需要的拨款。（2）收集，编辑，分析和发布职业安全卫生方面的统计资料。（3）处理涉及所有准州的职业安全卫生方面的事务。（4）处理涉及联邦各区域的职业安全卫生方面的事务。（5）处理与国防有关的职业安全卫生方面的事务。（6）处理涉及澳大利亚公共服务，联邦管理机构或由联邦控制的法人团体的职业安全卫生方面的事务。（7）依澳大利亚以及准州法律对有关职业安全与卫生事项做出判决。（8）处理宪法关于利益和服务条款所涉及的职业安全卫生方面的事务。（9）处理与其他国家或在各州之间进行商贸往来引起的职业安全卫生方面的事务。

5. 委员会的权利

（1）为履行其职责做任何必要的事情或做与履行其职责有关的任何必要的事情。（2）根据委员会提供的服务收取费用。（3）当金钱或其他财产的所有人或接受人向委员会授权后，委员会有权处理受委托保管的或在一定条件下接受的任何金钱或其他财产。

6. 委员会的成员

（1）委员会必须由17位成员组成，他们分别是：主席；澳大利亚贸易联盟理事会提名3位成员；澳大利亚工业联盟提名3位成员：各州州长分别提名1位成员；部长提名1位成员；卫生部长提名1位成员；准州部长提名1位成员。所有成员必须由总理任命。具有全日制工作职位的主席任期不能超过5年，具有兼职工作职位的其他成员的任期不能超过3年。主席是委员会的首席执行官。年龄达到65岁的人不能被任命为主席；任职期间年龄将超过65岁的人也不能被任命为主席。主席按总理的决定处理本法未涉及但又属于委员会职责范围内的事务。（2）如果兼职工作成员在其任职期满之前提出辞职，使该职位出现空缺，总理可以任命授权提名该人选的部门提名他人填满辞职成员剩余的任职时间。（3）必须保证委员会内既有男性成员，又有女性成员。（4）委员会成员的职位出现空缺并不影响委员会履行职责或行使权力。

7. 执委会，分委员会和专门委员会

委员会主席是执委会主席。为实施本法的需要，委员会可以设立若干个分支委员会和专门委员会。执行委员会、分支委员会和专门委员会成员的利益关系要公开。

8. 国家职业安全卫生办公室和国家职业安全卫生研究所

委员会可以划分成两大部门：一个部门被称为国家职业安全卫生办公室；另一个被称为国家职业安全卫生研究所。研究所必须按照委员会的决定承担委员会的研究、统计、试验、培训等工作。办公室必须承担委员会的剩余工作（除研究所承担的工作外）。

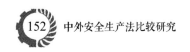

研究所必须设所长，所长必须由总理任命，必须在委员会主席的领导下完成研究所的日常管理工作，必须公开经济利益，必须向部长提交书面报告公开其在任何商贸或任何从事商贸活动的股份公司中已有或可能有的全部直接或间接经济利益。

分析与结论：

从澳大利亚国家职业健康与安全委员会职责中得到如下启示：它是政策、法律制定者、研究者、执行者，是判决做出者，因而是一个综合机构，其权力之大可等同于中国的综合安监部门，这在英美法系国家中并不多见（其权力无制约，仅对部长负责）。它的政策执行效果评估职能或制度值得中国法学习，中国往往不进行这项工作。它与政策、组织、个人的磋商、合作精神和机制值得中国学习、借鉴，因为中国政府部门大多是居高临下的命令、指示，缺乏磋商、合作。它有职业安全卫生方面的财政资助批准权，这似乎不符合中国的财政审批程序。它设立、管理研究基金和奖学金，中国应效法之。它还处理与国防有关的职业安全卫生事务，这是中国安监部门、卫生部门没有的职权或职责，中国应补足这项权力或职责。它还根据自己提供的服务收取费用，这与日本法此类规定相同，但中国法禁止许可、审批收费，似乎禁止一切服务收费项目。对这个问题还是应该区别对待。

四、南非体制

（一）南非体制的法律规定概述

南非的职业健康与安全监管机构主要有三个，劳工部下属的职业健康与安全局、矿产能源部下属的矿山健康与安全监察局（Mine Health and Safety Inspectorate，MHSI）和卫生部的卫生局，特点是分散。现在南非正在规划统一职业健康与安全监管体制。

南非的安监体制由劳工部和国家职业卫生安全咨询理事会构成。劳工部部长主要是通过职业卫生安全监察员履行职责。部长应在劳工部官员中选任一名首席监察员。首席监察员在劳工部总督导的控制和监督下履行职责和行使权力，并可以把自己的法定授权委托给其他官员或要求其他官员代为履行职责。部长还应任命监察员在首席监察员控制和指导下行使职责，并为监察员颁发任职证书。

在这里，我们应注意南非的职业卫生安全执法官员叫监察员，不叫监督管理员，这说明他们没有管理职责。在他们的监察员体系中，实行的是上级对下级的层级控制制度，这符合中央集权制、单一制国家特征。还应注意他们首席监察员的职责或权力委托制度，这不同于中国的行政权力委托制度。中国的行政权力只能依照法律委托给具有公共事务管理职能的组织行使，而没有行政机关或行政人员之间的权力委托；但南非的行政权力委托则是在首席监察员与其他官员之间进行，这为中国行政委托制度的扩展提供了新思路。近几年，中国的安监部门也试行上级对下级的部分行政委托制度，尚不成熟，有些地方也有违行政法原则。

南非的国家职业卫生安全咨询理事会由 20 名成员组成，分别来自劳工部、卫生福利部、矿产资源部、雇主组织、工会等组织，或者是具有职业安全知识、职业病学知识、职业保健学知识的人员。从其成员组成看，这个组织具有广泛的代表性和深厚的专业性。其职责是：就职业卫生安全政策问题及相关问题向部长提出建议；执行部长委派的职能；建议劳工部制作、出版相关的标准、细则、指南等；推广教育培训，收集和公布信息；经劳工部长批准和财政部长同意，委托他人执行制定活动、完成特定工作或提供特定服务。这些职能说明理事会是部长的一个咨询服务机构，类同于美国的国家职业安全卫生咨询委员会。首席监察员是理事会的监督主席，说明理事会受部长的控制、支配。南非的监察员制度则类同于英国的安全卫生执行局及其监察员制度。

（二）职业健康与安全局

职业健康与安全局隶属劳工部，下设电力和机械工程处、爆破器材和土木工程处、职业保健与卫生处。

职业健康与安全局负责执行《南非职业健康与安全法》。职业健康与安全局工作重点分别是：2000 年，该局的工作主要集中在增强工作场地人员健康与安全的意识，赋予股东在职业健康与安全领域的权利，关注改善小型企业和非正式部门的健康与安全状况。2001 年，该局重点围绕制定政策和法规、人力资源开发、宣传和联络、安全监察开展工作。其战略目标是：改善职业健康与安全局的形象，为股东和省级办公室提供支持，保证职业健康与安全局监察服务的效率和效果，保证职业健康与安全局改组成功，制定有效的职业健康与安全法规和政策，以整顿劳动力市场和改善职业健康与安全条件。

为完成职业健康与安全局的战略目标，需要进行的工作主要有：开发内部人力资源，即组织培训健康与安全监察员，以及为监察员履行职责提供所

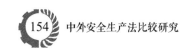

需设备；组织职业健康与安全宣传活动，包括分发宣传册和张贴广告，公布年度执行报告等；组织健康与安全代表研讨会；发布职业健康与安全条约；建立地区与国家职业健康与安全论坛；建立职业健康与事故调查队伍；制订全国职业健康与安全计划和监察审计计划。

（三）卫生部

卫生部是负责全国医疗卫生领域工作的政府部门，不具体管理医院、门诊部和各团体的卫生工作；这些工作归省管理部门和地方机构负责管理。卫生部的基本任务是制定国家有关卫生的法律、政策和方针，以保证全体人民能获得基本的卫生服务。卫生部与其他部门协调工作，共同负责保护和促进人们的健康。卫生部负责管理几个专门的团体，包括：国家病毒学研究所和国家职业卫生中心等。卫生部下属机构主要负责职业卫生工作的职能部门是卫生局（Health Service Delivery）和卫生规划局（Strategic Health Programs）。卫生局下设法规处；卫生处；医院服务处；人力资源处；疾病预防处；卫生和福利协议和工业关系处等机构。卫生处下辖的国家职业卫生中心；环境卫生、卫生促进科、职业病医药科和赔偿委员会。国家职业卫生中心（National Centre for Occupational Health，NCOH）下设 3 个理事会：职业医药与流行病研究理事会（Occupational Medicine and Epidemiology）；病理研究理事会（Pathology）；职业卫生和中毒研究理事会（Occupational Hygiene and Toxicology）。国家职业卫生中心主要任务是：预防发生与工作有关的疾病。❶

（四）南非矿山安全监管体制

根据 1996《南非矿山健康与安全法》成立了矿山健康与安全局（MHSI）。

1. 南非矿山安全健康监察机构设置

南非政府对安全生产监督管理力度最大的是矿山。矿山安全生产的监督管理实行垂直管理、分工负责的体制。政府在矿产与能源部下设矿山健康与安全监察局，由一位副部长担任监察局局长，设三名副局长。矿山健康与安全监察局是代表政府行使安全与健康的监督和管理工作的机构。矿山健康与安全监察局的任务是促使采矿作业在无害健康的条件下安全地进行，其职能主要是制订并推广应用安全采矿作业标准；制订并推广应用采矿设备安全标准；制订并推广应用采矿作业的健康标准；实施矿山监察，对采矿企业勘测

❶　参考科学技术部专题研究组. 国际安全生产发展报告［M］. 北京：科学技术文献出版社，2006：135.

标准和实行情况进行监察；对各地区采矿设备进行监察，以消除影响安全的因素；对职业医疗卫生方面的工作进行监察。

南非矿山健康与安全监察局下设矿山健康安全与勘测监察处、矿山健康安全与设备监察处、矿山健康安全监察处、管理支持与内部控制四个部门。其中矿山健康安全与勘测监察处主要负责监察矿企勘测标准和实行情况；矿山健康安全与设备监察处负责对各地区采矿设备进行监察；矿山健康安全监察处负责监督管理和职业医疗卫生等方面的情况；管理支持与内部控制处主要负责培训。上述四个部门分设地方监察处分别负责各自的事务。矿山安全与健康监察局下设地区矿山安全与健康监察处，主要由一名首席监察员负责，下有若干名不同专业的监察员，直接进行矿山安全监察。

矿山健康与安全局下设四个职能处：矿山安全地区监察处、矿山设备地区安全监察处、矿山职业卫生地区监察处和综合处。每个地区监察处分别负责全国各省的相应的监察工作，监察处下设有科级单位。矿山安全地区监察处下设矿山安全科和矿山勘察科；矿山设备地区监察处下设矿山设备科；矿山卫生地区监察处下设职业保健科和职业医药科。在全国 9 个省分设地区矿山安全健康监察部，每名副监察长负责 3 个地区矿山健康与安全部。矿山健康与安全监察局共有工作人员 257 人。矿山健康与安全局的任务是促使采矿作业在无害健康的条件下安全地进行。其职能主要为：制订安全采矿作业标准，并推广其应用；制订并推广应用采矿设备安全标准；制订并推广应用采矿作业的健康标准；行使辅助职能、提供监察服务。

在南非，矿山监察员有很大的权力。为了保证监察员公正地行使权力，矿山健康与安全监察局设有专门的监督控制系统。一般是由一名监察员直接监督 3 名副监察长的工作，而且由不同专业的监察员负责监督地区矿山的安全与健康监察员的执法情况，从而保证监察系统公正、有效地开展工作；对违反安全管理的行为，矿山健康与安全监察局有权要求企业改正或关闭并可对其罚款，企业应执行监察员的指示，否则将受到罚款或最高两年的监禁。

矿山事故发生后，矿山安全健康监察局或地区矿山安全监察处负责对事故的调查处理，并撰写调查报告报监察局局长批准，然后由监察局局长或处长组织专业人员进行事故原因分析。若发现矿山企业存在违法的行为，则有权向法院提起公诉；在法院判决矿山企业的责任后，矿山企业要承担相应的民事或刑事责任。

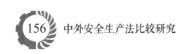

2. 矿山健康安全监察局与其他机构的关系

根据《南非矿山健康与安全法》，成立了矿山健康安全委员会（Mine Health and Safety Council，MHSC）。该委员会成员主要是由安全健康监察局、煤矿企业以及矿工三方代表组成，这样的机构在南非还有采矿资格管理局（Mining Qualifications Authority，MQA）。矿山安全健康监察矿山安全与健康委员会的职责是向能源部长提出矿山安全与健康建议；协调下属委员会的活动和工作；审查矿山健康安全状况；接收法定委员会提交的报告；促进安全与健康文化以及与采矿资格审批机构的协作。该委员会定期组织召开三方矿山安全与健康最高级会议，分析全国矿山安全与健康状况。

采矿资格管理局的主要职责为制订采矿工业教育和培训标准以及批准采矿资格。初期的主要工作是制定政策、建立基础设施和执行法规，现在采矿资格管理局的工作重点是负责就矿业教育和培训事宜向矿物与能源部长提出政策建议，以及审批采矿资格等。

根据 1999 年《南非煤矿安全健康法》（Coal Mining Safety and Health Act）和 1999 年《南非采矿安全健康法》（Mining and Quarrying Safety and Health Act）成立的矿山安全健康咨询委员会（Mining Safety and Health Advisory Councils），其主要职能是向矿山部部长提供建议和意见，保证矿山和采矿中人员的安全和健康，监督安全执法并进行标准制订；此外矿山安全健康咨询委员会还监督矿山安全健康赔偿问题。矿山安全健康咨询委员会由矿山监察主席任主席，其成员主要由三个矿山监察员、三个矿山矿主代表和三个矿工代表组成。

南非矿山安全健康监察局不仅机构独立，而且与其他机构（三方委员会）有良好的合作关系。❶

（五）1993 年《南非职业健康与安全法》体制规定原文节选

1. 建立国家职业卫生与安全咨询理事会

（1）就以下情况向部长提出建议：由本法的适用所引起的或与本法适用有关的政策问题；任何与职业健康和安全相关的问题。（2）执行本法案授予的或部长委派的职能。（3）可以为其履行其职能，进行必要的调查研究。（4）制定与会议召集、表决及其程序有关的规则，或其他能够促进理事会或技术委员会高效履行职能的规则。（5）建议劳工部为了帮助雇主、雇员和使

---

❶ 肖兴志，李红娟.煤矿安全监管的纵向和横向配置：国际比较与启示［J］.发展研究参考，2006（7）.

用者保持适当的职业健康安全水准，制作、出版相关的标准、细则或指南等；推广职业健康安全方面的教育培训；收集并公布职业健康安全信息。（6）经劳工部长批准和财政部长同意，可与其认为合适的人签订协议，根据约定的条件与报酬，委托对方去执行特定活动、完成特定工作或提供特定的服务。

根据公共服务法的规定，部长应为理事会配置足以使其高效发挥职能的人员编制。这些人员应在首席监察员的控制与指导下从事工作。

2. 理事会的构成

理事会应由20名成员组成：（1）首席监察员，依职权是理事会的当然主席。（2）1名劳工部官员。（3）1名赔偿专员或他提名的人。（4）1名国家健康福利部长提名的人。（5）1名国家矿产能源事务部部长提名的人，由雇主组织或雇主组织联合会提名的雇主利益代表名单中选出的雇主利益代表6名。（6）由工会联盟提名从工会或工会联合会提供的雇员利益代表名单中选出的雇员利益代表6名。（7）1名部长认为具备职业安全事务知识的人员。（8）1名部长认为具备职业病学知识并被国家健康福利部长推荐的人员。（9）1名部长认为具备职业保健学知识的人员。

3. 任职期限及理事会成员薪酬

（1）经财政部长同意，劳工部长任命的理事会成员每届任期3年。（2）理事会成员任期届满后可以连任。（3）本法涉及的委员，如果没有官员身份，经财政部长与劳工部长同意，可以从议会专项拨款中支付报酬。

4. 理事会的技术委员会

（1）经部长批准，理事会可以建立一个或多个技术委员会，以便为理事会履行职能方面的问题提供建议。（2）理事会在任命技术委员会成员时，应当考虑他所拥有的与该技术委员会设立目的相符的专业知识的掌握情况，该委员可以不是理事会成员。（3）依照经理事会核准的规章，理事会主席决定技术委员会会议的地点和时间。（4）如果技术委员会的某一委员本来不是官员身份，经财政部长与劳工部长同意，可以从议会在此方面的专项拨款中支付报酬。

五、印度体制

与其他国家相比，印度安全生产监管体制最大的特点是监管主体分散。这主要是由其中央实行的"小部委、多部委"的行政机构总体模式决定的。

印度目前负责职业安全与健康的部门主要有：

（一）工厂咨询服务与劳工研究机构总局（Directorate General Factory Advice Service & Labour Institutes，DGFASLI）

DGFASLI 始建于 1945 年，位于孟买，是劳动就业部的附属机构（Attached Offices）。其主要职责是作为劳动就业部的技术支撑，向工厂、港口及码头提供关于职业安全、健康与福利方面的支持建议。

DGFASLI 的主要职责有：协助劳动就业部设计并评审各种关于工厂、港口及码头 OHS 的政策与立法；配合地方政府的工厂检查员一起做好 1948 年《印度工厂法》的检查与实施工作；提供技术支持；负责执行 1986 年《印度码头安全健康与福利法》；研究职业病防治理论与实践；主要针对工业安全与健康领域提供培训服务，包括一年期的工业安全学历培训、3 个月的职业健康继续教育认证课程班、为期 6 周的职业病防治技术培训班，以及为高危工业领域从事监管工作人员提供的 1 个月期的认证培训。

DGFASLI 的总部及研究中心都设在孟买，另外设立了四个地区研究机构，目前共 210 名员工，其中工程技术人员 129 人。

（1）其总部由工厂建议局、码头安全局、建设安全局、基金奖励认证局和信息服务局构成；（2）其研究中心是印度第一个五年计划期间建立的，1961 年开始运作，1966 年开始步入正轨，该中心组成机构包括工业安全部、工业卫生部、工业医疗部、工业生理学部、工业心理学部、员工培训部、生产力研究部、重大危险源控制部、外联部等部门；（3）DGFASLI 共设有四个地区研究机构，分别是臣耐（Chennai）研究中心、坎普尔（Kanpur）研究中心、克克塔（Kolkata）研究中心和法里达巴德（Faridabad）研究中心。

（二）矿山安全检查总局（Directorate General of Mines Safety，DGMS）

DGMS 位于印度丹巴德（Dhanbad），是印度劳动就业部的下属分支机构（Subordinate Offices），其主要任务是降低矿业从业人员的职业安全与健康风险，起草相关法律草案并制订相关标准，通过各种执法措施确保当事人履行法律规定的健康、安全与环境保护义务。

角色与功能：通过制定法律草案，设立技术标准，并且通过检查员的各项执法措施影响矿山领域法律义务人履行义务。DGMS 也在不断促进"自我规制"（Self-regulation）实现，提倡工人参与安全管理过程，并由传统的强制执法向建议、服务与推动型执法模式转变，以确保创造一个"安全第一"的工作环境。

实际职能：检查；调查，包括对事故、突发危险应急和投诉等情况的调查；许可，包括对法定许可的授予、变更与取消，对矿用设备、工具与物料的使用许可，对安全设备、器材及方法的许可，对安全立法与标准的发展许可，以及对安全信息发布的许可；安全促进措施，包括组织矿山安全会议、国家安全基金奖励、安全周活动，以及促进安全教育、鼓励职工通过工人检查员、企业安全委员会、三方评审等机制参与安全管理、对资格证发放进行考核等。

（三）各行业生产主管部门

目前印度的行政管理实行"小部委、多部门"的体制，许多行业都有自己的行政主管部门。这点和我国多年前的行政体制比较接近。所以现在印度许多行业其行政主管部门也都负担着一定的职业安全与健康的监管职责。具体而言，其矿业部、煤炭部、化工与肥料部、民航部、食品加工业部、石油与天然气部、电力部、铁道部、钢铁部、纺织工业部等部门及其相关职能部门都有一定的 OHS 监管职责，与劳动就业部下的 DGFASLI 和 DGMS 一同监管全国各行业的 OHS 事务。

（四）国家矿山事故调查法庭

印度的国家矿山事故调查法庭是一个独立的机构，直属中央政府领导，负责重大死亡事故的调查并提出颁布新安全法规和安全条例的建议。矿山发生事故后，矿山单位必须向矿山安全管理总局报告伤亡情况，然后由总局局长或者委托人前往进行事故现场调查，以查明事故的原因并撰写调查报告，为提起诉讼做必要的准备。若事故是发现煤矿企业违反了 1952 年《印度矿山法》（The Mines Act），则矿山安全管理总局有权对煤矿企业提起公诉，对有责任的煤矿企业处以一定的民事或刑事处罚。若发生一次死亡 10 人以上的重大矿山事故，直接由国家矿山事故调查法庭进行调查，并制订调查报告和总结报告。可以说矿山安全管理总局与国家矿山事故调查法庭分别就不同事故进行调查，但国家矿山事故调查法庭又为矿山安全管理总局在制定安全法规和安全条例方面提供建议。同时，1952 年《印度矿山法》决定由中央政府成立独立委员会，独立委员会主要对国有矿山事故进行监察和管理。

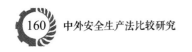

第二节　大陆法系国家或地区安全生产监管体制

一、中国体制

（一）安全生产监督管理体制（目前归入应急管理大安全体制）

1. 政府安全生产领导职责

国务院和地方各级人民政府应当加强对安全生产工作的领导，支持、督促各有关部门依法履行安全生产监督管理职责。

县级以上人民政府对安全生产监督管理中存在的重大问题应当及时予以协调、解决。

2. 安全生产监督管理部门和行业专业主管部门安全生产监督管理职责

国务院负责安全生产监督管理的部门，对全国安全生产工作实施综合监督管理；县级以上地方各级人民政府负责安全生产监督管理的部门，对本行政区域内安全生产工作实施综合监督管理。

国务院有关部门依照有关法律、行政法规的规定，在各自的职责范围内对有关的安全生产工作实施监督管理；县级以上地方各级人民政府有关部门依照有关法律、法规的规定，在各自的职责范围内对有关的安全生产工作实施监督管理。

3. 煤矿安全实行垂直监察体制

4. 特种设备、民爆物品、军工产品、核工业实行独立的行业部门安全监管

（二）职业卫生监督管理（职业病防治）体制（目前归入大卫生体制）

中国职业卫生工作有时候被叫作职业病防治工作，实行分部门、分项目监管的体制。❶ 具体是：

（1）劳动保障部门对工伤保险进行监督管理。

（2）各级政府、部门分级负责监管、分类监管。

安全生产监督管理部门、卫生部门、劳动保障部门统称职业卫生监督管理部门，依照职责分工负责职业病防治的监督管理工作。

国务院卫生部门组织制定并公布防治职业病的国家职业卫生标准，组织

---

❶　2018 年国家机关机构改革，职业卫生监管划归卫生部门统一行使。

开展重点职业病监测和专项调查，对职业健康风险进行评估，为制定职业卫生标准和职业病防治政策提供科学依据。县级以上地方政府卫生部门定期对本行政区域的职业病防治情况进行统计和调查分析。

国务院卫生部门会同国务院安全生产监督管理部门、劳动保障部门制定、调整并公布职业病的分类和目录。

（3）有关行业部门在各自的职责范围内负责职业病防治监督管理工作。

（4）各级政府统一负责、领导、组织、协调本行政区域的职业病防治工作。

（5）乡、镇政府支持职业卫生监督管理部门履行职责。

我国台湾地区的体制：

（1）台湾地区劳工安全卫生体制综述。

台湾地区的劳工安全卫生体制是由当局的内政部门、劳工安全卫生咨询委员会、省县（市）政府、检查机构、行政机构卫生部门组成的。其中卫生署只管理卫生有关事项。主管机关组织劳工安全卫生咨询委员会，研议主管机关交办事项并提出建议；咨询委员会由主管机关聘请劳、雇双方及专家等组织。主管机关与检查机构应密切配合，加强联系。主管机关或检查机构应定期将其实施监督与检查结果分别报请当局主管部门核备。总体来看，台湾地区的安全卫生法体现的是当局对地方的集权领导精神，其中，地方将监督检查结果报当局主管部门核备最能体现这种精神。值得大陆法借鉴的地方还有：设置劳工安全卫生咨询委员会且由劳、雇代表和专家组成，主管机关成立检查机构等。

（2）1974年"台湾劳工安全卫生法"体制规定原文节选。

①主管机关在当局为内政部门，在省（市）为省（市）政府，在县（市）为县（市）政府。本法有关卫生事项，当局主管部分应会同"行政管理机构"卫生署办理。

②主管机关聘请有关单位代表，组织劳工安全卫生咨询委员会，研议主管机关交议的劳工安全卫生事项，并提出建议。

③劳工安全卫生咨询委员会由主管机关聘请劳、雇双方及专家等组织之。其组织、任务等规定，由当局主管部门另行确定。

二、德国体制

德国对安全生产负有监管职责的主体大体可以分为两类：一是政府机构，二是行业协会。总体看来，企业主要承担管理职责，政府主要承担监督职责，而行业协会则主要承担协助监督管理职责。

（一）企业主管部门和劳动部门合作监管

德国是劳动部门主管安全卫生工作，劳动部门配备监督人员对用工者执行监督检查任务。

德国法规定的各部门职权关系很重要：违法行为者的主管部门，如有具体处理意见时，须告知负责追究和惩罚这些违法行为的劳动部门。

在对违法行为处理中，主管部门应特别注意同联邦劳动管理机关、作为社会保险金收取单位的医疗保险机构、法定事故保险承担者、根据州法律规定负责追查和惩罚违反禁止私下从业法规定行为者的主管部门、外国人法所指管理当局和财务管理部门进行密切合作。

（二）行业协会协助监管

德国各个行业都有自己的行业协会。这些协会在承担着本行业发展互助管理职责的同时，也开展工伤保险和事故预防工作。《德国劳动保护法》第7条规定，每个企业都必须加入所从事业务的行业协会，并缴纳工伤保险金，各行业协会建立本行业的非营利性工伤保险。

德国是世界上第一个建立工伤保险制度的国家。1884年7月6日，德国颁布工伤保险法。后几经修改完善，逐步确立了先康复、先赔付这一核心原则，即在进行赔付时，不需要去追究是企业雇主还是雇员方面的过错责任，而以是否发生在就业过程中（含上下班途中）来确定工伤赔付的范围并确定标准。修改完善后的工伤保险法律将过去由雇员方面承担事故后果，转移到由雇主方面承担。但雇主的责任不是以企业雇主个人承担民事责任的形式来体现，而是由工商业工伤事故保险联合会来承担。德国的工伤保险覆盖范围极其广泛，据统计，在全德8500万人口中约有5300万人处于工伤保险保护范围中。

（三）德国矿山安全监管体制

与德国劳动保护的整体监管相同，德国矿山安全监管同样实行国家监督、行业协助监管、企业自行管理的基本体制。

1. 国家矿山安全执法

为了保证矿山安全法规得到实施，德国建立了多层次的执法监督机构，即州政府设立企业经济能源与交通部，州下设专职矿山与能源管理处，各区设安全监察部。这些机构从不同层次与角度对矿山安全生产实施监督，共同协调处理矿山安全问题，形成了较为严密的监督体系。

2. 矿业协会协助监管

与其他行业相同，德国的矿山行业也成立了矿业协会，是一个自我管理的法人，同时承担矿山事故保险赔偿工作。其组织方式与其他行业协会一样，都是由矿主与矿工各选举一半代表组成管理委员会，每届任期五年。其主要职责有三项：一是预防矿山伤亡事故和职业病的发生；二是对受伤和患职业病的矿工进行救护和医疗，并协助康复；三是对因事故伤残和因事故死亡的矿工家属进行保险赔偿。矿业协会的检查员也有较大的监督管理权，他可以在不经事先通知的情况下对任何矿山企业进行检查；检查中如果发现企业有违反法律法规的情况，有权要求当场改正，并有权处以一定的处罚。

此外，矿业协会在矿山安全与健康的教育培训与科研方面也发挥着重要作用。德国矿业协会对矿工及矿主的培训率高达 1/17，这一比例是各行业协会中最高的。矿业协会的培训不收取任何费用，连餐费都免，参与培训的人员范围也很广泛，包括企业经理、部门经理、安全专家、企业医生和其他技术人员及工人。矿业协会还设立了专门的矿山事故预防研究所、矿山救护、矿山康复医院等机构。

矿业协会的重要职责之一就是管理矿山事故保险基金。1880 年以来，由于矿工的事故风险大，因此事故保险金全部由雇主支付，其他行业则是雇主和雇员分摊。这是迫使雇主必须高度注意安全生产的制约性机制。因为，一旦职工因安全事故致残致死，保险公司必须支付足以保证当事人或子女生活的抚恤金，对因工伤死亡的职工的子女，必须支付到子女经济自主为止。而保险费的高低是依照事故以及职业病发生的频率确定的。如果一家企业劳动保护工作做得好，事故及职业病发生率低于行业平均水平，作为对企业的奖励和鼓励，次年该企业上缴的保险费就降低。以劳西茨褐煤公司为例，因为劳动保护做得好，1999 年少缴保险费 190 万马克，2000 年更是减少了 350 万马克。因此，即使从企业的经济效益考虑，企业领导也不能不重视安全生产。矿工行业保险公司经常监督各企业的安全生产，提出改进意见，同时举办各种活动提高雇主及雇员的安全生产意识。

（四）1996 年《德国劳动保护法》体制规定原文节选

（1）劳动主管部门是其基本的安全卫生监管体制。

（2）劳动管理机关与其他主管部门的关系：违法行为者的主管部门，如有具体处理意见时，须告知负责追究和惩罚这些违法行为的主管部门。

在对违法行为处理中，主管部门应特别注意同联邦劳动管理机关、作为社会保险金收取单位的医疗保险机构、法定事故保险承担者、根据州法律规定负责追查和惩罚违反禁止私下从业法规定行为者的主管部门、外国人法所指管理当局和财务管理部门进行密切合作。

三、日本体制

1972 年《日本劳动安全卫生法》没有规定政府体制，但第三章专门规定了企业"安全卫生管理体制"。我们从其他有关资料中整理出日本的劳动安全卫生政府监管体制，具体内容如下。

（一）厚生劳动省

2001 年 1 月 6 日，厚生省与劳动省合并成立了厚生劳动省，合并后的厚生劳动省把劳动安全与职业病防治结合起来，以强化职业安全与健康的监督管理。

（二）劳动基准局和劳动基准监督署

在厚生劳动省中设劳动基准局，具体负责劳动安全卫生事宜。在 47 个都道府县设立了劳动基准局，负责各都道府县劳动基准的实施。

直接进行安全生产监督的则是设立在各厂区的 347 个劳动基准监督署（343 个署和 4 个分支机构），它们都是作为厚生劳动省的派出机构，由厚生劳动省指挥领导。劳动基准监督署设置署长和劳动基准监督官，按劳动省令规定，掌管有关本法律的实施事务。2000 年，日本安全监督官有 3500 多名，分为劳动基准监督官、产业安全专门官、劳动健康专门官和劳动健康指导医生。

（三）产业安全专职官员及劳动卫生专职官员

在劳动省、都道府县劳动基准局和劳动基准监督署内设置产业安全专职官员和劳动卫生专职官员。

1. 产业安全专职官员

掌管许可、安全卫生改进计划和有关呈报业务、劳动灾害原因的调查以及其他与安全有关的需要特殊专业知识的业务，还要就防止劳动者职业危害的必要事项方面，对企业主、劳动者及其他有关人员进行指导和帮助。

2. 劳动卫生专职官员

掌管许可，建议、指示、测定作业环境的专业技术事项、安全卫生改进计划和有关呈报业务、劳动灾害原因的调查以及其他与卫生有关的需要特殊专业知识的业务，还要就防止损害劳动者健康的必要事项和保持、增进劳动者健康的必要事项方面，对企业主、劳动者及其他有关人员进行指导和帮助。

有关产业安全专职官员和劳动卫生专职官员的必要事项均由劳动省令规定。

（四）政府监督范围和监察方法

1. 监督范围

劳动安全监察对所有适用于《日本劳动基准法》和《日本劳动安全卫生法》的企业进行安全健康监察指导（不包括矿山安全），对工人进行保护。具体包括：企业安全健康管理体制；保护工人安全健康的措施；机械设备安全及有害物质处理；对工人就业的指导措施；健康管理；安全健康改进计划等。

2. 监察方法

劳动大臣每5年制定一次工伤事故防止计划，规定事故预防的重点对策和降低伤亡事故的目标。各都道府县劳动基准局在此基础上，根据本地区的特点，制订相应的方针计划，劳动基准监督署也制订具体的工作计划，使得各级各项工作目标明确，重点清楚，职责分明。

监察人员根据拟定的监察计划及企业呈报的各种计划和报告等对企业进行现场监察指导。对于违反安全健康标准的建筑物、设备、原材料等，监督署长等有权向企业主下达停止使用、变更等命令。对于违法者和屡犯者，监督官有权行使司法警察的权力，将其送交检察院予以司法处罚，在此过程中，监察官仅有司法警察的权限，但无权确定和收受罚款。

监察人员在对企业进行监察之后，要立即向所属的署长报告监察情况，署长结合以往的监察结果综合考虑违法内容，决定处理意见，包括再监察或司法处分等。

（五）矿山监督管理体制——经济产业省和矿山安全监督部

"二战"后，日本以尽快恢复和发展国民经济为中心，把矿山作为重要的基础产业。为了防止对矿山工人造成危害，合理开发矿产资源，日本政府加强了对矿山（包括煤矿）的安全监督和管理，实行了中央垂直管理的矿山安全监督体制，并在《日本矿山安全法》中对矿山安全监督体制的机构设置、人员构成、职权范围等作了明确规定，以法律形式建立和完善了矿山安全监督体制。

根据《日本矿山安全法》规定，在经济产业省设立核能及工业安全局（中央原子能安全院），内设矿山安全课、煤炭安全课，对全国各类矿山行使监督职权；在矿山数量较多的市、县设立矿山监督部（产业保安监督部），由经济产业省垂直管理，并根据各地区的矿山数量、业务量设立矿山安全监督署，隶属于矿山安全监督部。在重点矿区则由当地的矿山安全监督部派驻安全监督署。地方矿山安全监督部负责煤矿安全监督监察，防止矿工受到伤害，预防煤矿事故的发生。另外，还负责对矿山监督员的培训工作。

（六）民间组织与中介机构

日本政府安全监督管理部门对社团组织与中介机构实施认可委托制度，对获取资格的社团中介机构委托其开展相应的技术服务工作，社团之间有分工、有协作交流，关系顺畅。对开展安全技术服务的社团组织与中介机构，政府安全监督管理部门通过资格认可，委托其开展宣传、培训教育、特种设备检测检验和信息服务工作。

日本中央劳动灾害防止协会（JISHA），是根据日本政府颁布的《日本工业事故预防组织法》的规定成立的具有法人资格的民间中介组织，于1964年成立并受政府资助。中央劳动灾害防止协会主要从事信息业务，它的工作宗旨是，通过采取事故预防措施来达到消除职业工伤事故的目的。

产业安全技术协会是一个由劳动省确认具有法人资格、非营利性的社团组织。它通过各种技术活动来帮助企业降低工业事故以减少损失。该协会被劳动省指派为国家唯一的电器设备防爆测试和认证的权威部门。

日本社会经济生产性本部，主要研究日本经济发展对策，以及安全生产对提高生产附加值的作用，同时进行安全宣传。日本社会经济生产性本部的会员目前已超过1万个。日本社会经济生产性本部每年举办各种培训班700多个。

分析与结论：

日本劳动基准监督署主管安全生产工作，即劳动安全卫生工作。他们的劳动基准监督署应该类同于中国以前的劳动部或者美国现在的劳工部。由此看来，日本现在的劳动安全卫生体制类同于中国1999年以前的劳动部主管职业安全卫生工作体制。1999年以前，中国劳动部统一监察职业安全卫生工作，各产业、行业主管部门还要监管本行业领域内的职业安全卫生工作，之下各省地（市）县照此设置，构成中国的体制。这种体制在新中国延续很多年，一直到 1999 年国务院机构改革时才改变。日本劳动基准监督署设置署长和劳动基准监督官员，他们掌管劳动安全卫生法实施事务。同时，在劳动部、都道府县劳动基准局和劳动基准监督署内设置产业安全专职官员和劳动卫生专职官员，他们是具体工作的实施者。其职责是掌管许可和安全卫生改进计划，调查劳动灾害原因，指导和帮助企业主、劳动者及其他有关人员开展职业危害防止工作和劳动者健康损害防止工作，建议指示测定作业环境的专业技术事项。在这里，安全官员和卫生官员是分列的，表明他们的工作内容和性质是有区别的。

四、俄罗斯体制

国家监管体制对一国安全生产实践影响巨大。历经多年发展变化与改革，目前俄罗斯联邦的安全生产监管体制主要由联邦劳动检查局、联邦国家卫生与流行病学检查局，联邦生态、技术及核安全监督局，国家动力检查局，联邦紧急状态事务部等部门构成。

（一）俄罗斯联邦劳动检查局

1999 年，俄罗斯联邦在劳动和社会发展部下设立国家劳动保护和劳动法规检查司，称为劳动检查局。俄罗斯联邦劳动检查局实行垂直管理，下设 89 个联邦主体和各地区间国家劳动检查局，共同履行国家劳动安全检查职能。该局的主要职能是对劳动法和劳动保护基本法的实施情况进行监督和检查；对生产事故的职业病进行调查和统计；制作安全检查报告，并提出纠正违反劳动安全法规行为的要求；向基层组织提出有关改造建议并帮助他们解决与劳动法有关的问题；进行劳动法规的宣传等。

（二）俄罗斯联邦国家卫生与流行病学检查局

国家卫生与流行病学检查局隶属于俄罗斯卫生部，其主要职能是参与制订和执行卫生保险与卫生防疫方面的国家政策；对卫生保健和卫生防疫措施的执行情况进行检查；制定和完善国家卫生防疫标准；完成各级政府部门的健康保护和促进项目；协调各企业、各俄罗斯主体和联邦执行机构卫生与流行病学部门的活动；确定卫生保健和卫生防疫方面的科研发展方向；参与制定保障居民卫生防疫安全的专项计划和地区计划等。其具体机构设置如图 4-1 所示。

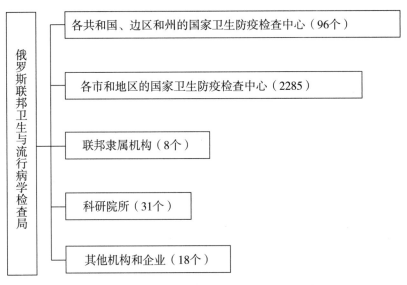

图4-1　俄罗斯国家卫生与流行病学检查局的机构设置图

（三）俄罗斯联邦生态、技术及核安全监督局（俄罗斯联邦技术监督局）

1. 机构性质

根据俄政府通过的"联邦技术监督局问题"的第180号令，联邦技术监督局是法定的实施矿山、生态、核能与危险工业安全检查的政府机构。❶ 其负责检查的工作范围包括：危险生产项目的工业安全情况；地下资源的利用及矿山规程的执行情况；电站（原子能电站除外）、电力和热动力设备以及电网（民用设备和电网除外）的安全运行情况；工业和动力企业的水利工程设施的安全情况；工业用炸药的生产、保存和使用的安全情况；许可证颁发情况等。

---

❶　俄罗斯联邦生态、技术及核安全监督局，其历史渊源最早可追溯到1922年1月苏俄建立的中央矿山监督局。1719年，彼得大帝下令建立矿物总局；后苏俄改革为中央矿山监督局，1947年10月组建为国家矿山监督总局；1954年改组为隶属于苏联部长会议的苏联国家矿山与工业技术监督委员会，1958年撤销该委员会，组建了隶属于各加盟共和国的工业与矿山技术监督委员会；1966年1月组建了隶属于苏联部长会议的苏联国家矿山与工业技术监督委员会联合会，1991年苏联解体后，改组为隶属于俄罗斯联邦总统的国家矿山与工业技术监督委员会；1992年5月转归属于俄罗斯联邦政府，11月改组为俄罗斯联邦矿山与工业技术监督局；1998年6月组建为俄罗斯联邦矿山与工业检查局。此外，1944年5月前苏联建立了能源监督局，1946年建立了核与放射性安全监督局，1988年建立了生态监督局，苏联解体后俄罗斯继承了上述机构。根据2004年5月俄罗斯总统令，原有的俄罗斯联邦矿山与工业检查局、生态监督局、核监督局合并，称为俄罗斯联邦生态、技术及核安全监督局，简称俄罗斯联邦技术监督局。

2. 基本职能

（1）发放爆炸物生产项目投产许可证、化学危险品生产项目投产许可证、高危火灾生产项目投产许可证等。（2）办理审批，如批准设备、技术装备入材料的使用。（3）进行安全鉴定工作。包括对项目的开工建设文件、许可、技术装备更新、防止和消除安全隐患的措施进行鉴定，还包括对危险生产项目中使用的技术装置、建设设施、工业安全申报单以及其他与危险生产项目投产有关的文件进行鉴定。（4）进行矿山测量工作等。

（四）俄罗斯联邦紧急状态事务部

俄罗斯联邦民防事务、紧急状态与消除自然灾害部，简称俄罗斯紧急状态部，是俄罗斯联邦在民防事务、在自然与人为灾难造成紧急状态下保护公众和领土、保障消防安全及水上目标人身安全领域的国家权力机构，是对于包括工业生产安全事故在内的事实、自然灾害进行应急处理和救援的政府部门。

其基本职能包括：制定并贯彻主管领域的国家政策、法律法规；对主管领域进行日常管理；对主管领域实施相应监控；负责主管领域所涉及的各部门和单位之间的协调工作。作为俄罗斯处理突发事件组织核心，紧急状态部主要任务是制定和落实国家在民防和应对突发事件方面的政策，实施一系列预防和消除火灾、保障人员水上安全、对国内外受灾地区提供人道主义援助等活动。

（五）煤矿安全生产监管体制及措施

1. 建立专门负责安全生产的监督管理机构

俄罗斯政府对俄联邦技术监督局进行了多次改组，赋予它在工业和矿山安全管理方面更大的权力，其任务是监督有关工业安全立法的执行情况和提出完善措施。通过对高危行业颁发许可证来对生产安全进行管理和监督，制订防范生产事故的措施，参与安全生产科研项目的研究。

2. 不断完善煤矿安全生产法规

为进一步加强法制建设，俄罗斯近几年通过一系列有关安全生产的立法，用法律形式来保证国家对各种所有制企业安全生产的监督。其中最重要的是《俄罗斯危险生产项目安全生产法》，该法规定了企业从设计到投产各个阶段的安全要求，以及中央和地方负责安全的官员和安全监察员的权力和职责。同时政府有关部门还制定了几十个相关规定和条例，使生产安全管理规范化和制度化。

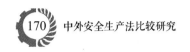

3．对煤矿等高危行业实行安全许可证制度，加强对企业的监督

俄罗斯目前对危险性强的生产企业实行单独注册，只有获得安全许可证才能进行生产。现在国家注册登记的危险生产企业有15.7万家。同时，国家还对企业安全生产情况进行定期或不定期检查，通过颁发、中止和收回许可证来进行管理和督促。煤矿必须获得国家颁发的安全许可证才能开业。对违规者加大处罚力度，一般罚款为1.39万卢布（约合450美元）至13.95万卢布（约合4500美元），情节严重者追究刑事责任。对开采条件差、效益不好和事故隐患多的煤矿，责令其关闭或停产整顿。

4．加大了对生产安全违规者的处罚力度

俄罗斯在2002年新出台的行政法中加大了对生产安全违规者的处罚力度。对违规者的罚款为450美元，对企业（法人代表）罚款为4500美元。俄联邦矿山和工业监察局负责人有权把违规者的材料送交法院和有关司法部门。考虑到工业安全生产对社会造成的影响，新制定的刑法第7条规定了对违反工业安全生产法所承担的各种刑事责任。

5．大量关闭严重亏损和开采条件极差的煤矿

俄煤炭工业20世纪90年代初，共有井工矿和露天矿273个，职工近85万人。自1993年实施改革以来，有187个煤矿停止开采。整个煤炭行业职工人数缩减了60%以上。近几年来俄罗斯不断扩大安全、高效的露天开采规模，目前露天开采比重已达65%。露天矿的数量也由20世纪90年代初的63个增加到2002年的125个。

6．加大对煤矿安全的投入

由于俄罗斯煤矿大部分已实现私有化，投入的资金有限。因此，俄政府从1998年起，利用一部分扶持资金优先用于改善煤矿工人的工作条件。1998~2002年俄罗斯政府为此共花费资金61亿卢布，其中32亿卢布来自国家预算资金。此外，在这期间国家还从煤炭工业改革中央储备基金中拿出11亿卢布用于处理事故善后工作并从扶持基金中拨款7800万卢布用于煤矿的科研工作。

7．加强煤矿职工的安全培训

为创建安全的工作条件，1998~2002年俄煤炭工业利用国家扶持资金对职工进行工业安全方面的培训，共花费资金0.31亿卢布。目前，已对3500多名工程技术人员和矿山救护队后备指挥人员进行了工业安全和劳动保护方面

的培训。❶

纵观俄罗斯煤矿安全生产由好变差又恢复良好的过程，可知煤矿生产与社会经济大环境是休戚相关的，困扰煤炭生产的伤亡事故难题是可以解决的。

第三节 我国体制与各国或地区体制比较研究结论

从上述有关国家安全监管体制的比较研究中，我们可以得到如下经验和启示。

一、有关国家的安监部门有起诉权或建议起诉权，并且具有有效的监督系统

无论是英国还是美国和印度，它们的安全监管机构都有对违法企业进行上诉的权力。在发生安全事故后，一般是由安全健康机构（地区）最高领导组织人员负责事故调查，并撰写调查报告。在分析事故调查报告查明原因后，如果发现企业违反了相关的法律法规，安全监管机构则可向法院提起公诉，在法院认定企业的责任后给予一定的民事或刑事处罚。

二、有关国家有相对独立的（准）司法裁判机构

在美国，联邦矿山安全与健康复审委员会作为一个独立部门，对安全监察过程中煤矿企业的争议部分进行复审，构成了煤矿安全监察部门行使权力中的制约和监督。在印度，国家重大事故由独立的国家矿山事故调查法庭进行审理。

三、有关国家规定多次行政违法或拒不改正可导致刑事责任

英国 HSC 的执法政策规定，对重复的违法行为会引起有重大危险，或者不良违法记录的；或者重复的违法是受到正式警告的情形，执法机构应当提

---

❶ 康丽华 . 俄罗斯煤矿安全生产状况［J］. 中国煤炭，2004（8）.

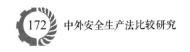

起或建议提起诉讼。

四、有关国家行政监管部门的设置和运行具有明确的法律依据，且执法严格

在英国，由英国职业健康与安全执行局负责执行的 OHS 法规包括两类，立法（Statute）和行政法规（Regulation）。目前有效执行的行政法规约 200 项，覆盖了各种领域，其中包括《英国海上安全法》《英国作业场所健康与安全法》《英国农业安全、健康与福利法》以及《英国采矿法》等；美国以其现行的 1970 年《美国联邦职业安全与健康法》为基本法，以 1891 年《美国矿山安全法》、1969 年《美国煤矿安全与健康法》、1977 年《美国联邦矿山安全与健康法》等法为特别法，构成了多层次的、多领域的职业安全与健康法律体系。在印度，主要是依据《印度矿山法》，此外还执行印度相关的联合法规如 1910 年《印度电力法》、1948 年《印度工厂法》、1989 年《印度关于有害化学品制造、储存和运输的条例》、1986 年《印度环保法》、1974 年《印度煤矿保护和开发法》。

五、其他各国政府主管部门均称监察局

尽管可能隶属于劳工部或劳动部或其他部，只有中国叫管理局或监督管理局（煤矿安全监察局除外），这说明其他各国主管部门没有管理职能，而只有监察职能，唯独中国主管部门兼有监察职能和管理职能。

六、政府主管部门设有劳工安全卫生咨询委员会

我国台湾地区设有劳工安全卫生咨询委员会，由主管机关聘请有关单位代表或劳、雇双方及专家等组成，研究主管机关交议之劳工安全卫生事项，并提出建议。

第五章　政府安全生产监督管理制度比较

第一节　安全生产治理模式

一、美国职业安全与健康治理模式

（一）美国 OSHA 职业安全与健康合作服务执法

合作服务型执法模式，指在特定的社会事务管理领域，为了实现立法目标，行政执法超越传统的强制管理形象，转而强调寻求与该特定领域内所有利益相关者的合作，并向其提供有助于自治能力提升的各项服务，从而形成的一种非强制性行政执法模式。目前这一模式在西方的环境保护、职业安全与健康等领域的理论研究和治理实践中方兴未艾。

1. 美国 OSHA 立法与执法模式沿革

在 20 世纪 50 年代以前，美国的职业安全与健康执法模式基本以市场机制为导向的信息服务模式（Informational Approach）。这一时期基本上没有专职的职业安全与健康执法机构。内政部相关部门的工作重点是为职业安全与健康相关方提供更多的信息服务，以便劳资双方在信息对称的基础上自由博弈。工人对于安全与健康状况较差的企业会主张更高的报酬，经济学家称之为风险补偿金（Risk Premium），从而促使矿主不断地增加安全投入，以吸引到足够合格的劳动力，并减少风险补偿金的支出。这种较缓和的执法模式与自由资本主义时期对市场的充分信赖及对政府"守夜人"角色的定位密切相关，但从 20 世纪中期开始，随着凯恩斯主义逐渐成为西方经济学的主导学派，信息服务执法模式日益受到挑战，也落后于飞速发展的社会大生产现实，其后期的改革措施纷纷带有明显强制执法色彩，但这一执法模式的重要意义在于，它为日后的职业安全与健康治理培育了扎实的市场基础。

20世纪50年代以后，包括美国在内的西方国家普遍采取了干预主义政策。政府对社会各领域的行政管理功能日益加强。1971年，建立了OSHA，1978年建立了MSHA。随着其他联邦与州层面相关职业安全与健康机构的建立，美国开始了一个与以往尊重市场自由选择完全不同的职业安全与健康执法图景：规则、检查、处罚，几乎构成了执法活动的全部。从20世纪70年代中期开始，美国职业安全与健康执法进入强制服从模式（Forced Compliance）时期。

数据表明，强制服从模式的职业安全与健康治理效果还是比较明显的。高风险的煤矿业为例：1969年美国煤矿事故死亡203人，1999年煤矿事故死亡34人，30年间煤矿事故死亡人数下降了83%；据统计，1998年美国采矿业20万工时伤亡率是5.0，已成为最安全的行业之一，明显好于林木采伐、钢铁冶炼、运输制造及工程建筑等行业，甚至比农田作业、食品加工和仓储业都要好。[1]另据统计，强制服从执法模式也减少了矿难事故数量：在20世纪70年代发生了12起矿难，20世纪80年代发生了9起矿难，20世纪90年代只发生了1起矿难，而且被定性为非责任灾难事故。在矿工健康方面，据MSHA估计，自20世纪70年代以来在其努力下已经使煤矿吸肺病下降了近70%。[2]

但在取得骄人的成绩的同时，强制服从模式的各种弊端也逐渐暴露出来。由于这种模式过度看重检查与处罚的力量，从而把企业彻底放到了执法的对立面，破坏了原先市场机制下较为和谐的人际关系基础。另外，由于强制服从模式只信赖行政机构的单方努力，忽视或轻视其他职业安全与健康相关主体的影响，不利于社会的力量参与，造成职业安全与健康行政监管投入过大，并引起经济学家的强烈批评。随着质疑官僚行政有效性的运动在西方的蔓延与深入，政府单方强制服从职业安全与健康执法模式的改革压力越来越大。

2．OSHA合作服务模式的确立

从20世纪90年代开始，"政府失灵"成为继"市场失灵"之后的又一热

---

[1] 数据来源：王显政. 国煤矿安全监察体系［M］. 北京：煤炭工业出版社，2001.

[2] 数据来源：MSHA. 25 Years of Success［M］. MSHA Press，2003：10.

门话题。人们日益认识到，指望政府单方执法就能全面解决社会问题，实际是让政府承担不可承担之重，是不现实的；为了解决社会现实问题，政府应当与利益相关者建立充分的合作关系。新公共治理理论对此进行了非常深入的研究。随着新公共治理理念的兴起，各国开始重新调整国家与社会、政府与市场的边界，关注国家竞争力、政府合法性和公共部门对公众的回应能力，"更少的政府，更多的治理"成为西方政府改革的共同特征。对政府强制职能的淡化、对公民社会自治功能的尊重，以及对合作网络手段的偏爱，是新公共治理理念的核心要素。这一新兴理念对美国职业安全与健康执法改革产生了深远影响。

面对种种质疑以及不断高涨的改革呼声，从 20 世纪 90 年代后期开始，美国职业安全与健康执法陆续采取了一系列改革措施，在强制执法的基础上，强调合作治理、社会参与、信息服务等职能，从而逐渐过渡到 OSHA 的合作服务执法（Cooperation & Service）模式。

3. OSHA 已开展的合作服务项目

美国联邦及地方各州职业安全与健康系统中能够体现合作服务精神的执法手段很多，主要有：

（1）"政府—资方—劳方"三方机制。

"三方机制"由 1969 年《美国联邦煤矿安全与健康法》首创，后经 1970 年《美国联邦职业安全与健康法》及 1977 年《美国联邦矿山安全与健康法》进一步确认与强化。"三方机制"中各方利益诉求各不相同，政府追求安全与经济的共同发展，企业追求利益最大化，工人则在安全健康的前提下追求劳动报酬的最大化，"三方机制"把各方利益融入一个体系之中，通过各方权利与义务的冲突与协调机制，实现共同提高职业安全与健康的目标。

在"三方机制"中，企业负有确保工作场所安全健康的义务，工人及其工会组织享有申诉控告权，政府机构负责查处受理工人申诉、查处各方的违法行为等，形成了一种类似民事诉讼程序中的"诉—辩—审"的稳定机制。这一机制能够充分调动工人及工会的力量，减轻政府的工作量与工作压力，因而其成为美国职业安全与健康合作执法的内在基础与制度保障。据考察，法、德、英、澳、日等国的职业安全监管机制都具有明显的多元合作特点。

（2）协助守法（Compliance Assistance）行动。

进入 21 世纪后，社会生活呈爆发式发展，调整社会生活的法律也面临着各种新的挑战。突出的挑战之一就是，在某些法律调整领域，法律规则更新迅速，数量庞杂，而且法律规则的技术特色日益增强，有些甚至难以理解，当事人自觉遵守法律比较困难；尤为重要的是，在这些领域中，一旦当事人违反了法律规则，所造成的损害后果将是社会性的，此时对行为人加以行政处罚，无法挽回已造成的损失，而且受制于守法难度，这种处罚对违法行为也很难具有一般或个别预防意义。在这种情况下，帮助当事人理解并自觉遵守法律规则，其意义远远超过行政重罚。在此背景下，美国政府率先在劳动和环保两个专业部门推行了协助守法行动，开始了转变行政执法角色的尝试。

根据美国劳工部的介绍，协助守法行动旨在为其服务对象——雇主、雇员、待业者、退休者——提供简单明确的途径去了解如何遵守联邦劳动法律规则，其具体途径包括专员解释、文本及电子材料、互联网站等。此行动被称为美国劳工部据以竭力保护美国劳工薪金、退休保障、劳动权利、职业安全与健康的基石。为此，美国劳工部专设了"协助守法政策办公室"，统一领导下属各部门的相关行动。根据其要求，其下属的 OSHA 及 MSHA 都建立了自己的协助守法行动方案。

OSHA 以及 MSHA 都通过公开出版物、电子书、网站服务等途径开展了自己的协助守法行动。以 MSHA 网站服务为例，MSHA 除在许多其他专栏内设有协助守法资料外，还专门设立了综合性的协助守法专栏、MSHA 简介电子书；协助守法指南，以主题为分类列出了一系列问答，包括法律意见电子反馈；协助守法信息，包括矿山安全与健康相关法律法规以及政策、议程中的法规、执法信息、守法工具等内容；法律法规在线检索系统；获得许可的矿山安全与健康装备信息；矿山安全装备维修与重建服务等。

执法的目的不是行政处罚，而是当事人守法。如此简单的逻辑，却经常会被人们有意或无意地忽视。当我们经常大力呼吁加大行政执法力度时，又有多少次能够冷静地看待当事人的守法可行性呢？协助守法行动，其返璞归真的色彩，无疑为我们提供了一种非强制性执法的新进路。

（3）联盟计划（Alliances）。

OSHA 联盟计划指与相关商业或专业组织、劳方或资方组织以及教育机构建立联盟关系，并签署正式协议，共同预防职业伤害与职业病的发生。

OSHA 联盟计划宗旨：团结相关社会组织，领导劳资双方共同提高职业安全与健康水平。

可参与联盟计划的组织：包括商业团体、劳工组织、专业学会及政府机构。

参与联盟计划的好处：被认定为联盟成员并签署为期两年的协议以后，该组织可以：①与 MSHA 建立一种信任、合作关系；②与其他有志于促进职业安全与健康水平的组织建立网络关系；③以较小的投入最大化地提高职业安全与健康水平；④获得职业安全与健康工作领导者赞誉。

工作途径：联盟计划对参与人要求不高，签署的协议也没有强制实施内容，但 MSHA 及参与组织必须围绕以下三个领域之一制订、实施中长期目标规划：①教育与培训，例如召开职业安全与健康教育培训研讨会、就特定职业安全与健康主题向 OSHA 教育中心提交素材、评议 OSHA 培训课程等；②超越计划与信息交流，包括共享先进的职业安全与健康信息、促进参与OSHA 的合作项目、提供西班牙语等其他语种教材等；③促进职场安全与健康的国家级对话，共享职业安全与健康风险资料，参加各种活动促进与论证高效的职业安全与健康保护机制。

工作组织：在 OSHA 与联盟组织签署协议以后，各出代表组建一个实施小组，负责制订实施战略与实施方法及程序，以达到双方签署的目标要求。

物化成果与活动：自实施联盟计划以来，已经形成了大量物化成果与活动，包括帮助 OSHA 建立了一些关于职业安全与健康的网络交互式培训系统、在商业展会上公开宣传等。

MSHA 的联盟计划与 OSHA 的联盟计划非常相似，在组织架构和实施程序上也比较松散，但同样是对社会力量的重视与吸收，并形成了对矿山安全与健康行政执法的有益补充，是合作执法模式之一。

（4）现场咨询（On-Site Consultation）。

根据 OSHA 规定，州政府职业安全与健康部门应组织专家向中小企业免费提供现场咨询服务，风险高的企业优先。该项服务由技术专家实施，完全独立于行政执法，在咨询过程中涉及的任何企业信息都不会提交给 OSHA，发现的任何安全问题也不会受到行政处罚，从而打消企业各种顾虑。参与现场咨询活动的中小企业可以从专家处获得关于自身现存风险及防治方案的详细信息，在咨询后及时整改取得较好成绩的企业还可以获得 OSHA 一年免检的好处。

由于此项服务是自愿的，所以任何有意向的中小企业都可以提出申请，然后由专家与企业约定见面时间，其后程序一般是：召开一个公开见面会，明确双方地位与活动目标；对企业现场的全面检查与评估，OSHA 鼓励职工尽可能参与此项活动；专家会与企业主举行一个不公开的会谈，交流现有风险及解决办法；专家提交一份详尽的书面评价报告，并确认其与企业主已经达成的整改方案；企业主实施其已经签字同意的整改方案，如果没有按照原计划消除或控制好重大危险源，可能会被转入强制执法程序予以行政处罚，但实践中这种情况极少发生。

对中小企业而言，现场咨询活动可以帮助进行危险源识别；提供职业安全或健康问题的解决建议或方案；如果需要，可以提供其他可行的帮助手段；提供书面的评估报告；帮助发展更有效的职业安全与健康管理项目；为企业主及工人提供一定的教育培训服务；对达到标准的中小企业向 OSHA 推荐一年免检。

（5）战略伙伴关系项目（OSHA Strategic Partnership Program，OSPP）。

OSHA 的传统任务是颁布并强制实施职业安全与健康标准，而 1998 年开始的 OSPP 则由强制实施转向到合作执法上来。通过 OSPP，OSHA 与其战略伙伴协同工作，共同解决重大的职业安全与健康问题。这种全新的工作方式已经被证明是一种降低职业伤亡与职业病的高效措施。

为了鼓励、帮助、认可企业主、工人或工会以及其他组织对职业安全与健康所做的贡献，OSHA 与他们建立一种广泛、自愿和合作的战略关系。据统计，目前 OSPP 项目中的战略伙伴绝大多数都是中小企业，平均雇员不超过 50 人。受 OSHA2003~2008 年度战略计划的指导，目前这些企业都集中在该计划强调的重点行业领域。一旦建立了战略伙伴关系，参与人就必须实施有效的职场健康与安全管理体系，而且还必须遵从 OSHA 制订的战略伙伴关系协议书的标准附件的相关规定。

（6）安全与健康绩效认证项目（Safety and Health Achievement Recognition Program，SHARP）。

SHARP 旨在通过对那些取得榜样性职业安全与健康成绩的小企业进行绩效认证，从而激励小企业发展、实施并持续改进其各种职业安全与健康项目。根据 OSHA 相关规定，申请 SHARP 认证的企业必须经过州及联邦双重严格的现场及材料审核评估，并且须向当地职业安全与健康主管机构承诺在变更职业安全与健康条件或引入新的危险源前先行通知，然后才有可能获得 OSHA 的 SHARP 认证。对于初次取得 SHARP 认证的，可以获得 2 年期的 OSHA 免检，对于 SHARP 认证获得延长有效期的，则可以获得 2~3 年期的 OSHA 免检。这一项目为那些成绩优异的小企业提供了保持与加强 OSH 工作的持久激励。

（7）自愿保护行动（Voluntary Protection Programs，VPP）。

VPP旨在提高职业安全与健康的工作效率。在VPP中，管理人员、劳工以及OSHA在已经建立并实施了复杂的职业安全与健康管理体系的工作场所建立起高度的合作关系。只有在职业安全与健康方面取得卓越成绩的雇主及雇员才可以参加此项行动。

在实践中，VPP首先确定一个职业安全与健康管理体系标准，并对申请企业进行书面与现场审查，然后确定是否接收。VPP行动扩大了OSHA的实践影响力，在一定程度上解决了OSHA行政资源不足的问题。更重要的是，VPP运行多年后，成立了VPP参与者协会（Voluntary Protection Program Participants' Association，VPPPA）。作为非营利性组织，VPPPA与OSHA及州相关机构联合开展了大量工作，实际拉近了其他企业与OSHA的情感距离，促进了美国职业安全与健康的持续提升。

4.OSHA合作服务执法模式理论基础

（1）对安全市场机制的尊重。

根据安全经济学原理，职业安全与健康也自有其独特的市场调节机制。为了避免伤亡事故，企业的安全投入激励主要源自于以下四个市场因素：①风险补偿金（Risk Premium），这是最重要的激励因素。②事故赔偿成本，包括事故调查与报告、事故救援、产量下降损失、培训替代工人、支付加班费等。这些成本损失通常很大，高昂的事故成本损失强烈地刺激着企业增加安全投入。③保险费费率调节，美国各州法律均要求雇主必须为雇员投工伤补偿保险。很多企业还会主动增投其他补充性保险。这可以在很大程度上减免企业的民事赔偿责任，但是这些保险都实行浮动费率制，保险公司会主动进入企业监督检查安全卫生状况，参与事故调查处理，对于不执行其安全卫生检查建议的企业可以拒绝支付保险赔偿，对于发生过伤亡事故的企业则会提高保险费费率。④生产设备损失，企业的火灾、爆炸等事故经常会造成很大的设备损失。尽管会有保险补偿，但因为保险实行浮动费率，所以企业仍然高度关注自己的设备安全，而增加设备的安全保护措施通常也都会有利于职工安全与健康保护。

OSHA合作服务模式并没有像信息服务模式一样大谈市场机制的支撑，但与强制服从执法模式相比，其一系列行动客观上承认并促进了安全市场机制。它通过联盟计划、战略伙伴关系、VPP等行动，广泛吸收各种有利于职业安全与健康治理的社会力量，以协助守法行动为企业安全投入扫清规则理解障碍。另外，MSHA 的教育培训机制提高了矿工的安全知识与职业素质，尤其是其矿山安全与健康信息收集系统（Data Retrieval System，DRS），为矿工提供了矿山企业安全状况准确信息。这些也都提高了矿工与矿主就风险补偿金博弈谈判的地位与能力。总之，对市场机制的尊重，始终是职业安全与健康合作服务模式工作卓有成效的重要原因之一。

（2）现代网络治理理念。

合作网络治理是 20 世纪兴起于美国的一种新型公共治理理论，并对实践产生了巨大的影响。总体看来，合作网络治理更少地信赖于政府雇员，更多地依靠由合作伙伴、承包商、联盟组成的网络来提供公共服务，能够更友好地处理政府和各类组织的关系，有效降低纳税人的负担，因而其治理服务适应性强、富有创新、更专业化、更快速高效率。在职业安全与健康合作服务模式下，其联盟计划、协助守法行动、VPP、SHARP、"三角成功模式"无不是这种理念的实践写照。职业安全与健康不只是企业一方的事情，而是所有相关方，包括劳工、政府、相关专业组织共同面对的问题，网络治理理念所强调的合作、协助、服务等精神内在地契合解决职业安全与健康问题的综合需求。

（3）现代行政法理念。

美国 20 世纪后期的经济"滞胀"促使人们开始深刻反思凯恩斯主义对市场强硬干预的负面影响，被认为破坏了市场机制的各种立法与强制执法行为也受到了强烈批评。相应地，在法学界，非强制性执法开始成为讨论研究的热点。这种更柔软、更灵活的非强制性执法行为方式常被称为非正式行政行为、任意协力行为或软行政行为，开始逐渐成为美国现代行政法学发展理念之一。职业安全与健康合作服务执法模式并没有抛弃其强制性基础，但体现了非强制性行政特征。联盟计划、协助守法行为、教育与培训服务、科技支持活动、现场咨询活动等，本质上都是非强制行政行为，符合现代行政法学理念，因而颇得法学理论界的支持。

（二）美国矿山安全治理模式

近几年，美国矿山安全事故死亡人数一直控制在百人以下，这主要得益于其预防为主的各种措施，具体包括：

1. 预防为主的安全文化建设

总体看来，MSHA 在控制矿山事故死亡人数方面非常成功，但在降低事故率方面还有很大的工作潜力与发展空间。为此，MSHA 一直在强化企业预防为主的安全文化建设工作。MSHA 相信，绝大多数矿主都不希望发生事故，所以 MSHA 应当帮助矿主建立遵守安全法律法规的企业文化，这是有效地实现其执法目标的途径之一。

2. 执法重点与执法模式的转变

为了体现行政经济原则，MSHA 对美国所有矿山企业进行了一定的违法案件统计分析，选择那些一贯忽视职业安全与健康的企业作为执法重点。例如，根据 MSHA 的统计分析，他们发现美国雇佣 5 人或以下的小型矿山企业的伤病死亡率明显高于大型矿山企业。为此，在 2003 年，MSHA 的"小型矿山办公室"（Small Mine Office）共对 1700 多个小矿山企业提供了教育培训等扶助活动。越来越多的 MSHA 的安全专家深入到小型矿山企业，帮助他们实施各种职业安全与健康管理项目。

为了体现行政服务原则，MSHA 在保留必要的强制执法这一传统手段外，逐步加强"协助守法"行动，使得矿主在碰到问题时总能找到解决问题的答案与指导，从而提高安全生产水平。

3. 有目的地开展多项专项活动

（1）国家煤矿安全日（National Coal Mine Safety Awareness Day）。

在这一天，MSHA 会派遣 600 多名执法、培训及技术人员前往 1500 多家矿山生产企业，与矿工开展直接对话。

（2）工厂融冰行动（Spring Thaw Workshops）。

这项行动主要针对金属与非金属矿。在高产量季节来临前，矿场要进行一次详尽的、全面的危险源识别与控制行动，像春天来临前要先把冰雪融化一样，故称工厂融冰行动。

（3）矿山安全国家网络（National Webcast）。

共有 MSHA 和其战略伙伴组织数百名专家在线，形成矿山安全问题专家解决网络，分析问题产生的原因，提出预防与解决对策。

（4）西班牙语服务活动（Hispanic Outreach）。

MSHA 的部分网站内容和许多出版物都有专门的西班牙语版本，而且 MSHA 还有一些西班牙—英语双语专家，可以提供矿场现场语言服务。

（5）假日安全活动（Holiday Safety Initiative）。

在圣诞节期间，MSHA 的局长会给每一个矿主寄发邮件提醒矿主假期要注意的各种危险。其效果也是比较明显的，例如 2003 年圣诞节期间，美国煤矿没有发生一起致命伤害。

4. 与商业组织、工会组织及其他专业组织建立广泛的战略伙伴关系

MSHA 非常重视对其他重大合作者之间的沟通与联系，其主要战略合作伙伴包括：

（1）美国国家石沙协会（National Stone，Sand and Gravel Association）。

会员单位的 CEO 们把 MSHA 的职业安全与健康目标设定为公司的努力目标。这对于工业领域有重大影响。

（2）国家安全委员会（National Safety Council）。

MSHA 与国家安全委员会建立废弃矿井孩童保护的"远离矿井，远离危险"伙伴关系。该委员会会派出专人保护孩童远离废弃矿井。

（3）国际操作技师工会（International Union of Operation Engineers）。

该工会参与了 MSHA 的紧急事件应急反应培训计划，以提高生产安全水平。

（4）北美矿业协会（Industrial Mineral Association–North America）。

该协会与 MSHA 签署了伙伴合作协议，在全国范围内的工业领域推行事故预防安全文化建设。

5. MSHA 的"三角成功模式"

安全管理学强调安全管理的"3E 对策"，即应当从技术（Engineering）、教育（Education）、管理（Enforcement）三方面着手，均衡合理地采取措施，才能做好安全工作。MSHA 把这一原理运用到矿山安全治理实践，创设了"三角成功模式"（The Triangle of Success），即执法确定基调（Enforcement Sets the Pace），教育培训体现协助守法的核心（The Heart of Compliance Assistance），技术支撑作为突破口（Breakthroughs in Technical Assistance），三者同等重要，共同保障着矿山安全与健康治理的成功。

首先，为了配合教育培训与科技支撑工作，MSHA 转变了其传统工作方式。如今检查员的工作不再是简单地发现违法行为重复玩"猫抓老鼠"的游戏，而是更多地与矿工和矿企管理层交流，注重挖掘违法行为的原因，帮助矿主和矿工去切实改变他们的矿山安全与健康条件。这种转变拉近了 MSHA 与矿主的距离，为教育培训和科技支撑打下了人际基础。

其次，把矿山安全与健康教育培训列为协助守法工作的重中之重。MSHA 下设教育政策与发展司，该司下设政策与规划协调处、国家矿山健康与安全学院、现场培训处三个部门，分别负责培训教育总体协调、矿山安全检查员及有关人员的培训服务、提供安全教育现场培训服务等工作。此外，MSHA

联盟计划中的许多专家及各种专业协会也承担了大量的矿山安全教育培训服务。这些直接的培训服务丰富了矿工的矿山安全与健康知识，向矿主提供了事故及违法行为分析、危险源识别、技术支持及其他信息服务，为矿山安全与健康条件的好转打下了良好基础。

最后，以科技支撑实现安全突破。MSHA 一直在扩展与工业界和劳工组织的伙伴关系，并致力于寻找、发展和完善各种有利于矿山安全的新技术。MSHA 设有两个工程技术支持中心，一个是宾夕法尼亚匹兹堡安全与健康技术中心，负责向矿山企业提供矿山电子系统、矿山应急处理、顶板控制与通风、煤尘瓦斯样品检测等技术支持；另一个是西弗吉尼亚许可与认证中心，负责井工矿产品的批准与认证工作，只有获得认证的产品才能够进入井工矿使用。当矿山事故涉及装备质量问题时，该中心也会参与事故调查处理工作。

美国治理经验对我国的启示：

1. 重视安全市场机制的力量

美国取得职业安全与健康卓越成绩，其原因是多方面的，但对市场机制的尊重，尤其是 20 世纪 50 年代前停息服务模式所培育出来的安全市场基础，对于近百年来其职业安全与健康的持续改进影响深远。职业安全与健康合作服务执法模式重新重视市场力量，充分发挥社会各种相关力量，共同解决实践问题，这本身也是一种市场化的解决问题的思路。

我国安全投入不足是一个比较大的问题。在安全投入不足的前提下，单纯依靠增加安全监察投入，可能难以实现标本兼治的效果。安全投入作为一种投资，需要市场机制支持。我国安全生产监管应当充分考虑安全市场机制的培育与保障。

2. 加强协助守法理念

职业安全与健康是个专业性很强的领域，即使是管理人员，也很难全面掌握不断变化的复杂的法律法规与标准。对于广大中小企业而言，往往不是不愿守法，而是不知该如何守法。对不知该如何守法者妄加处罚是没有太大的实际意义的，这正是美国推出协助守法行动的重要原因。

我国一贯重视法律的普及教育工作，但我们的普法工作主要是面对社会大众，普法的内容限于民法、刑法等基本法律，从未涉及安全生产与职业病防治的专业法规与标准；加之我国目前相关规则令出多门，实践中很多企业抱怨政策文件太多，企业无所适从。既然我们已经坚定了职业安全与健康的法律治理的道路，那么我们就应当学习美国协助守法的理念，设立专门机构，通过电话咨询、书面及电子出版物等方式首先教会当事人知法、懂法、守法，然后去处罚违法行为，否则就失去了法治的基本前提。

3. 学习合作执法理念

随着社会的飞速发展，人们的联系日益加强，社会矛盾的深层次原因也越来越复杂。在解决各种社会问题时，政府的单方努力效果也逐渐减弱。美国的职业安全与健康合作执法行动激发了当事人的纠纷解决能力与自治能力，充分利用了其他社会力量，不仅符合现代公共网络治理理念，而且已经被实践证明是行之有效的，值得我们学习。

目前我国安全生产监管机构普遍抱怨财政紧张、编制不足，迫切需要补强。我们认为，适当的补强也许是必需的。但是，如果不尊重安全市场调节机制，不改变当前单纯依靠行政检查、行政处罚的执法模式，只是简单地增加拨款、扩大编制，问题就不可能得到真正的解决。

4. 引入综合治理理念

职业安全与健康执法离不开外在机制保障，所以美国职业安全与健康合作服务执法模式充分关注教育培训与科技支持的作用，并将之纳入行政管理的范畴，形成职业安全与健康综合治理机制，取得了较好的效果。目前我国安全培训机构在师资配备、资金保障等方面都需加强。另外，我国安全生产技术研发与转化机制还很薄弱，企业对安全生产技术研究积极性不高，政府对安全生产技术研究投入不足，安全学科高等教育尤其是矿业安全高等教育甚至出现萎缩现象，也迫切需要加强。

二、澳大利亚职业安全与健康自律治理模式

职业安全与健康治理模式问题涉及政府的角色定位、执法理念、执法原则等基本问题，从根本上影响着 OHS 的执法公正与效率，对一国 OHS 实践的影响最为深远。总体看来，澳大利亚 OHS 治理模式经历了英国传统、自律执法、后自律执法三个时期。研究其治理模式的变迁沿革的表征、原因及其成效，对于我国 OHS 治理模式的确立极具借鉴意义。

（一）20 世纪 70 年代前：英国传统的 OHS 技术规范治理模式

20 世纪 70 年代以前，澳大利亚各州基本上都沿袭了以 1878 年《澳大利亚工厂法》为标志的 19 世纪英国的 OHS 立法及治理模式。这种传统模式依赖于详细的、高技术性的专业标准规范，由独立的检查机构负责执行。执

法手段以非正式的手段例如建议、教育、劝说等为主要形式。但是对于严重的违法行为，可以提起刑事控诉追究刑事责任。这种传统治理模式主要以自由资本主义时期古典经济学派精髓为理论依据，认为政府的责任主要集中于OHS标准制订上，在具体的执法程度上则强调"有限度介入"；只有企业严重侵犯了工人合法权益，破坏了社会基本秩序时，国家才进行行政乃至司法介入。由于强调OHS标准的制订与颁布，所以这种传统治理模式最大的优点是OHS义务人确切地知道自己应当做什么，而且OHS执法工作也相对较为简单。

但是，这种治理模式的缺点也是显而易见的。第一，随着规则与标准的积累，最终会形成极其庞杂的OHS规范群，其中难免会有相互冲突，而且过于专业，难以理解，容易过时，从而给执法和守法带来困难。第二，这些OHS标准大都是为了解决某一特殊问题而制订，覆盖面窄，缺乏统一性和体系性。第三，在一味强调按国家颁布的规范操作的模式下，创新程序审批更严格，风险更大，不利于雇主去创新更高效的OHS解决方案。第四，这种治理模式强调对静态的作业场所的监控，但实际上大量的危险是在工作组织过程中引发的，传统治理模式忽视了OHS的过程监控与管理，忽视了工人及工会对OHS的影响与参与。第五，这种治理模式最致命的缺点是，它是一种传统的官僚主义治理模式，缺乏相关行业的专业知识，主要依靠行政机构的强力推行，忽视OHS利益相关人的诉求与参与，因而难以推动OHS持续稳定的提升。传统治理模式的这些缺点促进人们开始思考寻求更合适的OHS治理模式。

（二）1972~2000年：OHS自律（Self-regulation）治理模式

1. 自律治理模式的理论基础与发展概况

到20世纪60年代末，英国传统OHS治理模式的弊端，在政治经济高速发展的冲击下日益突出。为了审查清理历史累积的OHS法规并确定未来的改革方向，1970年罗本斯勋爵受托组成了罗本斯委员会进行研究，并于1972年公布了罗本斯报告（1972 British Robens Report）。英国及欧洲各国、加拿大、澳大利亚、新西兰等国后来的OHS法制都遵循了这份报告的建议和精神。

罗本斯报告建议主要从两个方面改革现行的OHS治理模式，一是简化行政监管系统，强化行政效益；二是建立一个更高效的管理系统，实行目标导向（Goal-based）和自律导向。OHS立法只规定抽象的"一般关爱义务"（General Duties of Care），即企业应当实现的OHS总体目标，至于具体应当采取哪些措施来履行义务、实现目标，留待企业自己完成。这一模式有利于克服传统模式下的行政官僚膨胀低效问题，有利于 OHS 法规简约，迅速被澳大利亚各州立法接收。

由 1972 年南澳大利亚州开始，1977 年塔斯马尼亚、1981 年维多利亚，1983 年新南威尔士，各州都开始实施自律模式的 OHS 立法。目前各州正在实施的成文法分别是 2004 年（维多利亚）、1986 年（南澳大利亚和北方专区）、1984~1987 年（西澳大利亚）、1989 年（澳大利亚首都专区）、1991 年（针对联邦雇员）、1993 年（海事业）、1995 年（昆士兰和塔斯马尼亚）和 2000 年（新南威尔士）各法。现行各州及专区立法都以英国罗本斯的自律模式为基础。这标志着传统的以政府强制为主导的安全治理模式转变了。

2. 澳大利亚 OHS 自律治理模式的特征

澳大利亚各州执法环节上存有些许差别，但因都遵循自律模式精神，所以整体上具有以下共同特征。

（1）行政执法的最终规范依据：一般义务。

自律模式的最显著特征就是对"一般义务"的设置，是 OHS 立法原则性规定，是雇主必须履行的总体义务。常见立法例是在总则部分规定，雇主有对雇员及第三人的"关爱"（Duties of Care），即采取合适措施为雇员提供合理可行的（Reasonably Practicable）工作环境、设备、工作体系，使雇员的安全与健康不受损害。他们必须与雇员交换意见，为雇员提供充分的信息、指导和培训，并将特定的事故报告给相关的 OHS 管理部门。❶

这样的规定表面上看是法律义务之规定，细究之，其实另有两个深层次含义：第一，一般义务规定实质上也是 OHS 的最终考核目标规定。传统的治理模式下，政府依据详细复杂的技术规范进行执法，其结果往往是政府投入大量的人力物力，但却因为规范过于复杂甚或相互冲突，而难以实现 OHS 整体提升的目标。一般义务的规定，实际上是把执法重点由行为考核转向目标考核，不仅减少了行政执法的工作强度，而且更切合 OHS 立法的最终目标。第二，一般义务规定实质上也是对雇主的 OHS 管理授权。在自律模式下，除了少部分国家强制标准以外，具体采取什么样的管理体系或管理措施去实现 OHS 目标，政府并不过问，这与传统模式下政府总是不停地指导、规范雇主应当具体采取哪些技术措施的做法有很大区别。因而自律模式的一般义务规定实质上是对雇主 OHS 的管理授权，这种授权既能减轻行政执法的压力，又

---

❶ 杰夫·泰勒，等.OHS［M］.樊运晓，译.北京：化学工业出版社，2007：75.

能激发雇主的 OHS 自主创新热情，更容易实现 OHS 的个性化管理，因而在罗本斯报告的推荐下迅速为各国接受。

（2）雇主参与的规范依据：规章与操作规程。

自律模式的另一大特征是雇主对 OHS 治理的参与。"一般义务"的规定授予了雇主更大的管理权，给予了雇主在 OHS 方面更大的发挥空间，但雇主的参与也并不是完全随意的，必须遵守 OHS 规章与操作规程的规定。澳大利亚各州都接受了罗本斯报告所提倡的 OHS 自律规范的三层机制：广泛而有弹性的一般义务、详细的规章以及操作规程。❶

一般义务设置雇主 OHS 的总体目标，而规章及操作规程则是雇主具体的行为规范依据。在自律治理模式下，规章与操作规程的价值主要体现在两点：第一，在以一般义务授权雇主进行 OHS 自主管理的同时，以规章和操作规程设置了 OHS 自主管理的必要的强制标准；第二，在某些无法设置明确目标，但确信采取特定的过程或操作程序可以导致职业伤害与职业病的危险明显减少的情况下，以规章及操作规程所确定的过程控制的价值就会凸显出来。总之，规章与操作规程，为自律模式提供了必要的约束机制。

（3）政府角色定位：简洁高效的规则制定者与检查者。

在传统 OHS 治理模式下，政府居于主导地位，负责研究公布合适的 OHS 技术标准，指导并检查雇主具体采取哪些 OHS 措施，工作量巨大，并导致行政官僚机构膨胀，行政效率低下，OHS 治理效果不明显。而自律模式下，政府角色有了显著的改变：由于对雇主 OHS 管理的授权，政府基本上从烦琐的传统工作中解脱出来，专注于特别规章及操作规程的制订与检查。治理模式的转变，使得 OHS 执法机构能够集中力量做好必要的规章与规程制订工作，并强化行政执法力度，提高行政效率，并成为 OHS 提升的主要动力。

在制订规章及操作规程时，政府尽量减少制订规范性标准（Prescriptive Standards），❷ 转而增加过程控制性标准，注重与雇主及基层管理人员的意见交流，从而使得规则更加贴近实践要求。近年来，澳大利亚各州的规章及操作规程日益重视危险源辨识、风险评估、风险控制方面的具体规则，而且特别强调雇主在进行 OHS 管理过程中各种文档文件的保留。例如，昆士兰州职业健康与安全规章要求总承包人及分包人必须在开始工作之前交换他们的工作

---

❶　About occupational health and safety regulation in Australia, National Research Centre for Occupational Health and Safety Regulation, Australia, http: //www.OHS.anu.edu.au/OHS/ 2008/0802.

❷　黄子惠，等 . 法定身体检查与职业卫生调查报告［R］.2002: 25.

计划，并以此为基础讨论各自与 OHS 相关的内容。

在检查与处罚方面，由于工作业务范围的减少，澳大利亚各州的 OHS 立法普遍赋予了检查机构更大的检查权。在检查形式上，包括预防性的事先检查和事故发生后的事后检查。目前澳大利亚的事先检查不再只是随机的，而是更加注重目标选择。在检查范围上，在注重检查安全硬件设施的同时，更重视 OHS 管理体系的检查。在检查处理上，检查员可以签发整改或禁止指令，并有权对违法者提出刑事指控。OHS 行政处罚的主要形式是罚款。各州罚款的最高额不同，从 12.5 万到 55 万元，新南威尔士州对于重复违法的罚款最高达 82.5 万元。

（4）工人及其代表：合作与参与。

与英国自律模式相比，澳大利亚 OHS 自律模式更重视合作管理（Co-regulation）。这除了体现在对雇主进行 OHS 管理授权外，还体现为各州 OHS 立法均要求工人通过健康与安全代表或健康与安全委员会参与 OHS 事务。

除了北方专区，澳大利亚各州都规定健康与安全代表由工人选举产生。在维多利亚、南澳大利亚及联邦层面，健康与安全代表的权利比较大，包括培训、检查、协商、通知等事项，甚至还包括签发临时整改通知，命令撤出工作场所等。而西澳大利亚、昆士兰和塔斯马尼亚州健康与安全代表享有的则多是协商性权利。另外，各州立法都规定应当成立健康与安全委员会，由雇主和雇员代表组成。

工人及其代表参与 OHS 事务，同样能够减轻 OHS 行政执法的压力，协助并监督雇主做好 OHS 管理工作，是自律模式下不可或缺的重要因素。

3．自律治理模式的实践效果

澳大利亚 OHS 自律模式在是对传统模式的反思与改进的基础上形成的。它克服了传统模式的诸多缺点，激发了雇主与雇员的 OHS 参与热情，调整了 OHS 行政执法部门的工作重点并减轻了其工作压力，在相当长的时期内，以其独特的"政府—雇主—雇员"三方机制，保证了澳大利亚联邦及各州 OHS 状况的持续提升。

但是，随着社会发展变化，自律模式日益面临各种新的挑战，显现出一些不足甚至负面效应。近年来最突出的问题有两点：一是加重了中小企业的负担，二是难以适应新型劳动关系需求。

与传统模式下政府指导企业进行 OHS 管理不同，自律模式授权企业自主决定建立合适的 OHS 管理体系，这对于大型企业来说基本上不是难题，可能反而有助于其个性化的 OHS 管理。但是对于中小企业而言，OHS 管理体系的建立涉及危险源辨识、风险评价与控制、系统运行保障等诸多环节，技术与规范含量都比较高，中小企业普遍难以独立完成。近年来，澳大利亚同世界大部分国家一样，正经历着大公司规模普遍缩小、中小企业数量迅速增长的历程，因而，自律模式对中小企业负担过重的问题也日益突出。

随着生产组织、网络通信等技术的迅猛发展，近年来各国都涌现出大量的新型劳动关系，包括自我雇佣、个人承包、小时工或临时工、家庭工、采购外包、劳务派遣、总分包等。这些劳动关系中，雇员与雇主之间关系较传统劳动关系更为松散与灵活，工作场所也比较自由，难以厘清 OHS 责任。与之相应，受这些新型劳动关系的冲击，传统的工会组织也出现了会员数量减少、组织解体的新趋势，削弱了雇员参与 OHS 的群体支撑。这些都给自律模式的适用带来了极大的困难。

（三）2000 年至今：质疑与改革

从 20 世纪 70 年代澳大利亚各州逐步确立 OHS 自律模式以来，历经 30 年发展，自律模式已经被实践证明是一种有效的 OHS 治理模式。但是，进入 21 世纪以后，科技飞速发展，社会政治经济压力增大，劳动力市场也发生了巨大变化，澳大利亚的 OHS 自律模式一度被批评为一种过时的模式，甚至有人呼吁废除自律模式并进行全面的改革。[1] 面对新世纪的各种质疑与新的社会问题，澳大利亚政府对自律模式进行了持续的改革，使得当前的自律模式带有许多新的特点，有人称之为"规制的自律"（Regulated Self-regulation）模式。[2]

1. 传统模式弊端再现与改革

自律模式的两大目标分别是简化行政监管系统和简化 OHS 法规体系，但随着自律模式长期运行的积累，这两个问题也慢慢显现出来。尤其是到了 20 世纪 90 年代中后期，一方面，澳大利亚的 OHS 监管机构也开始不断膨胀，从联邦到各州都建立了不同的行政或合作式执法机构，管辖着不同的 OHS 领域，直接影响或左右着企业或行业的 OHS 管理；另一方面，联邦、州的不同部门、各种经过授权的专业组织、各种行业组织或工会，都发布了不同的标

[1]　OHS system reform long overdue，http：//www.ferret.com.au/n/OHS-system-reform-long-overdue-n695688 2008-08-02.

[2]　David Walters，Workplace Arrangements for OHS in the 21st Century，Working Paper from National Research Centre for Occupational Health and Safety Regulation，Australia，p.25.

准与实践守则，这些庞杂的规则相互重叠冲突，增加了 OHS 义务人的守法难度。为自律模式所斥诟的弊端在自律模式中再现，为此，澳大利亚联邦及各州府联合采取了一系列改革措施。例如把 NOHSC 改革成 ASCC，再如 20世纪 90 年代中后期开始的全澳大利亚 OHS 法规统一运动等，并起到了一定的成效。

2. 重事后处罚与事先预防的平衡

澳大利亚的 OHS 自律模式执法实践中，法院的判例数量大增，并以普通法中的"谨慎义务"为原则，通过判例扩展了立法中"一般义务"的"合理性"限制，加重了违法处罚，扩大了义务人的范围，从而出现了较为明显的重事后处罚而轻事先预防的趋势。针对批评，近年来澳大利亚 OHS 执法机构纷纷公布了其执法战略与执法政策，开始特别强调把执法检查的重点转移到企业 OHS 管理体系的运行有效性上，推动了处罚与预防的动态平衡。

3. 奖惩平衡

针对自律模式过分倚重处罚的批评，近年来澳大利亚 OHS 执法实践中开始逐渐重视奖励性的激励措施，包括经济奖励激励，也包括对持续取得 OHS 绩效进步的企业与雇主进行卓越认证，给予名誉奖励等，从而推动了 OHS 自律治理的奖惩平衡。

4. 强制执法与非强制执法措施的平衡

在自律模式的检查中，执法结果往往都是违法通知、行政处罚或者刑事控诉等传统强制手段，但是，基于 OHS 的利益相关多方性的本质，OHS 显然是不应当也不可能只由强制处罚与刑罚来推动的。受美国联邦 OHS 局开展的战略伙伴关系、联盟关系、自愿保护计划、协助守法行动等非强制性执法影响，澳大利亚 OHS 执法实践中也开始推行一些软性执法活动，较多地使用通知、建议与协助的执法方式与执法手段，推动了强制性执法与非强制性执法措施的平衡。

5. 综合利用多种社会关系参与 OHS 治理

针对各种新型劳动关系对自律模式的冲击，澳大利亚 OHS 执法机构学习欧洲的一些做法，充分地综合利用各种社会关系参与 OHS 治理，包括利用合同分包关系、消费者与供应商关系、同一地区的大小企业邻居关系、企业与所在社区关系、保险关系、州际/州内执法机构间关系等对 OHS 的影响力，处理新型劳动关系中的 OHS 问题。例如，在工会组织内部设立区域健康与安全代表，专门处理那些在家庭里为公司远程工作的雇员的 OHS 问题。

澳大利亚 OHS 自律模式对我国的启示：

澳大利亚是实行联邦制的资本主义国家，与我国在政治体制、国家结构形式等方面都有着本质的区别，但其 OHS 自律模式的成功经验，对于解决我国 OHS 治理过程中的诸多实践难题有一定的借鉴价值。

1. 关于 OHS 管理权与监察权配置问题

长期以来，安全生产管理权与监察权的配置一直是困扰我国安全生产发展的一个重大的基础性难题。在计划经济时期，几乎每个行业都有自己的主管部门，主管部门既负责生产管理也负责安全管理，只是因为那个时期经济发展是绝对重点，生产安全问题并没有受到社会的广泛关注。但后来随着生产安全问题日益突出，我国改革了安全生产监管体制，专门设立了国家安全生产监督管理机构，与此同时，我国已经基本上完成了市场经济的转轨，一些行业的原主管部门已经被撤并，这样我国的生产安全监管体制就面临着一个特殊的难题：如何处理好生产行业的安全管理与安全监察的权限划分。

澳大利亚 20 世纪 70 年代以前推行的英国传统的 OHS 模式下，政府意图用详尽的法律规范与技术标准去规范企业的 OHS 行为，实际上承担了大量的 OHS 管理工作，实践证明政府 OHS 执法机构不可能有这样丰富的行业知识来做好这项工作，所以最终被自律模式替代。自律模式实际上是把 OHS 管理权授予企业自己行使，政府只保留必要的规章、标准制订权以及 OHS 监察权。放弃自己没有能力也不应当做的管理事务，转而专心于自己应当做且有能力做好的监察事务，自律模式的成功为我国 OHS 管理权与监察权的分离提供了较为明晰的借鉴思路：有行业主管部门的，由主管部门继续行使行业的安全管理权；没有主管部门的，由行业协会或企业自己进行 OHS 管理；国家安全生产监督管理机构集中力量进行行政规章与安全标准的制订与 OHS 执法检查。这样既符合我国的实际国情，也符合 OHS 监管体制的国际发展趋势。基于此，我们明确提出应当"按照管理权与监察权分离的原则完善我国的安全生产监管体制"。❶

2. 关于 OHS 三方机制问题

目前我国有些地方安监部门抱怨人员编制不足，要求增加机构人员编制。我们认为，简单地增加编制除了只会进一步增加官僚机构膨胀的负面效应外，

❶ 詹瑜璞. 按照管理权与监察权分离的原则完善我国的安全生产监管体制［C］// 第一届全国安全科学理论研讨会论文集. 北京：中国商务出版社，2006：80-90.

并不会对我国 OHS 的改善产生重大影响。人员编制不足只是表面现象，深层原因在于 OHS 治理模式中政府定位错误，以及实践中执法方式与执法手段过于单一所致。解决监管机构力量不足的问题应当首先从我国 OHS 治理模式与推行机制入手。

OHS 涉及多方利益，仅靠国家执法单方推行是强求行政机构承担其不能承担、也不应承担之重，必须充分吸收、发挥雇主、雇员、专业组织与社会公众的参与力量，形成 OHS 治理的合力。澳大利亚自律模式下的“政府—雇主—雇员”三方机制以及企业内设立健康与安全代表制度颇具借鉴意义，我们应当改革当前政府一元主导型的 OHS 治理模式，通过法律机制促进与保障企业以及工人和工会对 OHS 的参与热情，确立具有中国特色的多元合作型的 OHS 治理模式。

3. 关于 OHS 法规的中央统一与地方自主权问题

我国实行单一制，绝大多数法律制度都在全国范围内统一实施，OHS 法规也不例外。这种制度的好处是全国 OHS 规则统一明了，体系简明，执法协作便利，缺点则在于在应对一些地方性特殊问题时弹性不足，不利于调动地方 OHS 治理积极性。

以煤矿安全法规为例，我国目前大多数煤矿安全法规基本上都是以北方大煤矿为背景而制定的，在小煤矿众多的南方省份适用时则面临着许多实际困难与阻力。再以《生产安全事故报告与调查处理条例》为例，依该条例第 36 条规定，谎报或者瞒报事故的，对事故发生单位处 100 万元以上 500 万元以下的罚款。这一处罚的起点是 100 万元，对于经济发达地区的大型企业来说，也许处罚起点不算太高，但对于中西部经济欠发达地区来说，处罚起点也许是个天文数字，实践中根本难以落实。

澳大利亚实行联邦制，形成了联邦与州多个交叉的 OHS 管辖区，目前正在努力推行 OHS 全联邦统一运动，但在其现行联邦制度下，各州均有权进行本州的 OHS 事务立法与执法，更能照顾到本地区的 OHS 事务特殊性，因而其自律模式下的行政规章及对雇主的 OHS 管理授权都更贴近地区实际，从而体现出了一定的区域性优势。我国可以借鉴这一优点，鼓励并发挥地方立法的积极性，在中央统一进行原则性立法的基础上，经授权，对部分 OHS 法规制定区域性的个性化实施细则，报上级批准或备案后在本区域实施，这样有利于推动中央与地方在 OHS 治理与收益问题上的基本平衡。

4．关于我国 OHS 强制与非强制执法方式问题

近年来，非强制性执法日益成为国外 OHS 领域的热门话题之一。非强制性执法以通知、建议、咨询、协助等方式为主，更容易拉近执法机构与企业的距离，更符合三方机制下鼓励雇主参与的要求，在某些场合下往往能够收到比强制性执法更好的社会效果。另外，澳大利亚自律模式面临的一大挑战就是中小企业守法困难，建立自己的 OHS 管理体系负担过重；而非强制性执法以建议与协助为主，有利于中小企业明确 OHS 义务，减轻其管理负担，所以近年来，非强制性执法在澳大利亚得到了迅速的发展。

目前我国安全生产监督管理部门受人员编制及客观环境限制，强制执法效果也并不明显，而且企业与安全生产监督管理部门的对立情绪较为普遍，企业参与 OHS 管理的热情与能力不高，需要更多的 OHS 行政指导与行政鼓励，而澳大利亚自律模式下的非强制性行政执法则为我们提供了较好的参考模板。

第二节　政府的安全生产监督管理职责

一、中央政府的安全生产职责

（一）国际法

1981 年《职业安全和卫生及工作环境公约》(第 155 号公约)

国际劳工组织大会于 1981 年 6 月 22 日通过，1983 年 8 月 11 日生效。

第三部分　国家行动

1．各会员国应通过法律或条例，或通过任何其他符合国家条件和惯例的方法，并经与有关的、有代表性的雇主和工人组织协商，采取必要步骤实施本公约。

2．实施有关法律和条例，应由监察制度予以保证；实施制度应规定对违反法律和条例的行为予以适当惩处。

3．应采取措施向雇主和工人提供指导，以帮助他们遵守法定义务。

4．应按照国家法律和惯例采取措施，以确保设计、制作、引进、提供或转让生产机器、设备或设施在合理可行的范围内，查明机器、设备或设施在正确操作前提下，不会对人的安全和健康带来危险；提供有关正确安装和使

用机器和设备设施的信息，有关机器和设计的危害以及化学物质、物理和生物制剂或产品的危险性能的信息，指导危险防范工作；开展调查研究，或不断了解所需的科技知识。

5．凡工人有正当理由认为工作情况出现对其生命或健康有紧迫、严重危险而撤离时，应按照国家条件和惯例保护其免遭不当的处理。

6．应采取措施，以适合国家条件和惯例的方法，鼓励将职业安全和卫生及工作环境问题列入各级的教育和培训，包括高等技术、医学和专业的教育以满足所有工人训练的需要。

7．为保证本公约提及的政策规定和实施的一致性，各会员国应在尽早与最有代表性的雇主和工人组织或其他机构酌情协商后，做出适合本国条件和惯例的安排，以保证负责实施本公约规定的各当局和各机构之间必要的协商。只要情况需要，并为国家条件和惯例所许可，这些安排应包括建立一个中央机构。

建议书

1．主管当局应根据有关行动技术方面的提示采取以下措施：（1）根据安全和卫生同劳动时间和休息安排的关系颁布或批准一些与工人安全、卫生及工作环境有关的条例、实践守则或其他有关规定。（2）根据经验和新的科技成果，随时复议关于工人安全、卫生及工作环境的法规以及发布或通过的规定。（3）开展或促进旨在查找危险源并找到有效预防办法的研究。（4）以适当方式为雇主和工人提供信息和建议，消灭或减少危害，推动或促进雇主和工人及其组织之间的合作，并适当地为移民工人制定以其母语进行的特别培训计划。（5）采取特别措施，防止灾害的发生并协调各级行动，特别是在企业集中、对工人和附近居民潜在危害大的工业区协调行动。（6）同在国际劳工组织范围内建立的国际职业安全和卫生报警系统保持密切关系。（7）为残疾工人采取适当措施。

2．监察制度应参照一九四七年劳动监察公约和一九六九年（农业）劳动监察公约的规定建立。

3．主管当局应在适当情况下与有代表性的有关雇主组织和工人组织磋商后，推动劳动条件符合公约要求。

4．公约主要目的应为：（1）确保公约的实施。（2）协调由主管当局行使的职能。（3）协调公共权力机构、雇主和雇主组织、工人及其代表，及其他机构或有关人员就职业安全、卫生和工作环境问题在全国、地区或地方所展开的活动。（4）在国家一级或在一行业或一经济活动部门的范围内促进意见、信息和经验的交流。

5．在公共当局同有代表性的雇主组织和工人组织及其他有关机构之间就制定的实施公约所述政策进行密切合作。

6．检查应主要涉及最困难的工人的处境，如残疾人的处境。

《工商业劳动监察公约》

第一部分　工业劳动监察

1．会员国应在工业工作场所保持劳动监察制度。

2．工业工作场所的劳动监察制度应适用于可由劳动监察员实施与工作条件和在岗工人劳动保护有关的法律规定的一切工作场所。国家法律或条例得对采矿业和运输业或这些企业的某些部分免于应用本公约。

3．劳动监察制度的职能应为：（1）在可由劳动监察员实施的情况下，保证执行有关工作条件和在岗工人的保护的法律规定，诸如有关工时、工资、安全、卫生和福利、儿童和年轻人就业及其他有关事项的规定。（2）向雇主和工人提供有关执行法律规定最有效手段的技术信息和咨询。（3）向主管当局通告现有法律规定没有明确覆盖到的任何缺陷和弊端。

可能授予劳动监察员更多的职责，均不得干扰其基本职责的有效行使，或以任何方式损害监察员处理他们与雇主和工人关系方面所必需的权威性和公正性。

4．只要符合会员国的行政管理实践，劳动监察应置于一个中央当局的监督和控制之下。如属联邦制国家，"中央当局"一词可指或一个联邦当局，或结成联邦的一个单位的中央当局。

5．应视情况要求劳动监察员或地方监察处向中央监察当局定期提交其监察活动结果的报告。这些报告应按中央当局具体规定予以起草；至少应按该当局规定的次数提交，在任何情况下不得少于每年一次。

6．中央监察当局应印发有关其管辖下的监察机构工作情况的年度总报告。此项年度报告应于其所涉及的年份结束之后的一段合理时间内印发，在任何情况下不得超过十二个月。年度报告副本应在报告印发后的一段合理时间内提交国际劳工局长，在任何情况下不得超过三个月。

第二部分　商业劳动监察

1．会员国应在商业工作场所保持劳动监察制度。

2．商业工作场所的劳动监察制度应适用于可由劳动监察员实施与工作条件和在岗工人劳动保护有关的法律规定的工作场所。

3．商业工作场所的劳动监察制度应在最大可行范围内符合本公约的要求。

（二）美国法

联邦机构的职业安全卫生方案和责任包括：

（1）每个联邦机构的领导有责任制定和保持一个和公约标准相一致的，有效而完善的职业安全和卫生方案。每个联邦机构的领导应该在和有关雇员代表商量后提供与公约标准一致的安全和卫生的工作场所和条件。

（2）取得、保持和要求使用安全设备、个人防护设备和为保护雇员所理应需要的各种设施。

（3）保存有关职业事故和职业病的确切记录，以便做出正确的评价和必要的改正和行动。

（4）就上述记录，和部长商议规定出恰当的形式和内容。

（5）向部长做出有关职业事故和伤害以及机构和根据本条制定方案情况的年报，该年报应附有美国法典要求提供的任何报告。

（6）部长应将收到的报告、摘要向总统汇报，并提出他的评价和建议。总统每年应把联邦机构的报告各一份送交参议院和众议院。

（7）部长有权使用联邦机构所持有的记录和报告。除非这些记录和报告，最高行政长官有命令：为了国防和外交的利益，需要保密。但在这种情况下，对那些不危害国防或外交利益的情报，部长还是可以使用。

分析与结论：

国际法、美国法规定了中央政府或联邦政府的职业安全卫生（安全生产）职责，中国法在安监体制中也规定了中央政府的有关职责。中国法可以从外国或地区法中取得如下经验和启示。

1．国际法责任、义务和经验、启示

（1）国际公约规定的中央政府职责是协调当局和各机构，以保证本公约的实施。（2）建议书规定的中央政府职责是根据安全卫生同劳动时间和休息安排的关系颁布或批准工人安全卫生及工作环境条例、守则等。（3）工商业劳动监察公约规定的中央政府职责包括工业劳动监察职责和商业劳动监察职责。

2．美国法经验和启示

联邦机构职责：（1）每个联邦机构的领导有责任制定和保持一个和公约

标准相一致的，有效而完善的职业安全和卫生方案；在和有关雇员代表商量后提供与公约标准一致的安全和卫生的工作场所和条件。（2）取得、保持和要求使用安全设备、个人防护设备和为保护雇员所理应需要的各种设施；保存有关职业事故和职业病的确切记录，以便作出正确的评价和必要的改正和行动；向部长作出有关职业事故和伤害以及机构和根据本条制定方案情况的年报，该年报应附有美国法典要求提供的任何报告；部长应将收到他的报告、摘要向总统汇报，并提出他的评价和建议；总统每年应把联邦机构的报告各一份送交参议院和众议院；部长有权使用联邦机构所持有的记录和报告。为了国防和外交的利益，需要保密者例外。

二、主管部门及监察员的监督管理职责

（一）国际法

主管当局应保证逐步行使下列职能：

（1）在危险的性质和程度有此需要时，确定企业设计、建设和布局的条件、企业的交付使用、影响企业的主要变动或对其主要目的的修改、工作中所用技术设备的安全以及对主管当局所定程序的实施。

（2）确定哪些工作程序及物质和制剂应予禁止或限制采纳或使用，或应置于主管当局或各主管当局批准或监督之下；应考虑同时暴露于几种物质或制剂对健康的危害。

（3）建立和实施由雇主，并在适当情况下，由保险机构或任何其他直接有关者通报工伤事故和职业病的程序，并对工伤事故和职业病建立年度统计。

（4）对发生于工作过程中或与工作有关的工伤事故、职业病或其他一切对健康损害，如反映出情况严重，应进行调查。

（5）每年公布采取电话了解的情况及在工作过程中发生或与工作有关的工伤事故、职业病和对健康的其他损害的情况。

（6）在考虑国家的条件和可能情况下，引进或扩大各种制度以审查化学、物理和生物制剂对工人健康的危险。

《工商业劳动监察公约》

第一部分　工业劳动监察

5. 主管当局应做出适当安排以促进监察部门、其他政府部门和从事类似活动的公立和私立机构之间的有效合作，以及劳动监察局官员与雇主和工人

或其组织之间的协作。

6．监察人员应由公职人员组成，其地位和服务条件应足以保证他们职业的稳定性，不受政府更迭和不适当的外部影响的限制。

7．招聘劳动监察员，除应按照国家法律或条例规定招聘公职人员所应具备的条件外，唯一应考虑的是其行使职责的资格。

劳动监察员应经适当培训以行使其职责。

8．男、女性均应有资格被任命为监察人员；如有必要，可对男、女监察员委员以特别职责。

9．各会员国应采取必要措施保证合格的技术专家和专门人员，包括医药、工程、电气和化学方面的专门人员，根据各该国的条件，通过被认为最合适的方式参与监察工作，以确保有关保护在岗工人的健康和安全的法律规定得以实施，同时调查工作程序、原材料和工作方法对工人的健康和安全的影响。

10．劳动监察员的人数应足以保证有效履行监察局的职责，并应在适当考虑下列因素后予以确定：（1）监察员须履行的职责的重要性，特别是应受检查的工作场所的数目、性质、规模和局面，此种工作场所雇用工人的数目和类别，应实施的法律规定的数目和复杂程度。（2）可供监察员使用的物质手段。（3）为了使工作有效，在何种具体情况下应进行监察巡视。

11．主管当局应做出必要安排为劳动监察员配备：（1）按工作需要经适当装备的地方办公室，一切有关人员均可进入；（2）在无适当公共交通工具的情况下，配备必需的交通工具。

主管当局应做出必要安排，使劳动监察员为行使其职责所可能需要支付的任何差旅费和杂费得以报销。

12．持有适当证书的劳动监察员应被授权：（1）于任何时间不必事先通知而自由进入应受监察的工作场所；（2）于日间进入他们有正当理由确信应受监察的房屋；（3）从事他们认为必要的任何检查、测试或质询，以查明法律规定是否已得到严格遵守，特别是在单独或有证人在场的情况下向企业的雇主或职工询问有关实施法律规定的任何事项，要求出示国家法律或条例规定应保存的有关工作条件的任何簿籍、登记本或其他文件，以便确认它们符合法律规定，并可复制或摘录这些文件，根据法律规定的要求强行张贴通告，以进行分析为目的提取或移动原材料的样品和处理过的物质，但为此目的而提取或移动的任何样品或物质均应通知雇主或其代表。

进行监察巡视时，监察员应将他们到场一事通知雇主或其代表，除非他们认为此种通知可能有碍于他们行使职责。

13．劳动监察员应被授权采取措施纠正在车间、布局或工作方法中发现的他们可能有正当理由认为会对工人健康和安全构成威胁的缺陷。

为使监察员能采取此种措施，他们应有权在保留法律可能规定的向司法和行政当局提出任何申诉的权利的情况下，发布或使他人发布命令，要求在特定时限内对装置或车间进行必要的改动，以保证符合有关工人健康或安全的法律规定，或在对工人健康或安全有紧迫危险的情况下采取立即生效的措施。

如此程序不符合会员国的行政或司法实践，监察员应有权向主管当局申请发布命令或采取立即生效的措施。

14．应按照国家法律或条例规定的情况和方式，将工业事故和职业病的情况通知劳动监察局。

15．除国家法律或条例规定的例外情况，劳动监察员应：（1）被禁止在其所监察的企业中享有任何直接或间接利益。（2）承诺即使在脱离监察工作后亦不得泄露在履行职责过程中可能了解到的制造方面的、商业秘密、工作程序，否则将受到刑罚或纪律处分。（3）应将提交给他们的任何有关缺陷或破坏法律规定申诉的来源视为绝对机密，并不得向雇主或其代表暗示某次监察巡视系接到此种申诉的结果。

16．应尽可能按需要对工作场所进行经常和彻底的监察以保证有效地执行有关法律规定。

17．对违反或玩忽由劳动监察员实施的法律规定的人员，应予即刻提起诉讼而无须事先提出警告，除非由国家法律或条例规定在某些情况下得事先通知采取补救或预防措施。

应由劳动监察员酌定是否发出警告和劝诫而不提出或建议起诉。

18．国家法律或条例应对违反劳动监察员实施的法律规定或阻挠劳动监察员履行职责的行为规定适当的惩处并加以有效实施。

（二）英国法

1．负责执行有关法定条款的各有关当局

（1）执行局有责任做出适当安排，以执行有关法定条款，除非其他机构或某一类机构根据有关条款或条例负责执法。（2）大臣可以允许地方当局在法律规定范围内，负责执行有关法定条款；制定条款以确定执行有关法定条款的责任，并根据条例决定其执行的范围：从执行局移交给地方当局，或由地方当局移交给执行局；指定执行局或地方当局，删除条文规定不明确之处。任何制定的条例应包括移交和指定的有效性，并使通知书对有关人员产生效力。（3）各个地方当局的职责是在有关法定条款范围内，做出适当安排，以负责行使执法权；履行所赋予的职责和执行委员会给予的指示，以及任何有关法定条款所赋予的职责。（4）在任何情况下负责执行此类条款的其他权力机构，其职责是做出执行这些条款的适当安排，履行所确定的职责和执行委员会可能给予的指示，履行任何有关法定条款所赋予的职责。

"执法当局"意指负责执行任何此类条款的执行局或其他权力机构。执法当局的责任范围即该当局目前所执行条款的责任范围。

在那里行使委员会或执行局职权的权力可能委托给一个政府部门或个人，该委员会或执行局有必要使与该条款有关的任何协议发生效力；而且一个执法当局的责任范围，应相应地被解释为该政府部门或个人暂时行使职权的范围。

2. 监察员的任命

（1）每一个执法当局可任命监察员（不论何种职衔，随时都可任命），这些人员须有执法当局认为在其职责范围内实施有关法定条款时所必需的资格，并且可以根据本条款终止有关任命。（2）根据本条规定，任命监察员时，应该使用书面文件详细说明监察员的法定权力范围，由被任命者行使这些权力。监察员按照本条款被任命后将拥有行使在任命书详细决定的权力和只能行使任命当局所规定的职责范围内的权力。（3）监察员的权力，按照任命当局的指示可作改变。（4）在必要时一名监察员应实施或试图实施任何有关法定条款，履行任命他为监察员的文件或其他证明文件中所授权予他的职责。

3. 监察员的权力

（1）监察员在任命他的执法当局所授予的职责范围内行使其权力。（2）监察员的权力是在任何合理的时间（在他认为是合理的时间，或在发生危险情况的任何时候）进入任何房屋设施，或他认为按照法律目的有必要进入的房屋设施；在他有理由担心在执行职责过程中可能遇到别人阻挠时，可请一名警察同去；按照规定进入任何房屋设施时可以带领经有关执法当局授权的任何人同往，可携带为行使职权进入房屋设施所需要的装备和器材；按照法律目的，在任何情况下进行检查和调查；有必要对他进入的房屋设施进行必需的检查和调查，监察员可以要求房屋设施或某一部分，或房屋中的东西在所需要的合乎情理的长时间内保持原状（不管是普遍的或对某些特定的东西）；进行任何检查和调查所必需时，可采取检测和拍照的方法作记录；在他有权进入的房屋设施内对所发现的物品或物质采取样品，包括房屋内及其附近的空气的样品；在他有权进入的房屋中，监察员如认为某些物品或物质可能会引起对健康和安全的危险时，可将其拆除或进行分析试验，但不能毁坏或销毁，除非是为了法律的目的，才有必要这样做；对此类物品或物质，只要是为实现下列全部目的或个别目的所必需，可以视需要长期占有并扣押：对它进行检查或根据有关条款规定的职权进行任何方式的处理，或者在检查完成之前，保证有关物品或物质不受损害，或者保证有关物品或物质在违法行为诉讼中作为证据使用；监察员可要求有理由认为能对根据上述条款所进行的检查或调查提供情况的任何人回答监察员认为是合适的问题（除了监察员所指定的这个人外，其他人都不在场，或是经监察员同意在场的人在场的情况下进行），并在一份声明上签字，以示答复的真实性；要求提供、检查、复制或登记任何书籍、文件，根据有关法定条款要求将其保留的必须保留，或为了进行检查或调查的目的，他有必要查看的其他书籍和文件；要求任何有关人员对监察员提供在他控制范围或责任范围内的必要的方便和协助，使监察员能够行使本条款授予的职权；授予监察员其他所必要的职权。（3）大臣可根据有关条例制定条款，确定获取样品的程序（包括样品如何采集和处理的方式）。（4）当监察员行使职权在房屋设施中发现某些物品或物质时，他应要求一位当时在场者和负责此房屋设施的人，在他执行职权处理事情的过程中一直在场，除非监察员认为此人在场对安全状态有损害。（5）在监察员行使职权处理有关物品或物质或事件以前，他可以与认为合适的人进行磋商，其目的是确定事物的危险程度，以及若有危险，监察员按其职权应如何处理。（6）监察员可以控制在该房屋设施中发现的有关物品或物质，或由一名房屋设施负责人看管。如这样做不切实际，可以在醒目的地方贴出通告，提出足以识别此物品或物质的特性，并说明监察员有权控制此物品。在控制这些物品以前，对监察员来说，最实际的办法是取走一个样品，并且给该房屋设施负责人一份同样的样品，并注明足以识别的特性。（7）由某人做出的回答不能作为在诉讼中不利于此人或不利于此人的丈夫或妻子的证据。（8）本条款的内容并不能用来强迫任何人写书面材料（文件），也不允许监察员以其法定的职业特权为理由阻止有人按照高等法庭的命令提供证明文件，或根据情况，按照苏格兰民事法庭的命令提供证明文件。

4. 改进通知书

若监察员认为某人正在违反某一条或数条法定条款规定，或已违反某一条或数条规定，并有继续违反和反复违反条款的情况时，他可向违反有关法定条款的人员递送一份通知书，此即"改进通知书"，并在通知书中向他说明法律依据，以及提出这些意见的理由，要求当事人纠正其违反有关法令的行为，或视情况确定在此期限内应办的事情（不等于当事人对改进通知有异议而提出申诉的日期），具体期限在该通知书上应明确规定。

5. 禁止通知书

（1）若监察员认为某人或在其控制下所采取或即将采取的涉及此条款的任何活动，可能或根据情况即将导致发生严重人身伤害的危险时，监察员可向当事人递送一份通知书即"禁止通知书"。（2）一份禁止通知书将包含下列内容：陈述监察员的上述意见；列举监察员提出意见所根据的事实，或按照情况，这些事实可能引起上述危险；他提出的意见中将根据情况说明此类事实可能或将违反的有关法定条款，并且将这些条款作为提出意见的理由；通知书中所提及的，接到通知书的当事人正从事或在其控制下进行的活动应停止进行，除非在通知书中所提出的有关的违反法令的事实已得到纠正。（3）如果监察员认为该行为将造成严重的人身伤害，而且危险迫在眉睫，所作的指令应立即生效，但在其他情况下，应在通知书所规定的期限到期之时生效。

6. 对改进通知书和禁止通知书有异议的申诉

（1）当通知书递送给当事人时，他可在通知书规定的期限内向工业法庭提出申诉书，该法庭可以撤销或肯定该通知书，若法庭认为通知书合适时，应按该通知书的原文要求严格执行或作某些修改。（2）反对通知书的申诉应在附款中规定的期限内提交给工业法庭。当事人提出上诉可暂缓执行改进通知书，其期限可以延长至该申诉被处理后为止。如该申诉已撤销，则延长至撤销时。对于禁止通知书，当事人提出的申诉具有类似效力，但只在申诉书已送至工业法庭而该法庭已发出指令时。

7. 处理迫在眉睫危险的权力

（1）当监察员发现在任何房屋设施中有任何物品或物质，监察员有充分理由断定，他所发现的此类物品或物质有导致发生人身伤害迫在眉睫危险时，监察员有权进入此房屋设施没收此类物品或物质，并使它们变为无害（采用破坏或其他方法）。（2）按照这一条款，应使之变为无害：任何一批物品中的任何一个；任何物质。监察员如认为切实可行，可以取走一份样品，并交给发现有这些物品或物质的房屋设施的负责人一份同样的样品，该样品在一定意义上可作为物证。（3）当任何物品和物质根据此条款已被监察员没收并已变为无害时，监察员应准备签署一份书面报告，说明发现这些物品或物质的环境的特点和如何处理。并且他将送一份书面报告的复制件给发现有这些物品或物质的房屋设施的负责人；如果房屋设施负责人不是这些物品或物质的所有者，应将书面报告的复制件递送给物主。在执行时，监察员通过合理的询问尚不能肯定这些物品或物质的物主的住址时，可将复制件送交按诉讼程序所规定的人员。

8. 执法当局保障监察员的权力

监察员执行或打算执行其任务时遭到抵制，他有合法的权利要求任命他为监察员的执法当局予以保障。执法当局将保障监察员反对任何可能的破坏并支付他所要求支付的费用；如执法当局认为监察员的行为属于职权范围之内，应满意地确认他诚实地执行了任务。

9. 英国矿山安全监管

矿山和采石场监察是 HSE（健康与安全局）的重要工作，其下设的矿山和采石监察处设有七个地区性的监察办公室。监察办公室对本地区各矿山或采石场专门安排有监察员负责其安全监管工作。矿山监察员从有实践经验并受过管理训练的矿山、机械及电气工程师中选拔任命。任命后还要接受培训，以全面熟悉矿山安全健康法规、矿山与采石业生产、技术规程以及安全健康方面的知识。

矿山监察员的主要任务是检查 1974 年《英国工作健康与安全法》的实施情况，对如何执行法规的条文提出建议及给予指示，保证矿山与采石场以及其他作业区的安全生产，避免危险发生，保证有效地执行已经制定的安全措施（不论法规中是否有明文规定）。监察员除执行日常的安全监察任务外，还能识别潜在的危险和分析事故起因，为雇主及矿工们提供咨询。当矿井不幸发生事故时，如井下火灾、瓦斯爆炸等重大事故发生时，监察员亦能在现场实施指挥和参与抢救，并能通过事故调查提出制定和修改法规的意见。矿山监察员可以随时进入矿山和采石场进行检查，或向雇主提出询问，监察员对他所负责的矿山和采石场每年至少检查一次。在检查作业区的过程中，一般由矿长陪同进行。检查中发现的违法行为，可以立即反馈矿长，矿长可以马上采取改进措施。矿山或采石场的雇员安全和健康受到威胁时，监察员可以向矿长、场长发布通告，以及提出诉讼终止令，以保护雇员的安全与健康。

不过通常情况下监察员不对矿长发布命令，主要是指出作业区的违法行为，让管理部门去解决。如果监察员不满意该场所采取的改进措施，可以向矿长提出一些建议，并指明法规的具体要求。

矿山安全监察员没有直接罚款的权力，对矿主的处罚往往由工业法庭依法予以处理。监察员不能直接罚款，但由于其对隐患有停止作业的权力，且直至认为危险隐患已被排除，才可下令恢复生产，可见他们的权力是很大的。当安全监察员和矿主因对安全生产问题的看法和处理不一致而发生矛盾时，可以反映到地区监察办公室。如问题仍不能圆满解决时，矿主则可以起诉到工业法庭。后一种情况很少发生，问题往往到地区就获得解决。

各地区的矿山安全监察员去矿山企业参加有关会议、检查工作和调查研究后，有责任向地区的主任监察员提交书面调研报告。此外，监察员队伍保持相对稳定，他们往往要固定在一个地区或负责几个矿的监察工作两至三年。地区监察办公室除了有采矿和采石监察员外，还有机械、电气方面的专业安全监察员。矿山安全监察员素质很高，各级监察机构对他们工作的要求也十分严格，虽然对矿井的检查没有明确的数目、次数的规定，但他们认为平时检查活动的开展是十分必要的。

（三）澳大利亚新南威尔士法

1. 监察员检查作业场所的权力

（1）监察员对非矿山的房屋、工厂或车间等作业场所行使进入、监察和检查权（矿山属1901年矿山监察法或者1982年煤矿管理法管理范围）。（2）监察员不得行使与居住目的有关的任何房屋的部分的权力，除非得到该房屋的占有者的允许，或有搜查许可证。（3）为行使职权，监察员可进行检查、询问、测试和照相，只要该监察员认为有必要去考察本法及规程是否得到遵守；对其认为可能含有规定物质或规定物质分解物的任何物质进行取样分析；如监察员是合格的医务工作者，则可进行药品检查；在规定的环境下以规定的方式进行生物测试。

2. 搜查许可证

（1）监察员有理由相信本法或规程的相关规定一直或正在任何房屋里被违反，该监察员可向授权法官申请一份搜查许可证。（2）如果授权法官认为有理由那样做，可对提出申请的监察员颁发一份搜查许可证，该许可证中授权监察员可进入该房屋，搜查违反本法或规程的证据。

3．陪同监察员的雇员代表的权力

监察员监察可能影响该工作场所雇员的健康、安全或福利的事件时，应就实际情况，同所雇的人员及在工作场所从事作业的劳工工会会员的代表交换意见。如果这样一位代表要求陪同，应在任何这样的监察期间陪同该代表。

（四）南非法

1．首席监察员的任命与职能

（1）部长应当从劳工部官员中选择一人任命为首席监察员。（2）首席监察员应当在劳工部总督导的控制与监督下履行职责，并行使本法赋予监察员的所有权力。（3）首席监察员可以把法律授予他的权力委托给其他官员或要求其他官员代为履行职责，但法律涉及的权力及委托给他的权力例外。委托的权力不得阻止首席监察员行使其自身职权。（4）当首席监察员缺席或不能履行其职责时，或者首席监察员尚未被任命时，部长才可以任命劳工部的其他官员临时行使首席监察员的职责，直到正式任命首席监察员为止。

2．部长对监察员的任命

（1）部长有权任命监察员并令其在首席监察员的控制与指导之下行使本法赋予监察员的部分或全部权能。（2）部长或其代表应当给监察员颁发任职证书并标明此项任命，如果对其权能有所特别限制，也应当在任职证书上写明。（3）监察员依法行使职权时，在当事人要求时应当向其出示任职证书。

3．监察员职责

（1）不经事先通知，在合理的时间，进入任何为雇主所占有或使用的工作场所，或者进入有雇员从事工作或有机器运作的工作场所，或者进入他疑似上述之处。（2）单独或与他人一起询问在上述工作场所里工作或工作过的人与本法规定有关的问题。（3）要求控制或持有工作场所的特定图书、记录及文件资料的人向他提交该资料，或在他指定的时间地点提交资料。（4）复印、摘录、检查相关图书、记录及文件资料。（5）要求当事人解释图书、记录及文件资料的相关问题。（6）检查工作场所中的任何器物、物质、机器设备，检查其中的工作及工作条件，或者将其从工作场所中取出用于检查。（7）在他认为可以作为证据起诉要求当事人承担违反本法或违反普通法的法律责任的情况下，扣留相关图书、记录资料及其他文件资料或各种器物、物质、机器设备或其一部分作为证据。在扣留以前，可视情况允许雇主或使用人制作备份。（8）要求雇主、雇员或使用人，或曾经的雇主、雇员或使用人，在特定时间到达特定的工作场所，并依法单独或与他人一起询问他们相关问

题。（9）其他法定职责。

监察员执行职责时，可以要求翻译、警察或其他辅助人员陪同。监察员的辅助人员依据监察员的指示而从事的活动，视为监察员的活动。

当监察员进入上述工作场所时，其中的雇主、雇员、使用者对于监察员的合理请求，都必须给予配合，以确保监察员及其辅助人员履行本法规定职责。

当监察员移走或扣留任何资料器物时，监察员必须对其所有权人或控制人出具收据。

4．监察员的特别权力

（1）当监察员认为雇主自己实施、要求或允许他人实施的行为，或者上述之可能行为，会危害或有可能危害到人的安全或健康时，他有权书面制止该行为。当监察员认为有使用人将要使用某一机器设备而该机构设备又会危害或可能危害到操作该机器设备的工人或其影响范围内的人的安全或健康时，监察员有权书面制止该使用人。当雇主要求或允许雇员在工作中暴露于特定危险品质或危险条件的时间超过规定时间，且监察员认为有可能会危害到人身安全与健康的时候，他有权书面制止。禁止令发出后，如果相对人采取的相应措施消除了危害人身安全与健康的可能，监察员可以随时出面撤销该禁止令。（2）为了执行禁止令，监察员可以查封该令涉及的工作场所和机器设备等物。（3）如果监察员认为，雇主或使用者拒绝或没能按照批示采取规定的措施，从而导致了对雇员健康安全的危害，则监察员有权书面指示该雇主或使用者在规定的期限内完成该指示书所规定的措施。（4）如果监察员认为雇主或使用者没能遵守相应法规要求，他可以书面要求该雇主或使用者在规定期限内采取必要措施。（5）监察员可以随时书面通知相对人延长期限。（6）监察员可以同时把禁止令、指示令和通知送达给相关的职业健康安全代表和雇员。

5．委任与职责分配

（1）部长有权将其享有的权利委任给其他官员。（2）委任不得阻止部长行使自身享有的相关权利。（3）部长可以批准省政府或地方当局履行本法确定的工作职责。（4）授权不得阻止部长、首席监察员或其他监察员履行相关职责。

（五）德国法

1．劳动主管部门的一般职权

（1）要求用工者和其他负责人员回答为执行监督任务所必要的询问和提

供所保存的有关资料。（2）受委派负责监督工作的人员，只要是执行任务需要，有权在生产和工作时间内进入劳动场所和业务科室进行参观检查和查阅负有解答义务人员的业务上用资料。此外，他们有权检查生产设备、劳动用具和劳动者个人的劳保用品，对劳动方式和劳动过程（工序）进行验证，做测试，尤其是确定和检查与劳动有关系的健康（卫生）危险现象，弄清某种劳动事故、某种职业疾病或伤害事故是何种原因所致。他们亦有权要求用工者或由他指派的人陪同。

用工者和其他负责人员必须在监督人员执行上述监督检查任务方面给予支持。工作时间以外或劳动场所设在一住宅内，而用工者又不同意的情况下，为了公共安全和秩序，监督人员只许在采取了预防突发性危险条件下完成上述检查任务。负责解答人员对此做法必须配合。同样，工作时间内或工作时间外或劳动场所在住宅内，不论劳动场所有无人员工作，面对监督检查这一现实只能接受。住宅不可侵犯的基本权在此受到限制。

2. 劳动主管部门的特别职权

个别情况下劳动主管部门可下达命令：（1）为履行本法和依据本法颁布的法规所规定的义务，用工者和其他负责人员或劳动者必须采取何种措施。（2）为防止某种会给劳动者的生命和健康带来的严重危险，用工者和其他负责人必须采取何种措施。如果危险仍未排除，主管部门必须规定执行命令的适当期限。如果命令不在规定期限内马上执行，主管部门可令其停止有关的工作或禁止使用有关的劳动用具。在公共服务行业采取这种对服务工作影响重大的举措时，主管部门应与联邦或州最高主管部门或区管理总局取得一致意见。

（六）日本法

1. 劳动基准监督官的权限

（1）劳动基准监督官为实施法律认为有必要时，可进入企业单位，质问有关人员、检查账本、文件及其他物件，或进行作业环境测定，或者在检查所要求的范围内，无偿地带走产品、原材料和仪器。（2）身为医生的劳动基准监督官，可对患有疾病嫌疑的劳动者进行诊查。（3）劳动基准监督官必须携带身份证，并向有关人员出示。（4）进入企业检查的权限，不得解释被认为是搜查犯罪的权限。（5）劳动基准监督官对违反法律规定的犯罪行为，根据刑事诉讼法规定，行使司法警察的职务。

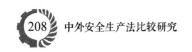

2. 产业安全专职官员和劳动卫生专职官员的权限

产业安全专职官员和劳动卫生专职官员为处理业务，在认为必要时，可进入企业单位、质问有关人员、检查账本、文件及其他物件，或进行作业环境测定，或者在检查所要求的范围内，可无偿地带走产品、原材料和仪器。

3. 劳动大臣等的权限

（1）为确保制造型式核定已合格的样机等的结构及该机械等以及检查设备等劳动者的安全和健康，在认为有必要时，可令其职员进入接受过该型式核定人员的企业单位，或者进入认为与该型式检定有关系的机械等或设备等的所在场所，质问有关人员或检查该机械等或设备等以及其他物件。（2）为确保顾问的业务经营恰当，在认为有必要时，可令其职员进入顾问办事处，质问有关人员或检查与其业务有关系的账本或文件。（3）劳动大臣或都道府县劳动基准局局长为确保检查代行机构、个别检定代行机关、型式检定代行机关、检查业人员、指定考试机关或指定培训机关（称"检查代行机关等"）的业务经营恰当，在认为有必要时，可令其职员进入这些机关的办事处，质问有关人员或检查与其业务有关系的账本、文件及其他物件。（4）都道府县劳动基准局局长为使劳动卫生指导医生参与规定的事务，在认为有必要时，可令劳动卫生指导医生进入企业单位，质问有关人员或检查作业环境测定和健康检查结果的记录及其他物件。

（七）俄罗斯法

作为国家对劳动保护与安全监管的集中代表，国家劳动检查员的权力有：为了进行劳动安全检查，有权依据劳动保护法律的规定，在任何时间进出任何作业场所；为了检查需要，调阅雇主的与劳动安全相关的档案文件与信息；向雇主签发强制命令，要求雇主对任何违反劳动保护法规的行为进行补救；要求依法应当接受而实际未接受安全培训的员工停止作业；把劳动保护违法情况向有关机构报告以做出进一步调查和处理。

劳动检查员启动检查程序可能是基于自身的检查计划，也可能是基于雇员或工会的投诉举报。劳动检查员在检查时必须佩戴证件、持有检查令，雇主必须配合劳动检查员的合法检查要求。

分析与结论：

中国法应该学习国际法和外国的监察员职责规定。

1．国际法规定的安监部门及监察员权利、义务和条件有必要在国内法中予以贯彻

（1）确定企业设计、建设和布局的条件、企业的交付使用、影响企业的主要变动或对其主要目的的修改、工作中所用技术设备的安全。

（2）确定哪些工作程序及物质和制剂应予禁止或限制向其暴露或应置于政府批准或监督之下。

（3）建立和实施由雇主，并在适当情况下，由保险机构或任何其他直接有关者通报工伤事故和职业病的程序，并对工伤事故和职业病建立年度统计。

（4）对发生于工作过程中或与工作有关的工伤事故、职业病或其他一切健康损害，如反映情况严重，应进行调查。

（5）引进或扩大各种制度以审查化学、物理和生物制剂对工人健康的危险。

（6）监察人员应由公职人员组成，其地位和服务条件应足以保证他们职业的稳定性，不受政府更迭和不适当的外部影响的限制。招聘监察员应考虑其行使职责的资格。监察员应经适当培训以行使其职责。监察员的人数应足以保证有效履行安监部门的职责。

（7）应采取必要措施保证合格的技术专家和专门人员，包括医药、工程、电气和化学方面的专门人员，通过被认为最合适的方式参与监察工作，调查工作程序、原材料和工作方法对工人健康和安全的影响。

（8）应为监察员配备经适当装备的地方办公室，一切有关人员均可进入；在无适当公共交通工具的情况下，为他们配备行使职责所需的交通工具。

（9）监察员有如下权利、义务、职责：自由进入受监察的工作场所；进行监察巡视时，应将他们到场一事通知雇主或其代表，除非他们认为此种通知可能有碍于他们行使职责；有权采取措施纠正缺陷；有权发布或安排他人发布命令；不得在企业谋求利益或者泄露商业秘密、工作程序；具有警告、劝诫、起诉、建议起诉和适当惩处的权利。

2．英国法规定的执行局和监察员职权值得我国借鉴

（1）执行局有责任作出适当安排以执行有关法定条款，除非其他机构或某一类机构根据有关条款或条例负责执法。这里明确了各机构的职业安全卫生执法权力关系。行使委员会或执行局职权的权力可能委托给一个政府部门或个人。

（2）任命监察员须具备必需的资格。

（3）监察员在他有理由担心在执行职责过程中可能遇到别人阻挠时，可请一名警察同去。

（4）监察员有权向企业人员发布改进通知书和禁止通知书。当通知书递送给当事人时，他可在通知书规定的期限内向工业法庭提出申诉书，该法庭可以撤销或肯定该通知书。若法庭认为通知书合适时，应按该通知书的要求严格执行或作某些修改。

工业法庭享有的最终权力是对执法部门的监督，值得中国法借鉴。

（5）处理迫在眉睫危险的权力。当监察员发现在任何房屋设施中有任何物品或物质可能导致人身伤害，监察员有权进入此房屋设施没收此类物品或物质，并使它们变为无害。

结语：英国法和国际法一样，对监察员的职权规定很详细，但也有保障监察对象的权利规定。

3．新南威尔士法规定的监察员职权值得我国借鉴

（1）监察员对任何作业场所而不是矿山的房屋、工厂或车间行使进入、监察和检查权。

新南威尔士法把矿山安全、煤矿安全作为独立领域进行监察，相应的有自己独立的矿山监察法、煤矿管理法。

（2）监察员有理由相信本法或规程的任何规定一直或正在任何房屋里被违反，可向授权法官申请搜查许可证。

（3）监察员监察可能影响该工作场所雇员的健康、安全或福利时，应就实际情况，同所雇的人员及在工作场所从事作业的劳工工会会员的代表交换意见，接受该代表的陪同要求。

4．南非法规定的监察员职权值得我国借鉴

（1）设立首席监察员行使监察员的所有权力。监察员在首席监察员的控制与指导之下行使本法赋予监察员的部分或全部权能。

（2）监察员共有9项法定职责，值得我国法借鉴。

此外，当监察员认为雇主自己实施、要求或允许他人实施的行为，或者上述之可能行为，会危害或有可能危害到人的安全或健康时，他有权书面制止。

为了执行禁止令，监察员可以查封该令涉及的工作场所和机器设备等物。

6．德国法规定的劳动保护局职权值得我国借鉴

联邦和州都设有劳动保护局官方机构。

劳动主管部门有权要求用工者和其他负责人员回答为执行监督任务所必要的询问和提供所保存的有关资料；受委派负责监督工作的人员，只要是执行任务需要，有权在生产和工作时间内进入劳动场所和业务科室进行参观检查和查阅负有解答义务人员的业务上用资料；他们有权检查生产设备、劳动用具和劳动者个人的劳保用品，对劳动方式和劳动过程（工序）进行验证、做测试，尤其是确定和检查与劳动有关系的健康（卫生）危险现象，弄清某种劳动事故、某种职业疾病或伤害事故是何种原因所致；有权要求用工者或由他指派的人陪同，用工者和其他负责人员必须在监督人员执行上述监督检查任务方面给予支持。

此外，劳动主管部门可下达命令：用工者和其他负责人员或劳动者必须采取何种措施。

7. 日本法规定的劳动基准监督官职权值得我国借鉴

（1）可进入企业单位质问有关的人员、检查账本、文件及其他物件，或进行作业环境测定，或者在检查所要求的范围内，无偿地带走产品、原材料和仪器，对违反本法律规定的犯罪行为行使司法警察的职权。身为医生的劳动基准监督官，可对患有疾病嫌疑的劳动者进行诊查。

这些都值得中国法可以借鉴。其中，劳动基准监督官可行使司法警察权很有创意。产业安全专职官员、劳动卫生专职官员与劳动基准监督官是分列的，职权类似，很有必要。

（2）顾问机构、代行机关（包括代行机构、个别检定代行机关、型式检定代行机关、检查业人员、指定考试机关或指定培训机关）、劳动卫生指导医生具有进入单位检查、质问等职权，也是值得中国法借鉴、学习的。

三、地方政府的安全生产职责和上级政府对下级政府的监督

（一）中国法

1. 地方政府安全监管职责

《安全生产法》第 59 条规定：县级以上地方各级人民政府应当根据本行政区域内的安全生产状况，组织有关部门按照职责分工，对本行政区域内容易发生重大生产安全事故的生产经营单位进行严格检查。安全生产监督管理部门应当按照分类分级监督管理的要求，制定安全生产年度监督检查计划，并按照年度监督检查计划进行监督检查，发现事故隐患，应当及时处理。

2. 职业病防治法规定的职责

《职业病防治法》第10条规定：国务院和县级以上地方人民政府应当制定职业病防治规划，将其纳入国民经济和社会发展计划，并组织实施。县级以上地方人民政府统一负责、领导、组织、协调本行政区域的职业病防治工作，建立健全职业病防治工作体制、机制，统一领导、指挥职业卫生突发事件应对工作；加强职业病防治能力建设和服务体系建设，完善、落实职业病防治工作责任制。乡、民族乡、镇的人民政府应当认真执行本法，支持职业卫生监督管理部门依法履行职责。第11条规定：县级以上人民政府职业卫生监督管理部门应当加强对职业病防治的宣传教育，普及职业病防治的知识，增强用人单位的职业病防治观念，提高劳动者的职业健康意识、自我保护意识和行使职业卫生保护权利的能力。

（二）英国法

英国法规定了职业健康安全委员会宣布地方当局不履行职责的权力：

（1）如果执法当局是一个地方当局，而委员会的意见认为该地方当局没有能履行其执法职能应予调查，委员会可向大臣提出一份报告。

（2）大臣可考虑根据收到报告进行一次地方性的调查。

（3）如果大臣在进行地方性调查以后，查清了问题，发现该地方当局未能履行执法的职责，也可下令宣布该地方当局为不履行职责。

（4）宣布一个地方当局不履行职责，其目的是纠正其失职行为，指示该机构（将称为"失职当局"）按照命令中所规定的方式去履行其执法职责，而且还规定时间或在某一时间以内要求地方当局必须履行其职责。

（5）如果失职当局不能执行大臣下达的指示，大臣可在认为合适时再下达一项命令，以代替上级法院下达的训令，将该失职当局的执法职能转交给执行局。

（6）当失职当局移交执法职能时，执行局为执行该项任务而花掉的费用将要求由失职当局偿付。

（7）因执法职能移交产生的费用由失职当局偿付，如果执法的职能尚未移交而另一机构已行使上述职能并支出了费用，可列入失职当局的债款账目。

（8）当失职当局被要求支付此类费用时，该机构将有同样的权力去提款以支付这些费用，正如他们有权力提款去支付为了行使执法职能而支出的费用。

（9）关于失职当局移交执法职能的命令，在大臣认为合适时可以要失职当局将自己的权利、责任和义务全部移交给执行局；当此项命令撤销时，大臣可以制订合适的有关执行局的权利、责任与义务的条款以便移交执法职能。

（10）大臣可通过命令改变或撤销他以前下达的任何命令。

（三）美国法

州的司法权和州的计划：

（1）法令不阻止任何州的机构或法院，根据州的法律维护他对任何有关职业安全和卫生问题的司法权，而对该问题并无根据法令颁布的有效标准。

（2）任何州在任何时候，如愿对有关职业安全和卫生问题的联邦职业安全卫生标准承担发展和执行的责任，可以提出州的发展和执行计划。

（3）部长可以批准州所提出的计划或做任何修改，假如他认为：①这个计划所指定的一个州的机构或一些机构，能承担整个州管理本计划的责任。②这个计划能保证与一个或更多的安全或卫生问题有关的职业安全卫生标准，得到发展和执行。这些标准在提供安全和卫生的工作和工作场所方面，较之根据第六节所颁布的标准，具有或将具有至少同等的效力。再者这些标准，由于地方情况的需要，应用到分布在或用在州际商业中的货品时，不会使州际商业因而过度负担。③这个计划对进入并视察所有工作场所的权力，至少和本法所规定的同样有效，包括禁止事先通知对方。④这个计划令人满意地保证，这些机构将具有法律权力和为执行这些标准所需的合格人员。⑤这个计划令人满意地保证，这个州将为这些标准的管理和执行，提供足够的资金。⑥这个计划令人满意地保证，这个州将在法律允许的范围内，成立并维持一个有效而完善的职业安全和卫生方案，它可以适用于这个州所在公共机构，包括分支机构在内的全部雇员。⑦这个计划要求州内的雇主，如同计划未生效前一样，照旧以在要求的形式和范围向部长提交报告。⑧这个计划规定州的机构，将按部长随时要求，向部长提交符合一定形式要求和包含有某些情报内容的报告。

（4）假如部长拒绝批准州提出的计划，他应事前正式通知该州并给以举行听证会的机会。

（5）部长在批准州的计划后，他可以，但非必须，在指定时期内参照所颁布的类似标准，行使各节赋予的权力。部长行使这些权力直到在实际执行州计划的基础上，决定适用本节准则时为止，但至少在计划被批准后三年内不应作这样的决定。一旦作了这种决定，对开始的诉讼活动，部长仍保持司法权。

（6）部长应根据州机构的报告和他自己的视察对各州执行该计划的情况，有一个持续的评价。在给予确切通知和听证会的机会之后，部长发现在州计划的管理中有不符合计划的条款之处（或里面的任何保证）。他应即通知州机构撤回他对该计划的批准，州在收到该通知之时，该计划也就停止生效；但在撤回前已经开始了的案件，不受撤回的影响，州还享有司法权。

（7）该州在收到决定通知后30天内，如对部长的撤回批准或拒绝批准不服时，可向所在的美国上诉法院提出申诉，要求对部长的行动给以修改，部分或全部废除其决定，申诉书的一份副本随即送交部长，部长在收到副本后，应即把做出决定的记录，依照美国法典规定，签证送交法院。除非法院认为部长撤回或拒绝批准州的计划缺乏足够证据和理由，否则法院应支持维持部长的原决定。上述法院的判决，美国最高法院得根据美国法典的规定调阅复查。

（8）部长和州可以达成协议，允许该州继续执行一个或数个职业安全卫生标准，直到部长就州提出的计划采取最后行动，或本法令颁布后2年，以较早时间为准。

（四）日本法

1. 编制安全卫生改进计划的指示等

（1）都道府县劳动基准局局长为设法防止劳动灾害，认为有必要就企业单位的设施及其他事项采取综合性的改进措施时，可按劳动省令的规定，指示企业主编制该企业单位的有关安全卫生改进计划（以下称"安全卫生改进计划"）。（2）企业主在要编制安全卫生改进计划时，如该企业单位有过半数劳动者组成的工会，则必须听取该工会的意见；如没有过半数劳动者组成的工会，则必须听取过半数劳动者的人员的意见。

2. 遵守安全卫生改进计划

企业主及其劳动者必须遵守安全卫生改进计划。

分析与结论：

中国法直接规定了地方政府安全监管职责和乡镇政府职责。这与中国大一统和单一制国家性质有关，符合地方政府组织法实行的下级服从上级、地方服从中央以及属地监管的原则。我们也应从外国法中学习和借鉴一些经验。

1. 英国法规定的地方当局职责值得我国借鉴

职业健康安全委员会对地方当局的监督：有权宣布地方当局不履行职责。委员会认为地方当局没有能履行其执法职能应予调查，可向大臣提出一份报告。大臣收到报告后可考虑进行一次地方性的调查。调查发现该地方当局未能履行执法的职责，可下令宣布该地方当局为不履行职责，纠正其失职行为，指示失职当局去履行其执法的职责。

2. 美国法规定的州当局职责值得我国借鉴

（1）联邦法令不阻止任何州机构或法院根据州法律维护他对任何有关职业安全卫生问题的司法权。这说明职业安全卫生问题的州司法权是至上的。任何州在任何时候如愿对有关职业安全卫生问题的联邦职业安全卫生标准承担发展和执行的责任，可以提出州的发展和执行计划。这说明州执行联邦职业安全卫生标准具有选择权。

（2）部长与各州是选择监督关系。部长可以批准州所提出的计划或作任何修改。假如部长拒绝批准州提出的计划，他应事前正式通知该州并给以举行听证会的机会。部长在批准州计划后，可以在指定的时期内参照所颁布的类似标准，行使各节赋予的权力。

（3）法院对部长与各州具有监督权。该州在收到决定通知后30天内，如对部长的撤回批准或拒绝批准不服时，可向所在的美国上诉法院提出申诉，要求对部长的行动给以修改，部分或全部废除其决定。除非法院认为部长撤回或拒绝批准州的计划缺乏足够证据和理由，否则法院应支持维持部长的原决定。上述法院的判决，美国最高法院得根据美国法典的规定调阅复查。部长和州可以达成协议，允许州在该州继续执行一个或数个职业安全卫生标准。这说明美国司法权时刻保持对行政权进行监督。

3. 日本法规定的地方当局职责值得我国借鉴

都道府县劳动基准局局长为设法防止劳动灾害，可按劳动省令的规定，指示企业主编制该企业单位的有关安全卫生改进计划。企业主在要编制安全卫生改进计划时，必须听取企业工会或者半数劳动者的人员的意见。

第三节　安全卫生许可、审批和考试

一、中国法

中国法有关安全卫生许可、审批和考试的基本规定是：

（1）《安全生产法》第60条规定：负有安全生产监督管理职责的部门依照有关法律、法规的规定，对涉及安全生产的事项需要审查批准（包括批准、核准、许可、注册、认证、颁发证照等）或者验收的，必须严格依照有关法律、法规和国家标准或者行业标准规定的安全生产条件和程序进行；不符合有关法律、法规和国家标准或者行业标准规定的安全生产条件的，不得批准或者验收通过。对未依法取得批准或者验收合格的单位擅自从事有关活动，负责行政审批的部门发现或者接到举报后应当立即予以取缔，并依法予以处理。对已经依法取得批准的单位，负责行政审批的部门发现其不再具备安全生产条件的，应当撤销原批准。

该条规定的基本意思是：安全生产审查批准或者验收事项，必须严格依照规定的安全生产条件和程序进行，安全生产条件由有关法律、法规和国家标准或者行业标准进行规定。未依法取得批准或者验收合格的单位，不得擅自从事有关活动。审查批准包括批准、核准、许可、注册、认证、颁发证照等。

（2）《安全生产法》第61条规定：负有安全生产监督管理职责的部门对涉及安全生产的事项进行审查、验收，不得收取费用；不得要求接受审查、验收的单位购买其指定品牌或者指定生产、销售单位的安全设备、器材或者其他产品。

二、英国法

英国的职业安全健康考试制度。[1]

英国从20世纪80年代初期以来全面推行职业安全健康考试制度。凡是在职业健康安全领域从事工作的人员都要取得一定的职业资格证书，目前有三十余万人通过了不同等级和专业的职业安全健康考试，为英国的职业安全健康有关专业人员的素质保障起到重要作用。

1. 考试组织机构

这一机构在英国称为"职业安全健康国家考试中心"（The National Examination Board in Occupational Safety and Health ，NEBOSH）。它创建于1979

---

[1] 参阅罗云，程五一，张建虎.看英国国家职业安全健康等级考试制度［J］.现代职业安全，2003（2）.

年，是英国最高层次的职业安全健康考试组织，位于英国的中心城市莱彻斯特城，雇用了大约 20 人进行专职的行政管理。它的主要任务是设置培训课程大纲和授予职业安全健康专业培训资格机构，主要职能是制定专业课程培训大纲、实施规范统一考试、发放统一的等级证书。英国 NEBOSH 资格证书在职业安全健康领域因其高质量保证而被广泛认可。

NEBOSH 理事会由英国的职业安全健康机构、教育机构、英国政府的安全健康官员、英国雇员国家培训组织和英国政府教育与组织部门提名的人员组成。

NEBOSH 不直接开展培训，它为各种教育机构提供 NEBOSH 资格培训程序，让它们培训想获得 NEBOSH 资格的学员。NEBOSH 的课程提纲为那些渴望在职业安全健康方面得到资格认证的人提供了机会和条件，即通过一个适当的结构化程序学习，能够学到所需的各种职业安全健康专业知识，并获得认证。

NEBOSH 通过丰富的出版物能够很好地引导教员和学生取得资格和证书。出版物包括课程提纲、作业案例、工程项目摘要和考试试题实例等。NEBOSH 也出版主考者的分析报告，报告中主要讲述答题要点和技巧。

2. 设立考试制度的目的

1995 年夏天，职业安全健康领导团体（OHSLB）制定了职业安全健康执业的能力标准。国家职业能力标准要求从业人员具有国家职业工作标准标定的能力，对英国人力资源的开发提出了体系保障的框架。这有助于满足教育、训练以及培训世界范围所需人才的国家目标，有助于保护英国在更加激烈的全球性经济竞争中的繁荣。英国的国家职业资格（VQs）委员会（NCVQ）和苏格兰职业教育委员会（SCOTVEC）接受了这个标准。

英国职业资格由如下三个团体中的一个授予即可，即地区和行业协会、牛津大学的地方考试团（UODLE）、苏格兰职业教育委员会。

职业资格的评定以人们在工作场所的能力表现为基础。当工作中的能力经过评价证明能够满足适当的职业标准时，职业资格即可被授予。职业资格并不设置对应试者的入门界线，也不证明应试者的训练程度和类型，这些将视应试者自己的背景能力而定。为了验证能力，应试者应该证明他有充足的基础知识，并且能够把这些知识应用到工作场所。因此，国家职业安全健康考试中心（NEBOSH）制定了职业安全健康等级考试，它覆盖了所有能够提高职业安全健康工作能力标准的知识领域。

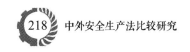

3. 考试性质

考试分两个等级，一级和二级。NEBOSH 两个级别的证书本身并不是国家或苏格兰的职业资格，但 NEBOSH 证书证明持有人具备该领域的专业知识和能力。并且 NEBOSH 的两级资格证书被设计成一个有吸引力的结构路线，通过对它的学习，应试者能够为开始一个职业资格认证（VQ）做好准备。

如果 NEBOSH 证书的持有者希望继续注册，且满足地区和行业协会、牛津大学的地方考试代表团（UODLE）和苏格兰职业教育委员会（SCOTVEC）的要求，则可获得相应的职业资格认证。

英国职业安全健康协会（IOSH）是这个领域的主要专业团体。该组织已认可具有两级 NEBOSH 证书的持有者能够满足该协会专业上的要求，承认其具备该协会会员资格所要求的专业水准。NEBOSH 二级证书的持有者（一般至少需要 3 年的适当训练），再加上相关的实践经验，则可拥有英国职业安全健康协会的成员资格，并可确认为注册安全专业人员（RSP）。一级证书的持有者则是具备了加入 IOSH 的基本资格。

4. 考试等级

NEBOSH 在通用职业安全健康方面授予两个等级资格：专业证书和基本资格证书。这也包括两个阶段的学习。第一个阶段是"专业一级"的培训程序，要求从事职业安全健康工作人员掌握书面资料所提供的处理常规风险的控制措施。这个阶段是培训学员成为一个职业安全健康组织的技术型安全工作人员。第一个阶段也是第二个阶段的学习基础，第二个阶段是"专业二级"的培训程序。"专业二级"证书是一个达到学术方面要求的完整的专业认证，"专业二级"证书的持有者可成为职业安全健康机构的成员。"专业二级"证书证明它的持有人已经具有在高风险领域处理常见安全健康问题，以及能够应用规范和技术来分析、解决专业问题的知识和能力。

NEBOSH 的两级证书都由五个专业模块组成：模块 1——风险管理；模块 2——法规和组织；模块 3——现场施工安全；模块 4——作业设备安全；模块 5——工业卫生。另外，"专业一级"证书还包括第六个模块，即日常技术。

满足考试要求和 NEBOSH 其他相应条件的报考者将被授予 NEBOSH 的"专业一级"或"专业二级"证书。

NEBOSH 还有一种国家通用资格考试，是对一些人员在职业安全健康方面的基本资格证明。这些人员主要包括企业的一般管理人员、监督人员、雇员代表和其他非安全健康专业人员等。他们虽然不是专门职业安全健康工作人员，但是他们对生产过程中的职业安全健康负有职责。它包括两个领域，危险的识别和控制，以及职业安全健康管理。取得资格证书的方法是用书面测试和工作场所的实际检查来评估。英国全国有大约300个组织被允许进行该种通用资格证书培训程序，每年培训大约10000名学生。

NEBOSH也提供两个专家资格认证：NEBOSH环境管理专家证书和NEBOSH建筑安全健康国家证书。

5. 考试要求

NEBOSH要求"专业一级"证书应试者完成170小时的培训学时和92个小时的自学时间；"专业二级"证书的应试者完成194小时的学时和100小时的自学时间。

NEBOSH国家通用资格证书，要求有两个星期专职学习或相等时间的业余学习。

NEBOSH"专业一级"证书比NEBOSH国家通用资格证书有更高的水平。NEBOSH认为通过对通用资格证书的学习，那些爱好安全健康专业的学习人可能会希望获得一级证书，甚至"专业二级"证书。NEBOSH没有把这种从通用资格证书到"专业一级"证书的过程作为主流路线，那些打算在职业安全健康方面的从业者可以直接进入"专业一级"证书的学习程序。

要获得NEBOSH"专业一级"证书和"专业二级"证书，应试者必须：（1）在授权认证机构注册，并通过认证机构在认证中心注册，必须要在认证中心注册；（2）在认证中心报名参加相应考试；（3）在指定期限内完成布置的作业，修满学分；（4）完成认证机构和认证中心提出的其他要求。

一般情况下，应试者必须在三年内完成他们所对应等级的课程学习，圆满地完成被指派的作业以及相关的考试。

应试者的成绩由课堂表现和作业得分以及认证中心对涉及的所有内容的客观测试和表现来决定。

6. 考试课程内容

"专业一级"证书的课程内容是：

模块1：风险管理，包括5门课程，共33学时，自学24学时。（1）风险管理原理：课时6学时，自学3学时；（2）人因工程分析：课时10学时，自学8学时；（3）工作安全系统：课时5学时，自学5学时；（4）事故及职业病管理（致因分析、调查和防范）报告及记录：课时6学时，自学4学时；

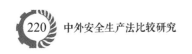

（5）健康和安全业绩测定：课时6学时，自学4学时。

模块2：法规和组织，包括5门课程，共32学时，自学17学时。（1）民事和刑事责任追究体系及概念：课时10学时，自学6学时；（2）职业健康与安全的法律框架和监管方法：课时9学时，自学5学时；（3）职业安全健康政策及组织：课时5学时，自学2学时；（4）第三方活动和获益的控制与监督：课时3学时，自学2学时；（5）内部协商与信息保障：课时5学时，自学2学时。

模块3：现场施工安全，包括6门课程，共38学时，自学20学时。（1）现场安全：课时8学时，自学4学时；（2）建筑与拆除作业安全：课时8学时，自学4学时；（3）维修作业安全：课时5学时，自学3学时；（4）有限空间作业安全：课时3学时，自学2学时；（5）消防安全：课时10学时，自学5学时；（6）易燃材料安全储存：课时4学时，自学2学时。

模块4：作业设备安全，包括4门课程，共26学时，自学12学时。（1）设备选择、使用及维修：课时6学时，自学3学时；（2）常规机械安全：课时5学时，自学3学时；（3）人和材料的运输安全：课时7学时，自学3学时；（4）电气设备安全：课时8学时，自学3学时。

模块5：工业卫生，包括4门课程，共33学时，自学13学时。（1）职业健康风险：课时14学时，自学6学时；（2）作业环境监测与评价：课时7学时，自学3学时；（3）职业暴露健康风险控制：课时7学时，自学2学时；（4）个人防护设备：课时5学时，自学2学时。

"专业二级"证书的课程内容是：

模块1：风险管理，包括4门课，共41学时，自学24学时。（1）风险评价：课时12学时，自学6学时；（2）人因可靠性：课时14学时，自学10学时；（3）风险控制系统：课时10学时，自学5学时；（4）监察与审核：课时5学时，自学3学时。

模块2：法规和组织，包括4门课程，共23学时，自学13学时。（1）安全健康文化及演变：课时4学时，自学2学时；（2）职业安全健康法规的发展：课时3学时，自学3学时；（3）民事责任：课时12学时，自学6学时；（4）职业安全健康相关法律：课时4学时，自学2学时。

模块3：现场施工安全，包括6门课，共36学时，自学20学时。（1）防火防爆：课时8学时，自学4学时；（2）电气安全：课时6学时，自学4学时；（3）化学过程安全：课时6学时，自学4学时；（4）建筑与拆除中的安全作业：课时 7 学时，自学 4 学时；（5）易燃、有毒、腐蚀物质的储存与运输：课时 5 学时，自学 2 学时；（6）环境污染与废物管理：课时 4 学时，自学 2 学时。

模块 4：作业设备安全，包括 5 门课程，共 34 学时，自学 15 学时。（1）系统可靠性：课时 5 学时，自学 2 学时；（2）设备与机械安全：课时 12 学时，自学 5 学时；（3）程序化电子系统：课时 4 学时，自学 2 学时；（4）材料和部件的完整性：课时 10 学时，自学 5 学时；（5）压力容器安全：课时 3 学时，自学 1 学时。

模块 5：工业卫生，包括 7 门课程，共 60 学时，自学 28 学时。（1）化学性健康危害：课时 15 学时，自学 6 学时；（2）噪声与振动：课时 12 学时，自学 6 学时；（3）辐射与热环境：课时 10 学时，自学 6 学时；（4）生物卫生：课时 6 学时，自学 4 学时；（5）毒物及流行病学：课时 10 学时，自学 2 学时；（6）作业危害：课时 3 学时，自学 2 学时；（7）作业压力：课时 4 学时，自学 2 学时。

三、日本法

1. 许可

（1）许可是指向许可考试合格的人员和具有劳动省令规定资格的其他人员颁发许可证。（2）符合下列各项中一项的人员，不能领取许可证：（a）由于身体或精神上的缺陷，被认为是不适于从事与许可业务有关业务的人员；（b）被吊销了许可证的，从吊销其许可证之日算起不满一年者；（c）按劳动省令根据许可的种类规定的人员。

2. 许可有效期

（1）关于许可有效期的设定可按劳动省令规定。（2）都道府县劳动基准局局长在收到要求更改许可有效期的申请时，除非该许可者符合劳动省令规定的条件，否则不得更改该许可的有效期。

3. 吊销许可证

（1）都道府县劳动基准局局长对领得许可者达到符合规定时，必须吊销其许可证。（2）持有许可证者满足下列各项中一项时，就可吊销其许可证，或令其在六个月内的规定期间，停止该许可有效：（a）由于故意或重大过失，在与该许可有关的业务中发生重大事故时；（b）在与该许可有关的业务中，违反本法律或按本法公布命令中规定时；（c）违反条件时；（d）按劳动省令根据许可的种类做出规定时。

4. 许可考试

（1）许可考试由都道府县劳动基准局局长按劳动省令规定的分类进行，按学科考试和实际技术考试或只考其中一个来进行的。（2）按劳动省令规定，对在都道府县劳动基准局局长指定的人员处完成了培训，从其结业日算起未满一年的人员或具有劳动省令规定资格的其他人员，学科考试或实际技术考试可以全部或部分地免试。（3）关于许可考试的报考资格、考试科目、报考手续以及其他免试实施方面的必要事项，均由劳动省令规定。

5. 指定考试机关

（1）劳动大臣按劳动省令规定，可以由劳动大臣指定人员（称"指定考试机关"）全部或部分地履行都道府县劳动基准局局长关于进行许可考试实施方面事务（称"考试事务"）。（2）依申请从事考试事务。（3）指定考试机关在受命专门从事全部或一部分考试事务时，都道府县劳动基准局局长可决定不进行该考试事务的全部或一部分。

6. 考试机关指定标准

（1）劳动大臣认为在没有接受别人指定的人员而且只有在申请适合以下各项时，才能进行指定。（a）有关职员、设备、考试事务实施方法及其他事项的考试事务实施计划是适合于妥善可靠实施考试事务。（b）有完全合适可靠的实施有关前项考试事务实施计划的经营管理和技术基础。（2）劳动大臣在申请符合下列各项中一项情况时，不得指定：（a）申请人是根据民法规定授予法人以外的人员。（b）由于申请人从事考试事务以外的业务，因此申请人恐怕不能公正地实施考试事务。（c）申请人是因违反本法律或按本法公布的命令中规定而被判刑，从其徒刑执行期满或从不再服刑日算起未满两年的人员。（d）申请人是被吊销了指定，从其吊销日算起未满两年的人员。（e）申请人的官员中是符合第3项的人员。（f）申请人的官员中是被公布的命令解除职务，从其被解除职务之日算起未满两年的人员。

7. 官员的选拔任用及解除职务

（1）指定考试机关官员的选拔任用及解除职务，未经劳动大臣的认可，一律无效。（2）当指定考试机关官员有违反本法律（包括根据本法公布的命令或处置）或者有违反考试事务规程行为时，或对考试事务有不适当的明显行为时，劳动大臣可命令指定考试机关解除有关官员的职务。

8．许可考试员

（1）指定考试机关，在进行考试事务时，对判断是否具有作为取得许可人员必要的知识和能力的事务，必须让许可考试员进行。（2）指定考试机关要选拔任用许可考试员时，必须从具备劳动省令规定条件的人员中选拔任用。（3）指定考试机关在选拔任用了许可考试员后，按劳动省令规定，必须将选拔任用结果向劳动大臣申报。当许可考试员有变更时，同样需要申报。（4）在许可考试员有违反本法律（包括根据本法公布的命令或处置）或者有违反考试事务规程行为时，或对考试事务有不适当的明显行为时，劳动大臣可命令指定考试机关解除有关许可考试员的职务。

9．考试事务规程

（1）指定考试机关，在考试事务开始前，必须经劳动大臣认可，制定有关实施考试事务的规程。要变更该规程时，也同样办理。（2）应按劳动省令规定，制定考试事务规程中的事项。（3）劳动大臣认为考试事务规程在妥善可靠的实施考试事务方面已变成不合适时，可命令指定考试机关修改该规程。

10．企业计划的认可等

（1）指定考试机关在每个企业年度都要编制企业计划及收支预算。在该企业年度开始之前（接受指定那天所属的企业年度，在那天接受指定后不得拖延）必须取得劳动大臣的认可。要变更该企业计划及收支预算时，也同样办理。（2）指定考试机关，在每个企业年度过后三个月以内，必须编制那个企业年度的企业报表及收支决算表，呈报劳动大臣。

11．保密义务等

（1）指定考试机关的官员或职员（包括许可考试员）以及在该机关中工作的人员，不得泄露获知的有关考试事务方面的秘密。（2）从事考试事务的指定考试机关的官员及职员（包括许可考试员），在应用刑法和罚则方面，根据法令均看成为从事公务的职员。

12．监督命令

为实施本法律，劳动大臣在认为有必要时，可向指定考试机关下达有关考试事务监督方面必要的命令。

13．考试事务的停止和废除

指定考试机关未经劳动大臣的许可，不得停止或废除全部或一部分考试事务。

14. 取消指定等

（1）当指定考试机关违反情况达到一定程度，劳动大臣必须吊销其指定。（2）当指定考试机关问题违反情况达到一定程度，劳动大臣可以下令吊销其指定，或规定期限，令其全部或部分停止考试事务。

15. 由都道府县劳动基准局局长实施的许可考试

（1）都道府县劳动基准局局长对下列情况认为有必要时，要亲自进行该考试机关的全部或部分的考试事务：（a）当指定考试机关停止全部或部分经劳动大臣许可的考试事务时；（b）当劳动大臣命令指定考试机关停止全部或部分考试事务时；（c）当指定考试机关由于天灾或其他原因难以实施全部或部分考试事务场合下。（2）接替考试事务及其他必要事项，均按劳动省令规定：（a）都道府县劳动基准局局长亲自进行考试事务的场合；（b）指定考试机关废除经劳动大臣许可的全都或部分考试事务的场合；（c）劳动大臣吊销了指定考试机关的指定场合。

16. 技能讲习

（1）技能讲习按劳动省令规定的每个分类，通过学科讲习和实际技术讲习来进行。（2）举办技能讲习的人员，对该技能讲习结业人员，按劳动省令规定，必须颁发技能讲习结业证。（3）技能讲习的听讲资格、讲习科目和听讲手续以及实施其他技能讲习的必要事项，均按劳动省令规定。

17. 指定培训机关

指定按劳动省令规定的每个分类，通过要举办技能讲习或培训人员的申请来进行。

分析与结论：

1. 英国法的经验和启示

英国职业安全健康考试制度非常值得我们学习。一是大力推行；二是设立职业安全健康国家考试中心；三是职业资格由三个团体中的一个授予即可；四是专业人员考试分两个等级，一级和二级；五是另设一种针对企业人员的国家通用资格考试（这些人员主要包括企业的一般管理人员、监督人员、雇员代表和其他非安全健康专业人员等）；六是提供 NEBOSH 环境管理专家证书、建筑安全健康国家证书等专家资格认证；七是详细设置两个级别的专业证书课程内容。

2. 日本法的经验和启示

一是对许可考试合格的人员和具有劳动省令规定资格的其他人员颁发许

可证；二是许可考试由都道府县劳动基准局局长按劳动省令规定的每个分类进行；三是都道府县劳动基准局局长实施重要的许可考试；四是技能讲习按分类通过学科讲习和实际技术讲习来进行。

结语：多数国家甚至国际公约尚未设立企业安全卫生许可制度。中国的安全生产许可证是企业有效管理的手段。

第四节　监督检查

一、中国法

1. 安监部门执法检查活动及措施

《安全生产法》第 62 条规定：安全生产监督管理部门和其他负有安全生产监督管理职责的部门依法开展安全生产行政执法工作，对生产经营单位执行有关安全生产的法律、法规和国家标准或者行业标准的情况进行监督检查，行使以下职权：（1）进入生产经营单位进行检查，调阅有关资料，向有关单位和人员了解情况；（2）对检查中发现的安全生产违法行为，当场予以纠正或者要求限期改正；对依法应当给予行政处罚的行为，依照本法和其他有关法律、行政法规的规定作出行政处罚决定；（3）对检查中发现的事故隐患，应当责令立即排除；重大事故隐患排除前或者排除过程中无法保证安全的，应当责令从危险区域内撤出作业人员，责令暂时停产停业或者停止使用相关设施、设备；重大事故隐患排除后，经审查同意，方可恢复生产经营和使用；（4）对有根据认为不符合保障安全生产的国家标准或者行业标准的设施、设备、器材以及违法生产、储存、使用、经营、运输的危险物品予以查封或者扣押，对违法生产、储存、使用、经营危险物品的作业场所予以查封，并依法作出处理决定。

2. 出示有效执法证件和作好书面记录

《安全生产法》第 64 条规定：安全生产监督检查人员应当忠于职守，坚持原则，秉公执法。安全生产监督检查人员执行监督检查任务时，必须出示有效的监督执法证件；对涉及被检查单位的技术秘密和业务秘密，应当为其保密。第 65 条规定：安全生产监督检查人员应当将检查的时间、地点、内容、发现的问题及其处理情况，作出书面记录，并由检查人员和被检查单位的负责人签字；被检查单位的负责人拒绝签字的，检查人员应当将情况记录在案，并向负有安全生产监督管理职责的部门报告。

3. 政府各部门联合检查、协作配合

《安全生产法》第66条规定：负有安全生产监督管理职责的部门在监督检查中，应当互相配合，实行联合检查；确需分别进行检查的，应当互通情况，发现存在的安全问题应当由其他有关部门进行处理的，应当及时移送其他有关部门并形成记录备查，接受移送的部门应当及时进行处理。

4. 职业卫生监督执法人员履行监督检查职权

《职业病防治法》第63条规定：卫生行政部门履行监督检查职责时，有权采取下列措施：（1）进入被检查单位和职业病危害现场，了解情况，调查取证；（2）查阅或者复制与违反职业病防治法律、法规的行为有关的资料和采集样品；（3）责令违反职业病防治法律、法规的单位和个人停止违法行为。

5. 采取现场强制措施和执法强制措施

《安全生产法》第67条规定：负有安全生产监督管理职责的部门依法对存在重大事故隐患的生产经营单位作出停产停业、停止施工、停止使用相关设施或者设备的决定，生产经营单位应当依法执行，及时消除事故隐患。生产经营单位拒不执行，有发生生产安全事故的现实危险的，在保证安全的前提下，经本部门主要负责人批准，负有安全生产监督管理职责的部门可以采取通知有关单位停止供电、停止供应民用爆炸物品等措施，强制生产经营单位履行决定。通知应当采用书面形式，有关单位应当予以配合。负有安全生产监督管理职责的部门依照前款规定采取停止供电措施，除有危及生产安全的紧急情形外，应当提前二十四小时通知生产经营单位。生产经营单位依法履行行政决定、采取相应措施消除事故隐患的，负有安全生产监督管理职责的部门应当及时解除前款规定的措施。

《职业病防治法》第64条规定：发生职业病危害事故或者有证据证明危害状态可能导致职业病危害事故发生时，卫生行政部门可以采取下列临时控制措施：（1）责令暂停导致职业病危害事故的作业；（2）封存造成职业病危害事故或者可能导致职业病危害事故发生的材料和设备；（3）组织控制职业病危害事故现场。在职业病危害事故或者危害状态得到有效控制后，卫生行政部门应当及时解除控制措施。

6. 执法人员资格

《职业病防治法》第68条规定：职业卫生监督执法人员应当依法经过资

格认定。职业卫生监督管理部门应当加强队伍建设，提高职业卫生监督执法人员的政治、业务素质，依照本法和其他有关法律、法规的规定，建立、健全内部监督制度，对其工作人员执行法律、法规和遵守纪律的情况，进行监督检查。

我国台湾地区有关规定：

（1）为实施劳工安全卫生检查，当局主管部门应于每年定期发布次年度劳工安全卫生检查实施方针。

（2）地方主管机关及检察机构，应依当局主管部门发布之实施方针拟订各该机关（构）之劳工安全卫生检查计划，并于实施方针发布之日起五十日内报请当局主管部门核定后实施监督与检查。

（3）主管机关与检查机构应密切配合，加强联系，其配合联系要点视实际之需要由当局主管部门或地方主管机关订定之。

（4）主管机关或检查机构应定期将其实施监督与检查结果分别报请当局主管部门核备。

（5）主管机关或检查机构为执行劳工安全卫生监督与检查，必要时得向事业单位之雇主、管理人员、工作人员或劳工，提出必要之报告、记录、工资卡及有关文件或出面说明。

（6）主管机关或检查机构为执行劳工安全卫生监督与检查，必要时得向代行检查机构、安全卫生服务机构、代行检查人员及安全卫生技术服务人员，提出必要之报告、记录、账册及有关文件或出面说明。

（7）主管机关及检察机构对于各事业单位工作场所得实施检查，其不合规定者，应指导限期改善，其不如期改善或已发生职业灾害或有发生职业灾害之虞时，得通知其部分或全部停工，停工期间之工资由雇主照给。

（8）主管机关对安全或卫生设备不完善之工厂之命令改善及停止使用权。主管机关如查得工厂之安全或卫生设备有不完善时，得限期令其改善；于必要时并得停止其一部之使用。

（9）检查员为执行劳工安全卫生有关事务，得随时进入事业单位，就其权责范围内询问有关人员、检查有关文件或物品及拍摄照片等，并在必要限度内得奉准备据无偿携去工作场所使用或处理之物料、样品及器具、零件或配件，以凭检验、化验或追究灾害责任等应用。

（10）执行部分或全部停工等，其停工日数由主管机关或检查机构视情节分别审酌决定之。使全部停工日数超过七日以上之停工应报经中央主管机构核定之。主管机关或检查机构执行前项停工如有障碍时，得请当地行政或警察机关协助。

（11）如有紧急发生职业灾害致劳工严重伤害或死亡之虞必须立即停工者，得由检查员径予先行停工，但应于二十四小时内报请所属检查机构核定之。

（12）检查员执行职务时应出示检查证，必要时得请当地行政或警察机构协助。检查证由当局主管部门制发之。

二、英国法

（一）执法（监督检查）机构

英国的职业健康监管执法机构主要有两个，一个是 HSE（体制章节有述），负责高风险行业，如建筑工地、工厂、核设施、化学品、矿山、石场、农场、海外等；另一个是地方当局（Local Authorities，LAs），负责低风险行业，如办公室、商场、旅馆、饭店、幼儿园、养老院等，但二者经常保持合作。

1. HSE

依据 HSWA74，设立了健康与安全委员会（the Health and Safety Commission，HSC）和 HSE，2008 年 3 月 HSC 和 HSE 合并组建为一个大 HSE 机构。HSE 隶属于工作与养老金部（the Department for Work and Pensions，DWP），是由政府拨款，属公务员编制，现有 4000 人。

2. LAs

地方当局负责职业健康的机构主要是环境健康部门。该部门不仅负责职业健康，同时还负责环境管理。英国共有 430 个这样的地方政府部门。HSE 与 LAs 对职业健康安全的权责不同。HSE 负责中央层面的监管，地方政府相关部门则是环境健康部负责。在中央层面，中央有环保局，环境与健康安全是分开的，但在地方政府，H、S 与 E 是合并在一起的。

3. 其他机构

负责与职业健康有关内容的部门还包括：食品卫生、污染由 LAs 的环境健康部门负责，铁路安全由铁路管理办公室负责，废弃物处理、一些空气污染等由环境部门负责，员工在工作中遭恐吓、骚扰等问题由建议、调解及仲裁部门负责等。

（二）监察员

在英国，包括 HSE 和 LAs，进入作业现场的是监察员，是由国家权力机关任命的。监察员依法有权进入工作场所、取证、起诉和发布改进通知或禁止通知。当监察员认为某人违反一项或几项条款时可以发布改进通知，列举违反的条款和理由，并要求该人限期纠正。如果监察员认为某人的活动的进行涉及发生严重人身伤害的危险时，可以发布禁止通知，限期停止或纠正该活动。

（三）监督检查

（1）监察员监督检查只依据法律、法规，而产业、行业标准并不作为监督检查依据。

（2）分级管理。一般情况下，监察员所需监察的企业较多，若在一年内对每一家企业都要进行监察，时间是不允许的。一般情况下是依赖于以前检查员的评价记录，根据相应等级的时间间隔（C级：36个月；B2级：24个月；B1级：18个月；A级：12个月），按照评级进行排序，依次对企业进行监察。

分级管理可能导致监察员不能及时了解企业实际情况。如果某一个工厂，因为更换了管理人员，健康与安全工做出现了问题，但检查员可能并不清楚。如何实现监管呢，有两种方式：一是被动方式，如遭投诉，或是出现了工伤事故报告；二是主动方式，如抽检。一般C级企业按10%的比例进行抽检。

（3）监察员没有处罚权。对违法的处罚，是由法官来进行判定。执法人员不能决定是否罚款和罚款的数量。

（四）监督检查或执法具体依据

HSE 的权力与责任依据源自一系列的法律和法定文件（立法概述章节有述）：（1）1974年《英国工作健康与安全法》（及根据此法制定的下级法律、法规等）；（2）1965年《英国核设施法》；（3）1954年《英国矿山与采石场法》；（4）1995年《英国活动中心（未成年人安全）法》（及根据此法制定的下级法律、法规等）；（5）1993年《英国新物质公布条例》；（6）1999年《英国控制重大事故危害条例》；（7）2000年《英国转基因成分（含使用）条例》；（8）1965年《英国农业（安全，健康及福利供应）法》；（9）1922年《英国胶片及电影放映法》；（10）1972年《英国雇佣医疗咨询服务法》；（11）1920年《英国妇女、少年和儿童雇佣法》；（12）1988年《英国环境与安全信息法》；（13）1875年《英国炸药管理法》；（14）1961年《英国工厂法》；（15）2008年《英国健康及安全违规法》；（16）1992年《英国海上安全法》;（17）1987 年《英国石油法》。

（五）职业安全健康专项监察

为切实提高行业安全健康水平，英国职业安全健康机构往往启动重点行业专项监察计划。

1．建筑行业专项监察

作为行业专项监察计划的组成部分，英国职业安全健康机构曾经针对建筑行业装修工程开展了为期一个月的重点监察活动。监察内容包括：（1）企业主或承包商是否对高空作业危险有清醒的认识，并制定了适当的防范措施；（2）设备是否得到正确的安装、检查、维护和使用；（3）工作场所能否有效避免摔倒或跌倒；（4）过道和楼梯是否有杂物堆积；（5）工作区是否有不必要的材料或废物；（6）劳动者是否了解风险控制措施。此监察共覆盖装修场所 1000 多处，下达执法文书 395 份，30% 的装修场所因存在安全风险被当场勒令停止作业。

2．农业生产行业安全专项监察活动

农业一直是英国的危险行业，也是事故死亡人数和职业病患病人数最高的行业之一。2006~2007 年度英国农业死亡率为万分之 0.81，而建筑行业只有万分之 0.37。在此期间，苏格兰职业安全健康事故共造成 31 人死亡，2702 人严重受伤，其中农业死亡 7 人，61 人严重受伤。为此，英国职业安全健康机构曾经在农业生产行业开展了为期两周的专项监察活动。此监察主要针对农场和果园的外来工人，在苏格兰东北部地区的佩思郡、安格斯郡、阿伯丁郡和马里郡展开。监察内容包括高空作业、工作场所交通、农场儿童安全、劳动者风险控制意识以及在头顶有电线区域内工作时的避险措施等。

三、美国法

（一）视察、调查和记录保存

（1）为了实现本法令的目的，部长向占有者、经营者或负责代理人出示有关证件后有权：①在合理时间内不容延误地进入某一雇主雇佣的雇员正在工作的工厂、车间、机关、建筑工地或其他地方、工作场所或工作环境。②在正常工作时间或其他合理时间，以合理范围和方式视察和调查这些地方和全部有关的工作条件、建筑、机器、仪器、装置、设备和材料，并可向这些雇主占有者、经营者、代理人中的任何人或雇员提问。

（2）部长在根据本法进行视察、调查中，可以要求证人到场作证并在宣誓后提供证词。这些见证人应该像在美国法院中作证的证人那样付给费用和按里计数的旅费津贴。如果有人蔑视或拒不服从这种命令，美国任何地方法院只要在司法管辖的境界内，能找到该人居住或做买卖地址，在部长的要求下，法院有权对此人发出命令要求他前来就调查或询问的事情提供证据和证词。如不服从法院这一命令，该法院得按蔑视法庭罪惩罚此人。

（3）部长和卫生、教育、福利部长或一个州的机构根据本法令取得任何情报应尽量减少雇主的负担，特别是经营小商业的雇主，应把为了得到情报而花费不必要的重复劳动尽可能地减少到最大限度。

（4）遵从部长颁布的条例，应使雇主代表和雇员授权的代表有机会陪同部长或他的授权代表在对任何工作场所进行第一条所规定的视察和调查时，予以协助。如果那里没有雇员授权的代表，部长或他的授权代表应和合理人数的雇员磋商有关该工作场所安全卫生问题。

（5）①任何雇员或雇员的代表相信，存在着违反安全卫生标准的情况和危害身体的威胁，或存在着某种紧迫的危险，可以通知部长或他的授权代表对其进行视察。通知应采用书面的形式，讲明通知的理由和根据，并由雇员或其代表签字，在视察前把一份副本送给雇主或其代理人。如通知人要求，则在副本上或其他任何公布的记录上，不能泄露通知人或所涉及的具体雇员的姓名。部长在收到这种通知后，如部长认为有理由相信有那样的违反行为或危险存在，他应根据本节条款尽可能快地进行专门视察，如部长做出决定没有理由相信有那样的违反行为或危险存在，他应以书面形式把这个决定通知雇员或他的代表。②在对某工作场所进行视察之前或当时，该工作场所的任何雇员或他的代表，可就他们有理由相信，存在于该工作场所的违反本法令的事项用书面通知部长或任何负责视察的部长代表。根据条例规定，部长应采取检查的方式非正式地检查部长代表有无拒绝为任何这种被指称的违犯事项签发传票，并给要求进行视察的雇员或他们的代表一个书面意见，说明部长对该案件所作最后处理的理由。

（6）①部长和卫生、教育、福利部长根据授权时所有收到的报告或情报资料汇编分析，以及或以摘要形式，或以详细报告形式加以公布。②部长和卫生、教育、福利部长应各自制定出为履行本法令赋予他们的职责所需要的法则和条例，包括对某一雇主的企业进行视察的法则和条例。

（二）传票

（1）经视察或调查，部长或他的授权代表相信雇主违反了本法令要求，或根据本法令所颁布的任何标准、法则或命令，或根据本法令制定的任何条例，他应迅速对雇主发出传票。传票必须是书面的，详细说明违犯的性质，包括指出被指称违犯的法令条款、标准、法则、条例或命令。此外，传票应规定合理时间使之纠正这种违反行为，对安全卫生没有直接或立即关系的轻微或次要的违反行为，部长可以发出通知的方式代替传票。

（2）每张传票，或它的一份或多份副本，应按部长颁布的条例中的规定，醒目地张贴在传票中所提及的发生违反行为的地方附近。

（3）在违犯已经发生满6个月之后，不再签发传票。

（三）执法步骤

（1）如果经过视察或调查后，部长签发传票，应在视察或调查完毕后的合理时期内，用保证投递邮件将罚款决定通知雇主，并提出罚款的数目。如果雇主打算对传票或要罚的款数提出反驳，他应在15个工作日内通知部长。如果从收到部长通知起15个工作日内，雇主没有通知部长表示要对传票或要罚的款数进行反驳，也没有雇员或雇员代表发来通知，则传票和所提出的罚款都被认为是职业安全卫生复查委员会（简称委员会）的最终命令，不容法院或其他机构复查。

（2）如果部长有理由相信，一名雇主未能在所发出传票规定的那个期限内改正违反行为（允许改正的期限应从雇主不是为了拖延时间或逃避罚款，而是忠实地根据本节规定要求复查，经委员会复查后发出最后命令之日起算），部长应把雇主不能改正和因此将要罚款的款数用保递邮件通知雇主。雇主如不服，应在15个工作日内通知部长说明他准备对部长的通知或要罚的款项提出反驳。如果从收到部长的通知起15个工作日内，雇主没有进行反驳，则部长的通知和拟罚的款项，都被认为是委员会的最终命令，不容任何法院或其他机构复查。

（3）如果雇主通知部长他决定要对签发的传票进行反驳，或对通知进行反驳，或者发出传票后的15个工作日内，任何雇员或雇员的代表向部长发出通知，指出传票中所定纠正违反期限不合理，部长应立即把这通知和委员会进行商议，委员会应提供召开听证会的机会。然后委员会根据事实结论发出命令、批准、修改或撤销部长的传票或拟罚的款项，或提出其他合宜的减免方案，这一种命令在发出的30天后成为最后命令。当一个有良好信用的雇主提出证明，证明他作了纠正违反行为的努力以符合传票中关于纠正的要求，但由于合理控制以外的因素，致使纠正未能完成。部长在提供了听证会的机会后，应发出命令肯定或修改传票中的纠正要求。委员会制定的法则应该使受影响的雇员或他们的代表能作为"一方"参与听证会。

四、南非法

1. 健康安全政策

首席监察员应以书面形式指导雇主；或指导在国家公报上通知的某一类别的雇主，去出具书面的关于保护其员工职业健康安全的政策，包括其组织描述以及对这些政策的执行安排和复审。在从事指导时，应当向被指导人提供制定该政策时应遵循的指导方针。雇主应在其雇员的通常工作场所的显著位置公布政策文件，该文件应当由首席执行官签名。

2. 首席执行官的特定责任

（1）每个首席执行官应在切实合理可行的限度内确保其雇主的义务切实得到履行。（2）在不减损其责任和义务的情况下，首席执行官可向其管理和指导下的人员分派职责。（3）本条规定不得用于消减雇主的任何责任和义务。（4）各政府部门的首脑均应被视为该部门的首席执行官。

五、日本法

（1）使用停止命令等。

①都道府县劳动基准局局长或劳动基准监督署署长对有违反规定的企业主，建设单位、机械等出租人或建筑物出租人，可下令停止全部或部分作业、停止使用全部或部分建筑物、改造全部或部分建筑物，以及为防止其他劳动灾害下达必要事项的命令。②可向劳动承包人和建筑物租用人下达必要事项的命令。③对劳动者面临紧急危险时，劳动基准监督官可立即行使都道府县劳动基准局局长或劳动基准监督署署长的权限。④在对根据承包合同进行工作下达命令的场合，认为有必要时，可以对该工作的建设单位（包括该工作通过多次承包合同来完成时，该建设单位的承包合同之后的所有承包合同的当事人，接受该命令的建设单位除外）违反的有关事实，就防止劳动灾害的必要事项提出建议或要求。

（2）都道府县劳动基准局局长或劳动基准监督署署长，在前条第1款场合以外的场合下，如有发生紧急危险的劳动灾害，而且要求紧急处理时，可在要求范围内，命令企业主暂时停止全部或一部分作业、暂时停止使用全部或一部分建筑物等以及为防止该劳动灾害采取必要的应急措施。

（3）档案管理。

①企业主必须保存按本法律或根据本法公布的命令中规定编制出的文件（账本除外）。②代行检查机构等必须备有记载符合劳动省令规定的性能检查、个别检定、型式检定、特种自主检查、许可考试、技能讲习和培训方面事项的账本，并加以保存。③顾问必须备有记载符合劳动省令规定的与其业务有关的事项，并加以保存。

分析与结论：

中国法规定了安监部门监督检查、职权、行政措施及监督检查程序，还规定了各部门联合检查、协作配合办法。政府部门的这些监督检查职权类同于其他国家或地区的监察员职权或职责。中国法应当从外国法中取得如下经验和启示。

1．美国法经验和启示

（1）视察、调查中可以要求证人到场作证并在宣誓后提供证词，但应该付给费用和旅费津贴。

（2）如果有人蔑视不发行或拒不服从命令，在部长的要求下，法院有权对此人发出命令要求他前来提供证据和证词。如不服从法院这一命令，该法院得按蔑视法庭罪惩罚此人。中国法应建立这样的调查协助制度。

（3）减少雇主负担。部长和卫生、教育、福利部长或一个州的机构取得任何情报应尽量减少雇主的负担，特别是经营小商业的雇主，应尽可能地减少重复劳动。中国法也有关于政府部门减轻企业负担的规定。

（4）部长或他的授权代表应和雇员磋商有关该工作场所安全卫生问题。

（5）任何雇员或雇员的代表可以采用书面的形式通知部长或他的授权代表对违反安全卫生标准的情况和危害身体的威胁或存在着某种紧迫的危险进行视察。如通知人要求，则在副本上或其他任何公布的记录上，不能泄露通知人或所涉及的具体雇员的姓名。

（6）经视察或调查，部长或他的授权代表相信雇主违反了本法令或根据本法令所颁布的任何标准、法则或命令，或根据本法令制定的任何条例，他应迅速对雇主发出传票。对轻微或次要的违反者，部长可以发出通知的方式代替传票。

（7）如果部长签发传票，应在视察或调查完毕后的合理时期内将罚款决定通知雇主，并提出罚款的数目。如果雇主打算对传票或要罚的款数提出反驳，他应在15个工作日内通知部长。否则，传票和所提出的罚款都被认为是职业安全卫生复查委员会的最后命令，不容法院或其他机构复查。

（8）如果雇主通知部长他决定要对签发的传票进行反驳，或对通知进行反驳，或者发出传票后的15个工作日内，任何雇员或雇员的代表向部长发出通知，指出传票中所定纠正违反行为期限不合理，部长应立即把这通知和职业安全卫生复查委员会进行商议，委员会应提供召开听证会的机会。

雇员反驳权是美国法的特色，可以借鉴。

美国法不使用监督检查概念，而是使用视察、调查和执法、处罚概念，反映了他们行政被动和企业主动的性质。

2. 南非法经验和启示

（1）首席监察员应以书面形式指导雇主出具书面的保护其员工职业健康安全的政策及其执行安排和复审。雇主应在其雇员的通常工作场所的显著位置公布由首席执行官签名的政策文件。

（2）首席执行官应确保其雇主的义务都切实得到了履行。各政府部门的首脑均应被视该部门的首席执行官。这意味着各政府部门有安全卫生管理职责。

3. 日本法经验和启示

都道府县劳动基准局局长或劳动基准监督署署长是执法主体或监督检查主体。具体是：

（1）命令停止作业、使用和建议、要求。

（2）发生紧急危险的劳动灾害，而且要求紧急处理时，可命令企业主暂时停止全部或一部分作业、暂时停止使用全部或一部分建筑物等以及为防止该劳动灾害采取必要的应急措施。

这些都是行政措施，不是行政处罚。

（3）企业主必须保存按法律或命令中规定编制出的文件。代行检查机构等必须备有记载符合省令规定的性能检查、个别检定、型式检定、特种自主检查、许可考试、技能讲习和培训方面事项的账本并加以保存。顾问必须备有记载符合省令规定的与其业务有关的事项并加以保存。这是值得我国安全卫生技术服务机构学习、借鉴的。

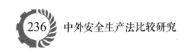

此外，我们还应该从台湾地区有关规定获得如下经验和启示。

（1）当局主管部门应于每年定期发布次年度劳工安全卫生检查实施方针。地方主管机关及检察机构应依当局主管部门发布之实施方针拟订各该机关（构）之劳工安全卫生检查计划，并报请当局主管部门核定后实施监督与检查。

（2）主管机关与检查机构应密切配合，加强联系，定期将其实施监督与检查结果分别报请当局主管部门核备。

（3）对各事业单位工作场所实施检查，必要时，通知其部分或全部停工。停工期间之工资由雇主照常支付。这是一条合理的规定，值得借鉴。

（4）停工如有障碍时，得请当地行政或警察机关协助。这是一条很好的协助执法规定。

第五节　违法处罚

一、中国法

行政处罚权限划分。

《安全生产法》第110条规定：本法规定的行政处罚，由安全生产监督管理部门和其他负有安全生产监督管理职责的部门按照职责分工决定。予以关闭的行政处罚由负有安全生产监督管理职责的部门报请县级以上人民政府按照国务院规定的权限决定；给予拘留的行政处罚由公安机关依照治安管理处罚法的规定决定。

台湾地区有关规定：

本规定所定之罚款，由该主管机关执行之。

二、英国法

1. 违规行为

（1）一个人的下列行为属违规行为：（a）不能履行规定的义务。（b）违反规定。（c）违反安全卫生条例的任何条款，或任何此类法规所提出的要求、禁令（包括根据条款提出的要求与禁令，或与其他当局发布或批准的条例或特许、同意和豁免有关的任何条件或限制）。（d）违反要求或有意阻挠任何人行使职权。（e）违反一名监察员提出的要求。（f）阻止任何其他人会见监察员或回答监察员向他提出的问题。（g）违反改进通知书或禁止通知书向他提出的任何要求（包括经过申诉后修改的通知书）。（h）有意阻止一名监察员执行或行使其职权。（i）违反向他提出的要求。（j）违反规定使用或透露任何信息。（k）作出本人明知是虚假的陈述，或不顾后果地作出虚假的陈述。（l）有意向需登记存档的书籍、通知书和各种文件提供内容虚假的项目，其意图是进行欺骗，让人使用此类他明知是有虚假内容的档案材料。（m）以欺骗为目的，伪造或使用一份已公布或根据有关法定条款授权将公布的文件，或由于其他任何目的去伪造或持有任何与上述文件相仿的作为欺骗的文件。（n）冒充一名监察员。（o）不遵守法庭作出的决议。

（2）违反法令的行为：（a）违反有关法定条款的任何条款，并未经执行局根据批准权力发给许可证而去做一些事情，此类事情根据有关法定条款取得许可证是必需的。（b）违反与许可证有关的条款、条件或限制的行为。（c）获取或企图获取，据有或使用爆炸物品或爆炸物质属违反有关法定条款的犯罪行为。（d）违犯一项禁止通知书所提出的要求的行为。（e）有关的犯法行为。

2. 处罚

（1）有人若违反上述规定，以及监察员提出的要求，应依法判处400英磅以下的罚金。（2）若此类违法行为在其他刑罚中并无规定，将作如下处理：（a）处以400英镑以下的罚金。（b）根据犯罪进行控告：可判四年以下徒刑，或处以罚金，或两者并罚。（3）若有某人判罪后如继续违犯将给予处罚，从继续违犯的日期计算，每天处以100英镑以下的罚金。

三、日本法

劳动大臣或都道府县劳动基准局局长，根据规定进行处分时，必须事先指定好日期和地点，听取意见。听取意见之时，必须给受处分人员申述意见和提出证据的机会。

分析与结论：

中国法规定了行政处罚权限划分：安全生产行政处罚，由负责安全生产监督管理的部门决定；予以关闭的行政处罚由负责安全生产监督管理的部门报请县级以上人民政府按照国务院规定的权限决定；给予拘留的行政处罚由公安机关依照治安管理处罚条例的规定决定。有关法律、行政法规对行政处罚的决定机关另有规定的，依照其规定。我国台湾地区规定罚款由主管机关执行，这与大陆法一致。

外国法借鉴如下：

1．英国法经验和启示

（1）英国法对违规行为与违法行为做了区分，而且种类众多，值得我国借鉴。

（2）有人若违反规定以及监察员提出的要求，应依法判处400英镑以下的罚金（行政罚金）。若此类违法行为在其他刑罚中并无规定，则处以400英镑以下的罚金（刑事罚金）；或者根据犯罪进行控告，判处四年以下徒刑；或处以罚金；或两者并罚。这里可以看出，英国法并无罚款、罚金概念的区别。

（3）判罪后如继续违犯将给予处罚，从继续违反规定的日期计算，每天处以100英镑以下的罚金。这是值得我国借鉴的。

2．日本法经验和启示

日本法规定在对企业进行处分前，应听取意见，给受处分人员申述意见和提出证据的机会。

第六节 其他事项

一、报告、申报、公告

（一）中国法

《安全生产法》规定了如下报告、公告制度：

（1）第18条规定："生产经营单位的主要负责人对本单位安全生产工作负有下列职责：……（七）及时、如实报告生产安全事故。"

（2）第43条规定：生产经营单位的安全生产管理人员应当根据本单位的生产经营特点，对安全生产状况进行经常性检查；对检查中发现的安全问题，应当立即处理；不能处理的，应当及时报告本单位有关负责人，有关负责人应当及时处理。检查及处理情况应当如实记录在案。生产经营单位的安全生产管理人员在检查中发现重大事故隐患，依照前款规定向本单位有关负责人报告，有关负责人不及时处理的，安全生产管理人员可以向主管的负有安全生产监督管理职责的部门报告，接到报告的部门应当依法及时处理。

（3）第70条规定：负有安全生产监督管理职责的部门应当建立举报制度，公开举报电话、信箱或者电子邮件地址，受理有关安全生产的举报；受理的举报事项经调查核实后，应当形成书面材料；需要落实整改措施的，报经有关负责人签字并督促落实。

（4）第71条规定：任何单位或者个人对事故隐患或者安全生产违法行为，均有权向负有安全生产监督管理职责的部门报告或者举报。

（5）第72条规定：居民委员会、村民委员会发现其所在区域内的生产经营单位存在事故隐患或者安全生产违法行为时，应当向当地人民政府或者有关部门报告。

（6）第75条规定：负有安全生产监督管理职责的部门应当建立安全生产违法行为信息库，如实记录生产经营单位的安全生产违法行为信息；对违法行为情节严重的生产经营单位，应当向社会公告，并通报行业主管部门、投资主管部门、国土资源主管部门、证券监督管理机构以及有关金融机构。

（7）第80条规定：生产经营单位发生生产安全事故后，事故现场有关人员应当立即报告本单位负责人。单位负责人接到事故报告后，应当迅速采取有效措施，组织抢救，防止事故扩大，减少人员伤亡和财产损失，并按照国家有关规定立即如实报告当地负有安全生产监督管理职责的部门，不得隐瞒不报、谎报或者迟报，不得故意破坏事故现场、毁灭有关证据。

（8）第81条规定：负有安全生产监督管理职责的部门接到事故报告后，应当立即按照国家有关规定上报事故情况，负有安全生产监督管理职责的部门和有关地方人民政府对事故情况不得隐瞒不报、谎报或者迟报。

（9）第82条规定：有关地方人民政府和负有安全生产监督管理职责的部门的负责人接到生产安全事故报告后，应当按照生产安全事故应急救援预案的要求立即赶到事故现场，组织事故抢救。参与事故抢救的部门和单位应当服从统一指挥，加强协同联动，采取有效的应急救援措施，并根据事故救援的需要采取警戒、疏散等措施，防止事故扩大和次生灾害的发生，减少人员伤亡和财产损失。

（10）第83条规定：事故调查处理应当按照科学严谨、依法依规、实事求是、注重实效的原则，及时、准确地查清事故原因，查明事故性质和责任，总结事故教训，提出整改措施，并对事故责任者提出处理意见。事故调查报告应当依法及时向社会公布。

（11）第86条规定：县级以上地方各级人民政府安全生产监督管理部门应当定期统计分析本行政区域内发生生产安全事故的情况，并定期向社会公布。

《职业病防治法》规定了如下报告、申报制度：

（1）第17条规定：医疗机构建设项目可能产生放射性职业病危害的，建设单位应当向卫生行政部门提交放射性职业病危害预评价报告。卫生行政部门应当自收到预评价报告之日起三十日内，作出审核决定并书面通知建设单位。未提交预评价报告或者预评价报告未经卫生行政部门审核同意的，不得开工建设。

（2）第26条规定：用人单位应当实施由专人负责的职业病危害因素日常监测，并确保监测系统处于正常运行状态。用人单位应当按照国务院卫生行政部门的规定，定期对工作场所进行职业病危害因素检测、评价。检测、评价结果存入用人单位职业卫生档案，定期向所在地卫生行政部门报告并向劳动者公布。

（3）第37条规定：发生或者可能发生急性职业病危害事故时，用人单位应当立即采取应急救援和控制措施，并及时报告所在地卫生行政部门和有关部门。卫生行政部门接到报告后，应当及时会同有关部门组织调查处理；必要时，可以采取临时控制措施。卫生行政部门应当组织做好医疗救治工作。

（4）第50条规定：用人单位和医疗卫生机构发现职业病病人或者疑似职业病病人时，应当及时向所在地卫生行政部门报告。确诊为职业病的，用人单位还应当向所在地劳动保障行政部门报告。接到报告的部门应当依法作出处理。

（5）第51条规定：县级以上地方人民政府卫生行政部门负责本行政区域内的职业病统计报告的管理工作，并按照规定上报。

（6）第16条规定：国家建立职业病危害项目申报制度。用人单位工作场所存在职业病目录所列职业病的危害因素的，应当及时、如实向所在地卫生行政部门申报危害项目，接受监督。职业病危害因素分类目录由国务院卫生行政部门制定、调整并公布。职业病危害项目申报的具体办法由国务院卫生行政部门制定。

（二）英国法

1．统计、调查、报告方式

英国有多渠道、多形式的职业健康统计调查方式。职业伤害和疾病的报告主要依据《英国重大伤害、疾病和危险事故的报告规程》（The Reporting of Injuries，Diseases and Dangerous Occurrences Regulations 1995，RDDOR95）。除了雇主按照 RDDOR95 规程的记录和报告外，还包括以下几种政府主动调查方式：

（1）劳动力调查（Labour Force Survey，LFS）。LFS 是一种家庭调查，通过样本家庭的年龄和性别权重比例对人口总体的情况进行估算。劳动力调查包括作业伤害调查、自报告职业病调查和工作日损失调查 3 种类型。

（2）由专业医生自愿报告的职业病病例（Voluntary reporting of occupational diseases by specialist doctors，THOR）。基于诊所群的职业病报告，依赖专业医生对所见的新案例进行系统的、自愿的和秘密的报告。

（3）工业伤残救济金计划（Industrial Injuries Disablement Benefit Scheme，IDB）。由 DWP 负责的 IDB，为已诊断出职业病的工人进行补偿。不包括个体企业，所涉及的职业病为与限定范围内的职业或作业环境相关的疾病。

（4）石棉肺及其他职业肺病的死亡报告。该数据源包括 HSE 关于石棉相关疾病的死亡记录：间皮瘤、石棉肺的登记记录。

（5）铅暴露环境工人的监督数据。根据 2002 年《英国工作场所铅条例》及 1980 年和 1998 年条例，对铅暴露工人的健康监护数据。

（6）执法数据。HSE 及 LAS 发布的执法通知。

（7）风险控制指标巡查数据（Risk Control Indicators）。依据风险控制指标对作业场所风险控制水平的等级评定记录。

（8）作业场所健康和安全调查（Workplace Health and Safety Surveys，WHASS）。HSE 对雇主和雇员的调查记录。

2．《英国重大伤害、疾病和危险事故的报告条例》（RDDOR95）介绍

RDDOR95 包括伤害、疾病和危险事故的报告。实行网上报告和电话报告，电话报告只能报告死亡和严重工伤。

（1）死亡。与工作有关的所有死亡。

（2）严重伤害。主要有 10 种类型。常见的包括骨折、截肢、脱位、失明等；电击或电烧伤导致住院 24 小时或以上；导致体温过低或超高在内疾病的伤害；导致窒息或接触有害物、吸入有害气体等的伤害等。必须马上汇报不

得有任何延误，10天之内以文字报告的形式提出报告。7天以上工伤：不是严重伤害但是造成连续7天不能在岗的，在15天之内要进行报告。对连续3天不能在岗的不报告，但要予以记录。

（3）危险事件。包括21种类型，主要指升降、起重机/设备倒塌、翻车事故；工厂或设备接触电线；指定的化学试剂/物释放；吸氧/呼吸设备失灵等。

（4）疾病。需上报的疾病分为两类：一类是职业病（47种），一类是海外应报告的疾病（25种），总计72种。

职业病按物理因素、生物因素和物质进行分类，主要包括：确定的中毒；皮肤病（职业性皮炎、皮肤肿瘤等）；肺部疾病（职业性哮喘、农民肺、尘肺、石棉肺和间皮瘤等）；传染性疾病（钩端螺旋体病（威尔士症）、肺结核、炭疽，军团分枝杆菌病、破伤风、肝炎、狂犬病等）；一定条件下还包括减压病、手臂振动综合症（HAVS）等。必须是经过医生诊断的，必须是因公致伤的。

（三）德国法

企业数据；与其他主管行政部门的合作；年度报告。

（1）用工者必须在规定时间内向劳动主管部门作如下报告：①劳动者的人数和为其安排的工种，按性别、年龄和国籍分类；②企业的名称或标志及通信地址；③用工者的姓名、公司和个人通信地址；④企业归属的经济部门（行业）。

（2）经联邦参议院同意，联邦劳动与社会法规部有权通过法规做出规定：凡接受了用工者根据法规规定递交上述报告的联邦行政管理部门，必须以函件形式将其传递给州最高管理部门或输入数据处理计算机中或通过数据传递方式转告上级主管部门。法规中对报告的传递形式和传递的期限可作详细的规定。所传递的报告只作为主管部门执行劳动保护任务之用和在数据处理系统储存或处理。

（3）受委派执行监督任务的人员，在监督过程中所得到的商业和企业秘密，只许在下述条件下向主管部门公开（报告）：法律上有规定的或为了追究违法行为，或为了执行法律规定的有关保护法定事故保险承担者利益或保护环境的任务所需公开时，如果商业和企业秘密涉及环境信息法所称的环境信息，其公开权须依照环境信息法的规定执行。

（4）州最高主管部门对其属下管理部门的监督工作情况必须负责发表一

份年度报告。年报中内容亦包括对履行有关劳动保护方面的国际协议和欧洲共同体的法律文件所规定的劳保教育义务情况说明。

（四）日本法

（1）劳动大臣、都道府县劳动基准局局长或劳动基准监督署署长，为了实施本法律，在确有必要时，可按劳动省令规定，命令企业主、劳动者、机械等出租人、建筑物出租人和顾问报告必要的事项，或者命令这些人员前来面见。

（2）劳动大臣、都道府县劳动基准局局长或劳动基准监督署署长，为了实施本法律，在确有必要时，可按劳动省令规定，令代行检查机构等报告必要的事项。

（3）劳动基准监督官为了实施本法律，在确有必要时，可令企业主或劳动者报告必要的事项。

（4）日本法规定劳动大臣在下列场合时，必须按劳动省令规定将其宗旨在公报上通告：①按规定做出指定时。②按规定型式检定合格证已失效时。③做出许可时。④按规定做出取消时。⑤按规定吊销指定或命令停止全部或部分业务时。⑥都道府县劳动基准局局长根据规定亲自主持考试事务或考试事务不能进行时。

分析和结论：

1．德国法经验和启示

（1）用工者应向劳动主管部门报告比较详细的内容：劳动者的人数和为其安排的工种，按性别、年龄和国籍分类；企业的名称或标志及通信地址；用工者的姓名、公司和个人通讯地址；企业归属的经济部门（行业）。

（2）行政管理部门向劳动主管部门传递用工者报告。

（3）州最高主管部门对其属下管理部门的监督工作情况必须负责发表一份年度报告。这是值得我国各级安监部门学习的。

2．日本法经验和启示

日本法规定主管机关可命令企业主、劳动者、机械等出租人、建筑物出租人和顾问报告必要的事项或者前来面见，可令代行检查机构等报告必要的事项。我国法尚无此条款，但实际中安监部门有此权力。

二、商业秘密和健康秘密保护

（一）中国法

安全生产监督检查人员、职业卫生监督执法人员执行监督检查任务时，对涉及被检查单位的技术秘密和业务秘密，应当为其保密。

《安全生产法》第64条规定：安全生产监督检查人员应当忠于职守，坚持原则，秉公执法。安全生产监督检查人员执行监督检查任务时，必须出示有效的监督执法证件；对涉及被检查单位的技术秘密和业务秘密，应当为其保密。

《职业病防治法》第65条规定：职业卫生监督执法人员依法执行职务时，应当出示监督执法证件。职业卫生监督执法人员应当忠于职守，秉公执法，严格遵守执法规范；涉及用人单位的秘密的，应当为其保密。

（二）英国法

职务信息的获得与透露：

1. 委员会、执行局和执法当局等获取信息

（1）目的是为行使其职责而获得信息。该委员会经过大臣的批准，可向任何人员递送一份通知，要求他向委员会，或视情况向执法当局提供在通知中所询问的情况，提供的形式、方法和时间可在通知中规定。

（2）贸易统计法（限制透露根据该法令获得的信息）将不阻止下列行为，也不给予处罚：（a）由大臣向委员会或执行局透露根据该法令获得的企业信息。根据该法令的含义，此类信息包括从事这些企业活动的人员的姓名和住址，企业活动的性质，在企业中工作或曾经工作过的不同种类人员的数量。（b）人力服务委员会，雇佣服务局或训练服务局向该委员会或执行局透露的信息。在获取信息时，应由大臣根据本条款向提供信息的单位发出一份通知书说明要求提供何种信息，而且也通知信息的接受者。

（3）提及大臣、委员会、执行局、人力服务委员会或其他机构时，也包括在该机构中的官员。接受所透露信息的人员，不应将此信息用于该委员会或工作目的以外的其他目的。

2. 限制透露信息

（1）"有关信息"即某人获得的信息，或根据有关法定条款按需要提供给任何人的信息。与任何有关信息有联系的"接受者"指信息获得者和被提供信息的人。

（2）如未经提供信息的人同意，有关信息不应透露。下列情况例外：（a）将信息透露给该委员会、执行局或执法当局。（b）不损害由信息获得者将信息透露给其他人，而其使用目的曾与信息获得者商议过，或是根据任何有关法定条款而透露的。（c）不损害由信息获得者透露给下列人员：地方当局的一名官员，经地方当局授权来接受信息；自来水当局或水源发展委员会的一名官员，由上述当局或委员会授权接受信息；河流净化委员会的一名官员，经该委员会授权接受信息；一名警官，由警察局长授权接受信息。（d）信息获得者透露信息时应考虑采取何种方式，以免被认出该信息与某一特定的人或案件有关。（e）信息的透露是为了任何合法的诉讼程序调查、询问或是为了草拟诉讼询问程序或询问的报告或特别报告。

（3）任何提及委员会、执行局、一个政府部门或一执法当局，包括分别提及该机构或当局（内含任命有监察员的执法当局）的一名官员在内，而且在提及该委员会时，也包括提及下列人员：（a）行使委员会或执行局的任何职权的人。（b）一个机构的一名官员，行使该机构的任何职权。（c）任命的顾问。

（4）获得透露的信息的人，不应将信息用于下列目的以外的目的：（a）为了实现该委员会或执行局，或政府有关部门的目的，或是为了实现与有关法定条款有联系的执法当局的目的。（b）将信息透露给地方当局、自来水当局、河流净化委员会、水源发展委员会的官员，是因为这些机构和人员与公共卫生、公共安全或环境保护有关。（c）信息透露给一名警官，是因为与有关法定条款或法规有关的该警察局的目的与公共卫生、公共安全或国家安全有关。

（5）任何人不应透露行使权力而获取的信息（特别是利用其权力进入房屋设施而获取的有关任何贸易秘密的信息），但用于下列目的的除外：（a）为了行使职责。（b）为了任何法律程序的目的，或进行调查和询问，或为了草拟任何此类程序或调查、询问报告、特别报告。（c）得到有关方面同意。"有关方面同意"意即经提供信息者的同意，在其他情况下（是指对房屋设施从该处获得信息）经负有责任的人的同意。

（6）在必要情况下，监察员应采取行动，帮助人们（或其代表）在任何房屋设施内受雇工作并且恰当地报告对他们的健康、安全和福利有影响的事情，并且将下列各种信息告诉上述人员或其代表：（a）他所获得的与这些房屋设施或其他东西有关的，在那里曾有过的或现有的，曾经做过的或正在做的事情的真实信息。（b）为了履行其职责，监察员已采取或拟采取的任何行动或与房屋设施有关的任何行动的信息。当一名监察员将采取行动时，他应将同样的信息通知雇主。

（7）获得此类信息的人可将信息提供由于发生事故、偶发事件、情况或事情而引起民事诉讼的某一方人员，他可将在行使权力的过程中所看到的事实写入陈述书中。

（三）美国法

商务秘密的机密性：

部长或部长代表通过视察或行动或由其他途径得到的各种情报，如包含或可能泄露商业秘密，应该被认为是机密性的，但是可以把这种情报透露给与执行本法令有关的官员或雇员，或在涉及任何诉讼程序时在任何这种程序中透露。部长，委员会或法院，如果需要应发布命令以便恰当地保护商业秘密的机密性。

（四）南非法

任何人均不得披露其执行职务过程中了解到的他人信息，除非（a）为了正当地实施本法某一条款制度的需要；（b）公正执法需要，或者（c）应企业健康安全代表的要求或者企业健康安全委员会的要求。

（五）日本法

（1）从事实施健康检查事务人员，不得泄露其在实施中获知的有关劳动者身心缺陷及其秘密。

（2）受委派执行监督任务的人员，在监督过程中所得到的商业和企业秘密，只许在下述条件下向主管部门公开（报告）：法律上有规定的或为了追究违法行为，或为了执行法律规定的有关保护法定事故保险承担者利益或保护环境的任务所需公开时，如果商业和企业秘密涉及环境信息法所称的环境信息，其公开权须依照环境信息法的规定执行。

分析与结论：

1．英国法经验和启示

英国法规定了获得企业信息的使用范围。这就是可将信息透露给该委员会、执行局或执法当局。获得此类信息的人可将信息提供由于发生事故、偶发事件、情况或事情而引起民事诉讼的某一方人员，他可将在行使权力的过程中所看到的事实写入陈述书中。我国法未明确规定。

2．美国法经验和启示

美国法在规定商务秘密的机密性同时，也规定了商业秘密的使用范围。

就是可以把这种情报透露给予执行本法令有关的官员或雇员，或在涉及任何诉讼程序时在任何这种程序中透露。我国法未规定。

3．南非法经验和启示

南非法也规定了他人信息的使用范围。这就是为了正当地实施本法某一条款制度的需要，为了公正执法需要，或者应企业健康安全代表或者企业健康安全委员会的要求，可以使用。

4．日本法经验和启示

日本法规定了劳动者身心缺陷及其秘密的保护，但也规定了公开条件。这就是法律上有规定的或为了追究违法行为，或为了执行法律规定的有关保护法定事故保险承担者利益或保护环境的任务所需公开时。我国法也应照此补充。

三、收费、推销

（一）中国法

安监部门收费禁止、推销禁止：负有安全生产监督管理职责的部门对涉及安全生产的事项进行审查、验收，不得收取费用；不得要求接受审查、验收的单位购买其指定品牌或者指定生产、销售单位的安全设备、器材或者其他产品。否则，要承担相应的法律责任。具体规定如下：

（1）《安全生产法》第24条规定：生产经营单位的主要负责人和安全生产管理人员必须具备与本单位所从事的生产经营活动相应的安全生产知识和管理能力。危险物品的生产、经营、储存单位以及矿山、金属冶炼、建筑施工、道路运输单位的主要负责人和安全生产管理人员，应当由主管的负有安全生产监督管理职责的部门对其安全生产知识和管理能力考核合格。考核不得收费。

（2）《安全生产法》第61条规定：负有安全生产监督管理职责的部门对涉及安全生产的事项进行审查、验收，不得收取费用；不得要求接受审查、验收的单位购买其指定品牌或者指定生产、销售单位的安全设备、器材或者其他产品。

（3）《安全生产法》第88条规定：负有安全生产监督管理职责的部门，要求被审查、验收的单位购买其指定的安全设备、器材或者其他产品的，在对安全生产事项的审查、验收中收取费用的，由其上级机关或者监察机关责

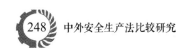

令改正，责令退还收取的费用；情节严重的，对直接负责的主管人员和其他直接责任人员依法给予处分。

（二）日本法

下列人员必须按政令规定，向国家缴纳手续费。

（1）想要取得许可证的应试人员。（2）想要取得技能讲习（指定培训机关举办的技能讲习除外）的参加人员。（3）想要取得许可的应试人员。（4）想要取得检查的受检人员。（5）想要重新发给或重新改写检查证的申请人员。（6）想要接受性能检查（代行检查机构开展的性能检查除外）的申请人员。（7）想要接受个别检定（个别检定代行机关开展的个别检定除外）的申请人员。（8）想要接受型式检定（型式检定代行机关开展的型式检定除外）的申请人员。（9）想要取得注册的登记人员。（10）想要取得许可的制造人员。（11）想要重新发给或重新改写许可证的申请人员。（12）想要更改许可证有效期的申请人员。（13）想要参加许可考试的应试人员。（14）想要取得指定的申请人员。（15）想要参加劳动安全顾问考试或劳动卫生顾问考试的应试人员。（16）想要取得注册的登记人员。

向指定考试机关缴纳的手续费，作为指定考试机关的收入。想要接受指定考试机关进行许可考试的应试人员，则改为向指定考试机关缴纳。

分析与结论：

日本法规定政府可以依法对一些人员和事项收取手续费和考试手续费，值得我国法借鉴。

四、安全生产财务保障

（一）英国法

（1）大臣的职责是向委员会支付一笔经财政部批准而且他认为适当的款项，其目的是保障该委员会行使职责；该委员会有责任向执行局支付一笔委员会认为适当的款项，旨在保障执行局行使职责。

（2）提供所规定或确定用途的费用，是为了有关当局行使其职责或代表任何有关当局能行使其职责。当局即委员会、执行局、大臣、各执法当局及其他人员，其职责由有关法定条款确定。

（3）可指定那些按照条例支付费用的人，但对雇员、请求职业者、为就业而受训练者及为谋职业而寻求就业训练者不支付这样的费用。

（4）可规定支付给不同职务，或在不同情况下职务相同的人员的费用。

（5）制定费用条例的权力由就业大臣、农业大臣、渔业与食品大臣分别行使，或由就业大臣同有关大臣共同行使。

（6）监察员所行使的职责应被视为行使任命他为监察员的执法当局的职责。

（二）美国法

1. 给州以授给物（补助、拨款、授地）

（1）部长有权在会计年度内和随后两个会计年度内给指定的州代理机构的州以授给物，帮助他们在职业安全和卫生领域里确定他们的需要和责任，发展州计划，建立一个系统收集有关职业伤害和疾病性质和频率的情报，提高从事职业安全和卫生方案工作的人员的专业知识和执行能力，改进州对职业安全和卫生法律的管理和执行工作，包括各项标准的改进以与本法令的目的相适应。

（2）部长被授权在会议年度内和随后两个会计年度内，拨授物给州以进行那些符合目的的试验和示范项目。

（3）州长应指定合适的州机构接受部长拨给的授给物。

（4）任何州由州长指定的机构要想得到授给物，应向部长提出申请。部长应审阅这样的申请，并在与卫生、教育、福利部长商量之后，作出批准或拒绝申请的决定。

（5）联邦拨给每个州的份额，不能超过申请总数的90%。倘联邦拨给各州的份额不一样时，相互间的差异应建立在标准目标的基础上。

（6）部长被授权拨给各州授给物，以帮助他们管理和执行包含在经部长批准了的州计划内的职业安全和卫生方案。联邦拨给各州的份额不能超过为实施该方案州的总费用的50%。

（7）部长应经与卫生、教育、福利部长商议后，向总统和议会做出报告，叙述按本节规定办理授给物方案的经验，并提出他认为合适的建议。

2. 统计

（1）部长在和卫生、教育、福利部长商议后，应发展并保持一个有效的收集、汇编和分析职业安全和卫生问题的统计方案。部长应就工作伤害和疾病编制正确的统计资料，包括所有残废、严重的伤害和疾病。

（2）部长可以促进、鼓励或直接参与有关职业安全和卫生统计情报和通信方案的研究；拨给州或它的分支机构以授给物，帮助他们发展和管理有关职业安全和卫生统计的方案；通过拨给授给物或订立合同，安排调查、研究工作以便更好地实现本节的目的。

（3）联邦拨发给州的授给物的份额，可以达到州的总费用的50%。

（4）部长在得到某个州或它的分支机构的同意后，可以有偿或无偿地接受和使用该州或其分支机构的服务设施、设备和雇员，以帮助他履行所赋予的职责。

（5）雇主在所作和保存的记录的基础上，为了履行规定给他的责任，应照条例规定向部长提交报告。

3. 审计

（1）每个接受授给物的接受者，都须按照部长或卫生、教育、福利部长的规定保存单据记录，包括能充分表明接受者是如何分配这些授给物及其数额，方案的总费用，或与拨给授给物及其使用有关的任务，由其他来源为方案的总费用和为完成任务所提供经费的数额，以及其他有利于审计工作的记录资料。

（2）部长或卫生、教育、福利部长和美国审计长，或任何他们授权的代表，为了审计和检查的目的，有权使用任何账本、文件、单据和各种与根据本法令拨给的授给物有关的为接受者所有的记录。

4. 年报

部长和卫生、教育、福利部长，须在国会每届例会召开后120天内，各就本法令的主要事项、完成进度、安全和卫生领域的需要和要求，以及其他任何有关情报，写出报告送总统转交国会。

这些报告应包括过去一年度职业安全和卫生标准的发展；对根据本法令前所发展的标准的评价，明确新标准的制定重点；对职业安全和卫生标准的遵守和可行性程度进行估价；视察和执行工作的总结；政府和非政府调查研究活动所取得结果的分析和评价；主要职业病的分析；过去一年已建立有标准的有关危害的控制和测量技术的评价；过去一年间为实现本法令政府机构和其他有利害关系的单位间的合作情况；职业安全和卫生领域里配备受过训练人员的发展情况，以及政府在其他方面为满足未来需要所做的努力；以表格列举在工业中常用而还没有规定标准要求、标准、规范的所有有毒物质；以及为了保护工人的安全和健康，为了改进本法令的管理所需要补充立法的建议。

报告必要的事项。劳动基准监督官可令企业主或劳动者报告必要的事项。

分析与结论：

中国法受立法习惯和传统影响，对财务、统计、审计、年报方面的规定较少；与中国法相反，英美国家法律对此规定较多，甚至很详细。

五、监察机关监察

中国法规定：监察机关依照行政监察法的规定，对负有安全生产监督管理职责的部门及其工作人员履行安全生产监督管理职责实施监察。这是中国法的特色，但其实这条可以不要，因为已有一部专门的《行政监察法》。

其他国家法律尚无监察机关监察的规定。

第六章 企业安全生产保障制度比较

第一节 企业安全生产职责和责任

一、企业主要负责人或雇主安全卫生职责和企业责任、义务

（一）中国法

1. 生产经营单位的一般责任

（1）《安全生产法》第4条规定：生产经营单位必须遵守本法和其他有关安全生产的法律、法规，加强安全生产管理，建立、健全安全生产责任制和安全生产规章制度，改善安全生产条件，推进安全生产标准化建设，提高安全生产水平，确保安全生产。

（2）《安全生产法》第63条规定：生产经营单位对负有安全生产监督管理职责的部门的监督检查人员依法履行监督检查职责，应当予以配合，不得拒绝、阻挠。

（3）《职业病防治法》第66条规定：职业卫生监督执法人员依法执行职务时，被检查单位应当接受检查并予以支持配合，不得拒绝和阻碍。

2. 生产经营单位主要负责人的职责

《安全生产法》第5条规定：生产经营单位的主要负责人对本单位的安全生产工作全面负责。

《安全生产法》第18条规定：生产经营单位的主要负责人对本单位安全生产工作负有下列职责：（1）建立、健全本单位安全生产责任制；（2）组织

制定本单位安全生产规章制度和操作规程程；（3）组织制定并实施本单位安全生产教育和培训计划；（4）保证本单位安全生产投入的有效实施；（5）督促、检查本单位的安全生产工作，及时消除生产安全事故隐患；（6）组织制定并实施本单位的生产安全事故应急救援预案；（7）及时、如实报告生产安全事故。

3. 职业卫生和职业病防治职责

（1）《职业病防治法》第6条规定：用人单位的主要负责人对本单位的职业病防治工作全面负责。第31条规定：任何单位和个人不得将产生职业病危害的作业转移给不具备职业病防护条件的单位和个人。不具备职业病防护条件的单位和个人不得接受产生职业病危害的作业。

（2）《职业病防治法》第32条规定：用人单位对采用的技术、工艺、设备、材料，应当知悉其产生的职业病危害，对有职业病危害的技术、工艺、设备、材料隐瞒其危害而采用的，对所造成的职业病危害后果承担责任。

（3）《职业病防治法》第33条规定：用人单位与劳动者订立劳动合同（含聘用合同）时，应当将工作过程中可能产生的职业病危害及其后果、职业病防护措施和待遇等如实告知劳动者，并在劳动合同中写明，不得隐瞒或者欺骗。

劳动者在已订立劳动合同期间因工作岗位或者工作内容变更，从事与所订立劳动合同中未告知的存在职业病危害的作业时，用人单位应当依照前款规定，向劳动者履行如实告知的义务，并协商变更原劳动合同相关条款。

用人单位违反前两款规定的，劳动者有权拒绝从事存在职业病危害的作业，用人单位不得因此解除与劳动者所订立的劳动合同。

（4）《职业病防治法》第34条规定：用人单位的主要负责人和职业卫生管理人员应当接受职业卫生培训，遵守职业病防治法律、法规，依法组织本单位的职业病防治工作。

用人单位应当对劳动者进行上岗前的职业卫生培训和在岗期间的定期职业卫生培训，普及职业卫生知识，督促劳动者遵守职业病防治法律、法规、规章和操作规程，指导劳动者正确使用职业病防护设备和个人使用的职业病防护用品。

劳动者应当学习和掌握相关的职业卫生知识，增强职业病防范意识，遵守职业病防治法律、法规、规章和操作规程，正确使用、维护职业病防护设备和个人使用的职业病防护用品，发现职业病危害事故隐患应当及时报告。

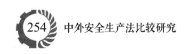

劳动者不履行前款规定义务的，用人单位应当对其进行教育。

（5）《职业病防治法》第35条规定：对从事接触职业病危害的作业的劳动者，用人单位应当按照国务院卫生行政部门的规定组织上岗前、在岗期间和离岗时的职业健康检查，并将检查结果书面告知劳动者。职业健康检查费用由用人单位承担。

用人单位不得安排未经上岗前职业健康检查的劳动者从事接触职业病危害的作业；不得安排有职业禁忌的劳动者从事其所禁忌的作业；对在职业健康检查中发现有与所从事的职业相关的健康损害的劳动者，应当调离原工作岗位，并妥善安置；对未进行离岗前职业健康检查的劳动者不得解除或者终止与其订立的劳动合同。

职业健康检查应当由取得《医疗机构执业许可证》的医疗卫生机构承担。卫生行政部门应当加强对职业健康检查工作的规范管理，具体办法由国务院卫生行政部门制定。

（6）《职业病防治法》第36条规定：用人单位应当为劳动者建立职业健康监护档案，并按照规定的期限妥善保存。

职业健康监护档案应当包括劳动者的职业史、职业病危害接触史、职业健康检查结果和职业病诊疗等有关个人健康资料。

劳动者离开用人单位时，有权索取本人职业健康监护档案复印件，用人单位应当如实、无偿提供，并在所提供的复印件上签章。

（7）《职业病防治法》第37条规定：发生或者可能发生急性职业病危害事故时，用人单位应当立即采取应急救援和控制措施，并及时报告所在地卫生行政部门和有关部门。卫生行政部门接到报告后，应当及时会同有关部门组织调查处理；必要时，可以采取临时控制措施。卫生行政部门应当组织做好医疗救治工作。

对遭受或者可能遭受急性职业病危害的劳动者，用人单位应当及时组织救治、进行健康检查和医学观察，所需费用由用人单位承担。

（8）《职业病防治法》第38条规定：用人单位不得安排未成年工从事接触职业病危害的作业；不得安排孕期、哺乳期的女职工从事对本人和胎儿、婴儿有危害的作业。

台湾地区有关规定：

1. 事前检查

（1）开工前设备检查。（2）危险性机械之制造、变更及竣工检查。（3）其他经当局主管部门指定之检查。

2. 事后检查

（1）一般检查。（2）专案检查。（3）性能检查。（4）职业灾害检查。（5）其他经当局主管部门指定之检查。

（二）国际法

国际法在规定企业行动时要求雇主在合理可行范围内保证其控制下的工作场所、机器、设备和工作程序安全并对健康没有危险。

（1）对于职业安全和卫生及工作环境的状况，应每隔适当时间，进行一次全面的或针对某种特定方面的审查，以鉴定主要问题之所在，找到解决这些问题的有效方法和应采取的优先行动，并评估取得的成果。

（2）若其业务的性质有此需要时，雇主应将其在劳动安全和卫生方面所要采取的政策和措施及各方面为实施这些措施而承担的责任写成书面材料，并以通俗易懂的语言向工人通报。

（3）①雇主应通过诸如对环境的监督，定期检查有关安全和卫生的合理准则的实施，并经常对这方面情况进行系统、批评性的检查。②雇主应将主管当局认为必不可少的有关职业安全、卫生和工作环境的资料记录在案。这些资料可包括：有关一切工伤事故及劳动中发生的一切有害健康的情况或与劳动有关、需要报告的材料；法律、条例或安全和卫生规定的核准和豁免及与核准或豁免有关的情况；企业中工人健康的检查证明；有关接触特定物质和制剂的数据。

（4）应要求雇主在必要时提供适当的保护服装和保护用品，以便在合理可行的范围内，预防事故危险或对健康的不利影响。职业安全和卫生措施不得由工人支付任何费用。

建议书：

为实施公约确定的目标，根据不同的经济活动部门和不同的工种，雇主应承担的义务可包括：

（1）所提供的工作场所和机器设备及所采用的工作方法，在合理、切实可行的情况下不对工人的安全和健康造成危害。

（2）根据不同类别工人的职务和能力给予必要的教育和培训。

（3）对所完成的工作和操作方法及所实施的劳动安全和卫生措施进行充分的监督。

（4）根据企业的规模及其活动的性质在职业安全、卫生和工作环境方面

采取组织措施。

（5）在无法以其他方式防止或控制危害时免费提供可能合理需要的防护服和个人防护用品。

（6）确保劳动组织在工作时间和休息安排方面不损害工人的安全和健康。

（7）采取一切合理并切实可行措施，消除身心的过度疲劳。

（8）开展研究工作或以其他方式了解科技发展状况，以便更好实施以上各项规定。

（三）英国法

1. 雇主对雇员所负的基本责任

英国法律强化雇主的安全责任，企业必须达到法律规定的最低标准。英国的安全健康法律很多，一般的小企业主不可能都掌握。这些小企业更多的是执行操作性强的作业指导书。但雇主不能以自己不懂法为借口来进行辩解。雇主要么自己懂安全法律及标准体系，要么聘请科技服务机构为其提供法律服务。在风险排查、隐患管理等方面雇主如果有能力就自己做；如果没有能力就会聘请有关的安全服务机构进行指导、咨询、审计、建立体系、风险评估等。总之要达到法律要求，法律规定的标准是最低标准，有责任感的企业和雇主可追求更高的标准。雇主一旦没有达到法律规定，将会被责令停产、整改，甚至被 HSE 起诉，遭受处罚，甚至有可能入狱。雇主必须对生产中造成的雇员受伤害承担责任。如果伤害罪名成立，雇主还可能受到法律的追诉。严格的法律法规和监督检查，促使雇主加强对安全的投入，对员工的教育培训，对生产风险的评估与应急救援工作的重视。

雇主对雇员所负的基本责任是：（1）在切合实际的情况下保证全部雇员在劳动中的安全、健康和福利。（2）在没有曲解雇主的基本责任的情况下，其责任所涉及的事项如下：（a）有关工厂的规定和维护，劳动制度，在切合实际的情况下，确保安全，并对工人健康无危害。（b）应在切合实际的情况下，做出安排，以保证物品和物质在劳动中的使用、操作、储存、运输过程中的安全，并避免对工人造成危险。（c）按照有关通知、指示、训练和监督等规定，在切合实际的情况下，必须保证雇员在劳动中的安全与健康。（d）在切合实际的情况下，雇主控制下的任何劳动场所应保持安全和对健康无危险的状态，并且规定和保持劳动场所进出口畅通，保证安全，避免发生危险。（e）有关雇员劳动环境的规定和维护，在切合实际的情况下，保证安全，对健康无危害，并且提供适当的有关劳动和福利的设施和做出安排。

（3）每个雇主有责任经常适当地修改他的基本方针和实现其方针的具体组织措施，维护雇员在劳动中的安全和健康，并将其方针和修改的内容通知全部雇员。（4）每个雇主应有责任和安全代表就任何安排进行磋商，使雇主和雇员之间能够有效地合作，以促进并发展保证雇员在劳动中的安全和健康的措施，并检查这些措施的有效性。（5）每一个雇主的责任应用下述的方式经营自己的企业，即至少在切合实际的情况下，保证那些不是他的雇员的人，不会被强制从事对安全和健康有危害的劳动。（6）每一个个体经营者应以下述的方式经营自己的企业，即应保证他同其他人员（非雇员）可能受到影响，但不会对他们的安全与健康造成危害。（7）每个雇主和每个个体经营者，以规定的方式将有关信息告诉给可能受到他的企业经营方式影响的人（但不是他的雇员），信息内容即其经营企业的方式可能会影响其他人的安全与健康。

2. 促使雇主负责任的经济手段

以经济手段搞好安全工作，比如设立工伤事故税，其税率为工资总额的0.5%~2.5%。企业发生事故，政府将酌情对其增收工伤事故税。如果发生了死亡事故，国家法律会要求企业和雇主付出很大的财力和物力，有的企业会因此破产倒闭。

小企业安全工作是他们关注的重点，英国政府和安全与健康委员会、苏格兰安全与健康执行局及威尔士议会共同制订了行动计划，更有效约束小企业。

3. 促使雇主负责任的信誉手段

企业信誉尤其是大企业信誉具有很高的价值。企业安全工作对企业信誉有重要影响。企业如果没有达到职业安全体系认证，就没有响亮的牌子，会被视为在安全方面不是非常可靠的。他人和客户就不会与其签订合同。如果出了事故，就要上 HSE 的网站黑名单，特会严重损失商誉。企业宁愿对安全多投入，提高安全程度，也不愿发生事故。如不能保障安全，宁愿退出也不冒险生产经营。

（四）美国法规定雇主的一般责任

（1）每个雇主必须为每个雇员提供没有被认为对雇员有造成或可能造成死亡或严重生理伤害危险的工作和工作场所。

（2）每个雇主必须遵守根据本法令颁布的职业安全卫生标准。

（3）①在劳工部长和卫生、教育、福利部长的合作下为贯彻执行本法令的需要，或为积累充实有关职业事故和疾病的原因和预防的情报资料，可制定条例，规定每个雇主都应把他涉及本法令的各项活动做出记录，妥善保存，以备部长需要时查阅。雇主应通过张贴公告或其他适当的手段告知雇员，即其所享有的权利和应负的责任，包括适用的标准。②部长在和卫生、教育、福利部长的合作下制定条例，要求雇主对由于工作而造成的死亡、伤残和疾病，除只需简单处理无须治疗的轻伤，丧失知觉，工作和行动受到限制，或调做其他工作的情况外，都应有准确的记录并定期报告。③部长在和卫生、教育、福利部长的合作下，应颁布条例要求雇主对雇员暴露在那些需要进行监控和检测的潜在有毒物质和有害物理因素下等情况保持准确的记录。这种条例还应有适当的条款规定每个雇员或以前的雇员能使用这种记录，查看他自己暴露在有毒物质或有害物理因素下的实际情况，每个雇主应立即通知任何过去或现在正暴露在有毒物质或有害物理因素下，业已超过根据第六节所颁布的职业安全卫生标准规定的浓度范围或限值的雇员，通知每一个这样的雇员应采取的防治措施。

（五）新南威尔士法规定

雇主职责之一是保证其雇员的健康、安全和福利。

（1）每个雇主均应保证其在工作中的所有雇员的健康、安全和福利。

（2）在不损害所有雇员的健康、安全和福利前提下：①提供或保持一个不危及安全和健康的设备和工作系统。②为保证安全和健康对设备和材料的使用、处理、贮存或运输做出安排。③提供保证其雇员在工作中的健康和安全必要的信息、指令、培训和监察。④将其管理的任何工作场所维持在不危及安全和健康的条件下，提供或维持安全而无任何危险的入口和出口。⑤提供或维持一个不危及安全和健康且有适当福利设施的工作环境。⑥采取必要的措施提供在有关工作场所使用某种设备或材料的适当信息，包括设备的设计用途和使用条件，以保证在设备使用过程中是安全的且对健康没有危害；与该材料有关的各种研究或已进行的有关测试结果及必须保证的使用条件，以保证该材料在正常使用时是安全的，且对健康没有危害。

（3）一个人在使用任何设备或材料的过程中没有注意到由其雇主提供的使用设备或材料的有关信息或劝告，则认为该设备或材料的使用是不正常的。这一款可看作是对雇主的责任减免。

最高罚款：对团体罚款 2500 罚款单位，其他情况罚款 250 罚款单位。

新南威尔士州法把违法罚款数额规定在每一条的下面，是很有特色的。

（六）南非法

雇主对其雇员的安全职责是：

（1）雇主应当在切实合理可行的范围内，为其雇员提供安全的工作环境，使其免受健康危害。

（2）在不减损上述雇主普遍性义务的情况下，其义务涉及的具体要求包括：①在切实合理可行的情况下，提供和保持其工作及机器设备系统的安全并且对健康无害。②在分发应用个人防护装备前，采取切实合理可行的措施去消除或减轻对雇员健康或安全的危害或潜在危险。③采取切实合理可行措施，尽力确保生产、加工、使用、处理、储藏和运输危险品时是安全无风险的。④ 在切实合理可行的情况下，雇主应确认其实施的工作中，或物品的生产、加工、使用、处理、储藏和运输过程中，或其机器设备使用过程中，存有的健康安全风险。他应当在切实合理可行的情况下进一步制定针对性的防范措施，并为此防范措施的运用提供财力保障。⑤在切实合理可行的情况下，向雇员提供必要的信息、说明、培训和监督，以确保其雇员的健康与安全。⑥除非已经采取了防范措施，否则在切实合理可行的限度内，雇主不应当允许雇员从事工作或者生产、加工、使用、处理、储藏和运输物品，或者操作机器设备。⑦采取所有必要的措施以确保其所有雇员都遵守了本法，或者在其控制之下的有机器设备的工作场所中的每个人都遵守了本法。⑧为了健康和安全采取其他必要的措施。⑨确保在受过风险培训的专业人员的全面监督下开展工作或使用机器设备，该专业人员的职责就是为了确保雇主的防范措施得到实施。⑩确保所有雇员都明知其职责范围。

（七）德国法

（1）为保证劳动者在劳动过程中的安全健康不受影响，用工者必须根据实际情况采取劳动保护所必要的措施。对劳动保护措施的效果，用工者有责任进行检查，必要时须使之适应变化的情况。用工者必须尽力做好劳动者的劳动安全卫生保护工作。

（2）为了制定和落实劳动保护措施，用工者必须根据劳动者所从事的工种及劳动者的人数建立适当的劳动组织并为其提供必要的经费；采取有效办法，以保证必要时能使保护措施落实到所有工作中和工作领导部门，同时使劳动者能够尽其协助的责任。

依据本法规定所采取的劳动安全卫生保护措施费用，用工者不得让劳动者承担。

（3）用工者在制定劳动保护措施时必须从下面的一般原则来考虑：①必须尽可能地避免因工作给劳动者的生命和健康造成危害，要使潜在的危害保持在最低程度。②必须清除危险根源。③制定措施时必须考虑技术状况、劳动医疗卫生条件和其他有把握的劳动科学知识。④措施须有目标的制定，要将技术、劳动组织、其他劳动条件、社会关系和环境对劳动场所的影响等诸因素合理地结合起来考虑。⑤个别保护措施放在其他措施之列。⑥考虑需要特殊保护的劳动群体面临的特别危险性。⑦必须给予劳动者适当的指示。⑧直接或间接地按性别所做的专门规定必须是从生物学方面考虑是必需的。

（4）用工者评定劳动条件：①必须从对劳动者所做工作有关的危害性评定中掌握，哪些劳动安全卫生保护措施是必需的。②必须按劳动者的工种类别进行评定。③评定造成危害的下列因素：劳动场所和工作岗位的设置；物理、化学和生物的影响；劳动用具特别是劳动材料、机械仪器和设备的结构设计、选型和使用以及周围的环境条件；劳动方式和加工工艺、工序和工作时间的设计以及几者之间的协调；劳动者的工作熟练程度和对其需进行指导。

（5）用工者建立档案资料：①必须按照劳动者的工种和人数建立必要的档案资料，从该资料中须能清楚地看到危害性评定的结果、由他所决定的劳动安全保护措施和他对保护措施检查的结果。如果在其他法规中没有其他规定，有10名或不足10名劳动者的用工者，不适用此条规定；但如果危害情况属于特别严重的，行政主管部门可规定，用工者必须有可提供的资料。②必须掌握企业内某一劳动者因事故死亡或严重受伤面临死亡危险或3天以上完全不能或部分不能上班劳动之情况。

（6）用工者布置任务：在向劳动者布置任务时必须按工种考虑劳动者胜任与否，必须要求他们在执行任务过程中遵守劳动安全卫生保护方面所必须注意的规定和措施。

（7）若干用工者之间的合作：①如果若干个用工者所负责的劳动者在一个劳动场所从事劳动，用工者之间在执行劳动安全健康保护规定方面必须进行合作。如果这种合作对劳动者在劳动过程中搞好劳动安全健康保护是必需的，用工者要按工种相互告知和重点告知自己的人员注意与劳动有关的安全健康方面的危险，并协调一致采取防止危险的措施。②用工者必须按照工种弄清在自己企业里劳动的其他用工者的人员，在这里劳动期间确实已得到了安全健康危险方面的教育和适当的指导。

（8）用工者对特别危险作业的职责：①必须采取措施，以保证只有事先受过适当教育的人员才能进入特别危险的工作场所。②必须采取可行措施，使所有受到直接严重危险或可能受到严重危险的劳动者知道尽早脱离这种危险或执行现有的或该采取的保护措施。在自己或他人的安全面临直接严重危险时，如果主管负责人不能赶到现场，劳动者必须能够自己采取适当的防止危险和伤害的措施。对此，用工者必须考虑到劳动者这方面的知识和现有的技术手段。劳动者自行处理险情不得遭受非议（责备），除非他们是故意的或过于疏忽大意采取了不适当的做法。③必须采取措施，防止劳动者在面临直接严重危险时马上离开工作岗位而可能带来的安全问题。不得因此而责备劳动者。如果控制住了这种直接危险，用工者在有充分的理由情况下，才允许要求劳动者复工。

劳动者所负有的公共安全防范危险的义务和士兵法所规定的义务不变。

（9）用工者急救和其他紧急措施职责：①必须根据劳动者的工种、人数和劳动场所，采取必要的急救、灭火和人员疏散措施。同时还必须考虑到其他的在场人员。此外，还必须关心在紧急情况下所必要的对外联系渠道，特别是同急救单位、药品紧急供给部门、救护和灭火单位的联系情况。②用工者必须指定某些劳动者接受急救、灭火和人员疏散任务。所指定人员的数量、培训和装备必须根据劳动者的人数和实际存在的特别危险程度适当掌握。指定人员之前，用工者须征求职工代表委员会的意见。该组织所具有的参与权不受本法影响。

（10）劳动医疗预防性体检职责：为了劳动者在劳动过程中的安全与健康，用工者必须视劳动的危害程度，在不影响按其他法规履行义务的情况下定期安排劳动者进行劳动医疗体检。不得以有劳动条件评定和采取的保护措施为由，不顾劳动可能造成的健康危害。

（11）劳动安全保护指导职责：①用工者有责任在其工作时间内对劳动者在劳动安全卫生保护方面多进行适当的指导工作。指导工作包括专门到劳动者的工作岗位或执行任务的地方给予指示或解释。当工作有变化、采用新的劳动工具或新的工艺时，用工者须在工作开始之前对劳动者作指导。指导的内容必须与危险发生的根源结合起来，必要时应重复讲解。②借用劳动者时，借用方负责指导义务。作指导时借用方须根据被借用者的工作熟练程度和经验来进行。出借方的其他劳动保护义务保持不变。

（12）听取公共服务劳动者的汇报和意见。①公共服务劳动者，在开始工作之前和工作范围改变时，必须汇报他们在劳动过程中可能面临的安全卫生危险和防止这种危险所需要的措施和劳动保护用品，同时汇报采取措施的落实情况。②如果公共服务性单位没有劳动者代表，用工者必须倾听劳动者对所有劳动保护措施的意见，从中了解将对劳动者的安全健康产生的影响。

（八）日本法

（1）企业主必须遵守为防止劳动灾害而规定的最低基准，必须实现舒适愉快的作业环境和改善劳动条件，必须对国家实施有关防止劳动灾害的对策予以合作。

（2）雇主应在切实合理可行的限度内，使每位雇员都熟悉其工作或生产、加工、使用、处理、储藏、运输的物品或者被要求或准许使用的机器设备所存在的健康安全危害，以及针对这些危害所应当采取的防范措施。

（3）雇主应通知相关健康安全代表，将要进行特定的检查、调查或监察员通知的正式调查，以及他将依据本法申请免责的情况。

（4）当工作场所或部门发生事故后，雇主应及时地通知对该工作区域负责的健康安全代表。

（九）俄罗斯法经验和启示

根据俄罗斯劳动安全相关法律，雇主必须遵守相关法规，采取以下OSH措施：根据相关立法，建立并遵守劳动保护与安全措施方面的公司手册与规程；告知雇员公司劳动保护与安全规范，对新雇员进行专门培训，并对全体雇员进行周期性培训；培训完毕，雇员应当在培训记录上签名，表明已经接受培训并且了解了劳动安全规范，雇主必须要保留相关的培训记录；在特定情况下要为雇员安排健康体检；参加工伤和职业病强制社会保险；对工伤事故和职业病事故依法进行企业调查；进行劳动安全管理，确保雇员遵守了劳动保护与安全规范的要求；接受并配合包括劳动检查员在内的国家有关部门与人员的劳动安全检查。

分析与结论：

中国法应学习和借鉴其他国家或地区的经验具体如下。

1．要明确几个概念的关系问题

首先应明白企业与雇主、企业负责人（含主要负责人）是有区别的。前者是组织，后两者是个人。组织的责任与个人的职责是有区别的。雇主与企业负责人也是有区别的，前者是投资者、资本者或资产者，后者是管理者或经营管理者；他们的职责也是有区别的，他们身份上的职责也可能同时是其责任或义务。企业负责人可以区分为主要负责人和其他负责人。主要负责人可能是雇主兼任的，也可能是雇员（雇工）担任或兼任的，其他负责人一般都是雇员担任的，但也可能是雇主兼任的。

雇主可能是一人，也可能是多人；雇主通常是个人，但也可能是由个人组成的雇主群体。如雇主群体是分散的个人，雇主的职责或责任、义务就会由个人行使或承担、履行；如雇主群体是被法律拟制成的一个法人（组织），比如国家、政府、公司等法人可能会以投资人的身份在另一个企业中成为雇主（角色），雇主其实质上是由若干或庞大的雇主群体组成的。

企业负责人是企业组织的负责人，此时他不是资本或资产所有者的角色，如果他是雇主兼任的，他的资本或资产者身份也应该被去除；我们应该把企业负责人看作一个纯粹的管理者群体或经营管理者群体，简称企业管理层。

企业管理层中大多数管理者是雇员担任的。雇员是由雇主而不是由企业雇佣或聘用或录用的，他们是雇员身份，但又代表雇主利益从事对雇员的管理工作和对企业组织的经营工作，他们是雇主与雇员关系的联结者。担任管理者的雇员是一个矛盾体，他们作为雇主利益代表或代言人面对其他雇员时，便具有雇主身份；他们作为雇员面对雇主时，便具有雇员身份。雇主身份与雇员身份有时候是一致的，有时候是相反的，因此，雇员管理者内心很矛盾，立场、利益也很矛盾，有时候兴奋，有时候低沉，有时候热爱雇主，有时候痛恨雇主。企业管理者应当承担管理责任，自然也包括领导责任。

企业安全生产应该区分为雇主责任和管理者（负责人）责任；雇主责任是以资产或资本为基础，管理者责任是以管理或领导为基础。所以说，前者是资产责任或财产责任，后者是管理责任或身份责任。中国法规定了生产经营单位（企业）责任和主要负责人责任（职责），并对主要负责人概念作了解释。这里区分企业责任与主要负责人职责的做法是对的，而且在对主要负责人的解释中也明确了投资人、实际人（雇主）的责任，显然也是正确的。其他国家或地区的法律通常是雇主责任，而不规定企业组织的责任，可见中国法比其他国家或地区的法律在这方面是较为周到的。

但中国法有几个不足：一是没有区分企业主体责任与投资人主体责任；二是没有规定主要负责人以外的其他负责人的责任（职责）；三是把主要负责人限定为投资人或雇主兼任的负责人，忽视了雇员兼任主要负责人的责任。

我们认为，法律应该设定企业管理层独立的职责或责任，区别于企业责任、投资人（雇主）责任。国家、政府（含地方政府）作为特殊的雇主或投资人在安全生产中也承担一定的责任，而它的有关管理或领导责任、职责则由企业管理层承担。

有些国家并没有区别企业责任和雇主责任。中国法缺少企业负责人安全卫生检查的内容，但在安全生产管理机构职责中有安全生产检查的内容。

2. 国际法责任、义务及其经验、启示

（1）雇主应每隔适当时间审查安全卫生及工作环境状况，鉴定主要问题，找出解决问题的方法，采取优先行动并评估其成果。此项职责可称为雇主审查监督制度。中国法规定企业主要负责人督促、检查制度和隐患评估制度，似有所接近，但中国法过于倾向对技术服务机构的依赖，轻视企业自己的力量。

（2）雇主应将其劳动安全政策措施及责任向工人通报，并注意语言通俗易懂。此项职责可称为雇主向工人通报制度。中国法规定了从业人员岗位安全知情权，似有所接近，但中国法倾向于作业场所、工作岗位中具体危险因素、采取应急措施等方面的知情，而不是对企业整体安全生产政策、措施和责任的知情。

（3）雇主应进行环境监督，定期检查安全卫生标准实施情况。此项职责可称为雇主环境监督和定期检查制度，这里的环境监督措施和职责在中国法中未曾出现，实际工作中有时候有些地方则采取了环境监督措施。建议中国法引入环境监督概念。环境监督事关安全已出问题。

（4）雇主应开展研究工作或了解科技发展状况，以更好地实施安全卫生措施。此项职责可称为雇主科学技术研究制度。中国法缺乏这项职责和制度。

3. 英国法经验和启示

英国法关于雇主的责任有以下几项值得学习和借鉴：

（1）雇主应提供劳动和福利设施，维护劳动环境无危害。这些"福利设施"和"劳动环境"概念是中国法缺少的，建议在适当的法律环境中引入和使用。

（2）雇主应该经常适当地修改其安全卫生方式和具体组织措施，并通知雇员。这项规定与国际公约的相关规定衔接较为紧密，中国法应借鉴。

（3）雇主应与安全代表就有关安全卫生事项进行磋商，应与雇员有效合作。安全代表是雇员的代表或专员，是雇主与雇员沟通、合作的桥梁。中国法应建立这样的磋商、合作机制，以调动、发挥广大职工的安全卫生工作积极性、主动性、创造性。中国的企业安全生产管理机构是企业的机构。不是投资人（雇主）的机构，也不是工人（雇员）的机构。安全管理人员不是投资人的代表，也不是工人的代表，因为中国的企业与投资人在法律上是被区别开来的。但企业通常被认为是投资人的企业，其管理机构也主要是受投资人支配，所以，安全管理机构及安全管理人员主要还是代表投资人，维护投资人利益，并为投资人承担责任。这里的问题是安全管理人员面对广大职工时是居高临下的管理，行使职权，而不是以职工代表的身份促进他们与投资人合作。这在性质上与英国法规定是不同的，究竟何是何非，或者殊道同果？有待法理上予以分析。

（4）雇主保证非雇员不会被强制从事危害性劳动。中国法在发包、出租制度中对承包者、承租者有资质或条件的要求，承包者、承租者也属于非雇员。照英国法规定，他们不应被强制从事危害性劳动。但英国的非雇员似并不限于承包者、承租者。

（5）个体经营者不应对其他人的安全健康造成危害。中国法没有特意对个体经营者进行规定，也没有对其他人予以安全健康保护的规定。雇主、个体经营者应将其经营方式影响安全健康的信息内容告诉相关的其他人。这是民事关系的内容，职业安全卫生法也应该强调。

4. 美国法经验和启示

美国法对雇主责任强调两点：一是要为雇员提供安全卫生的工作和工作场所，安全卫生危险就是可能造成死亡或严重生理伤害的危险。二是必须遵守根据法令颁布的职业安全卫生标准。美国法的这两点雇主责任抓住了职业安全卫生的所有问题的要害。

雇主职责有：都应把他的各项活动做出记录，妥善保存，以备部长需要时查阅；张贴公告或以其他适当的手段通知雇员其所享有的权利和应负的责任、适用的标准；对由于工作而造成的死亡、伤残和疾病，都应保持有准确的记录并定期报告；对雇员暴露在那些需要进行监控和检测的潜在有毒物质和有害物理因素下等情况保持准确的记录，每个雇员或以前的雇员能使用这种记录，查看他自己暴露在有毒物质或有害物理因素下的实际情况；立即通知正暴露在有毒物质或有害物理因素下业已超过职业安全卫生标准规定的浓度范围或限值的雇员采取防治措施。

5. 新南威尔士法经验和启示

（1）雇主应提供或保持一个不危及安全健康的设备和工作系统。这与美国法规定的安全卫生工作和工作场所有所差别。美国法着眼于工作场所，新南州法着眼于设备。但对危害性程度的要求上，两国有较大区别：美国法认为工作不应造成严重的生理伤害，新南州法认为工作不应危及安全健康。相比而言，美国法要实际一些，它主张雇主提供的工作不能严重造成生理伤害（健康），而不能杜绝轻微的、一般的生理伤害。

（2）雇主应提供或维持一个安全卫生且有适当福利设施的工作环境。这里指出了福利设施和工作环境，值得借鉴。

（3）雇主应妥当安排设备和材料的使用、处理、贮存或运输，提供使用信息资料。可见新南州法对设备和材料的安全卫生管理是特别重视的，中国法也应在此方面予以加强。

（4）新南州法还设立了雇主责任减免制度。雇员如果在使用设备或材料时没有注意到雇主提供的使用信息资料，这认为是一种不正常的使用，此时可减免雇主责任。中国法没有这项制度，但可以尝试建立。

雇主责任减免不能仅仅限于设备、材料使用信息资料的疏急，还可以列举出许多种情况，其本质是雇员的过错或失误所造成的危害性后果由其自负，即自己承担自己的损失。但无过错人造成的危害则应由雇主承担，或与过错责任人承担连带责任。

6. 南非法经验和启示

（1）雇主应尽力确保危险品安全，包括生产、加工、使用、处理、储藏和运输诸环节的安全。南非法的危险品安全制度类同于中国法。

（2）雇主应为安全卫生防范措施的运用提供财政保障。这类同于中国法的安全资金投入制度。这项制度只能是定性实施，无法定量实施，因为安全卫生财政保障或安全资金在实际中难以界定。

7. 德国法经验和启示

德国法是以用工者表示英美法系国家的雇主概念。

（1）德国法使用的几个概念近同于中国法，比如劳动保护、用工者（用人单位），劳动安全卫生、劳动者、劳动条件，劳动方式等。这也反映了中国法及其概念的历史渊源。

（2）用工者劳动保护责任和劳动者协助责任相结合。中国法强调企业主体责任，轻视从业人员协助责任。

（3）制定劳动保护措施几个值得借鉴的要素：一是潜在危害；二是危险产生的根源；三是技术现状、医疗条件、科学知识；四是劳动组织、劳动条件、社会关系、环境对劳动场所的影响；五是个别保护措施；六是特殊保护的劳动群体和特别危险性；七是性别和生物学要求。中国法对企业制定安全生产规章制度的要求没有德国法这么周到。

（4）用工者评定劳动条件制度、建立劳动安全卫生档案制度、各用工者相互合作制度、特别危险作业制度、急救和紧急措施制度、职工代表委员会制度、劳动医疗预防性体检制度、指导借用劳动者制度、公共服务单位对公共服务劳动者的保护制度等，都有助于中国法修改和完善。

8. 日本法经验和启示

（1）日本法强调了企业舒适愉快的作业环境、最低基准的遵守、对国家防止劳动灾害对策的合作，这对中国法有启示和推动意义。中国法没有关于作业环境舒适愉快的要求，没有最低基准（标准）的概念，没有使用劳动灾害概念，也不强调企业对国家政策的合作（而是强调其遵守），这些都与日本法的概论和理念有所差别。

（2）雇主应使雇员熟悉工作、物品、机器设备中存在的对健康安全的危害以及防范措施。这近同于中国法的企业告知义务、培训义务。

（3）雇主与健康安全代表的合作，或后者对前者的配合，主要是雇主要把将要进行的特定检查、调查或监察员通知的正式调查以及雇主将依据本法申请免责的情况通知给相关的健康安全代表。中国法没有健康安全代表的设置，也不强调企业与从业人员或雇主、雇员在工作中的截然分离。日本法在这里显然把健康安全代表看作是雇员的代表，因此，雇主的工作或活动需要通知他进行配合或合作。

（4）日本法中使用了有区别的企业主与雇主两个概念。

此外，我们还可以从台湾地区有关规定获得如下经验和启示：

（1）事前检查：开工前设备检查；危险性机械之制造、变更及竣工检查；其他经当局主管部门指定之检查。

（2）事后检查：一般检查；专案检查；性能检查；职业灾害检查；其他经当局主管部门指定之检查。

二、企业安全条件、卫生条件和许可

（一）中国法

《安全生产法》第17条规定：生产经营单位应当具备本法和有关法律、行政法规和国家标准或者行业标准规定的安全生产条件；不具备安全生产条件的，不得从事生产经营活动。

《职业病防治法》第4条规定：用人单位应当为劳动者创造符合国家职业卫生标准和卫生要求的工作环境和条件，并采取措施保障劳动者获得职业卫生保护。第15条规定：产生职业病危害的用人单位的设立除应当符合法律、行政法规规定的设立条件外，其工作场所还应当符合下列职业卫生要求：（1）职业病危害因素的强度或者浓度符合国家职业卫生标准；（2）有与职业病危害防护相适应的设施；（3）生产布局合理，符合有害与无害作业分开的原则；（4）有配套的更衣间、洗浴间、孕妇休息间等卫生设施；（5）设备、工具、用具等设施符合保护劳动者生理、心理健康的要求；（6）法律、行政法规和国务院卫生行政部门关于保护劳动者健康的其他要求。

《安全生产许可证条例》对几类重点行业企业、项目实施安全生产许可证制度。

（二）日本法

（1）对按法律规定得到许可证、许可、指定或登记，可附加条件，也可变更条件。

（2）条件只能是为了确实实施与该许可证、许可、指定或登记有关事项所必要的最低限度，不得对取得该许可证、许可、指定或登记的人员强加上不合理的义务。

分析与结论：

日本的许可制度包括许可证、许可、指定或登记，要求可附加条件或变更条件。日本法规定设立条件不能随意强加上不合理的义务，而必须是确实为了实施许可事项所必要的最低限度。中国法应该学习这一条，而且要对设定许可条件的规范性文件的级别有所要求。

三、企业安全生产管理机构

（一）中国法

1. 安全生产管理机构及人员

《安全生产法》第21条规定：矿山、金属冶炼、建筑施工、道路运输单位和危险物品的生产、经营、储存单位，应当设置安全生产管理机构或者配备专职安全生产管理人员。前款规定以外的其他生产经营单位，从业人员超过一百人的，应当设置安全生产管理机构或者配备专职安全生产管理人员；从业人员在一百人以下的，应当配备专职或者兼职的安全生产管理人员。

2．安全生产管理人员职责

《安全生产法》第22条规定：生产经营单位的安全生产管理机构以及安全生产管理人员履行下列职责：（1）组织或者参与拟订本单位安全生产规章制度、操作规程和生产安全事故应急救援预案；（2）组织或者参与本单位安全生产教育和培训，如实记录安全生产教育和培训情况；（3）督促落实本单位重大危险源的安全管理措施；（4）组织或者参与本单位应急救援演练；（5）检查本单位的安全生产状况，及时排查生产安全事故隐患，提出改进安全生产管理的建议；（6）制止和纠正违章指挥、强令冒险作业、违反操作规程的行为；（7）督促落实本单位安全生产整改措施。

3．安全生产管理人员特权

《安全生产法》第23条规定：生产经营单位的安全生产管理机构以及安全生产管理人员应当恪尽职守，依法履行职责。生产经营单位作出涉及安全生产的经营决策，应当听取安全生产管理机构以及安全生产管理人员的意见。生产经营单位不得因安全生产管理人员依法履行职责而降低其工资、福利等待遇或者解除与其订立的劳动合同。危险物品的生产、储存单位以及矿山、金属冶炼单位的安全生产管理人员的任免，应当告知主管的负有安全生产监督管理职责的部门。

台湾地区有关规定：

（1）雇佣劳工人数在一百人以上的事业单位，应设劳工安全卫生组织；雇佣劳工人数未满一百人者，应设置劳工安全卫生管理人员，实施自动检查。

（2）劳工安全卫生组织及劳工安全卫生管理人员的资格、任务及设置办法，由当局主管部门另定。

（二）国际公约规定

1．建议书

（1）在适当和必要情况下应采取措施促进合作，并按各国惯例设立工人安全代表、工人健康与安全委员会和（或）工人安全卫生联合委员会；在这些安全卫生联合委员会中工人的代表至少应与雇主的代表人数相等。

（2）工人安全代表、工人健康与安全委员会或工人安全卫生联合委员会或必要时的工人其他代表应该：①得到有关安全和卫生问题的足够信息，能够研究影响工人安全和健康的因素并享有提出措施建议的便利；②在人们考虑采纳新的安全和卫生的重要措施并在这些措施实施之前时能够提出自己的意见，并努力取得工人对这些措施的支持；③在人们考虑对劳动工序、劳动内容或劳动组织作任何改变而可能会对工人的安全或健康产生影响时能够提出自己的意见；④在作为工人代表或安全和卫生委员会成员履行其劳动安全和卫生方面的职责时受到保护，不被解雇或遭受损害其利益的措施；⑤能够对企业一级安全和卫生问题的决策做出贡献；⑥能够进入一切工作场所并能在工作时间和工作场所同工人就安全和卫生问题进行交谈；⑦能够自由接触劳动监察员；⑧能够对企业中就职业安全和卫生问题举行的谈判做出贡献；⑨能够带薪时间行使其安全和卫生的职责并受到同其职责有关的培训；⑩能够就安全方面的具体问题向专家献策。

（3）若企业的业务有此要求，且企业的规模使之可行，则①建立劳动诊所和安全机构，这些机构可属于一家企业，也可为几家企业所共有，或有关服务由外部机构提供；②就安全或卫生方面的具体问题向专家请教，或求助于专家对为解决这些问题而采取的措施在实施过程中进行监督。

2. 三方协商促进履行国际劳工标准公约

（1）代表性组织系指享有结社自由权利的最有代表性的雇主组织和工人组织。

（2）会员国承诺运用各种程序保证有关事宜在政府、雇主和工人的代表之间进行有效协商。程序的性质和形式应由各国在和代表性组织协商后予以确定。

（3）雇主代表和工人代表应由他们的代表性组织（如存在此种组织）自由选出。雇主和工人应以平等地位参加从事协商的任何机构。

（4）主管当局应保证承担程序给予行政支持的责任。主管当局应会同代表性组织做出适当安排，对这些程序的参加者的任何必要培训给予财务支持。

（三）英国法

每一个雇主应建立一个安全委员会。能有效地发挥职能，检查已制定的措施，以便确保雇员在劳动中的安全和健康。

（四）新南威尔士法

1. 工作场所职业健康与安全委员会的建立

（1）在一个工作场所应建立一个职业健康与安全委员会。如果在该工作场所被雇佣的人员达到20人或20人以上，且这些雇佣人员的大多数要求建立这样一个委员会，或者劳动保险管理机构指示在该工作场所建立这样一个委员会。

（2）任何这样的职业健康与安全委员会的组成、选举或委员会成员的任命，及有关委员会的建立和程序的任何其他事项，都应符合规定。职业健康与安全委员会的成员有两部分，一部分委员会成员从工作场所的雇员中选举产生，另一部分委员会成员由其雇主任命；由该委员会的成员从该委员会中选举出主席和常务委员。

最高罚款：对团体罚款 150 罚款单位，对其他情况罚款 100 罚款单位。

2．职业健康与安全委员会的职权

（1）在某工作场所建立的职业健康与安全委员会：应经常检查为保证该工作场所人员健康与安全所采取的措施；应调查该工作场所被该委员会成员或雇员认为的危及安全或健康的事件和已经引起雇主注意的事件；应努力解决任何这样的事件，如果不能，应要求监察员按相关的职业健康与安全法规对该工作场所进行监察；履行规定的其他职权。

为了解决某问题，监察员进行的监察，应在职业健康与安全委员会提出要求后立即进行。

（2）职业健康与安全委员会应拥有下列附加的职权：帮助建立相应的与其所在的工作场所有关的事故或危险状况记录制度；帮助建立安全工作的环境和工作的安全制度，并应帮助制定适合其所在工作场所的职业安全与健康政策；监督采取的措施，以保证正确地使用、维护和必要时替换被设计用来保护雇员免遭危险的设备；向雇主推荐适合于保证其所在工作场所人员安全的有效措施。

3．职业健康与安全委员会成员的权力

（1）为执行委员会的任务，享有下列规定的权力：对该工作场所进行职业健康与安全监察；获得与该工作场所有关的职业健康与安全信息；作与该工作场所有关的其他职业健康与安全方面的事情。

（2）职业健康与安全委员会应对每一位成员开展培训，以帮助其履行作为委员会成员的职责，进行这类培训和由那些人员来提供培训由指定人员来完成。规程要求提供这种培训的人员不得放弃或拒绝提供这种培训。

（3）以该委员会所确定的方式对此工作场所进行下列检查：以雇主同意的时间间隔不超过 3 个月进行例行检查；当一起事故或可能的险情引起了委员会的注意且未能消除该可能引起伤害的险情时，立即进行；在得到雇主同意的情况下随时对该工作场所进行检查；在就职前，从雇主那里得到拟议中的可能影响到该工作场所人员的职业健康与安全的变更的详细情况；获得由雇主保存的与该工作场所发生的事故和职业病有关的所有资料，以及与该工作场所使用的任何机械设备或物质的任何研究、测试或检查（这些研究、测试或检查与该场所的设备或物质所产生的健康与安全危险有关）有关的所有资料；建议雇主对在该工作场所工作的特种作业人员进行培训和教育，以消除职业健康与安全方面的危险因素；将该工作场所的任何明显的违背职业健康与安全法律的行为告知本委员会的主席和常务委员；在被选进或被指派到委员会后，尽快在雇主同意的某个时间检查和熟悉该工作场所及其雇员。

最高罚款：50 罚款单位。

（4）曾经是或现在是某职业健康与安全委员会成员的人员，不得泄露任何生产或商业秘密或工艺过程以及在行使其职权过程中所获得的信息。如违反，罚款 2000 澳元。

（五）南非法

1. 健康安全代表

（1）雇佣 20 人以上的雇主应在本法开始实施后四个月内，或在企业运营后，或在其雇员开始超过 20 人时，以书面形式为其工作场所或其部门指派一定任期的健康安全代表。（2）雇主、雇主认可的雇员代表或者雇员（若没有雇员代表时）应就健康安全代表的提名、选举、任期、后续任命等实体与程序问题诚恳协商。如果协商不成，需提交给双方认可的仲裁员仲裁，该仲裁结果是终局的。如双方在 14 天内仍不能就谁担任仲裁人达成一致，雇主应以书面形式向工业法庭庭长报告，庭长将与首席监察员磋商后指定仲裁人，该仲裁人的仲裁是终局的。只有熟悉其工作场所或其部门的工作条件和工作内容的全职雇员，才有资格被任命为该场所或部门的健康安全代表。（3）从事商业销售与办公的，每一个工作点或者每一百个员工至少要指定一个健康安全代表；从事其他工作的，每一个工作点或者每五十个员工至少要指定一个健康安全代表。如果这些雇员日常到某处报到述职，却在异地工作，则视为都在报到述职处工作。（4）如果监察员认为某一工作场所或其部门（包括雇员在 20 人及以下的场所与部门）的健康安全代表数量不足，他有权书面通知并指导该雇主达成协议，增加任命一定数量（监察员可以决定该数量）的雇员为该工作场所或其部门的健康安全代表。（5）所有与健康安全代表的任命、职能、培训有关的活动均应安排在普通工作日进行，雇员在此方面的用时均应视为履行其作为雇员的职责的用时。

2. 健康安全代表的职责

健康安全代表应在其被指派的工作场所或部门履行以下职责：

（1）检查健康安全措施的效果。（2）识别工作场所中的潜在危害和潜在重大事故。（3）与雇主合作，检查工作场所中的事故隐患。（4）调查雇员关于其工作健康和安全的投诉。（5）就上述四个事项向雇主或健康安全委员会陈述，若陈述不成，则向监察员陈述。（6）向雇主陈述工作中影响雇员健康和安全的常规问题。（7）为保障雇员健康和安全，可以以雇主同意的间隔，检查工作场所，包括任何物品，机器设备，以及安全装置。健康安全代表可以在检查前合理地通知雇主，以便他参与检查。（8）在工作场所与监察员磋商，陪同监察员检查工作场所。（9）从监察员处获取本法规定的信息。（10）为了履行上述职责，以健康安全代表的身份参加其所属的健康安全委员会的会议。（11）健康安全代表应当就其被指派的工作场所及其部门：在合理的时间检查事故现场，参与所有机车设备的检查；参加本法规定调查或正式调查；出于行使职能的合理需要，检查本法要求雇主必须保留的任何文件；陪同监察员参与检查；经雇主批准（该批准不得有不合理的保留）在技术顾问的陪同下进行检查；参加健康安全事务的内部审查。

雇主应当为健康安全代表提供约定的或者经合理要求的设备、帮助和培训，以帮助健康安全代表履行职责。

如果健康安全代表没能实施根据本法他可以或应当做的事，他不得仅仅因此原因而承担任何民事责任。

3. 健康安全委员会

（1）在工作场所已经有2名或2名以上健康安全代表的情况下，雇主应当在该处建立1个或更多的健康安全委员会，在委员会会议上和委员会共同协商如何建立、发展、促进、维持和复审各项措施以确保该工作场所的雇员健康与安全。（2）雇主可以按照以下规定决定并调整健康安全委员会成员数；若一个工作场所已经设立了一个健康安全委员会，则该处所有健康安全代表都应是委员会成员；若一个工作场所已经设立了两个或多个健康安全委员会，则该处每个健康安全代表应至少是其中一个委员会的成员；雇主提名的人员数量不应超过该委员会中健康安全代表的数量。（3）雇主应当书面指定其提名的人选并写明其决定的任期，健康安全代表同时是委员会成员，任期与确定他为健康安全代表的任期相同。（4）健康安全委员会应在需要的情况下尽可能多地举行会议，至少每三个月一次，时间地点由委员会决定；监察员也可以书面通知要求健康安全委员会在其决定的时间地点举行会议；如果某一特定工作场所百分之十以上的雇员向监察员递交了书面请求，则该监察员也应书面通知要求健康安全委员会举行会议。（5）健康安全委员会的会议程序应由委员会决定。（6）健康安全委员会可选举一个或多个具备特定健康安全知识的人作为委员会的咨询员；委员会不得授权咨询员在任何问题上参与委员会的投票表决。（7）如果监察员认为某一特定工作场所的健康安全委员会数量不足，应书面指导雇主建立足量的健康安全委员会，具体数量由监察员决定。

4. 健康安全委员会职责

（1）健康安全委员会应把其负责的工作场所及其部门中影响到人的健康安全的情况建议到雇主。如果仍无法解决问题的话，则建议到监察员；应讨论工作场所及其部门的造成人员伤病或死亡的事故，应可以将该事故书面报告给监察员；应执行法定的其他职能。（2）健康安全委员会应记录保存提交给雇主的建议，以及提交给监察员的报告。（3）如果健康安全委员会或其成员没能实施根据本法其可以或应当做的事，他不得仅仅因此原因而承担任何民事责任。（4）雇主应采取法定措施以确保健康安全委员会遵从本法制度并履行本法赋予的职责。

（六）日本法

1. 安全卫生总管理员

对规模符合政令规定的每个企业单位，企业主必须按劳动省令规定，选拔任用安全卫生总管理员，令其指挥安全管理员、卫生管理员或令其指挥管理技术事项的人员。

安全卫生总管理员管辖下列业务：（1）有关防止劳动者的职业危害或损害劳动者健康的措施。（2）有关劳动者安全卫生教育的实施。（3）有关健康检查的实施以及其他为保持、增进健康的措施。（4）有关劳动灾害原因的调查及防止再次发生的对策。（5）按劳动省令规定的为防止劳动灾害的必要的业务。

安全卫生总管理员必须由有关企业单位管辖该企业安全卫生实施的人员来充任。

2. 安全管理员

在行业和规模均符合政令规定的每个企业单位中，企业主必须按劳动省令规定，从具有劳动省令规定资格的人员中选拔任用安全管理员，令其管理各项业务中与安全有关的技术事项。

3．卫生管理员

在规模符合政令规定的每个企业单位中，企业主必须按劳动省令规定，从得到都道府县劳动基准局局长许可的人员以及其他具有劳动省令规定资格的人员中，按照该企业单位的业务划分，选拔任用卫生管理员，令其管理与卫生有关的技术事项。

4．安全卫生推进员等

在规模符合劳动省令规定的企业以及规模企业以外的每个企业单位中，企业主必须按劳动省令规定，选拔任用安全卫生推进员或卫生推进员。

5．产业医生

企业主必须按劳动省令规定，在规模符合政令规定的每个企业单位的医生中，选拔任用产业医生，令其从事劳动者的健康管理及按劳动省令规定的其他事项。

6．作业主任

企业主对高压室内作业以及为防止劳动灾害而需要进行管理的作业中符合政令规定的人员，必须按劳动省令规定，从得到都道府县劳动基准局局长许可的人员或从都道府县劳动基准局局长亲自举办的或从都道府县劳动基准局局长指定人员举办的技能讲座结业的人员中，按照该作业的划分，选拔任用作业主任，令其指挥从事该作业的劳动者及处理按劳动省令规定的其他事项。

7．安全卫生总负责人

把在一个场所中进行的一部分企业工作承包给承包人的企业主（对于承包该企业一部分工作的合同有两个以上即有两个以上承包人时，则在该承包合同中最先签订承包合同的即为合同方。以下称"甲方企业主"）中从事建筑业的及属于符合政令规定行业的其他企业（以下称"特种企业"）的企业主，当其劳动者及其承包人（当甲方企业主的有关企业工作经多次签订承包合同时，则应包括该承包人承包后的所有承包合同的当事人即承包人。以下称"有关承包人"）的劳动者在该场所进行作业时，为了防止这些劳动者在同一场所进行作业而发生劳动灾害，必须选拔任用安全卫生总负责人，令其指挥甲方安全卫生管理员，同时统管法定的各事项。但是，当这些劳动者的人数未达到政令规定的人数时，则不在此限。

安全卫生总负责人必须由该场所的统管该企业安全卫生实施的人担任。

当劳动者的总数超过政令规定的人数时，被指定的企业主必须考虑这些劳动者，为了防止这些劳动者的作业在同一场所进行而发生劳动灾害，应选拔任用安全卫生总负责人，在令其指挥甲方安全卫生管理员的同时，统管法定各事项。此时，被指定的该企业主及被指定的该企业主以外的企业主均不适用本规定。

法律规定的工作在经多次签订承包合同场合下，按规定选拔任用安全卫生总负责人的企业主应令安全卫生总负责人指挥管理技术事项的人员的同时，统管法定的各项措施。

对安全卫生总负责人的业务执行情况，以有关规定为准。此时，企业主应换用为选拔任用该安全卫生总负责人的企业主。

8．甲方安全卫生管理员

选拔任用安全卫生总负责人的企业主，是从事建筑业的以及属于符合政令规定行业的其他企业的企业主，按劳动省令规定，该企业主必须从具有劳动省令规定资格的人员中选拔任用甲方安全卫生管理员，令其管理各事项中的技术事项。

甲方安全卫生管理员应以有关规定为准。此时，企业主应换用为选拔任用该甲方安全卫生管理员的企业主。

9．安全卫生负责人

如果按这些规定选拔任用安全卫生总负责人的不是企业主，而是亲自从事该工作的承包人，那么该承包人必须选拔任用安全卫生负责人，由其与安全卫生总负责人进行联络及从事劳动省令规定的其他事项。选拔任用安全卫生负责人的承包人，必须立即把这个意向向企业主进行通报。

10．安全委员会

对行业和规模均符合政令规定的每个企业单位，企业主必须设立安全委员会，以便令其调查审议下述事项并向企业主陈述意见：（1）有关防止劳动者职业危害应采取的基本对策事项。（2）有关涉及安全方面的劳动灾害的原因及防止再次发生劳动灾害的对策事项。（3）有关防止劳动者的职业危害的重要事项。

安全委员会的委员由下列人员组成：（1）企业主从该企业单位的安全卫生总管理员或安全卫生总管理员以外的统管该企业安全卫生实施的人员或类同此标准的人员中指定的人员。（2）企业主从安全管理员中指定的人员。（3）企业主从该企业单位的有安全方面经验的劳动者中指定的人员。企业主指定第一委员以外的半数委员必须由该企业单位过半数的劳动者组成的工会以该工会名义推荐，未过半数的劳动者组成的工会则由过半数的劳动者的代表推荐。当企业主与该企业单位的过半数劳动者组成的工会之间的劳资协议有另外规定时，此规定限度即不适用。

列为第一位的委员（以下称"第一委员"）定为一人，安全委员会的主席由第一委员担任。

11. 卫生委员会

对规模符合政令规定的每个企业单位，企业主必须设立卫生委员会，以便令其调查审议下述事项并向企业主陈述意见。（1）有关防止损害劳动者健康应采取的基本对策事项。（2）有关谋求保持、增进劳动者健康应采取的基本对策事项。（3）有关涉及卫生方面的劳动灾害的原因以及防止再次发生劳动灾害的对策事项。（4）有关防止损害劳动者健康以及保持、增进健康的重要事项。

卫生委员会的委员由下列人员组成：（1）企业主从统管实施该企业安全卫生事业的安全卫生总管理员或安全卫生总管理员以外的人员或与此类似的人员中指定的人员。（2）企业主从卫生管理员中指定的人员。（3）企业主从产业医生中指定的人员。（4）企业主从该企业单位有卫生方面经验的劳动者中指定的人员。（5）企业主可指定在该企业单位中正在从事作业环境测定的任作业环境测定员的劳动者为卫生委员会的委员。

安全委员会的规定通用于卫生委员会。列为第一位的委员定为一人。

12. 健康与安全委员会

企业主必须设立安全委员会和卫生委员会时，可以设立健康与安全委员会，代替设立安全委员会和卫生委员会。

健康与安全委员会的委员由下列人员组成：（1）企业主从统管实施该企业安全卫生事业的安全卫生总管理员或安全卫生总管理员以外的人员或与此类似的人员中指定的人员。（2）企业主从安全管理员或卫生管理员中指定的人员。（3）企业主从产业医生中指定的人员。（4）企业主从该企业单位有安全方面经验的劳动者中指定的人员。（5）企业主从该企业单位有卫生方面经验的劳动者中指定的人员。

企业主可从该企业单位中正在从事作业环境测定的任作业环境测定员中指定健康与安全委员会的委员。

安全委员会和卫生委员会的规定也适用于健康与安全委员会。列为第一位的委员定为一人。

13. 对于安全管理员等的教育

企业主为了提高企业单位安全卫生的水平，对于安全管理员、卫生管理员、安全推进员、卫生推进员以及从事旨在防止劳动灾害业务的其他人员必须尽可能地给予教育、训练等或取得教育、训练的机会。

14. 政府影响

（1）都道府县劳动基准局局长为防止劳动灾害，在认为有必要时，可以就安全卫生总管理员的业务执行情况向企业主提出建议。（2）劳动基准监督署署长为了防止劳动灾害，在认为有必要时，可命令企业主增加安全管理员或解除安全管理员的职务。（3）劳动基准监督署署长在下达解除安全管理员职务的命令时，事先必须将解除职务的理由通知企业主和该安全管理员，并给予陈述意见及提出证据的机会。（4）劳动大臣为使教育、训练适当且有效地实施，应公布必要的方针，对企业主或其团体可进行必要的指导等。

分析与结论：

中国法规定从业人员超过一百人的生产经营单位应当设置安全生产管理机构；不足一百人的则配备专职或者兼职的安全生产管理人员，或者委托有相关资格的工程技术人员提供安全生产管理服务。矿山、建筑施工单位和危险物品的生产、经营、储存单位应当设置安全生产管理机构。安全生产管理人员的法定职责主要是经常性检查，处理安全问题。

中国法规定的安全生产管理机构属于企业管理机构的组成部分，安全管理人员属于企业管理层的一部分，并没有区分他们是投资人的代表，还是工人的代表。但有一点可以肯定：他们是为企业做事情，既是从业人员身份，也是投资人的利益代表。企业管理层是一个与投资人和从业人员都有牵连的相对独立的阶层。

国际法及其他国家法律可资采纳、借鉴之处。

1. 国际公约

（1）企业应设立工人安全代表、工人健康与安全委员会、工人安全卫生联合委员会；此联合委员会中工人代表至少应与雇主代表人数相等。由此可知，国际公约也把工人、雇主在企业安全卫生管理中的界限加以区别开来，且倾向于对工人阶级的支持和保护。工人安全代表的设立是国际公约内容，中国法应采纳。

（2）企业工人安全代表或委员会的职责是：研究影响工人安全和健康的因素并提出措施建议；对安全卫生重要措施、劳动工序、劳动内容、劳动组织提出自己的意见并努力取得工人的支持；履行劳动安全卫生职责时受到保护，不被解雇或利益遭受损害；能够进入一切工作场所，并在工作时间和工作场所同工人就安全卫生问题进行交谈；能够自由接触劳动监察员；与雇主就职业安全卫生问题举行谈判；履行职责时照发报酬，接受同职责有关的培训。这些职责设置很值得中国法学习，因为工人安全代表最能代表工人利益，他要比中国的工会更为专业和强势。

（3）企业应建立劳动诊所和安全机构。这里的安全机构可能类似于中国法的安全生产管理机构。但它与工人健康与安全委员会及工人安全代表的关系怎么处理？尚未可知，有待解释。

（4）建立政府、雇主与工人代表有效协商机制，保证有关事宜运用各种程序进行协商后确定。中国法缺少这种机制，以后要贯彻国际公约的这一原则精神。

（5）雇主、工人在参加协商机构时地位平等，雇主代表、工人代表应由其代表性组织自由选出。中国法律应强调这个价值观和原则，尽力扭转实际中存在的工人地位卑微之状况。

国际公约还规定主管当局应为三方协商机制、协商程序的贯彻、落实提供行政支持、财务支持。这也应为中国法所采纳。

2．英国法经验和启示

每一个雇主应建立一个安全委员会，其职责是检查已制定的措施，确保雇员安全健康。此机构及其职责的详情尚未可知，有待弄清。

3．新南威尔士法经验和启示

（1）在工作场所建立职业健康安全委员会，条件是该工作场所雇员达到20人以上，且大多数雇员有此要求或劳动保险管理机构有此指示。这种规定的特点是工作场所设立健康安全组织，且体现保险机构对企业健康安全工作的介入。委员会成员分两部分：一部分由雇员选举产生，另一部分由雇主任命。问题：雇主任命的成员来自哪里？为什么要把健康安全组织建立在工作场所？一个企业有许多工作场所，难道要设许多个健康安全委员会？此制度似有问题。它的委员会没有下设日常机构。

（2）职业健康安全委员会职权：经常检查工作场所健康安全措施；调查和解决该工作场所危及安全或健康的事件和引起雇主注意的事件；遇到不能解决的问题时，要求监察员依法对该工作场所进行监察，监察员应在委员会要求后立即进行。从这里可以看出雇员、雇主、政府三方的工作协调关系机制，很值得中国法学习。他们是以企业自我管理为主导，政府为辅助，雇员对雇主予以配合。

职业健康安全委员会附加职权是：帮助建立事故或危险状况记录制度和工作环境或工作安全制度；帮助制定职业安全健康政策；监督安全卫生设备使用、维护和替换措施的执行或遵守；向雇主推荐有效的安全措施。这些附加职权也值得中国企业安全生产管理机构借鉴。

（3）职业健康安全委员会成员在任或离任时不得泄露在行使职权中获得的生产或商业秘密、工艺过程及其他有关信息。中国法对企业安管人员没有规定此类义务。

（4）新南州法把违法的罚款责任分设在每一条款之下，是比较有特点的。

4．南非法经验和启示

（1）健康安全代表选举、任命

南非法要求在20名以上雇员的工作场所或部门设立健康安全代表，而新南州法是设立健康安全委员会。相比之下，南非法较为合理。南非法设立仲裁员裁决雇主雇员纠纷制度值得中国法学习。仲裁员是主雇双方认可的，也应是常设或非常设的，这也值得学习。

南非法还规定主雇双方在14天内不能就仲裁员达成一致，雇主应向工业法庭报告，由庭长与首席监察员磋商指定仲裁员（终局）。这个工业法庭的最终保障性裁决制度和程序，很值得中国法学习。中国法没有处理好企业、从业人员、安管人员、纠纷、仲裁、法院之间的关系，没有发挥仲裁、法院在安全生产工作或事务处理中的功能和作用。

南非法规定从事商业销售和办公的，每一个工作点或者每100个员工应至少指定一名健康安全代表；从事其他工作的，每一个工作点或者每50个员工应至少指定一名健康安全代表。这种有区别的行业专业健康安全代表制度是比较符合实际情况的。

中国法的安全生产管理机构和安管员制度打破了雇主、雇员的界限，似符合中国情况。

（2）健康安全委员会

南非法规定雇主应当在已有2名以上健康安全代表的工作场所建立一个或更多的健康安全委员会。这说明一个企业可能有若干个健康安全委员会。这种以工作场所为单位建立健康安全组织的做法可能不适合中国的情况。

南非法规定健康安全代表是委员会成员。委员会至少每三个月举行一次会议，监察员（政府）也可以通知要求其举行会议。监察员应指导雇主建立足够数量的健康安全委员会。整体看来，委员会是雇员的组织，但受雇主、监察员（政府）支配或指导，这样能发挥雇员自我进行健康安全管理的功能或能力。

我们从委员会职责或职权上可以理解其运行机制：委员会应把负责的工作场所及其部门的健康安全情况建议给雇主，如果问题得不到解决则建议给监察员；讨论伤病或死亡事故（不叫安全事故或卫生事故），将事故报告给监察员。由此可知，委员会作为工人自我管理组织，还是要依靠雇主、政府最终来解决问题。但不知为什么委员会还能讨论事故问题，待解。

5. 德国法经验和启示

（1）德国法规定企业是生产安全的最终义务承担人，也是生产安全管理的直接责任人。法律并不规定企业具体应当采取什么样的管理体系，但对企业必须建立什么样的安全管理机构及体制则做了详细规定。

德国法也规定了雇员超过 20 人的企业应依法建立劳动保护委员会。

雇主负责企业的劳动保护工作，其主要职责是督促实施国家关于劳动保护的法律法规和事故保险合作社制定的事故预防规定，普及公认的安全技术、劳动医学、劳动卫生以及其他劳动科学知识，确保雇员的安全健康。

雇主必须依法雇佣具有相应资格的现场安全员、劳动安全专员和企业医生。他们只发挥顾问和支持作用，没有决定权和命令权。

（2）《劳动安全法》规定了劳动安全专员和企业医生的任务。第 122 号《劳动安全员》和第 123 号《企业医生》分别对劳动安全专员和企业医生必须具有的专业知识作了统一规定，并根据各个行业和各种危害的特点，对雇佣劳动安全专员和企业医生的时间长短和时间安排作了不同规定。其中，企业医生的任务是在劳动保护和事故预防涉及的有关健康保护的所有问题上向雇主提供支持。劳动安全专员的任务是在劳动保护和事故预防涉及的有关劳动安全（包括使劳动更加符合劳动者的要求）在所有问题上向雇主提供支持。企业医生和劳动安全专员的任务有许多共同之处，但各自又有不同的侧重点。

（3）企业雇员委员会。企业医生和劳动安全专员的具体人选必须得到企业雇员委员会的同意。企业医生、劳动安全专员应向企业雇员委员会通报劳动保护和事故预防的情况，及向雇主所提建议的内容，并根据企业雇员委员会的要求提供相应咨询。

现场安全员的任命必须取得企业雇员委员会的同意。这里可以看出，企

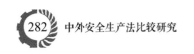

业雇员委员会是个很好的组织，值得中国法学习、借鉴。

（4）企业里还有大量经过培训的急救人员，以保证事故发生后及时采取有效的急救措施。事故保险合作社要求所属的企业应让尽可能多的雇员参加由事故保险合作社或其他中介组织举办的急救培训，培训费用由事故保险合作社承担。

（5）雇员在劳动保护和事故预防方面的职责主要是遵守各种规定和雇主的指示；正确使用个人防护用品；在来不及报告的情况下消除事故隐患。

6．日本法经验和启示

（1）安全卫生总管理员。

规模企业必须选拔任用安全卫生总管理员，指挥安全管理员、卫生管理员以及管理技术人员。其业务是：管辖职业危害或损害健康的预防措施；实施安全卫生教育；实施健康检查及保持、增进健康的措施；调查劳动灾害原因，采取防止对策；其他必要的业务。总管理员必须由企业安全卫生管理人员担任。这种设置类同于中国正在拟议中的大企业安全总监制度。但日本法规定总管理员能够调查劳动灾害，则不符合中国法律精神。日本总管理员是由企业内人员担任，不同于中国拟议中的安全总监派驻制。安全总监制度似无必要设立，因为中国企业通常都设有管安全的行政副职和技术副职。

日本法把规模企业概念运用于职业安全卫生法中，是很有意义的。中国法没有此概念。

（2）安全管理员和卫生管理员。

日本法规定特定行业规模企业的企业主必须从有资格人员中选拔任用安全管理员，管理安全技术事项。这类似于中国的企业安全生产管理机构和安全生产管理员制度。企业主大概等同于中国企业的主要负责人，有时候由投资人或雇主兼任，但不完全等同。

卫生管理员是规模企业设置的，由企业主从劳动基准局许可人员以及其他资格人员中选拔任用，管理卫生技术事项。该制度的适用无行业限定。中国法缺少卫生管理员制度，应予以补上。日本法有关机构人员制度的建立是以企业规模为标准的，值得中国法学习。

（3）安全卫生推进员和产业医生。

规模企业以及规模企业以外的企业应选拔任用安全卫生推进员和卫生推进员。规模企业还应在医生中选拔任用产业医生，管理健康及其他相关事项。

（4）作业主任。

高压室内作业以及其他需要进行劳动灾害管理的作业应当设置作业主任，指挥作业者，处理其他相关事项。作业主任由企业主从劳动基准局许可人员、技能讲座结业人员中选拔任用。作业主任制度可能类同于中国的班组长制度，但后者较为宽泛。

（5）建筑承包作业安全卫生总负责人、甲方安全卫生管理员和承包人的安全卫生负责人。

甲方企业主与承包人的劳动者在同一场所进行作业时，甲方企业主应选拔任用安全卫生总负责人，指挥甲方安全卫生管理员，并统管各事项。此规定适用于劳动者总数达到政令规定人数以上的建筑业以及政令规定的行业企业。这项制度体现了发包人对安全卫生工作承担责任的理念和精神主线。承包人应选拔任用安全卫生负责人，负责与甲方安全卫生总负责人进行联络并从事其他安全卫生事项。这种规定强调了承包人承担的责任。

（6）安全委员会、卫生委员会或者健康与安全委员会。

特定行业的规模企业必须设立安全委员会。其职责是：调查审议职业危害基本对策、劳动安全灾害原因及防止对策和其他重要事故，并向企业主陈述意见。其组成人员是：从安全卫生总管理员、安全卫生实施人员或类同此标准的人员、安全管理员、有安全经验的劳动者中由企业主指定，或由工会推荐，或由劳资协议约定。列为第一位的委员任主席。可见，企业主对委员会具有一定的成员支配权。

规模企业（不限行业）应设立卫生委员会。其职责是：调查审议防止健康损害基本对策、保持和增进健康的基本对策、劳动卫生灾害原因及防止再生对策和其他重要事项。其组成人员是：从安全卫生总管理员、安全卫生实施人员或类似人员、卫生管理员、产业医生、有卫生经验的劳动者、作业环境测定员中由企业主指定，或由工会推荐，或由劳资协议约定。列为第一位的委员任主席。

企业必须设立安全委员会和卫生委员会时，可以设立健康与安全委员会代替它们。

日本的企业健康与安全委员会是一个调查、审议、建议机构，但不知它与安全卫生总管理员及管理员是什么关系？或许互不隶属，各有其职，但有关联。

从上列机构设置、人员配备上看，日本法在企业安全卫生管理机构方面的制度是比较完备的，比其他任何国家都强，应该被移植到中国法中来，也应该符合中国企业情况。比如，日本法对雇主与企业主进行了区分和关联，当雇主进入企业时即成为企业主，这就比较适合中国企业情况。当国家是雇主（投资人）时，它派遣于企业的管理人或领导人则成为企业主。企业主有企业主的责任和职责，雇主或投资人也有自己的责任和职责，应该是两个主体责任和职责。

日本法还规定了企业安全卫生管理人员、推进人员及其他业务人员的知识技能教育、训练方面的制度。中国法应该把教育培训中的培训二字改为训练，训练专针对技能或操作，这是中国企业及其从业人员所缺乏的。这个概念能克服中国培训领域长期以来存在的诸多弊端。

（7）政府对企业安全卫生管理机构的监督和影响。

劳动基准局在认为必要时可以就安全卫生总管理员的业务执行情况向企业主提出建议；劳动基准监督署在认为必要时可命令企业主增加安全管理员或解除安全管理员职务（必须事先通知理由和给予陈述意见、举证机会）；劳动大臣公布教育、训练方针，并指导企业教育、训练。这样看来，日本的政府主管部门对企业的权力渗透比中国的还要深刻。而且，日本在劳动及其安全卫生监察方面实行两套体制即劳动基准体制和劳动基准监督体制并行的制度，但尚不知可否给中国法予以借鉴。

此外，我们还可以从我国台湾地区有关规定获得如下认同：

台湾地区有关规定事业单位平时雇佣劳工一百人以上者，应设劳工安全卫生组织；未满一百人者，应置劳工安全卫生管理人员，实施自动检查。这与大陆法类同。

四、安全生产资金投入

中国法规定了企业安全资金投入制度，其他各国法并没有相关制度。但中国法的此项制度在实际中落实得不好，甚至无法区分生产资金与安全资金。《职业病防治法》也规定了卫生资金投入制度。此外，中国法安排用于配备劳动防护用品经费和提供劳动防护用品的这两条规定是重复的，应予以合并。

中国法规定如下：

1. 安全生产资金投入保证及责任

《安全生产法》第20条规定：生产经营单位应当具备的安全生产条件所

必需的资金投入，由生产经营单位的决策机构、主要负责人或者个人经营的投资人予以保证，并对由于安全生产所必需的资金投入不足导致的后果承担责任。有关生产经营单位应当按照规定提取和使用安全生产费用，专门用于改善安全生产条件。安全生产费用在成本中据实列支。

2. 劳动防护用品、安全生产培训经费保障

《安全生产法》第42条规定：生产经营单位必须为从业人员提供符合国家标准或者行业标准的劳动防护用品，并监督、教育从业人员按照使用规则佩戴、使用。第44条规定：生产经营单位应当安排用于配备劳动防护用品、进行安全生产培训的经费。第25条规定：生产经营单位接收中等职业学校、高等学校学生实习的，应当对实习学生进行相应的安全生产教育和培训，提供必要的劳动防护用品。学校应当协助生产经营单位对实习学生进行安全生产教育和培训。

3. 职业病防治资金投入保障

《职业病防治法》第21条规定：用人单位应当保障职业病防治所需的资金投入，不得挤占、挪用，并对因资金投入不足导致的后果承担责任。

分析与结论：

外国法未对安全生产资金投入问题进行规定。

五、承包租赁与劳务派遣

（一）中国法

（1）《安全生产法》第46条规定：生产经营单位不得将生产经营项目、场所、设备发包或者出租给不具备安全生产条件或者相应资质的单位或者个人。生产经营项目、场所发包或者出租给其他单位的，生产经营单位应当与承包单位、承租单位签订专门的安全生产管理协议，或者在承包合同、租赁合同中约定各自的安全生产管理职责；生产经营单位对承包单位、承租单位的安全生产工作统一协调、管理，定期进行安全检查，发现安全问题的，应当及时督促整改。

（2）《安全生产法》第25条规定：生产经营单位使用被派遣劳动者的，应当将被派遣劳动者纳入本单位从业人员统一管理，对被派遣劳动者进行岗位安全操作规程和安全操作技能的教育和培训。劳务派遣单位应当对被派遣劳动者进行必要的安全生产教育和培训。

（3）《安全生产法》第58条规定：生产经营单位使用被派遣劳动者的，被派遣劳动者享有本法规定的从业人员的权利，并应当履行本法规定的从业人员的义务。

（4）《职业病防治法》第86条规定：劳务派遣用工单位应当履行本规定规定的用人单位的义务。

台湾地区有关规定：

（1）事业单位以其事业招人承揽时，其承揽人就承揽部分负本规定所定雇主之责任，并应接受原事业单位之指导；再承揽者亦同。

（2）事业单位交付承揽或再承揽时，对其所订立之承揽工作契约，不得有损于劳工安全卫生之条件。

（3）事业单位与承揽人、再承揽人分别雇佣劳工共同作业时，应由原事业单位指定安全卫生负责人员，担任统一指挥及协调工作。

（4）二个以上事业单位共同承揽工程时，应互推一个为代表人，该代表人视为该工程之事业雇主，负统一防止职业灾害之责任。

（5）事业单位以事业之全部或一部分交付承揽时，应于事先告知该承揽人有关其事业工作场所环境、危害因素及依本法及有关安全卫生规定应采取之措施。承揽人就其承揽之全部或一部分交付再承揽时，承揽人亦应依此规定告知再承揽人。

（6）承揽人或再承揽人于承揽时，应即指定劳工安全卫生管理人员，实施自动检查及与原事业单位指定之劳工安全卫生负责或劳工安全卫生指导人员联系。

（7）事业单位以其事业之全部或一部分交付承揽或再承揽时，应指定具有劳工安全卫生管理人员资格者，就下列安全卫生措施予以指导。①承揽人或再承揽人应采取之安全卫生措施。②与承揽人或再承揽人指定之劳工安全卫生管理人员密切保持联系。③协调事业单位与承揽人或再承揽人间之安全卫生事项。④安全卫生教育与管理。⑤预防职业灾害。⑥其他本规定及有关安全卫生规定及当局主管部门之规定事项。

（8）事业单位、承揽人及再承揽人分别雇佣劳工共同作业时，应分别指定劳工安全卫生管理人员实施自动检查，并受原事业单位指定之安全卫生负责人之指导与协调。指导与协调准用前条之规定。

（9）劳工安全卫生管理人员、指导人员，以及指定之劳工安全卫生负责人，应由事业单位雇主负责报请当地主管机关核备。

（10）代表人未能推选者，原事业单位应予协调。代表人应由原事业单位雇主负责人请当地主管机关核备。

（二）日本法

1. 甲方企业主应采取的措施等

（1）甲方企业主为使有关承包人及有关承包人的劳动者在有关工作中不违反本法规定或根据本法下达的命令中的规定，应进行必要的指导。（2）甲方企业主认为有关承包人及有关承包人的劳动者在有关工作中违反本法规定或根据本法下达的命令中的规定时，应做出必要的指示，加以纠正；接到指示的承包人及其劳动者，必须服从该指示。

2. 特定甲方企业主等应采取的措施

（1）特定甲方企业主为防止其劳动者及有关承包人的劳动者因在同一场所作业而引起劳动灾害，必须采取与下列事项有关的必要措施：设立协商组织、开展协商活动；建立与调整作业之间的联系；巡视作业场所；为有关承包人向劳动者进行的安全卫生教育提供指导和帮助；对属于按劳动省令规定的工作场所进行的每项工作经常处于变动状态的行业企业，其特定甲方企业主要制定与工程工作有关的计划及与作业场所配置机械、设备等有关的计划；其他为防止有关劳动灾害的必要事项。（2）特定甲方企业主以外的特种企业工作的发包人（不是从别人转包，而是直接签承包，下同）把在同一场所进行的特种企业工作转包给两个以上承包人的场合下，按劳动省令规定，当与该工作有关的两个以上承包人的劳动者在该场所进行作业时，必须从既是承包人又是自身承担该工作的企业主中指定一个人负责。特定甲方企业主以外的承包者中，把特种企业的全部工作承包下来者，也要像上述那样在两个以上承包该工作的承包人中指定一个人作为应该按规定采取措施的人员。未按本规定指定人员时，由劳动基准监督署署长指定规定的人员。（3）当按本规定指定人员时，该被指定的企业主必须对在该场所从事该工程作业的所有劳动者采取规定的措施。在这种场合下，对被指定的有关企业主及被指定的有关企业主以外的企业主来说，本规定是不适用的。

3. 所有有关的劳动者应采取的措施

甲方企业主对通过多次承包合同未完成规定工作的所有有关的劳动者，必须采取各项措施。被指定的企业主对在该场所从事该工作作业的所有有关的劳动者必须采取各项措施。

4. 建设单位应采取的措施

（1）自身承担特种企业工作的建设单位，将在该施工场所的建筑物、设备或原材料（以下称"建筑物"等）交付其承包人（包括该工作通过多次承包合同来完成时，该承包人的承包合同之后的所有承包合同的当事人即承包人）的劳动者使用时，为防止有关劳动者的劳动灾害，对有关建筑物等应采取必要的措施。（2）由于该企业的工作通过多次承包合同来完成。因而，对同一建筑物等应采取前款措施的建设单位必然会有两个以上，此时，对于后来签订承包合同的当事人即建设单位，前款的规定是不适用的。

5. 承包人应采取的措施等

（1）对应该采取各项措施的企业主以外的承包人来说，凡是自身承担该工作的承包人，均必须相应地采取必要措施。（2）关系到使用该建筑物等劳动者的企业主即承包人，必须根据同款规定相应地采取必要措施。（3）劳动者必须根据这些规定相应地采取必要措施。（4）承包人及劳动者必须遵从特定甲方企业主等、甲方企业主等、建设单位或承包人为确保规定措施的实施而做出的指示。

6. 机械等出租人应采取的措施

按劳动省令规定将符合政令规定的机械等出租给其他企业主的人员（以下称"机械等出租人"），为了防止租用该机械等的企业主的企业单位由于该机械等引起劳动灾害，应采取必要措施。

向机构等出租人租用机械等的人，当操作该机械等的人员不是其雇用的劳动者时，为防止由于操作该机械等引起劳动灾害，应采取必要的措施。

操作机械等的人员必须按照租用该机械等人根据该款规定所采取的措施，相应地遵守必要事项。

7. 建筑物出租人应采取的措施

将符合政令规定的建筑物出租给其他企业主的人员（以下称"建筑物出租人"）为了防止该建筑物引起劳动灾害，该建筑物出租人应采取必要的措施。但是，当该建筑物全部出租给一个企业主时，则不在此限。

8. 其他规定

将建筑工程合同甲方等工作转包给他人者，必须考虑在施工方法、工程期限等方面不得附加有损于完成安全卫生作业的不利条件。授予劳动省令的委任：上列人员必须遵守的事项均由劳动省令规定。

分析与结论：

中国法对承包、承租生产经营项目、场所、设备的单位或者个人进行了条件限制，即必须具备安全生产条件或者相应资质。中国法规定了承包、租赁安全生产管理协议制度和发包、出租方统一协调、管理制度，即生产经营项目、场所有多个承包单位、承租单位时，生产经营单位应当与承包单位、承租单位签订专门的安全生产管理协议，或者在承包合同、租赁合同中约定各自的安全生产管理职责，并对承包单位、承租单位的安全生产工作统一协调、管理。

1.从日本法获得的经验、支持和启示

（1）日本法使用了甲方、乙方概念，从而简化了各方的名称用语。比如：①甲方企业主应对有关承包人及其劳动者进行必要的指导。甲方企业主认为有关承包人及其劳动者在有关工作中违反本法规定或根据本法下达的命令中的规定时，应做出必要的指示，加以纠正；接到指示的有关承包人及其劳动者，必须服从该指示。这类似于中国法规定的发包、出租方对安全生产工作进行统一协调、管理制度。发包、出租不意味着甩包袱。②甲方企业主对同一场所作业采取下列措施也值得借鉴：设立协商组织、开展协商活动；建立与调整作业之间的联系；巡视作业场所；对有关承包人为劳动者进行的安全卫生教育提供指导和帮助；制定与工程工作有关的计划及与作业场所配置机械、设备等有关的计划；其他必要事项。

（2）首次承包人把在同一场所进行的工作转包给两个以上承包人时，必须从既是承包人又是自身承担该工作的企业主中指定一个人负责。被指定的企业主必须对在该场所从事该工程作业的所有劳动者采取规定的措施。③甲方企业主和被指定的企业主具有采取措施的权利。甲方企业主对通过多次承包合同未完成规定工作的所有有关的劳动者，必须采取各项措施。被指定的企业主对在该场所从事该工作作业的所有劳动者必须采取各项措施。

（3）建设单位将在该施工场所的建筑物、设备或原材料交付其承包人的劳动者使用时，应采取必要的措施。

（4）承包人及其劳动者必须遵从特定甲方企业主等、甲方企业主等、建设单位或承包人为确保规定措施的实施而做出的指示。其他承包人均必须相应地采取必要的措施。

（5）机械出租给其他企业主的人员应采取必要的措施。租用机械的人应采取必要的措施。

（6）建筑物出租出租给其他企业主的人员，出租人应采取必要的措施。

中国法没有日本法详细，缺少甲方措施、首次承包人职责、建筑物使用、机械出租、建筑物出租、转包限制等规定。

2. 从中国台湾地区有关规定可获得的经验、支持和启示

中国台湾地区有关规定的事业单位概念等同于我们的企业单位概念。比如：事业单位以其事业招人承揽时，其承揽人就承揽部分负本规定所定雇主之责任，并应接受原事业单位之指导；再承揽者亦同。这是对类同规定的支持。

日本法、中国台湾地区有关规定对劳务派遣问题没作规定。

六、生产商（制造商）、供应商等关联人的安全责任、职业卫生责任

（一）中国法

（1）《职业病防治法》第 28 条规定：向用人单位提供可能产生职业病危害的设备的，应当提供中文说明书，并在设备的醒目位置设置警示标识和中文警示说明。警示说明应当载明设备性能、可能产生的职业病危害、安全操作和维护注意事项、职业病防护以及应急救治措施等内容。

（2）《职业病防治法》第 29 条规定：向用人单位提供可能产生职业病危害的化学品、放射性同位素和含有放射性物质的材料的，应当提供中文说明书。说明书应当载明产品特性、主要成分、存在的有害因素、可能产生的危害后果、安全使用注意事项、职业病防护以及应急救治措施等内容。产品包装应当有醒目的警示标识和中文警示说明。贮存上述材料的场所应当在规定的部位设置危险物品标识或者放射性警示标识。

国内首次使用或者首次进口与职业病危害有关的化学材料，使用单位或者进口单位按照国家规定经国务院有关部门批准后，应当向国务院卫生行政部门报送该化学材料的毒性鉴定以及经有关部门登记注册或者批准进口的文件等资料。

进口放射性同位素、射线装置和含有放射性物质的物品的，按照国家有关规定办理。

（3）《职业病防治法》第 30 条规定：任何单位和个人不得生产、经营、进口和使用国家明令禁止使用的可能产生职业病危害的设备或者材料。

（二）英国法

1. 制造商等对在劳动中使用的物品和物质的总责任

（1）设计、制造、进口或供应在劳动中使用的物品。（a）切合实际地在设计和制造过程中做到保证这些物品是安全的，并在正常使用时对健康无损害。（b）为了履行必要责任安排有关的实验和检查。（c）采取必要步骤以保证提供有关在劳动中使用该物品的情况以及有关为此而做的设计工作和实验的正确信息，并为保证该物品投入使用时安全可靠，对健康无损害的各种必要条件的信息。（2）任何从事设计和制造在劳动中使用的物品的人，有责任做出安排进行必要研究，搞发明创造。在切合实际的情况下尽可能消除或减少对健康的损害或因设计物品可能带来的不安全性。（3）在任何房屋设施中设置和安装，在劳动中使用物品的人有责任在切合实际的情况下确保在安装过程中避免发生不安全和损害健康的事。（4）任何制造、进口或供应在劳动中使用的物质者有下列责任：（a）在尽可能切合实际的情况下，保证正确使用物质，确保安全和健康不受损害。（b）为了必须履行其责任应做出安排进行必要实验和检查。（c）为了确保安全，应采取必要步骤，以提供有关在劳动中使用该物质的正确信息，如与物质有关的实验的结果以及为保证在正确使用物质时安全可靠并不危害于健康的各种条件的信息。（5）任何从事制造在劳动中使用的物质的人员有责任做出安排，进行必要的研究，搞创造发明，在切合实际的情况下尽可能消除和减少在使用物质时可能产生的不安全和对健康的损害。（6）并不要求一名当事人对别人已做过的或他人做过的任何试验、检查和研究重复进行，为了达到这些条款的要求，依靠这些试验、检查和研究所取得的成果是合理的。（7）本法赋予任何人的责任只能扩及他在事业贸易、企业和其他事业过程中所做过的事情（无论获利与否）以及在他控制范围内的事情。（8）当某人在书面保证的基础上为其他人设计、制造、进口或提供一种物品，据此应采取特定的步骤以充分保证，在尽可能合乎实际的情况下，使该物品在正常使用时安全可靠，并且不损害健康。这种书面保证将使前者所承担的责任得到减轻，其程度视书面保证的项目而定。（9）任何人（公开的销售商人），根据租赁销售协议，有条件销售协议或贷款销售协议，向其他人（顾客）供应在劳动中使用的物品或物质时，公开的销售商应当：（a）根据这些协议，通过其他人，继续从事有关资金的交易，以获取货物。（b）通过这一交易的途径，向顾客供应物品和物质以获取利润，把通过顾客和第三者（"有效率的供应者"）作为取得资金和获利的手段。有效率的供应者和不公开的销售商，应当向顾客供应物品和物质，而所提出的责任将相应地落在有效的供应者身上，而不是落在公开的销售商的身上。（10）一种物品和物质在使用时如果没有从设计、制造、进口和供应者获得有关信息或咨询意见，将不能认为是"正常使用"。

2．除雇员外，与房屋设施有关人员的总责任

（1）本条涉及下列人员的，将对当事人产生效力：（a）并非雇主所雇佣的雇员。（b）但使用非家庭用的房屋设施作为劳动场所，或作为办工厂或存放物质的地方。为上述目的提供房屋设施及其他非家庭使用的房屋设施的人。（2）每个当事人有责任在任何情况下能控制本条适用的房屋设施，或控制任何工厂的供进出通道用的手段，或控制工厂中所存放的物质。当事人在他的工作岗位上在切合实际的情况下，应保证该房屋设施和进出通道以及其中所存放的物质均能使用，并保证不危及安全。（3）当事人按照任何合同和租赁契约，在涉及下列事情时应承担义务：（a）对本条规定所适用的任何房屋设施进行维护和修理，保持进出口通道等畅通。（b）根据本条目的，应保证任何此类房屋设施的安全并避免使用房屋设施的人们遭受危险。该当事人应根据第（2）款的目的，按承担上述义务的范围控制有关房屋设施。（4）本条款涉及控制任何房屋设施或事宜的内容，要求当事人在经营商业、企业和其他事业时应对其控制的有关的房屋设施和存放的物质进行有效管理。

3．关于人们控制有害物质从房屋设施排入大气的总责任

（1）当事人的责任是控制任何房屋设施，并使用最好的切合实际的手段以防止有害和难闻的物质从房屋设施排入大气，同时更好地使用无害和无臭味的物质。（2）在应对工厂中使用的手段和操作过程进行监督以防止有害物质污染大气。（3）任何物质或有毒的和有臭味的物质，在情况许可时都应被排除。（4）本条款有关当事人控制任何房屋设施的规定是指该当事人在经营商业、企业或其他事业（不论获利与否）应控制其房屋设施，而且本条款赋予此人的责任应扩大到他所控制的其他事宜。

4．在执行特定条款时不干扰或滥用某些事物的责任

任何人不得在执行任何有关法定条款时，蓄意或不顾后果地干涉和滥用为了安全、健康和福利而做的事情。

（三）新南威尔士法

制造商、供应商等应保证工作中使用的设备和材料的安全与卫生。

（1）术语解释或定义。

①赊销协议。指货物销售协议，即购买价或它的一部分可以分期偿付，但不是一个租买协议。②租买协议。包括：（a）租借有购买选择权的货物；（b）一个分期购买协议（无论该协议是否把这个分期偿付描写为出租或租借或其他）；但不包括在协议签订时或执行中货物交货之前任何时间的货物所有权的任何协议。③租赁协议。指除赊销协议、租买协议或销售合同以外，由货物使用人偿付使用费用的各类协议或协定。④制造。包括：（a）设计；（b）工作中使用的设备：指任何设计的人员工作中使用或操作的设备（无论是否是专用的），包括被设计用作一个零件或配件的任何物品；（c）在工作中使用的材料：指预定由人员在工作中使用的任何材料（无论是否是专用的）。⑤供给。对任何设备或材料而言，无论作为本人或他人的代理人，指通过销售、租借等方式供给设备或材料。

（2）制造或供给工作中使用任何设备和材料的人员应：①保证该设备或材料在正常使用过程中是安全的，不会对健康带来危害。②进行或安排他人进行必要的研究、测试和检查，以发现并排除减轻设备或材料可能对健康或安全造成的危害。③采取必要措施，提供有关在工作中使用该设备或材料的适当的信息：（a）关于该设备的用途和使用过程中必须保持的条件，保证使用中不危及健康和安全；（b）关于已进行的有关该材料的测试结果及其在正常使用时保证不危及健康与安全的必要条件。

（3）在任何房屋中建立或安装用于作业的设备的人员应保证，设备的建立、安装以及正常使用不会危及健康和安全。

（4）并未要求某人去重复由他人做过的任何研究、试验或检查，而只应合理应用其结果。

（5）由本条的任何规定强加给某人的要求，仅限于其所从事的贸易、商务或其他事业（无论是否有利润）。

（6）一个人基于书面约定为他人制造或供应任何设备并采取约定的步骤去充分保证，在合适的条件下和正常使用中该设备是安全的，不会危及健康。该约定应在某种程度上解除此人执行与设备有关的要求的效力。

（7）一个人（称为"名义供应商"）依据分期偿付购买协议或赊销协议向另一个人（称为"顾客"）供应任何用于作业的设备或材料，则该名义供应商：①经营依据任何这样的协议并由获得货物的人员提供资金的商务；②在该商务过程中，从第三者那里（在本款中称为"实际供应商"）获得他在供应给顾客的设备或材料中的利益，该设备或材料是由顾客提供资金而供应的。

实际供应商和非名义供应商应视为向顾客供应设备或材料的供应商。本条对供应商的任何强制性要求应落实在供应商而不是名义供应商身上。

（8）一个人（称为"名义供应商"）依据租约向另一个人（称为"顾客"）供应用于作业的任何设备，则该名义供应商：①经营依据租约由获得货物的人员提供资金的商务；②在该商务过程中，从第三者那里（在该款中称为"实际供应商"）获取他在供应给顾客的设备中的利益，该设备由顾客提供保证金而供应的；③没有对设备的实际占有权或有实际占有权但仅仅是为了把它传递给顾客。

实际供应商和非名义供应商应视为向顾客供应设备的供应商。该部分对供应商的任何强制性要求应落实在实际供应商而不是名义供应商身上。

（9）对于任何设备或材料，如果在使用中没有注意到由制造商或供应商提供的关于使用的任何信息和建议，将不属正常使用。

（10）本条规定不影响货物销售法、顾客保护法的贯彻执行。

最高罚款：对团体罚款 2500 罚款单位，对其他情况罚款 250 罚款单位。

（四）南非法

制造商等与工作中使用的特定物品有关的人员的总体义务。

（1）任何设计、制造、进口、销售或提供任何特定用品的人员，应在实践合理可靠的限度内，确保该物品在正当使用的情况下是安全无风险的，并且该物品符合所有的法定要求。

（2）在工作场所安装的物品，应在实践合理可靠的限度内，应确保其在正当使用的情况是安全无风险的。

（3）任何生产、进口、销售、提供工作物品的人应当：①在实践合理可靠的限度内确保物品在正当使用的情况下是安全无风险的。②采取必要措施确保相关人员可以获得以下信息：使用的物品，该物品的健康安全风险，在正常使用下确保该物品安全无风险的必要条件，发生此类物品事故时遵循什么样的处理程序等。

（4）当一个人向另一个人设计、生产、进口、销售或提供物品时，后者以书面形式承诺，将在切实合理可行的限度内，采取特定措施去确保这些物品符合法定要求并且对健康是安全无害的，此种承诺可以根据承诺的具体情况免除本条规定施加给前者的义务。

（五）日本法

关于机械等和有害物质的规章制度参见"设备、物品和危险源管理"一节。

分析与结论：

中国《职业病防治法》规定了很好的制度：

一是设备中文说明书、警示标识和中文警示说明制度。

生产商（制造商）、供应商向用人单位提供可能产生职业病危害的设备的，应当提供中文说明书，并在设备的醒目位置设置警示标识和中文警示说明。警示说明应当载明设备性能、可能产生的职业病危害、安全操作和维护注意事项、职业病防护以及应急救治措施等内容。向用人单位提供可能产生职业病危害的化学品、放射性同位素和含有放射性物质的材料的，应当提供中文说明书。说明书应当载明产品特性、主要成分、存在的有害因素、可能产生的危害后果、安全使用注意事项、职业病防护以及应急救治措施等内容。产品包装应当有醒目的警示标识和中文警示说明。贮存上述材料的场所应当在规定的部位设置危险物品标识或者放射性警示标识。任何单位和个人不得生产、经营、进口和使用国家明令禁止使用的可能产生职业病危害的设备或者材料。

二是化学材料进口批准、毒性鉴定、登记注册制度。

国内首次使用或者首次进口与职业病危害有关的化学材料，使用单位或者进口单位按照国家规定经国务院有关部门批准后，应当向国务院卫生行政部门报送该化学材料的毒性鉴定以及经有关部门登记注册或者批准进口的文件等资料。进口放射性同位素、射线装置和含有放射性物质的物品的，按照国家有关规定办理。

三是产生职业危害的作业转移条件限制制度。

任何单位和个人不得将产生职业病危害的作业转移给不具备职业病防护条件的单位和个人。不具备职业病防护条件的单位和个人不得接受产生职业病危害的作业。

下列国家的经验值得我国法学习、借鉴：

1. 英国法经验和启示

（1）设计、制造、进口或供应商等关联人责任值得我们学习。主要是：设计、制造、进口或供应在劳动中使用的物品，应在设计和制造过程中保证这些物品是安全的，并在正常使用时对健康无损害；应进行有关的实验和检查；保证设计工作和实验的信息正确，保证该物品投入使用时安全可靠。设计、制造商应进行必要的研究，搞发明创造，尽可能消除或减少对健康的损害或因设计物品可能带来的不安全性。

中国法未涉及物品、物质设计、制造、进口或供应商等关联人的责任。《安全生产法》应与《产品质量法》等法衔接起来。

（2）与房屋设施有关人员的责任值得我国学习。主要是：①有责任能控制房屋设施，或控制工厂的供进出通道用的手段，或控制工厂中所存放的物质；应保证该房屋设施和进出通道以及其中所存放的物质均能使用，并保证不危及安全。②应按照合同和租赁契约对房屋设施进行维护和修理，保持进出口通道等畅通；应保证房屋设施的安全并避免使用房屋设施的人们遭受危险。③在经营商业、企业和其他事业时应对其控制的房屋设施和存放的物质进行有效管理。

中国法未涉及与房屋设施有关人员的责任。

（3）有关当事人控制有害物质从房屋设施排入大气的责任也值得我们学习。

中国法未涉及有关当事人控制有害物质从房屋设施排入大气的责任。

（4）任何人在执行有关法定条款时不得蓄意或不顾后果地干涉和滥用为了安全、健康和福利而采取的措施。这条规定很重要，中国法应借鉴之。

2．新南威尔士法经验和启示

（1）制造商、供应商等应保证工作中使用的设备和材料的安全与卫生。

（2）在房屋中安装设备的人员应保证设备的建立、安装以及正常使用中不危及健康和安全。

（3）实际供应商和非名义供应商应视为向顾客供应设备或材料的供应商，对供应商的任何强制性要求应落实在供应商而不是名义供应商身上。

新南威尔士法是移植英国法的规定或文本，当然也为中国法所缺。

3．南非法经验和启示

设计、制造、进口、销售商或提供任何特定用品的人员，应在实践合理可靠的限度内，确保该物品在正当使用的情况下是安全无风险的，并且符合所有的法定要求；采取必要措施确保相关人员可以获得物品的有关信息。

南非法也是移植英国法的规定或文本，当然也为中国法所缺。

七、政府对企业的援助

（一）美国法

规定了对小商业者的经济援助政策：

（1）管理处帮助所有小商业者增加或更换设备装置，或改变经营，以求符合职业安全卫生法颁布的标准或州计划中所采用的标准。

（2）管理处可提供一定贷款（直接或与银行合作，或通过协议由其他贷款机构即时或随后提供），或保证贷款。

（二）日本法

（1）国家为使企业主能够有效地施行安全卫生教育，要在培养指导员及提高其素质方面采取措施，在完善和普及教育指导方法、提供教育资料以及充实其他必要的对策方面开展工作。

（2）为了妥善地促进实施按前两条规定的有害性调查，除了配备调查化学物质有害性的设施、提供资料及其他必要的援助工作外，还要实施有害性的调查工作。

（3）为了妥善地且有效地实施有关保持、增进劳动者健康的措施，国家要努力提供必要的资料、促进作业环境测定及健康检查实施、确保有关企业单位健康教育等指导员的设置并促进其素质提高以及其他必要的援助。国家在进行前款援助时，要特别考虑到中小型企业。

（4）为了有利于防止劳动灾害，国家对企业主搞的安全卫生设施配备、安全卫生改进计划实施及其他活动，要尽可能地在财政措施、技术建议及其他方面给以必要的帮助。国家在实行前款规定的帮助时，对中小企业主要给以特殊照顾。

（5）劳动大臣为了提高安全管理员、卫生管理员、安全卫生推进员、顾问及其他从事防止劳动灾害业务人员的素质和提高劳动者预防劳动灾害的思想，要尽可能地提供资料以及其他必要帮助。

分析与结论：

美国、日本的法律有政府对企业的援助或帮助条款，其他国家没有。

中国法应该学习美国法、日本法有关政府援助或帮助企业尤其是中小型企业开展安全卫生工作的法律政策规定，企业需要监察，更需要援助或帮助。

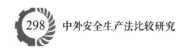

第二节 企业安全生产管理及业绩考核

一、设备、设施、物品和危险源管理、重大隐患管理

（一）中国法

1. 安全设备制造和维护、保养、检测制度

《安全生产法》第33条规定：安全设备的设计、制造、安装、使用、检测、维修、改造和报废，应当符合国家标准或者行业标准。生产经营单位必须对安全设备进行经常性维护、保养，并定期检测，保证正常运转。维护、保养、检测应当作好记录，并由有关人员签字。

2. 特种设备生产检测、检验制度

《安全生产法》第34条规定：生产经营单位使用的危险物品的容器、运输工具，以及涉及人身安全、危险性较大的海洋石油开采特种设备和矿山井下特种设备，必须按照国家有关规定，由专业生产单位生产，并经具有专业资质的检测、检验机构检测、检验合格，取得安全使用证或者安全标志，方可投入使用。检测、检验机构对检测、检验结果负责。

3. 严重危及生产安全工艺、设备淘汰制度

《安全生产法》第35条规定：国家对严重危及生产安全的工艺、设备实行淘汰制度，具体目录由国务院安全生产监督管理部门会同国务院有关部门制定并公布。法律、行政法规对目录的制定另有规定的，适用其规定。省、自治区、直辖市人民政府可以根据本地区实际情况制定并公布具体目录，对前款规定以外的危及生产安全的工艺、设备予以淘汰。生产经营单位不得使用应当淘汰的危及生产安全的工艺、设备。

4. 生产经营单位重大危险源检测、评估、监控、应急预案制度和政府备案制度

《安全生产法》第37条规定：生产经营单位对重大危险源应当登记建档，进行定期检测、评估、监控，并制定应急预案，告知从业人员和相关人员在紧急情况下应当采取的应急措施。生产经营单位应当按照国家有关规定将本单位重大危险源及有关安全措施、应急措施报有关地方人民政府安全生产监督管理部门和有关部门备案。

5．生产安全事故隐患管理制度

《安全生产法》第38条规定：生产经营单位应当建立健全生产安全事故隐患排查治理制度，采取技术、管理措施，及时发现并消除事故隐患。事故隐患排查治理情况应当如实记录，并向从业人员通报。县级以上地方各级人民政府负有安全生产监督管理职责的部门应当建立健全重大事故隐患治理督办制度，督促生产经营单位消除重大事故隐患。

6．职业病危害事故隐患管理制度

《职业病防治法》第34条规定：劳动者应当学习和掌握相关的职业卫生知识，增强职业病防范意识，遵守职业病防治法律、法规、规章和操作规程，正确使用、维护职业病防护设备和个人使用的职业病防护用品，发现职业病危害事故隐患应当及时报告。劳动者不履行前款规定义务的，用人单位应当对其进行教育。

台湾地区有关规定：

（1）雇主对于经当局主管部门指定具有危险性之机械或设备，非经检查机构检查合格者，不得使用。其使用超过定期间者，非经检查机构之再检查合格，不得继续使用。具有危险性之机械或设备之检查，当局主管部门得指定代行检查机构为之。前项代行检查机构，其资格条件、收费标准及所负责任，由当局主管部门定之。

（2）经当局主管部门指定之具有危险性机械或设备如下：锅炉；第一种压力容器；起重机；人字臂起重杆；升降机；营建用提升机；吊笼；其他经当局主管部门指定之机械或设备。危险性机械或设备之容量、检查程序、检查项目、标准及有效许可使用期限等，由当局主管部门另定之。

（3）代行检查机构，当局主管部门得斟酌实际需要，指定适当之行政机关、学术机构、事业机构或法人团体为之。

（4）工厂应为下列之安全设备：工人身体上之安全设备；工厂建筑上之安全设备；机器装置之安全设备；工厂预防火灾水患等之安全设备。

（5）工厂之卫生设备：空气流通之设备；饮料清洁之设备；盥洗及厕所之设备；光线之设备；防卫毒质之设备。

（6）雇主对下列事项应有必要之安全设施：①防止机械、器具等设备引起危害。②防止爆炸性、含毒性、发火性等物质引起之灾害。③防止电、热、能等引起之危害。④防止采石、采掘、装卸、搬运及采伐等作业中引起之危害。⑤防止原料、材料、气体、溶剂、化学物品、蒸气、粉尘、废气、废液、残渣等引起之危害。⑥防止空气缺氧、生物病原体、辐射线等引起危害。⑦防止超音波、噪音、振动、异常气压等引起之危害。⑧防止监视仪表、精密作业等引起之危害。⑨防止水患、火灾等引起危害。⑩防止因劳工工作场所及其附属建筑物等之通风、采光、照明、温度、湿度等引起之危害。⑪其他为维护劳工健康、生命安全及急救、医疗等必要之设施。

对于必要之安全卫生设施，当局主管部门应分别订定最低标准，施行事前或事后检查。

（二）南非法

（1）特定物品的禁销：对于某特定物品、机器、设备或健康安全设施或其使用、应用的规定（包括健康安全标准），除非符合规定，任何人不得以任何形式销售或经营。

（2）安全健康隐患报告：所有雇员在工作中若发现任何安全健康隐患，应立即将该情况报告给雇主或所属的健康安全代表（有些情况下该健康安全代表应当立即向雇主报告）。

（三）日本法

1. 制造许可

（1）欲从事制造符合政令规定的锅炉及必须进行特别危险作业的其他机械等（称"特种机械等"）的人员，按劳动省令规定，事先必须取得都道府县劳动基准局局长的许可。（2）都道府县劳动基准局局长在对有人申请前款的许可场合时，必须审查该申请，只有在认为申请的特种机械等的结构等符合劳动大臣规定的标准时，才能给予前款的许可。

2. 检查

（1）制造或进口特种机械等的人员、欲安装劳动省令规定期间未安装的各种机械等的人员或要重新安装以及要使用已报废的特种机械等的人员，按劳动省令规定，必须接受都道府县劳动基准局局长对该特种机械等以及与此有关的劳动省令规定事项的检查。（2）如进口特种机械等人员是外国制造该特种机械等人员（以下称"外国制造者"）以外人员（以下称"其他人员"），且该外国制造者不希望其他人员进行前款检查时，则该外国制造者可以不顾前款的规定，按劳动省令规定，接受都道府县劳动基准局局长亲自对该特种机械及与此有关的劳动省令规定事项的检查。在进行该检查的场合时，对进口该特种机械等的人员来说，本款的规定是不适用的。（3）安装特种机械等（移动式机械除外）人员、对特种机械等的劳动省令规定的部分加以变更的人员或要重新使用已停止使用的特种机械等的人员，按劳动省令规定，必须接受劳动基准监督署署长对该特种机械等以及与此有关的劳动省令规定事项的检查。

3．颁发检查证等

（1）都道府县劳动基准局局长对检查合格的移动式特种机械等颁发检查证。（2）劳动基准监督署署长对于与特种机械等的安装有关检查已合格的特种机械等，按劳动省令规定颁发检查证。（3）劳动基准监督署署长对于特种机械等的部分变更或重新使用已经检查合格的，按劳动省令规定，在该特种机械等的检查证的背面签证。

4．使用等的限制

（1）没有取得检查证的特种机械等（包括必须接受与部分变更或重新使用有关的检查，但没有取得背面签证的特种机械等），不得使用。（2）已取得检查证的特种机械等，如果不同时附带检查证，不得转让或出租。

5．检查证的有效期等

（1）检查证的有效期（检查证的有效期改变是指改变了检查证的有效期），根据特种机械等的种类，由劳动省令规定。（2）想取得改变检查证的有效期的人员，按劳动省令规定，必须接受劳动基准监督署署长或劳动大臣指定的人员（称"代行检查机构"）对该特种机械等以及有关的劳动省令规定事项进行性能检查。

6．转让等的限制

（1）需要进行危险或有害作业的，在危险场所使用的和为了防止职业危害或损害劳动者健康而使用的特种机械等以外的机械中符合政令规定的这类机械，如果不具备劳动大臣规定的规格和安全装置，则不得转让、出租或安装。（2）在工作部位上的突出物或动力传动部位和调速部位没有实施劳动省令规定防护措施的动力驱动机械等，不得转让、出租，也不得以转让或出租为目的进行展出。

7．收回或改善该机械

劳动大臣或都道府县劳动基准局局长对制造或进口特种机械等的人员在转让或出租符合下列各项中任一项该机械等场合下，可以令其设法收回或改善该机械等；对使用该机械等人员可以通知其遵照劳动省令规定事项；为防止因使用该机械等引起劳动灾害，可以令制造或进口特种机械等的人员采取必要措施。（1）违反规定打上标志或打上与该标志混淆不清标志的机械等。

（2）在规定的型式检定已合格的不具备劳动大臣规定的规格或安全装置的机械等。（3）不具备特种机械等以及进口特种机械等以外的机械等。

8．个别检定

（1）制造或进口特种机械等中符合政令规定的且考虑到其结构、性能等的机械等的人员，按劳动省令规定，必须接受劳动大臣、都道府县劳动基准局局长或劳动大臣指定的人员（以下称"个别检定代行机关"）对该机械等逐个地进行检定。（2）如进口本款的机械等人员是外国制造该机械等人员（以下称"外国制造者"）以外人员（以下称"其他人员"），且该外国制造者不希望让其他人员进行前款的检定时，则该外国制造者可以不顾前款的规定，按劳动省令规定，直接接受劳动大臣、都道府县劳动基准局局长或个别检定代行机关对该机械等逐个地进行检定。在进行该检定的场合时，对进口该机械等的人员来说，本款的规定是不适用的。（3）劳动大臣、都道府县劳动基准局局长或个别检定代行机关在遇到想要取得前两款检定（以下称"个别检定"）的人员的申请时，除非认为与该申请有关的机械等符合劳动省令规定的标准，否则不得批准该机械等为个别检定合格。（4）接受个别检定的人员，必须按劳动省令规定，对个别检定合格的有关机械等打上已合格意思的标志。（5）对个别检定已合格的机械等以外的机械等，不得打上前款的标志，也不得打上与前款标志混淆不清的标志。（6）未打上标志的机械等，不得使用。

9．型式检定

（1）制造或进口了不宜按特种机械等中的个别检定，但符合政令规定的机械等的人员，按劳动省令规定，必须接受劳动大臣或劳动大臣指定的人员（以下称"型式检定代行机关"）对该机械等的型式进行检定。但是，对该机械等中已进口的符合当前盛行的机械等，则不受此限，其型式检定按下款进行。（2）除前款规定的机械等外，对下面列举的场合，在外国制造前款机械等的人员（以下称"外国制造者"），按劳动省令规定，该机械等的型式可直接接受劳动大臣或型式检定代行机关进行检定。（a）在我国出口该机械等时。（b）进口该机械等的人员是外国制造者以外的人员（以下称"其他人员"）时，该外国制造者不希望让其他人员进行前款的检定。（3）劳动大臣或型式检定代行机关在遇到想要取得前两款检定（以下称"型式检定"）的人员的申请时，除非认为与该申请有关型式的机械等的结构、制造该机械等以及检查设备符合劳动省令规定的标准，否则不得批准该型式为型式检定合格。（4）

劳动大臣或型式检定代行机关，对型式检定合格的型式，向申请人颁发型式检定合格证。（5）接受型式检定人员，在我国制造或在我国进口型式检定已合格的机械等时，必须按劳动省令规定，对该机械等打上型式检定已合格的标志，我国进口型式检定合格的机械等的人员（限于接受该型式检定人员以外的人员）也同样适用。（6）对型式检定已合格的机械等以外的机械等，不得打上前款的标志，也不得打上与型式检定标志混淆不清的标志。（7）没有打上第5款标志的第1款文中的机械等，不得使用。

10. 型式检定合格证的有效期等

（1）型式检定合格证的有效期（型式检定合格证的有效期改变是指该改变后的型式检定合格证的有效期），根据机械等的种类，由劳动省令规定。（2）想取得改变型式检定合格证有效期的人员，按劳动省令规定，必须接受型式检定。

11. 型式检定合格证的失效

劳动大臣对符合下列情形的可以让与有关的该各项中的机械等的型式检定合格证失效。（1）认为制造型式检定已合格的型式的机械等结构或该机械等以及检查设备等不符合劳动省令规定的标准时。（2）接受型式检定的外国制造者，在我国进口该型式检定已合格的型式的机械等以外的机械等，打上标志或打上与型式检定标志混淆不清的标志时。（3）劳动大臣为确保制造样机（该机型式检定已合格）的结构和样机检查设备等的劳动者安全和健康，在认为有必要时，可令其职员进入已取得该型式检定的外国制造者的企业单位，或者进入与该型式检定有关的机械或设备等所在场所，质问有关人员，或者在检查该机械或设备等其他物件时提出理由遭到拒绝上述检查、干扰检查和回避检查时，质问有关人员。

12. 定期自主检查

（1）对于政令规定的锅炉及其他机械等，按劳动省令规定，企业主必须定期进行自主检查，并记录检查结果。（2）企业主对符合政令规定的机械，在自主检查中按劳动省令规定进行自主检查（以下称"特种自主检查"）时，必须让其使用具有劳动省令规定资格的劳动者，或者让接受登记、应他人的要求对有关机械等进行特种自主检查的人员去实施。（3）劳动大臣为了设法使自主检查适当而又有效地实施，应当公布必要的自主检查方针。（4）劳动大臣在公布了前款的自主检查方针后，如认为有必要时，可以对企业主或检查业者或这些团体，进行必要指导。

13. 指定代行检查机构

（1）按规定作出的指定（以下称"指定"），要从愿意按照劳动省令规定的每一项分类进行性能检查（以下称"性能检查"）人员提出的申请中进行。（2）对符合以下各项中一项的人员，不能作为指定的对象：（a）违反本法律或根据本法律的命令中规定，被判处罚款以上的刑罚，从该执行期满或不再执行之日算起未满两年者；（b）根据规定被取消指定的，从其取消指定日算起未满二年者；（c）在从事法人业务的官员中有符合情况的官员法人；（3）劳动大臣只有在认为申请符合劳动省令规定的标准时，才可指定。

14. 性能检查的义务等

（1）代行检查机构在接到必须进行性能检查要求时，除有正当理由外，必须及时地进行性能检查。（2）代行检查机构在进行性能检查时，必须让具有劳动省令资格的人员去实施。

15. 业务章程

（1）代行检查机构制定有关性能检查业务章程（以下称"业务章程"），必须得到劳动大臣的认可。变更该业务章程也同样办理。（2）业务章程规定的事项，应该由劳动省令来确定。（3）劳动大臣认定业务章程已经不适应公正地实施性能检查时，可令代行检查机构修改。

16. 停止和废除业务

代行检查机构未经劳动大臣的许可，不得全部或部分地停止或废除性能检查的业务。

17. 企业报告

代行检查机构必须在每个企业年度开始后三个月内，制定出该企业的年度企业报告书和收支决算书，并提交劳动大臣。

18. 检查员的选拔、任用和撤职

（1）选拔任用实施性能检查的人员（以下称"检查员"）必须经劳动大臣的认可，否则无效。（2）劳动大臣对违反本法律或按本法公布命令中的规定及业务章程时的检查员，或认为该检查员不恰当地履行其职务时，可令代行检查机构解除该检查员的职务。

19. 官员和职员的地位

从事性能检查业务的代行检查机构的官员或职员，在刑法及其他法规的适用方面，与从事公务的职员同样对待。

20．取消指定等

（1）劳动大臣对代行检查机构发展到符合情况时，必须取消其指定。（2）劳动大臣对代行检查机构发展到下列情形时，可取消其指定，或令其在6个月内规定期间全部或部分地停止性能检查业务：（a）认为不符合标准时；（b）违反规定时；（c）未按经许可的业务章程进行性能检查时；（d）违反公布的命令时；（e）违反条件时。

21．独立代行检定机构

性能检查的规定适用于独立代行检定机构。

22．型式代行检定机构

性能检查规定适用于型式代行检定机构。

23．检查业人员

（1）要成为检查业人员者，按劳动省令规定，必须在劳动省或都道府县劳动基准局处准备的检查人员名册上办理姓名或名称、住所及按劳动省令规定的注册事项。（2）符合下列各项中一项的人员，不能给予前款注册；（a）违反规定或按规定公布的命令，违反按规定公布的命令，被判处罚款以上的刑罚，从该执行期满或不再执行之日算起未满二年者；（b）根据规定被取消注册的，从其取消注册日算起未满二年者；（c）在从事法人业务的官员中有符合情况的官员。（3）由申请要做检查业人员本人注册。（4）劳动大臣或都道府县劳动基准局局长只有在认为申请符合劳动省令规定的标准时，才可进行注册。（5）企业主及其他有关人员可以要求阅览检查业人员名册。（6）检查业人员应他人要求进行特种自主检查时，必须让具有劳动省令规定资格的人员实施该项工作。（7）劳动大臣或都道府县劳动基准局局长对检查业人员发现已符合有关规定情况时，必须取消其注册，或令其在6个月内的规定期间全部或部分地停止特种自主检查业务。

分析与结论：

中国法在设备中出现了几个概念：安全设备、特种设备、危险源（重大危险源）、危险物品、危险物品的容器和运输工具等。在建设工程项目中还出现了安全设施概念。

中国法把特种设备管理分为两个部门，除了安全生产监督管理部门之外，还有一个特种设备监察局。后者只监察锅炉、压力容器、电梯、吊车、索道、大型游乐设施等设备，其余的设备由前者监督管理。这种区分不合理，只是部门利益造成的结果。

中国法在建设项目安全设施"三同时"制度中提出了安全设施概念，但未像我国台湾地区有关规定那样对其外延作出列举。

中国法给重大危险源下了定义，是指长期地或者临时地生产、搬运、使用或者储存危险物品，且危险物品的数量等于或超过临界量的单元（包括场所和设施）。这个定义还可以再全面一些，再精炼一些。这个定义把重大危险源与危险物品连接了起来。其实，任何物品都可以成为危险源或重大危险源，只要其数量、能量超过一定的限度或其组合方式不恰当。这个定义可以把"单元"二字去掉，可以把"等于或"三字去掉。有关申报制度又把重大危险源分类为贮罐区（贮罐）、库区（库）、生产场所、压力管道、锅炉、压力容器、煤矿（井工开采）、金属非金属地下矿山、尾矿库九类。这九类重大危险源中的压力管道、锅炉、压力容器又被归为特种设备，被认为是涉及生命安全，危险性较大，由特种设备安全监察局负责监管。

中国《特种设备安全监察条例》给特种设备下的定义是涉及生命安全，危险性较大的设备，包括锅炉、压力容器（含气瓶）、压力管道、电梯、起重机械、客运索道、大型游乐设施和场（厂）内专用机动车辆。这里的定义并不准确，也不全面，因为矿山开采、冶金等各类行业企业的设备有许多都涉及生命安全，危险性较大。这类设备都应由质监局监管。国家质量监督检验检疫总局制定有《特种设备目录》。

中国法给危险物品下的定义是指易燃易爆物品、危险化学品、放射性物品等能够危及人身安全和财产安全的物品。危险物品有自己的管理学，一些学校（包括公安专业、安全工程专业）开设有危险物品管理学课程。有关管理学和科学把危险物品定义为：凡具有爆炸、易燃、毒害、腐蚀、放射性等性质，在运输、装卸和贮存保管过程中容易造成人身伤亡和财产损毁而需要特别防护的物品，分为爆炸品、压缩气体和液化气体、易燃液体、易燃固体、自燃物品和遇湿易燃物品、氧化剂和有机过氧化物、毒害品和感染性物品、放射性物品、腐蚀品、杂类等，并为它们分别给以必要的定义。管理学和科学给危险物品所作的定义和分类要比安全生产法所作的全面、准确一些。国家标准为危险物品规定了名目。

中国法未给安全设备定义，但有关学术文章定义为：保障人类生产、生活活动中人身、设施免于自然、人为侵害的设备。不同行业有不同的安全设备目录，比如目前已有《民用核安全设备目录》等。国家有关部门制定的《安全生产专用设备企业所得税优惠目录》则回避使用安全设备概念。目前尚无完整、统一的安全设备目录，仅就《民用核安全设备目录》情况看，里面的设备并非完全是安全设备，有相当一部分是生产设备，比如里面的储罐、热交换器、管道和管配件、泵、电力信息传输设施、电源设备、电动机械等。任何生产设备都有安全性或安全保护、安全使用问题，因此都有安全管理问题。纯粹用于安全保障或为了保障安全的设备是比较少的，但也有一些，比如安全壳、安全阀、安全绳、安全护栏等，都可以说是安全设备或物品。

安全设备严格地应称为安全保障设备或物品，关键是它具有安全保障性功能。法律不能仅强调安全设备的制造、使用、维护、保养、检测，还要强调生产设备的安全制造、安全使用、保养、检测，最好是不要对生产设备、安全设备进行区分，而是一律地对它们的安全性问题进行规范。但从《安全生产专用设备企业所得税优惠目录》情况看，里面的专用设备还主要是针对安全而用的，或主要是产生安全功能的。比如瓦斯测试设备、预报设备、井下超前探测设备、一氧化碳检测报警仪器、烟雾传感器、发动机火警探测器、空气呼吸器等，都是产生安全的设备。照此说来，有关安全设备的法律制度也不能不建立，但问题是不能漏掉生产设备安全制度的建立。

中国法未给安全设施定义，但《危险化学品建设项目安全设施目录》则对它作了定义，是指企业（单位）在生产经营活动中，将危险因素、有害因素控制在安全范围内，以及预防、减少、消除危害所配备的装置（设备）和采取的措施。该目录还把安全设施分为预防事故设施、控制事故设施、减少与消除事故影响设施三类，具体有检测与报警设施、设备安全防护设施、防爆设施、作业场所防护设施、安全警示标志、泄压和止逆设施、紧急处理设施、防止火灾蔓延设施、灭火设施、个体紧急处置设施、应急救援设施、逃避难设施、劳动保护用品和装备十三种，每种下还有若干目。

中国法对严重危及生产安全的工艺、设备实行淘汰制度，但目前基本没有从安全角度制定各行业被淘汰的工艺设备目录，唯独井工煤矿开采行业有一个《禁止使用和淘汰的煤矿设备和工艺目录》(第一批、第二批)。但国家发改委、工信部、环保部等部门从节能、产能、环境角度分别制定了各行业被淘汰的落后设备、工艺目录，比如《部分工业行业淘汰落后生产工艺装备和产品指导目录（2010年本)》《高耗能落后机电设备（产品）淘汰目录》等。安全生产领域应加紧淘汰设备品种目录方面的研究和发布。

中国法对重大危险源实行登记建档制度、定期检测制度、评估制度、监控制度、应急预案制度、政府部门备案制度等六项制度。原国家安监总局针对危险化学品管理还制定了《危险化学品重大危险源监督管理暂行规定》。总的看,中国法对重大危险源的管理制度是比较完善的,各企业单位对这个制度的遵守和落实也是比较好的。

中国法还规定了生产经营单位的生产安全事故隐患排查治理制度和政府安监部门建立健全重大事故隐患治理督办制度,督促生产经营单位消除重大事故隐患。这是很好的制度,南非也规定了此项制度,但其他国家和地区尚无此制度。

1. 我国台湾地区有关规定的经验和启示

(1)具有危险性之机械或设备由当局主管部门指定(制定目录)。台湾地区没有像大陆一样对特种设备和安全生产领域的安全设备实行分割监察或管理,主管机关只有一个,所以好办得多,简单得多。

(2)代行检查机构由当局检查机构根据规定的资格条件、收费标准及所负责任进行指定。危险性机械或设备必须经检查机构检查合格才可使用。我国台湾地区和日本的代行检查机构没有资质级别。中国法也可以考虑取消资质制度。

(3)具有危险性机械或设备有:锅炉、第一种压力容器、起重机、人字臂起重杆、升降机、营建用提升机、吊笼,以及其他经当局主管部门指定的机械或设备。这类规定大多同于大陆特种设备安全监察局主管的特种设备。大陆应尽力把性质相同、业务相同的部门合并到一起,整合行政资源和社会资源。

(4)我国台湾地区规定了安全设备、卫生设备概念,为大陆法提供了支持。工厂有义务安装安全设备、卫生设备。安全设备分类为:工人身体上的安全设备、建筑上的安全设备、机器装置的安全设备、预防火灾水患的安全设备。从这里可知安全设备与生产主体设备或机器是可以区分的,且处于从属或辅助地位。卫生设备分类为:空气流通设备、饮料清洁设备、盥洗及厕所设备、光线设备、防卫毒质设备。从这里可知卫生设备是独立于生产主体设备或机器的。这些规定为大陆法提供了借鉴。

2. 南非法经验和启示

特定物品、机器、设备或健康安全设施或其使用、应用必须符合规定、标准。不符合规定的物品、机器、设备、设施不得销售或经营。这符合中国法有关实行安全标志的设备的销售、经营制度。这类特定的设备要实行特殊管理,但两国特定物品设备的范围可能是不同的。

3．日本法经验和启示

（1）特种设备、机械的制造许可制度。

制造政令规定的锅炉、进行特别危险作业的机械，应取得劳动基准局许可。对符合标准者，应给予许可。中国法对特种设备实行许可（审批）制度，对进行特别危险作业的机械实行安全标志制度，但审批或许可的部门和设备、机械的范围可能会有所差别。在概念上，中国法把机械归入设备。中国《安全生产法》尚未涉及制造阶段各项关系或事务，应补上。

（2）政府对特种机械制造、进口、安装实行检查制度。

制造、进口、安装特种机械，使用已报废的特种机械，必须接受劳动基准局检查。对检查合格的，颁发检查证。外国制造者可以要求局长亲自检查，拒绝其他人员检查。中国法未涉及安监部门对制造、进口、安装特种机械的检查问题，但特种设备监察部门有所涉及，范围比较狭窄。

（3）特种机械检查证制度。

没有取得检查证的特种机械等不得使用；不附带检查证的特种机械不得转让或出租。日本的使用检查证或类似于中国的设备使用检测检验合格证，所不同的是前者由政府部门颁发，后者由服务机构颁发。

（4）转让限制制度。

日本法规定用于危险作业或有害作业的机械转让、出租、安装、进口制度比较详细。中国法没有达到如此细致程度。

（5）收回或改善制度。

制造或进口特种机械在某些情况下应收回或改善。我们应该借鉴。

（6）个别检定和型式检定制度。

中国有关规章也实行安全标志制度，但应上升到法律层面。

（7）企业自主检查制度。

对于锅炉及其他政令规定的机械，企业必须定期自主检查并记录检查结果。特种机械自主检查必须由有规定资格的检查人员去实施。

（8）代行检查机构和代行检查人员制度。

劳动省从符合规定的申请人中指定代行检查机构。该机构从事性能检查业务。代行检查人员必须经劳动省认可。劳动大臣可令代行检查机构解除违法违规检查员的职务。这体现了日本政府部门对行政相对人在人事上的干预或介入程度。

二、生产场所和作业（工作）环境管理

（一）中国法

1. 安全警示标志

《安全生产法》第32条规定：生产经营单位应当在有较大危险因素的生产经营场所和有关设施、设备上，设置明显的安全警示标志。

2. 危险物品场所管理制度

《安全生产法》第39条规定：生产、经营、储存、使用危险物品的车间、商店、仓库不得与员工宿舍在同一座建筑物内，并应当与员工宿舍保持安全距离。生产经营场所和员工宿舍应当设有符合紧急疏散要求、标志明显、保持畅通的出口。禁止锁闭、封堵生产经营场所或者员工宿舍的出口。

3. 职业病危害工作场所条件

《职业病防治法》第15条规定：产生职业病危害的用人单位的设立除应当符合法律、行政法规规定的设立条件外，其工作场所还应当符合下列职业卫生要求：（1）职业病危害因素的强度或者浓度符合国家职业卫生标准；（2）有与职业病危害防护相适应的设施；（3）生产布局合理，符合有害与无害作业分开的原则；（4）有配套的更衣间、洗浴间、孕妇休息间等卫生设施；（5）设备、工具、用具等设施符合保护劳动者生理、心理健康的要求；（6）法律、行政法规和国务院卫生行政部门关于保护劳动者健康的其他要求。

台湾地区有关规定：

（1）劳工工作场所之建筑物，应由依规定登记开业之建筑师依建筑规定及本规定有关安全卫生之规定设计。

（2）工作场所有立即发生危险之虞时，雇主或工作场所负责人应即令停止作业，并使劳工退避至安全场所。

（3）在高温场所工作之劳工，雇主不得使其每日工作时间超过六小时；异常气压作业、高架作业、精密作业、重体力劳动或其他对于劳工具有特殊危害之作业，亦应规定减少劳工工作时间，并在工作时间中予以适当之休息日。

高温度、异常气压、高架、精密、重体力劳动及对于劳工具有特殊危害作业之减少工作时间与休息时间之标准，由当局主管部门会同有关机关定之。

（4）雇主委由建筑师设计工作场所建筑物时，应于事前告知建筑师有关该建筑物之使用目的、必要条件及本规定有关安全卫生规定，其有关安全卫

生之设计应经检查机构之事前检查。

工作场所负责人，系指于该工作场所中代表雇主从事管理、指挥或监督劳工工作之人员。

（二）英国法

（1）雇主有责任在房屋中配备火灾逃生设备。所有房屋设施应具有在发生火灾时供在其中劳动的雇员使用的逃生设备，这一要求在发生火灾情况下应认为是合理的。

（2）消防当局有权同健康与安全委员会共同作出安排，将本法令赋予消防当局的职能由安全卫生执行局行使（支付或不支付费用），规定执行局对那些用作劳动场所而又被指定为特殊的房屋设施行使职能。

（三）日本法

1．作业环境的维护管理

为提高企业单位的卫生水平，企业主必须尽可能地把作业环境维护管理处于舒适愉快的状态。

（1）作业环境测定。对政令规定的进行有害业务的室内作业场所及其他作业场所，按劳动省令规定，企业主必须进行必要的作业环境测定，并记录测定结果。作业环境测定必须遵照劳动大臣规定的作业环境测定标准来进行。（2）为了适当且有效地测定作业环境，劳动大臣要公布必要的作业环境测定方针。劳动大臣在公布前款的作业环境测定方针之后，认为有必要时，可以对企业主、作业环境测定机构或这些团体，就作业环境测定方针进行必要指导等。（3）都道府县劳动基准局局长认为有必要通过改善作业环境来保持劳动者健康时，可根据劳动卫生指导医生的意见，按劳动省令规定，指示企业主实施作业环境测定及其他必要事项。

2．作业环境测定结果的评价等

（1）企业主根据作业环境测定结果的评价，为保持劳动者的健康，认为有必要时，必须按照劳动省令规定，采取设置或配备设施或设备，实施健康诊断及其他适当的措施。（2）企业主在进行前款评价时，必须按照劳动省令规定，执行劳动大臣规定的作业环境评价基准。（3）企业主在进行作业环境测定结果的评价时，必须按照劳动省令规定，保存其记录结果。

分析与结论：

中国法规定了安全警示标志制度、危险物品场所安全距离和场所与宿舍出口制度、工作场所职业卫生制度。

中国法在生产场所和作业（工作）环境方面，还可从英国法、日本法，以及我国台湾地区有关规定中获取下列经验、支持和启示。

1. 英国法经验和启示

把消防安全和消防当局的部分规定恰当地放在职业安全中并进行了合并。

（1）雇主有责任在某些房屋中配备火灾逃生设备。所有房屋设施应具有在发生火灾时供在其中劳动的雇员使用的逃生设备。

（2）消防当局将有权同健康与安全委员会共同作出安排，将本法令赋予消防当局的职能由安全卫生执行局行使（支付或不支付费用），由执行局对那些用作劳动场所的特殊房屋设施行使职能。

2. 日本法经验和启示

（1）企业主必须提高企业卫生水平，尽可能地营造舒适愉快的作业环境。此目标值得中国法效法。

（2）作业环境测定及其结果评价制度。企业主必须对政令规定的进行有害作业的室内作业场所及其他作业场所进行必要的作业环境测定，并记录测定结果。

中国法尚无作业环境测定及其结果评价制度。日本法对同一个事项中的企业职责和政府职责放在同条规定的立法技术也值得中国法借鉴。

3. 我国台湾地区有关规定的经验和启示

（1）工作场所建筑物安全卫生设计制度。劳工工作场所之建筑物，应由依规定登记开业之建筑师依建筑规定及本规定有关安全卫生之规定设计。

中国法没有工作场所建筑物安全卫生设计制度。

（2）工作场所停止作业制度。工作场所面临危险，雇主或工作场所负责人应即令停止作业，并使劳工退避至安全场所。

这类同于我们的紧急避险制度，但台湾地区有关规定明确了下令停止作业的主体是雇主或工作场所负责人。

（3）在高温场所工作之劳工，雇主不得使其每日工作时间超过六小时；异常气压作业、高架作业、精密作业、重体力劳动或其他对于劳工具有特殊危害之作业，亦应规定减少劳工工作时间，并在工作时间中予以适当之休息日。

大陆法对特殊工作场所、特殊危害作业种类及其工作时间限制未作规定。

三、作业管理

（一）中国法

1. 危险作业现场安全管理制度

《安全生产法》第40条规定：生产经营单位进行爆破、吊装以及国务院安全生产监督管理部门会同国务院有关部门规定的其他危险作业，应当安排专门人员进行现场安全管理，确保操作规程的遵守和安全措施的落实。

2. 同域作业安全生产管理协议

《安全生产法》第45条规定：两个以上生产经营单位在同一作业区域内进行生产经营活动，可能危及对方生产安全的，应当签订安全生产管理协议，明确各自的安全生产管理职责和应当采取的安全措施，并指定专职安全生产管理人员进行安全检查与协调。

3. 教育和督促从业人员遵章守规

《安全生产法》第41条规定：生产经营单位应当教育和督促从业人员严格执行本单位的安全生产规章制度和安全操作规程；并向从业人员如实告知作业场所和工作岗位存在的危险因素、防范措施以及事故应急措施。

4. 放射性、高毒、高危粉尘等作业管理

《职业病防治法》第19条规定：国家对从事放射性、高毒、高危粉尘等作业实行特殊管理。具体管理办法由国务院制定。（《放射性作业管理条例》草案、《高毒、高危粉尘作业管理条例》草案正在起草）

台湾地区有关规定：

（1）雇主应依本规定及有关规定，订定适合需要之安全卫生工作守则，报经检查机构认可后，公告实施。劳工对于安全卫生工作守则，应切实遵照执行。

雇主订定安全卫生工作守则或依主管机关及检察机构通知订定有关安全卫生改善计划时，应根据本规定及其他有关安全卫生规定订定之，应征询各该事业单位工会或全体劳工二分之一以上之同意。

（2）工厂应备工人名册，登记关于工人之下列事项，并申报主管机关备案：姓名、性别、年龄、籍贯、住址；入厂年、月；工作类别、时间及报酬；工人体格；在厂所受赏罚；伤病种类及原因。

（二）国际法

国际法及建议书对同域作业进行了规定：两个或两个以上企业如在同一

工作场所同时进行活动，应相互配合实施本公约的规定。如在同一工作场所有几家企业同时进行业务活动，这些企业应进行合作，以实施职业安全、卫生和工作环境的规定，而不影响各企业对其雇用工人的健康和安全所承担的责任。在一定情况下，主管当局应规定此类合作的一般方式。

（三）日本法

1. 作业管理

企业主应当考虑劳动者健康，尽可能对劳动者从事的作业进行合理的管理。

2. 作业时间的限制

企业主对从事潜水业务以及其他产生损害劳动者健康的某些危险业务的劳动者，在安排他们从事有关业务时，不得违反劳动省令规定的作业时间标准。

3. 工程场合代表

有两个以上建筑业企业的企业主，在一个场所内以联合承包临时企业形式从事承包有关企业的工程场合时，按劳动省令的规定，必须确定其中一人为代表，并呈报都道府县劳动基准局局长。如未按规定呈报时，则由都道府县劳动基准局局长指定代表人。变更前两款的代表人，必须呈报都道府县劳动基准局局长，否则无效。

4. 气体工作物等安装人员的义务

安装气体工作物及符合政令规定的其他工作物的人员，为了防止由于该工作物发生劳动灾害应采取何种措施一事，向在该工作物所在地点或在其附近施工以及在从事其他工作的企业主求教时，企业主必须给以指教。气体工作物包括电气工作物、热力供应设施及石油管线，是指用来输送流体、气体、粉末状固体的管路和输配电网。

分析与结论：

中国法规定了作业管理的四项制度：（1）从业人员作业要遵章守规并知道风险和防范。（2）危险作业专人管理。（3）同域作业专职管理。（4）放射、高毒等作业特殊管理制度。

中国法可以从国际法、日本法，以及我国台湾地区有关规定获得下列经验、支持和启示。

1. 国际法责任、义务及其经验、启示

国际公约及其建议书对同域作业进行了规定：两个或两个以上企业如在

同一工作场所同时进行活动，应相互配合实施职业安全、卫生和工作环境的规定，而不影响各企业对其雇用工人的健康和安全所承担的责任。

中国法的同域作业安全生产专职管理制度可以看作是对国际公约的实施或贯彻，但缺少相应的同域作业卫生和工作环境管理制度。

2．日本法经验和启示

（1）建筑业企业联合承包作业代表制度。

有两个以上建筑业企业的企业主，在一个场所内以联合承包临时企业形式从事承包有关企业的工程场合时，必须确定其中一人为代表，并呈报劳动基准局。中国法未对建筑业多头承包作业进行专门规定，更未规定联合承包工程场合代表及其呈报制度。

（2）气体工作物等安装作业相邻指教制度。

安装气体工作物及符合政令规定的其他工作物的人员，为了防止由于该工作物发生劳动灾害而向企业主求教时，企业主必须给以指教。中国法未有此制度。

3.我国台湾地区的经验和启示

（1）雇主安全卫生工作守则报认和工会同意制度。

（2）工人名册备案制度。

大陆法缺少这两项制度。

四、企业安全教育和培训

此节内容与此后"职工安全知识技能（含特种作业）训练、资格"一节相连。

（一）中国法

1．企业的安全生产教育和培训义务

《安全生产法》第25条规定：生产经营单位应当对从业人员进行安全生产教育和培训，保证从业人员具备必要的安全生产知识，熟悉有关的安全生产规章制度和安全操作规程，掌握本岗位的安全操作技能，了解事故应急处理措施，知悉自身在安全生产方面的权利和义务。未经安全生产教育和培训合格的从业人员，不得上岗作业。生产经营单位使用被派遣劳动者的，应当将被派遣劳动者纳入本单位从业人员统一管理，对被派遣劳动者进行岗位安全操作规程和安全操作技能的教育和培训。劳务派遣单位应当对被派遣劳动者进行必要的安全生产教育和培训。生产经营单位接收中等职业学校、高等学校学生实习的，应当对实习学生进行相应的安全生产教育和培训，提供必要的劳动防护用品。学校应当协助生产经营单位对实习学生进行安全生产教育和培训。生产经营单位应当建立安全生产教育和培训档案，如实记录安全生产教育和培训的时间、内容、参加人员以及考核结果等情况。

2. 新工艺、新技术、新材料、新设备教育培训

《安全生产法》第 26 条规定：生产经营单位采用新工艺、新技术、新材料或者使用新设备，必须了解、掌握其安全技术特性，采取有效的安全防护措施，并对从业人员进行专门的安全生产教育和培训。

3. 特种作业人员的安全作业培训

《安全生产法》第 27 条规定：生产经营单位的特种作业人员必须按照国家有关规定经专门的安全作业培训，取得相应资格，方可上岗作业。特种作业人员的范围由国务院安全生产监督管理部门会同国务院有关部门确定。

原国家安全生产监督管理总局制定了《特种作业人员安全技术培训考核管理规定》，并附件列明了特种作业人员的范围（即电工作业、焊接与热切割作业、高处作业、制冷与空调作业、煤矿安全作业、金属非金属矿山安全作业、石油天然气安全作业、冶金（有色）生产安全作业、危险化学品安全作业、烟火药制造作业以及安全监管总局认定的其他作业）。

4. 职业卫生培训

《职业病防治法》第 34 条规定：用人单位的主要负责人和职业卫生管理人员应当接受职业卫生培训，遵守职业病防治法律、法规，依法组织本单位的职业病防治工作。用人单位应当对劳动者进行上岗前的职业卫生培训和在岗期间的定期职业卫生培训，普及职业卫生知识，督促劳动者遵守职业病防治法律、法规、规章和操作规程，指导劳动者正确使用职业病防护设备和个人使用的职业病防护用品。劳动者应当学习和掌握相关的职业卫生知识，增强职业病防范意识，遵守职业病防治法律、法规、规章和操作规程，正确使用、维护职业病防护设备和个人使用的职业病防护用品，发现职业病危害事故隐患应当及时报告。劳动者不履行前款规定义务的，用人单位应当对其进行教育。

台湾地区有关规定：

（1）雇主对劳工应施以从事工作所必要之安全卫生教育及预防灾变之训练。雇主依本规定实施劳工安全卫生教育及预防灾变训练时，应将其训练计

划、课程及内容报请当地主管机关核备。

（2）雇主应负责宣导本规定及有关安全卫生之规定，使劳工周知。雇主宣导本规定及有关安全卫生规定时，得以教育、公告、分发印刷品或集合报告等足使劳工周知之方式为之。宣导至迟应于政府公布各该规定后三个月内实施之。

（3）工厂之工人预防灾变训练义务。工厂对于工人，应为预防灾变之训练。

（二）美国法

培训和雇员教育：

（1）卫生、教育、福利部长在和部长以及相关联邦部门和机构磋商后，应直接或授权或以合同形式制定：为提供足够的合格人员以实现本法令的目的的教育方案；有关正确使用安全卫生设备和它的重要性的情况方案。

（2）部长也被授权对那些与他根据本法令所负责任有关的工作人员直接进行，或授权别人，或委托一个合同单位代为进行短期培训。

（3）部长在和卫生、教育、福利部长商议下，应制定一个方案以教育和训练雇主和雇员鉴别、避免、防止在本法令所指的不安全或不卫生的劳动情况下作业，并监督实施之；和雇主、雇员及代表他们的组织商量，并告诉他们有效防止职业伤害和职业病的方法。

（三）日本法

1．企业主安全卫生教育

（1）企业主雇用劳动者时，按劳动省令规定，必须对该劳动者开展与其从事业务有关的安全卫生教育。此规定在劳动者的作业内容变更时也适用。
（2）企业主让劳动者从事按劳动省令规定的危险或有害的作业时，按劳动省令规定，必须施行与该业务有关的安全卫生特别教育。

2．安全卫生的教育事项

企业主在其企业单位符合按政令规定的行业时，对直接指导或监督新就职工长及其他作业中劳动者的人员（作业主任除外），按劳动省令规定，必须就下列事项开展安全卫生教育。（1）作业方法的决定及劳动者的配备。（2）对劳动者的指导和监督方法。（3）按劳动省令规定为防止劳动灾害所采取的必要的事项。（4）为了提高其企业单位的安全卫生水平，企业主必须对目前正在从事危险或有害业务的人员，视其所从事的业务，尽可能地施行有关的安全卫生教育。

劳动大臣为使前款的教育适当且有效地实施，应公布必要的方针，并对企业主或其团体进行必要的指导等。

分析与结论：

中国法规定了四种安全教育培训制度：一般的安全生产教育和培训制度、新材料新工艺新设备的专门安全生产教育和培训制度、特种作业人员的安全作业培训制度、职业卫生培训制度。

中国法可以从美国法、日本法获得下列经验、支持和启示。

1．美国法经验和启示

（1）卫生、教育、福利部长在和部长以及相关联邦部门和机构共同负责培训、教育。他们磋商后，应直接或授权或以合同形式制定人员教育方案、正确使用安全卫生设备方案。

（2）部长与有关工作人员直接进行或授权别人或委托一个合同单位代为进行短期培训。

（3）部长在和卫生、教育、福利部长商议下应制定一个方案，教育和训练雇主和雇员鉴别、避免、防止不安全或不卫生的劳动情况，并监督实施；和雇主、雇员及代表他们的组织商量，告诉他们有效防止职业伤害和职业病的方法。

上列规定是各有关部门进行合作的良好范例。

2．日本法经验和启示

企业主一般安全卫生教育制度和特别的危险或有害作业教育制度：企业主雇用劳动者时，必须对该劳动者开展与其从事业务有关的安全卫生教育。此规定在劳动者的作业内容变更时也适用。企业主让劳动者从事按劳动省令规定的危险或有害的作业时，必须开展与该业务有关的安全卫生特别教育。

中国法没有规定特别的危险或有害作业教育，也没有规定政府主管部门制定方针和指导职责。日本法对教育和训练进行了区分，也值得中国法借鉴。

此外，我们还可以从我国台湾地区的有关规定获得如下经验和启示。

（1）安全卫生教育和预防灾变训练制度和报请核备制度。

台湾地区的有关规定也把教育与训练进行了区分，即安全卫生教育和预防灾变训练。还要求雇主将其训练计划、课程及内容报请当地主管机关核备，这都值得我们学习借鉴。

（2）安全卫生宣导制度。雇主应负责宣导本规定及有关安全卫生之规定，使劳工周知。

我们也规定了企业的安全生产法教育义务，但没有像台湾地区有专门规定且有具体要求。

五、建设项目安全卫生评价和安全卫生设施的设计、竣工验收、审查

（一）中国法

1. 高危行业建设项目安全评价制度

《安全生产法》第 29 条规定：矿山、金属冶炼建设项目和用于生产、储存、装卸危险物品的建设项目，应当按照国家有关规定进行安全评价。

2. 建设项目安全设施"三同时"制度

《安全生产法》第 28 条规定：生产经营单位新建、改建、扩建工程项目（以下统称建设项目）的安全设施，必须与主体工程同时设计、同时施工、同时投入生产和使用。安全设施投资应当纳入建设项目概算。

3. 高危行业建设项目安全设施设计和重点行业建设项目设计审查制度

《安全生产法》第 30 条规定：建设项目安全设施的设计人、设计单位应当对安全设施设计负责。矿山、金属冶炼建设项目和用于生产、储存、装卸危险物品的建设项目的安全设施设计应当按照国家有关规定报经有关部门审查，审查部门及其负责审查的人员对审查结果负责。

4. 重点行业建设项目施工、竣工验收制度

《安全生产法》第 31 条规定：矿山、金属冶炼建设项目和用于生产、储存、装卸危险物品的建设项目的施工单位必须按照批准的安全设施设计施工，并对安全设施的工程质量负责。矿山、金属冶炼建设项目和用于生产、储存危险物品的建设项目竣工投入生产或者使用前，应当由建设单位负责组织对安全设施进行验收；验收合格后，方可投入生产和使用。安全生产监督管理部门应当加强对建设单位验收活动和验收结果的监督核查。

5. 建设项目职业病危害预评价制度

《职业病防治法》第 17 条规定：新建、扩建、改建建设项目和技术改造、技术引进项目（以下统称建设项目）可能产生职业病危害的，建设单位在可行性论证阶段应当进行职业病危害预评价。医疗机构建设项目可能产生放射性职业病危害的，建设单位应当向卫生行政部门提交放射性职业病危害预评价报告。卫生行政部门应当自收到预评价报告之日起三十日内，作出审核决

定并书面通知建设单位。未提交预评价报告或者预评价报告未经卫生行政部门审核同意的，不得开工建设。职业病危害预评价报告应当对建设项目可能产生的职业病危害因素及其对工作场所和劳动者健康的影响作出评价，确定危害类别和职业病防护措施。建设项目职业病危害分类管理办法由国务院卫生行政部门制定。

6. 建设项目的职业病防护设施"三同时"制度

《职业病防治法》第 18 条规定：建设项目的职业病防护设施所需费用应当纳入建设项目工程预算，并与主体工程同时设计，同时施工，同时投入生产和使用。建设项目的职业病防护设施设计应当符合国家职业卫生标准和卫生要求；其中，医疗机构放射性职业病危害严重的建设项目的防护设施设计，应当经卫生行政部门审查同意后，方可施工。建设项目在竣工验收前，建设单位应当进行职业病危害控制效果评价。医疗机构可能产生放射性职业病危害的建设项目竣工验收时，其放射性职业病防护设施经卫生行政部门验收合格后，方可投入使用；其他建设项目的职业病防护设施应当由建设单位负责依法组织验收，验收合格后，方可投入生产和使用。卫生行政部门应当加强对建设单位组织的验收活动和验收结果的监督核查。

7. 专业机构评价制度（与"安全生产技术社会服务制度"一章相连）

《职业病防治法》第 26 条规定：用人单位应当实施由专人负责的职业病危害因素日常监测，并确保监测系统处于正常运行状态。用人单位应当按照国务院卫生行政部门的规定，定期对工作场所进行职业病危害因素检测、评价。检测、评价结果存入用人单位职业卫生档案，定期向所在地卫生行政部门报告并向劳动者公布。职业病危害因素检测、评价由依法设立的取得国务院卫生行政部门或者设区的市级以上地方人民政府卫生行政部门按照职责分工给予资质认可的职业卫生技术服务机构进行。职业卫生技术服务机构所作检测、评价应当客观、真实。发现工作场所职业病危害因素不符合国家职业卫生标准和卫生要求时，用人单位应当立即采取相应治理措施，仍然达不到国家职业卫生标准和卫生要求的，必须停止存在职业病危害因素的作业；职业病危害因素经治理后，符合国家职业卫生标准和卫生要求的，方可重新作业。

《职业病防治法》第 27 条规定：职业卫生技术服务机构依法从事职业病危害因素检测、评价工作，接受卫生行政部门的监督检查。卫生行政部门应当依法履行监督职责。

（二）日本法

建筑物或机械等的设置或迁移及工程建设及其审批。

1. 呈报计划等

（1）企业主在该企业单位的行业和规模符合政令规定的场合下，如需设置或迁移与该企业单位有关的建筑物或机械等，或者变更主要结构部分时，按劳动省令规定，必须在该工程开工前30天，向劳动基准监督署署长呈报其计划。但是，对于按劳动省令规定的临时建筑物或机械等，则不在此列。（2）前款的规定适用于需要进行危险或有害作业的，在危险场所使用的，为了防止职业危害或损害劳动者健康而使用的机械等需要设置或迁移符合劳动省令规定的机械等，或者变更这类机械的主要结构部分的企业主（同款企业主除外）。（3）企业主在开展劳动省令规定有造成重大劳动灾害危险的特大规模工程时，必须按劳动省令规定，在该工程开工前30天，向劳动大臣呈报该工程计划。（4）企业主想要开始接手按劳动省令规定属于建筑业及符合政令规定的其他行业企业的工程时，必须按劳动省令规定，在该工程开工前14天，向劳动基准监督署署长呈报该工程计划。（5）企业主在编制呈报有关工程中符合劳动省令规定的工程计划、第3款中符合劳动省令规定的工程计划或按前款规定呈报有关该工程建筑物或机械等或该工程中符合劳动省令规定的工程计划时，为了设法防止该工程发生劳动灾害，必须让具有劳动省令规定资格的人员参与计划。（6）前三款的规定，在有关工程通过多次承包合同来完成的场合下，对于有亲自从事该工程发包人时的该发包人以外的企业主，对于没有亲自从事该工程发包人时的总承包人以外的企业主，都是不适用的。（7）劳动基准监督署署长在接到呈报时和劳动大臣在接到呈报时，如认为该呈报中的有关事项都各自违反本法律或按本法公布命令中的规定，则可以命令该呈报的企业主停止与该呈报有关的工程或停止开工，或变更该计划。（8）劳动大臣或劳动基准监督署署长在下达命令（限于作了呈报的企业主）场合下，认为有必要时，可以对该命令中有关工程的发包人（亲自从事该工程者除外）就有关防止劳动灾害事项提出必要的建议或要求。

2. 劳动大臣的审查等

（1）劳动大臣对按规定呈报（以下称"呈报"）的计划中有需要高度技术研究的项目可以进行审查。（2）劳动大臣在进行前款审查时，必须按劳动省令规定，听取有学识、有经验人员的意见。（3）劳动大臣根据审查结果，认为有必要时，可对呈报的企业主就防止劳动灾害的有关事项提出必要建议或要求。（4）劳动大臣在提出前款的建议或要求时，事先必须听取该呈报的企业主的意见。（5）被征求过有关计划方面意见的有学识、有经验人员，不得泄露获知的有关该计划方面的秘密。

（三）其他国家有关情况介绍

安全评价起源于20世纪30年代美国的保险业。保险公司为客户承担各种风险，必然要收取一定的费用，而收取费用的多少是由所承担的风险大小决定的。因此，就产生了一个衡量风险程度的问题。这个衡量风险程度的过程就是当时美国保险协会所从事的风险评价。安全评价技术在20世纪60年代得到了很大的发展。美国法规定了对重要工程项目的竣工、投产进行安全评价；英国法规定了凡未进行安全评价的新建企业不准开工；国际劳工组织1988年《重大事故控制指南》、1990年《重大工业事故预防实用规程》、1992年《工作中安全使用化学品实用规程》均对安全评价提出了要求。但目前未能找到外国法关于安全评价制度的原文规定，因此上列文章介绍不足为信。不过该文有一点可资借鉴：安全评价工作与事故保险是联系在一起的。然而中国法没做这种联系。

分析与结论：

中国法对高危行业建设项目和一般建设项目规定了如下制度：高危行业建设项目安全评价制度、建设项目安全设施设计施工竣工验收制度、建设项目安全设施"三同时"制度、建设项目职业病危害预评价和审核制度、建设项目职业病防护设施预算、设计审查、竣工验收和职业病危害控制效果评价制度、职业卫生技术服务制度等。

这些制度在世界上还是比较先进的，但它们的关系在法律上没有处理好，在实际工作中也比较乱，各方当事人持有不同的意见，而且未对安全设施的内涵和外延进行规定。

中国法可以从日本法取得一些经验和启示。

日本法规定劳动基准监督署对建设项目事先审查和许可证制度。

（1）重点建筑物或机械设置、迁移计划呈报制度。

符合规定行业和规模的企业设置或迁移建筑物或机械等，或者变更建筑物或机械的主要结构部分，必须在开工前30天向劳动基准监督署署长呈报其计划。

这条规定比中国法严格。劳动省细分企业的行业和规模，也值得中国法学习。

（2）建筑工程计划呈报制度。

有造成重大劳动灾害危险的特大规模的建筑业企业工程，必须在开工前30天向劳动大臣呈报该工程计划或者在开工前14天向劳动基准监督署署长呈报该工程计划。

（3）劳动大臣的审查。

劳动大臣对呈报计划中有需要高度技术研究的项目可以进行审查，并听取有学识、有经验人员的意见。

中国建筑法和安全生产法应该有与此相关的建筑工程安全卫生计划呈报和审查制度。

六、防止对外侵害

（一）新南威尔士法

雇主和自我雇佣人员应保证在工作场所的非雇佣人员的健康与安全。

（1）每个雇主均应保证非雇佣人员在其所在工作场所不遭受由其经营行为引起的对他们的健康或安全的危害。

（2）每个自我雇佣的人员均应保证非雇佣人员其所在工作场所，不遭受由其经营行为引起的对他们的健康或安全的危害。

最高罚款：对团体罚款2500罚款单位，对其他情况罚款250罚款单位。

（二）南非法

雇主和自我雇佣人员对其雇员以外人员的总体义务：

（1）雇主应采取切实合理可行的措施，确保其雇员以外但直接受其工作影响的人员不会暴露在其职业危险之下。

（2）自我雇佣人员应采取切实合理可行的措施，确保自身和其他直接受其工作影响的人员不会暴露在其职业危险之下。

分析与结论：

中国法缺乏对非雇佣人员保护的规定，可从新南威尔士法、南非法取得经验。

七、企业安全文化建设

（一）安全文化的定义

据英国健康安全委员会的定义，安全文化是一个单位的个人和集体的价值观、态度、能力和行为方式的综合产物，因此，安全文化和企业文化同样都是凝聚人心的无形资产和精神力量、企业实现可持续发展的灵魂和推动力，是员工精神、素质等方面的综合表现，是企业管理的基础和发展之宝。安全文化把服从管理的"要我安全"转变成自主管理的"我要安全"，从而提升安全工作的境界。

安全文化与企业安全管理有内在的联系，但安全文化不是纯粹的安全管理，企业安全文化也不是企业安全管理。企业管理是有投入、有产出、有目标、有实践的生产经营活动全过程。企业安全管理是企业管理全过程中的同步进行子功能系统，企业安全文化是企业安全管理的基础和背景，是理念和精神支柱，企业安全管理的哲学、管理者与被管理者的安全素养、安全管理的伦理道德等这些无形的高尚境界都用安全来培养、影响和造就。安全文化与企业安全管理是互相不可取代的。

传统的安全管理是一种被动型、经验型的作业驱动型管理。而纳入经营战略的安全文化建设是一种创新的效益型、系统型的项目驱动型管理，通过教育、宣传、奖惩、创建群体氛围等手段，安全文化能弥补安全管理的不足，因此，安全文化应当受到高度重视。

企业安全文化是企业在长期安全生产经营活动中形成的。它是以人为本、保护人的身心健康、尊重人的生命、实现人的安全价值的文化，是企业安全形象的重要标志，是凝聚员工的强力磁石和树立企业安全精神的动力。

安全文化和社会道德都是行为内在约束机制，规范着企业人员自觉遵循安全规律，形成安全至上的企业文化理念。在德国的安全生产文化氛围中，企业安全制度是任何人都要遵守的，企业要用安全制度规范考评员工的行为，企业安全制度是员工的行为准则。这些安全价值理念与取向，使得员工自觉规范行为，违章导致的事故也得到了较好的控制，极富实效地提升了企业的安全工作水平。

（二）德国的安全文化建设

1. 企业安全文化建设的外部动力

德国企业的安全管理的外部动力主要来自两个方面，一是企业依照劳动保护法缴纳的工伤保险。工伤事故保险协会把保险费率与企业的安全管理绩效挂钩，安全管理好的企业费率较低，对事故率较高的企业收取较高的保险费率。例如德国矿业协会每年有近 10% 的企业由于事故率高被提高了保险费率。二是依据德国法律，发生事故后的法律责任成本很高。如果发生死亡事故并经法院认定为责任事故，企业将要承担高额的罚款。

由于法规健全、监管措施到位，德国从上到下，都以法律为依据，依法维护国家、雇主和雇员的合法权益。企业请咨询公司对企业的各种规程与制度进行评估，评估结论要指出存在什么问题，会出什么事故，这些事故与公司的关系，出了事故公司的责任等内容。制度至上，已经成为德国企业安全文化的基本理念。

2. 德国企业安全文化的贯彻

（1）注重咨询研究。无论是政府管理机构还是行业协会，都将咨询研究作为安全管理工作的重点。例如联邦劳动保护和医学总署，50% 以上的工作精力都用在向各有关部门和人员进行咨询，了解安全防护，特别是职业病防治方面的现状、存在问题等工作上。在此基础上用 20% 的精力对咨询的状况进行分析研究，从技术、设备及管理上找出解决问题的办法，不断推动科技进步，提高安全防范能力。各个行业公会都有自己的科研人员，通过咨询和研究，对行业事故的防范起着积极的预防作用。

（2）企业医生对工伤事故和职业病的预防发挥了重要作用。德国法律规定，企业必须配备企业医生，每个员工都必须有医生对其健康负责。企业医生的主要工作方式是对工作现场进行评估，为员工、企业领导层提供咨询，提出建议和意见。其主要职责是改善工作环境，提出预防措施。另外，企业医生还要对员工进行职业病预防的培训，提高员工的防范能力，以及培养员工养成良好的生活习惯。例如莱茵兰 – 普州的企业医生针对德国人突出的超重现象，为员工制定营养方案和锻炼计划。通过配备企业医生，使隐患，特别是职业病危害，得到了及时有效的控制，并使受害者得到及时救治，使企业的安全管理更具人性化，企业更有凝聚力。

（3）将教育培训作为预防事故的根本性措施。德国事故率低的重要原因之一就是得益于国家完善的教育培训制度，有一支高素质的产业工人队伍。在德国，由政府出资设立职业学校，以培养技术工人和专业人员。学生毕业后，还要在所属行业协会进行培训，取得合格证书才可以上岗。由于国家在职业教育上的高投入，使德国拥有了一支高素质的产业队伍，从根本上提高了从业人员的安全自我防护意识和防护能力，较好地解决了人的不安全因素问题。

依法搞好安全生产，维护公民的生命与安全健康，以人为本，以完善的制度作保证，努力实现本质安全和文化建设统一，这就是德国安全文化的基本特征。❶

八、企业安全生产标准化建设

（一）中国法

《安全生产法》第 4 条规定：生产经营单位必须推进安全生产标准化建设，提高安全生产水平，确保安全生产。

安全生产标准化（work safety standardization），也叫企业安全生产规范化建设，是指通过建立安全生产责任制，制定安全管理制度和操作规程，排查治理隐患和监控重大危险源，建立预防机制，规范生产行为，使各生产环节符合有关安全生产法律法规和标准规范的要求，人、机、物、环处于良好的生产状态，并持续改进。2010 年 4 月 15 日，全国安全生产标准化技术委员会公布了《企业安全生产标准化基本规范》，2010 年 6 月 1 日起施行。我国企业安全生产标准化工作得到规范。一些行业专业也制定了安全生产标准化建设体系。

（二）英国法

英国制定有 BS 8800 职业安全卫生管理体系指南。❷

ISO 9000 质量管理系列标准和 ISO 14000 环境管理系列标准先进的工业化国家认为是一种好的管理模式。该模式是由四个步骤组成的螺旋式上升的模式。这四个步骤是：在任何管理工作之初，都要分析当时的状况，根据当时现状确定所要达到的目标，在此基础上做出行动计划，此阶段表示为 P（Plan）；在制订计划之后，就要按照计划去做，此阶段表示为 D（Do）；在按照计划实施的过程中，应及时对计划内容及面临的新情况、新要求进行检查，

---

❶　参见科学技术部专题研究组. 国际安全生产发展报告 [M]. 北京：科技文献出版社，2006：63-64.

❷　自 ISO 9000 质量管理系列标准和 ISO 14000 环境管理系列标准全世界范围内被广泛采纳之后，ISO（国际标准化组织）开始涉足职业安全卫生管理体系的标准化。目前 ISO 已表示暂不开展这方面的工作。

此阶段表示为 C（Ction）；在进行检查之后，对出现的不符合情况及状况，及时给予纠正，此阶段表示为 A（Acbn）。在完成这四个步骤之后再进入更高层次的循环。所有管理工作都可遵循该模式，不断循环，逐渐改造，从而不断提高管理水平，以适应企业发展的要求。

英国属世界先进的工业化国家。它在各领域都有着严密的管理体系。在 ISO 制定和发展 ISO 9000 质量管理体系标准和 ISO 14000 环境管理标准过程中，英国都起了很大的推动作用。ISO 14000 系列标准中 ISO 14001《环境管理体系规范使用指南》，是以英国的 BS 7750《环境管理体系规定》标准为蓝本制定的。因此，英国《职业安全卫生管理体系指南》标准（简称英国 BS 8800）也成为国际职业安全卫生管理标准化最具参考价值的标准。

英国《职业安全卫生管理体系指南》于 1996 年由英国标准协会（British Standards Institution）制定，来自政府、雇主、雇员及保险界四方的 38 家机构参与了该标准的制定。该标准的目的是帮助企业建立职业安全卫生（OHS）管理体系，将 OHS 纳入企业全面管理提供指导。职业安全卫生管理有很多方法，BS 8800 里仅介绍了两种方法：一种是以英国安全卫生执行局（HSE）的指导性文件职业安全卫生管理 HS（G）65 为基础的模式；另一种是环境管理体系 BSENISO 14001 模式。这两种方法的指导思想实质是相同的。

标准的正文中提供了职业安全卫生管理标准化的原则，附录中提供了建立和改进职业安全卫生管理体系的具体方法。具体包括以下内容。

1. 初始状态评审

其目的是为了确定影响现行系统或建立职业安全卫生管理体系所需的信息，并为衡量今后的改进情况提供原始资料。评审依据包括：有关的 OHS 管理的法律要求；组织内现有的 OHS 管理指南及有关机构或部门的指导；OHS 管理现有资源的配置及效果。

2. OHS 方针

企业的最高管理部门应制定 OHS 方针并形成文字形式：把 OHS 视为整个经营活动中不可分割的组成部分；法规要求为最低标准，以持续有效改造为原则，努力达到高水平的 OHS 管理；为贯彻 OHS 方针提供充分的资源；各级管理层都应将 OHS 管理当作其主要职责；对各级雇员培训，使其理解并贯彻 OHS 方针，从而胜任承担的责任和职责等。

3. OHS 管理计划

企业应编制 OHS 管理计划，包括如下关键内容：为实现方针制定的总体计划和目标，包括人事和资源的分配；获取 OHS 知识、技能经验和及时了解法律要求的途径；为管理已识别的风险和为满足法律要求所要采取的行动计划；运行和运行控制；实施绩效测定、审核和状态评审、纠正措施的计划。

4. 实施与运行

保证 OHS 管理体系顺利运行所应采取的行动和行动控制。包括：（1）各级责任：OHS 管理的最终责任由企业的最高管理部门承担，各个部门应对所管理的人员、自身及同事等人员的健康和安全负责，了解自己所应承担的责任及自己行动对企业整个 OHS 管理体系的影响。（2）培训：企业应确定各层次现有人员的能力及 OHS 体系正常运行所要求的人员能力，有针对性地施以培训。（3）信息交流：建立畅通的 OHS 信息公开交流，提供专家咨询和服务，员工参与的渠道。（4）OHS 管理体系文件：组织应建立有效的文件管理制度，及时保证文件的更新、有效和可操作性，及时撤掉不必要的文件，使文件量精简到最少。（5）运行控制措施：企业应通过明确各尽职责与义务，确保有关人员具有履行职责的必要权力，根据实际情况配备足够的资源等控制措施，来保证体系顺利运行。（6）应急准备与反应：企业应安排建立应急反应计划，以及时预见紧急情况并把可能由此带来的影响降到最小化。

5. 检查及纠正措施

通过定性和定量及预防性检查和事后性检查等方法，对 OHS 管理体系进行绩效测定，从中发现 OHS 管理体系的有效之处及存在的不足，找出发生的原因并采取纠正措施。

6. 审核和管理评审

审核包括对 OHS 管理体系中各要素和全面情况的评价。内容包括企业的 OHS 管理体系是否达到了所要求的 OHS 标准、是否履行了 OHS 的全部义务、OHS 管理体系的优点和缺点等。审核应由称职的人员承担。

管理评审通常是对 OHS 管理体系进行的定期评审，内容包括 OHS 管理体系的总体行为、法律改变及新技术引进等内外因素的影响等。管理评审提供了一种向前看的机会。

通过审核和管理评审，能够发现管理体系及各要素中存在的不足，据此可以确定采取哪些措施以弥补不足。在 OHS 管理体系运行过程中，在完成上述 6 个步骤后，就完成了第一个循环。第二个循环是在第一个循环基础上，也就是高于第一个循环的起点，以第一个循环终点为起点的又一次循环，这样，就使 OHS 管理不断提高，持续改进。

九、安全生产业绩考核 ❶

（一）美国法

美国的职业安全健康统计主要使用如下指标。

1. 工亡人数

是指由于工作原因而死亡的人数，包括因事故而死亡的人数和因职业病而死亡的人数。

2. 工亡率

有两种表达方法：第一种方法是用 10 万员工工亡率表示，计算方法是 RFWI ＝（FWI/ 员工总数）×105。员工总数指 16 周岁及以上的从业人员，含军人。第二种方法是用 2 亿工时工亡率表示（从 2008 年开始使用这个指标），计算方法是 RFWI ＝（FWI/ 工时总数）×2×108。工时总数指所有员工完成的工时总数，2 亿工时正好是 10 万全职员工工作一年所完成的工时数（每名员工每周工作 40 小时，每年工作 50 周，共 2000 小时）。

3. 事故率

是指可记录事故率，是平均每完成 20 万个工时中所发生工伤或者罹患职业病（但没有引起死亡）的员工的人次数，简称 20 万工时事故率。计算方法：TRIR ＝（TRC/ 所完成的工时总数）×2×105，单位为"人次 /20 万工时"。

这里事故率并不是指事故或者事件的发生次数，而是指发生工伤或者罹患职业病的员工的人次数。员工所受的伤害必须是新发生的，如果原来有伤，但被明显加重，这时按照新发工伤计算。危害员工的伤害必须是可记录伤害。

4. 损工日数

可记录伤害的后果之一是导致受伤或患病员工暂时离开工作岗位，这就必然造成工作日的损失，即损工日数。

5. 受限和转岗工作日数

可记录伤害还有另一种后果是导致受伤或患病员工的工作能力受限，不能如受伤之前全职责、全时间做原工作岗位上的工作，尽管还保持在原来岗位上。这种状态所持续的天数就叫作"受限工作日数"。可记录伤害也会导致

❶ 参阅傅贵等. 美、英、澳职业安全健康业绩指标及对我国借鉴的研究［J］. 中国安全科学学报，2010，20（7）.

受伤员工必须转移到其他适合的岗位上工作一段时间，所持续的天数就是转岗工作天数。受限和转岗工作天数往往放在一起统计，作为一个指标出现在统计表上。

几家企业的做法：杜邦公司职业安全健康统计指标包括工亡人数、20 万工时事故率（人次 /20 万工时）、损工伤害事故率、非工作时间伤害人次。美铝公司职业安全健康统计指标包括工亡人数、工伤损害事故率（人次 /100 员工）等。道化学公司职业安全健康统计指标包括工亡人数、可记录事故率（人次 /20 万工时）。他们普遍使用损工伤害事故率指标。损工伤害包括损失工作日伤害、受限伤害和转岗伤害。

（二）英国法

英国职业安全健康统计从 1974 年开始，先后经历了 3 个主要变革时期。目前使用的是 1995 年的《英国重大伤害、疾病及危险事故报告规程》，主要使用以下几种。

1. 工亡人数和工亡率

工亡人数的定义与美国相同，但仅包括由急性伤害导致的死亡人数，不包括因职业病导致的死亡人数。工亡率与美国表达方式相同，也是 10 万员工工亡率。

2. 伤害人次和发生率

英国的可记录伤害是指重大伤害和损工超过 3 天的伤害（不含死亡）。重大伤害所包含的范围有详细罗列。超过 3 天的损工伤害是指除重大伤害外的造成正常工作职责受阻超过 3 天以上的伤害。统计方式与美国相同，以"人次"为单位。这两种伤害可以分开统计，但常放在一起，作为一个指标出现在统计表上。

可记录伤害发生率，与美国使用 20 万工时事故率不同的是，英国使用 10 万员工事故率，具体指平均每 10 万员工中所发生的重大伤害和超过 3 天的损工伤害的人次数之和，单位是"人次 /10 万员工"。

3. 职业病死亡人数和职业病发生人次

职业病死亡人数是指因患职业病死亡的人数，统计单位是人数。职业病发生人次是指罹患职业病的人次。详细的职业病名录有罗列。除人次统计外，两者还使用 10 万员工职业病死亡率和 10 万员工职业病患病率的表达方式。

4. 未遂事件和气体事故

英国还特别对未遂事件和气体事故进行统计。

　　未遂事件是指没有造成但明显可能造成职业伤害或职业病的事件。未遂事件定义范围有详细罗列，统计单位是"事件数"。

　　英国要求易燃气体的经销商、填充商、进口商、供应商对因其责任范围内的气体造成的死亡或重大伤害事故单独上报（与企业职业安全健康统计重复的不计入这个统计）。气体事故统计包括事故的起数、事故造成的死亡人数以及重大伤害人次数。这里并不是前面所指的重大伤害和超过3天的损工伤害总和，而是单指重大伤害。

　　（三）澳大利亚法

　　目前，澳大利亚使用的职业安全健康统计法规为《澳大利亚工伤疾病统计标准》，由澳大利亚职业安全健康管理局制定并监督执行。主要使用以下几种。

　　1. 工亡人数及工亡率

　　这里的工亡人数与美国定义相同，含职业病死亡人数。统计包括工作活动中造成的致命伤害、因工作关系造成的交通死亡、因工作活动导致的非工作人员致命伤害。以"人数"为统计单位，简称"工亡人数"。这里不包括因疾病、自杀或自然因素死亡的员工人数，这些不是因工作而导致的死亡。

　　工亡率使用10万员工工亡率。计算方法：（工亡人数/员工总数）×105。

　　2. 损工伤害人次

　　澳大利亚可记录伤害主要是指损工伤害，具体是指导致死亡、永久残废或损工超过一天及以上的职业伤害人次数或者罹患职业病人次数。以"人次"为单位，以下简称"损工伤害"。

　　损工伤害统计是以国家工伤补偿数据库为数据来源基础。常使用"严重申请"指标，单位是"人次"，它是指导致死亡、永久残废或损工超过一周及以上的伤害或职业病人次数。

　　另外，《工伤疾病统计标准》中也有非损工伤害或职业病统计要求，它是指没有造成损工，但实施了现场急救或医疗救助的伤害或职业病，标准中有详细的定义。但这并不作为主要统计指标定期公布，只是作为一个参照指标。

　　3. 事故率

　　实际上就是指损工伤害事故率，表达形式有以下三种：（1）百名员工事故率，单位是"损工伤害人次/100员工"。（2）100万工时事故率，单位是"损工伤害人次/100万工时"。（3）伤害严重度，它的计算方法为损失工作日天数/损工伤害人次。

4．损失工作日数

损失工作日数，是以"天"为单位，指因伤害或职业病造成的离开本职岗位，直至受伤员工恢复固定职位的损失工作日数。这个固定职位不一定是原来的岗位，单指某一固定职位。死亡的损失工作日数记为 220 天。

分析与结论：

中国法将事故分为特别重大事故、重大事故、较大事故、一般事故四个等级。《企业职工伤亡事故分类标准》将事故分为三类，其中死亡事故包括重大伤亡事故（死亡 1~2 人）和特别重大伤亡事故（死亡 3 人以上）。《生产安全事故统计报表制度》主要用于企业职工伤亡事故经济损失和伤害程度（轻伤/重伤）评定。目前采用四项国际通用的指标：亿元 GDP 事故死亡率、工矿商贸十万从业人员事故死亡率、道路交通万车死亡率、煤矿百万吨事故死亡率。美国、英国、澳大利亚事故统计普遍以发生人次、发生率、损失工作日天数等主要指标计算，对我国企业安全生产业绩考核具有参考意义，特别是损失工作日指标对我国有重要参考价值。

第三节　几家外国企业对该国安全生产管理法律制度的贯彻和深化

一、壳牌石油公司的安全生产管理

（一）管理层对安全事项作出明确承诺

公司管理层如不主动和一直给予支持，安全计划则无法推行，因此，安全管理视为经理级人员一项日常的主要职责。

管理层可通过下列内容显示其对安全的承诺：（1）在策划与评估各项工程、业务及其他营业活动时，均优先考虑安全成效。（2）对意外事故表示关注。总裁级人员应与一位适当的集团执行董事委员会成员，商讨致命意外的全部细节及为避免意外发生所采取的有关措施。总裁级以下的管理层亦同样关注各宗意外事故以及有关人士的赔偿福利事项，就意外进行调查及跟进。（3）用经验丰富及精明能干的人出任安全部门负责人。（4）准备必要资金，作为创造及重建安全工作环境之用。（5）树立良好榜样。任何漠视公司安全标准及准则的行为，均会引起其他人士仿效。（6）有系统地参与所辖各部门进行的安全检查机关安全会议。（7）在公众和公司集会上及在刊物内推广安全讯息。（8）每日发出指令时要考虑安全事项。（9）将安全事项列为管理层会议议程要项，同时应在业务方案及业绩报告内突出强调安全事项。

管理层的责任是确保全体员工获得正确的安全知识及训练，并推动他们使得壳牌集团及承包商的员工具备安全工作的意愿。改变员工态度是成功的关键。良好的安全行为该列为其中一项雇佣条件，并应与其他评定工作表现的准则获得同等重视。就公司各部门的安全成效而言，劣者予以纠正，优者予以表扬。

（二）明确、细致、完善的安全政策

有效的安全政策理应精简易明，让人人知悉其内容。这些政策往往散列于公司若干文件中，并间或采用法律用语撰写，使员工有机会阅读。为此，各公司均需制定本身的安全政策，以符合各自的需求。制定政策时应以下列基本原理作为依据：（1）确认各项伤亡事故均可及理应避免的原则。（2）各级管理层均有责任防止意外发生。（3）安全事项该与其他主要的营业目标同等重视。（4）必须提供正确操作的设施，以及订立安全程序。（5）各项可能引致伤亡事故的业务和活动，均应做好预防措施。（6）必须训练员工的安全能力，并让其了解安全对他们本身及公司的裨益，而且属于他们的责任。（7）避免意外是业务成功的表现，实现安全生产往往是工作有效率的证明。

以下是某下属公司的安全政策：（1）预防各项伤亡事故的发生。（2）安全是各级管理层的责任。（3）安全与其他营业目标同样重要。（4）营造安全的工作环境。（5）订立安全工序。（6）确保安全训练见效。（7）培养对安全的兴趣及热诚。（8）建立个人对安全的责任。

（三）明确各级管理层的责任

维护安全不仅是安全部门或安全主任的责任。他们主要是充当专业顾问，而对安全政策或表现并无责任或义务。安全责任该由上至总经理下至各层管理人员共同肩负。

高层管理人员务必订阅一套安全政策，并发展及联络实行此套政策所需设立的安全组织。安全事项为各层职级的责任，其责任须列入现有管理组织的职责范围内。各级管理层对安全的责任及义务，必须清楚界定于职责范围手册内。推行安全操作、设备标准及程序，以及安全规则及规例的安全政策时，需具备一套机制。安全组织必须鼓动讯息及意见上呈下达，使得全体员工有参与其中之感。

各经理及管理人员均有责任参与安全组织的事务，并须显示个人对安全计划的承诺，树立良好榜样，并即时有建设性地回应下列项目：（1）安全成效差劣。（2）安全成效优异。（3）欠缺安全工序的标准。（4）标准过低。（5）衡量安全成效的方法正确及差劣。（6）欠缺安全计划、方案及目标，或有所不足。（7）安全报告及其作出的建议。（8）不安全的工作环境及工序。（9）各人采取的安全方法不一致。（10）训练及指令不足。（11）意外与事故报告及防止重演所需的行动。（12）改善安全的构想及建议。（13）纪律不足。

在评定员工表现时加入一项程序，就是对各经理级管理人员的安全态度及成效作出建设性及深入的考虑。安全责任需由较低层次的管理人员承担。全体员工均应致力参与安全活动，并了解各自在安全组织内所担当的职务和应有的责任。

（四）设置精明能干的安全顾问

经理级人员往往将安全事项交予安全部门负责，但安全部门并无责任负责，亦无义务处理他人管理下所发生的事故。安全部门职责只是提供意见，予以协调及进行监管。安全部门须具备充分的专业知识，并与各级管理层时刻保持联络。安全部门需密切留意公司的商业及技术目标，以便：（1）向管理层提供有关安全政策、公司内部检查报告与调查的指引；（2）向设计工程师及其他人士提供专业安全资料及经验（包括数据、方法、设备及知识等）；（3）知道及参与有关制订指令、训练及练习的准备工作；（4）就安全发展事项与有关公司、工业级政府部门保持联络；（5）协调有关安全成效的监督及评估事项；（6）给予管理层有关评估承包商安全成效的指引。

安全部门员工的信息举足轻重，且为改善安全管理计划的一大关键。建立这种信誉的途径，包括交替选派各部门员工加入安全部门，并将安全部门的要务委以素质较高的员工，作为他们职业上的晋升发展。这些员工既可以改善部门的素质，亦可培养本身的安全意识及安全管理文化，作为日后出任其他职位之用。

（五）制定严谨而广为认同的安全标准

将安全工作分为两个部分：设计、设备及程序上的安全以及人们对安全的态度和所做的行为；设计及应用安全技术工序是达到良好安全的基本要求。

安全标准的关键是：（1）应以书面制定，使之易于明白。（2）标准必须告知公司及承包商的全体员工。（3）当一项守则或标准所定的程序被认为不切实际及不合理时，该项守则或标准多不会为人所接受，亦不会有人甘愿遵从，而且将必难执行。相反，安全标准则较易接受。（4）安全标准应随环境改变，以及考虑到公司本身与其他公司所得的安全经验而进行修订。

安全标准的成败取决于人们遵守的程度。当标准未被遵行时，经理或管理人员务须采取相应的行动。假如标准遭到反对而未予纠正，则标准的可信性及经理的信誉与承诺就会大打折扣。

（六）严格衡量安全绩效

采取残疾损伤或伤亡意外频率作为一项衡量安全成效的方法，且为壳牌集团进行各项伤亡事故统计的依据。这种方法与同行业或其他行业的工业安全分析做法相近，以便能对安全成效作出直接比较。

利用工时损失频率也是一种有效的分析指标，但在伤亡意外的总数过少，或业务规模较小，而且伤亡意外数字又接近或等于零的情况下就缺乏准确性。当出现上述情况时，不能依赖该项指标作为安全成效的指标，需采用更为精确灵敏的衡量方法。

（七）实际可行的安全目标及目的

公司通过改善安全管理的方法，使伤亡意外频率下降。只要既定的安全政策得以继续施行及人们维持对安全的承诺，每年的伤亡意外频率亦该逐步下降。一般而言，可以伤亡意外频率每年达到一定跌幅作为目标，但长远目标应为达到安全无意外发生的安全成效。

管理层应制订一套计划以达到长远的安全目标，而公司推行改善安全管理计划时，更应制定推行计划的进度程序。各部门应按书面列明的进度发展各自的安全计划及目标。

安全目标尽量以数量显示，其内容可包括下列各项：（1）按照完全进度而制定或检讨的指令、守则、程序或文件。（2）召开安全委员会会议及其他安全会议的定期次数及数目。（3）进行各项检查或审查的定期次数或数目。（4）举行涉及公司内外资源的应急计划排练的定期次数。（5）编排与安全有关设施的进度，及实行新程序的日期。

员工报告内应该列明与安全有关的目标或可用以衡量安全成效的任务。这些目标或任务该与部门及公司的目标一致。管理层若不给予员工有关改善安全成效的工具，如训练及正确装备，则不可能使安全成效有所改善。

（八）对安全水平及行为进行审查

大多数的壳牌公司均已订立安全检查审查计划，并在经常情况下集中检查设备及程序上的安全情况，且由管理人员、经理、安全部门代表，按照多为数月一次，或数年一次的固定进度表进行。有关人员致力提高安全检查的效用，项目包括多次检查的内容、范围及参与人选，并采取措施监督各项检查建议是否在适当时候实行。

危险行为及危险工作情况亦该予以检查。此项任务可在经理或管理人员每次进入一个工作区域时进行，其中包括注意员工举动、生产操作时的方法及所穿的服饰，并留意各项工具、装备整体的工作环境。及时纠正危险行为及情况将可避免意外发生，将他们的行为及情况记录在案，亦可称为安全评价的参考。

员工最终均可察觉何为危险行为。当某员工能够自行检查本身的工作区域和其本身与同事的行为及工作情况，而这些程序又为个人所愿意接受时，有助于取得良好安全成效的最佳环境。唯一能令员工对安全管理的态度发生转变的，就是公司的整体安全文化的不断完善。

（九）有效的安全训练

推行改善安全管理计划务须全力确保员工得以安全了解计划的详情以及计划背后的基本原理。令管理层和所辖员工及承包商接受这些基本原理，是管理层的最大挑战。举办多项介绍会、研讨会及座谈会也是达到这个目标的主要措施。

这些措施可令安全计划迅速普及全公司，但管理人员与下属进行的非正式讨论及汇报亦同样必要。所用方法务必贯彻统一，使各人均获相同的讯息。高层管理部门自当参与这些介绍会，以示本身对安全的承诺。有关重点须为改变人们对安全的态度，证明各人行为如何成为预防意外发生的关键因素。

技术训练是有效的活动，但应将特定的安全项目列入训练计划中。训练计划应系统地加以策划，使行为上的训练与工作需要的技术训练取得平衡。管理层应策划及监督专为各人设立的训练计划的整体进度，借以确保有关人士获得全面训练，助其履行职务。

（十）强化伤亡意外和事故调查及跟进工作

各公司都订立有完善的事故调查程序，但进行调查的宗旨是：防止事故重演。进行意外调查的责任该由各级管理层承担而非安全部门。管理层应该解答的主要问题是：我们的管理制度有何不当以致这宗意外发生？

员工应知道"何为意外起因"与"责任谁负"，两个问题不应混淆。尽管一宗意外由一人直接引致，但有关方面往往动辄将责任归咎到有关人员身上。经验显示，如果意外调查的重点是追究责任，则酿成意外的事实真相将更难确定。而这些真相又必须用来达到调查的目的，避免意外重演。在调查意外起因期间，若发现公司或承包商的员工公然漠视安全，有关方面自当考虑采取恰当的相应措施。

意外调查该按多项基本原理进行：（1）即时调查；（2）委派对工作情况真正了解的人员参与调查；（3）搜集及记录事实，包括组织上的关系、类似的意外事故及其他相关的背景资料；（4）以"防止类似事故重演"作为调查目的；（5）确定基本的肇事原因；（6）建议各项纠正行动。

各项建议务必贯彻执行，任何所获的经验教训亦该告知公司及集团全体员工，并于适当情况下告知其他有关人员。

（十一）有效的管理运行及沟通

改善安全管理计划的成败，取决于员工如何获得推动力及如何相互联络沟通。成功要诀之一是与各级员工取得沟通，渠道包括书面通知、报告、定期通信、宣传活动、奖励/奖赏计划、个别接触，以及至为有效的方法——在工人中直接召开系统的安全会议，会议可让个人参与安全事项，而且可在会上畅所欲言。

安全会议应由管理层轮流分工举办，当遇有特定的安全问题需做讨论时召开。各级管理层应尽量利用各种可行的推动方法，鼓励与会者热心讨论及提出意见。令安全会议越见成效及越具推动力的方法，是让接受管理层指导的工人主持会议，并先行得知讨论项目及讨论目的的纲要。当承包商属于工人职级时，他们亦应获得这个机会。为使会议更为见效，与会人数不应超过20人，而会上得出的结论及提出的关注事项亦该记录在案，并切实加以处理。

召开安全会议的主要目的是：（1）寻求方法根治危险状态和行为；（2）向全体员工传达安全讯息；（3）获得员工建议；（4）促使员工参与安全计划及对此作出承诺；（5）鼓励员工互相沟通及讨论；（6）解决任何已出现的关注事项或问题。会上未能解决的事项及具一般重要性的行动事项，亦应提请适当的经理人员或其中一个属于管理层的安全委员会加以注视。有关方面应尽早作出回复，以免尚待解决的行动事项不断积聚。

除召开系统的安全会议外，管理人员与下属研讨将要进行的工作时，亦需讨论各点相关的安全事项（如"工作计划""施工过程""工作例会"等）。

管理层在安全委员会及安全会议上的一项主要议程，是探讨各级员工对安全计划的观感，以及安全资料及信息是否正确无误地传达。为要继续给予员工推动力，管理层务必鼓励员工作出回应，各抒己见。

二、杜邦公司的安全生产管理

（一）杜邦的安全哲学

1. 高层管理者对公司的安全承诺

（1）致力于使工人在工作和非工作期间获得最大程度的安全与健康；（2）致力于使客户安全地使用我们的产品。

2. 安全管理的信仰

（1）所有的伤害和职业病都是可以预防的；（2）任何人都有责任对自己和周围工友的安全负责，管理人员对其所辖机构的安全负责。

3. 安全目标

（1）零伤害和职业病；（2）零环境损坏。

4. 安全具有压倒一切的优先理念

公司复杂而又迫切的任务是在事关竞争地位的各个方面：客户服务、质量、生产等要进行不断的提高。但是，所有这一切如果不能安全地去做，就绝不可能做好。安全具有压倒一切的优先权。无论是生产还是效益，在任何情况下，一个繁忙的日程决不能成为忽视安全的理由。

5. 安全信仰

（1）所有伤害和职业病都是可以预防的。（2）关心工人的安全与健康至关重要，必须优先于关心其他的各项目标。（3）工人是公司的最重要的财富，每个工人对公司作出的贡献都具有独特性和增值性。（4）为了取得最佳的安全效果，管理层针对其所作出的安全承诺，必须表现出领导作风并作出榜样。（5）安全生产将提高企业的竞争地位，在社会公众和顾客中产生积极的影响。（6）为了有效地消除和控制危害，应积极地采用先进技术和设计。（7）工人并不想使自己受伤，因此能够进行自我管理，预防伤害。（8）参与安全活动，有助于增加安全知识，提高安全意识，增强对危害的识别能力，对预防伤害和职业病有很大的帮助作用。

（二）提高安全认识水平

1. 创造安全人与安全场所

在很多情形下，一个工作场所既不是安全的，也不是不安全的；它的安全程度也并非在安全和不安全两个极端之间转换。人自身也是安全的或不安全的，或较安全的，或不太安全的。是人的行为，而不是工作场所的特点决定了工伤的频率、伤害的程度以及健康、环境、财产的损坏程度。迄今为止，我们还没有遇到一起不是因为人的不安全行为所导致的事故。

安全是企业核心，有些人称之为前提。根据这种论点，行为能够被不断地指导变成更安全的行为，远离不安全。这里所说的行为，并非专指受了伤害的个体的行为，也包括工人们、工程师们、现场专家们、现场经理们、首席执行官及其他人员的行为。没有任何人能够避免不安全行为，这一概念力图在工作中加以强调。

2. 安全效果与安全投入之间的联系不是简单的比例关系

今天所付的努力可能在以后的若干年才产出结果，而且很可能这个结果并不能被人们意识到是由于数年前所付出的努力所产生的。通过避免事故所造成的人身伤害、工厂关闭、设备损坏而降低成本的计算实际上是一个推测值。我们确实不能明确地给出在某个时期内投入 X 会产生企业效益 Y 多大的提高。实际上不但 X 和 Y 之间的关系不能明确，而且就 X 和 Y 它们自身来说也很难界限清楚。宏观上看这件事很容易，也仍存在测算方面的问题。

注重安全不但能提高生命安全与健康的效果，而且也同时改进企业的其他各个方面。这种观点，随着杜邦安全管理局的客户们通过工作中移植杜邦的安全文化并从中受益后，就不断地被更多的人认识。安全方面投入会促进质量方面提高。安全与工人福利之间关系的建立好像比工人福利与质量之间关系的建立更容易。站在质量这个角度，从事质量安全工作就是从事质量工作的一部分。在公司咨询工作中，安全范围比起整个质量的概念更易具体化。

比较工伤所致的费用与净收入可以向许多管理层提供惊人的信息。某个管理层只采取了一个非常简单的行动便降低了工伤成本，从而提高了企业效率。某公司把工伤作为管理成果好坏的一条标准之后的 6 个月内，意外伤害赔偿降低了 90%。杜邦安全管理局的客户，按照杜邦的咨询意见通常在头两年可以达到降低 50% 的工作日的损失。

站在公司的财政上，认识工伤影响的方法是考察用于补足这些费用的销售水平。如果销售利润为 5%，当年工伤统计结果是平均每起致残费用为28500 美元，那么，销售 570000 美元产品的利润，才能支付一起致残工伤。从创造利润这一点来讲，减少一起伤害，总比增加 570000 美元的销售要容易得多。尽管这种分析的疑问还很多，但可以肯定地说，安全就是效益。

（三）公司的安全责任、管理原则

1. 安全责任

安全管理失误导致工业灾难的案例比比皆是。公司没有一个不可剥夺的经营权，他们必须按照公众的兴趣和公共规定的条件去经营。安全是为了生存，是为了工人、为了股东、为了公众。

伤害并非偶然，是由人们的行为引发的。安全正是由于具备这种核心本质，才出现了成功的管理者奉献其时间、金钱和能量。关心工人、关心顾客、关心公众、关心环境、关心股东的福利，是安全方面取得成功的基础。

工人、公众和环境的安全是强制性的。作业过程中保障工人、公众和环境不导致不利影响和危害，已经被证明是值得的。在安全上的努力，不是企业经营的负担。安全上的努力及费用是用来降低整体的成本，是明智的花费，事实上降低操作成本。安全已经被证明是有价值的事业。

2. 安全管理原则

安全管理原则是：（1）安全是工作的一个组成部分。（2）确立安全和健康作为就业的一个必要条件，每个职工都必须对此条件负责。（3）要求所有的工人都要对其自身的安全负责，同时也必须对其他职员的安全负责。（4）认为应寻管理者造成的伤害和职业病的预防负责，对工伤和职业病的后果负责。（5）提供一个安全的工作环境。（6）遵守一切职业安全卫生法规，并努力做到高于法规的要求。（7）工人在非工作期间的安全与健康是我们关心的范畴。（8）利用各种方式，充分利用安全知识来帮助我们的客户和社会公众。（9）使所有工人参与到职业安全卫生活动中去，并使之成为产生和提高安全动机、安全知识和安全成绩水平的手段。（10）要求每一个职员都有责任审查和改进其所在的系统、工艺过程。

3. 人人有责、层层有责

每个工人都要对其自身的安全和周围工友的安全负责。每个厂长、车间主任及工段长对其手下职员的安全都要负有直接的责任。这种层层有责的责任制在整个机构中必须非常明确。领导一定要多花费一点时间到工作现场、到工人中间去询问、发现和解决安全问题。提倡互相监督、自我管理的同时，也必须作出这样的组织安排，确保领导和工人在安全方面进行经常性的接触。

不能容忍任何偏离安全制度和规范的行为。任何员工都必须坚持公司的安全规范，遵守安全制度。这一点是不容让步的，这是在杜邦就业的一个基本条件。如果不这样去做，将受到纪律处罚，包括解雇，有时即使受伤也不例外。这是对管理者和工人的共同要求。

三、美国石化企业的安全生产管理

（一）强化法规

1992 年 2 月，美国职业安全卫生署颁布"过程安全管理规范"，完成了生产过程安全管理立法。该规范将技术、程序和管理实践融为一体，将过程安全至于优先地位，加快了以过程安全管理为核心的一系列安全法规——消防法、高压瓦斯取缔法、灾害对策基本法、劳动安全卫生法、化学物质风险审查法、灾害防止法等六法的实施步伐，从而使石化企业事故逐年下降。

（二）改进装备

石化企业的设备故障是造成灾害事故的主要原因，选用良好的设备、材质、仪表以及可靠的设备状态监测和自控自保系统，是实现安全生产的物质基础。除整体设备外，美国对阀门、管道的安全性也十分重视，并将管输系统泄漏的防止作为环保、安全、节能的要点，对设备及施工提出了"零释放"要求。

在设备状态的监测中采用了数据采集系统与病态诊断系统，可即时作出设备动态的判别。在管输系统中普遍使用了在线腐蚀监测仪，可对管道腐蚀状况进行预知性管理。在安全装备上，采用了毒质 / 火灾监测和控制系统、自动应急停车系统和生产过程自动监测控制系统。这些措施能消除人为因素干扰，保证安全生产。

（三）发展软科学和安全评价技术

安全方面的软科学主要有：安全管理的现代方法、安全系统工程学分析、安全评价、安全系统工程学、安全人机工程学、安全心理学、安全经济学、安全专家系统等。

OSHA 安全法规规定，过程装置必须进行危险性分析，以消减灾难性事故。为此在石化企业工程设计上，普遍采用了智能型计算机辅助设计，使过程危险性分析程序化，成为安全化管理的主要工具。在安全培训上，采用了计算机方针培训系统，使新工人在数周之内可以得到传统师徒培训法培训多年才能取得的经验，保证了操作规程可持续性的继承与发展。

传统的安全管理多处于被动的事故追究型管理，而现代安全管理则变为事故预防型管理。其中心环节，一是科学的安全管理活动，二是安全评价技术的应用。美国莫比尔石油公司推行的科学的安全管理活动，使事故率下降了 48%；工人工伤赔偿资金比 20 世纪 80 年代减少 93%。该公司利用节约下

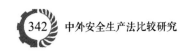

的赔偿金，作为安全之星的奖金，使行为安全活动深入人心。

安全评价技术对石化企业作业系统存在的危险性进行定性和定量分析，推测危险性的概率及程度，以寻求最低事故率、最少的损失和最优的安全投资效益，利用故障树分析法，对设计、施工、设备、工艺等全流程进行可靠性分析，实现本质安全。

第七章 从业人员安全卫生权利 义务和管理办法比较

第一节 从业人员安全卫生权利

一、中国法

(一)《安全生产法》规定

该法规定了生产经营单位的从业人员有依法获得安全生产保障的权利,还规定工会依法组织职工参加本单位安全生产工作的民主管理和民主监督,维护职工在安全生产方面的合法权益。

1. 从业人员岗位安全知情权、建议权

《安全生产法》第 50 条规定:生产经营单位的从业人员有权了解其作业场所和工作岗位存在的危险因素、防范措施及事故应急措施,有权对本单位的安全生产工作提出建议。

2. 从业人员批评、检举、控告、拒绝权

《安全生产法》第 51 条规定:从业人员有权对本单位安全生产工作中存在的问题提出批评、检举、控告;有权拒绝违章指挥和强令冒险作业。生产经营单位不得因从业人员对本单位安全生产工作提出批评、检举、控告或者拒绝违章指挥、强令冒险作业而降低其工资、福利等待遇或者解除与其订立的劳动合同。

3. 紧急停工、撤离权

《安全生产法》第 52 条规定：从业人员发现直接危及人身安全的紧急情况时，有权停止作业或者在采取可能的应急措施后撤离作业场所。生产经营单位不得因从业人员在前款紧急情况下停止作业或者采取紧急撤离措施而降低其工资、福利等待遇或者解除与其订立的劳动合同。

4. 保障劳动安全和防止职业危害的权利

《安全生产法》第 49 条规定：生产经营单位与从业人员订立的劳动合同，应当载明有关保障从业人员劳动安全、防止职业危害的事项，以及依法为从业人员办理工伤保险的事项。生产经营单位不得以任何形式与从业人员订立协议，免除或者减轻其对从业人员因生产安全事故伤亡依法应承担的责任。

5. 获得赔偿的权利

《安全生产法》第 53 条规定：因生产安全事故受到损害的从业人员，除依法享有工伤保险外，依照有关民事法律尚有获得赔偿的权利的，有权向本单位提出赔偿要求。

(二)《职业病防治法》规定

《职业病防治法》也规定了劳动者依法享有职业卫生保护的权利。第 39 条规定："劳动者享有下列职业卫生保护权利：（一）获得职业卫生教育、培训；（二）获得职业健康检查、职业病诊疗、康复等职业病防治服务；（三）了解工作场所产生或者可能产生的职业病危害因素、危害后果和应当采取的职业病防护措施；（四）要求用人单位提供符合防治职业病要求的职业病防护设施和个人使用的职业病防护用品，改善工作条件；（五）对违反职业病防治法律、法规以及危及生命健康的行为提出批评、检举和控告；（六）拒绝违章指挥和强令进行没有职业病防护措施的作业；（七）参与用人单位职业卫生工作的民主管理，对职业病防治工作提出意见和建议。用人单位应当保障劳动者行使前款所列权利。因劳动者依法行使正当权利而降低其工资、福利等待遇或者解除、终止与其订立的劳动合同的，其行为无效。"

台湾地区相关规定：

劳工如发现工作场所违反本规定或有关安全卫生之规定时，得向雇主、主管机关或检查机构申诉。雇主不得因劳工申诉而予以解雇、调职或其他不利之待遇。

二、国际法

国际公约建议书：当一名工人就他认为违反规章的做法或认为雇主对职业安全、卫生和工作环境采取的措施有重大缺陷而善意提出申诉时，不得对他采取任何不利的措施。

三、英国法

（1）任何雇主不得由于提出某些特殊要求和做某些事而指责雇员的责任。

（2）对雇员根据有关法定条款，做了某些事情或提出任何特殊要求时，雇主不应对雇员进行罚款或指责。

四、新南威尔士法

（1）雇主不得指责雇员为执行法规的要求所做的或所规定的工作。

（2）任何雇主不得扣押或允许扣押他的雇员，及指责为执行或依据本法或有关的职业健康与安全法规的规定而制定的专业要求所做的或所规定的任何工作。

最高罚款：对团体罚款 2500 罚款单位，对其他情况罚款 250 罚款单位。

（3）任何雇主不得由下列原因解雇雇员，或在被雇佣期间伤害雇员或改变雇员的职位：①对其认为不安全的或对健康有危害的问题提出疑问；②按规定建立的职业健康与安全委员会的成员；③履行作为委员会成员的职责。

最高罚款：对团体罚款 150 罚款单位，对其他情况罚款 100 罚款单位。

（4）在对违规诉讼中，如果所有构成违规的事实被证实为不是对被告的诉讼的原因，通过辩护证明解雇、伤害或变动引起的原因是被告的责任。

（5）当某雇主被法庭依据规定宣布有罪时，法庭可命令：①雇主赔偿雇员的工资损失；②恢复雇员原来的或类似的职位。

（6）雇主应执行法庭依据规定下达的命令。

最高罚款：延迟执行命令每天罚款 4 罚款单位。

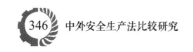

五、南非法

1. 全面禁止

（1）部长可以在国家公报中发布通知声明：（a）任何雇主不得要求或准许特定类别的雇员在特定工作场所从事部长认为会危害或可能危害此类雇员健康和安全的行为，或者不得要求或准许特定类别的雇员在特定工作场所从事部长认为会危害或可能危害此类雇员健康和安全的行为。符合通知中特别规定条件者例外。（b）雇主不得要求或准许任何雇员执行通知中部长认为危害或有可能危害雇员健康和安全的工序。符合通知中特别规定条件者例外。（c）如果部长认为某类特定物品危害或可能危害雇员的健康和安全，则雇主不得要求或准许任何雇员在生产、加工、利用、处理、储藏或运输该物品的场所工作。符合通知中特别规定条件者例外。（d）本条通知可以随时以类似的形式被修改或撤销。

（2）部长在刊发通知之前，应当先拟定草案，并邀请利害关系人在规定的期限内向他书面提交意见与建议。如果部长接受了相关建议并修正后再发布通知的，则无须遵守此规定。

（3）不得依据本条签发禁止通知。事先经商国家健康福利部部长和国家职业健康安全理事会例外。

2. 禁止报复

（1）如果雇主基于以下事实，或者只是怀疑或相信（无论这种怀疑或相信是否公正、正确）以下事实——某雇员已经向部长或其他负责执行本法的人通报了信息，该信息导致他依本法要有所付出，或者该信息与该雇员本人或其他雇员的劳动条件、环境有关；或者该雇员遵守了监察员依法发出的禁令、要求、指导；或者该雇员向法庭或工业法庭提交了证据；或者该雇员依本法做了他可以或被要求去做的事情；或者该雇员拒绝了依本法他被禁止从事的活动——则该雇主不得解雇、降薪或降低该雇员的工作条件，或者把该雇员调动到对其不利的岗位，或更改其职位使其与其他雇员相比处于不利位置。（2）雇主不得因为得到的信息，或因为收到的报告，而不公平地解雇某一雇员，或者降薪或降低该雇员的工作条件，或者把该雇员调动到对其不利的岗位，或更改其职位使其与其他雇员相比处于不利位置。

3. 本法不受合意契约影响

本法任何条款或依据本法所决定的免责通知或指令中规定的条件，在任何情况下都不受当事人合意契约的影响，无论该合意契约的达成是早于还是晚于本法生效实施时间，也无论该合意契约的达成是早于或晚于免责决定中所确定的时间。

4．禁止扣减

对于本法规定的雇主应当向雇员提供的健康安全待遇，雇主不得从雇员报酬中进行任何扣减，也不得要求或接受雇员对他本人或他人做出任何补偿。

六、德国法

（1）劳动者有权就劳动安全卫生保护方面的所有问题向用工者提出建议。联邦职员法规定男女职工所享有的权利。职员法基本条例规定和相应的州法律保留不变。

（2）劳动者如果有具体的理由，认为用工者所采取的保护措施和提供的保护用品是不够的，而用工者对由此给劳动者带来的困难不予解决，为了劳动安全卫生保护能得到保障，可以将此情况反映给主管行政部门。劳动者不得因此而受到责难。本法有关规定和抗议法中的规定以及德国联邦议会选举产生的人权监督委员会法律规定在这里仍适用。

七、日本法

日本法规定了劳动者的上告：

（1）在企业单位有违反本法律或按本法公布的命令中规定的事实时，劳动者可向都道府县劳动基准局局长、劳动基准监督署署长或劳动基准监督官上告这一事实，并可要求采取适当的纠正措施。

（2）企业主不得以劳动者按前款规定作了上告为由解雇该劳动者或采取不利于该劳动者的其他手段。

分析与结论：

国际公约建议书规定从业人员安全权利：当一名工人就他认为违反规章的做法或认为雇主对职业安全、卫生和工作环境采取的措施有重大缺陷而善意提出申诉时，不得对他采取任何不利措施。英国法、新南威尔士法、南非法、德国法、日本法也基本贯彻了国际公约建议书的这一规定，中国法不仅贯彻了，而且有更为广泛而详细的规定，其他国家的法律应该向中国法学习。

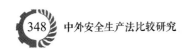

第二节　从业人员安全卫生义务或职责

一、中国法

（一）《安全生产法》规定

该法规定了生产经营单位的从业人员应当依法履行安全生产方面的义务。

1. 从业人员遵章守规、服从管理

《安全生产法》第54条规定：从业人员在作业过程中，应当严格遵守本单位的安全生产规章制度和操作规程，服从管理，正确佩戴和使用劳动防护用品。

2. 从业人员接受安全生产教育和培训

《安全生产法》第55条规定：从业人员应当接受安全生产教育和培训，掌握本职工作所需的安全生产知识，提高安全生产技能，增强事故预防和应急处理能力。

3. 从业人员安全隐患报告

《安全生产法》第56条规定：从业人员发现事故隐患或者其他不安全因素，应当立即向现场安全生产管理人员或者本单位负责人报告；接到报告的人员应当及时予以处理。

4. 劳务派遣人员与从业人员的权利义务相同

《安全生产法》第58条规定：生产经营单位使用被派遣劳动者的，被派遣劳动者享有本法规定的从业人员的权利，并应当履行本法规定的从业人员的义务。

（二）《职业病防治法》规定

1. 用人单位的主要负责人和职业卫生管理人员的职业卫生义务

《职业病防治法》第34条第1款规定：用人单位的主要负责人和职业卫生管理人员应当接受职业卫生培训，遵守职业病防治法律、法规，依法组织本单位的职业病防治工作。

2. 劳动者的职业卫生义务

《职业病防治法》第34条第3款规定：劳动者应当学习和掌握相关的职业卫生知识，增强职业病防范意识，遵守职业病防治法律、法规、规章和操作规程，正确使用、维护职业病防护设备和个人使用的职业病防护用品，发现职业病危害事故隐患应当及时报告。

二、国际法

应在企业一级做出安排，在此安排下：（1）工人在工作过程中协助雇主完成其承担的职责。（2）企业中的工人代表在职业安全和卫生方面与雇主合作。（3）企业中的工人代表应获得有关雇主为保证职业安全和卫生所采取措施的足够信息，并可在不泄露商业机密的情况下就这类信息与其代表性组织进行磋商。（4）工人及其企业中的代表应受到职业安全和卫生方面的适当培训。（5）应使企业中的工人或其代表和必要时其代表性组织，按照国家法律和比例，能够查询与其工作有关的职业安全和卫生的各个方面的情况，并就此受到雇主的咨询；为此目的，经双方同意，可从企业外部带进技术顾问。（6）工人立即向其直接上级报告有充分理由认为出现对其生命和健康有紧迫、严重危险的任何情况，在雇主采取必要的补救措施之前，雇主不得要求工人回到对生命和健康仍存在紧迫、严重危险的工作环境中去。

管理人员与工人和／或其企业内的代表的合作，应是按本公约所采取的组织措施和其他措施的重要成分。

应按公约规定所采取的措施保证工人：（1）能适当注意自身安全及因其工作或缺勤而可能受到影响的其他人员的安全。（2）为确保自己和他人的安全和健康而按照所提出的要求及安全和卫生程序操作。（3）正确使用安全防护装置和设施，不要弃之不用。（4）一旦发现可能会造成危害而自己又无法解决的情况立即向直接上级报告。（5）劳动中一旦发生事故或危害健康的情况或出现与此有关的情况立即报告。

三、英国法

由大臣制定的条例中，可以规定经工会认可从雇员中依法任命安全代表。这些代表代表全体雇员，同雇主磋商，并且拥有条例上所规定的其他职权。

每名雇员在劳动中的责任是：（1）适当地注意自己的和在劳动中可能受到其他活动或过失影响他人的安全和健康。（2）向雇主或其他人交涉根据有关法律条款规定他们应负责任的事宜，并与雇主合作，这对雇主履行其职责和法律要求是必要的。

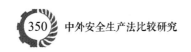

四、美国法

每个雇员必须遵守职业安全卫生标准，以及根据本法令所制定的法则、条例和命令中适用于他本人的活动和行为的规定。

五、新南威尔士法

1. 雇员在工作中应关心其他人员并与雇主合作

（1）每个雇员在工作中应合理地关心处于其工作场所且可能被其行为或疏忽影响雇主或任何其他人员的健康和安全；（2）考虑到由依据本法及相关的职业健康与安全法规的规定对雇主或任何其他人员在健康、安全和福利方面的利益的任何强制要求，应与雇主合作保证那些要求的落实。

最高罚款：25罚款单位。

2. 不得妨碍或滥用为保证健康、安全和福利而提供的用品

任何人不得有意或轻率地妨碍或滥用为执行本法或有关的职业健康与安全法规在保证健康、安全和福利方面提供的任何用品。

最高罚款：25罚款单位。

3. 事故和其他事件的通知

下列情况应给出事故或其他事件的通知：（1）当在某工作场所发生事故，无论是否造成任何人员伤亡。（2）在某工作场所或相关工作场所发生任何影响人员健康或安全的其他事件，都是应通知的事故和其他事件。（3）除所指定的其他人员外，还应提供工作场所的占用人员。

事故或其他事件的通知，应在规定的时间内以规定的方式交给指定的人员。

最高罚款：对团体罚款150罚款单位，对其他情况罚款100罚款单位。

六、南非法

（1）所有雇员应在工作中对自己和可能受到自己行为或任务影响的其他人，尽到合理的健康安全照料义务。

（2）所有雇员应在工作中针对本法规定的雇主或者法定主体的义务和要求，与他们合作促进此类义务和要求得以实现。

（3）所有雇员在工作中为了职业健康安全，执行对其下发的合法的命令，遵守由其雇主或雇主授权的人为其制定的健康安全规则与程序。

（4）所有雇员在工作中若发现存在任何安全健康隐患，应立即将该情况报告给雇主，或所属的健康安全代表（有些情况下该健康安全代表应当立即向雇主报告）。

（5）若雇员身处事故之中，可能会影响到其健康或已经对他造成了伤害，应立即将此事故报告给雇主或雇主授权的人，或者报告给他的健康安全代表。报告应尽可能及时，不得晚于交接班时间。除非情况表明事先无法报告，雇员才可以在事后立即报告。

（6）任何人不得有意或无意地擅自使用、损坏或误用任何健康安全设施。

七、德国法

1. 劳动者的义务

（1）劳动者在劳动过程中必须尽可能地按照用工者的指示及要求搞好自身的安全卫生保护。同时亦有责任关心在劳动中遇见的因忙于工作或疏忽大意忘了安全卫生保护的人。（2）劳动者必须按规定要求使用特殊的机械设备、劳动工具、劳动材料、搬运设备和其他劳动所用的物件以及保护装置和为其提供的个人劳保用品。

2. 特殊的协助义务

（1）劳动者必须向用工者或主管负责人报告他们发现的任何一种对安全卫生构成的直接严重危险现象和保护系统上所出现的每种故障。（2）劳动者必须同企业医生和劳动安全专业人员一道，协助用工者搞好劳动者在劳动过程中的安全卫生保护工作并完成法定的义务。劳动者还应将他们所发现的劳动安全卫生危险现象和保护系统所出现的问题通知劳动安全专业人员、企业医生或按社会法典规定的安全代表。

八、日本法

劳动者的责任和义务：劳动者除遵守为防止劳动灾害所必要的事项外，还必须尽可能地协助企业主及其他有关人员实施有关防止劳动灾害的措施。

分析与结论：

中国法规定了从业人员遵守本单位的安全生产规章制度和操作规程、服从管理、正确佩戴和使用劳动防护用品、报告发现的事故隐患或者其他不安全因素等四项义务；但还不够，必须从外国法中借鉴。

1. 国际法的经验、启示

国际公约规定了工人、工人代表或工人代表性组织的协助或合作义务，管理人员合作义务，工人注意、遵守、使用、报告义务等。

中国法没有完全贯彻国际法的工人义务，应予以补足，主要是协助雇主完成职责的义务要补上。

2. 英国法、美国法、新南威尔士法、南非法的经验、启示

（1）工会认可而任命的安全代表代表全体雇员同雇主磋商。

（2）雇员适当地注意自己和影响他人的安全和健康；向雇主或其他人交涉责任事宜，并针对本法施加给雇主或者法定主体的义务和要求与他们合作。

（3）雇员必须遵守职业安全卫生标准、规则与程序。

（4）雇员不得妨碍或滥用为保证健康、安全和福利而提供的用品，不得有意或无意地擅自使用、损坏或误用任何健康安全设施。

（5）雇员应在工作中给出事故和其他事件的报告、通知。

（6）雇员应在工作中执行对其下发的合法的命令，遵守由其雇主或雇主授权的人为其制定的健康安全规则。

（7）雇员在工作中若发现任何安全健康隐患，应立即将该情况报告给雇主或所属的健康安全代表。

这些规定基本是贯彻国际法的规定，中国法应注意借鉴。

3. 德国法、日本法的经验、启示

劳动者的义务：

（1）在劳动过程中按照用工者的指示及要求搞好自身的安全卫生保护；关心因忙于工作或疏忽大意忘了安全卫生保护的工友。

（2）按规定要求使用特殊的机械设备、劳动工具、劳动材料、搬运设备和其他劳动所用的物件以及保护装置和为其提供的个人劳保用品。

（3）向用工者或主管负责人报告他们发现的对安全卫生构成的直接严重危险现象和保护系统上所出现的故障。

（4）同企业医生和劳动安全专业人员一道，协助用工者（企业主）实施有关防止劳动灾害的措施，搞好安全卫生保护工作并完成法定的义务；将他

们所发现的劳动安全卫生危险现象和保护系统所出现的问题通知劳动安全专业人员、企业医生或安全代表。

这些规定基本类同于英美法系国家的规定，也是贯彻国际法的规定，中国法应注意借鉴。

第三节　从业人员安全卫生知识技能训练、资格

本节内容与此前企业"安全教育和培训"一节内容相连。

一、中国法

（1）主要负责人、安全生产管理人员、特种作业人员、注册安全工程师安全生产知识和管理能力及考核。

《安全生产法》第24条规定：生产经营单位的主要负责人和安全生产管理人员必须具备与本单位所从事的生产经营活动相应的安全生产知识和管理能力。危险物品的生产、经营、储存单位以及矿山、金属冶炼、建筑施工、道路运输单位的主要负责人和安全生产管理人员，应当由主管的负有安全生产监督管理职责的部门对其安全生产知识和管理能力考核合格。

危险物品的生产、储存单位以及矿山、金属冶炼单位应当有注册安全工程师从事安全生产管理工作。鼓励其他生产经营单位聘用注册安全工程师从事安全生产管理工作。注册安全工程师按专业分类管理，具体办法由国务院人力资源和社会保障部门、国务院安全生产监督管理部门会同国务院有关部门制定。

（2）特种作业操作资格。

《安全生产法》第27条规定：生产经营单位的特种作业人员必须按照国家有关规定经专门的安全作业培训，取得相应资格，方可上岗作业。

（3）从业人员安全卫生知识技能。

《安全生产法》第55条规定：从业人员应当接受安全生产教育和培训，掌握本职工作所需的安全生产知识，提高安全生产技能，增强事故预防和应急处理能力。

《职业病防治法》第34条规定：用人单位的主要负责人和职业卫生管理人员应当接受职业卫生培训，遵守职业病防治法律、法规，依法组织本单位

的职业病防治工作。用人单位应当对劳动者进行上岗前的职业卫生培训和在岗期间的定期职业卫生培训，普及职业卫生知识，督促劳动者遵守职业病防治法律、法规、规章和操作规程，指导劳动者正确使用职业病防护设备和个人使用的职业病防护用品。劳动者应当学习和掌握相关的职业卫生知识，增强职业病防范意识，遵守职业病防治法律、法规、规章和操作规程，正确使用、维护职业病防护设备和个人使用的职业病防护用品。

台湾地区有关规定：

（1）经当局主管部门指定具有危险性机械之操作人员，雇主应负责训练，或雇佣经主管机关认可发给执照之合格人员充任之。

（2）当局主管部门指定具有危险性机械，系指本细则规定之机械。危险性机械之容量及各该机械操作人员之资格、执照发给，由"中央主管机关"另定之。

（3）雇主自行办理或委托办理安全训练时，应于事先将训练计划、受训人员及当局主管部门规定之必要事项报请当局主管部门核备。接受委托办理训练单位，应经当局主管部门认可。有关安全训练内容、课程、最少训练时间及其必要事项，由当局主管部门另定之。

二、南非法

1. 特殊工作宣布

（1）部长可以在国家公报中宣布，根据特定条件，某一项工作为列明的特殊工作。（2）在部长宣布某工作属于特殊工作之前，应在国家公报上刊发他所提议的草案，并同时邀请利害关系人在规定时间内提交相关的书面意见与建议。草案的刊发与公告的间隔时间不得少于三个月。（3）本条规定在以下情况例外：（a）如果部长采纳了所收到的意见与建议，并且决定修改草案后并公布的；（b）部长基于公共利益认为不容许有任何延迟从而公告的。（4）通知可随时经类似的通知修改和撤销。

2. 特殊工作的雇主的总体义务

（1）如果雇员从事列明的特殊工作，或者易受列明的特殊工作的影响，其雇主应与该工作场所建立的健康安全委员会磋商以下事项：（a）如何识别并评估此工作危害，应当采取哪些措施以符合本法规定；（b）在切实合理可行的限度下，避免雇员暴露于此类危害之下，或者无法避免时，最小化这种暴露；（c）根据此工作自然风险及雇员的暴露程度，实施职业保健项目和生理监测，并将这些雇员纳入医疗监护之中。

（2）雇主应当随时通知健康安全代表在其工作场所或其部门内实施的各项行动及其结果。如果涉及某一特定雇员的个人生理监测或医疗保健信息，则除非获得了该雇员的书面同意，不得对监察员、雇主和相关雇员以外的人公布。

三、日本法

特种作业或就业限制：

企业主对于政令规定的起重机驾驶及其他业务，只能让取得都道府县劳动基准局局长与这方面业务有关的许可证人员或学完都道府县劳动基准局局长或都道府县劳动基准局局长指定人员举办与该业务有关的技能讲座的人员以及其他具有劳动省令规定资格的人员，才准予从事该业务。其他人员不准从事该业务。可以从事该业务的人员，在从事该业务时，必须携带与该业务有关的许可证及其他可证明其资格的证件。

对于接受与《职业能力训练法》认可有关的职业受训的劳动者，在有必要的场合，视其需要程度，可按劳动省令另外作规定。

分析与结论：

中国法规定了一般企业主要负责人、安全生产管理人员知识能力制度和高危行业企业主要负责人、安全生产管理人员资格考核制度，特种作业操作资格制度，从业人员安全生产教育、培训和安全生产知识技能制度。中国法还可以从外国法中借鉴下列经验：

1．南非法经验和启示

南非法规定了特种作业和特殊工作人员的有关事项。

雇员从事特殊工作，或者易受特殊工作的影响，其雇主应在与该工作场所建立的健康安全委员会磋商，识别并评估此工作危害和采取的措施，避免雇员暴露于此类危害之下，或者无法避免时，最小化这种暴露，实施职业保健项目和生理监测，并将这些雇员纳入医疗监护之中。

雇主应当随时通知健康安全代表在其工作场所或其部门内实施的各项行动及其结果。

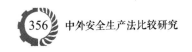

2．日本法经验和启示

日本法也只规定了特种作业的有关事项。企业主只能让获得许可证或学完技能讲座以及其他规定资格的人员从事政令规定的起重机驾驶及其他业务。

此外，我们还可以从台湾地区有关规定得到如下经验和启示：

台湾地区有关规定强调训练，并规定雇主事先将训练计划、受训人员及必要事项报请当局主管部门核备。这个规定好，有利于克服乱培训、假培训、低效培训等问题。

第四节　工会安全卫生保护职责

一、中国法

（一）《安全生产法》规定

该法第57条规定了工会的权利：工会有权对建设项目的安全设施与主体工程同时设计、同时施工、同时投入生产和使用进行监督，提出意见。工会对生产经营单位违反安全生产法律、法规，侵犯从业人员合法权益的行为，有权要求纠正；发现生产经营单位违章指挥、强令冒险作业或者发现事故隐患时，有权提出解决的建议，生产经营单位应当及时研究答复；发现危及从业人员生命安全的情况时，有权向生产经营单位建议组织从业人员撤离危险场所，生产经营单位必须立即做出处理。工会有权依法参加事故调查，向有关部门提出处理意见，并要求追究有关人员的责任。

（二）《职业病防治法》规定

《职业病防治法》第40条还规定了工会组织的权利：工会组织应当督促并协助用人单位开展职业卫生宣传教育和培训，有权对用人单位的职业病防治工作提出意见和建议，依法代表劳动者与用人单位签订劳动安全卫生专项集体合同，与用人单位就劳动者反映的有关职业病防治的问题进行协调并督促解决。工会组织对用人单位违反职业病防治法律、法规，侵犯劳动者合法权益的行为，有权要求纠正；产生严重职业病危害时，有权要求采取防护措施，或者向政府有关部门建议采取强制性措施；发生职业病危害事故时，有权参与事故调查处理；发现危及劳动者生命健康的情形时，有权向用人单位建议组织劳动者撤离危险现场，用人单位应当立即作出处理。

台湾地区有关规定：

1．工厂会议

（1）工厂会议之组织。工厂会议由工厂代表及全部工人选举之同数代表组织之。工厂代表，应选派熟习工厂或劳工情形者充之；工人代表选举时，应申请主管机关派员监督。（2）工厂会议代表之人数限制。工厂会议之工人代表，及工厂代表，各以三人至九人为限。（3）工厂会议。工厂会议之主席，由双方代表各推定一人轮流担任之。工厂会议每月开会一次，于必要时，得召集临时会议。工厂会议须有代表过半数之出席，其议决须有出席代表三分之二以上之同意。

2．工厂会议之职务

工厂会议之职务如下：（1）研究工作效率之增时。（2）改善工厂与工人之关系并调解其纠纷。（3）协助团体协约、劳动契约及工厂规则之实行。（4）协商延长工作时间之办法。（5）改进厂中安全与卫生之设备。（6）建议工厂或工场之改良。（7）筹划工人福利事项。

3．工人与工厂关于工厂会议职务事项争议之解决

关于一工场事项者，先由该工场工人代表与工厂协商处理之，如不能解决或涉及两工场以上之事项时，由工厂会议决定之，工厂会议不能解决时，依劳资争议处理法办理。

二、英国法

英国要求建立工会、雇主与政府三方协调同意机制。许多工会设有安全与健康部门，向其成员提供信息与指导，许多服务是免费的。

提供的服务包括：当工会成员因工致伤、患病或上下班途中受伤等原因，提出赔偿要求时，工会提供法律帮助；回答成员的安全与健康方面的问题；对安全代表提供培训及信息；对噪声和石棉等具体项目提供信息指导；出版杂志；进行调查及研究；维护职工的安全权益。英国法律规定企业必须要有职工代表参与安全工作。英国企业工会组织中有专人负责安全工作，在保障工人健康权益、安全生产权益方面也发挥着重要的作用，使企业的安全工作处于职工的监督中，职工的安全诉求能够得到及时表达和重视；规定凡是雇员在5人以上的企业，都要出具安全方面的文件，列明安全方面的风险以及

措施，由雇主签字，同时在 HSE 备案。一旦发生违法行为，HSE 就会对照这些文件，要求企业提供证据看企业是否达到了要求，从而使企业处于规范有据的监督之下。

分析与结论：

中国法规定了企业工会在安全生产和职业卫生工作中的一些职权职责，但外国法普遍不为工会设置这方面的职能，而是设立工人的安全代表制度，或者在健康与安全委员会中给出工人名额，由工人通过这些代表或机构进行安全卫生管理或参与管理。

台湾地区有关规定，规定了工厂会议制度。工厂会议由工厂代表及全部工人选举之同数代表组织之。职责包括改善工厂与工人之关系并调解其纠纷、协助团体协约、劳动契约及工厂规则之实行、改进厂中安全与卫生之设备。这个会议也是工人代表参加，无涉工会。

第五节　特殊人员保护

一、中国法

《职业病防治法》第 38 条规定：用人单位不得安排未成年工从事接触职业病危害的作业；不得安排孕期、哺乳期的女职工从事对本人和胎儿、婴儿有危害的作业。

台湾地区有关规定：

规定雇主不得雇佣童工、女工从事下列工作：坑内工作；处理爆炸性、引火性等物质之工作；散布有毒气体或有害辐射线场所内之工作；有尘埃、粉末散布场所工作；运转中机器或动力传导装置危险部分之扫除、上油、检查、处理或上卸皮带、绳索等工作；超过 220 伏特电力线之衔接；已溶矿物或矿渣之处理；锅渣之烧火；其他有危险性之工作。

"工厂法"也规定童工及女工不得从事下列各种工作：处理有爆发性、引火性或有毒之物品；有尘埃、粉末或有毒气体散布场所之工作；运转中机器或动力传导装置危险部分之扫除、上油、检查、修理及上卸皮带、绳索等事；高压电线之衔接；已溶矿物或矿渣之处理；锅炉之烧火；其他有害风纪或有危险性之工作。

二、日本法

规定了对中老年劳动者等的照顾：

企业主对中老年劳动者和从防止劳动灾害角度在就业时需要给以特殊照顾的人员，应该按这些人的身心健康条件，尽可能地给以适当安排。

分析与结论：

中国《职业病防治法》对特殊作业人员保护作了规定：用人单位不得安排未成年工从事接触职业病危害的作业；不得安排孕期、哺乳期的女职工从事对本人和胎儿、婴儿有危害的作业。但《安全生产法》没有特殊人员保护规定。

日本法规定了对中老年劳动者的照顾：企业主对中老年劳动者及其他需要给以防止劳动灾害照顾的特殊人员，应该按其身心健康条件尽可能给以适当安排。

我国台湾地区有关规定对此作了详细规定：雇主不得雇佣童工、女工从事下列工作：坑内工作；处理爆炸性、引火性等物质之工作；散布有毒气体或有害辐射线场所内之工作；有尘埃、粉末散布场所工作；运转中机器或动力传导装置危险部分之扫除、上油、检查、处理或上卸皮带、绳索等工作；超过 220 伏特电力线之衔接；已溶矿物或矿渣之处理；锅渣之烧火；其他有危险性之工作。

第六节　从业人员违反义务的责任

一、中国法

中国法规定从业人员违反安全义务的责任是《安全生产法》第 104 条规定：生产经营单位的从业人员不服从管理，违反安全生产规章制度或者操作规程的，由生产经营单位给予批评教育，依照有关规章制度给予处分；构成犯罪的，依照刑法有关规定追究刑事责任。

《职业病防治法》第 34 条规定：劳动者应当学习和掌握相关的职业卫生知识，增强职业病防范意识，遵守职业病防治法律、法规、规章和操作规程，正确使用、维护职业病防护设备和个人使用的职业病防护用品，发现职业病危害事故隐患应当及时报告。劳动者不履行前款规定义务的，用人单位应当对其进行教育。

二、南非法

规定了雇员及雇主代理人的作为或不作为的违法责任：

（1）雇员的作为或不作为将会被视为雇主或使用者作为或不作为从而构成雇主和使用者违反本法的行为。除非能够证明：①雇主或使用者没有允许该雇员的行为，或为该雇员的作为或不作为提供便利。②雇员的作为或不作为与雇员的工作职责没有任何关系，无论该被指控的作为或不作为是否合法。③雇主和使用者已经采取了合理的措施去防止雇员的该项作为或不作为，否则将视为雇主和使用者自己因为作为或不作为而违反本法，并会因此依法承担法律责任。雇主和使用者仅仅签发了禁止雇员该项作为或不作为的指令，这一事实本身并不足以作为证据证明雇主和使用者已经尽到了合理预防措施。

（2）关于雇主与雇员关系的规定可参照适用于雇主及使用者和他们代理人之间的关系，除非双方当事人已经签署了书面协议，并约定按规定的措施和程序去确保该代理人遵守本法规定。

（3）如果雇员或雇主代理人的作为或不作为的违法可以被视为雇主和使用者的违法，则他应当和雇主或使用者承担一样的法律责任。

（4）在政府的雇员或代理人的作为或不作为违反了本法规定的情况下，假如他不是政府雇员而是普通雇主的雇员并且该责任可由雇主承担时，则该雇员和代理人应当被认定有罪并承担与该雇主类似的法律责任。

（5）雇主、雇员、雇主的代理人都可以被判决有罪并承担相应的法律责任。

（6）如果雇员或代理人的违法责任与本法规定相冲突，法庭应当签发针对雇主而非针对雇员及代理人的命令。

分析与结论：

中国法规定从业人员或劳动者违反安全卫生义务的责任只有两类：一类是生产经营单位或用人单位给予批评教育和依照有关规章制度给予处分；另

一类是构成犯罪的，追究刑事责任。这很不全，义务太少，责任太少。这里倒提出了单位规章制度的合法性问题。

中国法应向南非法学习和借鉴关于雇员及其与雇主等人责任关系的规定，这是很重要的。南非法经验与启示：

（1）雇员的作为或不作为将会被视为雇主或使用者的作为或不作为从而构成雇主和使用者的违犯本法的行为。这是在强调雇主要承担无过错责任，这很重要。但也规定了雇主的除外责任。

（2）雇员或雇主代理人的作为或不作为的违法可以被视为雇主和使用者的违法时，则他应当和雇主或使用者承担一样的法律责任。这是连带责任。

第八章　职业卫生和职业病防治制度比较

第一节　企业职业卫生和职业病防治义务

一、中国法

（一）用人单位总义务

在《职业病防治法》中，生产经营单位叫做用人单位。第 4 条、第 5 条、第 7 条规定了用人单位总义务：为劳动者创造符合国家职业卫生标准和卫生要求的工作环境和条件，并采取措施保障劳动者获得职业卫生保护；建立、健全职业病防治责任制，加强对职业病防治的管理，提高职业病防治水平，对本单位产生的职业病危害承担责任；依法参加工伤社会保险。

（二）用人单位职业病防治管理措施

《职业病防治法》第 20 条规定用人单位应当采取下列职业病防治管理措施：（1）设置或者指定职业卫生管理机构或者组织，配备专职或者兼职的职业卫生专业人员，负责本单位的职业病防治工作；（2）制定职业病防治计划和实施方案；（3）建立、健全职业卫生管理制度和操作规程；（4）建立、健全职业卫生档案和劳动者健康监护档案；（5）建立、健全工作场所职业病危害因素监测及评价制度；（6）建立、健全职业病危害事故应急救援预案。

（三）用人单位职业卫生和职业病防治的具体义务

《职业病防治法》第 21~26 条、第 32~37 条规定了用人单位的下列具体义务（与此前有关章节相连）：

（1）用人单位应当保障职业病防治所需的资金投入，不得挤占、挪用，并对因资金投入不足导致的后果承担责任。

（2）用人单位必须采用有效的职业病防护设施，并为劳动者提供个人使用的职业病防护用品。用人单位为劳动者个人提供的职业病防护用品必须符合防治职业病的要求；不符合要求的，不得使用。

（3）用人单位应当优先采用有利于防治职业病和保护劳动者健康的新技术、新工艺、新材料，逐步替代职业病危害严重的技术、工艺、材料。

（4）产生职业病危害的用人单位，应当在醒目位置设置公告栏，公布有关职业病防治的规章制度、操作规程、职业病危害事故应急救援措施和工作场所职业病危害因素检测结果。

对产生严重职业病危害的作业岗位，应当在其醒目位置，设置警示标识和中文警示说明。警示说明应当载明产生职业病危害的种类、后果、预防以及应急救治措施等内容。

（5）对可能发生急性职业损伤的有毒、有害工作场所，用人单位应当设置报警装置，配置现场急救用品、冲洗设备、应急撤离通道和必要的泄险区。

对放射工作场所和放射性同位素的运输、贮存，用人单位必须配置防护设备和报警装置，保证接触放射线的工作人员佩戴个人剂量计。

对职业病防护设备、应急救援设施和个人使用的职业病防护用品，用人单位应当进行经常性的维护、检修，定期检测其性能和效果，确保其处于正常状态，不得擅自拆除或者停止使用。

（6）用人单位应当实施由专人负责的职业病危害因素日常监测，并确保监测系统处于正常运行状态。

用人单位应当按照国务院卫生行政部门的规定，定期对工作场所进行职业病危害因素检测、评价。检测、评价结果存入用人单位职业卫生档案，定期向所在地卫生行政部门报告并向劳动者公布。

职业病危害因素检测、评价由依法设立的取得省级以上人民政府卫生行政部门资质认证的职业卫生技术服务机构进行。职业卫生技术服务机构所作检测、评价应当客观、真实。

发现工作场所职业病危害因素不符合国家职业卫生标准和卫生要求时，用人单位应当立即采取相应治理措施，仍然达不到国家职业卫生标准和卫生要求的，必须停止存在职业病危害因素的作业；职业病危害因素经治理后，符合国家职业卫生标准和卫生要求的，方可重新作业。

（7）用人单位对采用的技术、工艺、材料，应当知悉其产生的职业病危害，对有职业病危害的技术、工艺、材料隐瞒其危害而采用的，对所造成的职业病危害后果承担责任。

（8）用人单位与劳动者订立劳动合同（含聘用合同，下同）时，应当将工作过程中可能产生的职业病危害及其后果、职业病防护措施和待遇等如实告知劳动者，并在劳动合同中写明，不得隐瞒或者欺骗。

劳动者在已订立劳动合同期间因工作岗位或者工作内容变更，从事与所订立劳动合同中未告知的存在职业病危害的作业时，用人单位应当依照前款规定，向劳动者履行如实告知的义务，并协商变更原劳动合同相关条款。

用人单位违反前两款规定的，劳动者有权拒绝从事存在职业病危害的作业，用人单位不得因此解除或者终止与劳动者所订立的劳动合同。

（9）用人单位的负责人应当接受职业卫生培训，遵守职业病防治法律、法规，依法组织本单位的职业病防治工作。

用人单位应当对劳动者进行上岗前的职业卫生培训和在岗期间的定期职业卫生培训，普及职业卫生知识，督促劳动者遵守职业病防治法律、法规、规章和操作规程，指导劳动者正确使用职业病防护设备和个人使用的职业病防护用品。

劳动者应当学习和掌握相关的职业卫生知识，遵守职业病防治法律、法规、规章和操作规程，正确使用、维护职业病防护设备和个人使用的职业病防护用品，发现职业病危害事故隐患应当及时报告。

劳动者不履行规定义务的，用人单位应当对其进行教育。

（10）对从事接触职业病危害作业的劳动者，用人单位应当按照国务院安全生产监督管理部门、卫生行政部门的规定组织上岗前、在岗期间和离岗时的职业健康检查，并将检查结果书面告知劳动者。职业健康检查费用由用人单位承担。

用人单位不得安排未经上岗前职业健康检查的劳动者从事接触职业病危害的作业；不得安排有职业禁忌的劳动者从事其所禁忌的作业；对在职业健康检查中发现有与所从事的职业相关的健康损害的劳动者，应当调离原工作岗位，并妥善安置；对未进行离岗前职业健康检查的劳动者不得解除或者终止与其订立的劳动合同。

职业健康检查应当由省级以上人民政府卫生行政部门批准的医疗卫生机构承担。

（11）用人单位应当为劳动者建立职业健康监护档案，并按照规定的期限妥善保存。

职业健康监护档案应当包括劳动者的职业史、职业病危害接触史、职业健康检查结果和职业病诊疗等有关个人健康资料。

劳动者离开用人单位时，有权索取本人职业健康监护档案复印件，用人单位应当如实、无偿提供，并在所提供的复印件上签章。

（12）发生或者可能发生急性职业病危害事故时，用人单位应当立即采取应急救援和控制措施，并及时报告所在地安全生产监督管理部门和有关部门。安全生产监督管理部门接到报告后，应当及时会同有关部门组织调查处理；必要时，可以采取临时控制措施。卫生行政部门应当组织做好医疗救治工作。

对遭受或者可能遭受急性职业病危害的劳动者，用人单位应当及时组织救治、进行健康检查和医学观察，所需费用由用人单位承担。

二、国际商业和办事处所卫生公约及建议书

国际商业和办事处所卫生公约适用范围和会员国义务：

（1）本公约适用于：①商业机构。②工作人员主要从事办公室工作的企事业、团体或行政机构。③工作人员主要从事商业活动或办公室工作的企事业、团体或行政机构，但它们不受在工业、矿业、运输业或农业中实施的有关卫生的国家法规或其他规定的制约。

（2）如果就业环境和就业条件的状况使得这些规定类别不宜实施公约的全部或部分条款，主管当局经与直接有关的雇主组织和工人组织（如果存在此类组织）磋商后，可把企事业、团体或行政机构的一些规定类别排除在实施本公约全部或部分条款的范围之外。

（3）凡对本公约是否适用于某一企事业、团体或行政机构产生疑问时，该问题应由主管当局与有关雇主和工人的代表性组织（如果存在此类组织）磋商解决，或用符合国家法规和实践的其他任何方法予以解决。

（4）会员国承诺在本国条件许可和希望的情况下，保证商业和办事处所卫生建议书的条款或类似条款得以生效。

（5）通过适当的监察机构或援用其他手段，确保有关法规切实实施。建立适当的惩罚制度。

国际商业和办事处所卫生建议书适用范围：

（1）本建议书适用于下述一切企事业、团体或行政机构，不管它们属于政府还是属于私人：①商业机构。②其工作人员主要从事办公室工作的企事业、团体或行政机构，其中包括自由职业者的办公室。③工作人员主要从事商业活动或办公室工作的其他企事业、团体和行政机构。

（2）本建议书也适用于下述企事业、团体和行政机构：①提供个人服务的企事业、团体和行政机构。②邮电部门。③新闻出版单位。④旅馆和膳宿公寓。⑤饭店、俱乐部、咖啡馆和其他消费场所。⑥演出单位和大众娱乐机构以及其他文娱部门。

（3）需要时，应采取适当措施，以便在与有关雇主组织和工人组织磋商的基础上，划分适用于本建议书的企事业、团体或行政机构和其他一切单位的界线。在无法肯定本建议书是否适用于某一企事业、团体或行政机构的情况下，应由主管当局经与有关的雇主组织和工人组织磋商后作出决断，或按符合国家法律或条例和实际情况的方法处理。

企业等单位职业卫生义务及措施：

（1）职工使用的一切场所及其设施应保持清洁完好；采取自然通风或人工通风，或两者兼用，以增加新鲜、清纯空气，使室内空气充足宜人；应有充足、适宜的照明；工作场所应尽可能采用天然照明；应保持尽可能舒适和稳定的温度。

（2）一切办公场所和办公地点的布置应做到不对办公人员的健康产生任何危害；应向办公人员提供充足的饮用水或其他卫生饮料；应备有足够数量的厕所和洗手设施，并经常保持整洁；应向办公人员提供适当的座椅，且数量充足，使他们能在合理限度内使用；为使办公人员能更换、存放、晾干在工作期间不穿的衣服，应准备适当的设施，并保持完好；在其中正常处理工作的地下室或不开窗户的地方应符合适当的卫生标准。

（3）办公人员应通过适当可行的措施受到保护，在任何情况下避免有碍卫生、有毒或危险的物质和操作。如工作性质有此需要，主管当局应规定使用保护个人的设备。

（4）应采取适当可行的措施，尽可能减少对办公人员产生有害影响的噪声和振动。

（5）凡适用本公约的企事业、团体或行政机构均应根据单位的大小和估计的危险程度，单独拥有医务室或救急站或与其他企事业、团体或行政机构合办诊疗所或急救站，或拥有一个或若干个急救箱、急救包或急救柜。

三、日本法

防止劳动者的职业危害和防止损害劳动者健康的措施有以下几点。

（1）企业主应针对下列职业危害采取必要的措施。

①机械、仪器及其他设备（以下称"机械等"）造成的职业危害。②爆炸物、易燃物和引燃物等造成的职业危害。③电能、热能及其他能源造成的职业危害。④企业主应采取必要的措施，以防止掘进、采矿、装卸、伐木等作业中因作业方法引起的职业危害。⑤企业主应采取必要的措施，以防止劳动者在有坠落危险的某些场所和有砂土塌方危险的某些场所等产生的危险。

（2）企业主应采取必要的措施以防止下列各项对劳动者健康的损害。

①原材料、气体、蒸气、粉尘、缺氧空气、病原体等对劳动者健康的损害。②放射线、高温、低温、超声波、噪声、振动、不正常气压等对劳动者健康的损害。③仪表监视、精密工作等作业对劳动者健康的损害。④废气、废液及废渣对劳动者健康的损害。

（3）企业主对劳动者作业的建筑物及其他作业场所的通道、地面、楼梯等的保养和通风、采光、照明、保温、防潮、休养、避难与清洁方面以及为了保护劳动者的健康、生命和保持劳动者的风纪，应采取必要的措施。

（4）企业主应采取必要的措施，以防止因劳动者的作业活动引起劳动灾害。

（5）在遇到发生紧急劳动灾害危险的时刻，企业主应采取立即停止作业，令劳动者撤离作业场所等必要措施。

（6）对属于建筑业及符合政令规定的其他行业的企业工作，并按政令规定进行工作的企业主，在发生爆炸、火灾等事故同时采取有关措施抢救劳动者场合下，为防止发生劳动灾害，必须采取下列措施：①配备和管理有关救护劳动者所需要的机械等。②对有关救护劳动者的必要事项进行训练。③要做好防备爆炸、火灾等工作，做好有关救护劳动者的必要事项。④企业主必须根据劳动省令规定，从具有劳动省令规定资格的人员中，选拔任用管理各项措施中技术事项的人员，令其管理有关技术事项。

（7）企业主应该采取的措施及劳动者必须遵守的事项均应符合劳动省令规定。在制定劳动省令规定时，必须顾及不违背公害（指公害对策基本法规定的公害）及其他一般公众的灾害，必须顾及不违背旨在防止与劳动灾害有密切联系的有关法令。

（8）禁止病人就业：企业主对患有按劳动省令规定的传染病和其他疾病的劳动者，根据劳动省令规定，必须禁止其就业。

（9）健康教育等：①为了谋求对劳动者施行健康教育和组织健康座谈以及设法保持、增进劳动者健康，企业主应尽可能地采取持续性的有计划的必要措施。②劳动者要努力利用前款企业主采取的措施，保持、增进自己的健康。

（10）提供体育活动等方面的方便。为了保持、增进劳动者的健康，企业主必须尽可能提供体育活动、文娱活动及其他活动。

（11）劳动者应根据企业主采取的措施，相应地遵守必要的事项。

分析与结论：

应当说中国法规定是比较全面的，但还有许多不足，可从国际法及外国法中借鉴下列经验：

1．国际法的经验与启示

主要是国际商业和办事处所卫生公约及其建议书。中国没有商业和办事处所卫生法，应该从这一国际公约的下列规定中吸取经验并补足相关规定。

（1）根据公约要求，制定一部专门的商业及办公场所卫生法，适用于商业机构，工作人员主要从事办公室工作的企事业、团体或行政机构，工作人员主要从事商业活动或办公室工作的企事业、团体或行政机构。它们不受在工业、矿业、运输业或农业中实施的有关卫生的国家法规或其他规定的制约。

（2）提升我国职业卫生的标准，保持与国际公约标准一致。主要是：①保持职工使用的一切场所及其设施清洁完好；使室内空气充足宜人；应有充足、适宜的照明；工作场所应尽可能采用天然照明；应保持尽可能舒适和稳定的温度。②办公场所和办公地点的布置应做到不对办公人员的健康产生任何危害；提供充足的饮用水或其他卫生饮料；应备有足够数量的适当的厕所和洗手设施，并经常保持整洁；提供适当的座椅；在其中正常处理工作的地下室或不开窗户的地方应符合适当的卫生标准。③办公人员应通过适当可行的措施受到保护，在任何情况下避免有碍卫生、有毒或危险的物质和操作。应采取适当可行的措施尽可能减少会对办公人员产生有害影响的噪声和振动。

上列标准，我国相距甚远。

2．日本法的经验与启示

日本法的下列规定值得中国法借鉴：

（1）健康教育。企业主应尽可能地采取持续性的有计划的劳动者健康教育措施；劳动者要努力利用企业主采取的措施，保持、增进自己的健康。

（2）体育活动。企业主必须尽可能地提供体育活动、文娱活动及其他活动方面的方便。劳动者应根据企业主采取的措施，相应地遵守必要的事项。

结论：日本法在职业卫生方面已进入个人良好的生活习惯层次，而且对企业主、劳动者各方都有要求。相比之下，中国法远远落后了，现实生产中可能更为落后。

第二节　从业人员体格检查和职业病诊断、医疗

一、从业人员体格检查

（一）中国法

（1）对从事接触职业病危害作业的劳动者，用人单位应当按照国务院卫生行政部门的规定组织上岗前、在岗期间和离岗时的职业健康检查，并将检查结果如实告知劳动者。职业健康检查费用由用人单位承担。

用人单位不得安排未经上岗前职业健康检查的劳动者从事接触职业病危害的作业；不得安排有职业禁忌的劳动者从事其所禁忌的作业；对在职业健康检查中发现有与所从事的职业相关的健康损害的劳动者，应当调离原工作岗位，并妥善安置；对未进行离岗前职业健康检查的劳动者不得解除或者终止与其订立的劳动合同。

职业健康检查应当由省级以上人民政府卫生行政部门批准的医疗卫生机构承担。

（2）用人单位应当为劳动者建立职业健康监护档案，并按照规定的期限妥善保存。

职业健康监护档案应当包括劳动者的职业史、职业病危害接触史、职业健康检查结果和职业病诊疗等有关个人健康资料。

劳动者离开用人单位时，有权索取本人职业健康监护档案复印件，用人单位应当如实、无偿提供，并在所提供的复印件上签章。

台湾地区相关规定：

（1）雇主于雇佣劳工时，应施行体格检查；对于从事特别危害健康之作

业者，应定期施行健康检查。检查应由医师为之，其费用由雇主负担，检查记录应予保存。劳工对于检查，有接受之义务。

（2）体格检查发现应雇劳工不适于从事某种工作时，不得雇佣其从事该项工作，健康检查发现劳工因职业原因致不能适应原有工作者，除予医疗外，并应变更其作业场所，更换其工作，缩短其工作时间及为其他适当措施。

（3）体格检查及健康检查如下：雇佣劳工时之一般体格检查；受雇期间之定期健康检查；处置或接触有害物质期间或其前后之特殊健康检查；其他经当局主管部门指定之健康检查。

体格检查及健康检查之项目、方法、标准及记录保存年限等由当局主管部门另定之。

（4）雇主应依体格检查或健康检查结果，适当分配劳工工作。雇主因职业上原因变更劳工工作场所、更换其工作、缩短其工作时间及适当分配其工作时，不得减少其原有工资或损及劳工其他之利益。

（二）国际保护工人以防电离辐射公约

（1）所有直接从事放射性工作的工人在着手此种工作前或开始后不久均应作适当体格检查，此后每隔一定时期还应进行体格检查。

（2）由于暴露的性质或程度或两者兼有而必须立即采取下列行动：工人应作适当体格检查；雇主应根据要求通报主管当局；主管辐射防范的人员应检查工人履行职责的条件；雇主应根据技术调查结果和医嘱采取任何必要的补救措施。

（3）工人不应从事或继续从事使他们违反合格医嘱而暴露于电离辐射的工作。

（4）会员国承诺提供适当的监察以监督本公约条款的实施，或查明适当的监察业已进行。

（三）美国法

（1）卫生、教育、福利部长为了遵照责任和充实有关潜在性有毒物质或有害的物理因素的必要资料，可制定条例要求雇主对雇员暴露在有害于雇员健康和安全的物质或物理因素下的情况和程度进行测量、记录并作出报告。

（2）卫生、教育、福利部长被授权建立体格检查和试验方案。这对确定职业病的发生率和雇员对这种疾病的敏感性是必要的。

（3）本法令没有任何条款可以用来作为授权进行出于宗教目的的体格检查、免疫处理和治疗。除非它是为了保护别人的安全和健康所必要。

（4）被要求对雇员暴露于有毒物质或有害物理因素下的情况进行测量和记录的雇主如要求时，卫生、教育、福利部长应给以必要的财力或其他援助以支付他为此而增加的费用。

（四）南非法

向首席监察员报告职业病：

如果执业医生检查、治疗的疾病属于《劳工补偿法》中描述的疾病，或医生认为该病系由其职业所致时，他应当在指定的期限内以指定的方式将情况报告给雇主和首席监察员，同时告知该当事人。

（五）日本法

1. 健康检查

企业主必须按劳动省令规定，由医生对劳动者进行健康检查；对从事按政令规定的有害业务的劳动者，企业主必须按劳动省令规定，由医生进行专项健康检查。对从事过按政令规定的有害业务且现在仍在工作的劳动者，也要同样地对待；企业主必须按劳动省令规定，由牙科医生对从事按政令规定的有害业务的劳动者进行健康检查；为保持劳动者健康，都道府县劳动基准局局长在认为有必要时，可根据劳动卫生指导医生的意见，按劳动省令规定，指示企业主实施临时的健康检查和其他必要的事项；劳动者必须接受企业主根据前面各款规定进行的健康检查，但是，在劳动者不愿接受企业主指定的医生或牙科医生进行的健康检查的情形下，接受了其他医生或牙科医生而且符合按上述规定进行的健康检查，并把其检查结果证明单交给企业主时，则不在此限；企业主必须按照劳动省令规定，把记录的健康检查结果保存起来；企业主根据所做的健康检查结果，为保持劳动者健康，认为有必要时，应考虑有关劳动者的实际情况，除了采取变更就业场所、更换作业、缩短劳动时间等措施外，还必须采取安装或新建设施与设备，实施作业环境测定以及其他适当措施。

2. 健康管理手册

都道府县劳动基准局局长对从事过政令规定的从事致癌和其他严重损害劳动者健康的危险业务的人员在离职时或离职后要发给与该业务有关的健康管理手册，但是对现已持有与该业务有关的健康管理手册的人员，则不在此限；政府对持有健康管理手册的人员，按劳动省令规定，要对这些人员进行必要的健康检查；领到健康管理手册的人员，不得将此手册转让或借给其他人；健康管理手册的格式以及有关健康管理手册的其他必要事项，均由劳动

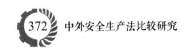

省令规定。

分析与结论：

中国《职业病防治法》规定了劳动者健康检查制度：对从事接触职业病危害作业的劳动者，用人单位应当组织上岗前、在岗期间和离岗时的职业健康检查；为劳动者建立职业健康监护档案；不得安排有职业禁忌的劳动者从事其所禁忌的作业。国际保护工人以防电离辐射公约要求的职业卫生条件及措施，我国也基本都有并被落实。

我们还可从外国法中取得如下经验和启示：

1．美国法经验和启示

雇主应对雇员暴露在有害于健康和安全的物质或物理因素下的情况和程度进行测量、记录并作出报告。雇主如要求时，政府主管部门应给以必要的财力或其他援助以支付他为此而增加的费用。

2．南非法经验和启示

执业医生向雇主和首席监察员报告职业病，同时告知该当事人。

3．日本法有如下几点值得学习

（1）企业主健康检查。

劳动基准局局长在认为有必要时，指示企业主实施临时的健康检查和其他必要的事项；劳动者必须接受企业主进行健康检查。企业主根据所做的健康检查结果，认为有必要时，应采取变更就业场所、更换作业、缩短劳动时间等措施，还必须采取安装或新建设施与设备，实施作业环境测定以及其他适当措施。

中国法规定只对从事接触职业病危害作业的劳动者进行健康检查，而日本法分为所有劳动者的普遍检查和有害作业的专项健康检查。健康检查是劳动者的义务，中国法没作规定。企业主应根据健康检查结果采取措施，中国法也没作规定。

（2）政府部门职责。

劳动基准局对从事过严重损害劳动者健康的危险业务的人员在离职时或离职后要发给与该业务有关的健康管理手册并进行必要的健康检查。这一政府职责也值得中国法借鉴。

此外，我们可以从台湾地区有关规定获得如下经验和启示：

（1）劳工对于检查，有接受之义务。体格检查及健康检查种类：一般体格检查，定期健康检查，特殊健康检查，其他指定健康检查。

（2）体格检查发现不适于从事某种工作时，不得从事该项工作，健康检查发现因职业原因致不能适应原有工作者，除予医疗外，并应变更其作业场所，更换其工作，缩短其工作时间及为其他适当措施。

我国台湾地区有关规定类同于日本法。

二、职业病诊断和医疗

（一）中国法

1. 职业病报告

《职业病防治法》第50条规定：用人单位和医疗卫生机构发现职业病病人或者疑似职业病病人时，应当及时向所在地卫生行政部门报告。确诊为职业病的，用人单位还应当向所在地劳动保障行政部门报告。接到报告的部门应当依法做出处理。县级以上地方人民政府卫生行政部门负责本行政区域内的职业病统计报告的管理工作，并按照规定上报。

2. 职业病诊断

《职业病防治法》有如下规定：

（1）第43条　医疗卫生机构承担职业病诊断，应当经省、自治区、直辖市人民政府卫生行政部门批准。省、自治区、直辖市人民政府卫生行政部门应当向社会公布本行政区域内承担职业病诊断的医疗卫生机构的名单。

承担职业病诊断的医疗卫生机构应当具备下列条件：①持有《医疗机构执业许可证》；②具有与开展职业病诊断相适应的医疗卫生技术人员；③具有与开展职业病诊断相适应的仪器、设备；④具有健全的职业病诊断质量管理制度。承担职业病诊断的医疗卫生机构不得拒绝劳动者进行职业病诊断的要求。

（2）第44条　劳动者可以在用人单位所在地、本人户籍所在地或者经常居住地依法承担职业病诊断的医疗卫生机构进行职业病诊断。

（3）第46条　职业病诊断，应当综合分析下列因素：①病人的职业史；②职业病危害接触史和工作场所职业病危害因素情况；③临床表现以及辅助检查结果等。没有证据否定职业病危害因素与病人临床表现之间的必然联系的，应当诊断为职业病。职业病诊断证明书应当由参与诊断的取得职业病诊断资格的执业医师签署，并经承担职业病诊断的医疗卫生机构审核盖章。

（4）第55条　医疗卫生机构发现疑似职业病病人时，应当告知劳动者本人并及时通知用人单位。用人单位应当及时安排对疑似职业病病人进行诊断；在疑似职业病病人诊断或者医学观察期间，不得解除或者终止与其订立的劳动合同。疑似职业病病人在诊断、医学观察期间的费用，由用人单位承担。

3. 对职业病诊断的鉴定、再鉴定

《职业病防治法》有如下规定：

（1）第52条 当事人对职业病诊断有异议的，可以向做出诊断的医疗卫生机构所在地地方人民政府卫生行政部门申请鉴定。职业病诊断争议由设区的市级以上地方人民政府卫生行政部门根据当事人的申请，组织职业病诊断鉴定委员会进行鉴定。当事人对设区的市级职业病诊断鉴定委员会的鉴定结论不服的，可以向省、自治区、直辖市人民政府卫生行政部门申请再鉴定。

（2）第53条 职业病诊断鉴定委员会由相关专业的专家组成。省、自治区、直辖市人民政府卫生行政部门应当设立相关的专家库，需要对职业病争议作出诊断鉴定时，由当事人或者当事人委托有关卫生行政部门从专家库中以随机抽取的方式确定参加诊断鉴定委员会的专家。职业病诊断鉴定委员会应当按照国务院卫生行政部门颁布的职业病诊断标准和职业病诊断、鉴定办法进行职业病诊断鉴定，向当事人出具职业病诊断鉴定书。职业病诊断、鉴定费用由用人单位承担。

（3）第54条 职业病诊断鉴定委员会组成人员应当遵守职业道德，客观、公正地进行诊断鉴定，并承担相应的责任。职业病诊断鉴定委员会组成人员不得私下接触当事人，不得收受当事人的财物或者其他好处，与当事人有利害关系的，应当回避。人民法院受理有关案件需要进行职业病鉴定时，应当从省、自治区、直辖市人民政府卫生行政部门依法设立的相关的专家库中选取参加鉴定的专家。

（4）第47条 用人单位应当如实提供职业病诊断、鉴定所需的劳动者职业史和职业病危害接触史、工作场所职业病危害因素检测结果等资料；卫生行政部门应当监督检查和督促用人单位提供上述资料；劳动者和有关机构也应当提供与职业病诊断、鉴定有关的资料。

职业病诊断、鉴定机构需要了解工作场所职业病危害因素情况时，可以对工作场所进行现场调查，也可以向卫生行政部门提出，卫生行政部门应当在十日内组织现场调查。用人单位不得拒绝、阻挠。

（5）第48条 职业病诊断、鉴定过程中，用人单位不提供工作场所职业病危害因素检测结果等资料的，诊断、鉴定机构应当结合劳动者的临床表现、辅助检查结果和劳动者的职业史、职业病危害接触史，并参考劳动者的自述、卫生行政部门提供的日常监督检查信息等，作出职业病诊断、鉴定结论。

劳动者对用人单位提供的工作场所职业病危害因素检测结果等资料有异议，或者因劳动者的用人单位解散、破产，无用人单位提供上述资料的，诊断、鉴定机构应当提请卫生行政部门进行调查，卫生行政部门应当自接到申请之日起三十日内对存在异议的资料或者工作场所职业病危害因素情况作出判定；有关部门应当配合。

4. 鉴定纠纷仲裁、诉讼

《职业病防治法》第 49 条有如下规定：

职业病诊断、鉴定过程中，在确认劳动者职业史、职业病危害接触史时，当事人对劳动关系、工种、工作岗位或者在岗时间有争议的，可以向当地的劳动人事争议仲裁委员会申请仲裁；接到申请的劳动人事争议仲裁委员会应当受理，并在三十日内作出裁决。

当事人在仲裁过程中对自己提出的主张，有责任提供证据。劳动者无法提供由用人单位掌握管理的与仲裁主张有关的证据的，仲裁庭应当要求用人单位在指定期限内提供；用人单位在指定期限内不提供的，应当承担不利后果。

劳动者对仲裁裁决不服的，可以依法向人民法院提起诉讼。用人单位对仲裁裁决不服的，可以在职业病诊断、鉴定程序结束之日起十五日内依法向人民法院提起诉讼；诉讼期间，劳动者的治疗费用按照职业病待遇规定的途径支付。

5. 职业病人待遇

《职业病防治法》有如下规定：

（1）第 56 条　用人单位应当保障职业病病人依法享受国家规定的职业病待遇。用人单位应当按照国家有关规定，安排职业病病人进行治疗、康复和定期检查。用人单位对不适宜继续从事原工作的职业病病人，应当调离原岗位，并妥善安置。用人单位对从事接触职业病危害的作业的劳动者，应当给予适当岗位津贴。

（2）第 57 条　职业病病人的诊疗、康复费用，伤残以及丧失劳动能力的职业病病人的社会保障，按照国家有关工伤保险的规定执行。

（3）第 58 条　职业病病人除依法享有工伤保险外，依照有关民事法律，尚有获得赔偿的权利的，有权向用人单位提出赔偿要求。

（4）第59条 劳动者被诊断患有职业病，但用人单位没有依法参加工伤保险的，其医疗和生活保障由该用人单位承担。

（5）第60条 职业病病人变动工作单位，其依法享有的待遇不变。用人单位在发生分立、合并、解散、破产等情形时，应当对从事接触职业病危害的作业的劳动者进行健康检查，并按照国家有关规定妥善安置职业病病人。

（6）第61条 用人单位已经不存在或者无法确认劳动关系的职业病病人，可以向地方人民政府医疗保障、民政部门申请医疗救助和生活等方面的救助。地方各级人民政府应当根据本地区的实际情况，采取其他措施，使前款规定的职业病病人获得医疗救治。

（二）英国法

1．维持雇佣医疗咨询服务的职能和责任

（1）雇佣医疗咨询服务应继续保持其目的是为了：（a）保证大臣、健康与安全委员会、人力服务委员会以及其他关心雇员健康或谋求就业训练者健康的其他人，能就他们应该分别注意的有关保障和增进前述人员健康的问题得到报告和合适建议。（b）向雇员和谋求就业训练者提供与他们健康有关的信息和咨询意见。（c）满足大臣有关雇佣问题的其他要求。

（2）大臣如果做出安排，可由健康与安全委员会或其他机构代表他履行此项责任；当做出了这样的安排，由该机构履行此责任时，应成为负责保持上述医疗服务的当局。

（3）负责保持上述医疗服务的当局也可以为了支持雇佣医疗顾问们行使他们的职责，进行调查、帮助或安排，并为调查行使医疗顾问的职责提供费用，而且为了调查的目的，或是支持对一些事情进行调查而提供实验室，并加以维护，或提供其他必要的服务。

（4）大臣做出的任何安排可在任何时候按照他的决定而停止，但不应损害根据其他附款所做出的安排（包括在其他安排停止时才开始实施的那些安排）。

（5）健康与安全委员会的职责是按照大臣的指示办事，大臣应对由委员会负责保持医疗咨询服务做出安排。

（6）谋求就业训练者中应包括工业复职训练的人员。关心雇员或为谋求就业训练者的健康人员应分别加入代表雇主、雇员和职业卫生开业医师的组织。

2．负责保持医疗服务当局的职责

（1）暂时保持雇佣医疗咨询服务的当局（机构）为了履行其职责，应任命一些人担任雇佣医疗顾问，并为同样目的任命一些其他有关官员和职工。（a）如主管该当局的是大臣，则任命的人数须经文官事务大臣批准。（b）或经文官事务大臣同意，由大臣批准。

（2）被任命为雇佣医疗顾问的人应是经过登记合格的执业医生，否则没有被任命的资格。

（3）暂时负责保持上述医疗咨询服务的主管机构可以确定工作的状况和条件，使医疗顾问们或其中的任何人能履行其职责或行使由本法或其他法令赋予雇佣医疗顾问的权力。

（4）负责雇佣医疗咨询服务的机构有所变动时，不应使对医疗顾问的任命失效，当负责的机构变更后，原来的任命将继续有效。

3．补充条款

（1）大臣有责任保证在每个地区的卫生机构的官员中安排一名经登记合格的开业医师，应雇佣医疗顾问的要求向他提供一名不满18岁的人在学校的医疗记录，以及其他关于他的病史治疗情况等资料，这对雇佣医疗顾问充分履行其职责是理所当然需要的；但向该顾问提供的有关任何人的病历等情况，除了该顾问履行其职责作参考外，未经本人同意，不应外泄。

（2）大臣可根据上议院或下议院作出的决议，其目的是保证雇佣医疗顾问作为一个机构的雇佣人员，而不是由大臣雇佣，可以得到由于上述目的而获得同样的待遇。根据此条款下达的命令可以被后续的命令予以变更或废除。

（3）法规条款中或根据法规所写的正式文件中提到的雇佣医疗总顾问或副总顾问，应被视为由负责保持雇佣医疗咨询服务目的而任命的人员。

（三）日本法

1．劳动卫生指导医生

（1）在都道府县劳动基准局设劳动卫生指导医生。

（2）劳动卫生指导医生参与有关事务及有关劳动者卫生方面的其他事务。

（3）劳动卫生指导医生，由劳动大臣从具有劳动卫生方面学识和经验的医生中任命。

（4）劳动卫生指导医生的工作是临时性的。

2．流行病学的调查等

（1）劳动大臣为了掌握劳动者接触化学物质及劳动者所从事的作业与劳

动者所得疾病的相互关系，在认为有必要时，可以进行流行病学的调查及其他调查。

（2）劳动大臣可以将有关实施流行病学的调查等全部或部分事务，委托给具有流行病学的调查等方面专门知识的人员。

（3）劳动大臣或受到委托的人员，在认为有必要实施流行病学的调查等时，可以向企业主、劳动者及其他有关人员提出质问，或要求他们提供必要的报告或文件。

（4）受到劳动大臣委托从事实施流行病学的调查等事务的人员，不得泄露其在实施中获知的秘密。但是，在为防止损害劳动者健康而不得已者，不在此列。

分析与结论：

1．中国《职业病防治法》

该法把职业卫生限定在职业病范围内，从概念上看是狭隘的。在职业病诊断与职业病人保障方面的制度有三项：一是行政部门批准医疗卫生机构承担职业病诊断制度，二是职业病诊断鉴定制度，三是职业病人保障制度。

2．英国法经验和启示

（1）雇佣医疗咨询服务制度。

目的有二：一是保证大臣、健康与安全委员会、人力服务委员会以及其他关心雇员健康或谋求就业训练者健康的人，能得到报告和建设；二是向雇员和谋求就业训练者提供健康有关的信息和咨询意见。

医疗咨询服务人员应分别加入代表雇主、雇员和职业卫生开业医师的组织。

（2）医疗服务当局的职责。

任命雇佣医疗顾问及其他有关官员和职工；使医疗顾问能履行其职责或行使权力。雇佣医疗顾问应是登记合格的开业医师。

3．日本法经验和启示。

（1）劳动卫生指导医生制度。劳动基准局设劳动卫生指导医生，参与有关劳动者卫生方面事务。

（2）流行病学调查制度。劳动大臣可以进行流行病学的调查及其他调查，可以将有关实施调查的全部或部分事务委托给具有专门知识的人员。

这两项制度可以被中国的安全生产监督管理部门借鉴。

第三节 化学、物理和生物物质与制剂管理

一、中国法

化学物质、物理物质、生物物质及其制剂，在中国法中统称为危险物品，其中化学物质叫化学品或危险化学品。危险物品是指易燃易爆物品、危险化学品、放射性物品等能够危及人身安全和财产安全的物品。中国《安全生产法》规定了危险物品的政府审批和监督管理制度、执行标准制度等。

1. 设置安全生产管理机构或者配备专职安全生产管理人员

《安全生产法》第21条规定：矿山、金属冶炼、建筑施工、道路运输单位和危险物品的生产、经营、储存单位，应当设置安全生产管理机构或者配备专职安全生产管理人员。第23条规定：危险物品的生产、储存单位以及矿山、金属冶炼单位的安全生产管理人员的任免，应当告知主管的负有安全生产监督管理职责的部门。第24条规定：危险物品的生产、经营、储存单位以及矿山、金属冶炼、建筑施工、道路运输单位的主要负责人和安全生产管理人员，应当由主管的负有安全生产监督管理职责的部门对其安全生产知识和管理能力考核合格。危险物品的生产、储存单位以及矿山、金属冶炼单位应当有注册安全工程师从事安全生产管理工作。

2. 建设项目安全评价

《安全生产法》第29条规定：矿山、金属冶炼建设项目和用于生产、储存、装卸危险物品的建设项目，应当按照国家有关规定进行安全评价。

3. 安全设施设计审批

《安全生产法》第30条规定：矿山、金属冶炼建设项目和用于生产、储存、装卸危险物品的建设项目的安全设施设计应当按照国家有关规定报经有关部门审查，审查部门及其负责审查的人员对审查结果负责。

4. 建设项目竣工对安全设施验收

《安全生产法》第31条规定：矿山、金属冶炼建设项目和用于生产、储存、装卸危险物品的建设项目的施工单位必须按照批准的安全设施设计施工，并对安全设施的工程质量负责。矿山、金属冶炼建设项目和用于生产、储存危险物品的建设项目竣工投入生产或者使用前，应当由建设单位负责组织对安全设施进行验收；验收合格后，方可投入生产和使用。安全生产监督管理

部门应当加强对建设单位验收活动和验收结果的监督核查。

5. 危险物品容器、运输工具专业生产、专业检测检验

《安全生产法》第 34 条规定：生产经营单位使用的危险物品的容器、运输工具，以及涉及人身安全、危险性较大的海洋石油开采特种设备和矿山井下特种设备，必须按照国家有关规定，由专业生产单位生产，并经具有专业资质的检测、检验机构检测、检验合格，取得安全使用证或者安全标志，方可投入使用。检测、检验机构对检测、检验结果负责。

6. 主管部门专项审批、专项监管

《安全生产法》第 36 条规定：生产、经营、运输、储存、使用危险物品或者处置废弃危险物品的，由有关主管部门依照有关法律、法规的规定和国家标准或者行业标准审批并实施监督管理。生产经营单位生产、经营、运输、储存、使用危险物品或者处置废弃危险物品，必须执行有关法律、法规和国家标准或者行业标准，建立专门的安全管理制度，采取可靠的安全措施，接受有关主管部门依法实施的监督管理。

7. 危险物品车间、商店、仓库安全距离、安全出口

《安全生产法》第 39 条规定：生产、经营、储存、使用危险物品的车间、商店、仓库不得与员工宿舍在同一座建筑物内，并应当与员工宿舍保持安全距离。生产经营场所和员工宿舍应当设有符合紧急疏散要求、标志明显、保持畅通的出口。禁止锁闭、封堵生产经营场所或者员工宿舍的出口。

8. 执法部门查封、扣押

《安全生产法》第 62 条规定：安全生产监督管理部门和其他负有安全生产监督管理职责的部门依法开展安全生产行政执法工作，对生产经营单位执行有关安全生产的法律、法规和国家标准或者行业标准的情况进行监督检查，行使以下职权：……（四）对有根据认为不符合保障安全生产的国家标准或者行业标准的设施、设备、器材以及违法生产、储存、使用、经营、运输的危险物品予以查封或者扣押，对违法生产、储存、使用、经营危险物品的作业场所予以查封，并依法作出处理决定。

9. 危险物品的应急救援组织和应急救援器材、设备、物资

《安全生产法》第 79 条规定：危险物品的生产、经营、储存单位以及矿山、金属冶炼、城市轨道交通运营、建筑施工单位应当建立应急救援组织；生产经营规模较小的，可以不建立应急救援组织，但应当指定兼职的应急救援人员。危险物品的生产、经营、储存、运输单位以及矿山、金属冶炼、城

市轨道交通运营、建筑施工单位应当配备必要的应急救援器材、设备和物资，并进行经常性维护、保养，保证正常运转。

《危险化学品安全管理条例》规定了危险化学品的一些制度（目前正在制定《危险化学品安全法》）。

二、国际法

公约规定：应要求雇主在合理可行的范围内保证其控制下的化学、物理和生物物质与制剂，在采取适当保护措施后，不会对健康发生危险。

（一）国际劳工组织关于职业安全、健康和工作环境的公约

第 4 条规定：各成员国应根据国家条件与惯例，并与最有代表性的雇主组织和工人组织协商，制定、实施和定期审查有关职业安全、健康和工作环境的国家政策。第 5 条规定：上述第四条提到的政策，在对职业安全、健康和工作环境有影响的范围内，应考虑劳动的物质要素（劳动场所、工作环境、工具、机器和材料、化学、物理和生物物质和制剂、劳动过程）的设计、试验、选择、取代、装置、安排和维修。第 16 条规定：在合理与切实可行的情况下，雇主必须做到其管理下的工作环境、机器、设备与工作过程是安全的，并且对健康没有危险。在合理与切实可行的范围内，雇主必须做到使在其管理下的化学、物理和生物物质与制剂，提供适当的保护措施，以保障工人的安全。如果需要，雇主必须提供适当的防护服装和防护设备，以便在合理和切实可行的范围内，预防事故，保障健康。

（二）作业场所安全使用化学品公约

相关定义：

（1）"化学品"一词系指各类化学元素和化合物，及其混合物，无论其为天然或人造；（2）"有害化学品"一词包括根据第 6 条被认定为有害，或有适当资料指明其为有害的任何化学品；（3）"作业场所使用化学品"一词系指可能使工人接触化学制品的任何作业活动，包括化学品的生产、搬运、贮存、运输、废料的处置或处理、因作业活动导致的化学品的排放、化学品设备和容器的保养、维修和清洁；（4）"经济活动部门"一词系指雇用工人的所有部门，其中包括公共服务机构。

会员国应就为使本公约各项规定生效所采取的措施与最有代表性的有关雇主组织和工人组织进行协商。

会员国应依照国家条件和惯例并经与最有代表性的雇主组织和工人组织协商，制定和实施一项有关作业场所安全使用化学品的政策，并进行定期检查。

如在安全和健康方面认为适当，主管当局应有权禁止或限制某些有害化学品的使用，或要求在使用此种化学品时事先通知主管当局并得到批准。

（三）保护工人以防电离辐射公约

1. 一般规定

（1）会员国承诺以法律或条例、操作规程或其他适当方式予以实施。有关当局在应用本公约条款时，应与雇主代表和工人代表磋商。

（2）本公约适用于工人在其工作过程中涉及暴露于电离辐射的一切活动。本公约不适用于密封或不密封的放射性物质，也不适用于生成电离辐射的装置，由于从这类物质或装置所能接受的电离辐射剂量有限，因而须通过使公约得以实施的一种方式豁免于本公约的规定。

（3）应根据当前所及的知识，采取一切适当步骤，有效保护工人的健康和安全，以防范电离辐射。应为此目的通过必要的规则和措施，并应取得为做出有效保护所必不可少的数据。为了保证这种有效保护，有关会员国针对为保护工人以防电离辐射所采取的措施应符合本公约的规定，应尽速修改在它批准本公约前采取的措施，以便使之符合本公约的规定，并应促使对批准本公约时业已存在的其他措施均作如此修改，应指出以何种方式和对哪几类工人实施本公约的规定，并应在其关于实施本公约情况的报告中说明在这一问题上取得的任何进展。

2. 保护措施

（1）应作一切努力将工人暴露于电离辐射的程度限制到最低可行水平，也应使有关各方避免任何不必要的暴露。

（2）人体从外部或内部来源可能接受的电离辐射的最大容许剂量以及能够摄入人体的放射物质的最大容许量，应对各类工人分别加以确定。这种最大容许剂量及数量应随知识更新经常加以复核。

（3）16岁以下的工人不得从事涉及电离辐射的工作。对于下列直接从事放射性工作的工人，应分别确定其适宜标准：（a）年龄在18岁及其以上；（b）年龄在18岁以下。

（4）对不直接从事放射性工作但处于或经过有可能暴露于电离辐射或放射性物质的地点的工人，应分别确定其适宜标准。

（5）应使用恰当的警告来指出存在电离辐射险情，在这方面，应向工人提供任何必要的信息。所有直接从事放射性工作的工人受雇前和受雇期间均应对其进行充分的有关保护其健康安全的防范措施及其理由的教育。

（6）法律或条例应要求按照由此规定的方式通报涉及工人在工作过程中暴露于电离辐射的工作。

（7）对工人及工作地点应进行适当监控以便测量工人暴露于电离辐射及放射性物质的程度，查明可行标准是否已予遵守。

三、日本法

关于有害物质的规章制度：

1. 禁止制造等

按政令规定的黄磷火柴、联苯胺、含有联苯胺的制剂以及引起严重损害劳动者健康的其他物质均不允许制造、进口、转让、提供或使用。但是，为试验研究而制造、进口或使用场合并符合按政令规定的条件时，则不在此限。

2. 制造许可

（1）按政令规定要制造二氯联苯胺、含有二氯联苯胺的制剂以及会引起严重损害劳动者健康的其他危险物质的人员，按劳动省令规定，事先必须得到劳动大臣的许可。

（2）劳动大臣在接到前款的许可申请时，通过审查该许可申请，认为其制造设备、作业方法等均符合劳动大臣的规定标准时，才可给予该款的许可。

（3）得到许可的人员（称"制造人员"）必须保养好该制造设备，以便符合标准。

（4）制造人员必须遵照符合标准的作业方法而制造以上有害危险物质。

（5）劳动大臣认为制造人员的制造设备或作业方法不符合标准时，可以命令制造人员修理、改造或迁移制造设备，以便符合该标准，或者遵照符合于该标准的作业方法而制造以上有害危险物质。

（6）劳动大臣对违反本法律或按本法公布命令中规定或根据这些规定作出的处置的制造人员，可取消许可。

（7）设计、制造或进口机械、仪器及其他设备者、制造或进口原材料者以及建设或设计建筑物者，在设计、制造、进口或建设时，必须尽可能做到有利于防止因使用这些有害物品而引起的劳动灾害。

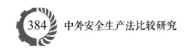

3．标志等

（1）将按政令规定的苯、含有苯的制剂以会引起损害劳动者健康危险的物质或前条第1款的物质装入容器或包装、转让或提供该类物质的人员，按劳动省令规定，必须在其容器上或包装（装入容器且加以包装，那种容器是在转让或提供该类物质时）上标明下列事项。但是，那个容器或包装中主要是向一般消费者供应生活用的物品时，则不在此限。

（a）名称。

（b）成分及其含量。

（c）指明是劳动省令规定的物质，及其对人体的影响。

（d）指明是劳动省令规定的物质，在贮藏或处理方面的注意事项。

（e）按劳动省令规定的其他事项。

（2）使用前款规定方法以外的方法，转让或提供按前款的政令规定的物质或前条第1款物质的人员，按劳动省令规定，必须把记载该款各事项的文件发给转让或提供上述物质的对方。

4．化学物质的有害性调查

（1）为防止由于化学物质损害劳动者的健康，想制造或进口按政令规定的化学物质（包括已公布了其名称的化学物质）以外的化学物质（称"新型化学物质"），作为现有的化学物质的企业主，事先必须按劳动省令规定，根据劳动大臣规定的标准作有害性调查（就该新型化学物质对劳动者健康的影响调查而言，本条以下均同），并且必须将该新型化学物质的名称、有害性的调查结果以及其他事项向劳动大臣呈报。但是，在符合下列各项中一项时以及按其他政令规定场合时，则不在此限。

（a）有关该新型化学物质，按劳动省令规定，从其预定的制造或处理方法等，经劳动大臣确认劳动者暴露在该新型化学物质下不会有危险。

（b）有关该新型化学物质，按劳动省令规定，根据现已掌握的知识等，得到了劳动大臣确认不会有劳动省令规定的有害性这个宗旨时。

（c）为试验研究该新型化学物质而要想制造或进口时。

（d）按劳动省令规定，该新型化学物质主要是作为向一般消费者供应生活用的制品（包括含有该新型化学物质的制品）而被进口的情况时。

（2）进行有害性调查的企业主，根据其调查的结果，为防止采用该新型化学物质损害劳动者的健康，必须迅速地采取必要的措施。

（3）劳动大臣在接到呈报场合（包括作了确认的场合）时，要公布该新型化学物质的名称。

（4）劳动大臣在接到呈报场合时，对有害性的调查结果在听取有学识、有经验人员的意见后，认为有必要防止该申报所涉及的化学物质造成损害劳动者健康时，可向提出呈报的企业主建议，应采取安装或新建设施与设备、准备防护用品等措施。

（5）被征求过有关新型化学物质有害性调查结果意见的有学识、有经验人员，不得泄露有关该新型化学物质有害性调查结果中获悉的秘密。但是，当为了防止损害劳动者健康而不得已时，则不在此限。

（6）劳动大臣对于有使劳动者致癌和其他严重损害劳动者健康危险的化学物质，根据劳动省令的规定，认为有必要防止该化学物质损害劳动者健康时，可以对制造、进口或使用该化学物质的企业主及其他按劳动省令规定的企业主下达指示：按政令规定进行该化学物质的有害性调查（指调查该化学物质对损害劳动者健康的影响），并报告调查结果。下达的指示，要遵照劳动大臣制定的标准，综合考虑有关化学物质有害性调查方面的技术水平、实施调查机关的配备状况及该企业主的调查能力等。劳动大臣要下达指示时，事先必须听取有学识、有经验人员的意见。

（7）进行了有害性调查的企业主，根据调查结果，必须迅速地采取必要措施，防止该化学物质损害劳动者健康。

（8）对于被征求过意见的有学识、有经验人员，不得泄露有关该指示中获悉的秘密。但是，当为了防止损害劳动者健康而不得已时，则不在此限。

5. 企业主应进行的调查等

企业主对于有损害劳动者健康的化学物质、含有化学物质的制剂以及其他物质，事先必须调查这些物质的有害性。根据这些调查结果，除了采取按本法律或根据本法律公布的命令中规定措施外，为了防止这些物质损害劳动者健康，还要尽可能地采取必要的措施。

分析与结论：

1. 国际法责任、义务和经验、启示

一般规定：雇主应在合理可行的范围内保证其控制下的化学、物理和生物物质与制剂，在采取适当保护措施后，不会对健康发生危险。

从安全卫生法所涉及的物质种类上看，中国法规定得不够，只说到危险物，包括易燃易爆物品、危险化学品、放射性物品等，没有提到物质概念；而国际法则涉及化学、物理和生物物质（含有害物质）与制剂。

下列单行公约规定值得借鉴的地方如下：

（1）作业场所安全使用化学品公约。

我们应借鉴下列概念的表述：化学品系指各类化学元素和化合物及其混合物，无论其为天然或人造；有害化学品包括被分类为有害或有适当资料指明其为有害的任何化学品；作业场所使用化学品系指可能使工人接触化学制品的任何作业活动，包括化学品的生产、搬运、贮存、运输、废料的处置或处理、因作业活动导致的化学品的排放、化学品设备和容器的保养、维修和清洁；经济活动部门系指雇用工人的所有部门，其中包括公共服务机构。

（2）保护工人以防电离辐射公约。

我们在实际工作中应作一切努力将工人暴露于电离辐射的程度限制到最低可行水平，也应使有关各方避免任何不必要的暴露；对工人及工作地点应进行适当监控以便测量工人暴露于电离辐射及放射性物质的程度。

2．日本法经验和启示

（1）禁止制造的化学物质、制剂。

黄磷火柴、联苯胺、含有联苯胺的制剂以及引起严重损害劳动者健康的其他物质均不准制造、进口、转让、提供或使用。中国法也应明确规定。

（2）化学物质、制剂的制造许可。

制造二氯联苯胺、含有二氯联苯胺的制剂以及会引起严重损害劳动者健康的其他物质，应获得政府主管部门的许可。其制造设备、作业方法等均符合规定标准时，给予许可。

（3）标志等。

苯、含有苯的制剂以会引起损害劳动者健康的物质或前条物质装入容器或包装、转让或提供该类物质，必须在其容器上或包装上标明。

（4）新型化学物质的有害性调查。

制造或进口新型化学物质必须根据规定的标准作有害性调查，并且向政府主管部门呈报。

中国法没有对新型化学物质的有害性调查制度，应予补上。

第四节 政府的职业卫生和职业病防治职责

一、中国法

中国职业病防治法中有一些规定，主要是：国务院卫生行政部门会同国务院劳动保障行政部门规定、调整并公布职业病的分类和目录；县级以上人民政府卫生行政部门对职业病防治工作及职业病危害检测、评价活动进行监督检查；职业卫生监督执法人员应当依法经过资格认定；卫生行政部门及其职业卫生监督执法人员履行职责时，不得有违反本法的行为。

二、其他国家的法律规定

其他国家的法律把政府的职业卫生职责分散规定于各个专项中，基本没有集中规定。日本法除了分散规定外，还作了适当集中规定。主要是：劳动大臣要公布每个行业或每项作业所必需的技术方面的方针；公布旨在防止该化学物质损害劳动者健康的方针；为创造舒适愉快的作业环境，可公布经过一番努力能实现的作业环境标准；可以对企业主或其团体就能实现的作业环境标准进行必要指导。

分析与结论：

中国立法也可以尝试把政府的安全卫生职责分散规定于各个专项中，而不作集中规定。

第九章　安全生产技术社会服务制度比较

第一节　安全生产技术服务

一、中国法

1. 安全生产技术的社会服务

《安全生产法》第 13 条规定：依法设立的为安全生产提供技术、管理服务的机构，依照法律、行政法规和执业准则，接受生产经营单位的委托为其安全生产工作提供技术、管理服务。生产经营单位委托前款规定的机构提供安全生产技术、管理服务的，保证安全生产的责任仍由本单位负责。

2. 安全生产技术服务机构资质

《安全生产法》第 69 条规定：承担安全评价、认证、检测、检验的机构应当具备国家规定的资质条件，并对其作出的安全评价、认证、检测、检验的结果负责。

台湾地区有关规定：

事业单位得委托安全卫生服务机构，协助或指导其改善工作场所之安全与卫生。安全卫生服务机构应向当局主管部门申请许可。安全卫生服务机构之设置标准、服务范围及设置办法等由当局主管部门定之。

二、英国法

（一）英国的职业健康安全组织和职能

英国服务安全生产的科研服务机构很多，是英国职业安全卫生体系中不可缺少的组成部分。英国有 1000 多家行业协会与 HSE 合作。HSE 每年拥有 500 多项科研项目，科研费用约 3400 万英镑。每年出版次年的研究战略展望，邀请有关单位和机构据此提出科研方案和参与竞标。中标者均能得到执行局的科研经费。从事职业安全与健康科学研究的机构主要有：安全与健康研究院、大学、研究理事会、企业及私营公司和欧盟科研项目组等。

英国的安全科研服务机构在为 HSE 和地方政府服务的同时，同时为企业提供经济担保、保险、隐患排查、安全培训、风险分析评估、政策咨询、产品质量认证、安全等级认证等方面的服务。在风险评估方面，服务机构有比较完善的工作程序和工作方案，并根据安全评估的目的，作出相应的报告。例如为了企业正常生产，应对可能的事故灾害带来的风险，服务机构可以提供从生产环节的隐患排查、设备的安全评估、人员的资质认证、保险与再保险、产品的质量认证、安全认证、环境影响认证、应急预案编制等服务。

企业的雇员，需要经过相应岗位技能和专业的安全培训。在这方面，小企业培训通常是交由专业的中介公司来完成。服务公司雇佣不同领域的经验丰富的专家为企业提供服务，为企业设计量身定制的培训课程，灵活的培训形式，取得切实有效的培训效果。

英国菲利克斯健康安全公司、英国安全委员会、特许环境健康研究院、Marsh 风险管理集团、Aqua Terra 高危行业安全公司都是公益性的慈善机构。他们和 HSE 或者地方政府都有良好的合作，同时开展安全培训、法律服务、技术服务、信息咨询、风险评估等盈利，但作为公益性慈善机构，其盈利必须用于公益性安全健康业务的发展。服务机构每年盈利可观，他们的专家为企业服务日薪为 500 英镑。英国安全委员会有 120 多人，但每年盈利能达到上千万英镑。

一般企业特别是中小企业自身不一定具备专业的法律水平和能力，如果聘请这些机构推行职业安全健康体系、安全评估等，可保障安全。HSE 对企业推行标准评估体系；企业一旦被 HSE 调查、约谈或者起诉时，采用标准体系或者经过有关公司评估的企业则说明雇主重视安全生产，采取了行动。

此外，英国还有大量的志愿者组织。在安全生产应急救援方面，除了英国海事与海防安全总署（Maritine and Coastguard Agency）拥有正式工作人员外，全国还有数千名志愿者报名参加。每年要根据志愿者所报名服务的工作，开展大约一周的培训；一旦企业需要，这些志愿者将会参与到应急工作中来。

（二）英国的职业安全健康工程师

英国自20世纪80年代初开始推行职业安全健康工程师执业资格制度，为保障英国职业安全健康的发展做出了巨大的贡献。负责组织考试的机构是职业安全健康国家考试中心（NEBOSH）。

英国安全专业技术执业资格考试分为两个等级，覆盖了所有能够提高职业安全健康工作能力标准的知识领域。获得安全专业技术一级执业资质者，具备成为英国职业安全健康协会会员的基本资格，可从事职业安全健康组织的技术型安全工作，懂得采取相应的控制与应对措施处理常规风险。获得安全专业技术二级执业资质者，则可成为职业安全健康机构的成员，具备解决和应对高风险领域通常的安全健康问题的能力，能够应用安全规范和技术来分析、解决专业问题。取得资格证书的方法是通过培训、学习、书面测试和工作场所的实际检验等。他们对生产过程中的职业安全健康负有责任，主要工作内容是危险的识别、控制和职业安全健康管理。❶

三、美国法

研究美国的安全生产技术服务制度，需要关注美国的注册安全工程师执业资格制度。美国于1911年成立了安全工程师协会，实行注册安全工程师制度，是执业资格制度发展最早也是最完善的国家之一。

---

❶ 这里注解一下香港的注册安全主任制度。香港安全生产立法的历史是始于1955年以英国1937年的《工厂法》为蓝本制定《工厂及工业经营条例》，以后又不断修订。20世纪70年代初，香港开始了注册安全主任制度，一些大型企业和跨国企业开始聘用安全主任从事安全管理工作。从此安全主任聘用制度开始逐渐推广，更多企业聘用安全主任，更多人投身到安全主任行列。1977年香港成立了"香港工人健康中心"，标志着安全主任制度在香港已经成熟。1986年订立《工厂及工业经营（安全主任及安全督导员）规例》，规定安全主任的资格及注册制度，同时也规定了建造行业承建商在雇用200人以上时须聘用注册安全主任，首次强制性要求某些危险行业雇用专职的安全主任。1995年规例修订，200人的基数改为100人，并且将强制性聘用专职注册安全主任的要求扩至船厂。1997年通过《职业安全及健康条例》，将法例的保障范围由工业经营扩展至各类经济活动。香港注册安全主任至少要有1年工作经验并且有学历要求。安全主任的职责是协助工业经营的雇主保障工人的安全健康。主要工作是保障工人的安全及健康，向雇主提出安全健康措施意见，并在雇主批准下实施；开展安全检查或受政府指示开展检查，查找事故隐患；向雇主报告检查情况，并提出改进措施与建议；调查企业发生的任何意外或危险事故，提交调查报告，上报雇主并提出改进建议；每周收取、讨论及加签由安全员定期上交的每份报告；每个月底之前，向雇主呈交一份规定格式的安全工作报告。

美国注册安全工程师委员会（BCSP）向符合条件的人员授予注册安全工程师（Certified Safety Professional，CSP）证书。注册安全工程师的主要职能是为企业制定或建立安全生产相关的程序、方法、标准、规范和系统，最大限度地减少或控制危及人身、财产和环境的风险和危险。

申请人员需要学习安全科学、原理、实务和其他课程。获得证书需要通过 6 小时的考试，考试内容为安全基础知识，通过考试后获得注册助理安全工程师（ASP）证书。取得证书并工作 3 年后可以申请参加综合考试，通过综合考试后获得注册安全工程师（CSP）证书。美国与澳大利亚、新加坡、加拿大等国家已经达成互认。

四、德国法

探讨德国安全生产技术服务制度还是先介绍一下他们的安全工程师制度。德国安全工程技术人员分为安全工程师、安全技术员、安全员三个层次，通称为安全工程师，他们都可以申请加入德国安全工程师协会。

安全工程师（不含安全技术员和安全员）的基本条件是：大学本科毕业，从事安全工程技术工作，有两年以上实践经验并参加由行业劳动保险协会或安全工程师协会和联邦劳动保护总署组织的专业理论强化培训，考试合格获得安全工程师证书，成为可以受雇于企业的高级技术人员。安全工程师依法实施劳动安全管理与监察，并在企业、政府、学会中按照不同的工作特点，从不同角度发挥作用。企业中的安全工程技术人员依照国家法律，实施企业内部的劳动安全保护和职业卫生监察。

安全工程师一般担任企业家的安全顾问，负责企业劳动安全方面的政策咨询，制定企业劳动安全决策计划和建议。企业一旦发生事故，安全工程师要采取应急处理措施并及时向企业主报告。安全工程师与职业医生在企业内的服务时间为职工每人每年服务 1.5 小时。安全技术员负责对企业内部执法情况进行检查、监督，并进行执法宣传。安全员是企业安全技术的具体操作人员和执行者。

德国安全工程师最初只在大、中型企业配置，现在规定对小企业也要提供安全技术服务保障，但配置专门人员又做不到，所以出现了许多跨地区、跨行业的安全工程师服务中心，使安全技术保障工作社会化、市场化。

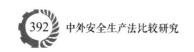

五、日本法

日本法规定了劳动安全顾问和劳动卫生顾问制度。

1. 日本劳动安全卫生顾问会

可以根据民法规定，设立一个全国性的称为日本劳动安全卫生顾问会的法人组织。其目的是指导和联络会员的事务，以便保持顾问品行以及有助于顾问业务的改进、提高。日本劳动安全卫生顾问会以外的人员，在名称中不得使用日本劳动安全卫生顾问会的字样。

2. 顾问业务

劳动安全顾问是通过提供咨询服务而获得报酬，并且以设法提高劳动者的安全水平，对企业单位的安全进行检查和根据这个检查进行指导作为职业。

劳动卫生顾问是通过提供咨询服务而获得报酬，并且以设法提高劳动者的卫生水平，对企业单位的卫生进行检查和根据这个检查进行指导作为职业。

3. 安全卫生检查

都道府县劳动基准局局长在按照规定作出指示的场合，认为有必要倾听专家的建议时，可奖励有关企业主接受劳动安全顾问或劳动卫生顾问关于安全或卫生方面的检查，并且就安全卫生改进计划的编制问题倾听这些顾问的意见。

4. 劳动安全顾问考试

（1）劳动安全顾问考试由劳动大臣来进行，按劳动省令的分类，进行笔试和口试。只有符合下列各项中一项的人员，才能参加劳动安全顾问考试：（a）在学校教育法所规定的专科学校里学完理科系统的正规课程并获得毕业的人员，在此之后有从事5年以上实际安全业务经验的人员。（b）在学校教育法所规定的短期大学或高等专科学校里学完理科系统的正规课程并获得毕业的人员，在此之后有从事7年以上具备实际安全业务经验的人员。（c）得到承认具有同等以上能力的并符合劳动省令规定的人员。

（2）劳动大臣对具有劳动省令规定资格的人员，可以全部或部分地免去笔试和口试。

5. 劳动卫生顾问考试

劳动卫生顾问考试由劳动大臣来进行，适用于劳动安全顾问的考试规定。

6. 登记

（1）劳动安全顾问或劳动卫生顾问考试合格的人员，在劳动省准备的劳动安全顾问名册或劳动卫生顾问名册上，登记姓名、办事处地址和劳动省令规定的其他事项之后，即成为劳动安全顾问或劳动卫生顾问。

（2）符合下列各项中一项的人员，不能办理登记：（a）被宣告禁止治理产业的人员或类同被宣告禁止治理产业的人员。（b）违反本法律或根据本法公布的命令中规定，被判处罚款以上的刑罚，从该执行期满或从不再执行之日算起未满两年者。（c）违反本法律或根据本法公布的命令以外的法令规定，被判处监禁以上的刑罚，从该执行期满或从不再执行之日算起未满两年者。（d）被吊销登记，从吊销登记之日算起未满两年者。

7. 吊销登记

劳动大臣在劳动安全顾问或劳动卫生顾问违反义务以及他的问题严重到符合前条规定时，必须吊销其登记。

8. 顾问义务

不得有损坏顾问的信誉或损坏全体顾问名誉的行为，不得泄露有关顾问业务中所获知的秘密。不当顾问之后也要如此。

分析与结论：

中国法规定为安全生产提供技术服务的机构接受生产经营单位的委托为其安全生产工作提供技术服务。承担安全评价、认证、检测、检验的机构应当具备资质条件，并对其作出的结果负责。职业病防治法也规定了职业卫生技术服务制度和几类评价制度。英国法、美国法、德国法、日本法也给我们提供了安全卫生服务方面的经验和启示。

1. 上列各国注册安全工程师的基本经验和启示

他们的注册安全工程师得到了政府的大力扶持，受到了企业和社会的欢迎，尽管管理机制各不相同，但其中几个优点值得我国借鉴：一是注册安全工程师队伍庞大，持续健康发展；二是以法律或条例推行该项制度；三是有法定的业务范围，基本涵盖安全生产领域的所有技术服务；四是行政手段或市场机制调动企业和安全工程师的积极性，促进整体业务能力提高，使之成为安全生产技术服务的中坚力量。

2. 英国大力培植和发展服务安全生产的科研服务机构

科研服务机构在为 HSE 和地方政府服务的同时，为企业提供经济担保、保险、隐患排查、安全培训、风险分析评估、政策咨询、产品质量认证、安全等级认证等服务。在风险评估方面，服务机构有比较完善的工作程序和工作方案，并根据安全评估的目的，作出相应的报告。机构年盈利可观，专家

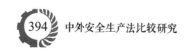

工资较高。

3．日本法劳动安全顾问和劳动卫生顾问制度

一是设立日本劳动安全卫生顾问会，是全国性法人组织，从事指导和联络会员的事务；二是政府对顾问安全卫生检查的使用和对企业主的奖励。

此外，我国台湾地区有关规定经验和启示：

事业单位委托安全卫生服务机构，协助或指导其改善工作场所之安全与卫生。安全卫生服务机构应向当局主管部门申请许可。另订有安全卫生服务机构之设置标准、服务范围及设置办法。

第二节　职业卫生技术服务

一、中国法

《职业病防治法》规定了职业卫生技术服务制度和几类评价制度（与"企业安全生产管理"一节相连）。

1．职业病危害因素日常监测和定期检测、评价

《职业病防治法》第26条规定：（1）用人单位应当实施由专人负责的职业病危害因素日常监测，并确保监测系统处于正常运行状态。（2）用人单位应当按照国务院卫生行政部门的规定，定期对工作场所进行职业病危害因素检测、评价。检测、评价结果存入用人单位职业卫生档案，定期向所在地卫生行政部门报告并向劳动者公布。（3）职业病危害因素检测、评价由依法设立的取得国务院卫生行政部门或者设区的市级以上地方人民政府卫生行政部门按照职责分工给予资质认可的职业卫生技术服务机构进行。职业卫生技术服务机构所作检测、评价应当客观、真实。（4）发现工作场所职业病危害因素不符合国家职业卫生标准和卫生要求时，用人单位应当立即采取相应治理措施，仍然达不到国家职业卫生标准和卫生要求的，必须停止存在职业病危害因素的作业；职业病危害因素经治理后，符合国家职业卫生标准和卫生要求的，方可重新作业。

2．职业卫生技术服务机构进行职业病危害因素检测、评价

《职业病防治法》第27条规定：职业卫生技术服务机构依法从事职业病

危害因素检测、评价工作，接受卫生行政部门的监督检查。卫生行政部门应当依法履行监督职责。

原国家安全生产监督管理总局还制定了《职业卫生服务机构监督管理规定》《职业卫生技术服务机构工作规范》等规范性文件。

二、国际法

《职业卫生服务公约》及其建议书 ❶

1985 年，国际劳工组织在日内瓦召开的第 71 届国际劳工大会通过了《职业卫生服务公约》(第 161 号)及其建议书(第 171 号)。《职业卫生服务公约》又被译为《职业卫生设施公约》。该公约于 1988 年正式生效，目前得到了 28个国家的正式批准。《职业卫生服务公约》及其建议书全面完整地规范了职业卫生服务。目前有一些国家包括中国、俄罗斯和韩国等，正在研究该公约的可行性。

1. 概念

"职业卫生服务"(也被译成职业卫生设施)是指以预防为根本职能和负责向雇主、工人及其代表就下列问题提供咨询的服务：(1)雇主按要求建立和保持有利于工人身心健康的安全卫生工作环境；(2)雇主根据工人身心健康状况，安排适合工人能力的工作。

"企业中的工人代表"系指根据国家法律或惯例被如此承认的人员。

2. 国家政策的原则

公约要求成员国制定、实施和定期审议内容相互协调一致的国家职业卫生服务政策；雇主和工会全程参与政策的制定、审议和实施；各会员国采取切实措施逐步向所有工人提供职业卫生服务。职业卫生服务应根据所接触的特殊风险进行设计和提供。

会员国应根据国家情况和惯例，经与最有代表性的雇主组织和工人组织(如存在这种组织)协商，制定、实施并定期审查关于职业卫生设施(设施即指服务)的连续性国家政策。

会员国承允为所有工人，包括公共部门的工人和生产合作社的社员，在所有经济活动部门和所有企业逐步建立职业卫生服务。所有规定应足以针对

---

❶ 参阅牛胜利.职业卫生服务公约及其建议书解读［J］.劳动保护，2010（4）.

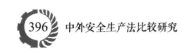

企业中的具体危险。

会员国如不能立即为所有企业建立职业卫生服务，则应与最有代表性的雇主组织和工人组织（如存在这种组织）协商，制订建立此类设施的计划。

有关会员国应在根据国际劳工组织章程第22条提交的第一个实施公约情况报告中，说明按本条第2款制定的计划，并在随后的报告中说明实施这些计划取得的进展。

主管机关应与最有代表性的雇主组织和工人组织（如存在这种组织），协商采取使本公约条款生效的有关措施。

3. 职能

公约要求职业卫生服务机构在不影响雇主对其工人履行法定责任，并适当考虑工人参与职业安全卫生事务的必要性的情况下，应履行下列职能，以满足并适应企业所特有的职业危害的控制：工作场所健康危害风险的识别和评估；对工作环境和作业中可能影响工人健康的因素进行监测，包括雇主提供的卫生设施、食堂和住房；对作业计划和劳动组织提出建议，包括工作场所的设计，机械和其他设备的选择、维护和使用条件，以及工作场所所使用的化学物质；参与改善操作规程，参与测试与评估新设备的健康影响；对职业健康、安全和卫生提出建议，以及对人类工效学和个人、群体防护装备提供咨询；对工人进行与工作有关的健康监护；促使工作更适合于工人；参与职业康复；就职业健康和卫生以及人类工效学方面的信息交流、职业卫生培训和教育开展合作；组织急救和应急治疗；参与对职业事故和职业病的分析。

建议书强调职业卫生服务的基本职能是预防。职业卫生服务机构应根据所覆盖企业的特点制订相应的行动计划，尤其要考虑工作环境中的职业危害以及有关的经济活动部门的特殊职业卫生问题。

建议书要求工作环境的监测和评估应针对如下问题：可能影响工人健康的环境因素、职业卫生条件和劳动组织中可能增加工人健康风险的因素、群体和个人防护装备、职业有害因素对工人健康的影响、职业有害因素的控制系统。要求工作环境的监测与企业其他技术服务机构进行合作与交流，并与企业工人及工会代表或企业安全健康委员会合作。工作环境监测的资料应以适当方式保存。检测结果除按规定向有关政府主管部门报告外，还应供雇主、企业内相关工人及其工会代表或安全健康委员会用于改善工作环境和工人的健康安全。

在使用检测工人接触特定职业性有害因素所产生的健康效应的生物监测

方法时，建议书要求须事先征得工人本人的知情同意。职业卫生服务机构需要了解工人发病或因病缺勤的情况，以识别发病或缺勤与工作场所可能存在的职业性有害因素之间的关联。公约和建议书都明确规定雇主不得要求职业卫生服务专业人员查证工人缺勤的原因。

由于健康档案中有涉及医学保密的资料，公约和建议书要求职业卫生服务机构应在个人保密健康档案中记录工人健康数据。这些档案应包括工人的职业史、职业有害因素接触史以及职业接触评估结果，职业卫生服务专业人员只能获得职责范围内的个人职业健康档案资料。当档案中含有工人个人医疗保密资料时，只有医务人员才能查看这些档案。将工人个人健康评价资料与他人交流前，必须首先获得工人本人的知情同意。工人个人健康档案的保存条件和期限，与他人交流或转移个人健康档案的条件，以及必要保密措施，尤其是将健康档案储存在计算机中的必要保密措施，应符合国家法律法规或主管当局的有关规定，或依据国家现行做法并遵照公认的伦理准则。

由于医学检查常常被用于确定工人是否适合从事某项接触特殊有害因素的工作，建议书特别要求按国家规定进行此类检查的医生在完成医学检查后，应将结论以书面方式同时通知工人和雇主。这些结论不能包含任何医疗性质的信息，但是可以适当指出被检查的工人是否适应拟从事的工作，或具体说明由于健康原因需要暂时或永久禁忌的工作、工种或劳动条件。

如仍在就业的工人具有职业禁忌，职业卫生服务机构应努力协助企业安排工人从事其他作业或采取其他适宜的解决方法。发现职业病后应根据国家法律和规定向主管部门报告，并告知雇主、工人及其工会代表。

公约和建议书对信息、教育、培训和咨询也提出了具体要求。职业卫生服务机构应向工人提供与其工作有关的个人健康建议或咨询，并参与制订、实施与本企业员工工作有关的健康和卫生方面的信息、教育和培训计划。所有工人都应得到其工作中所接触的职业有害因素、健康检查及其健康评估结果的有关信息。工人有权更正任何错误或可能导致错误发生的数据。

职业卫生服务机构的功能还包括急救，对工伤事故受害者、职业病和因工作加剧的健康损害进行治疗和保健等。在符合国家法律和规定的情况下，职业卫生服务可以针对工作环境中的生物性有害因素开展免疫接种，参与工作场所健康促进和其他公共卫生活动。考虑到职业卫生服务机构所在社区的就医距离，在和政府主管部门、雇主和工会协商后，职业卫生服务机构也可以从事其他保健服务，包括对工人及其家属进行治疗。在发生重大事故时，

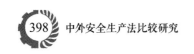

职业卫生服务机构应与其他有关服务机构合作制订应急行动计划。

4. 组织机构

应按下列办法对建立职业卫生服务作出规定：(a)根据法律或条例；或(b)根据集体协议或雇主和工人同意的其他方式；或(c)主管机关经与有关雇主和工人代表性组织协商后批准的任何其他方式。

职业卫生服务可酌情组建成一个企业的设施，或若干企业的共同设施。根据各国情况和惯例，职业卫生服务可由下列机构建立：(a)有关企业或企业集团；(b)公共机关或官方机构；(c)社会保障机构；(d)主管机关授权的任何其他机构；(e)以上机构的结合使用。

雇主、工人及其代表(如存在这种代表)应合作及平等地参与执行职业卫生服务的组织和其他方面的措施。

建议书具体要求职业卫生服务机构应尽量设置于工作场所内或其附近，或以确保在工作场所能发挥其职能的方式进行组织。在条件不允许的情况下，作为临时措施，该建议书允许企业在与本单位工人代表或安全健康委员会协商后，安排当地医疗机构执行国家法律法规规定的健康检查，为企业提供环境卫生监测，并确保组织适当的急救和应急治疗。

5. 运行条件

根据国家法律和惯例，职业卫生服务具有多学科性。其人员组成应按任务性质决定。职业卫生服务应与企业中其他设施合作履行其职能。应根据国家法律和惯例采取措施，以保证(如属适宜)职业卫生服务和与卫生服务有关机构之间的充分合作和协调。

就第五条所列的职能而言，职业卫生服务工作人员应对雇主、工人及其代表(如存在这种代表)享有充分的专业独立性。主管机关应根据所履行职责的性质，并按国家法律和惯例，确定职业卫生服务工作人员的资格要求。与工作有关的工人健康监测，不应使工人收入受到损失，应免费并尽可能在工作时间进行。应使所有工人了解与工作相关的健康危害。

应由雇主和工人通知职业卫生服务工作环境中可能影响工人健康的任何已知因素和可疑因素。应通知职业卫生服务关于工人患病和因健康原因缺勤的情况，以便能确定患病或缺勤原因是否与工作场所可能存在的任何健康危害有关。雇主不得要求职业卫生服务工作人员检查工人缺勤原因。

建议书要求由多学科队伍组成职业卫生服务机构，其具体组成应由其所承担的工作性质决定。职业卫生服务队伍应配备相当数量的，经过专业训练的，具备职业医学、职业卫生、人类工效学、职业卫生护理等相关工作经验的技术人员和行政管理人员。

建议书要求为保护职业卫生服务人员的专业独立性，主管当局应在适当的情况下，具体规定职业卫生服务专业人员的聘用和解聘条件。职业卫生服务人员有权进入相关工作场所，开展工人健康监护和工作环境监测所必需的分析和检测，但同时也要求他们保守职业秘密，包括他们在行使职责或从事职业活动时可能了解到的相关的医学和技术信息。

建议书要求雇主履行其对工人健康安全的责任，采取一切必要措施为职业卫生服务的开展提供方便。它也要求工人及工会应在职业卫生服务机构履行其职责时，给予支持和配合。建议书还特别要求保障职业卫生服务机构的经费来源。

6. 一般规定

职业卫生服务一经建立，即应由国家法律或规章指定一个或若干个机关，负责监督其活动并提供咨询。

总之，职业卫生服务的根本目的是预防。职业医学和职业卫生工作必须从传统的诊断、治疗职业病和保护工人免受职业危害因素的伤害，转变为职业病预防、职业病保护、工人健康促进、职业康复和再就业的综合职业卫生服务。职业卫生服务对工人而言应该是免费的，并且应该在工作时间提供。职业卫生政策的制定和实施需要工人和雇主的积极参与。职业卫生服务的组织要由传统的孤立对待单个职业危害的固定模式与方式，转变为"计划—实施—审查—行动"的系统管理模式。

三、英国法

英国的职业健康工作主要依托社会服务机构。53%~78%的职业健康服务是由私人机构提供服务，职业健康市场价值约为6亿英镑。职业健康服务机构的基本态度是自我发展，与政府保持距离。但他们又能够与国家的有关机构达成某些协议，开展职业健康安全工作。这些组织经常派人与国家监察员共同到现场进行检查、监督。

英国行业协会（如商会、企业委员会等）与HSE合作，运用专业知识提供最新咨询，包括健康安全信息、立法方面的信息和指南，以及研究和治疗控制技术服务，组织研讨会并提供培训服务。许多工会组织有健康安全部

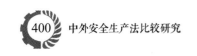

门，提供许多免费服务，包括法律帮助、培训、指导、出版杂志以及开展调查研究等。

主要的职业健康服务机构有：（1）英国商业职业健康机构联合会（Commercial Occupational Health Providers Association，COHPA），2004年成立，是职业健康服务商的联合体，代表大约50%的职业健康服务商的利益。（2）职业安全健康研究院（Institution of Occupational Safety and Health，IOSH）。IOSH是英国最好的安全专业机构。1945年成立，2003年获得女王特许。IOSH的会员是以个人名义加入，全球有4万名成员，其中3万名在英国。IOSH在香港有分支机构，与亚太职业安全健康机构（APOSHO）保持联系。IOSH是6家登记注册机构之一。（3）国家职业健康安全考核委员会（National Examining Board in Occupational Safety and Health，NEBOSH）。NEBOSH是从IOSH中分离出来的机构。1979年成立。提供一系列全球认可的、职业性的用于私人或公共行业的健康、安全、环境和风险管理认证。颁发证书（2周全时培训）和学历（最少6周全时培训）。（4）英国职业卫生协会（British Occupational Hygiene Society，BOHS）。职业卫生的专业学术团体，主要负责专业杂志出版、职业卫生年会，是英国唯一的有资质的职业卫生专业人员学术团体。（5）英国安全委员会（British Safety Council，BSC）。BSC已存在超过50年，会员是单位、团体。提供包括健康、安全和环境的培训、建议、审计和认证。（6）曼彻斯特职业健康及安全集团（Manchester Occupational Health and Safety Group，MOHSG）。私人商业公司，主要是为政府部门和企业提供职业健康安全服务。（7）伯明翰大学职业环境医学研究所。主要是从事教学和科学研究，同时提供政府监察员的培训。

第三节　安全评价与风险评估及管控

一、安全评价与风险评估及管控的起源与发展

西方国家的安全评价与风险评估及管控在内容上没有区别，最初叫安全评价，后来（大约是20世纪70年代）改称风险评估及管控，所以，目前到西方国家去问他们什么叫安全评价，他们会很诧异；但他们很清楚什么叫风

险评估及管控，这是他们的一项重要法律制度。目前中国法律还在把安全评价与风险评估及管控当作两个事情来做。后面第十章有论述。

安全评价起源于 20 世纪 30 年代美国的保险业。保险公司为客户承担各种风险，要收取一定费用，而收取费用的多少是由所承担的风险大小决定的。因此，就产生了一个衡量风险程度的问题，这个衡量风险程度的过程就是当时美国保险协会所从事的风险评价。

安全评价技术在 20 世纪 60 年代得到了很大的发展，首先适用于美国军事工业。1962 年 4 月，美国公布了第一个有关系统安全的说明书"空军弹道导弹系统安全工程"，以此对民兵式导弹计划有关的承包商提出了系统安全的要求，这是系统安全理论的首次实际应用。1969 年美国国防部批准颁布了最具有代表性的系统安全军事标准《系统安全大纲要点》(MIL- STD*822)，对完成系统在安全方面的目标、计划和手段，包括设计、措施和评价，提出了具体要求和程序。此项标准于 1977 年修订为 MIL-STD-822A，1984 年又修订为 MIL-STD-822B。该标准对系统整个寿命周期中的安全要求、安全工作项目都作了具体规定。该标准对世界安全和防火领域产生了巨大影响，迅速为日本、英国和欧洲其他国家引进使用。此后，系统安全工程方法陆续推广到航空、航天、核工业、石油、化工等领域，并不断发展、完善，成为现代系统安全工程的一种新的理论、方法体系，在当今安全科学中占有非常重要的地位。中国于 1990 年 10 月由国防科学技术工业委员会批准发布了类似美国 MIL-STD-822B 军用标准的《系统安全性通用大纲》(GJB 900-90)。❶

系统安全工程的发展和应用，为预测、预防事故的系统安全评价奠定了可靠的基础。安全评价的现实作用又促使许多国家政府、企业集团加强对安全评价的研究，开发自己的评价方法，对系统进行事先、事后的评价，分析、预测系统的安全可靠性，努力避免不必要的损失。

1964 年美国道化学公司根据化工生产的特点，首先开发出"火灾、爆炸危险指数评价法"，用于对化工装置进行安全评价。该法已修订 7 次以上。它是以单元重要危险物质在标准状态下的火灾、爆炸或释放出危险性潜在能量的大小为基础，同时考虑工艺过程的危险性，计算单元火灾爆炸指数，确定危险等级，并提出安全对策措施，使危险降低到人们可以接受的程度。由于该评价方法日趋科学、合理、切合实际，在世界工业界得到一定程度的应用，

---

❶ 参见风险世界网（RiskMW.com），这是一家专业研究安全风险管理的网站。

引起各国的广泛研究、探讨，推动了评价方法的发展。

1974 年英国帝国化学公司蒙德分部在道化学公司评价方法的基础上引进了毒性概念，并发展了某些补偿系数，提出了"蒙德火灾、爆炸、毒性指标评价法"。1974 年美国原子能委员会在没有核电站事故先例的情况下，应用系统安全工程分析方法，提出了著名的《核电站风险报告》（WASH-1400），并被以后发生的核电站事故所证实。1976 年日本劳动省颁布了"化工厂安全评价六阶段法"，该法采用了一整套系统安全工程的综合分析和评价方法，使化工厂的安全性在规划、设计阶段就能得到充分的保证，并陆续开发了匹田法等评价方法。❶

大多数工业发达国家已将安全评价作为工厂设计和选址、系统设计、工艺过程、事故预防措施及制订应急计划的重要依据。为了适应安全评价的需要，各国开发了包括危险辨识、事故后果模型、事故频率分析、综合危险定量分析等内容的商用化计算机安全评价软件包。计算机安全评价软件包可以帮助人们找出导致事故发生的主要原因，认识潜在事故的严重程度，并确定降低危险的方法。

20 世纪 70 年代以后世界发生了许多重大火灾、爆炸、有毒物质的泄漏事故，促使各国政府、议会立法或颁布规定，规定工程项目、技术开发项目都必须进行安全评价，并对安全设计提出明确的要求。《日本劳动安全卫生法》规定由劳动基准监督署对建设项目实行事先审查和许可证制度；美国对重要工程项目的竣工、投产都要求进行安全评价；英国政府规定，凡未进行安全评价的新建企业不准开工；欧共体 1982 年颁布《工业活动中重大事故危险法令》，欧共体成员国陆续制定了相应的法律；国际劳工组织（ILO）也先后公布了 1988 年的《重大事故控制指南》、1990 年的《重大工业事故预防实用规程》和 1992 年的《工作中安全使用化学品实用规程》，对安全评价提出了要求。

二、安全评价制度内容——以危险化学品安全评价为例

（一）英国、德国等欧盟国家法

欧共体于 1982 年 6 月颁布了《工业活动中重大事故危险法令》（82/501/

---

❶ 参见陈国芳 . 矿山安全工程［M］. 北京：化学工业出版社，2014.

EEC，即塞维索法令）。该法令列出了180种危险化学品物质及其临界量标准。1996年12月又进行了修订，通过了《塞维索法令二》（96/82/EC）。为了实施《塞维索法令》，英国、德国及法国、意大利、比利时、荷兰等成员国都颁布了有关重大危险源控制规程，要求对工厂的重大危险源进行辨识、评价，提出相应的事故预防和应急措施计划，并向主管当局提交详细描述重大危险源状况的安全评价报告。安全评价报告的内容主要包括：工厂说明、相关安全设施说明、物质的危险性鉴别、工艺安全性分析、防止事故的措施、事故影响分析和应急计划等。主管部门组织专家对安全评价报告进行审查；对报告的内容产生疑问时，企业必须提供进一步的说明，必要时到现场核查。

欧盟国家对化学品特别是新化学品的控制十分严格，要求对化学品进行危害性鉴定、分类和评价。一种新化学品在成为商品投放到市场销售之前，必须进行危害性鉴定、分类和评价，测定其物理性质、化学性质、危险特性、环境数据、毒性和作业场所的健康危害数据。所有数据的测定必须由有资质的机构完成（其中环境数据、毒性和健康危害要到指定机构测定）。为此企业将支付10万~50万美元的费用。英国退出欧盟后，仍在执行先前的欧盟法令。

（二）美国法

1992年美国政府颁布了《高度危险化学品处理过程的安全管理》标准（PSM）。该标准定义的处理过程是指涉及一种或一种以上高危险化学物品的使用、贮存、制造、处理、搬运等任何一种活动，或这些活动的结合。标准提出了130多种化学物质及其临界量。劳工部职业安全卫生管理局（OSHA）估计符合标准要求的重大危险源达10万个左右，要求企业必须完成对上述规定危险源的分析和评价工作。

（三）国际劳工组织公约

1993年国际劳工组织通过了《预防重大工业事故》公约和建议书，为建立国家重大危险源控制系统奠定了基础。为促进亚太地区的国家建立重大危险源控制系统，国际劳工组织于1991年1月在曼谷召开了重大危险源控制区域性讨论会。在国际劳工组织支持下，印度等国建立了国家重大危险源控制系统。

国际劳工组织将进一步支持建立国家重大危险源控制系统。第一步是在确定的危险物质及其临界量表的基础上，辨识重大危险设施和装置，第二步是逐渐实施企业危险评价、整改措施和应急计划。

一般来说，重大危险源的风险分析和评价包括：（1）辨识各类危险因素及其原因与机制。（2）依次评价已辨识的危险事件发生的概率。（3）评价危险事件的后果。（4）进行风险评价，即评价危险事件发生概率和发生后果的联合作用。（5）风险控制，即将上述评价结果与安全目标值进行比较，检查风险是否达到可接受水平，否则需进一步采取措施，降低危险水平。

（四）中国法

《化学危险物品安全管理条例》集中体现了国际社会有关化学品安全管理的 170 号公约。条例确定了危险化学品安全评价制度。安全评价是危险化学品安全管理的核心和基础，包括对危险化学品生产、储存企业审批前的安全评价、新建项目（工程）的安全预评价、改建扩建项目（工程）的安全预评价、对危险化学品生产储存在役装置定期安全评价。安全评价贯穿整个生产过程，不仅要"预评价"，而且还要定期进行在役装置评价。

重大危险源辨识标准是《危险化学品重大危险源辨识》（GB18218—2000）。该标准提供了爆炸性化学物质名称及其临界量、易燃化学物质名称及其临界量、活性化学物质名称及其临界量和毒性化学物质名称及其临界量。

重大危险源评价方法是从物质危险性、工艺危险性入手，分析重大事故发生的原因、条件，评价事故的影响范围、伤亡人数、经济损失和应采取的预防、控制措施。该方法提出了工艺设备、人员素质以及安全管理缺陷三方面的 107 个评价指标，能较准确地评价出系统内危险物质、工艺过程的危险程度、危险性等级，计算事故后果的严重程度（危险区域范围、人员伤亡和经济损失）。

第十章　应急管理、事故救援与调查处理制度比较

第一节　应急管理和事故救援

一、中国法

（一）事故预防

事故预防制度和措施有很多，这里仅叙述重大危险源管理、隐患排查治理、安全评价三项预防性制度，其他制度在其他有关章节中有叙述。

1. 重大危险源管理

《安全生产法》第 22 条规定：生产经营单位的安全生产管理机构以及安全生产管理人员履行下列职责：……（3）督促落实本单位重大危险源的安全管理措施。第 37 条规定：生产经营单位对重大危险源应当登记建档，进行定期检测、评估、监控，并制定应急预案，告知从业人员和相关人员在紧急情况下应当采取的应急措施。生产经营单位应当按照国家有关规定将本单位重大危险源及有关安全措施、应急措施报有关地方人民政府安全生产监督管理部门和有关部门备案。

2. 隐患排查治理

《安全生产法》第 38 条规定：生产经营单位应当建立健全生产安全事故隐患排查治理制度，采取技术、管理措施，及时发现并消除事故隐患。事故隐患排查治理情况应当如实记录，并向从业人员通报。县级以上地方各级人

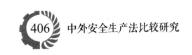

民政府负有安全生产监督管理职责的部门应当建立健全重大事故隐患治理督办制度，督促生产经营单位消除重大事故隐患。

3. 安全评价和安全风险评估

《安全生产法》第29条规定：矿山、金属冶炼建设项目和用于生产、储存、装卸危险物品的建设项目，应当按照国家有关规定进行安全评价。第69条规定：承担安全评价、认证、检测、检验的机构应当具备国家规定的资质条件，并对其作出的安全评价、认证、检测、检验的结果负责。

至于安全风险评估制度，❶目前我国法律上还没有正式设立，但2014年《安全生产法》规定的重大危险源定期评估制度，也可以认为是企业风险评估制度的局部，而不是全部。近几年，我国正试图建立和大力推行安全风险评估制度。2016年4月15日原国家安全生产监督管理总局发布的《生产安全事故应急预案管理办法》，其中第10条提到"编制应急预案前，编制单位应当进行事故风险评估和应急资源调查"，"事故风险评估，是指针对不同事故种类及特点，识别存在的危险危害因素，分析事故可能产生的直接后果以及次生、衍生后果，评估各种后果的危害程度和影响范围，提出防范和控制事故风险措施的过程"等。国家安全生产标准化技术委员会2010年4月15日公布的《企业安全生产标准化基本规范》，其中也提到"企业应依据有关标准对本单位的危险设施或场所进行重大危险源辨识与安全评估"等。这些规定为中国法设立风险评估制度提供了基础。2017年安全生产法补充修正草案已经提出了安全风险评估制度。

4. 事故预防的法律责任

《安全生产法》第98条规定：生产经营单位有下列行为之一的，责令限期改正，可以处十万元以下的罚款；逾期未改正的，责令停产停业整顿，并处十万元以上二十万元以下的罚款，对其直接负责的主管人员和其他直接责任人员处二万元以上五万元以下的罚款；构成犯罪的，依照刑法有关规定追究刑事责任：（1）生产、经营、运输、储存、使用危险物品或者处置废弃危险物品，未建立专门安全管理制度、未采取可靠的安全措施的；（2）对重大危险源未登记建档，或者未进行评估、监控，或者未制定应急预案的；（3）进行爆破、吊装以及国务院安全生产监督管理部门会同国务院有关部门

---

❶ 1974年《英国工作健康与安全法》实施后颁布行政令将风险评估办法加以推广。此后，欧盟1989年《欧洲生产安全和健康框架指令》又将风险评估作为一项主要原则，并定义了危害识别、工作者参与、采取适当的措施并优先消除风险源、对工作场所进行危害文档记录和定期再评估等概念。

规定的其他危险作业，未安排专门人员进行现场安全管理的；（4）未建立事故隐患排查治理制度的。

第 89 条规定：承担安全评价、认证、检测、检验工作的机构，出具虚假证明的，没收违法所得；违法所得在十万元以上的，并处违法所得二倍以上五倍以下的罚款；没有违法所得或者违法所得不足十万元的，单处或者并处十万元以上二十万元以下的罚款；对其直接负责的主管人员和其他直接责任人员处二万元以上五万元以下的罚款；给他人造成损害的，与生产经营单位承担连带赔偿责任；构成犯罪的，依照刑法有关规定追究刑事责任。对有前款违法行为的机构，吊销其相应资质。

（二）企业、雇主或企业负责人救援职责

1. 生产经营单位制定生产安全事故应急救援预案

《安全生产法》第 78 条规定：生产经营单位应当制定本单位生产安全事故应急救援预案，与所在地县级以上地方人民政府组织制定的生产安全事故应急救援预案相衔接，并定期组织演练。

2. 高危行业生产经营单位应急救援基础建设义务

《安全生产法》第 79 条规定：危险物品的生产、经营、储存单位以及矿山、金属冶炼、城市轨道交通运营、建筑施工单位应当建立应急救援组织；生产经营规模较小的，可以不建立应急救援组织，但应当指定兼职的应急救援人员。危险物品的生产、经营、储存、运输单位以及矿山、金属冶炼、城市轨道交通运营、建筑施工单位应当配备必要的应急救援器材、设备和物资，并进行经常性维护、保养，保证正常运转。

3. 生产经营单位主要负责人应急救援职责

《安全生产法》第 80 条规定：生产经营单位发生生产安全事故后，事故现场有关人员应当立即报告本单位负责人。单位负责人接到事故报告后，应当迅速采取有效措施，组织抢救，防止事故扩大，减少人员伤亡和财产损失，并按照国家有关规定立即如实报告当地负有安全生产监督管理职责的部门，不得隐瞒不报、谎报或者迟报，不得故意破坏事故现场、毁灭有关证据。

4. 用人单位对急性职业病危害事故采取应急救援和控制措施

《职业病防治法》第 37 条规定：发生或者可能发生急性职业病危害事故时，用人单位应当立即采取应急救援和控制措施，并及时报告所在地卫生行政部门和有关部门。卫生行政部门接到报告后，应当及时会同有关部门组织调查处理；必要时，可以采取临时控制措施。卫生行政部门应当组织做好医疗救治工作。对遭受或者可能遭受急性职业病危害的劳动者，用人单位应当及时组织救治、进行健康检查和医学观察，所需费用由用人单位承担。

此外，《安全生产法》还规定了国家和政府的应急救援职责和义务：（1）第76条：国家加强生产安全事故应急能力建设，在重点行业、领域建立应急救援基地和应急救援队伍，鼓励生产经营单位和其他社会力量建立应急救援队伍，配备相应的应急救援装备和物资，提高应急救援的专业化水平。国务院安全生产监督管理部门建立全国统一的生产安全事故应急救援信息系统，国务院有关部门建立健全相关行业、领域的生产安全事故应急救援信息系统。（2）第77条：县级以上地方各级人民政府应当组织有关部门制定本行政区域内生产安全事故应急救援预案，建立应急救援体系。

（三）政府应急救援职责

《安全生产法》规定了政府的应急救援职责：在重点行业、领域建立应急救援基地和应急救援队伍；建立全国统一和行业、领域内的生产安全事故应急救援信息系统；制定生产安全事故应急救援预案，建立应急救援体系；接到事故报告后上报事故情况，立即赶赴事故现场，组织事故抢救；事故抢救过程中应当采取必要措施，避免或者减少对环境造成的危害；定期统计分析生产安全事故的情况并定期向社会公布。《职业病防治法》规定了卫生行政部门在职业病危害事故中的几项职责：责令暂停作业、封存材料和设备、组织控制事故现场；事故或者危害状态得到有效控制后，及时解除控制措施；对急性职业病危害事故，接到报告后应当及时会同有关部门组织调查处理；必要时，可以采取临时控制措施。

具体规定如下：

1. 应急救援基地、应急救援队伍和生产安全事故应急救援信息系统建设

《安全生产法》第76条规定：国家加强生产安全事故应急能力建设，在重点行业、领域建立应急救援基地和应急救援队伍，鼓励生产经营单位和其他社会力量建立应急救援队伍，配备相应的应急救援装备和物资，提高应急救援的专业化水平。国务院安全生产监督管理部门建立全国统一的生产安全事故应急救援信息系统，国务院有关部门建立健全相关行业、领域的生产安全事故应急救援信息系统。

2. 政府应急救援预案和应急救援体系

《安全生产法》第77条规定：县级以上地方各级人民政府应当组织有关部门制定本行政区域内生产安全事故应急救援预案，建立应急救援体系。

3．政府的事故报告职责

《安全生产法》第81条规定：负有安全生产监督管理职责的部门接到事故报告后，应当立即按照国家有关规定上报事故情况，负有安全生产监督管理职责的部门和有关地方人民政府对事故情况不得隐瞒不报、谎报或者迟报。

4．组织事故抢救和社会的配合义务

《安全生产法》第82条规定：有关地方人民政府和负有安全生产监督管理职责的部门的负责人接到生产安全事故报告后，应当按照生产安全事故应急救援预案的要求立即赶到事故现场，组织事故抢救。参与事故抢救的部门和单位应当服从统一指挥，加强协同联动，采取有效的应急救援措施，并根据事故救援的需要采取警戒、疏散等措施，防止事故扩大和次生灾害的发生，减少人员伤亡和财产损失。事故抢救过程中应当采取必要措施，避免或者减少对环境造成的危害。

5．生产安全事故统计分析、发布

《安全生产法》第86条规定：县级以上地方各级人民政府安全生产监督管理部门应当定期统计分析本行政区域内发生生产安全事故的情况，并定期向社会公布。

6．安监部门的职业病危害事故临时控制措施

《职业病防治法》第64条规定：发生职业病危害事故或者有证据证明危害状态可能导致职业病危害事故发生时，卫生行政部门可以采取下列临时控制措施：（1）责令暂停导致职业病危害事故的作业；（2）封存造成职业病危害事故或者可能导致职业病危害事故发生的材料和设备；（3）组织控制职业病危害事故现场。在职业病危害事故或者危害状态得到有效控制后，卫生行政部门应当及时解除控制措施。

7．用人单位的急性职业病危害事故救援义务

《职业病防治法》第37条规定：发生或者可能发生急性职业病危害事故时，用人单位应当立即采取应急救援和控制措施，并及时报告所在地卫生行政部门和有关部门。卫生行政部门接到报告后，应当及时会同有关部门组织调查处理；必要时，可以采取临时控制措施。卫生行政部门应当组织做好医疗救治工作。

台湾地区有关规定：

（1）事业工作场所如发生职业灾害，雇主应即采取必要措施，并报告主管机关及检察机构。

（2）事业单位发生下列之一职业灾害时，除采取必要急救、抢救措施外，应以最迅速方式报告检察机关及当地主管机关，检察机构接获报告后应即转报当局主管部门。①发生死亡灾害时。②发生灾害之罹灾人数在三人以上时。③其他经当局主管部门规定者。

（3）事业单位发现劳工罹患职业疾病或可疑职业病时，应于五日内将经过情形报告检察机构及当地主管机关。报告方式及表格，由当局主管部门定之。

工厂遇灾变时之呈报义务。工厂遇灾变时，工人如有死亡或重大伤害者，应将经过情形及善后办法，于五日内申报主管机关。

（4）事业单位应按月向当地主管机关及检察机构报告职业灾害统计。报告表式，由当局主管部门另定之。

雇主应办理职业灾害统计，报请主管机关及检察机构备查。

二、国际法

（一）1993 年《预防重大工业事故公约》（第 174 号公约）

国际劳工组织大会 1993 年 6 月 2 日通过《预防重大工业事故公约》（同时注意到 1991 年出版的国际劳工组织《预防重大工业事故工作守则》）。目的是确保采取一切适宜的措施，预防重大事故、尽量减少发生重大事故的风险、尽量减轻重大事故影响，并检讨此类事故的原因（包括组织工作方面的差错、人为因素、部件失灵、偏离正常操作条件、外界干扰和自然力量）。

1. 适用范围

本公约适用于重大危害设施，预防危害物质造成重大事故，并限制此类事故的影响。不适用于：（a）核设施和加工放射性物质的工厂，但这些设施中处理非放射性物质的部门除外；（b）军事设施；（c）设施现场之外的运输，但管道输送不在此例。

凡批准本公约的会员国，在同有关雇主和工人的代表性组织以及可能受到影响的其他有关各方磋商后，可将已具备同等保护的设施或经济部门排除在公约的实施范围之外。

凡因出现实质性的特殊问题而无法立即实施本公约规定的全部预防和保护措施时，经同最有代表性的雇主组织和工人组织以及可能受到影响的其他有关各方协商，会员国须制订出在特订期限之内逐步实施上述措施的计划。

2. 定义

就本公约而言：

"危害物质"系指根据其单体或复合体的化学、物理或毒性特征，构成某种危害的一种物质或若干种物质的混合物。

"临界数量"系指国家法律和条例关于特定条件下某种或某类危害物质的规定数量，若超过该数量，则列为重大危害设置。

"重大危害设置"系指不论长期地或临时地生产、加工、搬运、使用、处理或储存超过临界数量的一种或多种危害物质或物质类别的设置。❶

"重大事故"系指在重大危害设置内的一项活动过程中出现的突发性事件，诸如严重泄漏、失火或爆炸，涉及一种或一种以上的危害物质，并导致对工人、公众或环境造成即刻的或日后的严重危险。

"安全报告"系技术、管理和操作情况的一种书面报告，内容包括某个重大危害设置具有的各种危害和风险及其控制措施，并提出为该设置的安全而采取的措施的理由。

"准事故"系指任何涉及一种或多种危害物质的突发性事件，如果不是由于缓解措施、行动或系统，可能已升级为一起重大事故。

3. 会员国预防重大事故风险责任

根据国家法律和条例、状况和惯例，经与最有代表性的雇主组织和工人组织以及可能受到影响的其他有关各方协商，会员国须制定、实施并定期检讨有关保护工人、公众和环境免于重大事故风险的国家政策。须通过为重大危害设置制定预防和保护措施来实施这一政策，并酌情促进使用最佳安全技术。

根据国家法律和条例或国际标准，根据各种危害物质、危害物质类别或包括两者的一览表，以及各自的临界数量，主管当局或经主管当局批准或认可的机构，在同最有代表性的雇主组织和工人组织及可能受到影响的其他有关各方协商之后，须制定出一套制度，以识别第3条（c）款所限定的重大危害设置。须定期检查和修订上款中提及的制度。

经与有关雇主和工人的代表性组织协商，主管当局须作出专门规定，保护根据第8、第12、第13或第14条的规定向其提交或使其获得的、一旦泄

---

❶　这里"重大危害设置"概念等同于中国法的重大危险源。《安全生产法》第112条规定：重大危险源，是指长期地或者临时地生产、搬运、使用或者储存危险物品，且危险物品的数量等于或者超过临界量的单元（包括场所和设施）。

漏可能会给雇主的经营造成损失的机密资料，只要这种规定不会导致工人、公众或环境蒙受严重风险。

4. 雇主的责任和安全风险评估

（1）识别。雇主须根据第5条所言的制度，识别其管辖的任何重大危害设置。

（2）通报。雇主须将其已识别的任何重大危害设置向主管当局通报：（a）如为现有设置，则须在规定的期限内通报；（b）如属新建设施，则须在其投入运行前通报。在重大危害设置作永久性关闭之前，雇主也应向主管当局通报。

（3）设置一级的安排。雇主须为每一重大危害设置建立并保持关于重大危害控制的成文制度，包括规定：（a）危害的识别与分析，以及对于风险的评估，包括考虑各种物质之间可能发生的相互作用。（b）技术措施，包括设置的设计、安全系统、建造、化学品的选用、运转、维修以及有条不紊的监察。（c）组织措施，包括对人员的培训与指导、提供保障其安全的装备、工作人员配备标准、工作时间、职责的界定，以及对外来合同人员和设置现场临时工人的管理。（d）应急计划和步骤。包括：制订一旦发生重大事故或出现事故危险时应予实施的有效的现场应急计划和步骤，包括应急医护措施，定期检验和评估其有效程度，并作必要的修订；向主管当局以及向负责制订设置现场之外的公众和环境应急保护计划和程序的机构，提供有关可能发生的事故的资料和现场应急计划；同此类主管当局和机构进行一切必要的协商。（e）控制重大事故影响的措施。（f）与工人及其代表进行协商。（g）制度的改进，包括收集信息及分析事故和准事故的措施。须同工人及其代表讨论从中汲取的教训，并根据国家法律和惯例的要求作出记录。

5. 安全报告（安全风险评估报告）

雇主须根据第9条的要求编写安全报告。须在下列期限内编写安全报告：（a）如属现有的重大危害设置，在国家法律或条例规定的通报之后一段时间内。（b）如属新建重大危害设置，在其投入运行之前。

在下列情况下，雇主须检查、增补和修改安全报告：（a）当设置或其工艺或者现有的危害物质的数量发生变化对于安全水平有重大影响时。（b）当对技术的了解或者对危害评估有所发展使得宜于这样做时。（c）按国家法律或条例规定的间隔时间。（d）经主管当局要求。

雇主须向主管当局递交或促使主管当局获得第10条和第11条提到的安

全报告。

6. 主管当局的责任

（1）现场以外的应急准备：在考虑雇主提供的信息的基础上，主管当局须确保制订应急计划和程序，列出保护每一重大危害设置现场之外的公众和环境的条款，每隔一段适当时间加以修改，并同有关当局和机构协调。

（2）主管当局须保证：（a）将发生重大事故时应采取的安全措施和正确做法的有关资料，向可能受到重大事故影响的公众散发，而不等待他们索取，并每隔一段适宜的时间，加以修订和重新散发；（b）一旦发生重大事故，尽快发出警报；（c）当重大事故可能产生跨国影响时，须向有关国家提供上述（a）和（b）款要求提供的资料，以利使用和协调安排。

（3）重大危害设置的选址：主管当局须制定综合性选址政策，规定计划建造的重大危害设置同工作区和居民区以及公共设施适当分隔开，并规定对现有设置采取适当措施。此种政策须反映出本公约第二部分总则中所确立的原则。

（4）监察：主管当局须配备真正合格和经过培训具有适当技能的人员，并享有充分的技术和专业支援，以对本公约涉及的各项事务开展监察、调查、评估和咨询，以确保遵守国家法律和条例。

重大危害设置的雇主代表和工人代表须有机会陪同监察人员，对于根据本公约规定的措施之贯彻情况开展监督，除非监察人员根据主管当局总的指示，认为这样做可能不利于其履行职责。

主管当局有权中止任何呈现重大事故险情的操作。

7. 工人及其代表的权利和义务

为确保工作安全制度，须通过适当的合作机制，同重大危害设置中的工人及其代表进行协商。尤其是，工人及其代表须：（1）充分和适当地得知同重大危害设置有关的各种危害及其可能发生的后果。（2）得知主管当局作出的所有命令、指示或建议。（3）就下列文件的编写参与协商，并能接触这些文件：（a）安全报告；（b）应急计划和程序；（c）事故报告。（4）就预防重大事故和控制有可能导致重大事故发生的事态发展的做法和程序，以及一旦发生重大事故时应遵循的应急程序，定期地得到指导和培训。（5）在其工作范围内，并在处境不利的情况下，对根据接受的培训和经验而有正当理由认为重大事故迫在眉睫时，采取纠正行动，并在必要时中断活动；并酌情在采取此种行动之前或之后，立即通知其直接上级或发出警报。（6）同雇主商讨他们认为能够产生重大事故的任何潜在危害，并有权向主管当局通报这些危害。

在重大危害设置现场工作的工人须：（a）遵守重大危害设置内同预防重大事故和控制有可能导致重大事故的事态发展有关的所有做法和程序；（b）一旦发生重大事故，遵循一切应急程序。

8. 出口国的责任

当危害物质、技术或工艺因潜在重大事故风险在出口会员国中被禁止使用时，该出口会员国须使任何进口国能够获取有关禁止使用情况和原因的资料。

（二）《预防重大工业事故建议书》（第181号建议书）

国际劳工组织大会于1993年6月2日通过。

1. 国际劳工组织与会员国的合作

在同其他有关的政府间和非政府间国际组织合作的情况下，国际劳工组织应为下列信息的国际交流做出安排：（a）重大危害设施中行之有效的安全措施，包括安全管理和工艺安全；（b）重大事故；（c）从几乎造成事故中吸取的教训；（d）因安全和卫生方面的原因而被禁止使用的技术和工艺；（e）针对重大事故后患的医疗工作的组织和技术；（f）主管当局用以实施公约和本建议书的机制和程序。

会员国应尽可能向国际劳工局通报有关上述第（1）款中列出的事项的资料。

2. 国家对策

公约中规定的国家政策以及为实施这一政策而制定的国家法律和条例或其他措施，应酌情以1991年出版的国际劳工组织《预防重大工业事故工作守则》为指导。会员国应针对重大事故风险、危害及其影响，制定对策。

鉴于认识到重大事故会给人的生命和环境带来严重后果，会员国应促成各种制度，以在事件之后尽快地为工人提供赔偿，适当地解决其对公众的环境的影响问题。

3. 企业安全措施

根据国际劳工局理事会通过的《关于多国企业和社会政策的三方原则宣言》，拥有一个以上设施（即重大危险源——作者注）的本国企业或多国企业，应不加歧视地为其所有设施的工人规定同预防重大事故和控制有可能导致重大事故发生有关的安全措施，而不论这些设施位于何地或在哪一个国家。

（三）1995年《矿山安全与卫生公约》（第176号公约）

国际劳工组织大会于1995年6月22日通过。

第三部分 矿山❶的预防和保护措施

雇主❷的责任：

（1）在采取预防和保护措施时，雇主应按下列优先次序对危险进行评估并加以处理：(a)消除危险；(b)控制危险源；(c)采用包括制定安全工作制度在内的手段将危险减至最低限度；(d)只要危险存在，规定使用个人防护装备。

（2）雇主应采取一切必要措施，消除在其控制之下的矿山存在的对安全与卫生的危险或将其减至最低限度，尤其应：(a)保证矿山的设计、建造、电气、机械和其他设备包括通信系统的装备，能提供安全的操作条件和卫生的工作环境；(b)保证矿山的投产、运转、维护和报废方式，都能使工人在不危害自己或他人安全与卫生的情况下从事所分派的工作；(c)采取步骤维持员工因其工作而进入的区域内地层的稳定；(d)如属可行，对每一地下工作场所设置两个出口，每一出口连接单独的通往地面的工具；(e)保证对工作环境的监视、评估和正常检查，以发现工人可能接触的各种危害并评估其接触程度；(f)保证所有允许进入的地下工作场所的足够通风；(g)对怀疑有特定危害的地区，制定并实施专门的操作计划和程序，保证安全的工作制度和对工人的保护；(h)采取适合矿山作业性质的措施和预防办法，以预防、发现和制止火灾和爆炸的发生与蔓延；(i)在出现对工人安全与卫生的严重危险时，保证停止作业并将工人撤离至安全地点。

（3）雇主应就合理可预见的工业和自然灾难，针对每个矿山制订应急计划。

（4）在工人接触物理、化学和生物危害的情况下，雇主应：(a)以易于理解的方式通知工人与其工作有关的危害、包含健康方面的危险，以及相应的预防和保护措施；(b)采取适当措施消除危险或将其减至最低限度；(c)在其他手段无法保证对事故或健康危害，包括接触有害环境进行适当预

---

❶ 该公约规定：就本公约而言，"矿山"一词包括：(a)特别是从事下列活动的地面或地下场所：①涉及对地层作出机械变动的矿物的开采，但不包括油和气；②矿物的提取，但不包括油和气；③对已提取矿物的制备，包括破碎、研磨、精选或洗选；(b)在上述(a)提及的活动中使用的所有机器、设备、装置、车间、建筑和土木工程结构。

❷ 该公约规定：就本公约而言，"雇主"一词系指在一矿山雇佣一至多名工人的自然人或法人，和依不同情况下的经纪人、主承包商、承包商或分包商。

防时，为工人免费提供并维护由国家法律和法规规定的、合适的防护设备、必要的服装和其他装置；（d）向工作场地中受伤或患病的工人提供急救、离开工作场所的交通服务，以及适当的医疗便利。

（5）雇主应保证：（a）为工人免费提供关于安全与卫生事务，以及关于所从事工作的适当的培训和再培训计划，及易于理解的指导；（b）根据国家法律法规对每个班次实行适当监督和管理，保证矿山的安全操作；（c）建立制度，使所有井下人员的姓名及所在位置在任何时间都被准确掌握；（d）对国家法律和法规规定的所有事故和险情都要进行调查，并采取适当补救行动；（e）根据国家法律和法规的规定，向主管机关提交事故和险情报告。

（6）在根据国家法律和法规中职业卫生总原则的基础上，雇主应保证向接触矿山特有职业卫生危害的工人提供定期卫生监督。

（7）在两个或两个以上雇主在同一矿山从事活动的情况下，负责该矿山的雇主应协调与工人安全与卫生有关的所有措施的实施，并应对作业安全负主要责任。这并不影响其他雇主负责与他们的工人的安全与卫生有关的所有措施的实施（同域作业或同域交叉作业——作者注）。

工人及其代表的权利和责任（与"从业人员安全生产权利义务"章节相连）：

（1）依照国家法律和法规，工人应拥有下列权利：（a）向雇主和主管机关报告事故、险情和危害；（b）在有理由关心安全与卫生状况时，要求并得到雇主和主管机关的监察和调查；（c）了解和被告知可能影响他们安全与卫生的工作场所中的危害；（d）获取由雇主或主管机关掌握的与他们的安全或卫生有关的资料；（e）在经合理判断可能发生对他们的安全或卫生造成严重危险的情况下，从矿山的任何地点自行撤离；（f）集体选举安全与卫生代表。

（2）安全与卫生工人代表，根据国家法律和法规应拥有下列权利：（a）在工作场所安全与卫生的所有方面，包括各项权利的行使，代表工人；（b）参与雇主和主管机关在工作场所进行的监察和调查，监视和调查安全与卫生事务；（c）求助于顾问和独立的专家；（d）就安全与卫生事务，包括政策和措施，与雇主进行及时协商；（e）与主管机关进行协商；（f）获得与他们被安置的区域有关的事故和险情的通知。

国家法律法规应明确工人及其代表行使权利的程序，或者以雇主和工人及其代表协商的方式明确上列权利的行使程序。国家法律法规应保证对上述权利可不受歧视或报复地得以行使。

（3）工人应有义务根据其所接受的培训：（a）遵守规定的安全与卫生措施；（b）合理地注意他们自己以及可能由于他们在工作中的行为或疏忽而受到影响的其他人的安全与卫生，包括适当保管和使用为此目的向他们提供的防护服装、装置和设备；（c）立即向他们的直接上级报告他们认为可能对他们自己或其他人的安全与卫生造成危险、他们自己又不能适当处理的情况；（d）与雇主合作以使雇主履行本公约对雇主规定的责任和义务。

合作：

应根据国家法律法规采取措施，鼓励雇主与工人及其代表合作促进矿山的安全与卫生。

（四）1981年《职业安全卫生公约》和建议书及1993年《预防重大工业事故公约》（第174号公约）

1981年《职业安全卫生公约》和建议书规定：应要求雇主在必要时采取应付紧急情况和事故的措施，包括适当的急救安排。

1993年《预防重大工业事故公约》规定了雇主的事故报告责任：（1）在发生重大事故后，雇主须立即通知主管当局和指定负责此事的其他机构。（2）雇主须在重大事故发生后的规定期限之内，向主管当局提交一份详细报告，阐明对事故起因的分析，描述对现场的直接影响，并介绍为减轻其影响而采取的任何行动。（3）报告须包括为防止事故再次发生而拟采取的行动建议。

三、英国法

2004年之前，英国政府面对各种灾难，注重的是反应性应对。2004年《英国民事（国内）紧急状态法》的颁布促使英国应急管理实现了巨大的转变，此后先后出台了《英国应急管理准备和响应指南》《英国应急管理恢复指南》《英国中央政府对突发事件响应的安排：操作手册》等法规和文件。现在，英国应急管理的重心转向了提高综合抗灾能力，因此，应急理念、管理、规程、培训等也都发生了极大的变化。

1. 以规程为中心的动态法规体系

英国形成了以规程为中心的动态法规体系。"规程"（Doctrine）是英国应急管理的一个特色用语。2005年时，英国应急规划学院（EPC）院长查尔顿－威迪将军提出规程一词。在英国官方看来，应急管理首先要有健全的规程。

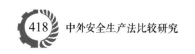

以规程为中心的文件体系分为如下层次：

（1）《英国民事紧急状态法》。

规程当中的最高规范是《英国民事紧急状态法》，一切其他规程和知识都是对它的解释、完善。该法强调预防灾难是应急管理的关键，要求政府把应急管理与常态管理结合起来，尽可能减少灾难发生的危险；明确规定了地方和中央政府对紧急状态进行评估、制订应急计划、组织应急处置和恢复重建的职责。

（2）有关补充法案。

在《英国民事紧急状态法》之下，英国政府先后出台了2005年《国内紧急状态法案执行规章草案》、2006年《反恐法案》等，作为基本应急法案的补充。此外，还出台了《英国中央政府应对紧急状态安排：操作框架》（类似于我国《国家总体应急预案》），规定了英国中央政府及其部门的应急行为规范，明确了中央与地方政府战略层的具体权责界面。

（3）指南与标准。

各种应急管理指南、标准等或者作为强制性文件或者作为指导性文件，是英国应急管理规程体系的重要组成部分，也是整个应急管理文件体系建设中的重头戏。不仅各种预案、计划、指挥行为、评价标准要依据这些指南、标准来制定，EPC 的课程内容设计也要完全以其为指针。

按照官方的分类，这类规程主要有三种：强制性规程、非强制性规程和软规程。强制性规程是指中央政府要求必须遵从的规程。非强制性规程是指应该做的。软规程是指可以做、可能要做的规程。如 EPC 每年出版的官方应急管理评估报告——《伊晶沃尔德报告》（以该院所在地伊晶沃尔德镇命名）就属于这一类。

此外，英国还有大量半官方和民间机构出版的各种推荐性标准，应急领域操作规程、规划方法、演练指南、培训资料等，这些文件也属于指南与标准类规程。目前，由国家标准研究所开发的《国家业务连续性标准（BS 25999）》影响较大，其基本方法也被 EPC 的课程所采用。该标准的国际影响也日益扩大，受其影响的《国际业务连续性标准》即将出台。

（4）应急规划文件。

中央和地方政府制定的各类应急相关规划文件是以上述规程为依据，具体指导系统抗灾实践的重要动态文本。

它们包括：（a）风险登记书，是各应急管理主责部门都要做的。地方政府早期有互相抄袭风险登记书的现象，2006 年有了专门指南后，情况得以改观。现在各地每两年都要重新审视修订风险登记书。（b）应急计划书，或称为应急预案，是各级应对灾害主责部门都要做的。在英国，所有的应急预案都是多部门共同制定的，都是事件导向而非部门导向的。（c）业务持续性计划书，是每个政府部门和相关组织都要做的。所谓业务持续性计划书，是政府或私营企业在业务分析基础上，对于灾害发生时如何保证关键性业务不中断、保证持续提供必要服务的一种系统安排的预案。（d）灾后重建计划书，通常是由地方政府主导的灾后恢复战略小组制定的。

（5）经验教训总结材料。

官方要求或认可的应急实践经验教训总结材料是系统提高抗灾力的必要基础建设。

这些材料可分为三种类型：（a）经验类：主要是指好实践的总结。英国官方认为对应急管理好实践（good practice）进行总结有利于交流经验，积累有价值的实践知识。好实践通常以"好实践报告"的形式发表，供各方借鉴学习。为了推动总结好实践工作的健康发展，英国官方发布了指南性的《好实践的期望和指标》，供有关机构在评估好实践和撰写好实践报告时掌握。（b）教训类：各种应急事件的事后评估报告就属于这一类。中央和地方应急演练的演练后评估报告也属于这类。英国人非常重视事件评估，评估报告通常非常认真、务实。（c）研究类：包括应政府邀请开展研究的成果，也包括独立研究成果。这些来自学术机构的报告更深层次地总结经验教训，对于提高国家系统抗灾力也是非常重要的。

英国政府十分重视上述文件和有关防灾知识的告知、传播与普及。在英国政府内阁办公室的"英国系统抗灾力"网站（www.ukresilience.co.uk）上，可以查阅到海量的上述文件、文献。另一英国政府门户信息网站，以及将要上线的免费应急管理网络杂志等则面向广大公众，提供各种应急防灾知识信息。

2. 应急管理体制机制 ❶

应急管理涉及多部门、多层级，明确分工不易，有效合作更不易。英国在历史形成的复杂体制条件下，基本实现了分工明确、协同有效，难能可贵。

❶ 游志斌．英国政府应急管理体制改革的重点及启示［J］．行政管理改革，2010（11）．

（1）英国中央政府应急管理核心部门——内阁国民紧急事务秘书处。

内阁办公室的紧急事务秘书处是政府推进协调机制的重要机构（类似于中国的国务院应急管理办公室）。它要监督各中央部门应急计划、业务连续性计划、物资准备等工作。在首相的支持下，该处协调有力，各部门也习惯了其监督管理工作。

长期以来，英国在应急管理体制机制中存在棘手问题：一方面，英国中央政府应急管理部门与其他机构和部门在重大安全问题和突发事件处置工作中缺乏协调，信息难以共享。另一方面，英国政府对战略风险的研判和应对能力亟待加强，英国政府只有迅速增强战略风险管理能力，才能迎接风险挑战，保障英国社会的安全和繁荣。为此，英国政府进行了改革。当前，英国应急管理体制的核心是将应急管理中枢机构内阁国民紧急事务秘书处纳入国家总体安全管理框架，与国防、外交、情报部门等机构的横向合作更加紧密，强化其风险管理职能，增强政府"大安全管理"的合力，促进应急管理、军队、警务、情报、外交和国际发展等各相关机构和部门的相互协调和合作，全面提高应急管理能力。

（2）在中央与地方应急管理权限划分上，强调地方为主、地方主导。

只有当地方无力独自解决问题并寻求帮助时，中央才会提供相应的帮助。具体说，即使是重大事件的处置，中央也不能完全取代地方，不同层级有不同的决策权和决策重点，分别作各自的决策。中央要考虑政治影响，作全国性资源调配的安排；地方则要把重心放在微观有效的应对上。

（3）地方处置部门的上下级之间权责明确。

在地方每个应急处置部门，如警察、消防、医疗救护部门，建立"金""银""铜"三级应急指挥机制。"金"层级官员要解决"做什么"的问题，重点考虑事件发生的原因，可能对政治、经济、社会等方面产生的影响，需要采取的措施和手段，以及这些措施和手段是否符合法律规定、是否会造成新的人员伤亡、是否会对环境和饮用水等产生影响、与媒体的关系等。"银"层级官员主要解决"如何做"的问题，根据"金"层级下达的目标和计划，对任务进行分配，迅速地向"铜"层级下达执行命令，并可根据不同阶段的处置任务和特点，任命相关部门人员分阶段牵头负责。"铜"层级官员在现场负责具体实施应急处置任务，决定正确的处置和救援方式，直接管理应急资源的使用。

（4）中央政府应急管理机制。

中央政府应对紧急情况分为三级：一是超出地方处置范围和能力但不需要跨部门协调的重大突发公共事件，由相关中央部门作为"主责政府部门"负责协调上下级关系，主导事件处理。二是产生大范围影响并需要中央协调处置的突发公共事件，启动内阁办公室（COBR）机制，协调军队、情报机构等相关部门进行处置。三是产生大范围蔓延性、灾难性的突发公共事件，也启动 COBR 机制。这时的 COBR 是在首相或副首相的领导下，决定全国范围内的应对措施。

（5）地方政府应急管理机制。

地方层面建立了多种多部门协调配合的综合应急管理机制。由于历史原因，英国地方政府与地方警察局、消防局、医疗救护部门等互不隶属，协调是一个大问题。现在英国政府在大区和警区（通常称为地方）两级成功设置了各不相同的应急准备、灾害应对、灾后重建的应急管理机制。应急事件发生时，在地方层面设置战略指挥小组和策略指挥小组机制，它们分别由各部门金级和银级官员组成，负责有关决策和协调工作。在应急论坛及应急处置机制中，通常 90% 是出地方警察局长主导。应急后恢复工作则是由政府主导的灾害恢复小组领导。

此外，在政治层面上，英国的应急治理也较为有效：在中央，国会议员们会监督政府部长的应急领导工作，在议会专门委员会上向部长们提出质询。事实上，在每周的议会例会上，议员们都有机会就有关应急准备、突发事件处置、灾后重建工作等进行质询。地方上，议员监督应急规划、业务持续性规划等应急准备工作。在应急反应阶段，议员们则无权指手画脚，因而避免了对应急处置的不必要干扰。在恢复阶段，地方议员要监督恢复重建规划的制定和落实。

3. 应急管理部门的风险管理职能和应急能力建设

内阁国民紧急事务秘书处通过强化风险管理职能，已成为中央政府进行风险识别、评估、管理和协调的核心部门，以及政府与外界开展风险沟通的重要窗口。主要目标是提高国家抵御风险的能力，提高政府和全社会的业务可持续工作能力，促进公共风险沟通，推广风险管理经验。英国政府已经施行国家风险登记制度，每年在国家范围内开展风险评估，并公开出版。

强化风险管理职能的主要措施：一是把内阁国民紧急事务秘书处打造成推动政府整体风险管理建设的领导核心，通过英国各部门都参与的风险分析调查、统计、评估等工作，列出一个综合全面的政府风险清单，从而有利于增强对所面临的全球战略风险的认识，有利于做好政府应对国内外各种复杂局面的相关准备。二是承担组织开展国家风险评估（NRA）职责，制定"国家风险评估"工作规程，确定五年内的风险和绘制约 80 个危害和威胁的风险矩阵。评估进程需要来自政府部门、机构、委任机构、公众、私人和志愿者组织等方面代表的广泛参与。风险评级分为非常高（VE）的风险、高（H）风险、中等（M）风险、低（L）风险等四级。三是负责推进政府业务持续性管理工作。政府业务持续管理（Business Continuity Management，BCM），作为一种重要理念，来自于欧美国家企业经营管理的实践，主要关注在信息技术条件下，如何使现代企业在灾难事故发生时能够保障业务的持续运行。政府业务持续管理已逐渐被应用在企业、政府甚至全社会的稳定和可持续发展中。

英国应急能力建设创新性举措：一是科学方法支撑课程创新，以规程为课程的知识基础，以职业能力的提高为课程目标，以课程的过程管理为保障。二是以任务导向、小组学习与互动式培训为基本教学方法。三是不断引入新的教学方法和手段，开发"金级标准"演练—培训系统，将各种技术软硬件、已有的案例经验，以及各类专业人才的培训团队进行有机结合。在高端教育方面，通过招标的方式确立与大学合作，共同培养应急管理硕士生、博士生。四是实施专项培训项目，比如《英国民事紧急状态法》强化项目、20 类工作能力改善项目和中央战略管理层的 COBR 现场培训项目。

4. 以系统抗灾力为核心的应急理念和应急管理模式❶

"系统抗灾力"是指全国以社区到企业、从地方到中央对各种破坏性挑战进行发现、防止、处置、恢复的能力。这一概念是理解英国应急管理体系精髓的核心和关键。为此，英国政府注重指导性的应急管理规程编撰、有分有合的应急体系建构、应急能力体系建设，形成了独特的应急管理模式。

应急管理中的系统抗灾力：一是强调事前、主动、系统地防灾应灾，强调不断加强能力建设，而不是被动应对。二是强调以风险管理为应急管理的核心，强调用科学的方法发现风险、测量风险、登记风险、预控风险，把应急管理建立在科学的方法基础上。三是强调系统管理、风险登记制度，把灾害面前的各有关部门和组织的业务持续性管理纳入应急管理。四是强调共同工作、协调应对。五是注重系统改进。

---

❶ 参阅李雪峰. 英国应急管理的特征与启示［OL］.news.china.com.cn，2010-04-12。

5. 重大危害控制系统

建立重大工业危害控制系统，包括：危害辨识，按照《处理危害物质设施报告（NIHHS）规程》进行；风险评价和控制，按照《重大工业事故控制（CIMAH）规程》进行；降低风险，按照《重大工业事故控制规程》（涉及应急预案、公共信息和土地使用控制计划）进行。在该系统中，控制和应急反应两者相互依赖，以处理关联风险。

（1）危害辨识。

大约有几百种设备受《重大工业事故控制规程》规范，有 1750 种设备受《处理危害物质设施报告规程》规范。在《重大工业事故控制规程》中，有许多条款特别强调了事故对环境和人所造成的风险。规程要求企业优先考虑执行局（HSE）提出的要求，激励人们对现场危害和风险有更加深刻的认识。

（2）风险评价和控制。

《重大工业事故控制规程》的总体要求适用于储存或使用有毒、易燃、易反应或易爆等危险物质的场所，并且这些场所危险物质的量达到规定的标准。在英国工业中，常规使用的危险物质多达几千种。在这样的情况下，现场操作员必须做到：向执行局通报在该地方已经发生的所有重大事故，以及防止事故再次发生的具体措施（重大事故具有潜在的危害性）；让检查员认识到在自己的作业场所具有重大事故发生的危险，并且采取所有适当的措施去防止事故发生，减轻事故发生后所产生的影响。

此外，如果储存和使用物质超过了具体的极限值，就应该对操作员规定更明确的职责。这些场所作为大型存储场所（LITTS），它存储大量的易燃、有毒或易爆的物质；小型存储场所（SITTS）储存那些被认为是有剧毒的物质，储存量远小于极限值。英国共有 200 多个大型存储场所和几百个小型存储场所被上报到 HSE 备案。操作人员还需承担的其他责任是：现场和场外应急预案的准备；对公众提供适当的信息；向 HSE 提供安全工作报告。

应急预案和公共信息是用来减小重大事故后果的重要措施。尽管重大事故发生概率比较小，但一旦发生，在应急预案中的任何一项措施都将影响到整个事故的发展进程。在采取各种切实可行的预防措施后，关键在于风险本身的大小，这是英国法律的总体要求。

对于危险源，要求向 HSE 提交书面安全工作报告。该报告应包括下列内容：（a）对设备状况进行描述，并且要把它放在特定的地理和社会环境中去加以考虑；（b）辨识所有的重大事故危害；（c）分析已经使用的安全装置

（硬件和软件）的性能；（d）对设备所造成的风险作出评估；（e）根据以上分析，有效地判断操作的连续性，同时确定所有的补救措施。报告的内容要不断修订和更新。

（3）降低风险。

降低风险的关键措施是：特定区域、应急预案和公共信息。（a）特定区域。对土地使用进行控制，能够很好地降低重大危害风险。（b）应急预案。《重大工业事故控制规程》要求对现场和场外应急预案进行有效的管理，并且要求现场操作员、地方当局、县政府和应急服务部门之间进行紧密合作。英国还发布了《应急预案总体建议》及其补充。（c）公共信息。任何应急预案的成功与否都取决于应急预案相关人员的适当反应。这就有必要向那些易受影响的人进行通报。现场人员应该获得这些信息（适当的时候要进行培训）。《重大工业事故控制规程》规定：有义务将险情告知该区域的人。通报的信息至少应包括下列内容：将危险源申报给 HSE 组织；描述现场操作和那些影响信息接收的危害和风险；一旦发生事故，所有可采取的应急措施（包括适当的个人行为）。发布信息的方法是多种多样的，并且次数是频繁的。定期给予该地区的居民和工作人员最新信息和事态进展，给予公共娱乐管理人员相关通知等。❶

6.《应急预案总体建议》

应急预案的目的是控制事故、保护员工（以及临近受事故影响的所有人）以及使事故对财产和环境造成的破坏减少到最低限度。事故发生范围是极其广泛的，但如果及时发现并进行处理的话，将可以把不良影响减到最小，甚至不造成不良后果。不过，如果任凭事故扩大，将会在现场和场外产生严重的后果。因此为了风险最小化，应该进行危害、敏感性和风险分析。

（1）危害与风险评估。

生产商应该评估他们的生产活动，确保生产活动的合理、可行，以避免和减少危险的发生。同时也应该评估：一旦发生事故，对现场和场外人员将造成什么危害，对环境将造成什么影响。此外，还要考虑预先确定的救援措施如何能够减轻这种影响。必要时，可以利用有关组织和公共应急服务资源。

（a）危害辨识：社区（包括通过社区的运输工具）中危险物质的类型和数量；危险物质设施的位置（和路线）；危害很有可能伴随危险物质的溢出和

---

❶ 黄典剑, 蒋仲安, 邓云峰, 等. 英国重大危害控制系统［J］. 现代职业安全, 2003（6）.

泄漏而发生。

（b）敏感性分析：敏感地区（受影响最大的地区）的范围和产生影响的条件，如泄漏规模、风向、地形等；在敏感区中的各类人员（居民、雇员、敏感的人、医院、学校、养老院等）都将存在危险；必要的支持系统（或许会受到事故的影响）；对环境造成的特殊风险。

（c）风险分析：根据敏感性分析评估危险物质泄漏对个人或社区造成损失（或伤害）的概率，以及实际造成的损失。内容涉及：事故发生的概率；相关的环境现象；对人员（包括高危险群体）造成伤害的类型（急性的、延迟的或慢性的）；财产损失的类型（暂时性的、可恢复性的或永久性的）；环境破坏的类型（可恢复性的、永久性的）；间接危害／风险。

以上各项的预测模型存在着许多不确定性，同样地，真实环境中也存在着不确定性。因此，相对简单且比较粗略的方法可以说是最理想的选择。能否作出完全准确的评估，这是一件值得怀疑的事，甚至有时会误导人们。在所有情况下，准确性与预先计划好的条款密切相关，也与正在发展的事故风险息息相关。常见的物品爆炸、易燃和有毒危害对于每一类事件都有其发生的概率，并且都应该制定应急预案。

应急预案必须能够处理那些可预测的特大事故，但是详细的应急预案应该关注最可能发生的事故。应急预案必须有足够的灵活性以至于能够适用于重大事故。如果事故和环境共同作用导致后果越来越严重，超过了应急预案的基本应急范围，就应该具备处理问题的应变能力。

（2）应急预案的内容。

（a）现场应急预案，确定关键人员：事故控制者，主要责任是管理现场；现场主要控制者，全部责任是在应急控制中心指导工作；指定的关键人员、事故控制者和应急小组都必须履行自己的职责，并且在必要的时候能够到达现场；应该给未到达现场的其他关键人员指定后备人员。各种工作人员不可能全天候在现场，所以应该做好安排，以保证有足够的应急反应能力。

应急预案应该对下面各项做好安排：启动，发出警报，紧急控制中心，保护现场人员及应急小组应采取的措施。

（b）场外应急预案：场外应急预案将以制造商确定的事件为基础。这些事故能够影响到工厂之外的人与环境。制造商必须向应急预案编制人员提供有关事故的特性、程度和可能产生影响的相关信息。应急预案必须完全吻合最有可能发生的事故，必须具有足够的灵活性，以便灵活采取补救措施应对恶劣的环境。依据潜在事故的规模和特征，在某个现场必须确定几种不同的应急措施。在几种危害同时出现的地点更是如此，因为该地点的风险会明显增大。

应急预案当局的主要责任人一般应该指定应急预案官员监督应急预案的执行。应急服务部门、消防部门、警察、救护队等有责任处理各种类型的紧急事件和事故。在英国，事故完全由警察局负责处理，消防当局仅负责处理地面火灾。应急预案应确保现有服务机构共同协作，以便应对工业设备所产生的特殊危害。应急预案中应设置命令传达机构，并明确规定高级官员各自的角色和责任，以便在事故之前就做好命令和传达机构的准备工作。任命应急协调官员，他能够完全有权控制场外应急活动。此外，还应该设置场外应急控制中心，这是非常必要的。

应急预案应确定并详细描述立即采取的行动，以便保护处于危险中的人群，并且妥善安置那些受事故影响的人。在许多情况下，立即采取的措施也许是待在（或进入）室内、关上门窗、收听当地广播并等候进一步指示（通常来自于警察）。实际上，待在室内只能提供初期保护，时间长了也会增加危险。潜在的危害范围或许非常广，并且水和食物的供应也存在风险。不过，这种风险有可能会在短时被缓解。恢复阶段的各项工作也应该预先计划好；另外，还有与环境风险相联系的其他具体问题。

（3）演习和培训。

制定的现场应急预案和场外应急预案都需要进行检验，相隔一定的时间要进行演习。其目的是：使现场人员知道各自的职责、装备以及应急预案的详细内容；通过演习，允许专业的应急服务部门检验应急预案的各个部分以及与各个不同组织进行协调的情况，同时也让他们知道具体的危害；通过演习，验证当前计划详细内容的准确性；通过演习，积累经验，并树立了团队自信心，在发生事故的混乱初期，必须预先确定好应急措施。在每场演习后，应及时总结应急预案并讨论演习中出现的问题，同时还应该评估它的效率，以便处理以后真正发生的紧急情况。

7. 英国的矿山救援

英国的职业健康安全执行局下面有一个矿山监察部负责矿山监察和救援工作。他们有权对矿山进行调查起诉，甚至关闭矿山，但很少有违反相关法律而被起诉的。矿山救援法规是在1995年制定的，称为"1995矿山撤离和救护规定"，共32条规则及60页的实施规范（ACOP）。此法规没有要求矿山强制执行，但若任何人因为没有遵守该规定而造成伤亡事故，矿主将可能受到起诉。

英国有 10 个大型矿山，有 6 个装备齐全的救护中心，拥有快速的交通工具。所有救护队员必须体验合格，每年接受 1 次极其严格的体验和体能测试，而且必须拥有 2 年以上的井下工作经历及急救证书。全职队员一般每年有 8 次训练，兼职救护队员每年进行 6 次训练。队员最初要接受为期 15 天的救护训练课程，然后每年进行 6 天的年度培训，并且必须保证每季度培训 1 次，其中要包括 2 次高温潮湿环境的训练；所有的培训课程都必须在合格的救护官员的指导和监督下完成。

培训课程必须包括以下内容：用绳子和滑轮将 25 公斤重物重复提升到 2 米高；30 分钟快速持续行走训练；模拟事故现场井下通道中穿越狭小空间和巷道（包括管道）的训练；抬运担架训练；使用救援仪器，寻找救出死伤人员的训练；通信工具使用训练；搭建顶板支护训练；环境测试仪器的使用训练；灭火器的使用训练；在有限空间内清除与顶板冒落有关的阻碍物的训练；治疗队友伤痛的训练；建立新鲜空气基地训练；如何救助被夹住的伤员的训练等。救护队所有的训练课程和实际行动都必须保存记录以便矿山监察人员查阅。

分析与结论：

英国是一个地小、人少、企业少、矿山少、灾少的国家，政府管理体制较为成熟、稳定，其经验不可能简单类比照搬到中国，但其成功之处可以给中国应急管理提供如下借鉴：一是树立以提高国家应急能力为核心的理念。这一理念是树立能力本位、以提高国家应急能力为核心、为国家科学发展保驾护航，以此统领各方面具体的应急思想。二是加强应急管理体系建设，包括加强规程体系建设、充实规划体系建设（编制应急预案、应急战略规划、风险登记书、应急计划书、业务连续性计划书、恢复重建计划书等）。三是完善机制建设，其核心是解决各层级的分层分类负责、分工协调合作机制问题。四是重视各要素（子系统）机能建设，提高应急队伍和应急物资系统的应急准备与应急处置能力，把政府应急规划能力、应急演练能力和应急培训能力作为重点工作来抓。五是加强应急管理培训工作，在课程开发方面实行科学的课程设计，面向实际开发实用有效的课程体系，使基于演练的体验式教学逐步成为应急管理培训的主流，加强院校合作、院政合作、院企合作，办出一流的应急管理教育培训事业。六是英国建立了重大危险控制系统，主要是风险评估制度，以防止重大事故的发生并使事故产生的影响降至最小。这些都特别值得为中国安全生产立法借鉴。

四、美国法

1. 美国应急管理法制建设 ❶

美国应急管理的立法历史悠久、体系较为完备。美国联邦政府的应急管理法制建设可以追溯到 1803 年的《国会法》，一般认为这是处理灾害问题的第一次立法尝试。1950 年制定的《美国民防法》，是美国应急管理目前最重要的法律之一，是美国第一个总体的、非专项的用以应对灾害的联邦法规。该法明确了联邦政府制订民防计划，为民众提供防护场所，组织疏散，指导、协调、支持各州和地方政府开展民防工作等职责，还首次提出民防准备系统建设要立足平战结合的原则。1981 年美国修改了《美国联邦民防法》，扩展了民防的内涵，即民防包括了平时应急和战争引起的灾难。到 20 世纪 90 年代，民防任务进一步扩大，其范围不仅包括防护核袭击，应付自然灾害和提高对紧急状况下的快速反应能力，还包括防核生化和应对恐怖事件的能力，使民防工作与灾害管理更紧密地结合在一起，灾害管理被放到了更加突出的位置。

1988 年联邦政府制定了《罗伯特·斯坦福救灾与应急救助法》(简称《斯坦福法》)，对联邦政府救助的内容、对象、范围、条件等方面作了明确界定，规定了为州、地方政府和民间灾害救助组织进行支持并提供各种可用资源，以减轻灾害带来的破坏、损失和困难的情况，并对联邦政府认定的重大灾害和突发事件作了明确界定。该法把突发事件定义为：依照美国总统的决定，在美国范围内发生的且需要联邦救助来补充和支持州地方政府的努力，以挽救生命、保护财产及公共健康安全或避免更大灾难威胁的事件。

美国政府注意及时总结巨灾应对中的教训，不断完善应急管理的相关法律法规。"9·11"事件后出台了《美国国土安全法》，"卡特里娜"飓风后出台了《后"卡特里娜"应急管理改革法》。美国各州依照《美国联邦民防法》《斯坦福法》《美国国土安全法》等联邦法律也开展应急管理方面的立法。例如，加利福尼亚州的《美国应急服务法》，从应急准备、应急响应、灾害救助等方面都作了详细规定。

---

❶ 参阅游志斌，魏晓欣.美国应急管理体系的特点及启示［J］.中国应急管理，2011（12）.

2. 美国应急管理体制、机制

美国的应急管理以渗入生活所有领域的新经济和新技术、遍布全球的恐怖主义威胁和特大灾害为三大主题。因此，美国的应急机制的内容，也以这三大主题为主。

（1）成立了由总统直接领导的赈灾机构。

1979 年 3 月，美国政府针对频繁发生的自然灾害和各种突发公共事件，成立了由总统直接领导的专门管理灾难的机构——联邦紧急事务管理署（Federal Emergency Management Agency，FEMA）。FEMA 的总部设在华盛顿特区，总署设署长办公室、总顾问办公室、国家紧急准备办公室、国家安全协调办公室、公民使团办公室、平等权利办公室和监察长办公室。署长办公室下设七个机构，即：应急准备与复原局（联邦协调官员处），内设应急处、复原处、行政处；联邦保险与减灾局，内设灾害地点测定处、工程科技处、减灾计划与传送处、规划财务和产业关系处、风险信息传送处以及索赔、谅解与保险运营处；联邦消防管理局，内设国家消防研究院、国家消防规划处、国家消防数据中心、支持服务处、培训处和城市搜索救援队；外部事务局，内设国会与政府间事务处、公共事务处和国际事务处；信息技术服务局，内设信息与资源管理处、企业经营处和系统规划与开发处；管理和资源规划局，内设人力资源处、财务与采购管理处、设施管理与服务处和气候紧急运营处；地区协调局，负责协调在华盛顿、纽约、芝加哥等城市设立的数个地区办公室的行动。

（2）红十字会和地方政府应急管理机构。

联邦政府将全国划分十个应急管理分区，紧急事态援助中心和 FEMA 训练中心，年资金预算拨款达 30 亿美元，配备 2500 多名全职员工和 4500 多名后备保障人员。FEMA 既是一个直接向总统报告的专门负责灾害的应急管理机构，同时又是一个突发公共事件应急管理协调决策机构。一方面，负责联邦政府对重大灾难的预防、监控、响应、救援和恢复重建工作，减少各种灾害造成的生命和财产损失；另一方面，根据灾情制定具体的战略规划和与之相配套的实施细则作为应对紧急事态的指导性文件，以便各应急管理部门按照决策指令协同行动。FEMA 的组织机构和职能在联邦响应计划（FRP）、CONPLAN 等文件中都有着明确而详尽的规定。作为事后管理的牵头机构，FEMA 根据其法定的权威负责管理和协调州、地方政府处理联邦事后管理事项。

"9·11"事件后，美国政府于 2002 年立即成立了"国土安全部"，把 FEMA 及许多相关部门聚集在此部下，力求解决上述国家重大国土安全问题。FEMA 负责重特大紧急事件的响应，一般紧急事件则由 911 城市应急中心指挥、协调和响应。

（3）分工明确训练有素的专业救援队伍。

美国联邦、州、郡、市都有自己的紧急救援专业队伍，它们是紧急事务处理中心实施灾害救援的主要力量。紧急救援队伍为了适应各类灾害救援的需要，又被分成若干功能组，各功能组相互配合，相互衔接，共同完成救援工作。救援队伍又分为联邦紧急救援队和各州、郡、市救援队。

（a）联邦紧急救援队：联邦紧急救援队伍被分成 12 个功能组，每组通常由一个主要机构牵头，负责完成某一方面的任务。它们分别是：运输组，由交通部负责，主要提供民用和军用运输支持；联络组，由国家通信委员会负责，提供通信支持；公共设施和公共工程组，由国防部和工程兵共同牵头，负责恢复基本的公众服务和设施；消防组，由林业局和农业部共同牵头，负责侦察及扑灭荒地、乡村和城市火灾；信息计划组，由联邦紧急事务管理署牵头，负责收集、分析和传播消息，制定计划，帮助整个联邦紧急救援和恢复行动；民众管理组，由美国红十字牵头，负责管理受灾民众，分配食品，建立临时收容所，分发救援物资等事项；资源人力组，由公众服务署牵头，为联邦各个机构提供设备、材料、必需品和人员；健康医疗服务组，由卫生部负责，为公众健康和医疗需要提供帮助；城市搜索和救援组，由联邦紧急事务管理署牵头，负责找到并救出陷在倒塌建筑物中的人员；危险性物品组，由美国环境保护署负责，支援联邦对石油渗漏或可能发生的渗漏及危险性材料作出反应；食品组，由食物消费者协会和农业部共同牵头，负责确认食物的需求量，保证食物能到达受灾地区；能源组，由能源部负责，恢复电力系统和燃料供给。

（b）各州、郡、市救援队：各州、郡、市救援队也有自己的功能组，负责地区救援工作。参加功能组的人员必须经过严格培训，持证上岗。专业人员的培训通常达几百个小时，甚至更长；培训内容因职位不同各异。如，搜索工作犬的训练者，其资格证书包括书面和口头的考试，考试内容涉及搜救策略、指令和指令技巧、工作犬的控制等技术。即使是搜索狗也必须获得资格认证。资格认证也不是一劳永逸，要随着技术等的变化，进行再培训和再认证。专业人员还要参加各种演习，提高实战能力。通过各类培训，专业人员基本上都掌握了一种甚至多种救援技能。同时，他们还负责指导基层组织、志愿者组织的救援培训，使其掌握一定的救援技能。

3．美国应急管理的特点

（1）应急反应标准化、自动化。

标准化主要体现在应急术语的标准化，应急成员单位人员衣服穿戴规范化和灾害事件所处状态表现形式规范化。如在灾害发生后，各救援成员单位根据预先安排好的地点，穿上指定颜色的服装，按照应急预案所规定的应急术语进行工作，在工作面板上简单明了地用不同颜色展现目前事件发生过程和救援情况。近年来，美国各级应急处理中心通过使用最新技术，不断完善信息系统功能，提升与各职能部门间的沟通能力，实现信息资源共享，保证应急组织成员单位的快速反应能力。一旦某一指标达到警戒标准，应急处理系统就会自动启动，进入工作状态。

（2）应急预案精细化。

通过对已发突发公共事件的总结，紧急救援中心不断修改应急预案，使之更详细、实用，更接近实际，更具可操作性。应急预案不仅包括交通、通信、消防、民众管理、医疗服务、搜索和救援、环境保护等内容，还包括重建和恢复计划、心理医治等内容。同时注意对新的突发公共事件及时制定标准，随着科学技术的进步适时修订旧标准。

（3）联动机制效率化。

实施紧急救援，各职能部门之间的联动至关重要。目前，美国联动机制主要靠应急处理小组或应急处理委员会的成员构建及各种突发公共事件预案、计划予以保证。美国紧急救援中心根据事件的层次和特点，决定各成员单位之间的分工和合作关系。为了确保联动机制的高效，行政长官（总统、州长、市长）是应急处理的第一责任人，相关行政部门和机构是应急小组或委员会的成员单位。应急预案和计划对相关单位的责任给予了明确规定，便于行动的实施。

（4）参与的大众化。

在突发公共事件的救援过程中，大众力量起着重要作用，尤其在重大突发公共事件发生，专业救援力量不足时，大众力量更是防灾减灾，实现自救、互救不可缺少的力量。目前，美国民众对防灾减灾热情很高，通过社区救灾反应队、美国红十字会、教会组织、工商协会紧急救援组织、城镇防震行动议会等基层组织、非政府组织、志愿者组织参与救援工作。

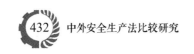

（5）应急处理宣传的透明化和信息共享化。

各级政府不对媒体封锁信息，有专门针对记者的现场信息发布点，注重各种媒体在紧急救援中的作用。应急处理中心的信息系统，相关成员单位均可以进入。紧急处理中心可以进入国家的一些信息系统，如国家地理信息系统、城市资源信息系统等，及时获得所需要信息，更好地为救援工作服务。

4. 中国从美国应急管理法中应借鉴的经验❶

（1）美国联邦应急管理局提供的经验。

我国设有国务院应急管理办公室（地方各级政府照此设置），负责突发公共事件的应急管理工作，但在国务院办公厅下设，不成规模。其职责是值守应急、信息汇总和综合协调，发挥运转枢纽作用。其实，国务院才是突发公共事件应急管理工作的最高行政领导机构，各有关部门具体负责相关类别突发公共事件的应急管理工作。这说明我国重大灾害应急管理属于以单项灾种为主的管理模式，即按突发公共事件类别、原因分别由对应的行政部门负责。

而美国重大突发事件的应急管理已从单项防灾、综合防灾发展成为循环、持续改进的危机管理模式，联邦政府指定国土安全部作为人为和自然灾害以及紧急事件的应急管理核心机构。联邦应急管理局虽已并入国土安全部，但仍可直接向总统报告，专门负责重特大灾害应急管理，职能进一步加强，局长继续由总统任命。

联邦应急管理局有"总统灾害救助基金"的支配权，同时负责维护和部署联邦突发事件应急支持小组；在全国设有10个地区办事处；各州、县和较大的市政府分别设立专门负责各类灾害应急管理工作的机构；《国家应急预案》中规定了15项紧急支持功能，每项功能一般由1个协调机构、1个牵头机构和若干个支持机构完成。对于有多个组成要素的功能，每项组成要素都会有1个牵头机构。可见，美国的联邦应急管理局规模较大、功能较强，值得我国借鉴其经验。

（2）美国联邦应急指挥中心。

我国一般将应急指挥中心当作组织机构建设，配备专职应急指挥人员，承担应急指挥和资源调度职能，受理普通公众报警、求助电话。目前，我国应急指挥中心主要是分类、分部门建设，安全生产、海事、消防和核事故

❶　参阅刘铁民，田淮俊. 美国的应急管理体系［R］.2005. 作者分别是中国安全生产科学研究院原院长、原国家安全生产监督管理总局机关党委原书记。

应急指挥中心已基本建成，但尚未建成重大突发公共事件的综合性应急指挥中心。

而美国联邦、州、县、市一般都把应急指挥中心理解为应急设施，平时由综合性应急管理机构负责管理和维护，不配备专职人员，不负责处理普通公众的报警、求助电话，仅作为灾害应急过程中地方政府官员协商、协调应急救援活动的场所。美国联邦、州、县、市综合应急管理机构的一般配套设施，有综合性的应急指挥中心，比如联邦应急管理局的国家应急行动协调中心、各地区办事处的地区应急行动协调中心、加州政府应急服务办公室的应急指挥中心和洛杉矶市应急准备局的应急指挥中心。

（3）救援队伍建设。

我国救援队伍一般按灾害类别实行分类建设和管理。各类救援队伍均按各自管理部门的要求，配备装备和开展训练、演习工作。不同救援队伍的指挥机构、术语、装备和系统接口不统一，相互之间难以协调。不同救援队伍的管理体制不同。

美国救援队伍建设采取职业化和志愿相结合的方式，在救援队伍的选拔和认可上实施全国一致的培训和考核标准。（a）突发事件管理小组。联邦应急管理局建立了4级培训考核制度，参加突发事件管理小组，需逐级通过培训并经考核合格。按能力高低，突发事件管理小组共分5类，能力最强的为第1类，能全面执行事故指挥系统的所有职能；其次是第2类小组。（b）消防、医疗、警察和海岸警卫队等专职应急救援队伍。（c）社区应急救援队。联邦应急管理局采纳洛杉矶市消防局的做法，自1994年起就在全国积极推动社区应急救援队建设。全美许多社区建有社区应急救援队，成员主要来自各社区组织和企事业单位，接受过基础应急救援技能训练，参与本地区的应急救援活动。

（4）应急管理的运作机制。

我国在突发公共事件应急处置过程中，参照日常行政管理模式，形成分层、树状指挥体系，并按事件后果、分级标准实施相应级别的行政干预。

美国以应急区域的各个地方政府为节点，形成扁平化应急网络，各应急节点的运行均以事故指挥系统、多机构协调系统和公共信息系统为基础，以灾害规模、应急资源需求和事态控制能力作为请求上级政府响应的依据。（a）上级政府或周边地区提供的增援到达该辖区后，接受该辖区地方政府的领导和指挥。（b）联邦和州政府应急管理机构只是该网络节点之一，主要为地方政府的应急工作提供支持和补充。（c）联邦、州政府应急官员到达现场后，并不取代地方政府的指挥权，而是根据地方政府的要求，协调相应资源，支持其开展应急救援活动。（d）跨区域应急时，联邦或州政府负责组织相关部门和地区拟定应急救援活动的总体目标、应急行动计划与优先次序，向各地区提供增援，但不取代地方政府的指挥权。

（5）应急管理立法。

美国在重大事故应急方面，已经形成了以联邦法、联邦条例、行政命令、规程和标准为主体的法律体系。一般来说，联邦法规定任务的运作原则、行政命令定义和授权任务范围，联邦条例提供行政上的实施细则。美国制定的联邦法包括《美国国土安全法》《斯坦福救灾与应急救助法》《公共卫生安全与生物恐怖主义应急准备法》《综合环境应急、赔偿和责任法案》等，制定的行政命令包括 12148 号、12656 号、12580 号行政命令及国土安全第 5 号总统令和国土安全第 8 号总统令等。此外，美国制定有《国家突发事件管理系统》，要求所有联邦部门与机构采用，并依此开展事故管理和应急预防、准备、响应与恢复计划及活动。联邦政府也依此对各州、地方和部门各项应急管理活动进行支持。

（6）应急保障系统。

首先是应急资源保障。我国突发公共事件应急资源保障基本按日常行政职责进行分工，由相关行政管理部门负责提供资源保障。应急处置过程中，各种各样的临时性资源的保障职责，事前不易得到沟通和解决，也不易得到其他部门的支持和配合。重大突发公共事件应急处置过程中，不易突破原有行政管理框架快速建立高效的应急指挥体系。

美国联邦政府利用《美国国家应急预案》应急支持职能附件的方式，明确了联邦政府机构和红十字会的资源保障任务、政策、组织构成和职责。每一项职能附件规定相应的联邦政府协调机构、牵头机构和支持机构。协调机构负责事前策划，与牵头机构、支持机构保持联系，并定期组织召开本职能相关机构的协调会。牵头机构作为职能的执行主体，负责提供人力，并尽可能获取足够使用的应急资源。支持机构应牵头机构要求，提供人力、装备、技术和信息方面的支持。职能附件根据突发事件的具体情况，有选择地启动。启动后，协调机构、牵头机构和支持机构派出的应急人员或小组按承担的应急支持职能，分别编入事故指挥系统的组织框架中。

其次是应急信息系统。我国目前对应急信息资源缺乏标准化的描述和定义，对应急信息系统框架及功能尚未进行全面策划和规范。各行政管理部门一般根据自身需要和惯例开展应急管理工作，建立适用于本行业领域的应急信息系统，不同系统之间的数据难以共享和更新。

美国联邦应急管理局通过实施"e-FEMA"战略，建立了应急信息系统层次结构模型，不仅使各类应急信息系统的信息资源能得到及时更新，还能促进不同系统之间的信息资源共享，为应急决策过程提供技术支持。在美国得到广泛应用的信息系统包括联邦应急管理信息系统、灾害损失评估系统（HAZUS）等。

再次是应急财务经费。我国中央政府所需突发公共事件应急准备和救援工作资金，经财政部审核后，列入年度中央财政预算；处置突发公共事件所需财政负担的经费，按照事权、财权划分原则实施分级负担。

美国已有较为完善的突发事件应急资金管理制度。美国联邦应急管理局每年应急资金预算约为32亿美元，其中包括联邦每年23亿美元的灾害应急基金。联邦应急管理局的财政预算，不仅用于日常应急响应和培训、演习活动，还用于防灾、减灾和灾后恢复活动，但不包括特别重大事件发生后总统和国会特批的资金。联邦应急管理局通过资助方式推动其应急管理计划，包括防灾社区建设计划和综合应急预案编制计划。联邦应急管理局各项资金的使用有严格的审计制度，地方政府动用其资金用于防灾、救灾和灾后恢复活动时，必须保存资金使用记录，并通过该局的审计。

（7）应急预案。

首先是国家应急预案。我国国家应急预案基本按突发公共事件类别和各部门的行政职责组织编制，国家预案主要由1个总体预案、25个专项预案和80个部门预案组成。

美国国家应急预案适用于国内所有灾害和紧急事件，主要由基本预案、附录、紧急事件支持功能附件和支持附件组成。其中基本预案主要说明预案设想、任务和职责、行动理念及预案维护和管理；附录主要包括术语、定义、缩略词和机构等；紧急事件支持功能附件主要是说明国家突发重大事件期间，联邦机构在协调资源和系统支持各州、部落和其他联邦政府机构或者其他权力部门和实体时的任务、政策、组织构成及职责；支持附件主要说明职能程序和行政要求。

其次是应急预案编制指南。我国近年制定了有关应急预案编制的技术指导性文件。但美国联邦应急管理局和其他管理部门制定的各种政府应急预案和企业应急预案编制指导性文件值得我们学习、借鉴。其中包括《综合应急预案编制指南》，由联邦应急管理局制定，以指导各州和地方的应急管理机构编制他们的应急预案；《商业及工业应急管理指南》，由联邦应急管理局制定，以指导工业和商业企业制定综合性的应急管理方案；《危险化学品事故应急预案编制指南》，由 16 个联邦机构联合制定，以指导各州和地方政府按《紧急事故应急计划和社区知情权法案》的要求制定应急预案。

再次是应急预案评审指南。2009 年 4 月，我国原国家安监总局制定了《生产经营单位生产安全事故应急预案评审指南（试行）》。另一方面，美国联邦应急管理局和其他管理部门制定了各种有关政府应急预案和企业应急预案编制的指导性文件。其中包括《综合应急预案编制指南》，可作为企业应急预案评审的依据；《危险化学品事故应急预案评审准则》，由 16 个联邦机构联合制定，以指导各州和地方政府评审应急预案。

此外，美国联邦政府还制定了州应急能力评估方法，开展全国性的应急能力评估工作。16 个联邦机构还联合制定了一些指导应急演习策划与组织实施工作的文件，比如《危险化学品事故应急演习方案》等，以指导各州和地方政府设计演习情景和演习方案。

五、新南威尔士法

（1）任何人不得用恐吓或其他方式或疏忽或有意地妨碍、阻挠或试图妨碍、阻挠：①给予或接受对工作人员的疾病或伤害的救援；②为阻止或避免对工作人员的健康或安全的严重危害而采取某种措施或做某项工作。

（2）在工作场所的任何人不得拒绝任何合理的要求：①协助给予或接受对该工作场所工作人员的疾病或伤害的救援。②协助为阻止或避免对该工作场所工作人员的健康或安全的严重危害而采取某种措施或做某项工作。③对触犯本条的任何诉讼，除非违反该规定的人员证明其有合理的借口或合法的权力违反该规定，否则应视为抗辩。

六、南非法

向监察员报告事故：
每起工作中的事故，或者由工人行为引起，或者由机器设备的使用引起。

如果造成以下后果，则雇主或该机器设备的相关使用者应在法定的期限内以法定的方式报告给监察员：（1）引起任何人死亡、失去知觉，或遭受肢残或部分肢残，或一定程度的受伤或致病以至他有可能死亡或留下终身缺陷，或者可能丧失至少 14 天工作能力；（2）发生重大事故；（3）任何人的健康和安全受到危害并且危险物质溢出，任何不可控的高压物质泄漏，机器及其任何部分断裂或失效导致物体飞起、脱落或不可控的移动，机器失控。

如果发生事故导致人员死亡，或者受伤到有可能死亡或遭受肢残或部分肢残，未经监察员准许，任何人不得破坏事故现场或移动任何相关物品，除非是为了防止发生新事故、运出死伤人员或营救人员需要。

本条不适用于：（1）公共道路交通事故；（2）报告给南非警方的发生在私人场所的事故；（3）依照《航空法》进行调查的事故。南非警察如果收到本条事故报告，应当及时通知相关监察员。

向首席监察员报告职业病：

如果执业医生检查、治疗的疾病属于《劳工补偿法》中描述的疾病，或医生认为该病系由其职业所致时，他应当在指定的期限内以指定的方式将情况报告给雇主和首席监察员，同时告知该当事人。

七、德国法 ❶

1. 应急管理法律法规

德国在应急管理方面具有健全的法律法规。1997 年修订颁布了《德国民事保护法》，2002 年 12 月 6 日，联邦政府各州内政部长和参议员常设会议通过了《德国民事保护新战略》(A New Strategy for Protecting the Population)。在单行法律方面有《德国交通保障法》《德国铁路保障法》《德国食品保障法》《德国灾难救助法》等。此外，联邦政府还出台了一些预防立法，如《德国食品预防法》《德国电信预防法》《德国能源预防法》等。

与此同时，德国各州都有完备的关于民事保护和灾难救助的法律设置，如《德国黑森州救护法》《德国黑森州公共秩序和安全法》《德国黑森州消防法》《德国巴伐利亚州灾难防护法》等。这些法律法规对紧急状态下政府的管理权限、应急处置措施和程序、政府责任、公民权利和义务等方面都有明确

---

❶ 参阅陈丽. 德国应急管理的体制、特点及启示 [J]. 西藏发展论坛，2010（1）.

的法律界定，为政府实施应急处置提供了具有可操作性的法律依据，同时可以起到限制滥用行政权力的作用。

2. 德国政府的应急救援和管理机构及职责

从纵向上看：德国在传统上把应对突发事件分为两个层次：联邦政府主要负责战争状态下的民事保护，16 个州政府负责和平时期的灾难救助工作。

原联邦德国的应急立法强调州政府为主和民众自我保护的基础地位。比如，1997 年修订颁布的《德国民事保护法 》第 1 条就明确指出，"官方的措施是补充平民的自我保护"，体现出责任政府的有限性。同时，德国各州都有完备的民事保护和灾难救助法律设置，如《德国黑森州救护法》《德国黑森州公共秩序和安全法》《德国巴伐利亚州灾难防护法》等。但这种状况在 2001 年美国"9·11"事件和 2002 年德国"易北河洪灾"之后被打破。2002 年，德国联邦政府与各州政府合作对全国的民防（Civil Defence）和灾难防护（Disaster Protection）进行了深入评估，发现联邦和各州存在协调方面的问题。

为进一步加强灾难救助工作，2002 年 12 月，联邦政府各州内政部长和参议员常设会议通过了《德国民事保护新战略》（相当于我国的国家总体应急预案），要求联邦政府与州政府进行更有效的协调，负责处理突发的全国性的重大灾害和紧急情况。 在此基础上，2004 年 5 月，联邦政府在其内政部下设联邦民事保护与灾难救助局（简称联邦公民保护局，BBK），作为中央一级负责民事保护、优先统筹所有相关任务及信息的机构，协调联邦政府各部门以及与各州政府之间的合作，主要负责自然灾害、事故灾难、传染病疫情等重大灾害的综合协调管理。

德国实行以州为主、属地管理的应急救援和管理体制，因此，各州政府是应急管理的主体。突发事件发生后，以州最高行政长官或内政部长为核心的应急指挥小组紧急启动，有关部门以及专家参与决策指挥，统一调动政府以及全社会的力量。16 个州由州内政部统筹负责，主要应急机构有消防队、警察局、刑侦局、技术救援协会、事故医院等相关部门以及各种志愿者救援组织（如红十字会、教会机构、德国沙玛丽工作协会、水上救援协会以及工会组织等）。

3. 应急救援队伍及职责

从横向来看，以消防等专业力量为骨干、社会组织为侧翼、志愿者队伍为支撑的各种应急力量协同配合，参与紧急救援的有主要有四支队伍。

一是消防中心。德国各州消防队以其技术、装备和数量优势，成为各类突发事件应急救援的中坚骨干力量。与我国相比，德国消防队的职责更宽更多，救火只占消防工作的 12%，而且承担一切灾难事故如水灾、地震、车祸的抢救工作；不仅负责灾难时的就地抢险和伤病员的运送，还要担负起突发的疾病、重病员的急救运输工作；不仅承担着现场救援的重任，还扮演现场指挥的角色，开展宣传和培训也是他们的一项重要职责。德国消防队又分为职业、志愿和企业三种类型。

二是技术救援协会（THW）。该机构的主要任务是：在救灾需要专业知识及大量技术装备时，依靠其所拥有的技术和人员的专业知识与技能，从危险环境中拯救人和动物的生命，抢救各种重要的物品，以尽可能减少灾害所造成的损失。具体工作包括：在废墟中寻找生命，保障灾区的水、电供应，以及各种必需物资的运输、供应等。

三是 ADAC（德国汽车俱乐部）。ADAC 是一个大型企业协会，有近 3000 万的会员，早期主要承担会员出现车祸后的救援工作，尤其是在高速公路上的救援。近年来 ADAC 与政府签订了合同，参与德国全境的直升机救援活动。作为一种全社会的公益事业，ADAC 参与救护运输，不从单纯的经济效益出发，而是一种慈善事业。他们每年拿出 3000 多万欧元用于救援工作，救助民众，回报社会。

四是事故医院。德国共有 35 家大型公立事故医院，主要任务是派驻医生参与消防中心和技术救援协会的现场急救工作，并承担伤病员的急救和治疗康复。35 家事故医院都设有直升机的停机坪。

4. 现代化的应急信息系统及时准确地收集、分析和发布相关应急信息

德国利用计算机系统、数据库系统、地理信息系统、卫星定位系统、遥感系统和视频系统建立起了信息共享、反应灵敏的现代化应急信息系统。如德国灾害预防信息系统，这是一个开放的互联网平台，目前有 22000 多个链接。主要包括两方面：

一是德国危机预防信息系统 I（deNIS I），集中了互联网上所有可以找到的危机预防措施信息，集中向公众提供各种危机情况下如何采取防护措施的信息，面向全社会开放。

二是德国危机预防信息系统 II（deNIS II），主要是建立民事保护和灾难防护领域的内部信息网络，来支持非同寻常的危险和损失发生时进行迅速的信息分析。德国的卫星预警系统于 2001 年 10 月 15 日建立，政府发出的预警通过卫星，可以在几秒钟内通过公立和私人的电台传遍全国。与此同时，也

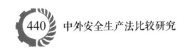

可通过互联网、移动电话等方式向民众发出预警报告。

目前，德国在危机管理中正致力于利用现代科学技术研发风险图，对人、动物、自然生活基础、生活必需设备设施、文化财产等进行详细的风险分析。在现代化的风险图上，可以清楚地看到风险分布的大小、高低和地区分布，对危机预防与控制的作用十分重大。

5. 常规化的危机管理

德国非常重视危机管理培训。其基本观点是，危机的特点决定了危机管理很难积累经验，唯有通过培训和演练才能建立和平与危机应对和管理的组织指挥才能、技术救援能力和组织协调能力。在德国，负责危机管理培训的主要有两个学院：一是危机管理、应急规划和民事保护学院（AKNZ），二是技术救援学院。其中，AKNZ 主要负责培训危机管理者的指挥能力和组织协调能力，培训对象包括联邦议会代表，联邦 / 州政府部门的国务秘书 / 部长，联邦州长、县长，大城市市长、联邦军队领导阶层、警政单位领导阶层、重要基础设施企业的高层管理人员等，每年约 8000 人次参加培训。技术救援学院侧重于危机管理中具体的执行能力的培训，其培训对象主要是各级技术救援指挥中心的消防部门的领导和技术救援中心的领导。此外，该学院还负责在周末（节假日）对志愿者进行培训和演练。

值得一提的是德国开展了广泛的公民教育和培训。在明确政府职责的基础上，德国强调公民自身能力的培养。政府部门与救援组织合作，对公众开展自我保护知识的培训，如在中小学普遍设置相关教学内容，向公民发放《突发事件预防手册》等。

6. 社会化、专业化的应急组织系统

德国特别重视应急管理工作的社会化，社会力量极大地弥补了政府能力的不足。它的应急组织系统充分发挥社会、民间的力量，从而形成一个全社会的应急管理网络。德国的国家灾难管理系统由警方、消防部门、紧急医疗救助中心、军队（包括 55 个空军救援基地）、100 多个民间志愿者组织等部门组成，而承担具体救援和工作任务的主要是 170 万志愿者。

德国是建立专业化救援队伍较早的国家。全国除约 6 万人专门从事救援工作外，还有约 150 万消防救护和医疗救护、技术救援志愿人员。这支庞大的灾害救援队伍均接受过一定专业技术训练，并按地区组成抢救队、消防队、维修队、卫生队、空中救护队。在这些专业化的救援队伍中，消防队承担了危机救治的大部分任务，是应急救援的核心力量。

7. 发达的志愿者体系

德国的灾难救助是建立在志愿者体系之上的，志愿者在应急管理中发挥着主力军作用。德国志愿者人数超过170万，超过了德国人口的2%，超过德国劳动能力人口的50%左右。德国的技术救援和心理干预等灾难救助几乎是依靠志愿者体系来完成的。德国政府主要通过立法、人员培训、设备支出以及公民文化的培育来保障和发展志愿者体系。如德国《兵役法》规定，6年的志愿者工作可以免除9个月的兵役服务。相关法律规定，上班期间，雇主有义务让志愿者提供社会服务并付给工资，雇主事后可从联邦财政部门获得为志愿者支付的工资补偿等。同时，联邦政府还向志愿者提供设备和人员培训，以保障志愿者的应急救援能力。各类志愿者队伍所需工作经费绝大部分由政府投入，同时也接受慈善捐赠作为补充。如北莱茵州志愿者队伍教育培训和参加救援的费用，联邦和州政府各负担1/3，其余1/3来自救援组织接收的捐赠。志愿者平时都有自己的工作，在发生险情时只要接到通知，两小时内就可迅速赶到集中地集结出发，成为应急救援体系中的主力军。目前，德国每个救援工作小组均有后备力量，每个地区都有后备人员。

8. 重人文关怀、心理救治的善后处理

德国在善后处理中非常重视心理干预。如联邦建立了对海外事故或恐怖袭击的灾害牺牲者、家属进行帮助和事后救助的协调机构（NOAH），进行专门的危机心理护理。此外，早在2002年初，危机心理预防就成为民事保护的重要任务，BBK下属的突发事件社会心理学辅导办公室负责灾害中心理压力及其克服的研究、对救援人员心理干预方法的研究及验证、救援当中的卫生健康研究、不同救援类型和不同文化背景下最有效的心理干预等。AKNZ负责心理干预与治疗方面的培训，具体内容涉及什么是心理干预、个人或组织在灾害中怎样进行压力管理、在救援中后期或长期的心理治疗、救援人员在大型救援后长期的心理问题、生化核情况下的心理治疗及干预等。心理干预的对象既广泛又明确，不仅仅包括我们一般认为的幸存者和家属，还包括亲属、目击者、耳证者以及经常被我们忽略的救援人员。

八、日本法

日本安全生产应急管理与自然灾害应急管理是一体的，与中国类似（中国有《突发事件应对法》）。日本在长期与灾难的斗争中，应急管理特别是

防灾减灾方面的法律法规健全，体制完善，机制顺畅，宣传到位，保障有力，预防和处置各类突发事件的成效显著，已形成了一套较为完善的综合性防灾减灾对策机制。

1. 应急管理法律体系

面对各种灾害特别是自然灾害的严峻挑战，日本高度重视防灾、减灾工作，经过不断总结完善，形成了特色鲜明、成效显著的应急管理体系。在预防和应对灾害方面，日本坚持"立法先行"，建立了完善的应急管理法律体系，共制定应急管理法律法规 227 部，主要有《日本灾害救助法》《日本灾害对策基本法》等。

《日本灾害对策基本法》对防灾理念与目的、防灾组织体系、防灾规划、灾害预防、灾害应急对策、灾后修复、财政金融措施、灾害紧急事态等事项作了明确规定，是日本的防灾抗灾的根本大法。各都、道、府、县都制定了《日本防灾对策基本条例》等地方性法规。

一系列法律法规的颁布实施，显著提高了日本依法应对各种灾害的水平。为了确保法律实施到位，日本要求各级政府针对制订具体的防灾计划（预案）、防灾基本计划、防灾业务计划和地域防灾计划，细化上下级政府、政府各部门、社会团体和公民的防灾职责与任务，明确相互之间的运行机制，并定期进行训练，不断修订完善，有效增强了应急计划的针对性和可操作性。

2. 应急管理体制

日本建立了中央政府、都道府县政府、市町村政府分级负责，以市町村为主体，消防、国土、交通等有关部门分类管理、密切配合，防灾局综合协调的应急管理组织体制。国家设立"中央防灾委员会"，负责制定全国的防灾基本规划、相关政策和指导方针，由内阁官房负责协调、联络。防灾委员会主席是首相，成员包括国家公安委员会委员长、相关部门大臣，公共机构，如红十字会、NTT 电信公司、电台、广播电台和研究行业的有关学者。当发生较大规模的灾害时，中央政府成立"非常灾害对策本部"。当发生特大灾害时，中央政府成立"紧急灾害对策本部"，由首相担任本部长。都道府县设有防灾局（下设危机管理课），负责制订地方防灾计划，综合协调辖区防灾工作。辖区内发生较大规模灾害时设置"灾害对策本部"，由知事任本部长。各市町村也有相应机构，负责实施中央和地方政府的防灾计划，是应对灾害的主体。一般情况下，上一级政府主要向下一级政府提供工作指导、技术与资金等支持，不直接参与管理。当发生自然灾害等突发事件时，成立由政府一把手为总指挥的"灾害对策本部",组织指挥本辖区的力量进行应急处置。除地震外,上一级政府通常根据下一级政府申请予以救援。

3. 巨灾应急机制

日本政府通过《日本大规模灾害时消防及自卫队相互协助的协议》等一系列法律法规,建立了跨区域协作机制,消防、警察和自卫队应急救援机制,强化了中央和地方、部门与部门之间统一指挥、分工合作的力度。发生巨灾时,为提高运转效率,首相设置非常灾害对策本部,统一调度指挥。

一是建立跨区域防救灾机制。阪神大地震前,只有18个道府县、586个市町村签订了72小时相互援助协议;阪神大地震后,已有47个道府县、2000多个市町村签订了72小时相互援助协议,日本联合防救灾形式已深入基层组织。

二是基本确立消防、警察和自卫队合作机制。首先,互相提供灾害情报,开展日常协作演习。其次,灾区附近的警察厅和消防厅,设置专门的联络人员,协调灾区附近的机构以及灾害现场工作。

三是自卫队承担警察部队和消防援助队空运任务,警察确保道路畅通。如警察不在现场时,自卫队、消防队员可替代警察行使此权。上述对策措施具有很强的可行性。政府反应迅速、应对有力,充分显示了其行政组织应急管理的能力。

4. 公众防灾避灾意识强,自救互救能力高

日本十分重视应急科普宣教工作,通过各种形式向公众宣传防灾避灾知识,增强公众的危机意识,提高自护能力,减少灾害带来的生命财产损失。日本将每年的9月1日定为"防灾日",8月30日到9月5日为"防灾训练周"。在此期间,通过组织综合防灾演练、图片展览、媒体宣传、标语、讲演会、模拟体验等多种方式进行应急宣传普及活动。同时,将每年的1月17日定为"防灾志愿活动日",1月15日至21日定为"防灾及防灾志愿活动周"。鼓励公众积极参加防灾训练,掌握正确的防灾避灾方法,提高自救、互救能力。

政府部门及社会团体根据本地区有可能出现的灾害类型,编写形式多样、通俗易懂、多国语言的应急宣传手册,免费向公众发放,普及防灾避灾常识。同时,社区积极组织居民制作本地区防灾地图。通过灾害分析、实地调查、意见收集、编写样本、集体讨论、印刷发放等环节,使居民了解本地区可能发生的灾害类型,灾害的危害性,避难场所的位置,正确的撤离路线,真正

做到灾害来临时沉着有效应对。日本将防灾教育内容列入国民中小学生教育课程，通过理论授课、观看影片、参观消防学校、参加应急训练等方式宣传应急知识，增强应急意识，培养应急能力。同时，教育部规定学校每个学期都要进行防灾演习。公众通过体验，感受不同类型、不同程度的灾害，增强防灾意识，通过实践，掌握基本的自救、互救技能。

5. 应急设施齐备，应急保障能力强

一是建立了专职和兼职相结合的应急队伍。专职应急救援队伍主要有警察、消防署员、陆上自卫队。兼职队伍主要是消防团成员。消防团成员由公民自愿参加，政府审查后，定期组织他们到消防学校接受培训，发给资质证，并提供必要的设施和装备。他们平时工作，急时应急，属于应急救援志愿者。消防团成员人数较多，是本地区防灾和互助的骨干力量。日本企业消防队员由企业组建，保护企业的自身安全，紧急情况下，也接受政府的调遣。

二是应急设施齐备。充分利用中小学牢固的体育馆、教室和空旷的操场、公园等，建设了众多的应急避难场所，并在街道旁设置统一、易识别的"避难场所指示标志"，便于指引公众迅速、准确地到达应急避难场所。日本的酒店、商场、机场、地铁站等公共场所都有明确的避难线路图，在线路图中清楚地标明目前所处的位置，消防器材、避难器具的位置及避难线路。所有建筑物的消防通道都标有红色倒三角，一旦发生火灾，消防员即可以迅速由通道进入楼内解救被困人员。防灾公园内有消防直升机停机坪、医疗站、防震性水池和防灾用品贮备，并架设电信通信设施，确保出现危机时有效发挥防灾功能。

三是应急物资种类多、数量足、质量高。日本建立了应急物资储备和定期轮换制度，各级政府和地方公共团体要预先设计好救灾物资的储备点，建立储备库和调配机制。其中主要食品、饮用水的保质期是五年，一般在第四年的时候更换，更换下来的食品用于各种防灾演习。同时，日本大力开发防震抗灾用品。根据不同的用途和需要，日本现已研制出各种防震抗灾用品。每次综合防灾训练时，组织部门会邀请防灾用品生产企业参加，既调动了企业投身应急管理事业的积极性，又向公众推广了防灾用品。由于防灾用品产业的快速发展及公众防灾意识的增强，日本基本上家家都储备有防灾应急用品和自救用具。

6. 预测、预警和应急通信系统完善发达

日本依托大专院校、科研院所建立危机管理研究所，对危机管理、健康危机管理、灾害数据研究、防灾救助等多方面课题进行研究，并将研究成果运用于应急管理工作之中。利用先进的监测预警技术系统，实时跟踪、监测天气、地质、海洋、交通等变化。减灾部门日常大量的工作就是记录、分析重大灾害有可能发生的时间、地点、频率，研究制订预防灾害的计划，定期组织专家及有关人员对灾难形势进行分析，向政府提供防灾减灾建议。日本科学家在水下 2000 米的海槽上安装检测仪器，通过人造卫星的全球定位系统来密切监视海底地壳板块的活动。积极研究建立全民危机警报系统，当地震、海啸等自然灾害以及其他各种突发事件发生时，日本政府有关方面可以不用通过各级地方政府，而是直接利用"全民危机警报系统"向国民发出警报。

日本各地都建立了都道府县的紧急防灾对策本部指挥中心。指挥中心设有计算机控制的大屏幕显示器，通过网络对所属地区和城市进行监控。指挥中心内还设有政府和商业电视台以及警察总部的直升机的监控画面。发生灾害后，各地政府首脑（知事）和紧急防灾对策本部的所有成员将在指挥中心进行救灾指挥，使灾害紧急处置实现高效化。

由于都道府县所属地区都建立了计算机骨干网络，使紧急防灾对策本部的信息中心，通过网络与所属的市町村和警察局、自卫队、水电煤气、道路等管理部门连接在一起，以保证信息的通畅和救灾行动的实施。日本的防灾信息网络系统十分严密。它们除了运用计算机网络连接外，还用有线专用线连接以备用。如果以上线路都发生问题时，则利用卫星监控的 GPS 定位系统来指挥救灾，力争做到万无一失。日本政府建立起覆盖全国、功能完善、技术先进的防灾通信网络。此外，还建立起各种专业类型的通信网，包括防水通信网、紧急联络通信网、警用通信网、防卫用通信网、海上保安用通信网以及气象用通信网等。

分析与结论：

借鉴外国应急管理经验，提高我国应急管理水平，需做好以下几方面工作：一是将应急管理纳入法制化轨道，加快危机管理立法；二是强化危机意识，加大应急管理的培训力度；三是整合社会力量，构筑政府与社会共治危机模式；四是完善相关政策，注重灾难处置中的市场化力量；五是重视人文关怀，开展危机后心理干预方面的研究；六是借助科技设备打造现代化的应急指挥中心及信息平台。

中国法还应从外国法中取得如下经验：

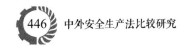

1．国际法责任、义务及其经验、启示

应要求雇主在必要时采取应对紧急情况和事故的措施，包括急救安排。中国法贯彻了国际法这一原则要求。注意一个区别：国际法叫事故，中国法叫生产安全事故。

2．新南威尔士法经验和启示

（1）所有人的义务。不得用恐吓或其他方式或疏忽或有意地妨碍、阻挠或试图妨碍、阻挠给予或接受对工作人员的疾病或伤害的救援；不得为阻止或避免对工作人员的健康或安全的严重危害而采取某种措施或做某项工作。

（2）现场人员义务。在工作场所的任何人不得拒绝协助给予或接受对该工作场所工作人员的疾病或伤害的救援；不得拒绝协助为阻止或避免对该工作场所工作人员的健康或安全的严重危害而采取某种措施或做某项工作；不得拒绝对触犯本条的任何诉讼，除非有抗辩理由。

这比中国法的社会救援义务广泛，中国法应借鉴。

3．南非法经验和启示

（1）向监察员报告事故。事故包括既遂事故和涉险事故，包括受伤事故、死亡事故，包括轻伤事故、重伤事故，包括外伤事故、疾病事故。事故危害的人员包括工人，也包括第三人。所以，南非法规定的事故范围要比中国法全面。警察收到事故报告，应当及时通知相关监察员。这在事故报告中也是应该注意的。

（2）事故现场保护。未经监察员准许，任何人不得破坏事故现场或移动任何相关物品，除非是为了防止发生新事故、运出死伤人员或营救人员需要。

（3）除外适用。公共道路交通事故，报告给南非警方的发生在私人场所的事故，依照《南非航空法》进行调查的事故。可见南非职业安全卫生法是把上列领域排除在外的，这也为中国法调整范围提供了借鉴。

4．日本法经验和启示

日本在预防和处置地震、海啸、交通和火灾等事故方面有着丰富理论和成熟经验。我们应充分借鉴日本的应急管理理念和预测预警、应急救援等方面的经验，推动我国安全生产应急管理工作发展。

此外，我国台湾地区有关规定经验和启示如下：

（1）事业单位救援和报告制度。事业工作场所如发生职业灾害，雇主应即采取必要措施，并报告主管机关及检察机构。雇主应办理职业灾害统计，报请主管机关及检察机构备查。

（2）职业病报告制度。事业单位发现劳工罹患职业疾病或可疑职业病时，应于五日内将经过情形报告检察机构及当地主管机关。

第二节　事故调查处理

一、中国法

1. 生产安全事故责任追究

《安全生产法》第14条规定：国家实行生产安全事故责任追究制度，依照本法和有关法律、法规的规定，追究生产安全事故责任人员的法律责任。

2. 事故调查处理

《安全生产法》第83条规定：事故调查处理应当按照科学严谨、依法依规、实事求是、注重实效的原则，及时、准确地查清事故原因，查明事故性质和责任，总结事故教训，提出整改措施，并对事故责任者提出处理意见。事故调查报告应当依法及时向社会公布。事故调查和处理的具体办法由国务院制定。事故发生单位应当及时全面落实整改措施，负有安全生产监督管理职责的部门应当加强监督检查。

3. 事故的责任追究

《安全生产法》第84条规定：生产经营单位发生生产安全事故，经调查确定为责任事故的，除了应当查明事故单位的责任并依法予以追究外，还应当查明对安全生产的有关事项负有审查批准和监督职责的行政部门的责任，对有失职、渎职行为的，依照本法第87条的规定追究法律责任。

4. 排除事故调查处理的阻挠干涉

《安全生产法》第85条规定：任何单位和个人不得阻挠和干涉对事故的依法调查处理。

台湾地区有关规定：

（1）事业单位于发生灾害后，除采取前项必需措施外，应由检查机构或主管机关派员检查。非经检查人员许可不得移动或破坏现场。

（2）主管机关或检查机构应于灾害检查后十日内将职业灾害检查报告书报经当局主管部门核定。

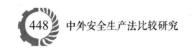

二、英国法

（一）事故分级

1974 年《职业安全与健康法》将事故分为两个等级：（1）致死性事故：指危及人身，造成一人及其以上死亡的事故；（2）非致死性伤害事故：指人身受到轻微伤害，三天以上缺勤的事故。❶

（二）事故报告

雇主或工作监察员应向 HSE 报告事故，通过呼叫 HSE 信息热线，可获得一份向 HSE 报告事故的完整列表。若发生应报告的事故，雇主或工作监察员必须填写固定表格。事故的报告方式包括：在线、电话、传真、电子邮件或邮寄。

凡是第二类和第三类事故，都要向 HSE 地区局报告，HSE 地区局要把重大事故报告至 HSE 总部。对于重大事故，HSE 的政策是有效地作出响应。

英国 HSE 相关部门在接到事故上报信息后，会在 1 个小时内将事故信息提交到 HSE 秘书处或各处室秘书处。各处室负责人，在接到事故上报后 1 个小时内，要向 HSE 执行官提供相关方面信息。

HSE 的部门负责人会对接到的事故上报信息，进行潜在重大事故风险辨识。经辨识后，不存在发生重大事故风险的，则应确保该起事故的调查符合后续事故调查要求，同时通知 HSE 秘书处及相关处室秘书处相关事故信息。若经辨识，可能发生重大事故时，则应向各处室通报事故及其告知重要性，并与 HSE 秘书处、各处室秘书处确认。

HSE 秘书处在接到潜在重大事故报告后，会按照以下程序，立即开展信息通报工作：通知一名 HSE 执行官；通知 HSE 新闻办公室；通知相关部门负责人员；若事故持续到非工作日时间，要向 HSE 值班官员简要介绍事故情况。

各处室负责人要向 HSE 执行官提供以下相关方面信息：事故可能造成的影响；根据同类事故提出的事故后续发展情况；承担的法律责任；向相关部门移交事故调查工作。

HSE 执行官在接到事故的初步信息后，会进行以下几项工作：与各处室

❶ 参阅中国安全生产科学研究院课题报告.中欧事故报告和事故调查处理方法比较研究［R］.2015.

负责人、HSE 法律顾问、HSC 主席、HSC 相关部长协商事故信息；决定是否将该起事故定级为重大事故；若定为重大事故，需要进一步确认应该调配的应急资源，并通知 HSE 秘书处。

HSE 秘书处在接到执行官的报告后，发布相关的决策信息：通知 HSE 新闻办公室及其他相关人员；将接收到的事故信息记录在《事故联系日志》上；获取事故最新信息；如果事故持续到非工作日时间，确保值班官员充分了解事故情况，并掌握需要采取的相关应急措施；按照既定时间向执行局提供事故简报；若事故不能立即确认为重大事故时，要通知各处室负责人相关决议，便于信息进一步沟通，并通知 HSE 新闻办公室，提供需补充的信息及事故简报。

（三）调查和询问的权力

职业健康安全委员会（职业健康安全执行局）具有事故调查和询问的权力。

（1）任何事故、偶发事件、情况和其他委员会认为有必要调查的事情，进行检查是为了实现本法令的总目的或为这些目的而制定的条例，并且在必要和方便时，立即进行。

（2）委员会可以在任何时候指示执行局或授权任何其他人对适用的任何事件进行调查，并要求提出特别报告；经大臣同意后对任何此类事件的询问进行指导。

（3）询问应公开进行。

（4）授权某人进行此类询问，并派人协助他的工作；赋予他进入单位和检查的权力；赋予此类人员以传唤证人作证或写出证词的权力，以及有权要求证人宣誓而取证，要求某人宣誓或提供书面陈述。

（5）提出一份特别报告或由某人在询问后提出一份报告后，该委员会在认为适当的时候可以以适当的方式予以公开发表。

（6）委员会进行调查和提出一份特别报告（执行局的官员和公务人员除外）的情况下，委员会经大臣征得文官事务大臣同意后作出决定，向进行调查和提出调查报告的人员支付报酬金；进行询问的情况下，委员会经大臣征得文官事务大臣的同意作出决定后，可以向从事询问工作的人员以及经任命协助他工作的法律顾问支付报酬金和费用，向出席询问作证的人员支付费用；在大臣作出决定的情况下，可以为任何此类调查和特别报告或询问工作支付其他费用。

（7）对任何事件进行调查时，如果此事件已造成人员死亡，除非根据1895年致命事故询问法，否则不得进行询问。

（四）调查组

在事故发生后，职业健康安全执行局向事故现场派遣监察员。派遣监察员时要注意：告知监察员事故调查要达到的目标，以及事故信息报告安排；其他相关人员预计到达时间；若发生死亡事故，还需要通知验尸官、检察官，并提醒其将死亡原因尽快通知HSE相关部门。

指定一名事故调查主管，除指定的事故调查主管外，还需要选出一名事故调查组组长，来负责事故调查具体实施工作。此外，事故现场还需要指派一名联络官，负责事故调查中各方联络问题。

（五）调查程序

1. 制定调查方案

根据英国HSE相关规定，组建事故调查组后，事故调查组的事故调查主管需要与HSE执行官商议确定事故调查的范围、依据、程序等，并与调查组组长商议确定事故调查目标、依据和程序。组长应与事故调查主管沟通后制订调查计划，考虑采取哪些事故分析方法。

2. 保护现场

根据英国HSE事故调查程序，事故调查组应在确保现场所有人员健康和安全的前提下，监督消防、应急和警方在清理和恢复现场时不得破坏现场证据。

3. 开展调查

监察员开展事故调查的程序是：（1）进行研究和调查；（2）为进行调查而要求疏散工作场所的人员；（3）测量和拍照；（4）对工作场所发现的物质进行取样，或者进行大气取样；（5）扣留任何潜在危害健康和安全的物质或物品；（6）扣留物品并采取必要的措施，以确保其拆卸和检测；（7）要求掌握相关信息的人员回答质询并签署证言声明；（8）请求起草相关法律要求的文档，或者监察员需要检查的其他文档；（9）扣留并移除任何易于造成直接威胁或引起严重伤害的物品；（10）规定各种用于改善的禁令和行动；（11）对各组织的人员提起法律诉讼。

4. 调查方法

事故调查就是要查明事故的基本原因、促成原因和直接原因，并找出可防止未来发生类似事件的适当措施。因此，事故调查是组织学习进步的基本要素，是显著和持续改善安全状况的必要条件。将事故原因分为五类，包括任务、材料、环境、人员和管理。即使非常简单的事故中，也极少只有一类事故原因。通常事故发生是因为大量的安全屏障同时失效，而安全屏障遭到损坏时，事故后果可能更为严重。因此，事故调查需要从这五类原因入手，寻求事故的根本原因。

（1）确定调查任务。事故调查人员调查事故发生时采用的实际生产流程时，将提出一系列的问题，并找到一些问题的答案。比如，是否采用了安全生产规程？情况是否发生变化，从而导致正常规程不再安全？是否提供了适当的工具和材料？是否使用了这些工具和材料？安全设施是否正常工作？是否在必要时封锁了工厂？监察员对于上述大多数问题，会追问另一个问题：如果不，为什么不？

（2）寻找材料。为找出所用设备和材料方面的原因，调查人员可询问以下问题：所有材料是否符合相关的产品规范，CE标记？是否存在设备故障？引起故障的原因？机器设备是否存在设计缺陷？是否使用了危险物质？这些危险物质是否有清晰的标识？是否能使用不太危险的替代物质，是否提供了此类替代物质？是否应使用个人防护设备（PPE）？每当回答揭示出了一项不安全因素时，调查人员必须追问：为什么允许这种情况存在？

（3）查明环境因素。监察员需要查明实际环境以及该环境发生的突然变化，重要的是事故发生时的状况，而非"正常"状态是什么。例如，事故调查者可能需要了解：天气状况如何？较差的现场管理是否构成了故障？天气太热还是太冷？噪声是否构成了故障？光线是否适当？是否存在有毒或有害气体、灰尘或烟雾？

（4）查明事关人员情况。监察员必须调查事件直接参与人员的身体和精神状态。事故调查的目的不是要责难某人，但如果不考虑个人特征，调查就不完善。有些因素可能保持基本不变，但有些因素可能每天都在变化。因此，监察员要寻找问题的答案：工作人员是否有所从事工作的资质和经验？其身体条件是否能完成该工作？其健康状况如何？他们的身体是否疲惫？他们是否有压力（工作压力或个人压力）？

（5）查明企业安全管理情况。企业的管理人员对工作场所的安全承担法律责任，因此在事故调查中必须考虑监督员和更高级管理人员的职责以及管理制度的作用和有无。管理制度失效往往是造成事故的直接或间接原因。监察员必须要询问以下问题：是否进行了适当的风险评估，其中是否对该危险情况作出了评估？是否落实了所有必要的预防措施？是否提供了所有必要的个人防护设备？是否将安全规则告知了所有雇员，雇员是否理解了安全规则？是否提供了书面规程和说明？是否有适当的监督？是否对工作人员进行了工作培训和指导？不安全状况是否被纠正？是否对设备进行了定期维护？是否定期进行安全检查？是否采取了适当的应急措施？

该事故调查模型为发现所有造成事故可能的原因提供了指南，并降低了孤立审视各项事实的可能性。一些调查人员可能喜欢将一些范例问题归为不同的类型，然而，只要询问了每一相关问题，分类并不重要。显然，各类型问题之间有很大部分的重叠，这反映了现实情况。

以上范例问题不构成一份完整的检查表，仅为示例。

有些监察署和监察员更喜欢使用标准化的检查表或规定格式，这在某些情况下可能有用。但在实际事故调查过程中，来自受害者、证人和管理层代表的信息并不一定遵循某一逻辑顺序。监察员在开始事故调查时不应有思想限制，应不断地提问，如"为什么会发生这种情况""谁是负责人""为预防此类事件或后果而可能采取哪些措施""为什么未采取这些措施"等。监察员的专业化可以是一条问题线索。

5. 调查期限

一般不设定事故调查完成的时间限制。政府给予监察员充分的时间来寻求事故发生的根本原因。

6. 责任追究和诉讼

生产安全事故的责任分为民事责任和刑事责任（英国没有行政责任）。强调雇主的责任，因此监察员对雇主造成的过失不承担任何责任。只有当监察员在日常监察企业时，发现了某种不安全状态，且监察员接受了该状态之后出现了不安全迹象，雇主可在法律程序中声称其当时认为符合法律规定。这可能会影响裁决。

对于监察员的责任，只有在发生腐败或欺诈等特殊情况下才能追究、惩罚该监察员。通常事故的责任追究是针对企业、雇主以及行为责任人，通过对他们执行行政罚款、刑事和民事诉讼来追究责任。

通过事故调查，监察员对公司或企业的调查结果可能是：行政罚款；针对工作场所实际缺陷的改进通知书，以及管理制度的改进通知书；停止活动；撤回公司许可，或在许可中提出额外要求；相关各方之间还可能发生民事诉讼，在此类诉讼中，法官只能做出债权裁定，执行局不积极参与此类法律流程。

保险公司有时会要求执行局出示某些文件，或者要求监察员作证。

如果事故进入诉讼程序，法官将通过以下问题明确事故原因和责任：是否向雇员发出了指示？指示是否被理解？指示规则是否在公司内部有效？是否进行过风险评估？风险评估后工作条件是否发生了变化？是否进行过新的风险评估？培训／指导的负责人是谁？谁负责采取适当的风险／危害／危险防护措施？上级是否履行了监督义务？

7. 事故责任

（1）民事责任。民事诉讼通常包括过失和（或）违反法定责任。在民事诉讼中，原告要求被告对自己做出一项或多项赔偿。在大多数案件中，赔偿均以赔偿金形式出现，也就是财务的补偿。在相当一部分案件中，原告都会同意庭外和解。

因此，民事责任是指可以由民事法庭，如地方法院、最高法院、上诉法院（民庭）或议会上议院判决"处罚"。其中包括因工作场所的伤害、疾病和（或）死亡而产生的赔偿判决。法院将根据安全卫生法律来处罚违法者。不封顶罚金和监禁只能由高等法院来判决。HSC 将继续加强法院对违反安全卫生法规的案件的重视程度，并鼓励他们充分使用手中的权力。

（2）刑事责任。犯罪就是对国家犯下的罪责。刑事责任是指成文法（主要是 1974 年《职业安全与健康法》等法令）和条例规定项下的责任和义务，由刑事法庭裁决，处罚以罚款和监禁为主。刑法的基础是执行判决的制度。刑法的法律条款由国家执法部门执行，如公安机关、健康与安全执行委员会、地方当局和消防管理机构。

一旦企业违反法规而导致工伤事故，执法当局需要判断故意杀人罪名是否成立。英格兰和威尔士的执法当局与警察当局建立了联系。如果发现故意杀人罪名证据确凿，则执法当局将事故案件移交警察当局。如果警察当局决定不再以故意杀人罪起诉，则执法当局应以安全卫生事故案件起诉或建议起诉。

8. 事故调查费用

通常情况，政府承担整个生产安全事故调查过程中发生的费用，包括人员福利、差旅、食宿以及专家聘请费用等。

9. 事故调查报告

事故调查后，由事故调查主管向执行局提交一份有关事故调查所有已知

事实及 HSE 接到事故上报后采取的应急措施的事故调查报告。

报告由调查组长编写，初稿应提交至调查委员会。事故调查主管先咨询报告初稿的合理性等相关事宜，并就各项提议进行磋商，确定事故调查报告终稿，并提交至 HSE。

事故调查报告的内容包括：发生事故的描述、发生事故类型的相关信息、事故调查的流程及内容、发生事故场所的具体分析、具体事故原因分析、HSE 相关法律法规分析等。

调查报告对事故原因的技术分析极为细致，并且提出各项实施对策建议。这是值得中国事故调查人员学习的。

三、南非法

1. 调查

（1）如果工作场所或与工作有关的事故已经导致了人身伤病或死亡，或者监察员认为有可能导致人身伤病或死亡，则监察员有权对该事故情况进行调查，以决定是否有必要启动正式调查。（2）调查完毕后，监察员应当把收集到的相关文件、信息、资料，连同制作的调查报告，一并上报给有属地管辖权的检察长和首席监察员。（3）检察长收到报告材料后，应当依据《南非审查法》或《刑事诉讼法》的规定，依法处理。（4）监察员在上述报告中的任何言辞都不得成为监察员承担民事责任的理由。

2. 正式调查

（1）首席监察员可以或必须指派一名监察员对于已经或可能造成人身伤病死亡的工作事故进行正式调查。（2）为了进行正式调查，监察员可以传唤相关人员在指定的时间到达指定的场所，提供证据或其他在监察员看来与调查任务关系密切的必要的书证资料。（3）本来适用于治安法庭刑事审判的法律，可以参照适用证人参加本正式调查的情形，以及证人宣誓与确认制度、证人审查制度、证人报酬制度，以及书证资料提交制度等。（4）调查均应当对公众公开。如果主持监察员认为某人不该参与或者不符合公共利益，他可以把他排除在调查之外。（5）在正式调查程序中，主持监察员可以任命专人收集证据，并审查证人；如果某人与正式调查的内容有利害关系，他可以亲自或委托代表或代理人，在主持监察员的许可下向证人询问。（6）以下人员应当被认定与调查有利害关系：调查的事故导致他受伤或者遭受了损失；被卷入调查的雇主或使用者；在主持监察员看来根据现有证据可以合理地推断可能对调查的事故负有责任的人；相关雇主认可的工会以及上述提及的人所属的工会；发生事故的工作场所的所有权人或者占有人；在主持监察员看来能够证明自己与本调查有利害关系的其他人。（7）如果确有必要，主持监察员可以随时宣布调查中止；中止的调查可以由其他监察员随时恢复，如果再次中止，仍然可以由其他监察员恢复。（8）经主持监察员允许，在事故调查中收到的经宣誓的书面陈述经主持监察员同意可以作为证据使用，主持监察员也可以传唤提供此书面陈述的人参加调查并作出口头陈述，也可以向他发出书面质疑要求他回答，这些质疑书和回复都可以作为证据使用。（9）在调查中，如果主持监察员认为有必要对证人进行审查，并且根据实际情况如果要求证人前来做证会导致不合理的延迟、花费或其他不方便，主持监察员可以任命专员前往该证人处，根据主持监察员的指示核实取证，无论该证人是在国内还是在国外；当事人可以亲自或委托代表或代理人与专员一起前往该证人处核实证言；证据均可作为调查中的证据使用。（10）调查结束时，主持监察员应当制作一份书面报告。（11）调查过程中收集到的证据均应当记录保存，证据复件应当与主持监察员的报告一起提交给首席监察员，如果事故导致有人伤病或死亡，监察员还应当将证据复件和报告同时提交给事故发生地有管辖权的检察长。（12）无论调查是否已经开始，本条所规定的内容都不得被解释为可以用来阻止对某人的刑事指挥，或阻止有关人员签发逮捕令。（13）在收到报告以后，检察长应当处理该报告。（14）主持监察员有权不因其所制作的报告的内容而承担任何民事法律责任。

　　3. 事故调查与司法审查的联合调查

　　（1）本法不影响其他自然原因死亡事故的调查、审查及其后续调查，但事故调查与《南非审查法》规定的司法审查可以联合进行。（2）此种联合调查由司法官主持并适用《南非审查法》，但监察员与司法官应当分别依据本法和《南非审查法》各自制作报告。

　　4. 妨碍调查与审查、妨碍主持监察员及不提供帮助行为

　　任何人均不得：（1）无正当理由不遵守主持监察员依法发出的指令、传唤、要求及命令。（2）对于主持监察员提出的或经其同意他人提出的问题，拒绝或没有尽自己所能地回答，但符合"任何人不得自证其有罪"的场合例外。（3）以任何方式去建议、鼓励、煽动、命令或劝说他人不服从监察员的指示、传唤、要求或命令。（4）在主持监察员要求下，拒绝或不提供调查所

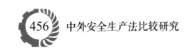

需要的必要帮助。（5）在主持监察员要求下，拒绝或不参加调查。（6）故意袭击主持监察员或其助手，或者故意破坏调查进程。

四、德国法

1．事故报告

德国劳动监察署和事故保险机构要求雇主或雇主的授权人员必须在 3 天内公布所发生的致死性事故或者缺席时间超过 3 天的任何事故；通过固定的通知和记录格式，通知相关事故保险机构的相关部门、国家劳动监察署；致命伤害还要通知警察以及安全专家和职业医师。若有严重事故或致死性事故，雇主应当立即通过电话或传真告知劳动监察署和事故保险机构。

事故通知表为标准格式，包括 28 项内容：企业、被保险人名称、出生日期、性别、地址、国籍、临时工、学徒、自由职业、工资延续时间、健康保险、事故（时间、地点、事故描述）、受伤的身体部位、伤害类型、第一个到场医生的名字、被保险人工作时间的起止时间、事故发生时正在执行的任务 / 工作、从何时开始从事该工作 / 任务、工作所在的企业部门、工作停止（立即、之后、何时）、再次开始工作（是、否，时间）、日期和签名以及报告人名称。

企业将留存该通知表的副本，并将副本发送给企业的工作委员会。企业拥有一个保险号，通知表按照该保险号保存在事故保险机构的数据库系统中。另外，劳动监察署的 IT 系统也将按照企业代码来处理该通知记录。

2．双轨制调查

德国实行国家执行机关和事故保险机构双轨制事故调查制度。两个利益相关者均参与事故调查。德国社会事故保险协会的监察服务部门负责事故调查，已经形成一个统一的伞状组织架构。另外，在德国参加并协助事故调查是公司和企业的法定义务。

3．调查组组成

德国劳动监察署在接到事故上报后，立即组织一支由安全监察员、企业 OSH 专家、工作委员会成员以及警察和必要的外部专家等组成的团队，对事故进行联合记录和调查。

4．事故保险处罚

德国施行双重监察制度，除了政府监察员负责执行法律外，事故保险机构的劳动监察员负责执行事故预防条例。事故预防条例对相关雇主和被保险人具有法律约束力。如果雇主或被保险人故意或者由于重大过失而违反事故预防条例，德国社会事故保险机构可处以最高 1 万欧元的罚款。如果工厂未遵循德国社会事故保险机构在工厂检查期间发布的指令，也会受到同样的处罚。罚款后，还可进一步提出民事或刑事诉讼。

5. 事故调查报告

德国劳动监察员采用标准化的事故调查报告格式。这有利于监察员全面考虑包括技术、人员、组织、社会在内的所有可能因素，并寻找事故的根本原因、所有违规行为以及措施等。

当发生致死性事故时，劳动监察员必须填写一份针对致死事故的专门记录表格，其中包括适用于描述事故根本原因的大量可变因素，且必须将此报告发送到德国联邦职业安全与健康研究所。该信息将经过数据处理后用于致死性事故原因的年度分析中。

保险机构的监察员也会采取与国家劳动监察员相同的做法，但其更注重的是补偿和赔偿内容。另外，发生事故的企业的安全专家也要制作一份事故调查报告，并提交给管理层进行归档。

事故调查报告的内容主要包括：导致事故发生的各种事件的实际顺序、基本原因和促成原因的说明以及后续行动的建议。此类建议应具有针对性，以便调整和改进技术、管理制度。

6. 信息公开

事故调查工作结束并完成事故调查报告后，有关事故调查和处理的信息及报告向公众公开。除了运用其信息平台将事故信息及报告共享外，还会将致命性事故的报告提交于联邦职业安全与健康研究所进行年度事故分析并进行公开。

分析与结论：

中国法规定了事故调查处理的原则、范围和责任追究原则，并要求排除事故调查处理的阻挠干涉。问题：责任事故的赔偿责任没有法定，保险责任与赔偿责任的关系没有明确，安监人员对企业事故心有余悸。

中国法可从外国法中取得如下经验和启示：

1. 英国法经验和启示

英国是健康与安全委员会行使事故调查权。规定：在必要和方便时，立即调查、检查任何事故、偶发事件、情况和其他必要的事情。也可以指示执行局或授权任何其他人对事件进行调查，并要求提出特别报告。这与中国不同。中国是政府组织联合调查。

2．南非法经验和启示

（1）南非调查的事故包括涉险事故，即可能造成人身伤病死亡的工作事故（不叫生产安全事故）。传唤制度也值得引进。治安法庭刑事审判法律可以参照适用于证人参加正式调查，中国法也应强调事故调查对其他法律程序的适用，以增强调查力度。正式调查公开制度同于中国。

（2）事故调查与司法审查的联合调查，但不影响其他自然原因死亡事故的调查、审查及其后续调查。事故调查与《南非审查法》规定的司法审查可以联合进行。联合调查由司法官主持并适用《南非审查法》，但监察员与司法官应当分别依据本法和《南非审查法》各自制作报告。

这种联合调查制度对调查很有利并符合法理，值得中国法学习、借鉴。

（3）证据收集、审查程序及措施比较详细，值得中国法学习。

（4）不允许任何人妨碍调查与审查、妨碍主持监察员及不提供帮助行为。

南非法建立的保障调查开展的制度很值得学习，中国调查苦于手段贫乏。南非法否认沉默权（有例外）值得注意。

3．德国法经验和启示

（1）以预防事故为事故调查工作的理念，根据事故的真实情况确定适当的预防和防护措施，从而达到防止未来发生类似事件或事故的目的。

（2）实行技术调查与责任认定分离的机制。

（3）实行信息化、标准化的调查工作，在事故报告、事故调查报告、事故信息处理等环节按照标准化形式开展工作，流程清晰、统一，达到更高的工作效率。

（4）在事故责任追究上，强调雇主责任，监察员一般不对事故承担任何责任。雇主对企业负有最重要的安全责任，因此，雇主一般对事故的发生负有最重大责任。而监察员只有在特殊情况下，如受贿、渎职或其他违法行为，会受到法律制裁，否则监察员不被追究事故相关的责任。

（5）德国社会事故保险协会的监察服务部门负责事故调查，形成国家执行机关和事故保险机构双轨制事故调查制度，值得借鉴。

第十一章　生产安全事故保险和赔偿制度比较

第一节　生产安全事故保险

一、中国法

《安全生产法》第 48 条规定：生产经营单位必须依法参加工伤保险，为从业人员缴纳保险费。国家鼓励生产经营单位投保安全生产责任保险。

《职业病防治法》第 7 条规定：用人单位必须依法参加工伤保险。国务院和县级以上地方人民政府劳动保障行政部门应当加强对工伤保险的监督管理，确保劳动者依法享受工伤保险待遇。第 58 条规定：职业病病人除依法享有工伤保险外，依照有关民事法律，尚有获得赔偿的权利的，有权向用人单位提出赔偿要求。第 59 条规定：劳动者被诊断患有职业病，但用人单位没有依法参加工伤保险的，其医疗和生活保障由该用人单位承担。

二、英国法

1969 年《雇主责任强制保险法》规定所有雇员应进行强制保险。这确保了雇员诉讼获胜后，保险公司将支付法院裁决的赔偿金。英国的事故赔偿都由保险公司负责，雇主不必为赔偿操心，只负责缴纳足够的保险费即可。这也是欧美国家的普遍做法。

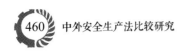

三、德国法

德国是大陆法系国家，成文法是其法律规范的主要表现形式。但在安全生产领域，德国一个突出的特点就是除国家立法与执法以外，其工伤事故保险协会在事故预防中也起着重要的作用。各企业出于保险费与保险赔偿压力，都认真执行工伤事故保险协会制定的各种操作规范。相应的，德国的安全生产法律体系就包括国家立法和保险协会规程这两大形式。

（一）德国工伤事故保险各有关主体的职责

1. 劳动保护主管行政部劳动保护监督职责

实施劳动保护监督是国家的责任。劳动保护主管行政部门必须对本法和依据本法所颁布的法规的执行情况实施监督，并向用工者提供其履行义务方面的意见。这里德国法使用的是"监督"概念，无"管理"概念。❶

2. 法定事故保险承担者的职责和权限

依照社会法典的规定执行。法定事故保险承担者在其事故预防合同中写明了承担劳动者劳动安全卫生保护责任，他便可以在其自主权限范围内独立行事。事故保险承担者履行劳动安全卫生保护责任是德国法的一个特色。

3. 劳动保护主管行政部与法定事故保险承担者的合作

州劳动保护主管行政部门和法定事故保险承担者在监督方面密切合作，交流经验。对所进行的企业劳动保护检查及其结果互相通报。

州劳动保护最高主管行政部门可与法定事故承担者达成协议，规定双方就近对某一工作范围法律、法规的执行情况进行监督检查。

监督检查的方式和范围以及同国家劳动保护主管部门的合作必须在协议中予以确定。可知，州劳动保护最高主管行政部门与国家劳动保护主管部门之间是一种合作关系，不是被领导和领导的关系。

4. 各部门关系

负责联邦企业和管理部门贯彻本法律、法规的主管劳动保护部门是联邦内政部所属的劳动保护中心。受劳动保护中心的委托，通常由事故保险联邦执行管理局负责。该局受联邦内政部的监管。联邦交通部公共服务性机构劳保工作由该部下设的事故保险执行局和铁路事故保险公司负责。

---

❶ 但这并不符合有关国际公约的规定。国际公约对各国政府的要求仍然是监督和管理，参阅1995年矿山安全卫生公约。

联邦国防部和有国外代办机构的国外事务局以及联邦情报局所属企业和管理部门的劳保业务工作，如果通常由联邦有关部或联邦总理办公室主管或由他们指定的实施本法管理部门主管，则归他们负责。属联邦邮电和通信部业务内的，由邮电和通信事故保险机构负责落实本法。

上述规定适用于联邦管理的企业和行政管理部门，对这些企业和管理部门而言，一个职业协会便是一个事故保险承担者。联邦主管部可与这些企业和管理部门的职业协会商定，由职业协会负责贯彻本法律，但不支付费用。

（二）德国工伤事故保险协会的作用

德国法律规定，德国所有的从业者，包括学徒，都必须参加法定的工伤事故保险。工伤事故险旨在对遇到意外事故的人提供保护，主要是针对员工在工作场所、上下班途中或因公出差所发生的意外事故及职业病进行保险。其执行机构为各行业的工伤事故保险协会。因为工伤保险协会根据企业的安全情况实行浮动费率，并且保险协会的检查员也会不定期检查企业场所，所以保险协会在德国安全生产监管过程中起着十分重要的作用。

工伤事故保险协会有权制定事故预防规定。事故预防规定在其适应范围内具有与法律同等的效力。工伤事故保险协会是按行业分设的。每个工伤事故保险协会制定的事故预防规定仅适用于该行业、危害、工种、劳动过程、劳动场所、劳动工具等，是国家劳动保护法律法规的补充和具体化。目前，仅工商服务业就有130多个事故预防规定。此外，德国相关部门还制定了大量的关于产品、过程、技术要求等专业的技术标准。这些国家标准也是德国安全生产法律规范体系的重要组成部分。❶

（三）工伤事故保险协会规程

根据法律规定，德国所有的从业者，包括学徒，都必须参加法定的工伤事故保险。工伤事故险旨在对遇到意外事故的人提供保护，主要是针对员工在工作场所、上下班途中或因公出差所发生的意外事故及职业病进行保险。其执行机构为各行业的工伤事故保险协会。因为工伤保险根据企业的安全情况实行浮动费率，并且保险协会检查员也会不定期检查企业场所，所以保险协会在德国安全生产规范与监管过程中起着十分重要的作用。

工伤事故保险协会是法定的事故保险经办机构，由相同人数的雇主代表

---

❶ 参阅：王小拾，王立春.德国企业劳动保护简介［OL］.安全文化网；佚名.德国劳动安全防护及劳动医学管理一瞥［OL］.国防科学技术工业委员会网站；佚名.德国矿山安全卫生概况［OL］.安全文化网.

和雇员代表组成。根据《德国事故保险法》的规定，工伤事故保险协会的任务是：（1）采取一切适当的手段，预防劳动事故和职业病以及劳动造成的健康危害；（2）在劳动事故或职业病发生后，采取一切适当的手段，以恢复被保险人的健康和劳动能力，并给予被保险人或其遗属相应的经济补偿。

工伤事故保险协会有权制定事故预防规定，事故预防规定在其适应范围内具有与法律同等的效力。工伤事故保险协会是按行业分设的，每个工伤事故保险协会制定的事故预防规定是针对该行业、危害、工种、劳动过程、劳动场所、劳动工具等的特殊性制定的，是国家劳动保护法律法规的补充和具体化。目前，仅工商服务业就有 130 多个事故预防规定。

此外，德国相关部门还制定了大量的关于产品、过程、技术要求等专业的技术标准。这些国家标准也是德国安全生产法律规范体系的重要组成部分。

（四）行业协会的工伤保险功能

1. 德国工伤保险分类

德国工伤保险分为三大部分：工商业部门、农业部门和公共部门。其中工商业工伤保险管理体系规模最大，包括了 35 家行业协会，覆盖 280 万家企业，受保人总计 4200 万，约占工伤保险总人数的 90% 以上。农业工伤保险管理体系包括 21 家以地域划分的全国性行业协会，覆盖 180 万家企业，受保人为 450 万人。另外，公共部门有 55 个独立的工伤保险管理机构。这三大部分中，工商业工伤事故保险管理体系最具特色。工商业工伤事故保险联合会（HVBG，又称同业公会）目前拥有 13000 个会员，从业人员涉及 100 万人。

虽然行业协会不是德国联邦和地方政府机构的组成部分，也不属于任何政府部门，是实行自我管理的自治机构，但德国的工伤保险管理机构具有公共管理部门的性质。因其管理的工伤保险属于公共法的范畴，它的义务与权限、职责由国家法律规定，可以依法强制企业缴费和采用安全措施，并由政府进行监督。德国工伤保险法律赋予了工伤保险管理机构极大的自主权，让它们使用所有合适手段防止事故和职业病的发生。行业协会在职业安全方面作出的规定须经社会保险办公室或劳动部门批准才能生效。

2. 行业协会的组织形式

行业协会由雇主和雇员各自推选代表人组成，双方人数基本相等，代表任期一般五年，由劳资双方轮流主持协会工作，每两年半轮换一次。一般行业协会由董事会（双方代表各 30 人组成）领导，董事会成员选举执行主席（双方代表各 10 人），每年召开一次大会，讨论通过行业规则和标准。

3．行业协会的职责

行业协会有两项重要职责：一是制定有关法律的实施细则，及劳动保护的具体规定，报官方劳动保护部门审批并接受监督；二是管理职业事故保险。行业协会要登记和独立调查各种工伤事故并据以确定事故赔偿。

4．行业协会的协助作用

（1）事故预防：行业协会通过保险费率的浮动，以及自身的检查行为，起到了很好的事故预防作用。德国工商业行业协会每年从工伤保险基金中提取大约5%用于事故预防工作，取得了良好的经济效益和社会效益。自1960年以来，德国的工伤事故持续下降，到1995年底，事故引起的工伤人数减少50%，造成残疾的事故减少66%，死亡事故减少75%，在公共部门管理的医疗保险及养老保险费用急剧增长的同时，工伤保险缴费出现了相反的变化：从1960年每100马克工资（由雇主缴纳）收缴1.51马克保险费降至1993年的约1.44马克。

（2）公共医疗救助：行业协会一般都建有互助救助组织，设施齐全，既可以进行行业事故救助，也可以参与社会公共医疗求助。

（3）事故赔偿：行业协会一项重要工作就是对事故进行调查，查清事故原因与责任，按伤残程度和工伤者本人工资基数进行工伤赔偿，以帮助工伤者恢复生活能力与水平。据统计，2002年德国事故赔偿费总共达到27亿多欧元。

（4）受理投诉：在德国，雇员对于职业安全与健康问题通常直接向行业协会投诉，并由协会与雇主交涉，这样可以避免雇主与雇员的直接冲突，也有利于行业协会尤其是工伤事故保险对企业的监督管理，从而持续激励雇主提高职业安全与健康水平。

（5）教育培训和科研：行业协会成立了大量的教育培训机构对行业工人进行免费教育培训，也建立了实力较强的研究机构。例如HVBG人员中就有200多人从事安全生产研究工作，每年的研究经费高达3000万马克，研究的项目包括工作地点危险材料的处理、防止辐射、减少噪音、安全防护设备与技术、个体防护技术等内容。

从职能上看，行业协会既承担了一部分国家安全生产监督职能，也承担了一部分协助企业进行安全管理的职能，并形成了连接国家与雇主、雇员关系的中间纽带，在德国安全生产监管体制中起着关键的结构性作用。

（五）德国法规定摘录

劳动保护主管行政部与法定事故保险承担者的合作：

（1）依照本法规定实施劳动保护监督是国家的责任。劳动保护主管行政部门必须对本法和依据本法所颁布的法规的执行情况实施监督，并向用工者提供其履行义务方面的意见。

（2）如果没有其他规定，法定事故保险承担者的职责和权限，依照社会法典的规定执行。只要法定事故保险承担者按社会法典规定在其事故预防合同中写明了承担劳动者劳动安全卫生保护责任，其在自主权限范围内便可以独立行事。

（3）州劳动保护主管行政部门和法定事故保险承担者在监督方面应密切合作，彼此交流经验。对所进行的企业劳动保护检查和检查的主要结果应互相通报。

（4）州劳动保护最高主管行政部门可与法定事故承担者达成协议，规定双方就近对某一工作范围执行本法律和依据本法律所颁布的法规的执行情况进行监督检查。监督检查的方式和范围以及同国家劳动保护主管部门的合作必须在协议中予以确定。

（5）如果没有其他规定，负责联邦企业和管理部门贯彻本法律和依据本法律所颁布的法规的主管劳动保护部门是联邦内政部所属的劳动保护中心。如无其他规定，受劳动保护中心的委托，通常由事故保险联邦执行管理局负责，该局受联邦内政部的监管。联邦交通部公共服务性机构劳保工作由该部下设的事故保险执行局和铁路事故保险公司负责。联邦国防部和有国外代办机构的国外事务局以及联邦情报局所属企业和管理部门的劳保业务工作，如果通常由联邦有关部或联邦总理办公室主管或由他们指定的实施本法管理部门主管，则归他们负责。凡属联邦邮电和通信部业务内的，由邮电和通信事故保险机构负责落实本法。对于联邦管理的企业和行政管理部门而言，一个行业协会便是一个事故保险承担者。联邦主管部可与这些企业和管理部门的行业协会商定，由行业协会负责贯彻本法律，但不支付费用。

（六）案例

德国的灾难救援中，全覆盖的国家强制保险以及各种社会保险作为一种具有代表性的市场化手段，发挥了重要作用。2009年3月初，科隆档案馆发生倒塌事故。科隆档案馆是在附近地铁开挖过程中突然倒塌的，与档案馆两侧相连的民居同时损毁并且需要拆除，由此产生了需要进行临时安置及房屋重建的居民。

在事故处理中，受灾居民的临时安置由科隆市财政局出资，房屋重建由承保公司按照合同出资；其后保险公司通过法律途径起诉引发档案馆倒塌事故的责任主体即肇事方地铁建筑公司。而地铁建筑公司在开工之前也购买了相应的工程事故保险，这样承保方便通过再保险的方式将风险进一步转移出去。

通过这种全覆盖的连环保险，灾难发生后损失赔偿的多元主体使灾难风险社会分摊，而不是国家力量支撑，从而减轻了政府的财政负担。

中国也应当通过完善相关政策，充分发挥保险在防损减灾和灾害事故处置中的重要作用，将保险纳入灾害事故防范救助体系。

第二节　事故损害赔偿

一、中国法

1. 生产安全事故损害民事赔偿

《安全生产法》第 53 条规定：因生产安全事故受到损害的从业人员，除依法享有工伤保险外，依照有关民事法律尚有获得赔偿的权利的，有权向本单位提出赔偿要求。

2. 生产安全事故损害赔偿责任

《安全生产法》第 111 条规定：生产经营单位发生生产安全事故造成人员伤亡、他人财产损失的，应当依法承担赔偿责任；拒不承担或者其负责人逃匿的，由人民法院依法强制执行。生产安全事故的责任人未依法承担赔偿责任，经人民法院依法采取执行措施后，仍不能对受害人给予足额赔偿的，应当继续履行赔偿义务；受害人发现责任人有其他财产的，可以随时请求人民法院执行。

本条规定说明法院应该对生产安全事故损害赔偿纠纷进行管辖、审理。

3. 工伤赔偿

《工伤保险条例》和《国务院关于进一步加强企业安全生产工作的通知》对工伤赔偿作了具体规定。其中重要的一条是：从 2011 年 1 月 1 日起，依照《工伤保险条例》的规定，对因生产安全事故造成的职工死亡，其一次性工亡补助金标准调整为按全国上一年度城镇居民人均可支配收入的 20 倍计算，发放给工亡职工近亲属。同时依法确保工亡职工一次性丧葬补助金、供养亲属抚恤金发放。

（1）工伤医疗待遇。

工伤职工因工负伤或者患职业病进行治疗（包括康复性治疗），可以享受工伤医疗待遇。工伤职工可以享受的医疗待遇包括：（a）治疗工伤所需的挂号费、医疗费、药费、住院费等费用符合工伤保险诊疗项目目录、工伤保险药品目录、工伤保险住院服务标准的，从工伤保险基金中支付。（b）工伤职工治疗工伤需要住院的，由所在单位按照因公出差伙食补助标准的 70% 发给住院伙食补助费；经批准转统筹地区以外就医治疗的，所需交通、食宿费用由所在单位按照本单位职工因公出差标准报销。（c）工伤职工需要停止工作接受治疗的，享受停工留薪期待遇，停工留薪期满后需要继续治疗的，继续享受工伤医疗待遇。

（2）工伤护理待遇。

工伤职工已评定伤残等级并经劳动能力鉴定委员会确定需要生活护理的，从工伤保险基金中按月支付生活护理费。生活自理障碍分为生活完全不能自理、生活大部分不能自理和生活部分不能自理三个不同等级。实践中，通常是在被劳动能力鉴定委员会鉴定为三级以上伤残，同时具备护理依赖条件的，才能享受护理费。被鉴定为四级以下伤残的，生活通常能自理，就不享受护理费。但是如果伤残程度发生变化，劳动能力鉴定委员会重新作出伤残评定，就应当及时调整伤残等级，并确定是否存在生活护理障碍以及障碍的等级。

（3）工伤伤残待遇。

职工因工致残被鉴定为一级至四级伤残的，称为完全丧失劳动能力。提供相关待遇的目的一是弥补工伤造成的收入损失；二是对身体造成的伤残进行补偿，以减轻伤残对个人生活以及工作造成的不利影响。在待遇支付上，或采取一次性支付的办法；或采用定期支付的办法。《工伤保险条例》保留了这两项待遇，职工因工致残被鉴定为一级至四级伤残的，保留劳动关系，退出工作岗位，领取一次性伤残补助金，并按月领取伤残津贴。职工因工伤被鉴定为五级至六级伤残，称为大部分丧失劳动能力，用人单位应当与其保留劳动关系，同时，鉴于在其身体机能恢复的基础上仍有能力行使择业自主权，用人单位应当向这些职工支付一次性工伤医疗补助金和伤残就业补助金。

（4）工伤复发的待遇。

工伤职工工伤复发确认需要治疗的，可以享受工伤医疗待遇；需要暂停工作接受工伤医疗的，享受停工留薪期待遇；需要配置辅助器具的，按照规定配置，所需费用按照国家规定标准从工伤保险基金中支付。

（5）因工死亡待遇。

职工因工死亡，其直系亲属可以从工伤保险基金中领取丧葬补助金，标准为6个月的统筹地区上年度职工月平均工资。同时，职工因工死亡，其供养亲属可以从工伤保险基金中领取抚恤金。供养亲属抚恤金按照职工本人工资的一定比例发给由因工死亡职工生前提供主要生活来源、无劳动能力的亲属。此外，职工因工死亡，其直系亲属可以从工伤保险基金中领取一次性工亡补助金。

（6）停止享受工伤待遇。

工伤职工停止享受工伤保险待遇的情况包括：（a）丧失享受待遇条件，即工伤职工在享受工伤保险待遇期间情况发生了变化，不再具备享受工伤保险待遇的应当停发工伤保险待遇，如工伤职工劳动能力得以完全恢复等。（b）拒不接受劳动能力鉴定。劳动能力鉴定结论是确定不同程度的补偿、合理调换工作岗位和恢复工作等的科学依据。如果工伤职工拒不接受劳动能力鉴定，其工伤保险待遇便无法确定，就不应再享受工伤保险待遇。（c）拒绝治疗。职工遭受工伤事故或患职业病后，有享受工伤医疗待遇的权利，也有积极配合医疗救治的义务。如果无正当理由拒绝治疗，有悖于工伤保险促进职业康复的宗旨。所以，拒绝治疗的不得再继续享受工伤保险待遇。

（7）再次工伤的伤残津贴。

工伤职工再次发生工伤不同于原工伤复发，后者加剧了工伤职工的病情。经治疗后，经劳动能力鉴定委员会重新鉴定，伤残等级发生变化。《工伤保险条例》第45条规定：职工再次发生工伤，根据规定应当享受伤残津贴的，按照新认定的伤残等级享受伤残津贴待遇。

台湾地区有关工人津贴及抚恤的规定：

1. 依规未能参加劳工保险之工人之抚恤

凡依规未能参加劳工保险之工人，因执行职务而致伤病残废或死亡者，工厂应参照劳工保险条例有关规定给予补助费或抚恤费。

2. 依规未能参加劳工保险之工人之抚恤费受领人

受领前条之抚恤费者，为工人之妻或夫，无妻或无夫者，依下列顺序，

但工人有遗嘱时依遗嘱：第一，子女；第二，父母；第三，孙；第四，同胞兄弟姐妹。

二、国际法

国际劳工组织早期涉及工伤待遇问题的标准有1921年《（农业）工人赔偿公约》和1925年《工人（事故）赔偿公约》，规定凡因工业事故而致身体受到伤害（永久丧失工作能力或死亡）的工人或需其赡养的家属，应当给予赔偿。1925年《工人（职业病）赔偿公约》（第18号）和1934年《工人（职业病）赔偿公约（修订）》规定按照有关工业事故法律的一般原则支付职业病赔偿金。1956年《工人福利设施建议书》也规定由于职业原因发生事故或患规定的职业病时，应当以医疗护理和定期支付的形式给予工伤津贴。1964年《工伤事故和职业病津贴建议书》是一个新的标准。

《工人意外事故赔偿公约》

（1）会员国保证因工业意外事故而受伤害者，或对于需要其赡养的家属，应获至少等同本公约所规定的赔偿。

（2）工人赔偿法律与条例将运用于受雇于任何性质的公营或私营企业、事业或商业机构的工人、员工及学徒。但会员国可在其国家法规规定必要的例外：在雇主企业外工作的临时工；在家工作的工人；为雇主工作且在雇主家里生活的雇主家属；薪金超过国家法律或条例所限定金额的非体力劳工。

（3）本公约不适用于：①海员及渔民，相关规定将由其他公约制定；②受特别制度保护的个人，且该制度的条件比本公约的条件更有利。

（4）农业工人赔偿的公约仍然有效，本公约不适用于农业。

（5）当意外事故导致永久丧失工作能力或死亡时，给予当事人或需要其赡养的家属的赔偿应采用定期支付的形式；但若主管当局确信受款人将合理使用款项，亦可把全数或部分款项以一次付清形式支付。

（6）当意外事故导致工作能力丧失时，无论赔偿金额是由雇主、意外事故保险机构或疾病保险机构支付，赔偿金额不得迟于意外事故发生五天后付与当事人。

（7）当意外事故导致丧失工作能力的当事人必须得到其他人的持续协助时，得给予额外赔偿。

（8）国家法律或条例须规定任何必需的监督措施及审查方法。

（9）受伤工人有权获得医疗援助及任何因意外事故而必需的外科与药物援助。雇主、意外事故保险机构或疾病残疾保险机构应承担此类援助费用。

（10）受伤工人有权要求雇主或保险机构提供或更换必需的义肢及外科器具。在特别情况下，国家法律或条例可准许提供或更换义肢及外科器具的可能费用以付款方式付予受伤工人，而金额应于订定或修订赔偿金额时决定。

国家法律或条例须规定所需的监督措施，以防止滥用有关更换外科器具的赔偿，或以确保受款人将合理使用有关的额外赔偿。

（11）国家法律或条例须按国家情况作出它认为最合适的规定，以确保在任何情况下，若雇主或保险机构无力偿还赔偿款项，因工业意外事故受伤的工人或若当事人死亡时，需要其赡养的家属仍可获得赔偿款项。

《工人职业疾病赔偿公约》

（1）会员国承诺按照国家关于工业事故赔偿的法规的一般原则，向因职业疾病丧失工作能力或死亡的工人或需要其赡养的家属支付赔偿。

赔偿金额不得低于国家法规规定的工业事故赔偿标准。各会员国在国家法律或条例中确定上述疾病赔偿条件时，及工业事故赔偿法规适用于上述疾病时，可根据有利的原则作出修改和调整。

（2）会员国承诺当列出的物质引发的疾病和中毒影响所列行业或工业的从业工人，且有关疾病和中毒是因在国家法规涵盖的工业中工作诱发时，把有关物质引发的疾病和中毒视为职业疾病。

疾病和有毒物质是铅、铅合金或铅化合物中毒及其后遗症，汞、汞合金和汞化合物中毒及其后遗症，炭疽感染等。

《本国工人与外国工人关于事故赔偿的同等待遇公约》

（1）会员国承允对于已批准本公约的任何其他会员国的人民在其国境内因工业意外事故而受伤害者，或对于需其赡养的家属，在工人赔偿方面，应给予与本国人民同等的待遇。

对于外国工人及需其赡养的家属，应保证给予此种同等待遇，在住所方面不得附有任何条件。关于一会员国或其国民在实行此原则时须在该国国境以外给予赔偿一事，所应采取的办法，在必要时应由有关会员国之间以特别协定规定。

（2）有关会员国之间应订立特别协议，规定工人暂时或间断地在一会员国国境内为设在另一会员国国境内的企业工作时遭受工业事故者，其赔偿应依照另一会员国的法律与条例办理。

（3）会员国对于工业事故的工人赔偿制度，不论其为保险制度或其他办法，尚未建立者，承允自批准之日起三年之内建立此项制度。

《工伤事故和职业病津贴公约》（第 121 号公约）

国际劳工组织大会 1964 年 7 月 8 日通过，1967 年 7 月 28 日生效。

1. 本公约概念

"法规"一词包括法律和规章，以及在社会保障方面的章程条款；"规定"一词系指由或按照国家法律或条例确定的规章。

"工业企业"包括下列经济活动部门的所有企业：采矿业；制造业；建筑和公共工程；电力、煤气、自来水和卫生设施；运输、仓储和交通。

"负担"一词系指在规定情况下存在的，被推定的依附关系；"受供养的孩子"系指：（a）年龄不到义务教育期满的孩子或不满十五岁的孩子，最高学龄期应予考虑；（b）除非国家法规对"受供养的孩子"一词所下的定义包含明显超过第（a）项所指的最高年龄的孩子，凡因在学徒或求学期间，或因患慢性病或由于残疾，不能从事职业活动者，超过第（a）项所指的最高年龄的孩子仍属规定的范围之内。

2. 工伤事故和职业病津贴公约适用人员范围

批准本公约的各会员国可随批准书附加一项声明，把以下人员排除在本公约实施的范围之外：（a）包括海上渔民在内的海员；（b）公职人员。当这两类人受专门保险制的保护时，领取的津贴总额至少等于本公约规定的津贴。

关于工伤事故和职业病津贴的国家法规，应保护合作社在内的公营或私营部门的全体雇员（包括徒工），并在家庭供养人死亡时，保护各类受益人。

但会员国可就下列情形规定它认为必要的例外：（a）在雇主企业外工作的临时工；（b）在家工作的工人；（c）在雇主家里生活，为雇主做工的雇主家属；（d）其他种类的雇员，其人数不得超过雇员总人数［按照以上（a）至（c）项规定已予排除的人不计在内］的 10%。

根据第 2 条所作声明生效时，有关工伤事故和职业病津贴的国家法规的实施可限于规定类别的雇员，其总人数至少占工业企业中全体雇员的 75%；当家庭供养人死亡时，也包括规定类别的受益人。

3. 受覆盖的工伤事故或职业病范围

应包含下列范围：（a）病态；（b）正如国家法规规定的，因病态而不能工作并停发工资；（c）全部或部分丧失劳动能力，已超过规定的程度，且很可能是永久性的，或相应地产生体能下降；（d）由于供养人死亡，造成规定类别的受益人丧失生活来源。

4. 工伤事故定义

各会员国应对"工伤事故"确立定义，包括在什么条件下往返途中发生的事故可视为工伤，并在按照国际劳工组织章程第 22 条规定提交的关于实施本公约的报告中明确该定义的表述。当往返途中发生的事故已受工伤事故赔偿以外的社会保障制度的保护，而且按规定领取的津贴额至少等于本公约规定的津贴时，就不必把途中发生的事故列入"工伤事故"的定义范围之内。

5. 职业病的疾病名单

各会员国应：（a）通过立法途径，制定一份在规定条件下被确认为职业病的疾病名单，其中至少应包括由本公约附表一列举的各种疾病；或（b）把职业病的一般定义纳入国家法规，该定义应相当广泛，足以覆盖由本公约附表一列举的各种疾病；或（c）通过立法途径，按（a）项规定制定一份职业病名单，并辅以职业病的一般定义或辅以这样的条款，能把不见诸名单的疾病或不在规定条件下表现出来的疾病确定为由职业所引起。

6. 受保护人待遇

各会员国应遵照规定条件保证受保护人享有以下待遇：（a）在病态情况下接受医疗及相关服务；（b）在第 6 条（b）、（c）和（d）项指出的情况下取得现金津贴。享受医疗和津贴的权利不得以就业期限、参加保险或交纳保险金的期限为先决条件；至于职业病，可就接触危险的期限作出规定。

医疗和津贴待遇应在整个覆盖期间得到保证。至于因病不能工作者凡属下列情况，现金津贴可在前三天不予发给：（a）如成员国在本公约生效之日已有法规确定不予赔偿的期限，且在按照国际劳工组织章程第 22 条规定提交的关于实施本公约的报告中说明，它据以留作例外的理由仍然继续存在。（b）当按照第 2 条规定所作的声明业已生效。

7. 医疗和相关服务

在病态情况下取得的医疗和相关服务应包括：（a）普通执业医生和专家的诊治，不论住院与否，包括出诊；（b）牙医诊治；（c）在家、医院或其他医疗机构中的护理；（d）在医院、康复院、疗养院或其他医疗机构中养病；（e）装牙补牙，提供药物，提供包括假牙在内的内外科矫形用具和这些用具的维修或更替，以及眼镜；（f）在一名医生或牙医的监督下，请一名由法律确认与医生职业相关人员诊治；（g）在可能限度内，以下医疗应在工作地点进行：（i）严重工伤事故时的急救；（ii）对轻伤者随时换药，从而不致停

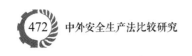

止工作。

提供的医疗服务，应以一切适当的手段，力求保护、恢复或在可能时改善伤病员的健康及其工作能力和生活自理能力。

凡通过对雇员实行的健康保险或医疗保险制度而提供医疗和相关服务的会员国，均可在其法规中规定，将在与其他保险人相同的条件下，向工伤事故和职业病患者提供医疗服务，但这些规章应规定不得使有关病人缺医少药。

凡对病员开支采用报销形式提供医疗和相关服务的会员国，可在其对上述医疗服务的范围、期限和费用超过合理限度的情况作出特殊规定，但这些规定不得违背第 10 条第 2 款所指的目标，并应做到不使有关病人缺医少药。

8. 医药及相关服务范围

在根据第 2 条所作声明业已生效的情况下，医药及相关服务至少应包括：（a）普通开业医生的诊治，包括出诊；（b）医院的专家诊治，不论病人住院与否，以及在医院外可能提供的专家治疗；（c）根据医生或其他合格开业者开具的处方，提供必需的药物；（d）必要时住院；（e）在可能限度内，对工伤事故人员进行现场急救。

9. 津贴支付

凡属暂时不能工作或不能工作的初期，现金津贴将按照第 19 条或第 20 条规定的计算方法定期支付。在丧失劳动能力的情况下，且这种丧失很可能是永久性的，或在体能相应下降时，只要这类情形超过规定程度，现金津贴应一律发放，并在根据第 13 条规定支付津贴的期限届满后继续照发。在全部丧失劳动能力的情况下，且这种丧失很可能永久性的，或在体能相应下降时，津贴将遵照第 19 条或第 20 条规定的计算方法定期支付。如属很可能是永久性的部分丧失劳动能力或相应丧失体能，且已超过规定的程度，津贴应定期支付，其数额应相当于上述第 2 款规定数额的一个适当比例。如属很可能是长期性的部分丧失劳动能力或相应丧失体能，但未超过前面第 1 款规定和程度，津贴可采用一次付清的形式。

本条第 1 和第 3 款所指的丧失劳动能力或相应丧失体能，其严重程度应由国家法规确定，做到不使有关病人生活无着。在非常情况下，当主管当局有理由认为采用一次付清的方法对工伤事故或职业病受害者特别有利时，经取得有关受害人的同意，可把第 14 条第 2 和第 3 款规定的定期支付的全部或部分津贴改为一笔付清，其数额应与定期支付的保险金总额相当。

凡根据第 2 条规定所作声明业已生效的会员国认为不具备必要的行政手

段以保证津贴的定期发放时，该会员国可把第 14 条第 2 和第 3 款所指的定期支付改为一笔付清，其数额应与按现有计算方法的定期支付保险金总额相当。

对于因健康状况需要他人经常照料的受害者，应按规定条件适当增加定期支付的津贴，或给予额外津贴或专项津贴。国家法规应确定在什么条件下将根据丧失劳动能力或体能相应下所可能出现的变化程度，修改、中止或撤销这项定期支付的津贴。

在家庭供养人死亡的情况下，根据法规保证发给寡妇、受供养的伤病鳏夫、死者供养的孩子或其他人的现金津贴，应按照第 19 条或第 20 条规定的计算方法定期支付。但是，当发给其他遗属的现金津贴明显超过本公约规定数额时，且社会保障的他项保险给予受供养的伤病鳏夫的津贴已明显高于1952 年的社会保障（最低标准）公约有关残废津贴的规定的数额时，该鳏夫将不得领取本公约规定的津贴。此外还应提供丧葬费津贴，规定的丧葬费津贴率不得低于丧葬的正常开支；当遗属取得的现金津贴明显超过本公约的规定时，对享受丧葬费津贴权可附加一定的条件。

根据第 2 条规定所作声明业已生效的会员国，如认为不具备必要行政手段以保证定期支付津贴时，该会员国可把第 1 款所指的定期支付改为一次付清，其数额应与按现有计算方法的定期支付保险金总额相当。凡属本条适用的定期支付，其津贴率（随覆盖期间发放的家庭补贴而增加）应该是，就本公约附表二所指的标准受益人而言，至少等于受益人或其供养人的以往收入和发给与标准受益人具有相同家庭负担的受保护人的家庭补贴两项和的规定百分比（附表略）。

受益人或其供养人的以往收入应按既定规章计算，在受保护人或其供养人按他们的收入被分成若干等级的情况下，以往收入可根据他们所属等级的基本收入计算。可对津贴率或被算入津贴的收益规定一个最高额，但由此确定的最高额应该是，当受益人或其供养人的以往收入等于或低于男性熟练工人的工资时，本条第 1 款的规定可被视为业已得到履行。受益人或其供养人以往的收入，男性熟练工人的工资、津贴和家庭补贴均应在同一时间基础上计算。对于其他受益人，确定的津贴应较标准受益人的津贴合理。就本条而言，男性熟练工人应是：（a）除电机以外的机器制造业中的钳工或车工；（b）按照下款规定的标准熟练工人；（c）其收入等于或高于在受保护人中占 75% 的人，这些收入可按年度计算，或按较短的时期计算，视规定情形而定；（d）其收入等于所有受保护人平均收入 125% 的人。就上款（b）项而言的标准熟练工人应在指定覆盖期间的男性受保护人或其供养人中占多数的一类人中，在拥有这些受保护人或其供养人数量最多的部分中选出；为达此目的，应使用1948年8月27日联合国经社理事会第七次会议通过的所有经济部门的国际标准产业分类办法，鉴于该分类办法尚有可能修订，现将其修订稿作为本公约附件予以转载。如津贴率根据不同地区而有差别时，各地区按照本条第6和第7款的规定自行选定一名男性熟练工人。男性熟练工人的工资应按集体协议，可能时按照或参照国家法规，或按习惯（如有物价补贴，应包括在内）而制定的正常工时的工资标准基础上予以确定；由此确定的工资标准如有地区差别，而本条第8款规定又未被履行时，工资标准可取中间数。定期支付的津贴额不低于规定的最低额。凡属本条适用的定期支付，其津贴率（随覆盖期间发放的家庭补贴而增加）应该是，就本公约附表二所指的标准受益人而言，至少等于覆盖期间成年男性普通工人的工资和发给与标准受益人具有同等家庭负担的受保护人的家庭补贴两项总和的规定百分比（附表略）。

成年男性普通工人的工资、津贴和家庭补贴应在同一时间基础上计算。对于其他受益人，确定的津贴应与标准受益人的津贴保持一种合理的关系。就本条而言，成年男性普通工人应是：（a）除机电以外的机器制造业中的标准普通工人；（b）按照下款规定选出的标准普通工人。就上款（b）项而言的标准普通工人应在指定覆盖期间的男性受保护人或供养人中占多数的一类人中，在拥有这些受保护人或供养人数量最多的部门中选出；为达此目的，应使用1948年8月27日联合国经社理事会第七次会议通过的所有经济活动部门的国际标准产业分类办法，鉴于该分类办法尚有可能修订，现将其修订稿作为本公约附件予以转载。如津贴率根据地区不同而有差别时，各地区可按照本条第4和第5款的规定自行选定一名成年男性普通工人。成年男性普通工人的工资应按集体协议，可能时按照或参照国家法规，或按习惯（如有物价补贴，应包括在内）而制定的正常工时的工资标准基础上予以确定；由此确定的工资标准如有地区差别，而本条第6款规定又未被履行时，工资标准可取中间数。定期支付的津贴额不得低于规定的最低额。

在一般收入水平随着生活费用的显著变动而变动后，第14条第2和第3款及第18条第1款所指的定期支付的现行津贴率应予以修订。

受保护人根据本公约有权享受的津贴，可在以下规定限度内停止向其发放：（a）在该人离开会员国国境期间；（b）在该人靠公共开支或由社会保障机构或服务部门维持生活期间；（c）该人为领取津贴而弄虚作假；（d）如工伤事故或职业病系由该人犯罪所造成；（e）如工伤事故或职业病系由该人故意吸食毒品或明知故犯的严重过失所引起；（f）该人无正当理由而不利用为其提供的医疗和相关服务以及康复设施，或不遵守旨在证明事故发生而制定的规章，或不遵守为受益人规定的行为准则；（g）如系遗属津贴，寡妇或鳏夫与他人同居期间。在规定的情况下和限度内，原应正常发放的现金津贴可部分发给由该人供养的人员。

10．争议解决

任何申诉人应对拒发津贴或对津贴数量和医疗质量的争议享有上诉权。在实施本公约期间，当一个对议会负责的政府部门被授权掌管医疗事务时，本条第 1 款规定的上诉权可由申诉权取代。申诉人可要求主管当局对有关拒绝提供医疗或对医疗质量的意见进行审议。当申诉要求已由处理工作事故和职业病问题或一般社会保障问题而专门设立的法庭审理，且受保护人已派代表出庭时，申诉人不得享有上诉权。

当医疗事务并非由公共当局指定一个机构或由对议会负责的一个政府部门掌握时，受保护人的代表应参与其管理，并在规定的条件下享有咨询权，国家法规还可规定雇主代表和公共当局代表参与这一管理。

11．会员国责任

会员国应为管理好促进本公约实施的各个机构和设施承担一般责任。各会员国应为实施本公约规定的服务和津贴承担一般责任，并为达此目的采取一切必要措施。各会员国应在规定条件下：（a）采取针对工伤事故和职业病的预防措施；（b）设置康复服务设施，尽可能使残疾和职业病人恢复以往的活动；如无此可能，使其从事尽可能适合能力的其他谋生职业；（c）采取旨在便于残疾和职业病人适当安置就业的措施。各会员国应在按照国际劳工组织章程第 22 条规定提交的有关实施本公约的报告中，尽可能详尽地提供有关工伤事故的发生频率和严重程度的各种情况。各会员国应在其领土上确保非本国居民在工伤事故和职业病津贴方面与本国居民享有同等待遇。

12．本公约与其他有关公约的关系

本公约修正 1921 年《工伤赔偿（农业）公约》、1925 年《工伤赔偿公约》、1925 年《职业病公约》和 1934 年《职业病公约（修订）》。凡批准本公约的会员国，自公约对其生效后，它原先参加的 1934 年《职业病公约（修订）》根据该公约修订文本第 8 条的规定，在法律上就自动废止。但是，本公约的生效并不阻止其他会员国日后批准 1934 年《职业病公约（修订）》。

根据 1952 年《社会保障（最低标准）公约》第 75 条的规定，凡批准本公约的会员国自本公约对其生效之日起，前公约的第六部分及其他部分的相应条款即停止对其适用。然而，接受本公约的义务得视为按 1952 年《社会保障（最低标准）公约》第 2 条的规定，连带接受公约第六部分及其他部分有关条款的义务。

1964 年《工伤事故和职业病津贴建议书》

各成员国应根据规定的条件，必要时采取分期和自愿保险的办法，向下列人员发放工伤及职业病津贴或类似的津贴：（a）从事生产或服务性行业的合作社成员。（b）规定的各类独立劳动者，特别是小企业主或积极从事小商业、小农场经营活动者。（c）某些不领取工资的劳动者：（i）包括大学生在内的正在接受培训或者正在试用期内的人员；（ii）承担抢险救灾或维护秩序与法制任务的志愿人员；（iii）其他从事公益活动履行公民义务的人员，如自愿协助公共部门、社会部门或医疗部门的人员；（iv）从事主管当局指定或批准工作的囚犯及在押人员。

凡丧失工作能力者均应从停发工资的第一天起领取现金津贴。如属暂时丧失劳动能力、初步丧失劳动能力或完全丧失劳动能力（很可能是长期的或因此造成某种生理缺陷），津贴金额不得低于：（a）工资收入的三分之二；但应规定最高津贴额或供计算津贴参考之用的工资收入的最高数额；（b）在采用统一津贴比率的条件下，男工人数最多的部门的平均工资的三分之二。

分析与结论：

中国法目前在贯彻国际公约方面存在很大差距。公约里面的名词术语、概念内涵外延和约定的规则有许多还没有引入到中国法里面。在此建议我们在以后的立法工作中要把贯彻国际公约作为立法的必要环节。

三、英国法

1. 民事责任

（1）有权对不履行规定的任何责任或违法行为提出民事诉讼。（2）不履行安全卫生条例规定的义务，若因此造成损失将可提起诉讼，另有规定除外。（3）在规定中并未提及关于民事诉讼中的辩护问题，安全卫生条例规定犯有失职行为时可以进行辩护。（4）不妨害本法令各条款规定以外的起诉权，也不妨害除了本法令各条款规定以外的辩护法权。(5)一项协定中的任何条款如果其意图为拒绝和限制实施和拒绝履行该款所提出的义务，将予以取消，除非在安全卫生条例中另有规定。(6)"损失"包括人员死亡或受伤(包括任何患病或人的肉体或精神的损伤)。

2. 工伤残疾津贴和遗属抚恤金

凡雇员因工作原因受伤或患职业病，可领取工伤残疾津贴。享受工伤残疾津贴无最低合格期限的限制。开始28周领取临时工伤残疾津贴，其水平与疾病津贴相同。若因工伤事故或职业病致残，改领长期工伤残疾津贴。工伤致残需人护理者，发给长期护理补助。

遗属包括受供养的遗孀、鳏夫和子女及符合条件的遗属，如父母或其他供养亲属。其待遇标准视遗属情况而定，发给一定数额的遗属抚恤金。

四、美国法

州工人补偿法全国委员会

(1)①国会发现并宣告：(a)绝大多数的美国工人和他们的家属，当工人在工作中遭受到丧失工作能力、伤害、疾病或死亡时，他们的基本经济保证是依靠工人补偿得到的；美国工人要从工伤死亡得到完全的保障，除须有一个关于职业安全和卫生的有效方案外，还须有一个充分的、立即实施的、公正的工人补偿制度；(b)近年来由于经济发展和增长，劳动力的性质转变，医学知识的进展，伴随越来越繁杂的工作而出现的公害变化，新技术对健康和安全带来了新的危害，以及一般工资水平和生活费的增长，使现行的工人补偿法是否公平合适已经成为一个严重问题被提出。②本节目的在于对州工人补偿法作一个实际研究和客观评价，以便断定该法律对在工作中发生的伤害或死亡是否能提供一个充分、迅捷和公正的补偿制度。

(2)现特成立州工人补偿法全国委员会(以下称工人补偿委员会)。

(3)①工人补偿委员会由15名成员组成。这些成员由总统从州工人补偿局的成员，保险掮客代表、商业人员、工人、医学专业方面具有工业医学或工人补偿案件经验的人，具有工人补偿领域专门知识的教育工作者和公众的代表中选任。部长，商业部长，卫生、教育福利部长同时是工人补偿委员会的成员。②工人补偿委员会成员如有空缺，不影响它的权力。③总统指定成员各1人，分别任工人补偿委员会正副主席。④工人补偿委员会以成员8人构成法定人数。

（4）①工人补偿委员会应对州工人补偿法作全面的研究和评价，以便断定它能否提供一个充分、迅捷和公正的补偿制度。这种研究和评价，应包括但并不限于下列项目：（a）长期和短期残疾抚恤金的数额和期限和决定最高限额的准则；（b）医疗津贴的数额和期限，和为保证充分医疗护理以及自由选择医生的条款；（c）所包括工人的范围，包括根据工作量或工作类型或所作的减免决定；（d）决定哪些伤害疾病应予补偿的标准；（e）恢复就业能力；（f）第二次或后来发生伤害基金的包括范围；（g）提出申请的时间限制；（h）等待期；（i）强迫性或选择性的包括范围；（j）管理；（k）合法开支；（l）有关工伤疾病情报统一制度的可行性和必要性及工人补偿法的执行；（m）法律矛盾或争端的解决，多国性问题的治外法权和类似问题；（n）私人保险掮客被从提供工人补偿中排队出去的限度以及这种排斥性做法的必要性；（o）工人补偿与老年伤残、幸存者保险以及其他公私保险之间的关系；（p）贯彻执行该委员会的建议的方法。②工人补偿委员会应在 1972 年 7 月 31 日以前，向总统和国会提交一份最终报告，包括该委员会所发现的问题和结论，连同该委员会认为恰当的建议。

（5）①工人补偿委员会或受工人补偿委员会授权的任何分会或成员，为了执行本标题的各个条款，可以召开听证会，取得某种证明，只要工人补偿委员会认为合适，在某时某地出席会议或采取行动，工人补偿委员会的任何成员，可要求来工人补偿委员会或它的任何分会或成员处的证人经宣誓或不经宣誓作出正式证词。②每个部门、机构和政府行政部门的办事机构，包括独立机构，在工人补偿委员会正副主席的要求下，都有向工人补偿委员会提供为执行本节所赋予的职责所需信息的义务。

（6）根据工人补偿委员会所采用的某项法则和条例，主席有权：①任命执行总监或其他所需要的人员并决定他们的报酬，不用考虑美国法典关于竞争性服务中人员任命的规定，也不用考虑有关分类和工资等级总表的规定，但不得超过最高等级。②取美国法典授权限度以内的临时性和间歇性服务。

（7）工人补偿委员会被授权可与联邦或州的机构、私营公司、协会、学校和个人为了研究、调查、提出报告和其他履行它的责任所需要的活动订立合同。

（8）工人补偿委员会的成员按美国法典规定的日工资标准和他们作为工人补偿委员会成员的天数，接受应得的报酬，并有权接受旅费补偿。生活津贴和其他为履行工人补偿委员会成员的职务所带来必需的费用的补偿。

（9）为执行本节各条款的需要，授权拨给一定款项。

（10）在向总统递交最终报告后的第 90 天，工人补偿委员会终止存在。

五、德国法

（一）保险赔偿原则

（1）德国事故保险赔偿的原则是康复优先于抚恤金，使用最佳的康复措施，以便受影响的人能返回其工作岗位，同时保留其独立性，并尽可能自行安排自己的生活。德国事故保险机构（AI）承保了被保险人的所有赔偿费用，包括治疗、康复、重返工作岗位以及无工作能力人员的抚恤金等。

（2）法定事故保险体制不需要被保险人缴纳任何保险金，均由雇主或国家提供该笔费用。事故预防、事故后的健康恢复和工作能力康复、抚恤金或其他形式的赔偿等均由同一保险来源负责提供。保险机构与医院进行密切的合作。

（二）保险赔偿程序和事项

（1）工伤事故发生后，首先应当提供有效的治疗，进而提供职业促进康复待遇、社会康复待遇、需要护理待遇；相应的损害赔偿包括受害者津贴、受害者年金、遗属年金和丧葬费等。其中，治疗和康复待遇优先于年金待遇。

（2）治疗包括事故刚发生后的照料；医生和牙医的治疗包括补牙，必要的特别事故治疗，按照医生的安排和责任提供的其他援助待遇、药品、治疗措施，包扎用品和辅助器械，家庭疾病护理，在医院和康复机构的治疗。

（3）医疗康复待遇包括负荷试验、工作疗法；不能工作的事故受损害者，在停发工作报酬以后获得病假工资。

（4）职业促进康复待遇包括各种按照各自需要提供的特殊待遇，即获得或者增加劳动岗位包括促进接受工作。就业准备包括由于健康受到损害而进行的必要的基础教育、职业调整、培训、进修和改行，改行包括必要的学校结业。援助适当的学校培训，包括为学校培训作准备或者在义务教育开始之前增强智力和体力。通过提供以上待遇，使受工伤伤害者能够重新获得能力和尽快地重新参与到职业、学校教育或者职业教育中去。

（5）社会康复待遇和补充待遇包括机动车援助、住宅援助、家务援助和指导以及社会教育学的照料和社会心理学照料，还包括在职培训措施中的课

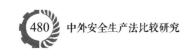

程费和其他旨在达到康复效果的待遇。如果受伤者不能自理则应当向他们支付护理津贴、提供护理人员或者提供家庭护理。

六、日本法

日本确立适用于所有劳动者的工伤赔偿制度是在制定劳动基准法和工伤保险法以后。日本的工伤赔偿制度是由劳动基准法中有关工伤赔偿的规定和《日本工伤保险法》构成的。劳动基准法的工伤赔偿明确规定：对负工伤的员工进行赔偿不是用人单位的恩惠，而是法律赋予其必须承担的义务，也是劳动者的合法权利。

工伤保险金的支付待遇共有十种。

1. 疗养补偿补贴

政府通过指定的医疗机构对受灾工人提供疗养待遇。疗养待遇包括：诊察，购买药剂或治疗材料，处理、手术及其他治疗，住院，看护，移送等。

2. 歇工补偿补贴

从因工伤停止工作治疗的第四天开始领取（法定前三天的补助由雇主负责），每日补贴标准为基础日工资额的60%（在此基础上，可以再支付20%的歇工特别支付金）。

3. 伤病补贴年金

工伤工人经1年零6个月疗养以后仍未痊愈的，根据伤病造成的伤残程度和所评伤病等级发放伤病补偿年金。

4. 伤残补偿补贴

工伤痊愈后给身体留下一定程度的伤残者，可领取伤残补偿补贴（包括伤残补偿年金和伤残一次性支付金）。

5. 伤残补偿年金差额

当伤残补偿年金领取者死亡时，如已支付的伤残补偿年金及伤残补偿年金预付一次金额的合计金额，依照伤残等级未达到法定金额时，差额将根据遗属要求支付给遗属，包括工人死亡时与其共同生活的配偶、子女、父母、孙子女、祖父母及兄弟姐妹。

6. 伤残补偿年金预付金

伤残补偿年金领取者，可按伤残等级所列金额中的最高限额支付伤残补偿年金预付金。

7. 遗属补偿补贴

工人因工死亡时可领取遗属补偿补贴，包括遗属补偿年金和遗属补偿金。有领取资格者包括死亡工人的配偶（含姘居者）、子女、父母、孙子女、祖父母及兄弟姐妹等，在工人死亡时靠其收入维持生计人员。

8. 遗属补偿年金预付金

有权领取者在申请年金的同时，或在接到遗属补偿金支付决定通知之日起一年内提出申请，便可在 1000 天补贴基础日额的限度内一次性领取遗属所选择的金额。

9. 丧葬费

当工人因工死亡时，对负责进行丧葬的人员支付丧葬费。

10. 特别支付金

特别支付金是附加在保险金之上的支付，属于劳动福利的内容。

分析与结论：

1. 国际法规定的会员国责任、义务尚待国内法全面落实

主要是《工人意外事故赔偿公约》《工人职业疾病赔偿公约》《本国工人与外国工人关于事故赔偿的同等待遇公约》等公约及建议书。中国法尚未建立完整、适当的工人赔偿制度和保险制度。

2. 英国法经验和启示

主要是：（1）有权对不履行规定的任何责任或违法行为提出民事诉讼。（2）不履行安全卫生条例规定的义务，若因此造成损失将可提出起诉。（3）在规定中并未提及关于民事诉讼中的辩护问题，安全卫生条例规定犯有失职行为时可以进行辩护。（4）不妨害本法令各条款规定以外的起诉权，也不妨害除了本法令各条款规定以外的辩护法权。

中国法并未完全建立生产安全事故的民事赔偿责任制度。

3. 美国法经验和启示

主要是：成立州工人补偿法全国委员会（注意美国法使用的是"补偿"概念）；工人补偿委员会 15 名成员由总统从州工人补偿局的成员、保险掮客代表、商业人员、工人、医学专业方面具有工业医学或工人补偿案件经验的人、具有工人补偿领域专门知识的教育工作者和公众的代表中选任；工人补偿委员会应对州工人补偿法作全面的研究和评价，以便断定它能否提供一个充分、迅捷和公正的补偿制度。

这说明美国联邦没有统一的工人补偿法，各州的州工人补偿法也是不相

同的，都是自行其是，但按照选择监督原则，可接受联邦政府制约。

4. 中国法关于工伤保险赔偿存在的问题 ❶

主要问题是工伤赔偿中的"双重赔偿"问题。工伤赔偿双重性问题出现在两种场合中：一是道路交通事故中的工伤，既应当由道路交通的责任人或其所投保的保险公司承担责任，也产生了工伤赔偿。二是在前些年的境外劳动中，劳动者通常都是国内企业的正式职工，当该劳动者受企业指派或直接随所在企业在境外劳动中受伤后，既产生了由境外相关单位按照所在国的工伤标准的赔偿，也产生了由国内企业承担的工伤责任。

基本分歧是：劳动行政部门反对双重赔偿，主张就高不就低的赔偿原则，即当劳动者在一次工伤中能够得到两项赔偿时，可以且只能得到最高的一项赔偿，不能同时得到两项赔偿。在有两项赔偿并存的场合，如果用人单位或者工伤保险经办机构没有支付相关费用，则无须支付；如果已经垫付，则由当事人在得到另一项赔偿后返还给用人单位或者工伤保险经办机构。这种主张集中地反映在劳动部 1996 年《企业职工工伤保险试行办法》第 28 条中。客观地说，如果允许一次工伤受损者得到双重赔偿，会产生一个近乎荒谬的结果，即同一项费用重复使用两次，或同一行为要实施两次，如医疗，更荒谬如丧亡。

司法部门的基本观点是：双重赔偿是源于两个不同的法律关系，每一项法律关系中的权利都应当得到法律的充分保障，一项权利的主体也不应当因其另一项权利的存在和享受而致本应享受的该项权利丧失。这一看法的正确性放在对保险公司的考查上就更加明显了。保险公司是经营者，受伤者得到保险赔偿是以投保人支付保险费为前提的。如果免除保险公司的赔偿责任，等于允许保险公司无偿地占有投保人的财产。同样的道理是：不能因为保险公司的存在就可免除用人单位或者工伤保险经办机构的赔偿责任；在保险公司与用人单位或者工伤保险经办机构之间谁也不可因对方的存在就享有免除赔偿责任的权利，不能选择其一。

另外，近些年鼓励实施的安全生产责任保险及其赔偿或补偿政策在实际中存在的问题更多一些，主要是与工伤保险赔偿没有协调好，各方利益关系也没有协调好，实施起来困难重重。

---

❶ 参阅黎建飞. 工伤赔偿的国际经验与思考［J］. 中国发展观察，2011（6）：51-53.

第十二章　安全生产法律责任与司法保障制度比较

第一节　企业或雇主的一般民事、行政、刑事等责任

一、中国法

（一）安全生产民事责任

《安全生产法》第 49 条规定：生产经营单位与从业人员订立的劳动合同，应当载明有关保障从业人员劳动安全、防止职业危害的事项，以及依法为从业人员办理工伤保险的事项。生产经营单位不得以任何形式与从业人员订立协议，免除或者减轻其对从业人员因生产安全事故伤亡依法应承担的责任。第 53 条规定：因生产安全事故受到损害的从业人员，除依法享有工伤保险外，依照有关民事法律尚有获得赔偿的权利的，有权向本单位提出赔偿要求。

这些都是产生民事责任的法律规定。可能发生侵犯民事权利、产生民事责任的地方还有同业生产、紧急避险、超层越界开采、安全设备器材质量问题等。

1. 连带赔偿责任

连带赔偿责任是指两个以上生产经营单位或者社会组织对他们的共同民事违法行为所应承担的共同赔偿责任。连带赔偿责任的特点是有两个以上民事主体从事了一个或者多个民事违法行为给受害方造成了民事损害即人身伤害、财产损失或者经济损失，责任各方均有对受害方进行民事赔偿的义务和

责任。受害方可以向其中一方或者各方追索民事赔偿。

《安全生产法》关于连带赔偿责任的规定有两条：

（1）承担安全评价、认证、检测、检验工作的中介服务机构出具虚假证明给他人造成损害的，与生产经营单位承担连带赔偿责任。比如，中介机构为生产经营单位的安全设备出具虚假检验合格的证明，因使用不合格的安全设备而导致生产安全事故，造成从业人员伤亡的，受害者或者其亲属就可以依照《安全生产法》第89条的规定，对生产经营单位或者中介服务机构提出赔偿要求或者直接提起民事诉讼，请求民事赔偿；生产经营单位和服务机构均有赔偿的责任。

（2）生产经营单位将生产经营项目、场所、设备发包或者出租给不具备安全生产条件或者相应资质的单位或者个人，导致发生生产安全事故给他人造成损害的，与承包方、承租方承担连带赔偿责任。《安全生产法》第100条规定，生产经营单位将生产经营项目、场所、设备发包或者出租给不具备安全生产条件或者相应资质的单位或者个人的，导致发生生产安全事故给他人造成损害的，与承包方、承租方承担连带赔偿责任。

2. 事故损害赔偿责任

是指因生产经营单位的过错即安全生产违法行为导致生产安全事故造成人员伤亡、他人财产损失所应承担的赔偿责任。这里有两点，一是过错方必须是生产经营单位，即生产经营单位有安全生产违法行为而引发事故；二是事故造成了本单位从业人员的伤亡或者不特定的其他人的财产损失。《安全生产法》第111条规定：生产经营单位发生生产安全事故造成人员伤亡、他人财产损失的，应当依法承担赔偿责任；拒不承担或者其负责人逃匿的，由人民法院依法强制执行。生产安全事故的责任人未依法承担赔偿责任，经人民法院依法采取执行措施后，仍不能对受害人给予足额赔偿的，应当继续履行赔偿义务；受害人发现责任人有其他财产的，可以随时请求人民法院执行。《安全生产法》设定了民事责任，但民事赔偿的具体标准应依照民事法律的有关规定进行确定。

（二）安全生产行政责任

1. 安全生产行政责任的形式

《安全生产法》针对安全生产违法行为设定的行政处罚，共有责令改正、责令限期改正、责令停产停业整顿、责令停止建设、停止使用、责令停止违法行为、罚款、没收违法所得、吊销证照、行政拘留、关闭等十一种。

2. 安全生产违法行为的责任主体

安全生产违法行为的责任主体主要包括四种：有关人民政府和负有安全生产监督管理职责的部门及其领导人、负责人，生产经营单位及其负责人、有关主管人员，生产经营单位的从业人员，安全生产服务机构及服务人员。

3. 安全生产违法行为行政处罚的决定机关

《安全生产法》是安全生产领域的基本法律，它的实施涉及多个行政机关，因此在目前的安全生产监督管理体制下，它的执法主体不是一个，而是多个，依法实施行政处罚是有关行政机关的法定职权。《安全生产法》规定的行政执法主体有四种：县级以上人民政府负责安全生产监督管理职责的部门，县级以上人民政府，公安机关，法定的其他行政机关。

4. 生产经营单位的安全生产违法行为

《安全生产法》规定追究法律责任的生产经营单位的安全生产违法行为，有数十种。

5. 从业人员的安全生产违法行为

《安全生产法》规定追究法律责任的生产经营单位从业人员的安全生产违法行为，有十种以上。对从业人员安全生产违法行为设定的行政责任包括：降职、撤职、罚款、拘留、权利限制等。

6. 安全生产服务机构的违法行为

《安全生产法》规定追究法律责任的安全生产服务机构违法行为，主要是出具虚假证明。对该种安全生产违法行为设定的行政责任包括：罚款、没收违法所得、撤销资格、取消资质等。

7. 负有安全生产监督管理职责的部门工作人员的违法行为

《安全生产法》对负有安全生产监督管理职责的部门工作人员的违法行为规定了十几种追究法律责任的情形。对这些违法行为设定的行政责任包括：行政降级、撤职等行政处分。

（三）安全生产刑事责任

安全生产刑事责任是指安全刑事法律规定的，因实施安全犯罪行为而产生的，由司法机关强制犯罪者承受刑罚的责任。现行安全生产犯罪主要有：重大责任事故罪、重大劳动安全事故罪、大型群众性活动事故罪、瞒报谎报事故罪、危险物品肇事罪、工程重大安全事故罪、教育设施重大安全事故罪、消防责任事故罪、重大飞行事故罪、铁路运营安全事故罪、交通肇事罪等。每种罪都有相应的刑罚种类和幅度。

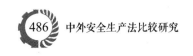

（四）国家赔偿责任

国家赔偿责任是指国家对于安全行政机关及其工作人员执行职务、行使权力损害公民、法人和其他组织的法定权利与合法利益所应承担的赔偿责任。（1）产生赔偿责任的原因是安全行政机关及其工作人员在执行职务过程中的不法侵害行为；（2）赔偿责任的主体是国家；（3）赔偿责任的范围包括行政赔偿与刑事赔偿。

台湾地区有关规定：

（1）有下列情形之一者，处一年以下有期徒刑、拘役、科或并科 5000 元以下罚金：①违反第 5 条第一项、第 8 条、第 9 条第一项、第 13 条、第 18 条或第 25 条之规定者。②违反主管机关或检查机构依第 24 条所发停工通知者。法人犯前项之罪者，除处罚其负责人外，对该法人亦科以前项之罚金。

（2）有下列情形之一者，处 10000 元以下罚款：①违反第 7 条，第 10 条第一项、第二项，第 11~12 条，第 15~17 条，第 19~20 条，第 21 条第一项，第 26 条或第 27 条第二项之规定者。②依第 24 条之规定，应付工资而不给付者。③拒绝、规避或阻挠依本法规定之检查者。

（3）违反第 21 条第二项之规定者，处 1000 元以下罚款。

（4）所处之罚款，得移送法院强制执行。

（5）代行检查机构执行职务，违反本法或依本法所订之命令者，得视情节轻重予以警告、暂停营业或撤销许可之处分。

二、美国法

罚则

（1）任何雇主如果有意识地或屡次违犯本法令第五节的要求，或根据本法令第六节颁布的标准、法则或命令，或根据本法令所制定的条例，每一次违犯可被处以不超过 1 万元的罚款。

（2）任何雇主收到由于严重违犯本法令第五节要求而签发的传票，或根据本法令制定的任何条例，每一次违犯得课以直到 1000 元的罚款。

（3）任何雇主收到由于严重违犯本法令第五节要求而签发的传票，或根据本法令第六节而颁布的任何标准、法则或命令，或根据法令制定的任何条例，如违犯性质不严重，每一次违犯可课以直到 1000 元的罚款。

（4）任何雇主如未能在签发的传票规定的期限内改正传票所指的违犯

（该期限雇主不是为了拖延或逃避罚款，而是忠实地要求复查，经委员会复查后收到由委员会发出的最后命令日起算）每延迟1天得课以不超过1000元的罚款。

（5）任何雇主有意识地违反颁布的标准、法则或命令，或根据本法令所制定的条例，以至造成任何雇员的死亡，定罪后可处以不超过1万元的罚款，或不超过6个月的监禁，或二者并行；但如已非初犯，则可处以不超过2万元的罚款，或不超过1年的监禁，或二者并行。

（6）任何人未经部长或他的指定人员的授权将根据本法令要进行视察的事，事先通知对方，根据此罪行，可处以不超过1000元的罚款，或不超过6个月的监禁，或二者并行。

（7）凡有意制造假供述或证件的人，定罪后可课以不超过1万元的罚款，或不超过6个月的监禁，或二者并行。

（8）杀害一个正在从事调查、视察或执法任务，且正在执行的人，本应受到规定的惩罚，现可处以任何年限或终身监禁。

（9）任何雇主如违反根据本法令有关张贴布告的要求，每次违反可处以1000元以内的罚款。

（10）委员会授权确定本节各种罚款的具体数额或监禁的时限。确定时应对雇主所经营商业规模的大小，违反事项的严重性，雇主的态度，过去有无违反历史等各种因素，给以充分考虑。

（11）凡工作场所，如因存在着某种情况或因已经采用或正在采用的一种或几种实践活动、手段、方法、操作或工艺过程有导致死亡或身体严重损害的巨大可能性存在，为了本节的目的，应认为这个工作场所存在着严重违反行为。除非雇主不知道，或因已作了切实努力而不知道尚存在着违反行为。

（12）根据本法令应处的各种罚款，交由部长存入美国财政部自然增长，但也可以在美国地方法院以美国的名义经民事诉讼程序取回用于被指称发生违反行为或是雇主主要办事处的所在地。

三、南非法

1. 犯罪、刑罚及法庭的特别命令

（1）任何人如果他有以下行为：（a）违反了所签发的指令和通知；（b）违反了免责条件；（c）在记录、申请、陈述或其他本法所规定的文件中，故意作出虚假描述或提供虚假信息的;(d)阻止、妨碍监察员履行法定职责,没有尽力遵守监察员依职责而作出的要求和请求的;(e)没有尽力回复监察员依职责而向其提出的问题;(f)故意向监察员提供虚假或误导性信息;(g)冒充监察员的;(h)收到传唤,但在没有充分理由(自己承担举证责任)而拒绝或没能在规定时间到规定的地点的或者虽然到达但却未经监察员许可提前退出的;(i)收到传唤,但在没有充分理由(自己承担举证责任)的情况下拒绝去见监察员的,在收到指示后拒绝宣誓或拒绝作证的,对于向他提出的问题拒不回答的,或者没有尽其所能回答的,拒绝按照传唤令的要求提供其拥有的书证或其他物证资料的,采取贿赂、阻碍、危害、欺骗或其他非法手段不正当影响向监察员提供证据的人;(j)不当地评价、影响或猜测调查进程和调查结果;(k)乱用或误用雇主和使用者提供的安全装备的;(i)在工作中没有使用雇主和使用者为其提供的安全装备的;(m)在工作中故意或过失地危害其他人的健康安全的,则应当被认为有罪,并处以不超过 50000 兰特的罚金,或者不超过 1 年的监禁,或者二者并罚。(2)雇主因作为或不作为而违犯本法规定,并导致他人在工作场所受伤的,或者导致自己的雇员在工作中受伤的,或者使用者在使用机器设备过程中因作为或不作为而违犯本法规定导致他人受伤的,如果一旦以上行为导致他人死亡则会构成杀人罪(无论事实上该行为是否有可能导致他人死亡)的话,则该雇主或使用者的以上致人受伤的行为应当被认定为有罪,并判处不超过 100000 兰特的罚金,或不超过 2 年的监禁,或二者并罚。(3)如果因违犯本法或本法项下签发的指令或通知而构成犯罪的,认定其有罪的法庭可以在判处其应有刑罚之外,再签发一项命令要求他在规定的限期内遵守本法或相应的指令和通知。(4)如果雇主因违犯本法第 23 条(禁止扣减的规定)而被判处有罪,法庭应当估算其扣减额度,并参照该额度根据 1983 年的《雇佣基本条件法》第 28 和第 29 条关于"未达到规定要求投入"的规定加以处理。

2.免责

(1)部长有权决定在特定的时间与条件下,依主体或事项,全面或部分地免除某个或某些特定类别的雇主和使用者违犯本法或本法项上的通知或指令的法律责任。(2)上述免责期限的开始日期可以早于部长作出免责决定的日期,但是不得早于当事人要求免责而向部长申请的日期。(3)上述第 1 项规定的免责应当(a)如果是针对特定的雇主或使用者的,则应当向其签发免责书，上面写明被免责人的姓名以及免责范围、免责期限和免责条件；（b）如果部长准备向以下特定类别的雇主或使用者们授权免责，则应当通过国家公报公告被免责人的类别、范围、免责期限和免责条件：符合上面（a）或（b）段规定的某一雇主组织或使用者组织；部长认为需要免除他们根据本法第 44 条而并入行政法规的健康安全标准所确定的法律责任的。（4）根据本条第（3）项（a）段签发的免责书及（b）段签发的通知，部长均可随时变更或撤销。（5）本条第（1）项下的免责因以下情况而失效：（a）授权免责期限届满；（b）被本条第（4）项的证书或通知而撤销。（6）一项依据 1983 年《机器设备与职业安全法》第 32 条授权的免责，如果它所依据的条款在一定程度上与本法本条第（1）项规定类似，或者直到本法实施时为止该免责根据该法第 32 条第（5）规定仍没有失效，则可以被视为符合本法规定。

四、德国法

1. 罚金规定

（1）对以下故意或疏忽大意违规者给予罚金处理："1. 违反本法第 18 条第 1 点或第 19 条中某一法律规定者，只要符合罚金规定中的某一事实情况，或 2.a）作为用工者或作为负责人，违反本法第 22 条第 3 点中一项可执行的命令者；b）作为劳动者，违反本法第 22 条第 3 点第 1 句话所指可执行的命令者；（2）凡属于本条中（1）、1 和 2、b）的违规者，最高可处 1 万德国马克的罚金；凡属本条（1）、2、b）的违规者，最多可罚款 5000 马克。"

2. 刑罚规定

对下列违法者最长可处一年的监禁或处以罚款："1. 第 25 条中第（1）、2.a）所指违规行为的屡犯不改者或 2. 因第 25 条（1）. 1 或（1）.2a）中所指故意违规行为给某个劳动者的生命或健康造成危害者。"

五、日本法

罚则

（1）违反第 55 条的规定人员，处以三年以下徒刑或 200 万日元以下罚款。

（2）违反第 37 条第 1 款、第 44 条第 1 款、第 44-2 条第 1 款、第 56 条第 1 款、第 75-8 条第 1 款或第 86 条第 2 款规定的人员，处以一年以下徒刑或 50 万日元以下罚款。

（3）违反停止第 53 条第 2 款（包括适用于第 54 条、第 54-2 条第 2 款或第 77 条第 2 款的场合）、第 54-5 条第 2 款或第 75-11 条第 2 款规定业务的命令时，对那些有违反行为的检查代行机关等的官员或职员，处以一年以下徒刑或 50 万日元以下罚款。

（4）符合以下各项中一项的人员，处以 6 个月以下徒刑或 50 万日元以下罚款。第 1 项，违反第 14 条、第 20 条、第 25 条、第 25 条之二第 1 款、第 30 条之三第 1 款、第四款、第 31 条第 1 款、第 31 条之二、第 33 条第一款、第二款、第 34 条、第 35 条、第 38 条第一款、第 40 条第一款、第 42 条、第 43 条、第 44 条第六款、第 44 条之二第七款、第 56 条第三款、第四款、第 57 条之三第五款、第 57 条之四第五款、第 59 条第三款、第 61 条第一款、第 65 条第一款、第 65 条之四、第 68 条、第 89 条第五款、第 97 条第二款、第 104 条、第 108 条之二第四款规定的人员。第 2 项，违反根据第 43-2 条、第 56 条第 5 款、第 88 条第 7 款、第 98 条第 1 款或第 99 条第 1 款规定公布命令的人员。第 3 项，不按照第 57 条第 1 款规定做出标志或做虚假标志的人员；不交出按照同条第 2 款规定文件的或交出虚假文件的人员。第 4 项，违反根据第 61 条第 4 款规定下达的劳动省令的人员。

（5）符合以下各项中一项的人员，处以 50 万日元以下罚款。第 1 项，违反第 10 条第一款、第 11 条第一款、第 12 条第一款、第 13 条第一款、第 15 条第一款、第三款、第四款、第 15 条之二第一款、第 16 条第一款、第 17 条第一款、第 18 条第一款、第 25 条之二第二款、第 26 条、第 30 条第一款、第四款、第 30 条之二第一款、第四款、第 32 条第一款、第六款、第 33 条第三款、第 40 条第二款、第 44 条第五款、第 44 条之二第六款、第 45 条第一款、第二款、第 57 条之三第一款、第 59 条第一款、第 61 条第二款、第 66 条第一款、第三款、第 66 条之三、第 66 条之六、第 87 条第六款、第 88 条第一款、第四款、第 101 条第一款、第 103 条第一款规定的人员。第 2 项，违反按第 11 条第二款、第 57 条之四第一款、第 65 条第五款、第 66 条第四款、第 98 条第二款、第 99 条第二款规定公布的命令或指示的人员。第 3 项，不按照第 44 条第 4 款或第 44-2 条第 5 款规定做出标志的或者做出虚假标志的人员。第 4 项，拒绝、妨碍或逃避按第 91 条第第一款、第二款、第 94

第一款、第 96 条第一款、第二款、第四款规定的人员行使进入、检查、测定作业环境，带走物品或健康检查，对质问不作回答或作虚假回答的人员。第 5 项，不按照第 100 条第 1 款或第 3 款规定作报告的或者作虚假报告的或者不出面汇报的人员。第 6 项，不按照第 103 条第 3 款规定准备或保存账本的或在该款规定的账本上作虚假记载的人员。

（6）有违反符合下列各项中一项行为的检查代行机关等官员或职员，处以 50 万元以下罚款。第 1 项，未取得第 49 条（包括适合于第 54 条及第 54-2 条第 2 款的场合）或第 75-10 条的许可，就废除、停止了性能检查、个别检定、型式检定或考试事务的全部业务时。第 2 项，拒绝、妨碍或逃避按第 96 条第 3 款规定的人员行使进入或检查；或者对质问不作回答或作虚假回答时。第 3 项，不按照第 100 条第 2 款规定作报告或作虚假的报告时。第 4 项，不按照第 103 条第 2 款规定准备或保存账本或者在该款规定的账本上作虚假的记载时。

（7）法人代表人或法人或普通人的代理人、佣人及其他工作人员，在其法人或普通人的业务方面，有违反第 116 条、第 117 条、第 119 条或第 120 条行为时，除处罚直接违反人员外，对上述法人或普通人也要课以罚金和判处徒刑。

六、俄罗斯法

雇主的法律责任

如果雇员担心不安全的工作环境可能导致其人身伤害，他们有权停止工作，直到雇主消除隐患。如果雇员认为他的职业安全权受到了损害，尤其是已经导致了工伤或其他重大消极后果时，他有权向法院提起诉讼。如果法庭裁决企业有责任，将会被要求向雇员支付赔偿，包括精神损害赔偿。

如果违反了劳动安全法规，雇主和管理人员都有可能面临行政法律责任与民事法律责任。此外，如果因为管理人的违法行为导致雇员遭受严重的人身伤害，还有可能被提起刑事指控。企业将会指令暂停生产，直到经整改符合安全要求。在个别案件中，如果雇主有明显重大过错违反了劳动安全法规要求，有可能导致雇员严重的人身伤害的，企业可能被责令停产或被取消在俄罗斯的生产经营资格，雇主将会因此遭受巨大损失。

分析与结论：

中国法律责任的条文规定很复杂，且多对原正面条文进行反面重复。外国法律责任的规定很简洁，多是把若干条文归类集中，统一规定处罚标准，值得中国法学习，另外，中国的罚款规定在各国法比较中是很严厉的。

第二节　监管部门及监管人员违法责任

一、中国法

1. 监管部门违法责任

负有安全生产监督管理职责的部门，要求被审查、验收的单位购买其指定的安全设备、器材或者其他产品的，在对安全生产事项的审查、验收中收取费用的，由其上级机关或者监察机关责令改正，责令退还收取的费用；情节严重的，对直接负责的主管人员和其他直接责任人员依法给予行政处分。

2. 监管人员违法责任

负有安全生产监督管理职责的部门的工作人员，有下列行为之一的，给予降级或者撤职的行政处分；构成犯罪的，依照刑法有关规定追究刑事责任：

（1）对不符合法定安全生产条件的涉及安全生产的事项予以批准或者验收通过的；（2）发现未依法取得批准、验收的单位擅自从事有关活动或者接到举报后不予取缔或者不依法予以处理的；（3）对已经依法取得批准的单位不履行监督管理职责，发现其不再具备安全生产条件而不撤销原批准或者发现安全生产违法行为不予查处的。

二、其他国家法

其他国家基本没有监管部门及监管人员违法责任，中国法较为严格。

第三节 起诉、上诉、裁决、申诉

一、英国法

1. 延长提出即决诉讼的时间

（1）提出一份适用于本法令有关事情的特别报告；任何此类事情进行调查的人提出一份报告；验尸官对任何由于在工作中发生事故死亡的人，或在工作中由于患病或可能患病，或由于任何事故、活动或因劳动疏忽而死亡的人，进行验尸并提出验尸报告；对可能由于事故丧生的任何人提出官方的调查报告。在与上述有关的事件，或从验尸报告或调查报告的起诉报告中可以发现违犯有关法定条款的时间与验尸或调查报告中的主题事件有重要关系，对违法行为负有责任的人，即决诉讼可在写报告的 3 个月的任何时间开始进行，而对符合上述规定的案例，则可在验尸或调查得出结论 3 个月内开始进行。（2）按照有关法定条款做出的处罚，有时在条款所规定的时间内未能执行，此类处罚应继续有效，直到执行后为止。（3）对于本款所适用的违法行为的即决诉讼，可在负责的执法当局掌握了充分证据并认为有理由对那一违法行为进行起诉之日起，在 6 个月内的任何时候开始，并且为了实现本条款目的：（a）执法当局在一份证书中宣告，该当局所获得的证据在某一时间据他所知是该事件带有结论性的证据；（b）旨在作为此类证书的文件由执法当局签署，除非有相反的情况被证实，否则此类文件应被承认为证书。（4）如作为一名设计师、制造者、进口商、供应者违犯他们应该遵守的条款要求，上述第（3）款适用于任何这类违法行为。附款中的"负责的执法当局"意指此类犯法行为属其职责范围内的当局。（5）执法当局掌握了充分的证据使执法当局认为有理由向大法官送一份报告，其目的是根据执法当局所掌握的情况可以考虑起诉的问题。

2. 违法地点

违法行为若与任何工厂或财产有联系，为了将犯法行为纳入任何执法当局的职责范围内，或授权任何法庭管辖并对犯法者起诉，可以认为其犯法地点即为工厂或财产所在地。

3. 由于他人过失而违法

（1）任何人违犯法定条款，若应归咎于其他人的行为或过失，则不管对他是否提出起诉，那位"其他人"是有罪责的，而且要有一人对违法行为负责，按照这一附款将被指控为犯法。（2）在王国政府人员触犯或已经触犯违法行为，但是在那种情况下，即造成此事实是由于王国政府以外的人员的行为或过错，而且该人对犯法行为负有罪责，但在那种情况下却要由王国政府人员负责并从而认为违法时，则对王国政府人员无约束力。

4. 法人团体的违法

（1）当法人团体的犯法行为被证实是由于经该团体的董事长、经理、秘书或其他领导的同意或许可以及由于他们的疏忽而造成的，或是有人凭其能力有意违犯的，除当事人外，该法人团体应定为犯法并将被起诉，受到相应的处罚。（2）如果该法人团体的事务是由其成员所办理的，前述附款适用于有关人员的行为和疏忽，如果他是该法人团体的董事长或领导人，将考虑到他的管理职责。

5. 起诉限制

在英格兰和威尔士地区，对犯法行为的起诉在未得到监察员或与一名检察官同意时，将不能进行。

6. 监察员的起诉

一名监察员经任命他的执法当局授权，虽非律师，但可根据有关法定条款向地方法院提出对一名犯法者的起诉。本条将不适用于苏格兰地区。

7. 证明切合实际的范围的责任

对犯法者进行的任何起诉都是由于处理某一事务不当违反职责或要求而成的。这就涉及办事时是否采取了切合实际或更合理可行，或以最佳的切合实际的方法去执行命令的问题，而且在控告中应该证实（根据具体情况）在处理某一事务时，采取了不切合实际，或更为不合理的方法来履行职责和对待要求，或者证明事实上没有更好的切合实际的方法以履行职责和达到要求。

8. 证据

（1）根据有关法定条款提出的要求，在档案或其他记录中要作记载。如果是为了反对某人或是以他的名义作的记载则可作为证据，而在苏格兰地区，记载中应对事实有充分证据的说明。

（2）如果遵循有关法定条款的要求，应该作的记载并未作，则应以事实作为证据。在苏格兰地区则应提供充分证据表明该条款未被遵守。

9. 法庭命令犯法者赔偿或在某些案件中予以没收的权力

（1）当某人根据有关法定条款被指控在某些事情上违法，将被提交到法庭，法庭有权对这些事情作出赔偿的决定。法庭可以给予处罚命令，令犯法者在命令中所规定的时间内以赔偿代替处罚，采取命令中所说明的步骤对该事情进行赔偿。

（2）根据当事人在赔偿限期之前提出的申请，法庭可以下令将原定的应赔偿期限宽限至另一日期。

（3）某人接到法庭下达的关于对某一事件作出赔偿的命令时，若该事件根据有关法定条款他并无责任赔偿，他可以延期执行。

（4）当法庭判定某人有违法行为时，可下令没收与此案有关的爆炸物品或爆炸物质，或按照法庭下令采取的方式予以破坏。

（5）当有人向法庭声明他是某物品的物主，并提出了不应没收的理由和申请，可不下令没收有关物品。

10．许可申诉

任何人对有权颁发许可证（核设施许可证除外）的权力当局感到不满，如有下列情况，他可向就业大臣提出申诉：（1）拒绝发给许可证或拒绝更换他持有的许可证或将他人持有的许可证转给他。（2）发给许可证，但有期限、条件和限制，他感到不满。（3）修改或拒绝修改他所持有的许可证有对日期、条件和限制的规定。（4）撤销他所持有的许可证。

大臣如认为处理该申诉是合适的，而且问题的性质已清晰，可指定由另一人员代表他对提出的申诉作出决定。在裁决此项申诉以前，大臣将询问申诉人和有关权力机关，他们是否愿意出席听取申诉。（1）如果双方表达意愿认为无须出席申诉会，可在不召开申诉会的情况下对申诉书作出决定。（2）如果双方都表示愿意出席申诉会，大臣将允许双方有机会出庭。

法庭和调查法将适用于由大臣所任命的人员召开对申诉作出决定的申诉会，但陈述作出决定的理由，可由大臣或其代表作出决定。

代表大臣的人员可以根据本法对申诉作出决定，如果大臣拟对此类申诉作出决定，他可以发出他认为合适的指示使他的决定生效。

大臣可向由他任命并根据此款代替他听取申诉、作出决定的任何人员，支付酬劳金和津贴，此事将由大臣按照文职大臣的批准决定。

"许可证"意指除核设施以外的根据有关法定条款发给的许可证。

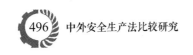

二、美国法

1. 司法复查

任何人如果由于委员会发出的命令而受到不利影响或侵害时，可以在命令发出的 60 天内，以书面形式要求发生违法行为所在地或雇主的主要办公室所在地审判区的任何一个美国法院，或哥伦比亚特别审判区上诉法院复查，修改或废除该命令。法院秘书应把这种申请书的副本立即转送给委员会和另一方，这时委员会应向法院提交美国法典所规定的诉讼程序记录。法院对提交的记录和对问题作出的决定，拥有判决权，有权命令暂缓执行委员会的命令。然后开始研究记录中的起诉和答辩、证据或证词和各种程序。作出判决，或维持、或修改、或全部或部分驳回委员会的命令，直到委员会的命令被执行或得到修改为止。除非法院有命令，否则根据本条诉讼程序的开始不能因此而延压委员会的命令。没有向委员会陈述过异议的，法院不予受理，除非由于非常环境以至这种异议的陈述归于失败或被忽略，得到法院的谅解。涉及事实的问题，从整体来说如果记录上有实质性的证据，委员会的调查结果应是结论性的。如果任何一方要求法院准假以便提供新增加的证据，而这种证据的重要性和它之所以没有能在委员会举行听证会时提出的原因和理由为法院所接受时，法院可命令把这种新增加的证据拿到委员会面前作为记录的一部分。由于这种后加的证据，委员会得修改原来关于事实的调查结果，或作出新的调查结果。在事实问题上，这种修改的或新的调查结果，只要从整个记录来说，有实质性的证据支持，应该是最后结论性的。从而建议对原来的命令进行修改或驳回。对提出的有关记录法院拥有判决权，是唯一的最后的判决，除非根据美国法典规定，这些归档记录受美国最高法院的复查，属于本条所说的申请书应尽快审理。

部长也可以向指称发生违犯所在地或雇主主要办公室所在地审判区的美国法院提出对委员会的任何最后命令进行复查或执行的要求。本节第一条的规定，凡能适用的也可用以指导这种申请活动。如果在委员会命令送达后 60 天内，并无根据本节第一条要求复查的申请，则与部长在 60 天期限终了后提出的申请相关联的，委员会对有关事实的调查结果和命令都具有结论性。在这种情形时，或在对传票无反驳的情况下，根据第十节中第一条或第二条那个命令业已成为委员会的最后命令，除非法院另有命令，否则法院秘书应即作出执行委员会命令的判决，并把判决副本送给部长和申请书中所提名的雇主。如对根据本条和本节第一条之判决有蔑视行动，为了执行判决，法院除了行使别的可用以补救的办法外，还可以课以根据第十七节规定的罚款。

（1）任何人不能解雇或以任何形式歧视雇员，如因这个雇员曾根据本法令或与本法令有关提出或使人提出诉讼，或在这样的诉讼中作过或将要作证，或为他自己或旁人行使了本法令所赋予的权利。（2）任何雇员如果认为他被解雇或受到歧视是由于有人违犯了本条规定所致，他可以在这种违犯发生后的 30 天内向部长提出对这种歧视的控诉。收到这种控诉后，部长就即进行他认为合适的调查。在经过调查后，如部长确认本条的规定已被违犯，他应立即向任何合宜的美国地方法院对那人起诉。对任何这样的起诉，美国地方法院应有司法权。采取措施制止对本条第（1）款的违犯并命令采取各种合适的补救办法，包括重新雇佣或恢复雇员的原来职位并偿付短欠。（3）部长须在收到根据本条提出的控诉后 90 天内，把他根据本条第（2）款所作出的决定通知控诉人。

2. 职业安全卫生复查委员会

（1）在任何诉讼程序和任何情形下，委员会都有权命令作证。任何人都可以被强令到场交出各种账簿、报纸、文件作为证据。根据本条出席作证的证人和提供上述证据的人应得到在美国法庭上提供同样服务的人所应得的报酬。

（2）为了处理摆在委员会面前的任何诉讼程序，委员会可行使国家劳工关系法所规定的司法权。

（3）委员会所任命的听证会主持人对委员会主席交给他主持的每一次听证会应认真听取意见并作出决定，并就他的决定写出报告，这是他对这一诉讼的最后处置，听证会主持人提出报告后，如果委员会没有任何一名成员提出该报告须由委员会复查，则在 30 天内他的报告将成为最后命令。

（4）听证会主持人须服从有关分类行政机关雇员的法律，除非不是按照美国法典任命的。每个听证会主持人应得到不低于美国法典所规定的报酬。

3. 抵制紧迫危险的步骤

（1）美国地方法院，在部长的请示下，有权制止任何工作场所那里存在着一种危险有理由相信会迅即造成死亡或严重身体损伤的情况或活动。或是通过执行本法令的程序，这一紧迫危险被消除之前，另行行动。应发布采取必要步骤的命令避免改变或排除这种紧迫危险。禁止在这种地方或情形下进入任何人或进行任何工作，除非是为了达到改正、排除这种危险的目的所必需的人，但这些任务的完成必须安全和有秩序。

（2）地方法院接到申请后，在依照本法令采取强迫行动之前，有权指令停止或暂时制止，应按民事诉讼联邦律令第65条所规定行动。除了所发布的暂时制止命令外，其他指令的有效期超过了5天的都须经过通知。

（3）监察员一旦作出结论：在任何工作场所确有本节第一条所规定的情况或活动存在，他应把这种紧迫危险通知受影响的雇员和雇主并向部长提出排除这种危险的建议。

（4）如部长出于专断或无主见而没有按本节规定寻求排除危险，任何雇员因此而受到伤害，他或他的代表，可在被指称存在紧迫危险的地方或雇主主要办事处所在地美国地方法院或哥伦比亚特区法院控诉部长，取得"职务执行令"，强迫部长发布命令或采取合宜的步骤进一步排除危险。

4. 民事诉讼代表

除有关最高法院的诉讼规定外，劳动法务官可以代表部长出庭有关本法令的民事诉讼，但所有这种诉讼都应服从司法部长的指导和安排。

5. 变动、宽容和豁免

根据记录部长在发过通知并提供了听证会的机会后，当他发现有必要为了避免给国防造成严重损失，可制定对本法令的任何条款或全部条款，允许合理变动、宽容或豁免的法则和条例。如果没有通知过受影响的雇员和给以听证的机会，这种做法的有效期，不能超过6个月。

三、澳大利亚法

1. 联邦职业安全与健康委员会可以指导听证会

（1）委员会可以通过在 Gazette 上发表书面通知指导将召开通知所规定的职业安全卫生方面事务的听证会。（2）当委员会已经开始指导就有关事务召开的听证会时，委员会可以在收到报告之前的任何时候通过在 Gazette 上发表书面通知撤销或修改对听证会所进行的指导。

2. 专员有起草相关文件的权力

专员、顾问或专员授权的代理人可以审查为听证会准备的任何文件，也可以制作文件的副本或摘录文件。

3. 蔑视听证会

任何人都不能：侮辱或妨碍专员行使其作为专员的权力或履行其作为专员的职责；干扰听证会；对专员使用侮辱性语言；在专员主持听证会的地方

制造骚乱，或参与制造或推动骚乱；如果听证会是在法庭举行，在法庭面前从事的任何其他活动或任何其他事情都构成蔑视法庭罪。

处罚：2000美元罚金或1年监禁，或两者同时执行。

4. 保护专员和证人

5. 证人的津贴

6. 其他开支

根据传票出席听证会作证的人有资格领取联邦政府按规定发给他的津贴，以补偿其因出席听证会作证而发生的交通或其他开支。

7. 证人不受伤害

8. 向地方议会起诉

（1）"指定的人员"，相对于职业安全与健康委员会而言，指：建立该委员会的工作场所雇人员的雇主；此工作场所的雇员；得到该工作场所大多数雇员授权的人员，此人可由依据工业调解法注册的雇员工会所指派，且该工会的会员在此工作场所受雇。（2）一个被指定的人员可就下列一项或几项问题向地方议会起诉：（a）建立职业安全与健康委员会的要求被认为是非法的；（b）在选举雇员代表的任何会议上所采取的任何程序被认为是非法的；（c）有关任何这样的委员会的组成或规模，或其在处理事务时所采取的程序的任何问题被认为是不合适的，或不足以保证有效地代表工作场所或不符合职业安全与健康法的宗旨。（3）依据本条提出起诉的方式和地方议会处理这样起诉的程序，应由议会决定。（4）地方议会对本条所指的起诉的决定是有约束力的，可通过有关人员使之生效。

四、新南威尔士法

1. 违规的即决程序

（1）对违反本法和规程的情况的诉讼应即决审判：（a）在由地方行政长官单独开庭的法庭面前；（b）在工业法庭面前。（2）在由地方法庭进行的诉讼中，最多可处以100罚款单位的罚款或课以针对该违规规定的最多罚款，取二者较少者。（3）在由工业法庭进行的诉讼中，最多可处以针对该违规规定的罚款的上限。（4）工业关系法和关于从地方法庭向工业法庭提出上诉的规定，和由地方法庭向工业法庭陈述诉讼事件的规定，适用于地方法庭对违反本法或规程的诉讼。

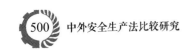

2．起诉的授权

（1）对违反本法或规程的情况的诉讼，只要具备下列几项条件即可进行：（a）有部长或某规定官员的书面同意；（b）有依据工厂、车间和工业法任命的监察员参加；（c）有依据工业关系法注册或承认的雇员工业组织的干事和与该诉讼有关的人员参加。（2）在对违反本法或规程的情况的诉讼中，本该由部长或规定官员签名对该诉讼表示同意，应作为没有部长或规定官员出席时同意诉讼的证明。

3．对违规进行诉讼的有效期

对违反本法或规程的情况的诉讼，可在违规发生后的两年内随时进行。

4．团体违规

（1）当一个团体违反了本法或规程的任何规定（无论是因某种行为或疏忽）时，该团体的每一位领导者和管理者应被认为已违反了同样的规定，除非其能令法庭相信：（a）该团体违反该规定他不知道；（b）他未处在可以影响该团体违反规定的地位；（c）他处于这样的地位，曾尽力阻止该团体违反本法和规程的规定。（2）一个人可被起诉和定罪，无论该团体是否已被起诉或被定罪。（3）任何规定不损害或影响由本法及其规程施加给任何因违反该规定被实际提审的团体的任何责任。（4）在一个团体是地方政府管辖区的一个地区委员会的情况下，按本条的规定，该委员会的一个成员将不被认为是一个领导或该委员会的管理有关的人员。

5．帮助和教唆等

（1）帮助、教唆、劝说或介绍，或通过行动或疏忽直接或间接地有意参与或作为违反本法或规程的当事人的人员，应被看作已违规并应受罚。（2）本条不适用于作为雇员或雇主工业工会的官员正在履行其正常职责的人员。

6．某些重复违规——附加罚款

（1）本条规定适用于第二次或多次违反本法规定，构成故意重复违规的诉讼。（2）如果在本条规定适用的诉讼中被告是一个正常的人，可判处不超过2年的监禁，并依据本法的规定课附加罚款或由任何其他罚款取代。（3）本条适用于在本条生效之前已被审理的有关先前的违规。

7．对某些违规的罚款通知

（1）如果依据本法（或依据本法制定的规程）或有关的职业健康与安全法规的规定，一个人已经构成了由规程所规定的违规，一个被授权的官员可给此人下达罚款通知。（2）罚款通知是对事件结果的通知，如果此人不希望通过法庭来处理该事件，可在通知指定的时间内将罚款交给通知指定人员；如果是依据本条的规定进行处理，罚款的数额应为规程针对该违规规定的数额。（3）罚款通知可亲自送达或邮寄。（4）依据本条的规定，如果某被定为违规的规定罚款已被付清，任何人均不负责对该违规的进一步诉讼。（5）为任何民事索赔、控告或对同样现象的诉讼的目的，依据本条的规定交付的罚款将不被看作是责任的承认，也不以任何方式影响或损害任何民事索赔、控告或对同样现象的诉讼。（6）规程可通过详细说明违规情况或给出所违反的条款来划定违规；如果依据本条的规定进行处理，规定该违规应付罚款数额；对不同程度的违规或不同类型的违规规定不同的罚款数额。（7）依据本条规定对某项违规规定的罚款数额，不得超过法庭对该违规处以的最高罚款数额。（8）本条规定不限制在对违规的诉讼中可能适用的本法或任何其他法律的规定的执行，或依据可能适用的本法或任何其他法律的规定而制定的任何其他规定的执行。（9）"被授权的官员"指由规程宣布为被授权的官员的人员。

8. 阻扰等

某人不得故意妨碍或干扰任何人行使依据本法的规定赋予的权力。

最高罚款：对团体罚款150罚款单位，对其他情况罚款100罚款单位。

9. 辩护

某人证明下述问题，应视为对其违反本法或符合的规定的任何诉讼的辩护：（1）要求他遵守本法或规程的某项规定是不切合实际的；（2）违规是由于他无法控制的原因引起的，而他又不能制定规定来制止违规的发生。

10. 证据报告书

在对违反本法或规程的规定的起诉过程中，一个关于下列内容的报告书，应由劳动保险管理局的总经理签名：（1）一个文件或记录是由规程要求通知的，或制定的规程的任何规定要求通知的事故或其他事件的通知；依据建筑安全法规定颁发的资格证书；依据规程的规定颁发的资格证书、执照或许可证。（2）任何其他规定的事项包括与职业健康与安全有关的官方文件或记录，并证明该报告书的内容是依据包含在文件或记录内的详细情况作出的。

五、南非法

1. 治安法庭的管辖权

除非其他法律另有规定，治安法庭有权依据本法作出刑罚或发出命令，

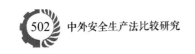

但无权审查依本法制定的行政法规的效力。

2. 对监察员裁决的上诉

（1）受监察员根据本法作出的裁决侵犯了合法权利的当事人，可以向首席监察员申诉。首席监察员在考虑了申诉依据及监察员裁决理由后，应当作出维持、驳回或变更原裁决的决定，或者作出在首席监察员看来一名普通监察员应当作出的可替代的其他裁决。（2）当事人应当在收到监察员的裁决之日起 60 日内向首席监察员提出书面申诉，并附上申诉理由。（3）如果当事人认为首席监察员的上述裁决仍然侵犯了其权利，或者首席监察员依本法行使其他权力时也侵犯了他的权利，当事人可以向工业法庭上诉。工业法庭在审查上诉理由后，应当作出维持、驳回或变更原裁决的决定，或者作出其他在工业法庭看来首席监察员应当作出的可替代的裁决。（4）当事人应当在收到首席监察员裁决之日起 60 日内，向工业法庭提出上诉登记申请。（5）如果裁决与本法规定的禁令有关，则申诉或上诉均不阻止该项裁决的实施。

六、日本法

不服申诉：（1）对于有关的检查、性能检查、个别检定、型式检定或许可考试结果的处置，可以根据"行政不服审查法"提出不服申诉。（2）对于与指定考试机关进行的考试事务有关的处置（对许可考试结果的处置除外）或对那方面事务故意作梗时，可以请求劳动大臣按行政不服审查法进行审查。

分析与结论：

英美法系国家没有行政诉讼，大陆法系国家才有行政诉讼。我们称为行政诉讼的案件，在英美法系国家则是按照民事诉讼程序进行的民事案件。

1. 英国法经验和启示

（1）违法地点的确定。即违法行为若与任何工厂或财产有联系，为了将违法行为纳入任何执法当局的职责范围内，或授权任何法庭管辖并对犯法者起诉，可以认为其违法地点即为工厂或财产所在地。

（2）法人团体违法行为的确定。经该团体的董事长、经理、秘书或其他类似领导的同意或许可以及由于他们的疏忽而造成的，或是有人凭其能力有意违犯的，除当事人外，该法人团体应定为违法并将被起诉，受到相应的处罚。如果该法人团体的事务是由其成员所办理的，适用于有关人员的行为和疏忽。如果他是该法人团体的董事长或领导人，将考虑他的管理职责。

英国法规定的犯法行为及其主体、地点是比较全面的，应予以借鉴。

（3）对犯法者进行的任何起诉都是由于处理某一事务不当违反职责或要求而成的。

（4）任何人对有权颁发许可证的权力当局感到不满，则可向就业大臣提出申诉。

2．美国法经验和启示

（1）职业安全卫生复查委员会可行使国家劳工关系法所规定的司法权。在任何诉讼程序和任何情形下，委员会都有权命令作证。

（2）任何人可以对委员会发出的命令在60天内，用书面向美国法院或哥伦比亚特别审判区上诉法院要求复查，要求修改或废除该命令。这是司法对行政命令的复查决定权。

（3）地方司法抵制紧迫危险。在部长的请示下，美国地方法院有权制止任何工作场所那里存在着一种危险会迅即造成死亡或严重损伤身体的情况或活动，应发布命令避免、改变或排除这种紧迫危险，禁止在这种地方或情形下进入任何人或进行任何工作，这与中国司法体制是不同的。

（4）民事诉讼。劳动法务官可以代表部长出庭进行有关的民事诉讼。这里的民事诉讼类同于中国的安监行政诉讼。

3．澳大利亚法经验和启示

联邦法规定了联邦职业安全与健康委员会指导听证会的权力、蔑视听证会的责任。任何人都不能侮辱或妨碍专员行使权力或履行职责，干扰听证会，对专员使用侮辱性语言，在听证会制造骚乱或参与制造或推动骚乱。如果听证会是在法庭开庭，在法庭面前从事其他任何活动或事情都构成蔑视法庭罪。该法还规定了有关保护专员和证人、证人津贴、证人不受伤害等措施。

规定了雇主、雇员向地方议会起诉的权利等。这对完善我国安监行政处罚、行政复议、行政诉讼等制度有借鉴意义。

4．新南威尔士法经验和启示

新南威尔士法规定了违规的即决程序、起诉的授权、对违规进行诉讼的有效期、团体违规行为、帮助和教唆等行为的责任，以及重复违规附加罚款、对违规的罚款通知、辩护、证据报告书等内容，对完善我国安监行政处罚程序、诉讼程序有借鉴价值。

5．南非法经验和启示

南非法规定的治安法庭的管辖权对监察员裁决的上诉等事项，均属英美

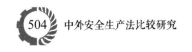

法系的类似规定，不一一赘述。

5. 日本法经验和启示

日本法规定，对于有关的检查、性能检查、个别检定、型式检定或许可考试结果的处置，可以根据行政不服审查法提出不服申诉。对于与指定考试机关进行的考试事务有关的处置或故意作梗时，可以请求劳动大臣按行政不服审查法进行审查。这些属于大陆法系类似规定，与我国类同，不一一赘述。

第四节 司法（含行政）中的事实（证据）推定

南非法规定了对特定事实的推定证明：

（1）在本法规定的程序中，如果有证据证明某人出现在某工作场所之中，除非另有证据，否则推定该人是雇员。

（2）如果没有充分证据证明年龄，根据本法规定，推定监察员认定的年龄为其年龄；如果利害关系人对监察员的认定不服，可以自己出资，要求该年龄不明的人前往地区医生处接受检查，该检查医生的结论在本法规定的各种法律程序中为最终结论。

（3）在本法规定的程序中，由雇主、使用者或雇员及其代理人提供的书证、物证或其复制品，以及在其占有或使用的工作场所中所提取的书证、物证或其复制品，其中表达的内容同时可视为他对该事实的承认，除非另有证据表明该内容并非由其本人作出的。

（4）在本法规定的程序中，如果某人持有的记录中有不真实的记载内容，则除非有相反证据，否则推定是该人故意进行的虚假记载。

（5）对违反本法 22 条的人进行刑事审判时，除非另有证据，否则推定为该条所载的相关物品、机器设备和健康安全装备在入市销售时并不符合法定的标准。对于在任何审判过程中提交的经专家审核后的证书或陈述文件，如果它宣称起诉所涉及的物品、机器设备和健康安全装备是符合标准要求的，则该文件仅作为初步证据使用。

（6）除 1993 年《南非标准法》第 31 条第（3）项规定以外，本法规定的程序中，如果对一项文件中所包含的标准是否已经依本法第 44 条并入行政法规有争议，则该文件以及由监察员提供的文件仅作为初步证据使用。

（7）根据本法第 20 条第（2）项由企业健康安全委员会保管的记录，包括经监察员鉴定可以作为此记录的真实的摘要的那些文件，在本法规定的法律程序中，应当可以作为初步证据证明该委员会已经在记录中向雇主或监察员提交了相关建议或报告。

分析与结论：

安监行政、司法中会遇到事实推定、证据确定问题，值得我国学习借鉴。主要是：（1）如果有证据证明某人出现在某工作场所之中，推定该人是雇员。除非另有相反证据。（2）如果没有充分证据证明年龄，推定监察员认定的年龄为其年龄。（3）雇主、使用者或雇员及其代理人提供的书证、物证或其复制品，其中表达的内容同时可视为他对该事实的承认。（4）如果某人持有的记录中有不真实的记载内容，推定是该人故意进行的虚假记载。凡此种种，都是很有借鉴意义的。

第十三章 我国危险作业罪条款稿与台港澳地区及外国相关罪名比较研究

第一节 我国危险作业罪条款稿

一、危险作业罪条款稿

2016 年 12 月 9 日，中共中央、国务院印发《关于推进安全生产领域改革发展的意见》，其中提出要研究修改刑法有关条款，将生产经营过程中极易导致重大生产安全事故的违法行为纳入刑法调整范围。为此，我们开始研究事故前违法行为的刑事责任追究问题。此项研究对于落实安全生产责任制有重要意义。总的思路是对某些严重的生产安全违章行为直接定罪，从而把以前安全生产领域重大责任事故罪等罪名以结果犯为构成要件的单一刑事责任体系，改为以危险犯、行为犯和结果犯均为构成要件的多重刑事责任体系，以更好地推进安全生产治理工作。我们对包括其他主要国家及台港澳地区的刑法等法律法规相关罪名等诸情况进行了研究；本节提出的危险作业罪条款稿就是这次研究的结果。

危险作业罪条款稿几经研究，现表述如下：

第一百三十四条【重大责任事故罪】 在生产、作业中违反有关安全管理的规定，因而发生重大伤亡事故或者造成其他严重后果的，处三年以下有期徒刑或者拘役；情节特别恶劣的，处三年以上七年以下有期徒刑。（原

文不变）

第一百三十四条之一【强令违章冒险作业罪】 在生产、作业中强令他人违章冒险作业，因而发生重大伤亡事故或者造成其他严重后果的，处五年以下有期徒刑或者拘役；情节特别恶劣的，处五年以上有期徒刑。（原文基本不变）

第一百三十四条之二【危险作业罪】 在生产、作业中违章冒险作业或者指使、允许他人违章冒险作业，或者明知存在重大事故隐患仍然进行生产经营性作业，可能造成重大伤亡事故或者其他严重后果的，对直接负责的主管人员和其他直接责任人员处拘役，并处罚金。（新增加）

未取得安全生产许可证或者其他有效证照从事生产经营活动，依照前款规定对组织生产经营活动的责任人员和其他直接责任人员处罚。（新增加。无证照生产，即非法生产，按照违章生产、作业活动以危险作业罪进行处罚）

涉及核能工程、核材料、易爆可燃物品、建筑、水库等高度危险作业有前两款情形的，处一年以下有期徒刑，并处罚金。高度危险作业范围另行规定。

有前三款行为，同时构成其他犯罪的，依照处罚较重的规定定罪处罚。

有前三款行为，自行中止或积极避免危害发生的，应当减轻或免除处罚。❶

二、讨论稿说明

（一）危险作业罪分为两种情况

危险作业罪两种情况：一是违章冒险作业或者指使、允许他人违章冒险作业，二是明知存在重大事故隐患仍然进行生产经营性作业。前者纯粹是危险作业行为，后者是物化的危险状态＋危险作业行为。

---

❶ 本条款稿被《征求意见稿》修改为："《刑法》增加一条，作为第一百三十四条之一：在生产、作业中，有下列情形之一的，对主要负责人、直接负责的主管人员和其他直接责任人员处拘役，并处罚金：（一）拒不执行有关停产停业、停止使用有关设备设施的执法指令的；（二）明知存在或者故意隐瞒重大事故隐患，冒险从事生产作业活动的；（三）因工作严重不负责任，应当发现而未能发现重大事故隐患，冒险从事生产作业活动的；（四）非法从事高度危险的生产经营活动，危及公共安全的；（五）其他违反有关安全管理规定的行为，可能直接导致重大事故发生的。

有前款行为，同时构成其他犯罪的，依照处罚较重的规定定罪处罚；同时发生重大伤亡事故或者造成其他严重后果的，依照本法第一百三十四条等有关规定加重处罚。"

为什么要在违章冒险作业行为之外设立一项"重大事故隐患"状态？因为危险作业没有造成伤亡事故，但可能会造成或产生某种危险状态，比如着火、泡水、泄漏、倾覆等状态，也应作为构罪的判断标准。所以要在行为外设一个状态。但我们在条款中没有把这些具体情形进行表述，以后可以在实践中进行司法解释，也可以由主管部门自行掌握。

"重大事故隐患"是一种危险状态，也是违章行为造成的，其他法律法规规章对此规定了排查治理及行政处罚措施。目前一些规章规定的"重大事故隐患"判断标准中，有些是属于直接性隐患条款，有些是属于间接性隐患条款。"直接的"和"间接的"重大事故隐患都是生产现场或对生产安全具有影响的隐患，或者其本身就是生产现场的隐患。

（二）危险作业定罪是否要对危险作业行为设定一个"经有关人员指正或者劝阻后"的前提条件

我们在最初稿中曾经把危险作业定罪设定一个"经有关人员指正或者劝阻后"的前提条件，但后来有人提出异议，再查外国刑法均无此前提条件，于是去掉了。

（三）危险作业罪及其他生产安全犯罪是否要区分合法生产中的违章犯罪与非法生产中的违章犯罪

我们在最初稿中曾经对危险作业罪及其他生产安全犯罪进行了合法生产中违章犯罪与非法生产中违章犯罪之区分，分别给予量刑，前者轻、后者重。有人认为不妥，我们就把这个区分去掉了。这就意味着危险作业罪及其他生产安全犯罪不存在"非法生产罪""非法生产重大责任事故罪""非法生产危险作业罪"等。但是，我们在危险作业罪条款稿中把未取得证照而生产作为危险作业罪的一种违章情形单独对待，列入该条第二款，"依照前款规定对组织生产经营活动的责任人员和其他直接责任人员处罚"。

经查，德国刑法对于一些重大领域未取证而生产的行为是采取直接定罪态度的。比如，德国刑法设立非法营运设备罪，对未经必要之许可或违反可执行之禁令，营运核能设施、营运存放使用危险物质或混合物的设施、其他依联邦公害防治法规定的设施、管道传输依环境影响评估法规定之危害水体的物质、以资源回收利用法规定之废弃物处理设施、依水资源法规定之污水处理设施等情形，直接定罪，就是我们最初稿曾说的"非法生产罪"（包括故意和过失）。

（四）危险作业罪中的"危险"是什么意思

"危险"就是其行为"可能造成重大伤亡事故或者其他严重后果"。它区别于已经造成生命、身体、财产等危害后果（结果），但可能会造成这样的后果。在条款稿中把此"危险"列为构罪的一个条件。实际工作中，如何判断一项或一些行为"可能造成重大伤亡事故或者其他严重后果"？英国刑法规定了技术鉴定程序，可供我们将来借鉴。

（五）怎么定义危险作业

危险作业就是违章冒险作业，最初稿就把危险作业罪叫违章冒险作业罪。后来有人认为违章冒险作业罪与目前的强令违章冒险作业罪名称上过于近似，结合危险驾驶罪概念，就改称为危险作业罪。但是，危险作业在本质上还是轻率地或疏忽地违章冒险作业。美国等国家刑法均采用"轻率地"或"疏忽地"等语词概念。我国刑法、刑事诉讼法对故意、过失等概念均有解释，我们在条文中毋庸赘述。

（六）危险作业罪是故意违章还是过失违章？是故意犯罪还是过失犯罪

危险作业罪即轻率或疏忽违章作业，这里可以是过失违章，也可以是故意违章，但对危害结果发生、危险状态产生则是过失心理。因此，这里是过失犯罪，不是故意犯罪。再者，重大责任事故罪等安全犯罪都可以是过失违章或故意违章。

要不要对故意违章危险作业、过失违章危险作业进行量刑幅度上的区分？德国刑法典把危险作业分故意危险作业、过失危险作业。故意危险作业致生危险的性质严重，过失危险作业致生危险的性质较轻。前者处罚高，后者处罚低。故意危险作业致生危险情形处五年以下有期徒刑或罚金，过失危险作业致生危险情形处二年以下有期徒刑或罚金。但我们的条文中没有进行区分，觉得立法条款不宜过于复杂，但寄望于执法、司法时注意这个问题。

（七）要不要把危险作业犯罪从企业内扩大到企业外

有些国家规定的安全犯罪或危险犯罪并没有对企业内危险犯罪和企业外危险犯罪进行区分，而是统一规定了一个危险犯罪，适用于企业内外，并列入过失杀人罪大类中。我们曾经考虑这样做，认为也是可以的。但是，这样关系到整个企业安全犯罪类别调整，比较复杂，所以，我们根据中国刑法现行体例，把危险作业罪限定为企业内犯罪，不去触及企业外的危险犯罪。

（八）危险作业罪如何与危险驾驶罪协调

目前《刑法》规定"从事校车业务或者旅客运输，严重超过额定乘员载客，或者严重超过规定时速行驶的""违反危险化学品安全管理规定运输危险化学品，危及公共安全的"，属于危险驾驶罪。[1]但是，从生产经营角度看，这几类情形属于生产安全问题犯罪，因此，我们建议在刑法修订时明确地把现行危险驾驶罪中的危化品违章运输、客运违章运输等情形划入危险作业罪中。

（九）要不要把危险作业罪限定于一些突出危险或被称为高度危险的行业作业

我们最初曾想把危险作业罪限定于从事高空、高压、大型吊装、有限空间、机电、矿山、隧道、道路运输及道路管理和涉及放射性物质、高温液体气体、有害气体、易燃易爆物品、可燃性物品、危险化学品等十几个高度危险作业活动。有些国家专门对一些重点行业作业（比如核能、易爆、建筑等）规定了危险犯罪，可以参照俄罗斯、德国刑法。但是，有人反对，认为危险作业罪要全面规范，不能严此轻彼，再者，安全事故常常发生在非高危领域。所以，我们的危险作业罪条款稿适用于所有作业范围。但我们也应重点监管一些高度危险行业作业，量刑幅度要高一些，为此，我们增加一款，即"涉及核能工程、易爆可燃物品等高度危险作业有前两款情形的，处三年以下有期徒刑，并处罚金。高度危险作业范围另行规定"。

在此强调一点：由于使用民用爆炸物品等危险物品属于作业活动范畴，所以要建议危险作业罪适用于危险物品违章肇事行为在发生重大事故、造成严重后果之前的危险状态。

（十）处理危险作业罪时要不要没收危险作业所使用的工具、物品及所得？怎样把握分寸

现行《刑法》对重大责任事故罪没有规定没收处罚，实际中也没收犯罪工具、所得、物品。德国刑法典给了我们启示，即要有没收事项。我国刑

---

[1] 《刑法》第133条之一规定：在道路上驾驶机动车，有下列情形之一的，处拘役，并处罚金：（一）追逐竞驶，情节恶劣的；（二）醉酒驾驶机动车的；（三）从事校车业务或者旅客运输，严重超过额定乘员载客，或者严重超过规定时速行驶的；（四）违反危险化学品安全管理规定运输危险化学品，危及公共安全的。机动车所有人、管理人对前款第三项、第四项行为负有直接责任的，依照前款的规定处罚。有前两款行为，同时构成其他犯罪的，依照处罚较重的规定定罪处罚。

法规定了没收财产条款，❶财产包括犯罪所得财物、违禁品及犯罪工具，但适用于哪些犯罪，还要看具体罪名。如果对危险作业罪及重大责任事故罪规定没收犯罪行为人所用之物（工具）、与犯罪行为相关之物、所产生之物等，未尝不可，也是有理的，但如何把握分寸是个问题。寄望于将来解决此问题。

（十一）危险作业罪量刑幅度是高还是低

条款稿拟定一般危险作业罪刑罚是处拘役并处罚金（拘役通常是六个月以下），涉及高危作业的危险作业罪是处一年以下有期徒刑并处罚金。前者是比照危险驾驶罪提出来的刑罚种类和量刑幅度，后者是在前者基础上加倍的处罚幅度。这个处罚幅度与外国及台港澳的规定相比，是比较低的。比如，法国刑法第三章置人于危险罪第一节对他人造成危险罪第 223－1 条规定"明显蓄意违反法律或条例强制规定的审慎或安全之特别义务，直接致使他人面临死亡或足以致人肢体残缺或永久残废之紧迫危险的，处 1 年监禁并科 15000 欧元罚金。"这是法国的业务伤害危险罪，主体是企业人员，危险犯，等同于我们的危险作业罪。

（十二）危险作业罪是处罚企业，还是处罚个人，还是企业与个人双罚

危险作业罪与危险驾驶罪有所不同，前者是企业行为和个人行为的结合，后者大多是个人行为。照理，危险作业罪应该处罚企业、个人，实行双罚；危险驾驶罪仅处罚个人。但我们的条款稿拟定只处罚责任者个人（包括拘役或有期徒刑与罚金并罚），而不处罚企业。原因是事故隐患排查治理法规规章规定了对企业进行行政处罚，所以刑事上就不处罚企业了。不过，法国刑法规定企业法人承担刑事责任，即对责任事故罪、伤害危险罪承担罚金、民事权利禁止事项等刑事责任。我国危险作业罪要不要对责任人员附设限制民事权利的处罚措施？也是可以的，但本稿没有作出规定，留待以后探讨。

（十三）重大事故隐患的行政罚款与危险作业罪的罚金会不会重复

如前所述，目前隐患排查治理法规规章规定的行政处罚（包括罚款）措施针对企业，而我们的危险作业罪拟定罚金是针对责任者个人，所以，重大事故隐患的行政罚款与危险作业罪的罚金不会重复。

---

❶　《刑法》第 59 条规定：没收财产是没收犯罪分子个人所有财产的一部或者全部。没收全部财产的，应当对犯罪分子个人及其扶养的家属保留必需的生活费用。在判处没收财产的时候，不得没收属于犯罪分子家属所有或者应有的财产。

（十四）要不要规定"自行中止危险作业行为或积极避免危害发生的，应当减轻或免除处罚"

条款稿规定"自行中止危险作业行为或积极避免危害发生的，应当减轻或免除处罚"。这是基于鼓励改正违章行为而规定的措施，借鉴了德国等国家的刑法规定。我国《刑法》第24条规定了犯罪中止减免处罚措施，我们这里强调一下。❶

第二节　我国台港澳地区危险作业相关罪名条款分析

一、我国台湾地区"刑法"

文本选定"台湾刑法典"。

总评：

台湾地区"刑法"规定不少伤害危险犯条款，主体分为社会一般成员和企业从事业务之人，规定在同一条里，但分别处罚，后者处罚较重。比如，漏溢气体致生危险罪规定漏逸或间隔蒸气、电气、煤气或其他气体，致生公共危险物者，处三年以下有期徒刑或罚金。

第176条（准放火罪）

故意或因过失，以火药、蒸气、电气、煤气或其他爆裂物，炸毁前三条之物者❷，准用各该条放火、失火之规定。

---

❶　《刑法》第24条规定：在犯罪过程中，自动放弃犯罪或者自动有效地防止犯罪结果发生的，是犯罪中止。对于中止犯，没有造成损害的，应当免除处罚；造成损害的，应当减轻处罚。

❷　本条所涉及的"前三条之物者"是指如下："台湾刑法典"第173条（放火或失火烧毁现住建筑物及交通工具罪）放火烧毁现供人使用之住宅或现有人所在之建筑物、矿坑、火车、电车或其他供水、陆、空公众运输之舟、车、航空机者，处无期徒刑或七年以上有期徒刑。失火烧毁前项之物者，处一年以下有期徒刑、拘役或五百元以下罚金。第一项之未遂犯，罚之。预备犯第一项之罪者，处一年以下有期徒刑、拘役或三百元以下罚金。

第174条（放火失火烧毁非现住建筑物及交通工具罪）放火烧毁现非供人使用之他人所有住宅或现未有人所在之他人所有建筑物、矿坑、火车、电车或其他供水、陆、空公众运输之舟、车、航空机者，处三年以上十年以下有期徒刑。放火烧毁前项之自己所有物，致生公共危险物者，处六月以上五年以下有期徒刑。失火烧毁第一项之物者，处六月以下有期徒刑、拘禁或三百元以下罚金，失火烧毁前项之物，致生公共危险物者，亦同。第一项之未遂犯罚之。第175条（放火烧毁住宅等以外之物罪）放火烧毁前二条以外之他人所有物，致生公共危险物者，处一年以上七年以下有期徒刑。放火烧毁前二条以外之自己所有物，致生公共危险物者，处三年以下有期徒刑。失火烧毁前二条以外之物，致生公共危险物者，处拘役或三百元以下罚金。

评：

准放火罪实际是以企业及其人员为犯罪主体而设立的放火罪、失火罪，后者即火灾责任事故罪。本罪强调对火药、蒸气、电气、煤气或其他爆裂物等犯罪手段的打击和对建筑物、矿坑、火车、电车、机动车、船舶、航空器等生产资料的保护。这些炸毁手段是极度危险的，犯罪对象是重要的，因此此罪也可以叫炸毁建筑、交通工具罪。对过失犯罪而言，就是大陆的重大责任事故罪、危险物品肇事罪。

第177条（漏溢或间隔气体罪）

漏逸或间隔蒸气、电气、煤气或其他气体，致生公共危险物者，处三年以下有期徒刑、拘役或三百元以下罚金。

因而致人于死者，处无期徒刑或七年以上有期徒刑。致重伤者，处三年以上十年以下有期徒刑。

评：

漏溢或间隔气体罪，包含漏溢气体致生危险罪、致生伤亡罪，前者是危险犯，实际是专项危险作业罪，后者是专项重大责任事故。但台湾地区此罪主体是一般主体。漏溢气体致生危险罪在我们的危险作业刑事立法中是属于高度危险作业类别的危险作业罪。

第181条（破坏防水蓄水设备罪）

决溃堤防、破坏水闸或损坏自来水池，致生公共危险者，处五年以下有期徒刑。

因过失犯前项之罪者，处拘役或三百元以下罚金。

第一项之未遂犯罚之。

评：

设立破坏防水蓄水设备罪、过失破坏防水蓄水设备罪是保护防水蓄水设备的，但同时会致生公共危险，所以又是保护公共安全。既是结果犯，又是危险犯。当违章作业造成堤防、破坏水闸或损坏自来水池决溃（危险状态）或未遂，尚不构成重大责任事故罪时，可以按照危险作业罪处理。

按照台湾地区"刑法"规定，大陆的破坏防水蓄水设备罪、过失破坏防水蓄水设备罪条款应表述如下：决溃堤防、破坏水闸或损坏自来水池，致生公共危险者，处五年以下有期徒刑；过失犯罪者，处拘役或罚金。未遂犯罚之。

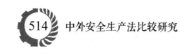

第182条（妨害救灾罪）

于火灾、水灾、风灾、震灾、爆炸或其他相类灾害发生之际，隐匿或损坏防御之器械或以他法妨害救灾者，处三年以下有期徒刑、拘役或三万元以下罚金。

评：

妨害救灾罪，一般主体，大陆地区的刑法中无此罪，应考虑补充。

按照台湾地区"刑法"规定，大陆妨害救灾罪条款应表述如下：在火灾、水灾、风灾、震灾、爆炸或其他相类灾害发生时，隐匿或损坏防御之器械或以他法妨害救灾的，处三年以下有期徒刑或罚金。

第183条（倾覆或破坏现有人所在之交通工具罪）

倾覆或破坏现有人所在之火车、电车或其他供水、陆、空公众运输之舟、车、航空机者，处无期徒刑或五年以上有期徒刑。

因过失犯前项之罪者，处一年以下有期徒刑、拘役或三百元以下罚金。

从事业务之人，因业务上之过失犯第一项之罪者，处三年以下有期徒刑、拘役或五百元以下罚金。

第一项之未遂犯罚之。

评：

倾覆或破坏现有人所在之交通工具罪，保护人身安全和火车等交通工具。此罪不含致人死亡情形。大陆规定有破坏交通工具罪，但没有区分有或无现有人所在，也没有区分业务破坏或非业务破坏。❶ 严格讲，业务过失破坏交通工具造成交通工具的危险状态但未造成死亡伤害事故后果时，也是危险作业罪。可是我国《刑法》第116条破坏交通工具无后果罪规定"尚未造成严重后果的，处三年以上十年以下有期徒刑"，这里没有区分故意、过失，而第119条第1款破坏交通工具有后果罪也只是针对"造成严重后果的"情形。问题来了，如果业务人员过失破坏交通工具，尚未造成严重后果，该怎么处理？就无法可依了。对此，只能依据将来的危险作业罪处理。大陆法应借鉴"台湾刑法典"破坏交通工具罪中"从事业务之人，因业务上之过失犯第一项

---

❶ 我国《刑法》第116条（破坏交通工具罪）规定：破坏火车、汽车、电车、船只、航空器，足以使火车、汽车、电车、船只、航空器发生倾覆、毁坏危险，尚未造成严重后果的，处三年以上十年以下有期徒刑。第119第1款 破坏交通工具、交通设施、电力设备、燃气设备、易燃易爆设备，造成严重后果的，处十年以上有期徒刑、无期徒刑或者死刑；过失犯前款罪的，处三年以上七年以下有期徒刑；情节较轻的，处三年以下有期徒刑或者拘役。

之罪者，处三年以下有期徒刑、拘役或五百元以下罚金"之规定。

按照台湾地区"刑法"规定，大陆的破坏交通工具罪条款应表述如下：倾覆或破坏现有人所在之火车、电车或其他供水、陆、空公众运输之舟、车、航空机者，处无期徒刑或五年以上有期徒刑；因过失犯罪者，处一年以下有期徒刑或罚金。未遂犯罚之。

从事业务之人，因业务上之过失犯前款之罪者，处三年以下有期徒刑或罚金。

第184条（妨害舟车及航空机行使安全罪）

损坏轨道、灯塔、标识或以他法致生火车、电车或其他供水、陆、空公众运输之舟、车、航空机往来之危险物者，处三年以上十年以下有期徒刑。

因而致前项之舟、车、航空机倾覆或破坏者，依前条第一项之规定处断。

因过失犯第一项之罪者，处六月以下有期徒刑、拘役或三百元以下罚金。

从事业务之人，因业务上之过失犯第一项之罪者，处二年以下有期徒刑、拘役或五百元以下罚金。

第一项之未遂犯罚之。

评：

妨害舟车及航空机行使安全罪，危险犯，故意犯、过失犯，一般主体和特殊主体兼有；对业务人员违章作业过失犯而言，就是危险作业罪。大陆可以叫妨害交通安全罪、业务妨害交通安全罪，目前大陆的法律中无此罪，应该补充。

按照台湾地区"刑法"规定，大陆的妨害交通安全罪、业务妨害交通安全罪条款应表述如下：损坏轨道、灯塔、标识或以他法致生火车、电车或其他供水、陆、空公众运输之舟、车、航空机往来之危险，或者致倾覆、破坏的，处三年以上十年以下有期徒刑；过失犯者，处六月以下有期徒刑或罚金。未遂犯罚之。

从事业务之人，因业务上之过失犯第一项之罪者，处二年以下有期徒刑或罚金。

第185条（妨害公众往来安全罪）

损坏或壅塞陆路、水路、桥梁或其他公众往来之设备或以他法致生往来之危险物者，处五年以下有期徒刑、拘役或五百元以下罚金。

因而致人于死者，处无期徒刑或七年以上有期徒刑。致重伤者，处三年以上十年以下有期徒刑。

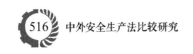

第一项之未遂犯罚之。

评：

妨害公众往来安全罪，危险犯，结果犯，一般主体，不分故意犯、过失犯。大陆有破坏电力等设施设备罪，往往与盗窃罪相关联，竞合犯。但大陆破坏电力等设施设备罪没有壅塞行为，也不是指向公众往来安全。

按照台湾地区"刑法"规定，大陆妨害公众往来安全罪条款应表述如下：损坏或壅塞陆路、水路、桥梁或其他公众往来之设备或以他法致生往来之危险，处五年以下有期徒刑或罚金；因而致人于死者，处无期徒刑或七年以上有期徒刑；致重伤者，处三年以上十年以下有期徒刑。未遂犯罚之。

第185条之三（重大违背义务致交通危险罪）

服用毒品、麻醉药品、酒类或其他相类之物，不能安全驾驶动力交通工具而驾驶者，处一年以下有期徒刑、拘役或科或并科十五万元以下罚金。

评：

重大违背义务致交通危险罪，即危险驾驶罪。与大陆危险驾驶罪不同的是，处刑较高（一年幅度），还有服用毒品、麻醉药品等行为。

按照台湾地区"刑法"规定，大陆危险驾驶罪条款应表述如下：服用毒品、麻醉药品、酒类或其他相类之物，不能安全驾驶动力交通工具而驾驶者，处一年以下有期徒刑并处罚金。

第186条（单纯危险物罪）

未受允准，而制造、贩卖、运输或持有炸药、棉花药、雷汞或其他相类之爆裂物或军用枪炮、子弹而无正当理由者，处二年以下有期徒刑、拘役或五百元以下罚金。

第187条（加重危险物罪）

意图供自己或他人犯罪之用，而制造、贩卖、运输或持有炸药、棉花药、雷汞或其他相类之爆裂物或军用枪炮、子弹者，处五年以下有期徒刑。

评：

单纯危险物罪，即制造、贩卖、运输或持有危险物罪，行为犯，危险犯，故意犯。我们关注的是制造、贩卖、运输或持有民用炸药、棉花药、雷汞或其他相类之爆裂物问题。

第186条之一（不法使用爆裂物其他加重结果犯）

无正当理由使用炸药、棉花药、雷汞或其他相类之爆裂物爆炸，致生公共危险物者，处一年以上七年以下有期徒刑。

因而致人于死者，处无期徒刑或七年以上有期徒刑；致重伤者，处三年以上十年以下有期徒刑。

因过失致炸药、棉花药、雷汞或其他相类之爆裂物爆炸而生公共危险物者，处二年以下有期徒刑、拘役或五千元以下罚金。

第一项之未遂犯罚之。

评：

不法使用爆裂物罪，行为犯，危险犯。爆裂物包括炸药、棉花药、雷汞或其他相类之物。大陆没有规定此罪，应补充。❶ 我国《刑法》第 125 条规定非法制造、买卖、运输、邮寄、储存爆炸物罪，第 114 条规定爆炸危害公共安全罪，第 115 条规定爆炸致人重伤、死亡或者使公私财产遭受重大损失罪，但对使用爆炸物没有做合法使用、非法使用之分，是个漏洞。

按照台湾地区"刑法"规定，大陆不法使用爆裂物罪条款应表述如下：无正当理由使用炸药、棉花药、雷汞或其他相类之爆裂物爆炸，致生公共危险物者，处一年以上七年以下有期徒刑；因而致人于死者，处无期徒刑或七年以上有期徒刑；致重伤者，处三年以上十年以下有期徒刑。未遂犯罚之。

因过失犯者，处二年以下有期徒刑或罚金。

第 187 条之一（不法使用核子原料等物之处罚）

不依法令制造、贩卖、运输或持有核子原料、燃料、反应器、放射性物质或其原料者，处五年以下有期徒刑。

第 187 条之二（放溢核能、放射线致生公共危险物之处罚）

放溢核能、放射线，致生公共危险物者，处五年以下有期徒刑。

因而致人于死者，处无期徒刑或十年以上有期徒刑；致重伤者，处五年以上有期徒刑。

因过失犯第一项之罪者，处二年以下有期徒刑、拘役或五千元以下罚金。

---

❶　我国《刑法》第 125 条规定：非法制造、买卖、运输、邮寄、储存枪支、弹药、爆炸物的，处三年以上十年以下有期徒刑；情节严重的，处十年以上有期徒刑、无期徒刑或者死刑。非法制造、买卖、运输、储存毒害性、放射性、传染病病原体等物质，危害公共安全的，依照前款的规定处罚。单位犯前两款罪的，对单位判处罚金，并对其直接负责的主管人员和其他直接责任人员，依照第一款的规定处罚。

第 114 条规定：放火、决水、爆炸以及投放毒害性、放射性、传染病病原体等物质或者以其他危险方法危害公共安全，尚未造成严重后果的，处三年以上十年以下有期徒刑。

第 115 条规定：放火、决水、爆炸以及投放毒害性、放射性、传染病病原体等物质或者以其他危险方法致人重伤、死亡或者使公私财产遭受重大损失的，处十年以上有期徒刑、无期徒刑或者死刑。过失犯前款罪的，处三年以上七年以下有期徒刑；情节较轻的，处三年以下有期徒刑或者拘役。

第一项之未遂犯罚之。

第187条之三（无正当理由使用放射线之处罚）

无正当理由使用放射线，致伤害人之身体或健康者，处三年以上十年以下有期徒刑。

因而致人于死者，处无期徒刑或十年以上有期徒刑；致重伤者，处五年以上有期徒刑。

第一项之未遂犯罚之。

评：

上列三条是关于核能材料制造贩卖运输持有、放溢、非法使用的犯罪。第187条之一是不法使用核子原料罪，第187条之二是放溢核能、放射线致生公共危险罪，第187条之三是无正当理由使用放射线罪，按照我们的概念表述，三罪分别叫非法制造贩卖运输持有核子原料罪、放溢核子原料罪、非法使用放射线罪。大陆刑法缺少放溢核子原料罪、非法使用放射线罪。

按照台湾地区"刑法"规定，大陆非法制造贩卖运输持有核子原料罪、放逸核子原料罪、非法使用放射线罪条款应表述如下：不依法令制造、贩卖、运输或持有核子原料、燃料、反应器、放射性物质或其原料者，处五年以下有期徒刑。

放逸核能、放射线，致生公共危险物者，处五年以下有期徒刑；因而致人于死者，处无期徒刑或十年以上有期徒刑；致重伤者，处五年以上有期徒刑。未遂犯罚之。因过失犯罪者，处二年以下有期徒刑或罚金。

无正当理由使用放射线，致伤害人之身体或健康者，处三年以上十年以下有期徒刑；因而致人于死者，处无期徒刑或十年以上有期徒刑；致重伤者，处五年以上有期徒刑。未遂犯罚之。

第188条（妨害公用事业罪）

妨害铁路、邮务、电报、电话或供公众之用水、电气、煤气事业者，处五年以下有期徒刑、拘役或五百元以下罚金。

评：

妨害公用事业罪，即妨害铁路、邮务、电报、电话或供公众之用水、电气、煤气事业的行为，既是妨害生产生活秩序，也是妨害安全，危险犯、结果犯，一般主体。大陆无此罪。

按照台湾地区"刑法"规定，大陆妨害公用事业罪条款应表述如下：妨害铁路、邮务、电报、电话或供公众之用水、电气、煤气事业的，处五年以下有期徒刑或罚金。

第189条（损坏保护生命设备罪）

损坏矿坑、工厂或其他相类之场所内关于保护生命之设备，致生危险物于他人生命者，处一年以上七年以下有期徒刑。

因而致人于死者，处无期徒刑或七年以上有期徒刑，致重伤者，处三年以上十年以下有期徒刑。

因过失犯第一项之罪者，处六个月以下有期徒刑、拘役或三百元以下罚金。

从事业务之人，因业务上之过失犯第一项之罪者，处二年以下有期徒刑、拘役或五百元以下罚金。

第一项之未遂犯罚之。

评：

损坏保护生命设备罪实际就是损害安全设备罪，是保护安全设备的刑事条款，涉及危险犯、结果犯，故意犯、过失犯，一般主体、特殊主体。我们曾经做过初探。我国法律中无此罪，应补充。

按照台湾地区"刑法"规定，大陆损害安全设备罪条款应表述如下：损坏矿坑、工厂或其他相类之场所内关于保护生命之设备，致生危险于他人生命者，处一年以上七年以下有期徒刑；因而致人于死者，处无期徒刑或七年以上有期徒刑；致重伤者，处三年以上十年以下有期徒刑。因过失犯罪者，处六月以下有期徒刑或罚金。未遂犯罚之。

从事业务之人，因业务上之过失犯前款罪者，处二年以下有期徒刑或罚金。

第189条之一（危害公共场所内保护生命设备之处罚）

损坏矿场、工厂或其他相类之场所内关于保护生命之设备或致令不堪用，致生危险物于他人之身体健康者，处一年以下有期徒刑、拘役或三千元以下罚金。

损坏前项以外之公共场所内关于保护生命之设备或致令不堪用，致生危险物于他人之身体健康者，亦同。

评：

危害公共场所内保护生命设备罪，故意犯，危险犯，我国法律中无此罪。

按照台湾地区"刑法"规定，大陆危害公共场所内保护生命设备罪条款应表述如下：损坏矿场、工厂或其他相类之场所内或公共场所内关于保护生命之设备，或致令不堪用，致生危险于他人之身体健康的，处一年以下有期徒刑或罚金。

第189条之二（阻塞逃生通道之处罚）

阻塞戏院、商场、餐厅、旅店或其他公众得出入之场所或公共场所之逃生通道，致生危险物于他人生命、身体或健康者，处三年以下有期徒刑。阻塞集合住宅或共同使用大厦之逃生通道，致生危险物于他人生命、身体或健康者，亦同。

因而致人于死者，处七年以下有期徒刑；致重伤者，处五年以下有期徒刑。

评：

本条属于安全犯罪，涉及危险犯、结果犯，一般主体，也包括企业及其作业人员。对企业及其作业人员而言，危险犯是危险作业罪，结果犯是重大责任事故罪。注意，这里的危险犯处罚幅度是三年，结果犯处罚幅度七年；这里的危险作业罪是专项危险作业罪。

按照台湾地区"刑法"规定，大陆阻塞逃生通道罪条款应表述如下：阻塞戏院、商场、餐厅、旅店或其他公众得出入之场所或公共场所之逃生通道，或者阻塞集合住宅或共同使用大厦之逃生通道，致生危险物于他人生命、身体或健康者，处三年以下有期徒刑；致人于死者，处七年以下有期徒刑；致重伤者，处五年以下有期徒刑。

第190条之一（流放毒物罪及结果加重犯）

投弃、放流、排出或放溢毒物或其他有害健康之物，而污染空气、土壤、河川或其他水体，致生公共危险物者，处五年以下有期徒刑。

厂商、事业场所负责人或监督策划人员，因事业活动而犯前项之罪者，处七年以下有期徒刑。

因而致人于死者，处无期徒刑或七年以上有期徒刑；致重伤者，处三年以上十年以下有期徒刑。

因过失犯第一项之罪者，处六月以下有期徒刑、拘役或五千元以下罚金。

评：

本条流放毒物罪，既是环境犯罪，也是安全犯罪；涉及一般主体犯罪，也是企业主体犯罪；危险犯；也是结果犯；故意犯；也是过失犯；属于毒物专项安全危险犯罪。注意，这里的危险犯处罚幅度是六月以下有期徒刑，比其他专项安全危险犯罪处罚较轻。

按照台湾地区"刑法"规定，大陆流放毒物罪条款应表述如下：投弃、放流、排出或放逸毒物或其他有害健康之物，而污染空气、土壤、河川或其他水体，致生公共危险的，处五年以下有期徒刑。因过失犯罪者，处六月以下有期徒刑或罚金。

厂商、事业场所负责人或监督策划人员，因事业活动而犯前项之罪者，处七年以下有期徒刑；因而致人于死者，处无期徒刑或七年以上有期徒刑；致重伤者，处三年以上十年以下有期徒刑。

第 193 条（违背建筑术成规罪）

承揽工程人或监工人于营造或拆卸建筑物时，违背建筑术成规，致生公共危险物者，处三年以下有期徒刑、拘役或三千元以下罚金。

评：

违背建筑术成规罪属危险犯。故意违章，无视致生危险，建筑专项危险作业罪，三年处罚幅度，量刑较重。

按照台湾地区"刑法"规定，大陆违背建筑术成规罪条款应表述如下：承揽工程人或监工人于营造或拆卸建筑物时，违背建筑术成规，致生公共危险物者，处三年以下有期徒刑或罚金。

第 194 条（不履行赈灾契约罪）

于灾害之际，关于与公务员或慈善团体缔结供给粮食或其他必需品之契约，而不履行或不照契约履行，致生公共危险物者，处五年以下有期徒刑，得并科三千元以下罚金。

评：

不履行赈灾契约罪，危险犯，故意犯，大陆缺少此罪，应补充。此外，大陆还有一种情况就是临近企业之间可能会签订应急救援协议。如果灾害发生时，救援队不按照协议履行救援义务，如何处理？刑法应提供支持，制定相应的刑法对策。我们首先借鉴台湾不履行赈灾契约罪"立法"，尽管目前我们可能不存在不履行或不照契约履行供给粮食或其他必需品之协议问题，但不等于以后不发生此类问题。

按照台湾地区"刑法"规定，大陆不履行赈灾契约罪条款应表述如下：于灾害之际，供应人不履行或不照契约履行与公务员或慈善团体缔结供给粮食或其他必需品之合同，致生公共危险的，处五年以下有期徒刑并处罚金。

二、香港地区刑法

文本选定《香港特区道路交通条例》及香港刑法著述。

总评：

香港刑法是英国法传统，制定法较少，但有鲁莽驾驶罪、鲁莽驾驶致人死亡罪，大致等同于内地危险驾驶罪、交通肇事罪。

（一）鲁莽驾驶罪

1.鲁莽驾驶罪的概念

鲁莽驾驶罪，亦称不顾后果鲁莽驾驶罪，也叫轻率驾驶罪，根据《香港特区道路交通条例》第 37 条第（1）款的规定，是指在道路上不顾后果鲁莽地驾驶汽车的行为。

2.鲁莽驾驶罪的构成

（1）犯罪场所须是在道路上。这是构成本罪的必要的前提条件。所谓道路，按《香港特区道路交通条例》第 2 条的解释，包括"公众有经常或临时经过权的任何公路、大道、街道、通道、巷道、庭院、广场、停车场、小径、小路或场所，不管是否为政府之财产和包括西北铁路；但不包括任何私人道路，民航处处长根据《香港机场（交通）规则》而划定为停车场的任何场所，或者运输署署长根据《政府宪报》中的通知依此定义而划定的西北铁路线上的任何部分"。据此，只有在道路上鲁莽驾驶车辆的，才能构成本罪，如果不是在道路上，那么即使属鲁莽驾驶的，也不构成本罪。

（2）犯罪行为表现为不顾后果鲁莽驾驶汽车。在道路上鲁莽驾驶车辆，是构成本罪必备的客观条件。所谓驾驶，法律中并无特定释义，一般认为是指司机故意使用控制装置使车辆行驶。所谓汽车，根据《香港特区道路交通条例》第 2 条的法律解释，是指制造或改装用于道路上使用（不管是否以机械力驱动）的任何车辆，但是，西北铁路上的车辆及电车则不包括在内。

（3）犯罪意图是出于鲁莽而在道路上驾驶车辆。鲁莽是构成本罪的重要主观特征。在实践中，鲁莽是一个常用的法律词语，但在理论上，鲁莽则往往被表述为轻率。所谓鲁莽，亦称轻率，在本罪中一般是指被告人在驾驶车辆时，可能会给其他正在使用道路的人造成明显严重的伤害危险，或者已实际造成了财产损失和损害危险，但是被告人却没有对可能存在的危险加以考虑，或者虽然已意识到存在某种危险，仍继续冒险驾驶。例如，明知车辆存在严重故障，如果在道路上驾驶会造成危险，却不顾后果冒险驾车，就是鲁莽。

控方如以鲁莽驾驶罪对被告人提起检控，则必须证明被告人在道路上驾驶车辆时出于鲁莽，即对危险未加考虑或者是有意识地冒险。

鲁莽的成立，需要考虑所有相关的事实情况：包括天气、时间、路面、道路的特征及位置、交通的密度、被告人的车速及该地区的限速、车辆的状况、被告人的驾驶方式、被告人的身体状况以及是否违反道路交通有关规定等。

3. 根据《香港特区道路交通条例》第 37 条第（1）款的规定，本罪属混合罪。经循公诉程序定罪，本罪的刑罚可处罚金 2 万港元及监禁 3 年；经循简易程序定罪，可处罚金 1 万港元及监禁 1 年

评：

鲁莽驾驶罪，亦称不顾后果鲁莽驾驶罪，也叫轻率驾驶罪，危险犯，等同于大陆的危险驾驶罪。值得借鉴几点：（1）道路包括"公众有经常或临时经过权的任何公路、大道、街道、通道、巷道、庭院、广场、停车场、小径、小路或场所，不管是否为政府之财产和包括西北铁路；但不包括任何私人道路、划定为停车场的任何场所、划定的西北铁路线上的任何部分。（2）犯罪意图是鲁莽，一般是指行为人在驾驶车辆时，可能会给其他正在使用道路的人造成明显严重的伤害危险或者已实际造成了危险，但没有对危险加以考虑或者虽已意识到存在危险，仍继续冒险驾驶。包括车辆存在严重故障，仍不顾后果驾车。（3）鲁莽的成立，需考虑天气、时间、路面、道路的特征及位置、交通的密度、被告人的车速及该地区的限速、车辆的状况、被告人的驾驶方式、身体状况、以及是否违反道路交通守规等事实情况。

按照香港地区刑法规定，内地危险驾驶罪条款应表述如下：驾驶人员在道路上不顾后果鲁莽地驾驶汽车，可能会给他人造成伤害危险或者已造成危险但仍继续冒险驾驶的，处一年以上三年以下有期徒刑并处罚金。

（二）鲁莽驾驶致人死亡罪

鲁莽驾驶致人死亡罪，亦称不顾后果鲁莽引致死亡罪，或称轻率驾驶致人死亡罪，是指在道路上不顾后果鲁莽驾驶汽车致人死亡的行为。

评：

鲁莽驾驶致人死亡罪，等同于内地相关法律规定中的交通肇事罪。

按照香港地区刑法规定，内地鲁莽驾驶致人死亡罪条款应表述如下：驾驶人员在道路上不顾后果鲁莽地驾驶汽车，致人伤亡的，处 ×× 年以下有期徒刑并处罚金。

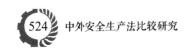

三、澳门刑法

文本选定为《澳门刑法典》。

总评：

澳门刑法规定不少危险犯条款，值得借鉴。

第三章　公共危险罪

第262条（禁止武器及爆炸性物质）

一、不符合法定条件，或违反有权限当局之规定，输入、制造、藏有、购买、出售、以任何方式让与或取得、运输、分发、持有、使用或随身携带禁用武器、爆炸装置或爆炸性物质、足以产生核爆之装置或物质、放射性装置或物质、又或适合用作制造有毒或令人窒息之气体之装置或物质者，处二年至八年徒刑。

二、如上款所指之行为牵涉下列物件，行为人处最高三年徒刑：

A）用作喷射有毒、令人窒息或腐蚀性之物质之装置；或（略）。

评：

本条是对武器、爆炸物等危险物品管制的刑事立法，罪名可叫非法输入、制造、买卖、持有武器或危险物品罪，行为犯、危险犯，故意犯，适用一般主体。我们的安全生产危险犯罪立法，要关注的是非法输入、制造、买卖、持有爆炸装置或爆炸性物质、足以产生核爆之装置或物质、放射性装置或物质、适用制造有毒或令人窒息之气体之装置或物质、用作喷射有毒、令人窒息或腐蚀性之物质之装置，应与武器立法分开。

按照澳门地区刑法规定，内地非法输入、制造、买卖、持有危险物品罪条款应表述如下：不符合法定条件，输入、制造、藏有、购买、出售、以任何方式让与或取得、运输、分发、持有、使用或随身携带爆炸装置或爆炸性物质、足以产生核爆之装置或物质、放射性装置或物质、适用制造有毒或令人窒息之气体之装置或物质的，处二年以上八年以下有期徒刑；行为牵涉用作喷射有毒、令人窒息或腐蚀性之物质之装置的，处三年以下有期徒刑。

第264条（制造火警、爆炸及其他特别危险行为）

一、做出下列行为，因而对他人生命造成危险、对他人身体完整性造成严重危险，或对属巨额之他人财产造成危险者，处三年至十年徒刑：

1）造成火灾，尤其系放火烧毁楼宇、建筑物、交通工具、丛林或树林；

2）以任何方式，尤其系借着使用爆炸物，造成爆炸；

3）释放有毒或令人窒息之气体；

4）放出辐射或释放放射性物质；

5）造成水淹；或

6）造成建筑物崩塌或倾倒。

二、如因过失而造成上款所指之危险，行为人处一年至八年有期徒刑。

三、如因过失而做出第一款所指之行为，行为人处最高五年有期徒刑。

第 265 条（制造核能危险罪）

如上条第一款所叙述之事实，系借着释放核能而做出者，行为人处下列徒刑：

1）属第一款之情况，处五年至十五年有期徒刑；

2）属第二款之情况，处三年至十年有期徒刑；

3）属第三款之情况，处一年至八年有期徒刑。

评：

第 264 条是制造火警、爆炸及其他特别危险罪，故意犯，过失犯，行为犯，危险状态犯，结果犯，适用一般主体，不分企业内外人员。第 265 条是制造核能危险罪，比照第 264 条规定提高处罚幅度。此两条对企业人员而言，故意违章而过失造成危险状态或者过失做出危险行为的，即是我们所称的重大责任事故罪或危险物品肇事罪。此两条有几点值得借鉴：（1）制造火警、爆炸及其他特别危险行为的种类列举有造成火灾，尤其系放火烧毁楼宇、建筑物、交通工具、丛林或树林，以任何方式（尤其系借着使用爆炸物）造成爆炸，释放有毒或令人窒息之气体，放出辐射或释放放射性物质，造成水淹，或造成建筑物崩塌或倾倒。（2）过失造成危险的，处较轻处罚。（3）过失做出危险行为的，处较轻徒刑。（4）借着释放核能而做出危险行为的，处较重处罚。

第 267 条（违反建筑规则及扰乱事业）

一、做出下列行为，因而对他人生命造成危险、对他人身体完整性造成严重危险，或对属巨额之他人财产造成危险者，处一年至八年有期徒刑：

A）在其职业活动上，违反在建筑、拆卸或装置等之规划、指挥或施工方面，又或违反在其改动方面所应遵守之法律所定之规则、规章所定之规则或技术规则；

B）将在工作地方用作预防意外之器械或其他工具，全部或部分毁灭、损坏或使之失去效用，又或违反法律所定之规则、规章所定之规则或技术规则，

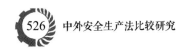

不装置该等工具或器械;

C)将用于利用、生产、储存、输送或分配水、油、汽油、热力、电力、气体或核能等之设施,又或将用作对抗自然力量之保护设施,全部或部分毁灭、损坏或使之失去效用;或······

二、如因过失而造成上款所指之危险,行为人最高处五年有期徒刑。

三、如因过失而做出第一款所指之行为,行为人最高处三年有期徒刑或科罚金。

评:

本条违反建筑规则及扰乱事业罪,实际上就是建筑专项危险作业罪,一般主体,故意犯、过失犯。几点借鉴:(1)对他人生命造成危险、对他人身体完整性造成严重危险或对属巨额之他人财产造成危险的建筑违章行为列举了3项;(2)过失而造成危险行为与过失行为有所区别,前者最高处五年有期徒刑,后者直接过失最高处三年有期徒刑。

第273条(因结果之加重)

如因犯第264条、第265条或第267条至第271条所指之罪致他人死亡,或身体完整性受严重伤害,则对行为人科处之刑罚,为对该情况可科处之刑罚,而其最低及最高限度均加重三分之一。

第274条(因减轻或排除危险而减免处罚)

在第264条、第265条或第267条至第272条所规定之情况下,如行为人在重大之损害发生前,因己意使该行为所产生之危险有相当程度之减轻,或排除该危险,得特别减轻刑罚,或得不处罚该事实。

评:

第273条是因结果而加重处罚的规定,第274条是因减轻或排除危险而减免处罚的规定。我们应关注行为人在重大损害发生前因己意使行为所产生危险有减轻或排除的情形,应当减轻刑罚或不处罚。为此,我们在危险作业罪条款草案中设定了此款。

第四章 妨害交通安全罪

第276条(妨害运输安全)

一、做出下列行为,妨害空中、水路或铁路运输安全,因而对他人生命造成危险、对他人身体完整性造成严重危险,或对属巨额之他人财产造成危险者,处三年至十年有期徒刑:

1)将设施、设备或信号装置毁灭、除去、损坏或使之失去效用;

2）对运作或行驶设置障碍；

3）给予虚假通知或信号；或

4）做出可导致祸事之行为。

二、如因过失而造成上款所指之危险，行为人处一年至八年有期徒刑。

三、如因过失而做出第一款所指之行为，行为人处最高五年有期徒刑。

评：

本条是妨害空中、水路、铁路运输安全罪，不包含道路交通安全。故意犯、过失犯，一般主体、特殊主体，与内地法律规定中的危险驾驶罪有区别。借鉴如下几点：（1）妨害空中、水路或铁路运输安全与道路安全分开进行规定。（2）对危险行为列举规定，包括将设施、设备或信号装置毁灭、除去、损坏或使之失去效用，对运作或行驶设置障碍，给予虚假通知或信号，做出可导致祸事的其他行为。（3）把因过失而造成危险与因过失而做出危险行为进行区分，分别规定不同的徒刑。

第 277 条（危险驾驶交通工具）

一、在不具备安全驾驶之条件，或明显违反驾驶规则下，驾驶供空中、水路或铁路运输用之交通工具，因而对他人生命造成危险、对他人身体完整性造成严重危险，或对属巨额之他人财产造成危险者，处一年至八年有期徒刑。

二、如因过失而造成上款所指之危险，行为人处最高五年有期徒刑。

三、如因过失而做出第一款所指之行为，行为人处最高三年有期徒刑或科罚金。

评：

危险驾驶空中、水路或铁路交通运输工具罪，不含道路交通危险驾驶，危险犯，特殊主体。内地应该设立此罪。

按照澳门地区刑法规定，内地危险驾驶空中、水路或铁路交通运输工具罪条款应表述如下：在不具备安全驾驶之条件，或明显违反驾驶规则下，驾驶供空中、水路或铁路运输用之交通工具，因而对他人生命造成危险、对他人身体完整性造成严重危险，或对属巨额之他人财产造成危险者，处一年至八年有期徒刑。

如因过失而造成上款所指之危险，行为人处最高五年徒刑。

如因过失而做出第一款所指之行为，行为人处最高三年徒刑或科罚金。

第 278 条（妨害道路运输安全）

一、做出下列行为，妨害道路运输安全，因而对他人生命造成危险、对他人身体完整性造成严重危险，或对属巨额之他人财产造成危险者，处二年至八年有期徒刑：

A）将交通道路、车辆之设备、工程设施、设施或信号装置毁灭、除去、损坏或使之失去效用；

B）对运作或行驶设置障碍；

C）给予虚假通知或信号；或

D）做出可导致祸事之行为。

二、如因过失而造成上款所指之危险，行为人处最高五年有期徒刑。

三、如因过失而做出第一款所指之行为，行为人处最高三年有期徒刑或科罚金。

评：

妨害道路运输安全罪，不含空、水、铁交通，行为犯、危险犯，故意犯、过失犯，一般主体。内地应该设立此罪。

按照澳门地区刑法规定，内地妨害道路运输安全罪条款应表述如下：做出下列行为，妨害道路运输安全，因而对他人生命造成危险、对他人身体完整性造成严重危险，或对属巨额之他人财产造成危险者，处二年至八年有期徒刑：将交通道路、车辆之设备、工程设施、设施或信号装置毁灭、除去、损坏或使之失去效用；对运作或行驶设置障碍；给予虚假通知或信号；或做出可导致祸事的其他行为。

如因过失而造成上款所指之危险，行为人处最高五年徒刑。

如因过失而做出第一款所指之行为，行为人处最高三年徒刑或科罚金。

第 279 条（危险驾驶道路上之车辆）

一、在下列情况下，于公共道路或等同之道路上驾驶有或无发动机之车辆，因而对他人生命造成危险、对他人身体完整性造成严重危险，或对属巨额之他人财产造成危险者，处最高三年有期徒刑或科罚金：

A）因在醉酒状态下，或受酒精、麻醉品、精神科物质或具相类效力之产品，又或因身体或精神缺陷或过度疲劳，而不具备安全驾驶之条件；或

B）明显违反在道路上行驶之规则。

二、如因过失而造成上款所指之危险，行为人处最高二年徒刑，或科最高二百四十日罚金。

三、如因过失而做出第一款所指之行为，行为人处最高一年徒刑，或科最高一百二十日罚金。

评：

危险驾驶道路车辆罪，特殊主体，故意犯、过失犯，同于大陆危险驾驶罪。注意借鉴的是：（1）此罪保护对象是生命、身体、财产三类。（2）危险条件是醉酒状态、受酒精麻醉品精神科物质或具相类效力产品影响、身体或精神缺陷、过度疲劳。（3）把明显违反道路行驶规则的行为也归入危险驾驶罪。（4）把此罪分为故意犯、过失犯，分别量刑。（5）区分因过失而造成危险的行为与因过失而做出的危险行为，分别量刑。

第 280 条（向交通工具投射物体）

向行驶中之空中、水路或陆路之交通运输工具投射物体者，如按其他法律之规定不科处更重刑罚，则处最高六个月徒刑，或科最高六十日罚金。

第 281 条（加重及减轻）

第 273 条及第 274 条之规定，相应适用于第 275 条至第 279 条所指之罪。

评：

向交通工具投射物体罪，危险犯，一般主体，故意犯。内地的刑法缺少此罪，应补充，以保护交通运输安全。

按照澳门地区刑法规定，内地向交通工具投射物体罪条款应表述如下：向行驶中之空中、水路或陆路之交通运输工具投射物体的，处拘役或罚金。同时构成其他犯罪的，按处罚较重的罪名处罚。有加重或减轻情形的，适用有关规定。

第三节　外国危险作业相关罪名条款分析

一、美国刑法

选用文本是《美国模范刑法典》，参考储槐植《美国刑法》一书。

总评：

《美国模范刑法典》是供各州立法机构选用的刑法文本草案。该法典把危险行为设定为犯罪，归类为轻罪。把企业责任事故罪、危险犯罪归入过失杀人犯罪、致人危险犯罪等，没有把企业犯罪单列。基本理论观点是：企业违章冒险作业，无异于"枪支指向"他人，"使他人处于或者可能处于遭受死亡或者严重身体伤害的危险状态"，构成"轻率和危险"，应承担责任。此法典里的语词概念值得我们借鉴。

第 211 节　伤害；轻率地使他人处于危险状态；恐吓

第 211.1 条　伤害

（1）一般伤害。行为人实施下列行为的，构成伤害：

（a）伤害他人身体未遂，或者蓄意地、明知地或者轻率地造成他人身体伤害；或者

（b）疏忽地使用致命武器造成他人身体伤害；或者

（c）通过人身威胁的方式，使他人处于即将遭受严重身体伤害的畏惧心理之中，但未遂。一般伤害属于轻罪，但在双方合意基础上打架斗殴时犯本罪的，属于微罪。

（2）加重伤害。实施下列行为的，构成加重伤害：

（a）严重伤害他人身体未遂，或者在对人的生命的价值极度冷漠的情形下蓄意地、明知地、轻率地造成他人严重身体伤害；或者

（b）以致命武器伤害他人身体未遂，或者蓄意地、明知地使用致命武器造成他人身体伤害。

（a）项规定的加重伤害属于二级重罪；（b）项规定的加重伤害属于三级重罪。

评：

本条规定是具有结果性质的伤害罪，包括武器伤害。在美国刑法看来，企业违章伤害与社会上的武器伤害是一个性质，所以把企业危险犯置于社会危险犯之中，把企业违章伤害归属于伤害罪、杀人罪、过失杀人罪。在社会危险犯及伤害罪、杀人罪、过失杀人罪之下，企业内也有业务懈怠危险犯、业务过失杀人犯，即有关人员要对业务过失造成可能的危害和死亡、身体损害、财产损害等承担过失责任。所以，危险犯规定先从伤害罪规定开始。本条在规定故意伤害罪同时，规定了轻率伤害、疏忽伤害他人身体的犯罪，为规定企业生产、作业的过失伤害提供了依据。本条用词"对人的生命的价值极度冷漠""轻率""疏忽"值得我们解释危险作业罪时予以借鉴。但本条规定的是结果犯、未遂犯，没有规定危险犯。

第 211.2 条　轻率地使他人处于危险状态

行为人轻率地实施使他人处于或者可能处于遭受死亡或者严重身体伤害的危险状态的行为的，成立轻罪。❶ 无论行为人是否相信已经装满子弹，明知地将枪支指向他人或者他人所在的方向的，均应当推定其具有本条规定的轻率和危险。

评：

本条把危险犯设定为犯罪，归类为轻罪。这里特别针对"枪支指向"他人，构成"轻率和危险"，"使他人处于或者可能处于遭受死亡或者严重身体伤害的危险状态"。但是本条不限于"枪支指向"犯罪。企业违章冒险作业，无异于"枪支指向"他人，"使他人处于或者可能处于遭受死亡或者严重身体伤害的危险状态"，构成"轻率和危险"。如果说区别，一个是直接故意，一个是间接故意。企业违章冒险作业，直接故意是违章，间接故意是轻视他人生命（包括自己生命），"使他人处于或者可能处于遭受死亡或者严重身体伤害的危险状态"，应承担责任。特别应注意的是这里的语词概念值得我们借鉴。

第 220 节　纵火、毁损财产以及其他破坏财产的犯罪

第 220.1 条　纵火及相关犯罪

（1）纵火。行为人具有下列目的，实施纵火或者引起爆炸的，构成属于二级重罪的纵火：

（a）为破坏他人的建筑物或者被占用的构筑物；或者

（b）为取得保险金而破坏或者毁损自己或他人的财产，但行为人的行为并非轻率地危及他人的建筑物或者被占用的构筑物，或者使他人处于死亡或者身体伤害的危险的，可作为对依照本项规定所提起的追诉的积极抗诉。

（2）……

---

❶　有关轻罪与重罪的区别，附注如下：第 6.01 条重罪的等级（1）为了量刑的目的，本法典规定的重罪分为下列三个等级：（a）一级重罪；（b）二级重罪；（c）三级重罪。一级重罪和二级重罪，以本法典特别明确规定为限。被认定为重罪的罪，如果没有指明等级，为三级重罪。无论其他法律是否有不同规定，为了量刑的目的，本法典以外的本州其他制定法规定的重罪均属三级重罪。第 6.08 条对轻罪及微罪适用的监禁刑；通常刑期对于被认定构成轻罪的罪犯，可以判处由法庭在 1 年以下的范围内确定的定期监禁刑。对于被认定构成微罪的罪犯，可以判处由法庭在 30 日以下的范围内确定的定期监禁刑。第 6.09 条对轻罪及微罪适用的监禁刑；加重刑期（1）在第 7.04 条规定的情形下，对于被认定构成轻罪和微罪的罪犯，可以判处下列加重刑期的监禁刑：（a）构成轻罪的，判处的不定期监禁刑的最低刑期由法庭在 1 年以下的范围内确定，最高刑期为 3 年；（b）构成微罪的，判处的不定期监禁刑的最低刑期由法庭在 6 个月以下的范围内确定，最高刑期为 2 年。

（3）怠于消防或者报告火灾。行为人明知火灾正在危及他人的生命或者相当数量的财产，在不会使行为人遭受重大危险的情况下能够采取合理措施去扑灭或者控制火灾而行为人没有采取该措施，或者没有及时报警，并且存在下列情形的，成立轻罪：

（a）行为人明知其具有公务上、契约上或者其他法律上的义务防止火灾或者扑灭火灾；或者

（b）无论点火是否合法，点火由行为人实施的或者在行为人同意下由他人实施，或者使行为人保管、控制的财产着火。

（4）"被占用的构筑物"，指适宜于过夜住宿或者开展营业的构筑物、交通工具或者场所，而不论事实上是否有人在内。（其余略）

评：

本条本是规定纵火、爆炸犯罪问题的，但同时规定了与此相关的"怠于消防或者报告火灾"犯罪，属于消防失职犯罪、火灾报告失职犯罪。具有"消防或者报告火灾"义务的人，明知火灾发生而不采取合理措施去扑灭或者控制，或者及时报警，构成犯罪。本条与企业违章冒险作业犯罪无关，但值得我国消防救援犯罪、火灾报告犯罪立法借鉴。

第 220.2 条　引起灾祸的发生或者危险

（1）引起火灾。行为人通过爆炸、纵火、洪水、雪崩、建筑物倒塌、释放有毒气体、放射性物质或者其他有毒物质、破坏力或者有可能引起广泛伤害或者破坏的其他手段，蓄意地、明知地引起灾祸的，成立二级重罪；轻率地引起灾祸的，成立三级重罪。

（2）引起灾祸的危险。行为人因使用火、爆炸物或者第 1 款中所列的其他危险手段而轻率地引起发生火灾的危险的，成立轻罪。

（3）怠于防灾。行为人明知地、轻率地不采取合理措施防止灾祸的发生或者减轻灾祸，存在下列情形的，成立轻罪：

（a）行为人明知其具有公务上、契约上或者其他法律上的义务采取此类措施；

（b）行为人实施或者同意他人实施引起灾祸的发生或者危险的行为。

评：

本条规定的"蓄意地、明知地引起灾祸"不用关注，但应关注本条第（1）款、第（2）款规定的属于危险性质犯罪的违章犯罪、过失犯罪、轻率犯罪、疏忽犯罪。一是引起灾祸的危险，行为人因使用火、爆炸物及其他危险

手段而轻率地引起发生火灾的危险的，成立轻罪；二是怠于防灾，行为人明知地、轻率地不采取合理措施防止灾祸的发生或者减轻灾祸，成立轻罪。犯罪主体是"具有公务上、契约上或者其他法律上的义务"的人。企业雇主及有关责任人就是属于此类具有义务的人。这里的引起"灾祸"的手段是广泛的，包括爆炸、纵火、洪水、雪崩、建筑物倒塌、释放有毒气体、放射性物质或者其他有毒物质、破坏力或者有可能引起广泛伤害或者破坏的其他手段。我国的企业违章危险作业犯罪立法，应借鉴本条规定。这里的危险犯罪条款表述没有过多的限定词语。照此，我们把2017年的危险作业罪条款草案中"经有关人员指正或者劝阻后""非法生产危险作业罪"等词语去掉了。至于本条所述"爆炸、纵火、洪水、雪崩、建筑物倒塌、释放有毒气体、放射性物质或者其他有毒物质、破坏力或者有可能引起广泛伤害或者破坏的其他手段"等手段问题，在故意犯罪中属于手段，在违章、疏忽犯罪中应属于行业作业种类、范围问题。危险作业罪要不要限定作业种类？我们建议不限定种类或范围。美国刑法本条规定，其实对手段问题也没有进行种类限定。

我们对前列条款进行解释如下：❶

（1）轻率地（Recklessly）。这是主观方面、心理要件因素，是指行为人认识到但有意漠视可能发生此种结果或者存在此种情节的实质性的无可辩解的危险，在性质和程度上，明显地偏离了正常人在这种情况下所应有的行为标准。如果行为人完全因为醉酒而没有意识到这种危险，也应以轻率论处。轻率是指认识过失的犯罪心理，仅指对待他人生命、身体、财产是轻率的、过失的，在违章上则不是属于"过失"范畴，而是属于或接近于"故意"。企业违章冒险作业、醉酒作业，均属轻率行为，明显偏离正常人所应有的行为标准。

一般说来，行为人在实施冒险行为时就意识到了引起危害结果的可能性。但是在特殊情况下，根据政策上的考虑，对无意识的冒险也作为"轻率"论处。这种特殊情况主要是指"自动醉酒"。纽约州法典规定，被告人在自动醉酒情况下引起犯罪结果时，虽然行为时实际上并没有意识到这种危险性，但在政策上应当认为这是"有意识的冒险"（轻率）行为，而不是"无意识的冒险"（疏忽）行为。美国绝大多数判例都采取这种立场。照此，我们也应采取这种立场。

---

❶　参阅储槐植. 美国刑法［M］. 第二版. 北京：北京大学出版社，1996.

（2）疏忽（Criminal Negligence）。也是主观方面、心理要件因素，是行为人对待法律规定为犯罪的一种心理态度，也属过失，即疏忽过失。当行为时他没有察觉到可能发生此种结果或者存在此种情节的实质性的无可辩解的危险，在性质和程度上，明显地偏离了正常人在这种情形下所应有的谨慎标准。疏忽过失实质是应当认识但没有认识。未尽注意义务是承担刑事责任的根据之一。企业违章冒险作业或危险作业，违章是故意，无视生命、健康、财产可能是疏忽过失。

（3）冒险程度。冒险与危险是必然关系，但与死亡或损害是一种可能关系。构成极端轻率杀人（危险作业可视为轻率杀人）必须有冒险行为，但达到何等地步的冒险行为才构成这类罪呢？冒险有三个等级：①引起侵害他人人身或财产的"不合理冒险"的行为，通常叫作"普通过失"。这是通常作为民事责任以及有时作为刑事责任基础的一种过错类型。②引起伤害他人人身的"高度冒险"的行为可以被称为"严重过失"。如果他认识到这种危险，那么这种严重过失就叫作"轻率"。因轻率行为引起的死亡，就要负非预谋杀人的罪责，但还不是谋杀。③对他人死活漠不关心的"极端轻率"行为可以被称作"非常高度冒险"，因此而引起的死亡就是极端轻率谋杀。非常高度冒险行为同危害结果之间的关系是"很可能"的关系，但还不是"必然"的关系。如果一种冒险行为必然引起危害结果，那么行为人主观上就不能说是"极端轻率"，而是"故意"了。

冒险分级：不合理冒险、高度冒险和非常高度冒险。这三种冒险级差也就是三种冒险程度（冒险程度也称冒险量，即冒险行为产生危害结果的可能性大小）。由于具体事物情况的复杂性，三者之间有时很难划出确切的界线。把一般原则运用到具体案件中时常出现争论。有两个带有普遍意义的可变因素：①冒险行为发生时的环境条件。②冒险行为所追求的社会效用。判断轻率犯罪决定行为的冒险程度时，主要考虑上述两个变量。❶危险罪立法及司法在我国属于初始阶段，对冒险程度进行研究尚显不足。

（4）认识到危险性。假定行为人的冒险行为直接造成了他人死亡，行为时没有认识到该行为具有引起他人死亡或重伤的危险性，虽然常人在这种情况下一般都能够认识到这种危险性，行为人是否应该定为谋杀罪？这应视具

❶ 1919年，德克萨斯州用概率来表现冒险量：死亡概率低于1%的冒险行为不构成杀人罪；死亡概率在1%~5%的冒险行为构成非谋杀罪；死亡概率高于5%的冒险行为构成谋杀罪。

体情况而定。美国大多数州对此采取模棱两可的含糊态度。常常表述为：行为人的行为"表明"或"显示"或"说明"了他的极端轻率心理，而并没有讲清楚行为人是否具有极端轻率心理，也没有讲清楚因为普通人能够认识到这种危险性所以被告人也应当认识到这种危险性。但企业危险作业行为，显然是认识到了危险性，但不是谋杀，而是属于轻率或疏忽地可能造成危害；如果造成死亡事故，属于下面讲的"过失杀人"了。

（5）过失杀人。过失杀人又分为过失杀人和非法行为，后者也叫非预谋杀人。企业违章冒险作业造成死亡事故，即过失杀人；没有造成死亡事故，当属于后者，即非法行为。下面分别介绍两类过失杀人。

①过失杀人。过失与冒险不能等同，但冒险就含有过失。通常认为，法律上没有"过失等级"，事实上却存在着"不等量"（不同程度）的过失：轻微过失、一般过失和严重过失。一般过失，就是行为人缺乏一般人应有的普通谨慎程度。作为民事责任基础，一般过失已经足够。少数州认为，一般过失也可以作为刑事责任基础。轻微过失，就是行为人缺乏特别谨慎的人所具有的谨慎程度。轻微过失通常不能作为法律责任的基础。严重过失，就是行为人明显地缺乏一般人所具有的起码的（即最低限度的）谨慎程度。多数认为，只有严重过失才能作为刑事责任基础。有的认为"比一般过失严重的过失"就是严重过失，有的认为严重过失就是"轻率"（有意识冒险）。企业危险作业应该是严重过失，属于冒险或冒险作业。严重过失达到轻率或极端轻率的地步。

过失杀人需要具有两个特征：（a）行为包含对他人死亡或者重伤的较高程度的冒险；（b）行为人认识到他的行为具有这种冒险性。行为人认识到了他的行为具有引起他人死亡的危险，但还是冒险（侥幸）地实施了这种行为，构成过失杀人罪。无认识过失（疏忽过失）不构成过失杀人，比如意外事件、不可抗力。如果因疏忽而造成他人死亡的，根据具体案情可以构成其他重罪。

但是，有些过失杀人罪不一定要认识到行为的冒险性质。行为人虽然没有认识到但是正常人都应当认识到这种行为具有引起他人死亡的危险性，由于他的行为而导致了他人死亡的，也构成过失杀人。这就是说，疏忽过失（无认识过失）也可以构成过失杀人罪。例如，被告人（某夜总会老板）因为没有提供逃避火灾的应急设施，在一次失火中死亡490人，被告人负过失杀人的刑事责任。再如，被告人（某医生）让他的患者用浸湿煤油的布裹起来，结果引起了患者的死亡（1844年马萨诸塞州判例）。理由是："即使被告人愚蠢或粗心到在事实上没有认识到这种巨大危险，但是如果一个普通人在这种情况下能认识到这种危险的严重性，那么被告人就不能逃避刑事责任"（1944年麻州判例）。又如，被告人（婴孩的母亲）把婴孩放在她情夫能够殴打婴孩的环境中，结果她的情夫打死了这个婴孩。她情夫犯了谋杀罪，被告人也应负过失杀人的刑事责任（1960年马里兰州判例）。

美国有些州刑法典使用过失杀人（Involuntary Manslaughter）含义包括两种杀人：轻率过失情况下的杀人 ❶ 和疏忽过失情况下的杀人 ❷。许多州过失杀人含义仅包括轻率过失杀人，疏忽过失情况下引起的死亡不被定为杀人罪。个别州过失杀人含义中包含疏忽过失杀人。纽约州刑法典把轻率情况下的过失杀人定为二级非谋杀（Manslaughter in Second Degree），把疏忽情况下引起的死亡称为过失杀人（Criminally Negligent Homicide）。

过失杀人罪的另一个问题是，行为人的身体缺陷或心理缺陷对确定"应否认识"行为危险性的标准问题上有没有影响？通常，身体缺陷，如近视、聋哑等，可以当作一种"情节"加以考虑。尚未达到精神病程度的心理缺陷，如愚笨、缺心眼等，一般很少予以考虑。企业作业人员当然不应该有身体缺陷或心理缺陷等问题。在确定"过失"问题上，对身体缺陷或心理缺陷应该采取比较严格的态度。

作为和不作为都可以构成危险作业罪，属于事实原因，危险结果或死亡结果是行为人可预见的。"可预见"就是意味着行为与结果间至少存在某种大于"可能"（Possible）但小于"很可能"（Probable）的关系。"可预见"就是行为人对危险结果或死亡结果并不感到异常。

②非法行为——非谋杀。也叫轻罪——非谋杀（Misdemeanor—Manslaughter）。它是和重罪——谋杀相对称的一个概念。重罪——谋杀就是在实行或者着手实行重罪过程中造成死亡；轻罪——非谋杀就是在实行或者着手实行非法行为（轻罪）过程中造成死亡。这是普通法中的一个罪名，现在大多数美国司法区的刑法里有这种杀人罪。把非法行为造成死亡，看为非谋杀，我国立法、司法目前应持这种立场。有人认为过于严厉。

这里所说的非法行为，包括某些违反法规的违法行为（犯罪行为或民事过错行为），尤其是普通伤害行为、交通违法行为、非暴力重罪（如非法出

---

❶ 轻率过失杀人，相似于有些国家刑法中的有认识过失杀人。轻率过失杀人，属于非谋杀，不同于第一节的极端轻率谋杀，也称"轻罪——非谋杀"，和前面叙述过的"重罪——谋杀"相对称。

❷ 疏忽过失情况下的杀人，相当于有些国家刑法中的无认识过失杀人。

售爆破物品等）。例如，法律规定向未成年人或者已经喝醉的人出售酒类是犯罪，但酒店老板把酒卖给了已经处于醉态的人，此人由于饮酒过量，在爬进他的旅行车时从车上摔跌下来而死亡，酒店老板被判为轻罪——非谋杀。酒店老板酒卖与醉酒人致其摔跌死亡存在间接因果关系。

非法行为包括不作为。纽约州法律规定，房东出租房屋时如果不提供防火设备就构成轻罪，房客在一次失火中丧生，房东为轻罪——非谋杀（1955年判例）。我国的重大责任事故罪、危险作业罪立法、司法应该借鉴纽约州立法和案例。

轻罪——非谋杀要求轻罪行为和死亡结果之间存在因果关系。例如，汽车司机没有及时更换新驾驶执照，在驾车（非法行为）时十分谨慎，但途中和对面开来的一辆车将要相撞之际，为避免车祸，猛然转向，结果撞到电线杆子上，撞死了车内一人。初审法院判定被告人为轻罪——非谋杀。上诉法院撤销原判，因为此案的非法行为（驾驶执照未更新）同死亡之间仅仅存在时间上的巧合，而不存在因果关系。这个案例给我们的提示是冒险作业与危险状态或危害结果之间，如果没有直接或间接的因果关系，不构成危险作业罪或责任事故罪。

再如，汽车司机行车在公路上，开始是超速行车（非法行为），后来又放慢到正常速度，在正常速度行车中由于交通事故撞死了一个行人，就不能定被告人为轻罪——非谋杀，因为死亡并不是发生在非法行为"实行过程中"，不存在因果关系。"实行过程中"的超速开车是行人死亡的事实原因。这个案例对我们判断企业危险作业罪或责任事故罪具有借鉴意义。但有人认为如果没有先前超速开车，就不会在此时此地碰上这个行人。这种连环套的纯粹的客观因果关系论不足取。

按照美国刑法条款概念和表述方式，我国企业责任事故犯罪、危险作业犯罪条款应该如何表述呢？建议如下：

第134条【重大责任事故罪】（1）行为人在生产、作业中轻率地造成他人身体伤害或者疏忽地造成他人身体伤害，构成一般伤害，属于轻罪。（2）行为人在生产、作业中对人的生命的价值极度冷漠的情形下轻率地造成他人严重身体伤害，构成加重伤害，属于二级重罪；在生产作业中伤害他人身体未遂，构成加重伤害，属于三级重罪。

第134条之一【强令违章冒险作业罪】行为人在生产、作业中对人的生命的价值极度冷漠的情形下强令他人违章冒险作业，造成他人身体伤害，构成加重伤害，属于二级重罪；造成他人严重身体伤害，构成加重伤害，属于一级重罪。

第 134 条之二【危险作业罪】 在生产、作业中轻率地实施使他人处于或者可能处于遭受死亡或者严重身体伤害的危险状态的行为的，成立轻罪。无论行为人是否相信危害结果的发生，明知地违章作业，均应当推定其具有本条规定的轻率和危险。

二、英国刑法

文本选定 1861 年《英国恶意损害罪法》、1883 年《英国爆炸物法》、1988 年《英国道路交通法》。

总评：

英国规定了一些专项危险罪，比如铁路运行危险犯罪、爆炸物危险犯罪、道路交通危险犯罪。其中，危险驾驶罪定义和行为种类比中国刑法规定丰富一些。

（一）1861 年《英国恶意损害罪法》

36（阻塞铁路上的机车或者客车）以非法的作为或故意的不作为或者疏忽阻塞铁路上的机车或者客车，或者帮助实施上述行为的，构成轻罪，经依法判罪者，由法庭决定处以不超过 2 年附重劳动或者不附重劳动的监禁刑。

评：

本条是关于铁路运行安全的犯罪规定，属于危险犯。阻塞或者帮助阻塞铁路上机车、客车，产生一种危险状态，也扰乱运行秩序。只要是非法作为、故意不作为、疏忽而阻塞或者帮助阻塞铁路上机车、客车运行的，就构成本罪。这里的犯罪主体是一般主体，包括社会各类人员，既有铁路企业职责人员，也有社会上的非企业人员。我们研究企业安全犯罪，重在关注企业职责人员疏忽而阻塞铁路上机车、客车运行。非法作为、故意不作为而阻塞或者帮助阻塞，不属于我们这里讨论的问题。疏忽违章可以是过失违章，也可以是故意违章，但对危害结果发生、危险状态产生则是过失，因此这里是过失犯罪。责任事故罪、危险作业罪都可以是过失违章或故意违章。但是本条表述中并无"违章"一词。本条的处刑标准是不超过 2 年附重劳动或者不附重劳动的监禁刑。这对我们研究企业危险作业罪立法有借鉴意义。尽管这里是针对铁路运行安全的犯罪规定，但我们可以扩展到企业各方面的疏忽过失犯罪。注意，帮助违章之行为也是本条所规定的犯罪。

英国 19 世纪铁路交通产生，把其安全问题特别拿出来进行规范，专门制定 1861 年《英国恶意损害罪法》是可以理解的。

（二）1883 年《英国爆炸物法》

4（在可疑情况下制造或者持有爆炸物）（1）制造爆炸物或者明知是爆炸物而持有或者置于自己控制之下，且有合理理由怀疑其制造或者持有爆炸物或者将爆炸物置于自己控制之下无合法目的的，构成重罪，经公诉程序判罪的，处不超过 14 年的劳役监禁，或者处不超过 2 年附重劳动或者不附重劳动的监禁，并没收其爆炸物。但行为人能证明其制造或者持有爆炸物或者将爆炸物置于自己控制之下有合法目的的除外。

评：

本条是对爆炸物（属于危险物品）进行管理。犯罪行为包括非法制造、持有或者置于自己控制之下等。对爆炸物进行严控，不允许私人非法持有、贮藏、使用，我国刑法也有规定。爆炸物犯罪属于公共安全犯罪类，公安部门管辖。此罪属于危险犯、行为犯，不论是否有危害结果发生。与此罪相关联的一个罪名是危险物品肇事罪（包含爆炸物肇事），常常会发生在企业；我们在讲企业安全犯罪时，会讲到此罪。

爆炸物犯罪如果是过失犯罪，在某些情况下则可能会归入责任事故罪、危险作业罪。

（三）1988 年《英国道路交通法》

1.（危险驾驶致人死亡）在道路上或者其他公共场所，以危险的方式驾驶机动交通工具造成他人死亡的，构成犯罪。

2.（危险驾驶）在道路上或者其他公共场所，以危险的方式驾驶机动交通工具的，构成犯罪。

评：

本条规定危险驾驶罪，可能是结果犯，也可能是危险犯。可对比中国的交通肇事罪、危险驾驶罪。我们要研究的危险作业罪的一些情况与危险驾驶罪有关联。

2A 危险驾驶的含义

（1）就上列第 1 条和第 2 条而言，如果存在以下情况，一个人就被视为实施了危险驾驶的行为（除下面第（2）款的规定外，仅仅在以下情况下，才属本条含义）：

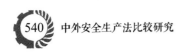

（a）其驾驶的方式远远低于人们对一个有能力的和谨慎的司机的期望，并且

（b）对于一个有能力的和谨慎的司机而言，如此驾车显然是危险的。

（2）就上列第1条和第2条而言，如果在一个有能力的和谨慎的司机看来，在某交通工具目前状态下驾驶该交通工具是危险的，其行为人仍然驾驶之，则此人应当被认为实施了危险驾驶的行为。

（3）上列第（1）、（2）款所称危险，是指对人身造成伤害或对财产造成严重损害的危险；在特定情况下，要确定对有能力的和谨慎的司机可以期望什么、对这些司机而言什么是显然的，不仅要考虑能够期望行为人知晓的情况，还要考虑在行为人知识范围内已经显示的任何情况。

（4）就上述第（2）款而言，在确定交通工具的状态时，要考虑该交通工具上或该交通工具里附着的或运载的任何物件，以及考虑该物件被附着或运载的方式。

3.疏忽的和不顾他人的驾驶

在道路上或其他公共场所驾驶机动交通工具，没有对正在使用该道路或公共场所的其他人尽到应尽的注意和照顾义务或者合理之谨慎的，构成犯罪。

3A 在酒精或毒品的影响下疏忽驾驶致人死亡

（1）在道路上或其他公共场所驾驶机动交通工具，没有对正在使用该道路或公共场所的其他人尽到应尽的注意和照顾义务或者合理之谨慎，因此致人死亡，并且有下列情形之一的，构成犯罪：

（a）驾驶车辆时正处于酒精或毒品的影响下，不适合驾驶车辆；或者

（b）饮用了太多的酒精以至于其呼出的气体、血液或尿液中的酒精成分超过法定的限制；或者

（c）被要求在事件发生后18个小时内提供本法第7条规定的标本，没有合理的理由而不提供。

（2）本条所称"不合适驾驶"的含义是：当一个人的正确驾驶能力被削弱时，他应当被认为不适合驾驶。

（3）如果一个人驾驶的机动交通工具不是汽车，则上述第（1）款（b）和（c）项的规定不适用。

4.在酒精或毒品的影响下驾驶或掌控

5.在酒精浓度超标的情况下驾驶或掌控机动车交通工具

评：

英国的危险驾驶罪定义和行为种类比中国刑法规定的要丰富一些。首先是定义丰富。比如，所称"不合适驾驶"是指当一个人的正确驾驶能力被削弱时，他应当被认为不适合驾驶；所称危险，是指对人身造成伤害或对财产造成严重损害的危险。其次是行为种类丰富。比如，酒精或毒品的影响驾驶，疏忽和不顾他人的驾驶，驾驶的方式远远低于人们对一个有能力的和谨慎的司机的期望，交通工具是危险的但仍然驾驶之等。这对我国危险驾驶罪立法有借鉴意义，对我国的危险作业罪立法也有借鉴意义。我们的企业生产作业活动，也有行车作业，都适合在危险作业罪中进行表述或规定。

应注意，英国是判例法传统，议会制定的刑法都是专项刑法。我们还没有发现制定法中有广泛意义的类似于企业责任事故罪、危险作业罪的条款规定。上列三条规定，第一条设有刑期，第二条、第三条无刑期规定。

根据英国刑法上列三条专项条款给出的概念和表述方式，我国企业责任事故犯罪、危险作业犯罪条款应该做如下表述：

第 134 条【重大责任事故罪】　行为人在生产、作业中有下列情形之一，造成他人死亡的，构成犯罪：（1）以危险的方式进行作业；（2）没有对作业场所安全范围内的其他人尽到应尽的注意和照顾义务或者合理之谨慎；（3）正处于酒精或毒品的影响下，正确作业能力被削弱而不适合作业时仍然作业。

第 134 条之一【强令违章冒险作业罪】　行为人在生产、作业中强令他人在前条各情形下进行作业，造成他人死亡的，构成犯罪。

第 134 条之二【危险作业罪】　行为人在生产、作业中疏忽作业造成危险状态，构成轻罪，经依法判罪者，处以二年以下有期徒刑。所称危险，是指对人身造成伤害或对财产造成严重损害的危险。

三、加拿大刑法

文本选定《加拿大刑法典》。

总评：

加拿大刑法条款没有区分企业内安全犯罪和企业外安全犯罪，但规定了危险犯及其技术鉴定程序，中国法可以借鉴。

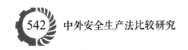

第一章　一般规定

自愿引起的醉态

第 33.1 条　（1）如果被告明显违背了第（2）款所述之注意标准，其基于自愿引起的醉态而缺乏第（3）款规定犯罪所要求的一般的故意或者意愿，对于这类犯罪不构成辩护理由。

（2）在本条中，行为人处于自愿引起的醉态，使其不能意识到或者不能控制自己的行为，故意或者非故意地妨害或者威胁妨害他人的身体完整性，即为明显背离了注意标准而有刑事过错。

（3）本条适用于根据本法或者其他议会法将攻击或者其他对于他人的身体完整性之妨害或者威胁妨害作为构成要素的犯罪。

评：

本条规定的是醉态故意、非故意妨害或者威胁妨害他人身体完整性的行为，构成犯罪，原因是行为人自愿引起醉态，不能意识到或者不能控制自己的行为，属于明显背离了注意标准，因而有刑事过错。本条是结果犯，没有危险犯。我们要关注的是在生产经营活动中醉态非故意妨害他人身体完整性的犯罪问题。在生产经营活动中醉态作业非故意造成事故，应该承担刑事责任。醉态作业属于违章作业。在我们的企业安全犯罪立法中不会把醉态作业拿出来进行单独立法，但作为一个实际中可能存在的问题，应该予以注意。

根据加拿大刑法条款给出的概念和表述方式，我国企业责任事故犯罪条款应该做如下表述：（醉态作业责任事故罪）醉态作业在生产、作业中行为人处于自愿引起的醉态，使其不能意识到或者不能控制自己的行为，非故意地妨害或者威胁妨害他人的身体完整性，即为明显背离了注意标准，构成犯罪。

第二章　违反公共秩序的犯罪

危险物品

第 79 条　爆炸物的占有人、保管人或者控制人，负有法律责任合理保管好爆炸物品，以防其造成人身伤害或者死亡，或者造成对财产之损坏。

第 80 条　负有第 79 条所述法律责任的人，无合法理由而未履行其职责，构成可诉罪，如果致使爆炸物品发生爆炸：

（a）造成或可能造成他人死亡，处终身监禁；

（b）造成或可能造成人身伤害或者财产损害，处不超过 14 年的监禁。

评：

本条是关于爆炸物的占有、保管、控制渎职犯罪的条款，是危险犯和结果犯。负有法律责任合理保管好爆炸物品的占有人、保管人或者控制人，无合法理由而未履行其职责，处于危险状态，就构成可诉罪。中国法是把爆炸物作为危险物品统一制定条款。我们的危险作业罪应该把爆炸物占有、保管、控制渎职的此类情况（即爆炸物品违规管理）归入进来，作为加重处罚情形或作业种类（参见我们拟定的危险作业罪条款草案）。我国现行危险物品肇事罪也涵盖爆炸物肇事构罪，但应注意加拿大刑法对爆炸物品发生爆炸情形一律定罪，不论其是否造成他人死亡。我国危险物品肇事罪通常关注的是死亡事故。

根据加拿大刑法条款，我国危险物品肇事罪条款应该做如下表述：（爆炸物等危险物品违规管理罪、肇事罪）负有法律责任合理保管好爆炸物等危险物品的占有人、保管人或者控制人，无合法理由而未履行其职责，构成可诉罪；如果致使爆炸物等危险物品发生爆炸等危害事故，造成或可能造成他人死亡，处终身监禁；造成或可能造成人身伤害或者财产损害，处不超过十四年的监禁。

第二十四章 危险犯和长期罪犯

解释

"严重人身伤害罪"指：

a）涉及下列因素之一的可诉罪，犯罪人可能被判处10年或者10年以上监禁：

（ii）行为危及或可能危及他人生命或安全，或者使他人遭受或者可能遭受严重精神损害。

危险犯和长期罪犯

第753条（1）根据在依第752.1条第（2）款提交鉴定报告后按照本章规定提出的申请，法庭如果确信有下列情形之一，可以裁决犯罪人为危险犯：

（a）犯罪人所据以定罪的罪行属于第752条定义中（a）项所述严重人身伤害罪，并且有证据证明下列事项之一，表明其对他人的生命、安全或者身体、精神健康构成威胁：

（ii）据以对犯罪人定罪的罪行构成其行为的一部分，其反复实施该行为的方式表明，他不能控制自己的行为，并且由于他将来不能控制的行为而可能造成他人死亡或者伤害或者给他人造成严重精神损害；

（a）据以对犯罪人定罪的罪行构成其行为的一部分，其持续实施该行为的方式表明，犯罪人对于其行为给他人造成的可以合理预见的影响持冷漠

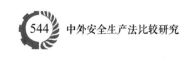

的态度；

（ii）犯罪人的任何行为，与已被定罪的罪行相结合，其残酷性足以表明不可能以通常的控制方式阻止他将来的行为。

评：

上列规定解释了"严重人身伤害罪""危险犯""长期罪犯"的法律概念。危险犯是指犯罪人据以定罪的罪行属于严重人身伤害罪，并且表明其对他人的生命、安全或者身体、精神健康构成威胁。危险犯有三种情形：（1）罪行反复实施表明不能控制自己的行为，并且可能造成他人死亡或者伤害或者给他人造成严重精神损害；（2）罪行持续实施表明对于给他人造成的可以合理预见的影响持冷漠的态度；（3）犯罪人的任何行为与已被定罪的罪行相结合，其残酷性足以表明不可能以通常的控制方式阻止他将来的行为。危险犯的这个解释在我们的危险作业罪司法解释和实践判断中应该予以借鉴。

应注意，加拿大刑法对危险犯的认定规定了一个在犯罪裁决之前的技术鉴定报告程序。企业危险作业的认定有时候不是那么容易判定的，不像危险驾驶罪那样简单，比如所涉及的重大事故隐患状态就需要进行技术判断。而且，提交鉴定报告后还要由安监部门或其他有关部门按照刑诉程序向检察机关提出的诉讼申请，由法院裁决犯罪人为危险犯。所以，加拿大的技术鉴定报告程序，可资中国法借鉴。

第 753.1 条 （1）根据在依第 752.1 条第（2）款提交鉴定报告后按照本章规定提出的申请，法庭如果确信符合下列条件，可以裁决犯罪人为危险犯：

（a）如果犯罪人已被定罪的罪行，适于判处两年或两年以上监禁；

（b）犯罪人有重新犯罪的实质性危险；

（c）在社区有可能对此危险实现控制。

评：

本条规定了法院判断危险犯的条件。法庭根据提交鉴定报告后提出的申请，对危险犯进行判断。构成危险犯的具体条件是：（1）罪行适于判处两年或两年以上监禁；（2）犯罪人有重新犯罪的实质性危险；（3）在社区有可能对此危险实现控制。我们觉得对此不应借鉴。

四、俄罗斯刑法

文本选定《俄罗斯联邦刑法典》。

总评：

俄罗斯刑法对企业内安全犯罪与企业外安全犯罪进行了区分；专项安全立法条款较多；对几个重点行业专业作业种类的危险作业进行了犯罪立法，其余而不论；交通肇事罪只规定了结果犯，而对危险行为或危险状态没有进行刑事责任立法。中国刑法在表述和内容上与俄罗斯刑法近似，可能有历史渊源。俄罗斯刑法给我们的提示是在进行综合性立法时应重点关注重点行业作业所涉及的安全犯罪立法问题。

第二十四章　危害公共安全的犯罪

第215条　违反原子能工程安全规则

1. 在原子能工程的布局、设计、建设和利用方面违反安全规则，如果可能引起人员死亡或环境的放射性污染的，处数额为20万卢布以下或被判刑人18个月以下的工资或其他收入的罚金；或处3年以下的限制自由；或处3年以下的剥夺自由，并处或不并处3年以下剥夺担任一定职务或从事某种活动的权利。

2. 上述行为，过失造成人员健康的严重损害或过失造成人员死亡，过失造成环境的放射性污染的，处5年以下的剥夺自由，并处或不并处3年以下剥夺担任一定职务或从事某种活动的权利。

3. 本条第1款规定的行为，过失造成2人以上死亡的，处7年以下的剥夺自由，并处或不并处3年以下剥夺担任一定职务或从事某种活动的权利。

第220条　非法处理核材料或放射性物质

1. 非法取得、保管、使用、移交或销毁核材料或放射性物质的，处2年以下的限制自由；或处4个月以下拘役；或处2年以下剥夺自由。

2. 上述行为，过失致人死亡或造成其他严重后果的，处5年以下的限制自由；或处5年以下的剥夺自由。

3. 本条第1款规定的行为，过失造成2人以上死亡的，处7年以下的剥夺自由。

评：

第215条是原子能工程安全保护的刑罚规范，属危险犯和结果犯。构罪条件：一是违反安全规则；二是可能引起人员死亡或环境的放射性污染的危险状态；三是原子能工程的布局、设计、建设和利用的适用范围；四是从事原子能工程活动的企业人员（主体）。处罚种类比较多，不仅有徒刑、罚金，还有民事权利限制。值得注意的是，原子能危险犯的刑期比较长，三年以下，而我们拟定的危险作业罪刑期是六个月以下的拘役和罚金。俄罗斯以及其他一些国家特别注重核能安全的刑法保护，对核能问题往往制定有专门的安全犯罪刑法条款。我们尚无此专项刑事立法条款。我们试图制定一个广泛的生产、作业违章犯罪处罚条款，但可以对核能违章作业加重处罚到三年的最高幅度。能不能把所有的危险作业罪最高处罚幅度提高到三年呢？不能，由于我国的危险驾驶罪处罚是拘役，我们也只能建议为拘役了。我们只能在该条下面另设一款高度危险作业的危险作业处罚条款，将处罚幅度提高为三年徒刑。

第220条是非法处理核材料或放射性物质罪条款。我们把第220条放在第215条违反原子能工程安全规则罪下面进行评论，因为核材料或放射性物质犯罪与原子能工程安全犯罪是近邻关系或连接关系。本条是危险犯和结果犯。我国尚无非法处理核材料或放射性物质的犯罪规定，应与原子能工程安全犯罪一并进行立法规范。

如果按照俄罗斯本条立法的概念和形式，我们的责任事故罪、危险作业罪条款应是如下表达：

第134条之一【危险作业罪】 在生产、作业中违反安全规则，如果可能引起人员死亡或其他严重后果的，处罚金或拘役，并处或不并处三年以下剥夺担任一定职务或从事某种活动的权利。

未取得安全生产许可证或者其他有效证照从事生产经营活动，依照前款规定对组织生产经营活动的责任人员和其他直接责任人员处罚。

涉及核能工程、核材料、放射性物质及易爆可燃物品等高度危险作业有前两款情形的，处三年以下有期徒刑，并处罚金。高度危险作业范围另行规定。

有前三款行为，同时构成其他犯罪的，依照处罚较重的规定定罪处罚。

第134条【重大责任事故罪】 有前条行为，过失造成人员健康的严重损害或过失造成人员死亡或其他严重后果的，处五年以下有期徒刑，并处或不并处三年以下剥夺担任一定职务或从事某种活动的权利。过失造成二人以上死亡的，处七年以下有期徒刑，并处或不并处三年以下剥夺担任一定职务或从事某种活动的权利。

第134条之一【强令违章冒险作业罪】 在生产、作业中强令他人在前条各情形下进行作业，过失造成人员健康的严重损害或过失造成人员死亡或其他严重后果的，处七年以下有期徒刑，并处或不并处五年以下剥夺担任一定职务或从事某种活动的权利。过失造成二人以上死亡的，处七年以上有期徒刑，并处或不并处五年以下剥夺担任一定职务或从事某种活动的权利。

注意，我们在本条"核能工程、核材料、放射性物质"后面增加了"易爆可燃物品等高度危险作业"一语。

第 215-1 条　终止或限制提供电能或者切断其他生活保障源

1. 公职人员以及商业组织和其他组织中行使管理职能的人员非法终止或限制向消费者提供电能或者切断其他生活保障源，如果过失造成巨大损失、严重损害人员健康或造成其他严重后果的，处数额为 20 万卢布以下或被判刑人 18 个月以下的工资或其他收入的罚金；或处 3 年以下的限制自由；或处 2 年以下的剥夺自由。

2. 上述行为，过失造成死亡的，处 5 年以下的剥夺自由，并处或不并处 3 年以下剥夺担任一定职务或从事某种活动的权利。

评：

本条是规定电能等生活秩序的犯罪，但也事关生产安全或其关系问题，所以要研究、借鉴之。本条为结果犯，即终止或限制向消费者提供电能或者切断其他生活保障源，过失造成巨大损失、严重损害人员健康或造成其他严重后果的，构成犯罪。同时其是结果加重犯。这里，犯罪主体是公职人员以及商业组织和其他组织中行使管理职能的人员，主观故意是终止或限制向消费者提供电能或者切断其他生活保障源，但是造成后果是过失（非故意）。这个罪名放在中国应属重大责任事故罪，但中国的重大责任事故罪主体是企业人员或企业，俄罗斯本条犯罪主体是企业外人员（公职人员）和企业内人员（商业组织和其他组织中行使管理职能的人员），而不是仅仅限于企业内人员。本条没有把危险状态列入犯罪。中国法尚无有关终止或限制向消费者提供电能或者切断其他生活保障源问题的刑事立法。

按照俄罗斯本条立法概念和形式，中国将来有关电能终止或限制问题的刑事立法条款应作如下表述：公职人员以及商业组织和其他组织中行使管理职能的人员非法终止或限制向消费者提供电能或者切断其他生活保障源，如果过失造成巨大损失、严重损害人员健康或造成其他严重后果的，处二年以下有期徒刑，或处罚金；过失造成死亡的，处五年以下有期徒刑，并处或不并处三年以下剥夺担任一定职务或从事某种活动的权利。

第 216 条　违反采矿、建筑或其他工程的安全规则

1. 违反采矿、建筑或其他工程的安全规则，如果过失造成人员健康的严

重损害的或造成巨大损失的，处数额为 8 万卢布以下或被判刑人 6 个月以下的工资或其他收入的罚金；或处 3 年以下的限制自由；或处 3 年以下的剥夺自由，并处或不并处 3 年以下剥夺担任一定职务或从事某种活动的权利。

2. 上述行为，过失造成死亡的，处 5 年以下的限制自由；或处 5 年以下的剥夺自由，并处或不并处 5 年以下剥夺担任一定职务或从事某种活动的权利。

3. 本条第 1 款规定的行为，过失造成 2 人以上死亡的，处 7 年以下的剥夺自由，并处或不并处 3 年以下剥夺担任一定职务或从事某种活动的权利。

评：

俄罗斯对采矿、建筑或其他工程的安全制定专门条款进行专门立法。本条只是结果犯，不是危险犯。本条内容类似于我国的工程重大安全事故罪和重大劳动安全事故罪。前者适用于建筑工程，后者适用于设施设备等安全条件。❶

俄罗斯为什么不像原子能立法条款那样在本条设定危险犯而对危险状态进行刑事处罚？不得而知，也许是他们没有把采矿、建筑或其他工程的安全看作很重要的问题。

按照俄罗斯本条立法概念和形式，我国工程重大安全事故罪和重大劳动安全事故罪的刑事安全立法条款应作如下表述：违反工程、设施或者安全生产条件的安全规则，如果过失造成人员健康的严重损害的或造成巨大损失的，处罚金，或处三年以下有期徒刑，并处或不并处三年以下剥夺担任一定职务或从事某种活动的权利；过失造成死亡的，处五年以下有期徒刑，并处或不并处五年以下剥夺担任一定职务或从事某种活动的权利；过失造成二人以上死亡的，处七年以下有期徒刑，并处或不并处三年以下剥夺担任一定职务或从事某种活动的权利。

第 217 条　违反易爆工程中的安全规则

1. 违反易爆工程或易爆车间中的安全规则，如果可能造成人员死亡或造成巨大损失的，处数额为 8 万卢布以下或被判刑人 6 个月以下的工资或其他

---

❶　《刑法》第 137 条规定（工程重大安全事故罪）：建设单位、设计单位、施工单位、工程监理单位违反国家规定，降低工程质量标准，造成重大安全事故的，对直接责任人员，处五年以下有期徒刑或者拘役，并处罚金；后果特别严重的，处五年以上十年以下有期徒刑，并处罚金。第一百三十五条规定（重大劳动安全事故罪）：安全生产设施或者安全生产条件不符合国家规定，因而发生重大伤亡事故或者造成其他严重后果的，对直接负责的主管人员和其他直接责任人员，处三年以下有期徒刑或者拘役；情节特别恶劣的，处三年以上七年以下有期徒刑。

收入的罚金；或处 3 年以下的限制自由；或处 3 年以下的剥夺自由，并处或不并处 3 年以下剥夺担任一定职务或从事某种活动的权利。

2．上述行为，过失造成死亡的，处 5 年以下的限制自由；或处 5 年以下的剥夺自由，并处或不并处 3 年以下剥夺担任一定职务或从事某种活动的权利。

3．本条第 1 款规定的行为，过失造成 2 人以上死亡的，处 7 年以下的剥夺自由，并处或不并处 3 年以下剥夺担任一定职务或从事某种活动的权利。

评：

本条是关于易爆工程的安全立法，属于危险犯和结果加重犯。我国危险作业罪立法能不能限定于几个类如易爆工程行业作业呢？或者是对几个重点作业做加重处罚而对其余种类作业做一般处罚呢？答案是也可以。我们做的立法条款草案有一种方案是这样安排的。俄罗斯关于易爆工程的安全立法，对其做了危险状态构罪安排，可能是基于其危险重大的考虑。注意，俄罗斯叫易爆工程、易爆车间，而不叫易爆物品。

按照俄罗斯立法条款，我们有关易爆工程或易爆车间的责任事故罪、危险作业罪条款表述应该如下：

第 134 条　在生产、作业中违反易爆工程或易爆车间中的安全规则，如果可能造成人员死亡或造成巨大损失的，处罚金，或处三年以下有期徒刑，并处或不并处三年以下剥夺担任一定职务或从事某种活动的权利；过失造成死亡的，处五年以下有期徒刑，并处或不并处三年以下剥夺担任一定职务或从事某种活动的权利；过失造成二人以上死亡的，处七年以下有期徒刑，并处或不并处三年以下剥夺担任一定职务或从事某种活动的权利。

第 218 条　违反爆炸物品、易燃物品和烟花制品的登记、保管、运送和使用规则

违反爆炸物品、易燃物品和烟花制品的登记、保管、运送和使用规则，以及非法通过邮局寄送或作为行李非法托运这些物品，如果过失造成人员健康严重损害或人员死亡的，处 5 年以下的限制自由；或处 5 年以下的剥夺自由，并处或不并处 3 年以下剥夺担任一定职务或从事某种活动的权利。

评：

本条是关于爆炸物品、易燃物品和烟花制品等危险物品的安全立法，限于登记、保管、运送和使用环节，而不包含生产环节，是结果犯。此类高度危险性的作业为什么不包含生产环节、为什么不做危险犯安排？不得而知。

但在我们的建议稿中，都做了与此相反的处理。

第219条　违反消防安全规则

1. 负有遵守消防安全规则责任的人员违反消防安全规则，并过失造成人员健康严重损害的，处数额为8万卢布以下或被判刑人6个月以下的工资或其他收入的罚金；或处3年以下的限制自由；或处3年以下的剥夺自由，并处或不并处3年以下剥夺担任一定职务或从事某种活动的权利。

2. 上述行为，过失造成死亡的，处5年以下的限制自由；或处5年以下的剥夺自由，并处或不并处3年以下剥夺担任一定职务或从事某种活动的权利。

3. 本条第1款规定的行为，过失造成2人以上死亡的，处7年以下的剥夺自由，并处或不并处3年以下剥夺担任一定职务或从事某种活动的权利。

评：

本条是关于消防安全的犯罪条款，是结果犯，没有危险犯。犯罪主体是负有遵守消防安全规则责任的人员，包括消防队人员、企业消防人员（安全管理人员之一）。俄罗斯刑法总体上将身体健康损害、财产损失与生命损害分列进行处罚。我国刑法规定有消防责任事故罪，但犯罪主体是企业事业等单位人员，不包含消防队人员（消防监督机构）。❶消防责任事故罪广义上也应属于责任事故罪。我们的危险作业罪也应含有消防违规作业行为。

第222条　非法获得、移交、销售、保管、运送或携带武器、武器的主要部件、弹药、爆炸物品和爆炸装置

1. 非法获得、移交、销售、保管、运送或携带火器、火器的主要部件（民用滑膛枪、其主要部件和弹药除外）、弹药、爆炸物品或爆炸装置的，处3年以下的剥夺自由；或处6个月以下拘役；或处4年以下剥夺自由，并处或不并处数额为8万卢布以下或被判刑人6个月的工资或其他收入的罚金。

2. 有预谋的团伙实施上述行为的，处2年以上6年以下的剥夺自由。

3. 有组织的集团实施本条第1款或第2款规定的行为的，处5年以上8年以下的剥夺自由。

4. ……

附注：主动交出本条所列物品的人员，如果其行为中没有其他犯罪构成，

---

❶ 《刑法》第139条规定（消防责任事故罪）：违反消防管理法规，经消防监督机构通知采取改正措施而拒绝执行，造成严重后果的，对直接责任人员，处三年以下有期徒刑或者拘役；后果特别严重的，处三年以上七年以下有期徒刑。

则免除刑事责任。

第 223 条　非法制造武器

1．非法制造或修改火器及其配套零件，以及非法制造弹药、爆炸物品或爆炸装置的，处 2 年以上 4 年以下的剥夺自由。

2．有预谋的团伙实施上述行为的，处 2 年以上 6 年以下的剥夺自由。

3．有组织的集团实施本条第 1 款或第 2 款规定的行为的，处 5 年以上 8 年以下的剥夺自由。

4．……

附注：如前条。

评：

第 222 条、第 223 条是关于非法制造或修改、获得、移交、销售、保管、运送或携带武器、武器的主要部件、弹药、爆炸物品和爆炸装置犯罪的规定，是危险犯和结果犯。我国刑法也有类似规定。❶

我们这里要关注的是民用爆炸物品、爆炸装置的非法获得、移交、销售、保管、运送或携带问题。我国民用爆炸物品管理法规有《民用爆炸物品安全管理条例》。我国对民用爆炸物品管理与其他军用、警用等爆炸物品管理实行同样的原则和办法。民用爆炸物品的生产、销售、购买、运输和爆破作业实行许可证制度。未经许可，任何单位或者个人不得生产、销售、购买、运输民用爆炸物品，不得从事爆破作业。严禁转让、出借、转借、抵押、赠送、私藏或者非法持有民用爆炸物品。非法制造、买卖、运输、储存民用爆炸物品，即构成犯罪，属于危险犯。如果过失造成民用爆炸物品伤亡事故，就构成危险物品肇事罪。但我国危险物品肇事罪只是结果犯，而无危险犯。❷ 在生产、储存、运输、使用民用爆炸物品过程中，违反爆炸性（及易燃性、放射性、毒害性、腐蚀性）物品的管理规定，没有发生重大事故、造成严重后果，要不要刑事处罚？目前的危险物品肇事罪管不了这一阶段的问题。那么，我

---

❶　《刑法》第 125 条（非法制造、买卖、运输、邮寄、储存枪支、弹药、爆炸物罪、非法制造、买卖、运输、储存危险物质罪）规定：非法制造、买卖、运输、邮寄、储存枪支、弹药、爆炸物的，处三年以上十年以下有期徒刑；情节严重的，处十年以上有期徒刑、无期徒刑或者死刑。非法制造、买卖、运输、储存毒害性、放射性、传染病病原体等物质，危害公共安全的，依照前款的规定处罚。单位犯前两款罪的，对单位判处罚金，并对其直接负责的主管人员和其他直接责任人员，依照第一款的规定处罚。

❷　《刑法》第 136 条（危险物品肇事罪）规定：违反爆炸性、易燃性、放射性、毒害性、腐蚀性物品的管理规定，在生产、储存、运输、使用中发生重大事故，造成严重后果的，处三年以下有期徒刑或者拘役；后果特别严重的，处三年以上七年以下有期徒刑。

们的危险作业罪要不要适用于危险物品肇事罪这一阶段的危险状态呢？由于生产、储存、运输、使用民用爆炸物品也属于生产、作业活动，其过程也属于生产、作业过程，因此，我们建议危险作业罪适用于危险物品肇事所没有发生重大事故、造成严重后果的危险状态。

第二十五章　危害居民健康和公共道德的犯罪

第234条　以销售为目的非法流通烈性物质或剧毒物质

1．以销售为目的非法制造、加工、获得、保存、运送或寄送以及非法销售不属于麻醉品或精神药物的烈性物质或剧毒物质的，或者非法销售用于制造或加工上述物质的设备的，处数额为4万卢布以下或被判刑人3个月以下的工资或其他收入的罚金；或处180小时以下的强制性社会公益劳动；或处1年以下的劳动改造；或处3年以下的剥夺自由。

2．有预谋的团伙实施上述行为的，处……

3．有组织的集团实施本条第1款或第2款规定的行为的，或烈性物质数量巨大的，处……

4．违反烈性物质或剧毒物质的生产、获得、保存、登记、发放、运送或寄送规则，并造成这些物品被盗窃或造成其他重大损害的，处……

评：

本条是关于烈性物质或剧毒物质及其制造或加工设备的犯罪条款，属行为犯、危险犯，及结果犯。烈性物质或剧毒物质属于危险物品，是我们安全犯罪立法要关注的对象和问题，应该列入危险作业罪加重刑罚条款的范围。麻醉品或精神药物除外。

按照俄罗斯立法条款，我们有关烈性物质或剧毒物质安全犯罪条款的表述应该如下：以销售为目的非法制造、加工、获得、保存、运送或寄送以及非法销售不属于麻醉品或精神药物的烈性物质或剧毒物质的，或者非法销售用于制造或加工上述物质的设备的，处罚金，或处三年以下有期徒刑；有预谋的团伙实施的，处（略）；有组织的集团实施的，或烈性物质数量巨大的，处（略）；违反烈性物质或剧毒物质的生产、获得、保存、登记、发放、运送或寄送规则，并造成这些物品被盗窃或造成其他重大损害的，处（略）。

第238条　生产、保管、运送或者销售不符合安全要求的商品、完成不符合安全要求的工作或提供不符合安全要求的服务

1．以销售为目的生产、保管、运送或者销售不符合消费者生命或健康安全要求的商品、完成不符合这种要求的工作或提供不符合这种要求的服务，

以及非法颁发或非法使用确认上述商品、工作或服务符合安全要求的官方文件，处数额为 30 万卢布以下或被判刑人 2 年以下的工资或其他收入的罚金；或处 2 年以下的限制自由；或处 2 年以下的剥夺自由。

2．上述行为，有下列情形之一的：

（1）有预谋的团伙或有组织的集团实施的；

（2）涉及 6 岁以下儿童使用的商品、工作或服务的；

（3）过失造成人员健康的严重损害或过失造成人员死亡的；

处数额为 10 万卢布以上 50 万卢布以下或被判刑人 1 年以上 3 年以下的工资或其他收入的罚金；或处 3 年以下的限制自由；或处 6 年以下的剥夺自由，并处或不并处 50 万卢布以下或被判刑人 3 年以下的工资或其他收入的罚金。

3．本条第 1 款或第 2 款规定的行为，过失造成 2 人以上死亡的，处 4 年以上 10 年以下的剥夺自由。

评：

本条是关于生产、保管、运送、销售商品及其有关的工作、服务不符合安全要求的犯罪立法条款，是危险犯和结果犯，在我国属于产品质量犯罪立法。我国有《产品质量法》，是规范产品生产、销售活动的法。该法产品是指经过加工、制作、用于销售的产品，包括建设工程使用的建筑材料、建筑构配件和设备，不包括建设工程，要求生产者、销售者承担产品质量责任。我国《刑法》对此规定了生产、销售伪劣产品罪。❶ 我们的生产安全事故许多是由生产中使用不符合质量或安全要求的物品、材料造成的，因此，我们应该关注生产、保管、运送、销售商品及其有关的工作、服务不符合安全要求的犯罪立法条款。应当注意，俄罗斯刑法关于商品安全立法条款是有危险犯的，而我国生产、销售伪劣产品罪仅仅是结果犯，所以值得我们借鉴。

---

❶　《刑法》第 140 条（生产、销售伪劣产品罪）规定：生产者、销售者在产品中掺杂、掺假，以次充好或者以不合格产品冒充合格产品，销售金额五万元以上不满二十万元的，处二年以下有期徒刑或者拘役，并处或者单处销售金额百分之五十以上二倍以下罚金；销售金额二十万元以上不满五十万元的，处二年以上七年以下有期徒刑，并处销售金额百分之五十以上二倍以下罚金；销售金额五十万元以上不满二百万元的，处七年以上有期徒刑，并处销售金额百分之五十以上二倍以下罚金；销售金额二百万元以上的，处十五年有期徒刑或者无期徒刑，并处销售金额百分之五十以上二倍以下罚金或者没收财产。第 149 条　生产、销售本节第 141 条至第 148 条所列产品，不构成各该条规定的犯罪，但是销售金额在五万元以上的，依照本节第一百四十条的规定定罪处罚。生产、销售本节第 141 条至第 148 条所列产品，构成各该条规定的犯罪，同时又构成本节第 140 条规定之罪的，依照处罚较重的规定定罪处罚。第 150 条　单位犯本节第 140 条至第 148 条规定之罪的，对单位判处罚金，并对其直接负责的主管人员和其他直接责任人员，依照各该条的规定处罚。

按照俄罗斯立法条款，我们有关产品安全犯罪条款的表述应该如下：以销售为目的生产、保管、运送或者销售不符合消费者生命或健康安全要求的商品、完成不符合这种要求的工作或提供不符合这种要求的服务，以及非法颁发或非法使用确认上述商品、工作或服务符合安全要求的官方文件，处罚金，或处二年以下有期徒刑；有预谋的团伙或有组织的集团实施的、涉及六岁以下儿童使用的商品、工作或服务的、过失造成人员健康的严重损害或过失造成人员死亡的，处罚金，或处三年以下有期徒刑；过失造成二人以上死亡的，处四年以上十年以下有期徒刑。

第二十七章　危害交通安全和交通运输运营安全的犯罪

第263条　违反铁路、航空或水上交通安全规则和运营安全规则

1. 由于所执行的工作或所担任的职务而有义务遵守铁路、航空、海洋或内河运输的运行安全和运营安全规则的人员违反这种规则，如果此种行为过失造成人员健康的严重损害的，处5年以下的限制自由；或处3个月以上6个月以下的拘役；或处2年以下的剥夺自由，并处或不并处3年以下剥夺担任一定职务或从事某种活动的权利。

2. 上述行为，过失致人死亡的，处5年以下的剥夺自由。

3. 本条第1款规定的行为，过失造成2人以上死亡的，处7年以下的剥夺自由。

第264条　违反道路交通规则和交通工具使用规则

1. 驾驶汽车、有轨电车或其他机动运输工具的人员，违反交通规则或交通运输工具的使用规则，过失造成人员健康的严重损害的，处5年以下的限制自由；或处3个月以上6个月以下的拘役；或处2年以下的剥夺自由，并处或不并处3年以下剥夺驾驶交通运输工具的权利。

2. 上述行为，过失致人死亡的，处5年以下的剥夺自由，并处3年以下剥夺驾驶交通运输工具的权利。

3. 本条第1款规定的行为，过失造成2人以上死亡的，处7年以下的剥夺自由，并处3年以下剥夺驾驶交通运输工具的权利。

评：

第263条是铁路、航空或水上交通肇事罪条款，第264条是道路交通肇

事罪条款，都是结果犯。我国有交通肇事罪，❶ 但统一适用于陆路、铁路、航空或水上交通，而俄罗斯刑法是把铁路、航空或水上交通肇事与道路交通肇事分开规定。

俄罗斯分开规定有道理，铁路、航空或水上交通肇事主体包括驾驶人员、指挥人员、服务人员，道路交通肇事只适用于驾驶人员。

另一问题是，交通肇事是不是属于生产安全事故，我们目前判断的标准是看具体的交通行为是不是属于生产经营活动，即如果某一个具体的交通行为是生产经营性交通运输行为，那就按照生产经营活动对待，所发生的交通肇事就按照生产安全事故处理，刑事责任就按照重大责任事故罪进行追究。

按照俄罗斯立法条款，我们有关铁路、航空或水上交通肇事罪和道路交通肇事罪条款的表述应该分别如下：

第××条（铁路、航空或水上交通肇事罪）由于所执行的工作或所担任的职务而有义务遵守铁路、航空、海洋或内河运输的运行安全和运营安全规则的人员违反这种规则，如果此种行为过失造成人员健康的严重损害的，处三个月以上六个月以下的拘役，或处二年以下有期徒刑，并处或不并处三年以下剥夺担任一定职务或从事某种活动的权利；过失致人死亡的，处五年以下有期徒刑；过失造成二人以上死亡的，处七年以下有期徒刑。

第××条（道路交通肇事罪）驾驶汽车、有轨电车或其他机动运输工具的人员，违反交通规则或交通运输工具的使用规则，过失造成人员健康的严重损害的，处拘役，或处二年以下有期徒刑，并处或不并处三年以下剥夺驾驶交通运输工具的权利；过失致人死亡的，处五年以下有期徒刑，并处三年以下剥夺驾驶交通运输工具的权利；过失造成二人以上死亡的，处七年以下有期徒刑，并处三年以下剥夺驾驶交通运输工具的权利。

第266条　对交通运输工具进行劣质修理和将有技术缺陷的交通工具投入使用

1. 负责交通运输工具技术状态的人员，对交通运输工具、道路、信号或通信手段或者其他运输设备进行劣质修理，以及将有技术缺陷的交通运输工具投入使用，如果这些行为过失地造成人员健康的严重损害的，处数额为10

---

❶ 《刑法》第133条（交通肇事罪）规定：违反交通运输管理法规，因而发生重大事故，致人重伤、死亡或者使公私财产遭受重大损失的，处三年以下有期徒刑或者拘役；交通运输肇事后逃逸或者有其他特别恶劣情节的，处三年以上七年以下有期徒刑；因逃逸致人死亡的，处七年以上有期徒刑。

万卢布以上 30 万卢布以下或被判刑人 1 年以上 2 年以下的工资或其他收入的罚金；或处 2 年以上 3 年以下的剥夺自由；或处 6 个月以下的拘役，并处或不并处 3 年以下剥夺担任一定职务或从事某种活动的权利。

2. 上述行为，过失致人死亡的，处 5 年以下的剥夺自由。

3. 本条第 1 款规定的行为，过失造成 2 人以上死亡的，处 7 年以下的剥夺自由。

评：

本条是有关交通工具劣质修理罪、使用缺陷交通工具犯罪的条款，是结果犯。我国没有对交通工具劣质修理、使用缺陷交通工具问题设立专门的刑事条款。根据现行刑法，我们对修配人员劣质修理交通工具问题确实没法追究刑事责任，但对使用缺陷交通工具过失地造成严重损害问题，是可以按照交通肇事罪进行刑事责任追究的。

按照俄罗斯立法条款，我们有关交通工具劣质修理罪、使用缺陷交通工具罪条款的表述应该如下：负责交通运输工具技术状态的人员，对交通运输工具、道路、信号或通信手段或者其他运输设备进行劣质修理，以及将有技术缺陷的交通运输工具投入使用，如果这些行为过失地造成人员健康的严重损害的，处罚金，或处二年以上三年以下有期徒刑，或处拘役并处或不并处三年以下剥夺担任一定职务或从事某种活动的权利；过失致人死亡的，处五年以下有期徒刑；过失造成二人以上死亡的，处七年以下有期徒刑。

第 268 条　违反保证交通运输安全工作的规则

1. 乘客、行人或（本法典第 263 条和第 264 条所列人员以外的）交通运输的其他参加者违反交通运输工具运行或运营安全的规则，如果这种行为过失造成人员健康的严重损害的，处 3 年以下的限制自由；或处 2 个月以上 4 个月以下的拘役；或处 2 年以下的剥夺自由。

2. 上述行为，过失致人死亡的，处 5 年以下的限制自由；或处 5 年以下的剥夺自由。

3. 本条第 1 款规定的行为，过失造成 2 人以上死亡的，处 7 年以下的剥夺自由。

评：

本条是关于乘客、行人、交通运输的其他参加者肇事罪条款，是结果犯。我国刑法缺少这些责任人的刑事责任追究条款，应该予以补充。有些交通事故发生就是乘客、行人、其他参加者某些行为造成的，理当应当承担刑事责任。

按照俄罗斯立法条款，我们有关乘客、行人或其他参加者责任事故罪条款的表述应该如下：乘客、行人或交通运输的其他参加者违反交通运输工具运行或运营安全的规则，如果这种行为过失造成人员健康的严重损害的，处三年以下的限制自由；或处二个月以上四个月以下的拘役；或处二年以下的剥夺自由；过失致人死亡的，处五年以下的限制自由；或处五年以下的剥夺自由；过失造成二人以上死亡的，处七年以下的剥夺自由。

第 269 条　违反管道干线的建设、运营或修理安全规则

1. 违反管道干线的建设、运营或修理安全规则，如果这种行为过失造成人员健康严重损害的，处 4 年以下的限制自由；或处 3 个月以上 6 个月以下的拘役；或处 2 年以下的剥夺自由，并处或不并处 3 年以下剥夺担任一定职务或从事某种活动的权利。

2. 上述行为，过失致人死亡的，处 5 年以下的剥夺自由。

3. 本条第 1 款规定的行为，过失造成 2 人以上死亡的，处 7 年以下的剥夺自由。

评：

本条是关于管道干线的建设、运营或修理责任事故罪条款，是结果犯。我国刑法缺少这些责任人的刑事责任追究条款，应该予以补充。有些交通事故发生就是管道干线的建设、运营或修理人员的某些过错行为造成的，理当应当承担刑事责任。我们拟定的危险作业罪主体、罪行应该把这些人员的过错作业行为（作为或不作为）包括进去。

按照俄罗斯立法条款，我们有关管道干线建设、运营或修理人员责任事故罪条款的表述应该如下：违反管道干线的建设、运营或修理安全规则违反管道干线的建设、运营或修理安全规则，如果这种行为过失造成人员健康严重损害的，处四年以下的限制自由；或处三个月以上六个月以下的拘役；或处二年以下的剥夺自由，并处或不并处三年以下剥夺担任一定职务或从事某种活动的权利；过失致人死亡的，处五年以下的剥夺自由；过失造成二人以上死亡的，处七年以下的剥夺自由。

五、新加坡刑法

文本选定《新加坡刑法典》。

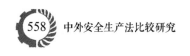

总评：

新加坡刑法规定一般危险犯罪（包括危险作业犯罪）是三个月以下有期徒刑，对有毒物质、火源或任何易燃物、易爆物品、机械、建筑物等重点行业危险作业规定六个月以下有期徒刑。这对我们危险作业罪立法，极具借鉴价值。

在公路上轻率驾车或者骑车

第279条 任何人在公路上轻率驾车或者骑车，或者疏忽地危及人身安全，或可能对他人造成伤害或损害的，处6个月以下有期徒刑，或处1000新元以下的罚金，或两罚并处。

轻率驾驶船舶

第280条 任何人轻率驾驶船舶，或者疏忽地危及人身安全，或可能对他人造成伤害或损害的，处6个月以下有期徒刑，或处1000新元以下的罚金，或两罚并处。

客运船舶超载或者不安全运载

第282条 任何人故意或疏忽地使用其状态或者运载情况可能危及人身安全的船只运载任何人，或者使任何人被该等船只运载的，处6个月以下有期徒刑，或处1000新元以下的罚金，或两罚并处。

在公共道路或者航道上制造危险或者设置障碍

第283条 任何人通过实施一项作为，或通过不遵守有关其所有的或由其负责的财产的命令，对在公路或公共航道上的任何人造成危险、阻碍或损害的，处200新元以下的罚金。

评：

上列第279条、第280条分别规定公路、船舶驾驶人的危险驾驶罪，属危险犯，很像我国危险驾驶罪的条款，但我国仅限于道路驾驶机动车，❶而对船舶驾驶没有涉及。第282条规定客运船舶所有人管理人危险运载的危险犯罪，我国立法空白，应在本次危险作业罪立法中予以补充。第283条规定道路或者航道制造危险的其他任何人犯罪，属危险犯，我国危险驾驶罪也规定了道路机动车所有人管理人的一部分安全刑事责任，但不全面，应借鉴新加

---

❶ 《刑法》第133条之一（危险驾驶罪）规定：在道路上驾驶机动车，有下列情形之一的，处拘役，并处罚金：（一）追逐竞驶，情节恶劣的；（二）醉酒驾驶机动车的；（三）从事校车业务或者旅客运输，严重超过额定乘员载客，或者严重超过规定时速行驶的；（四）违反危险化学品安全管理规定运输危险化学品，危及公共安全的。机动车所有人、管理人对前款第三项、第四项行为负有直接责任的，依照前款的规定处罚。有前两款行为，同时构成其他犯罪的，依照处罚较重的规定定罪处罚。

坡第 282 条、第 283 条规定。

按照新加坡立法条款，我们危险驾驶罪、车船所有人管理人危险运载罪、其他人道路航道制造危险罪条款的表述应该分别如下：

第 ×× 条（危险驾驶罪）任何人在公路上轻率驾车或者骑车，或在航道上轻率驾驶船舶，或者疏忽地危及人身安全或可能对他人造成伤害或损害的，处六个月以下有期徒刑，或处罚金，或两罚并处。

第 ×× 条（车船所有人管理人危险运载罪）任何人故意或疏忽地使用其状态或者运载情况可能危及人身安全的船只运载任何人，或者使任何人被该等船只运载的，处六个月以下有期徒刑，或处罚金，或两罚并处。

第 ×× 条（其他人道路航道制造危险罪）任何人通过实施一项作为，或通过不遵守有关其所有的或由其负责的财产的命令，对在公路或公共航道上的任何人造成危险、阻碍或损害的，处罚金。

处理有毒物质的疏忽行为

第 284 条　任何人对任何有毒物质，轻率或疏忽地实施一项行为，对人身安全造成危险，或者可能会对其他任何人造成伤害或损害的，或者故意或疏忽地不遵守有关其拥有的有毒物质的命令，而该命令是为了有效地保证人身安全而要求对有毒物质采取措施的，处 6 个月以下的有期徒刑，或处 1000 新元以下的罚金，或两罚并处。

处理火源或者易燃物品的疏忽行为

第 285 条　任何人对火源或任何易燃物，轻率或疏忽地实施一项行为，对人身安全造成危险，或者可能会对其他任何人造成伤害或损害的，或者故意或疏忽地不遵守有关其拥有的火源或任何易燃物的命令，而该命令是为了有效地保证人身安全而命令对火源或任何易燃物采取措施的，处 6 个月以下的有期徒刑，或处 1000 新元以下的罚金，或两罚并处。

处理易爆物品的疏忽行为

第 286 条　任何人对易爆物品轻率或疏忽地实施一项行为，对人身安全造成危险，或者可能会对其他任何人造成伤害或损害的，或者故意或疏忽地不遵守有关其拥有的易爆物品的命令，而该命令是为了有效地保证人身安全而要求对易爆物品采取措施的，处 6 个月以下的有期徒刑，或处 1000 新元以下的罚金，或两罚并处。

处理拥有或者负责的机械的疏忽行为

第 287 条　任何人对任何机械轻率或疏忽地实施一项行为，对人身安全造成危险，或者可能会对其他任何人造成伤害或损害的，或者故意或疏忽地不遵守有关其拥有的或由其负责的机械的命令，而该命令是为了有效地保证人身安全而要求对机械采取措施的，处 6 个月以下的有期徒刑，或处 1000 新元以下的罚金，或两罚并处。

拆除或者修缮建筑物中的疏忽行为

第 288 条　在摧毁或修理建筑物时，任何人故意或疏忽地不遵守有关其建筑物的命令，而该命令是为了有效地保证该建筑物或其一部分的倒塌不致造成人身安全危险而要求采取措施的，处 6 个月以下的有期徒刑，或处 1000 新元以下的罚金，或两罚并处。

评：

第 284 条、第 285 条、第 286 条、第 287 条、第 288 条是分别规定处理有毒物质疏忽行为、处理火源或者易燃物品疏忽行为、处理易爆物品疏忽行为、处理拥有或者负责机械疏忽行为、拆除或者修缮建筑物中疏忽行为的危险犯罪的条款。新加坡没有把所有行业专业作业的违章作业行为规定为危险犯罪，而是选择这几个高度危险作业进行了犯罪处理，给我们提供了借鉴。

按照新加坡立法条款，我们危险作业罪条款的表述应该如下：任何人对任何有毒物质、火源或任何易燃物、易爆物品、任何机械、建筑物，轻率或疏忽地实施一项行为，对人身安全造成危险，或者可能会对其他任何人造成伤害或损害的，或者故意或疏忽地不遵守有关其拥有或由其负责的有毒物质、火源或任何易燃物、易爆物品、机械、建筑物的命令，而该命令是为了有效地保证人身安全而要求采取措施的，处六个月以下的有期徒刑，或处罚金，或两罚并处。

第十六章　侵犯人身的犯罪

因轻率或者疏忽行为致人死亡

第 304A 条　任何人实施轻率或疏忽的行为而致人死亡，不属于刑事杀人的，处 2 年以下有期徒刑，或处罚金，或两罚并处。

因危及他人生命或者人身安全的行为造成危害

第 337 条　任何人轻率或疏忽地实施了危及他人生命或者人身安全的行为，且给他人造成伤害的，处 6 个月以下的有期徒刑，或处 500 新元以下的罚金，或两罚并处。

因危及他人生命或者人身安全的行为造成重危害

第 338 条　任何人轻率或疏忽地实施了危及他人生命或者人身安全的行为，且给他人造成重伤害的，处 2 年以下的有期徒刑，或处 1000 新元以下的罚金，或两罚并处。

评：

第 304A 条规定过失致人死亡罪。新加坡刑法把责任事故罪处罚归入过失致人死亡罪，美国刑法把责任事故罪归入过失杀人罪中的非法行为非谋杀罪。我国刑法也规定了过失致人死亡罪，习惯上叫过失杀人罪。❶我国重大责任事故罪所规定的量刑幅度是比照过失杀人罪的量刑幅度。

第 337 条规定过失造成危害罪，第 338 条规定过失造成重危害罪，不赘。

对危及他人生命或者人身安全的行为所处的刑罚

第 336 条　任何人轻率或疏忽地实施了危及他人生命或者人身安全的行为的，处 3 个月以下有期徒刑，或处 250 新元以下的罚金，或两罚并处。

评：

本条规定过失危及他人安全罪，是危险犯。这可以看作是不分企业内外的危险犯，既适用于企业危险作业，也适用于社会上所有的危险行为。

按照新加坡立法条款，我们的危险罪条款表述应该如下：任何人轻率或疏忽地实施了危及他人生命或者人身安全的行为的，处三个月以下有期徒刑，或处罚金，或两罚并处。

六、日本刑法

文本选定《日本刑法典》。

总评：

日本刑法规定的单项危险犯很多：（1）过失导致铁路、电车、船舰交通危险罪，把主体分为企业外一般人员和企业内职责人员两类，处刑幅度不同，属过失犯、危险犯。（2）妨害陆路、水路或者桥梁交通罪，主体主要是负有

---

❶ 《刑法》第 233 条（过失致人死亡罪）规定：过失致人死亡的，处三年以上七年以下有期徒刑；情节较轻的，处三年以下有期徒刑。本法另有规定的，依照规定。（刑法另有规定是指发生失火、交通肇事致人死亡、重大责任事故的，按失火罪、交通肇事罪、重大责任事故罪的规定处罚）我们认为，实际上，过失致人死亡罪与过失杀人罪应有所区别。过失致人死亡罪是指在过失行为与死亡之间存在一个中间环节。比如，某种过失行为造成的物体碰撞、物质爆炸、顶板脱落等事故或事件致人死亡，就是过失致人死亡，而不是过失杀人。事故或事件是过失行为与死亡之间的中间环节。这种情况发生的死亡所应承担的刑事责任就是过失致人死亡罪责任。而过失杀人罪则不同，过失行为与死亡之间不存在一个中间环节，即过失行为直接致人死亡，比如行为人持枪过失走火致人死亡等。比较而言，在致人死亡人数相同情况下，过失致人死亡罪在主观恶性方面应比过失杀人罪轻一些，量刑幅度也应低一些。

陆路、水路或者桥梁交通职责以外的人员，也可以是企业内职责人员，既是危险犯，也可以是结果犯；既是过失犯，也可以是故意犯。（3）过失爆炸、破裂、漏油、决水等危险罪，针对爆炸物、激发物、煤气、电气、蒸气、放射线或者放射性物质危险行为进行立法，导致对人的生命、身体或者财产产生危险的，即构成犯罪，主体是社会一般人员时处罚最高幅度是一年徒刑，企业业务人员面临处罚时最高幅度是三年徒刑。这对我国极具借鉴价值。

第九章　放火和失火罪

第117条之二（业务上失火罪）第116条或者前条第一项的行为，出于懈怠业务上必要的注意，或者出于重大过失，处三年以下监禁或者一百五十万元以下罚金。❶

依照该条所涉及的条款规定，得出第117条之二的内容是：失火烧毁现供人居住或者现有人在内的建筑物、火车、电车、舰船或者矿井，或者属于他人所有的前列之物的，或者以使火药、锅炉或者其他有可能爆炸的物品爆裂的方法，损坏现供人居住或者现有人在内的建筑物、火车、电车、舰船、矿井，或者属于他人所有的建筑物、舰船、矿井，或者属于自己所有的现非供人居住而且现无人在内的建筑物、舰船、矿井，或者前列之物以外之物，出于懈怠业务上必要的注意，或者出于重大过失，处三年以下监禁或者一百五十万元以下罚金。

评：

本条是业务上失火罪条款，即出于懈怠业务上必要的注意或者出于重大过失，失火烧毁建筑物、火车、电车、舰船或者矿井，或者前列之物以外之物，即构成犯罪，处三年以下监禁或者一百五十万元以下罚金，属于结果犯。这种情况在我国实际中可以归入重大责任事故罪。

第124条（妨害交通和妨害交通致死伤）　损坏或者堵塞陆路、水路或者

---

❶　关于该条相关条款附注：第116条（失火）失火烧毁第108条规定之物或者属于他人所有的第109条规定之物的，处五十万元以下罚金。失火烧毁属于自己所有的第109条规定之物或者第110条规定之物，因而发生公共危险的，与前项同。第108条（对现有建筑物等放火）放火烧毁现住人居住或者现有人在内的建筑物、火车、电车、船舰或者矿井的，处（略）。第109条（对非现住建筑物等放火）放火烧毁现非供人居住而且现无人在内的建筑物、船舰或者矿井的，处（略）。前项所列之物属于自己所有的，处（略）。第110条（对建筑物等以外之物放火）放火烧毁前两条规定以外之物，因而发生公共危险的，处（略）。前项之物属于自己所有的，处（略）。第117条（使爆炸物爆裂）以使火药、锅炉或者其他有可能爆炸的物品爆裂的方法，损坏第108条规定之物或者属于他人所有第109条规定之物的，依照放火的规定处断；损坏属于自己所有的第109条规定之物或者第110条规定之物，因而发生公共危险的，亦同。前项的行为出于过失的，依照失火的规定处断。

桥梁，以致妨害交通的，处二年以下惩役或者二十万元以下罚金。

犯前项之罪，因而致人死伤的，与伤害罪比较，依照较多的刑罚处断。

评：

本条是妨害陆路、水路或者桥梁交通罪，是危险犯、结果犯、故意犯，犯罪主体主要是负有陆路、水路或者桥梁交通职责以外的人员，也可以是企业内职责人员。我国没有规定此罪，应借鉴之。

按照日本刑法规定，我国将来的妨害陆路、水路或者桥梁交通罪条款应表述如下：损坏或者堵塞陆路、水路或者桥梁，以致妨害交通的，处二年以下惩役或者二十万元以下罚金；致人死伤的，与伤害罪比较，依照较多的刑罚处断。

第 125 条（交通危险）　损坏铁道或者其标志，或者以其他方法使火车或者电车的交通发生危险的，处二年以上有期惩役。

损坏灯塔或者浮标，或者以其他方法使船舰的交通发生危险的，与前项同。

第 127 条　前列行为因而使火车或者电车颠覆、破坏，或者使舰船颠覆、沉没或者破坏的，处无期或三年以上惩役；致人死亡的，处死刑或者无期徒刑。

第 128 条　第 125 条、第 127 条犯罪未遂，应当处罚。

第 129 条（过失导致交通危险）　过失致使火车、电车或者船舰的交通发生危险，或者致使火车、电车颠覆或者破坏，或者使船舰颠覆、沉没或者破坏的，处三十万元以下的罚金。

从事交通业务的人犯前项之罪的，处三年以下监禁或五十万元以下罚金。❶

---

❶　另参阅《日本改正刑法草案》第二编分则第十三章妨碍交通罪第 192 条（妨害交通）　损坏、封锁陆路、水路或者其他交通道路，或者损坏、拆除、变更交通道路的标识或其他附属物，以致妨害交通的，处三年以下惩役或者二十万元以下罚金。第 193 条（交通危险）　以前条方法导致交通发生危险的，处五年以下惩役。犯前项之罪，其结果伤害他人的，处十年以下惩役；致人死亡的，处二年以上有期惩役。第 194 条（火车、船舶、航空器的交通危险）　损坏铁路、灯塔，或者以其他方法导致火车、电车、索道车、公共汽车、船舶或者航空器的交通发生危险的，处二年以上有期惩役。第 196 条（未遂）　第 192 条、第 193 条第一项、第 194 条以及前三条的未遂犯，应当处罚。第 197 条（结果加重）犯第 194 条之罪，其结果致人死亡的，处无期或者五年以上惩役。犯第 195 条之罪或者其未遂罪，其结果致人死亡的，处无期或者七年以上惩役。第 198 条（过失导致火车、船舶、航空器的交通危险）　过失致使火车、电车、船舶或者航空器的交通发生危险，或者致使现有人在内的汽车、电车、索道车、公共汽车、船舶或者航空器颠覆、沉没、坠落或者破坏的，处一年以下禁锢或者二十万元以下罚金。懈怠业务上必要的注意，犯前项之罪的，处三年以下禁锢或者三十万元以下罚金。因重大过失犯前项之罪的，亦同。

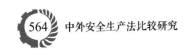

评：

第 125 条、第 127 条、第 128 条是规定妨害铁路、电车、船舰交通罪，与第 124 条妨害陆路、水路或者桥梁交通罪分别进行规定，原因是妨害铁路、电车、船舰交通罪危害较大，刑罚幅度也应较高。本罪是危险犯，行为犯，结果犯，故意犯，犯罪主体主要是负有铁路、电车、船舰交通职责以外的人员，也可以是企业内交通职责人员。我国没有规定此罪，应借鉴之。

第 129 条是规定过失导致铁路、电车、船舰交通危险罪，属于过失犯、危险犯，主体分为企业外一般人员和企业内职责人员两类，处刑幅度也不同。本条极具借鉴价值。我国可以把企业内职责人员发生的此类情况归入危险作业罪，但暂且没有把企业外一般人员的此类过失损害行为归入危险作业罪。

按照日本刑法规定，我国将来的妨害铁路、电车、船舰交通罪和过失导致铁路、电车、船舰交通危险罪条款应该表述如下：

第 ×× 条　损坏铁道或其标志、灯塔或浮标，或者以其他方法使火车、电车船舰的交通发生危险的，处二年以上有期惩役；因而使火车或者电车颠覆、破坏，或者使舰船颠覆、沉没或者破坏的，处无期或三年以上惩役；致人死亡的，处死刑或者无期徒刑。犯罪未遂，应当处罚。

第 ×× 条（过失导致铁路、电车、船舰交通危险罪）从事交通业务的人过失致使火车、电车或者船舰的交通发生危险，或者致使火车、电车颠覆或者破坏，或者使船舰颠覆、沉没或者破坏的，处三年以下监禁或者五十万元以下罚金。（企业外人员暂且不规定）

第二十七章　伤害罪

第 208 条之二（危险驾驶致死伤）受酒精或者药物的影响，在难以驾驶的状态下，驾驶四轮以上的汽车，因而致人死伤的，处十五年以上惩役；致人身体伤害的，处一年以上有期徒刑。

在难以控制的高速度行驶，或者不具有控制行驶的技能而驾驶四轮以上汽车，因而致人死伤的，亦同。

以妨害人或者车的通行为目的，进入行驶中的汽车的近距离前，明显接近其他通行中的人或车，并且以可能产生交通危险的速度驾驶四轮以上汽车，因而致人死伤的，与前项同。

有意无视红色信号或者与之相当的信号，而且以可能产生交通危险的速度驾驶四轮以上汽车，因而致人死亡的，亦同。

评：

本条规定机动车危险驾驶致死伤罪，归入伤害罪类，在我国属于机动车交通肇事罪。日本刑法规定了四个具体情形，我国没有规定交通肇事罪具体情形（参见我国《刑法》交通肇事罪条款），但适用范围不限于机动车交通。

按照日本刑法规定，我国机动车肇事罪条款应该表述如下：下列情况下危险驾驶，致人死伤的，处十五年以上惩役；致人身体伤害的，处一年以上有期徒刑：（1）受酒精或者药物的影响，在难以驾驶的状态下，驾驶四轮以上的汽车；（2）在难以控制的高速度行驶，或者不具有控制行驶的技能而驾驶四轮以上汽车；（3）以妨害人或者车的通行为目的，进入行驶中的汽车的近距离前，明显接近其他通行中的人或车并且以可能产生交通危险的速度驾驶四轮以上汽车；（4）有意无视红色信号或者与之相当的信号而且以可能产生交通危险的速度驾驶四轮以上汽车。

第二十八章　过失伤害罪

第211条（业务上过失致死伤罪）　懈怠业务上必要的注意，因而致人死伤的，处五年以下惩役、监禁或者五十万元以下罚金；因重大过失致人死伤的，亦同。

驾驶汽车犯前项前段之罪的，伤害轻微时，可以根据情节免除刑罚。❶

评：

本条规定了业务上过失致死伤罪，归属于过失伤害罪，犯罪主体限于业务职责人员，同于我国重大责任事故罪。

按照日本刑法规定，我国重大责任事故罪条款应该表述如下：懈怠业务上必要的注意，因而致人死伤，或者因重大过失致人死伤的，处五年以下惩役、监禁或者五十万元以下罚金。

驾驶汽车犯前项前段之罪的，伤害轻微时，可以根据情节免除刑罚。

《日本改正刑法草案》第二编分则第十章有关爆炸物与危险物的犯罪

第175条（过失爆炸、破裂、漏油）　过失使爆炸物爆炸或者激发物破裂，导致对人的生命、身体或者财产产生危险的，处一年以下禁锢或者二十万元以下罚金。

过失使煤气、电气、蒸气、放射线或者放射性物质漏出、流出、散发或

---

❶　另参阅《日本改正刑法草案》第二编分则第二十五章过失伤害罪第272条（业务上过失致死伤、重大过失致死伤）懈怠业务上必要的注意，致人死伤的，处五年以下禁锢或者三十万元以下罚金。因重大过失犯前项之罪的，亦同。对于犯前项之罪的，可以根据情节科处惩役以代替禁锢。

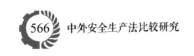

者断绝，导致对人的生命、身体或者财产产生危险的，与前项同。

懈怠业务上必要的注意，犯前两项之罪的，处三年以下禁锢或者三十万元以下罚金。因重大过失犯前两项之罪的，亦同。

评：

本条是关于爆炸物、激发物、煤气、电气、蒸气、放射线或者放射性物质的危险犯罪条款。日本没有一个通用的适用于所有作业的危险犯罪条款，针对的只是一些重点行业作业。这里强调的是危险行为所产生的状态性危险后果，但无损害、损失后果，也要追究刑事责任。在犯罪主体上也做了区分，社会一般人员处罚轻，业务人员处罚较重。这一点应该由我国危险作业罪立法借鉴。

按照日本刑法规定，我国过失爆炸、破裂、漏油等危险罪条款应表述如下：过失使爆炸物爆炸或者激发物破裂，或过失使煤气、电气、蒸汽、放射线或者放射性物质漏出、流出、散发或者断绝，导致对人的生命、身体或者财产产生危险的，处一年以下禁锢或者二十万元以下罚金。

懈怠业务上必要的注意或者重大过失，犯前两项之罪的，处三年以下禁锢或者三十万元以下罚金。

第189条（过失浸害）　过失决水，浸害第一百八十六条规定之物【即现供人居住或者现有人在内的建筑物、火车、电车、公共汽车或者矿井】的，处一年以下禁锢或者二十万元以下罚金；过失决水，浸害第一百八十七条规定之物【即田地、牧场】或者其他前条规定（建筑物、火车、电车、公共汽车或者矿井）以外之物，发生公共危险的，亦同。

懈怠业务上必要的注意，犯前项之罪的，处三年以下禁锢或者三十万元以下罚金。因重大过失犯前项之罪的，亦同。

评：

本条是过失决水浸害罪，属危险状态犯罪。主体分为一般社会人员和业务人员。此罪对约束水库建设、管理人员有用。我国规定了过失决水罪，主体没有区分业务人员和一般社会人员。❶ 我国危险作业罪应该把水库危险作业

---

❶ 《刑法》第114条规定：放火、决水、爆炸以及投放毒害性、放射性、传染病病原体等物质或者以其他危险方法危害公共安全，尚未造成严重后果的，处三年以上十年以下有期徒刑。第115条规定：放火、决水、爆炸以及投放毒害性、放射性、传染病病原体等物质或者以其他危险方法致人重伤、死亡或者使公私财产遭受重大损失的，处十年以上有期徒刑、无期徒刑或者死刑。过失犯前款罪的，处三年以上七年以下有期徒刑；情节较轻的，处三年以下有期徒刑或者拘役。

纳入进来，而且应作为重点进行管理。

七、德国刑法

文本选定《德国刑法典》。

总评：

德国刑法规定了一些专项的针对企业的类似于我们拟议中的危险作业罪，比如致生火灾危险罪。但他们还设有针对社会上一般主体的失火危险罪。再一，德国刑法对于一些重大领域的未取证而生产的行为是采取直接定罪态度，比如设立非法营运设备罪，值得我们借鉴。

第二十八章　公共危险之犯罪

第 306d 条（失火罪）

（1）过失犯第 306 条第 1 项或第 306a 第 1 项之罪（放火罪），或因过失致生第 306a 条第 2 项（加重放火罪）之危险者，处五年以下有期徒刑或罚金。

（2）过失犯第 306a 条第 2 项之罪与因过失致生该罪之危险者，处三年以下有期徒刑或罚金。

评：

本条规定失火罪和失火危险罪，前者是结果犯，后者是危险犯，一般主体，也是过失犯。关注的是动火危险罪中的"过失致生该罪之危险者"即构成犯罪，对危险作业罪中的动火作业有借鉴意义。

按照德国刑法规定，我国的失火罪和将来的失火危险罪条款应表述如下：过失犯放火罪，或因过失致生加重放火罪之危险者，处五年以下有期徒刑或罚金；因过失致生失火罪之危险者，处三年以下有期徒刑或罚金。

第 306e 条（积极悔过，解除或减轻刑罚事由）

（1）犯第 306 条、第 306a 条及第 306b 条之放火罪，于重大损害发生前，因己意灭火者，法院得裁量减轻（第 49 条第 2 项）或免除其刑。

（2）犯第 306d 条之放火罪，于重大损害发生前，因己意灭火者，免除其刑。

（3）火势之扑灭，非行为人之行为所致，而于重大损害发生前，行为人因己意且已尽力达成灭火之目的者，亦同。

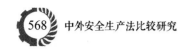

评：

积极悔过，避免重大损害发生者，应当解除或减轻刑罚，具有借鉴意义。

第 306f 条（致生火灾危险罪）

1. 吸烟、使用明火、抛弃燃烧中或余烬未息之物或以他法，致下列他人之物发生火灾之危险者，处三年以下有期徒刑或罚金：

（1）易生火灾之工厂，

（2）存放农产品或食品的设备或工厂，

（3）森林、草原或泥炭湿地或林原湿地，或

（4）已耕作之农地或存放于农地上之易燃农产品。

2. 使第 1 项第 1 款至第 4 款之物发生火灾之危险，且因而致生危险于他人之身体、生命或贵重物品者，亦同。

3. 过失犯第 1 项之罪，或因过失致生第 2 项犯罪之危险者，处一年以下有期徒刑或罚金。

评：

本条致生火灾危险罪是保护他人财产的罪名，一般主体，危险犯，分故意犯和过失犯两种情形。我国应借鉴之。

按照德国刑法规定，我国将来的致生火灾危险罪条款应表述如下：吸烟、使用明火、抛弃燃烧中或余烬未息之物或以他法，致下列他人之物发生火灾之危险者，处三年以下有期徒刑或罚金：（1）易生火灾之工厂；（2）存放农产品或食品的设备或工厂；（3）森林、草原或泥炭湿地或林原湿地，或已耕作之农地或存放于农地上之易燃农产品。使前款物发生火灾之危险，且因而致生危险于他人之身体、生命或贵重物品者，亦同。

过失犯罪之危险者，处一年以下有期徒刑或罚金。

第 307 条（引发核能爆炸罪）

1. 着手实行于以放逸核能引发爆炸，致生危险于他人之身体、生命或贵重物品者，处五年以上有期徒刑。

2. 放逸核能引发爆炸，且因过失致生危险于他人之身体、生命或贵重物品者，处一年以上十年以下之有期徒刑。

……

（1）犯第 1 项之罪，因重大过失而致人于死者，处无期徒刑或十年以上有期徒刑。

（2）犯第 2 项之罪，因重大过失而致人于死者，处五年以上有期徒刑。

4.过失犯第 2 项之罪，与因过失致生该项犯罪之危险者，处三年以下有期徒刑或罚金。

评：

本条是引发核能爆炸罪，是故意犯或过失犯，危险犯和结果犯，重点放在危险犯。西方国家多注重核能问题的刑法保护，我国刑法欠缺，应加强这方面刑事立法。

中国《刑法》有关核能或放射性物质 ● 问题的条款：第 151 条规定了走私核材料罪，第 130 条规定了非法携带放射性物品罪，第 136 条规定了放射性物品肇事罪，第 244 条之一规定了雇用未成年人从事放射性危险环境劳动罪，第 291 条之一规定了投放虚假的放射性物质罪、编造、故意传播放射威胁恐怖信息罪，第 338 条规定了排放、倾倒、处置有放射性的废物罪。前列各条并无有关核能或放射性物质生产、储存、运输、使用等方面的刑罚规定。而且，前列各条结果犯居多，危险犯较少。

此外，中国有《放射性污染防治法》，旨在规范核设施选址、建造、运行、退役和核技术、铀（钍）矿、伴生放射性矿开发利用过程中发生的放射性污染的防治活动。该法是从环境污染而不是从生命、身体安全角度进行规范。当前刑事立法在设定安全问题的危险作业犯罪时应把核能或放射性物质的安全保护作为重点进行规范，特别要注意德国刑法"过失致生该项犯罪之危险者，处三年以下有期徒刑或罚金"之规定。

按照德国刑法规定，我国将来的引发核能爆炸罪条款应表述如下：着手实行于以放逸核能引发爆炸，致生危险于他人之身体、生命或贵重物品者，处五年以上有期徒刑；因重大过失而致人于死者，处无期徒刑或十年以上有期徒刑。

放逸核能引发爆炸，且因过失致生危险于他人之身体、生命或贵重物品者，处一年以上十年以下之有期徒刑；因重大过失而致人于死者，处五年以上有期徒刑；因过失致生该项犯罪之危险者，处三年以下有期徒刑或罚金。

第 308 条（引爆爆裂物罪）

（1）以放逸核能以外之方法，诸如使用爆裂物引发爆炸，致生危险于他人之身体、生命或贵重物品者，处一年以上有期徒刑。

● 放射性物质是那些能自然地向外辐射能量，发出射线的物质。一般都是原子质量很高的金属，像钚、铀等。放射性物质放出的射线主要有 α 射线、β 射线、γ 射线、正电子、质子、中子、中微子等粒子。

（2）犯前项之罪因而致生他人严重之健康损害或多数人健康者，处二年以上有期徒刑。

（3）犯第1项之罪，因重大过失致人于死者，处无期徒刑或十年以上有期徒刑。

（4）犯第1项之罪，情节轻微者，处六月以上五年以下之有期徒刑；犯第2项之罪，情节轻微者，处一年以上十年以下之有期徒刑。

（5）因过失致生第1项犯罪之危险者，处五年以下有期徒刑或罚金。

（6）过失犯第1项之罪与因过失致生该项犯罪之危险者，处三年以下有期徒刑或罚金。

评：

本条规定以放逸核能以外之方法诸如使用爆裂物引发爆炸罪，故意犯或者过失犯，是危险犯和结果犯。我们可以叫作引发爆炸罪。我们特别关注危险犯，尤其是业务危险犯。这在我们的危险作业罪中应有所体现。

按照德国刑法规定，我国将来的引发爆炸罪条款应表述如下：以放逸核能以外之方法，诸如使用爆裂物引发爆炸，致生危险于他人之身体、生命或贵重物品者处一年以上有期徒刑，因过失致生危险者处五年以下有期徒刑或罚金，情节轻微者处六月以上五年以下之有期徒刑，过失犯与因过失致生危险者处三年以下有期徒刑或罚金；致生他人严重之健康损害或多数人健康者处二年以上有期徒刑，情节轻微者处一年以上十年以下之有期徒刑；重大过失致人于死者，处无期徒刑或十年以上有期徒刑。

第309条（滥用游离辐射罪）

（1）意图损害他人之健康，而着手实行于使人暴露于足以危及其健康之游离辐射中者，处一年以上十年以下有期徒刑。

（2）着手实行于使不确定之多数人暴露于前项之游离辐射中者，处五年以上有期徒刑。

（3）犯第1项之罪，致生他人严重之健康损害或多数人之健康损害者，处五年以上有期徒刑。

（4）犯第1项之罪，因重大过失致人于死者，处无期徒刑或十年以上有期徒刑。

（5）犯第1项之罪，情节轻微者，处六月以上五年以下有期徒刑；犯第3项之罪，情节轻微者，处一年以上十年以下有期徒刑。

（6）略

评：

本条是滥用游离辐射罪，准确地应叫游离辐射危及健康罪，故意犯、过失犯，危险犯、结果犯，一般犯罪主体（更多的是业务人员）。

按照德国刑法规定，我国将来的游离辐射危及健康罪条款应表述如下：意图损害他人之健康，而着手实行于使人暴露于足以危及其健康之游离辐射中者，处一年以上十年以下有期徒刑；致生他人严重之健康损害或多数人之健康损害者，处五年以上有期徒刑；因重大过失致人于死者，处无期徒刑或十年以上有期徒刑；情节轻微者，处六月以上五年以下有期徒刑。

致生他人严重之健康损害或多数人之健康损害，情节轻微者，处一年以上十年以下有期徒刑。

着手实行于使不确定之多数人暴露于前项之游离辐射中者，处五年以上有期徒刑。

第 311 条（放逸游离辐射罪）

1. 违反行政法上之义务（第 330d 条第 1 项第 4 款、第 5 款以及第 2 项）而有下列情形之一，而足以损害他人之身体、生命或贵重物品，或足以对动物或植物、水体、空气、土壤造成显著之损害者，处五年以下有期徒刑或罚金：

a. 放逸放射线，或

b. 造成核分裂反应。

2. 未遂犯罚之。

3. 过失为下列行为之一者，处二年以下有期徒刑或罚金：

（1）于设备运作之际，特别是在设备厂房运作中，以足以损及该设备机体以外范围之方式犯第 1 项之罪者，或

（2）于第 1 项以外之情形，严重违反行政法上义务者。

评：

本条是放逸游离辐射罪，严格应叫非法放逸放射线罪，是危险犯，故意犯，过失犯，企业犯罪，关键点是放逸放射线或造成核分裂反应及以外之情形而足以损害他人，不是结果犯。我国刑法无此罪。过失放逸放射线行为应属于危险作业。本条不涉及造成危害结果的犯罪。

按照德国刑法规定，我国将来的非法放逸放射线罪条款应表述如下：违反行政法上之义务，放逸放射线或造成核分裂反应，而足以损害他人之身体、生命或贵重物品，或足以对动物或植物、水体、空气、土壤造成显著之损害

者，处五年以下有期徒刑或罚金。未遂犯罚之。

于设备运作之际特别是在设备厂房运作中，以足以损及该设备机体以外范围之方式过失发生前款行为，或者于放逸放射线或造成核分裂反应以外之情形，严重违反行政法上义务者，处二年以下有期徒刑或罚金。

第 312 条（制造核能设备不当罪）

1. 不当制造或运送核能设备（第 330d 条第 2 款）以及供建造或供运作此类设备之用的物品，因而对他人之身体、生命或贵重物品造成与核分裂反应或放射性物质辐射相关危险者，处三个月以上五年以下之有期徒刑。

2. 未遂犯罚之。

3. 犯第 1 项之罪，因而致生他人严重的健康损害或多数人健康损害者，处一年以上十年以下有期徒刑。

4. 犯第 1 项之罪，因而致人于死者，处三年以上有期徒刑。

5. 犯第 3 项之罪，情节轻微者，处六个月以上五年以下之有期徒刑；犯第 4 项之罪，情节轻微者，处一年以上十年以下之有期徒刑。

6. 犯第 1 项之罪，而有下列情形之一者，处三年以下有期徒刑或罚金：

（1）行为人因过失引起该危险，或

（2）行为人有重大过失且因过失引起该危险者。

评：

本条叫制造核能设备不当罪，严格应叫制造核能设备责任事故罪、制造核能设备危险作业罪，是危险犯，结果犯，故意犯，过失犯，企业犯罪。我国刑法未规定此罪。

按照德国刑法规定，我国将来的制造核能设备责任事故罪、制造核能设备危险作业罪条款应表述如下：不当制造或运送核能设备以及供建造或供运作此类设备之用的物品，因而对他人之身体、生命或贵重物品造成与核分裂反应或放射性物质辐射相关危险者，处三个月以上五年以下之有期徒刑；致生他人严重的健康损害或多数人健康损害者，处一年以上十年以下有期徒刑；致人于死者，处三年以上有期徒刑。未遂犯罚之。

有前款行为，致生他人严重的健康损害或多数人健康损害，情节轻微者，处六个月以上五年以下之有期徒刑；致人于死，情节轻微者，处一年以上十年以下之有期徒刑；过失引起该危险或者有重大过失引起该危险者，处三年以下有期徒刑或罚金。

第 314a 条（犯罪之中止）

1. 犯第 307 条第 1 项及第 309 条第 2 项之罪，行为人因已意放弃继续实施其犯行或另行排除危险者，法院得依其裁量减轻其刑（第 49 条第 2 项）。

2. 有下列情形之一者，法院得依其裁量减轻（第 49 条第 2 项）或免除其刑：

（1）犯第 309 条第 1 项或第 314 条第 1 项之罪，因已意放弃继续实施其犯行或另行排除危险，或

（2）犯下列之罪，而于重大损害发生前，出于已意排除危险者：

a. 第 307 条第 2 项，

b. 第 308 条第 1 项、第 5 项，

c. 第 309 条第 6 项，

d. 第 311 条第 1 项，

e. 第 312 条第 1 项、第 6 项第 1 款，

f. 第 313 条，准备第 308 条第 5 项者，亦同。

3. 有下列情形之一者，免除其刑：

（1）犯下列犯罪之一，而于显著损害发生前，而已意排除危险者：

a. 第 307 条第 4 项，

b. 第 308 条第 6 项，

c. 第 311 条第 3 项，

d. 第 312 条第 6 项第 2 款，

e. 第 313 条第 2 项而准用第 308 条第 6 项，或

（2）犯第 310 条之罪，因已意放弃继续实施其犯行或另行排除危险者。

4. 危险之排除虽非行为人之行为所致，如行为人因已意且真挚尽力排除危险者，亦得减免刑罚事由。

评：

本条是关于上列各罪之犯罪中止减免处罚的规定，旨在鼓励行为人中止违法行为，我国应借鉴之，在我们的拟定稿中增加了此款。

按照德国刑法规定，我国犯罪中止减免处罚条款应表述如下：犯危险作业、重大责任之罪，行为人因已意放弃继续实施其犯行或另行排除危险者，减轻其刑；因已意放弃继续实施其犯行或另行排除危险，或于重大损害发生前出于已意排除危险，减轻或免除其刑；于显著损害发生前而已意排除危险，免除其刑；危险之排除虽非行为人之行为所致，如行为人因已意且真挚尽力

排除危险者，亦得减免刑罚事由。

第315条（妨害水陆空交通安全罪）

1.以下列方式，妨碍铁路、缆车、船舶或航空交通，因而致生他人之身体、生命或贵重物品之危险者，处六个月以上十年以下有期徒刑：

（1）毁坏、损害或移除交通设施或运输工具，

（2）设置障碍物，

（3）提供错误标识或讯号，

（4）其他相类之危险侵害行为。

2.未遂犯罚之。

3.犯第1项规定之罪，而有下列情形之一者，处五年以上有期徒刑：

（1）出于下列意图而犯之者：

a.引起意外事故，

b.便利或隐匿其他犯罪行为，或

c.因而致生他人严重的健康损害或多数人健康损害者。

（2）因而致生他人严重的健康损害或多数人健康损害者

4.犯第1项之罪，情节轻微者，处三个月以上五年以下有期徒刑；犯第3项之罪，情节轻微者，处六个月以上五年以下有期徒刑。

5.犯第1项之罪而因过失致生危险者，处五年以下有期徒刑或罚金。

6.过失犯第1项之罪且出于过失致生该项之危险者，处二年以下有期徒刑或罚金。

评：

妨碍铁路、缆车、船舶或航空交通安全罪，危险犯、结果犯，故意犯、过失犯，一般主体。我国法律中无此罪。本条把故意犯但过失致生危险行为与过失犯且过失致生危险行为进行区分，分别量刑，也值得我国借鉴。

按照德国刑法规定，我国将来的妨害铁路、缆车、船舶或航空交通安全罪条款应表述如下：毁坏、损害或移除交通设施或运输工具或者设置障碍物、提供错误标识或讯号及其他相类危险侵害行为，妨碍铁路、缆车、船舶或航空交通，致生他人之身体、生命或贵重物品之危险的，处六月以上十年以下有期徒刑。未遂犯罚之。

犯第一款罪，引起意外事故或便利、隐匿其他犯罪行为及致生他人严重的健康损害或多数人健康损害的，处五年以上有期徒刑；情节轻微者，处六个月以上五年以下有期徒刑。

犯第一款罪，因过失致生危险者，处五年以下有期徒刑或罚金。过失犯第一款罪，且出于过失致生危险者，处二年以下有期徒刑或罚金。

第315a条（水陆空交通危险罪）

1. 有下列情形之一者，处五年以下有期徒刑或罚金：

（1）因服用酒类饮料或其他麻醉药剂，或因精神上或生理上之缺陷，而不能安全驾驶，仍驾驶轨道车辆、缆车、船舶或航空器者，或

（2）前列交通工具之驾驶或其他为其安全负责之人，因严重违背义务之行为而触犯保障轨道车辆、缆车、船舶或航空器交通安全法规，因而致生他人之身体、生命或贵重物品之危险者，

2. 第1项第1款之未遂犯罚之。

3. 有下列情形之一者，处二年以下有期徒刑或罚金：

（1）犯第1项而因过失致生该款之危险者，或

（2）过失犯第1项之罪且因过失致生该项之危险者。

评：

本条是危险驾驶轨道车辆、缆车、船舶或航空器罪，包括故意危险驾驶犯、过失危险驾驶犯，还有一种区分是故意危险驾驶但过失致生危险、过失危险驾驶且过失致生危险，各种情况规定的量刑幅度有所不同，值得我国立法借鉴。本条是很好的专项危险驾驶罪立法条款。注意，德国法危险驾驶罪是把道路交通驾驶与轨道车辆、缆车、船舶或航空器驾驶分开规定的，与我国不同，原因不知。

按照德国刑法规定，我国危险驾驶轨道车辆、缆车、船舶或航空器罪条款应表述如下：因服用酒类饮料或其他麻醉药剂，或因精神上或生理上之缺陷而不能安全驾驶，仍驾驶轨道车辆、缆车、船舶或航空器者，或者驾驶人、其他为其安全负责之人因严重违背义务之行为而触犯保障交通安全法规，因而致生他人之身体、生命或贵重物品之危险者，处五年以下有期徒刑或罚金。未遂犯罚之。

犯前款罪，因过失致生危险，或过失犯前款罪且因过失致生危险的，处二年以下有期徒刑或罚金。

第315b条（危害道路安全罪）

1. 行为人因下列行为之一妨害道路交通安全，因而致生他人之身体、生命或贵重物品之危险者，处五年以下有期徒刑或罚金：

（1）毁坏、损害或移除交通设施或运输，

（2）设置障碍物，

（3）实行类似而同样危险之侵害行为。

2.未遂犯罚之。

3.行为人具第315条第3项之要件而犯之者，处一年以上十年以下有期徒刑；情节轻微者，处六月以上五年以下有期徒刑。

4.犯第1项之罪，而因过失致生该项之危险者，处三年以下有期徒刑或罚金。

5.过失犯第1项之罪，且因过失致生该项之危险者，处二年以下有期徒刑或罚金。

评：

危害道路安全罪，与妨碍铁路、缆车、船舶或航空交通安全罪分条规定。危险犯、结果犯，故意犯、过失犯，一般主体。我国无此罪。

按照德国刑法规定，我国危害道路安全罪条款应表述如下：

第××条（道路危险驾驶罪）毁坏、损害或移除交通设施或运输或设置障碍物及其他实行类似而同样危险之侵害行为，妨害道路交通安全，因而致生他人之身体、生命或贵重物品之危险者，处五年以下有期徒刑或罚金。未遂犯罚之。引起意外事故或便利、隐匿其他犯罪行为，或致生他人严重的健康损害或多数人健康损害者，处五年以上有期徒刑。

第××条（道路违章驾驶罪）犯第1项之罪，而因过失致生该项之危险者，处三年以下有期徒刑或罚金。过失犯第1项之罪，且因过失致生该项之危险者，处二年以下有期徒刑或罚金。

第315c条（道路交通危险罪）

1.行为人于道路交通中，具下列情形之一，并因而致生他人之身体、生命或贵重物品之危险者，处五年以下有期徒刑或罚金：

（1）因下列原因而不能安全驾驶交通工具而仍驾驶者：

a.因服用酒类饮料或其他麻醉药品，或

b.因精神上或生理上之缺陷。

（2）严重违反交通规则且鲁莽地为下列行为之一：

a.未遵守先行权规则，

b.不当超车或于超车道不当行驶，

c.于人行穿越道不当行驶，

d.于视线有盲点处、交叉路口、道路合并处或平交道行驶过速，

e. 于视线有盲点处未靠右侧车道停车，

f. 在高速公路或快速道路回转、逆向行驶或着手于前项二行为，或

g. 对违规停止或故障不能行驶之车辆，未于确保交通安全所必要之足够距离处予以警示者。

2. 第 1 项第 1 款之未遂犯罚之。

3. 有下列情形之一者，处二年以下有期徒刑或罚金：

（1）因过失致生第 1 项之危险者，或

（2）过失犯第 1 项之罪且因过失致生该项之危险者。

评：

本条是道路危险驾驶罪、道路违章驾驶罪条款，危险犯。我国有前罪，无后罪，应补上。

按照德国刑法规定，我国道路危险驾驶罪、道路违章驾驶罪条款应表述如下：行为人于道路交通中，因服用酒类饮料或其他麻醉药品，或因精神上或生理上之缺陷，而不能安全驾驶交通工具而仍驾驶，并因而致生他人之身体、生命或贵重物品之危险者，处五年以下有期徒刑或罚金。未遂犯罚之。

严重违反交通规则且鲁莽地为下列行为之一，因而致生他人之身体、生命或贵重物品之危险者，处五年以下有期徒刑或罚金：未遵守先行权规则，不当超车或于超车道不当行驶，于人行穿越道不当行驶，于视线有盲点处、交叉路口、道路合并处或平交道行驶过速，于视线有盲点处未靠右侧车道停车，在高速公路或快速道路回转、逆向行驶或着手于前项二行为，或对违规停止或故障不能行驶之车辆，未于确保交通安全所必要之足够距离处予以警示者。

因过失致生第一款之危险者，或过失犯第一款之罪且因过失致生该项之危险者，处二年以下有期徒刑或罚金。

第 316 条（醉态驾驶）

（1）因服用酒类饮料或其他麻醉药品，致不能安全驾驶，仍驾驶交通工具参与交通活动者，若其行为不在第 315a 条或第 315c 条处罚之列，处一年以下有期徒刑或罚金。

（2）行为人因过失而犯第 1 项之罪者，亦同。

评：

本条醉态驾驶罪适用于前列海陆空交通之外的驾驶，我国危险驾驶罪适用范围应扩大。但本条刑罚幅度较低。

按照德国刑法规定，我国将来的醉态驾驶罪条款应表述如下：因服用酒类饮

料或其他麻醉药品，致不能安全驾驶，仍驾驶交通工具参与交通活动者，若其行为不在海陆空危险驾驶罪处罚之列，处一年以下有期徒刑或罚金。过失犯，亦同。

第 319 条（违反建筑成规罪）

（1）于建造或拆除建物之规划、指挥或施工中违反一般公认之技术规则，因而致生他人之身体、生命之危险者，处五年以下有期徒刑或罚金。

（2）规划、指挥或实施于在建物中安装技术设备或变更此类已安装之设备之建筑计划，执行职务或个人业务者，违反一般公认之技术规则，因而致生他人之身体、生命之危险者，亦同。

（3）因过失致生前述危险者，处三年以下有期徒刑或罚金。

（4）过失为第 1 项与第 2 项之行为且因过失致生该危险者，处二年以下有期徒刑或罚金。

评：

本条是违反建筑成规罪，应叫建筑危险作业罪。危险作业就是执行职务或个人业务违反一般公认之技术规则，因而致生他人之身体、生命之危险。这里危险作业分故意危险作业、过失危险作业。故意危险作业致生危险性质严重，过失危险作业致生危险性质较轻。前者处罚高，后者处罚低。故意危险作业致生危险情形处五年以下有期徒刑或罚金，过失危险作业致生危险情形处二年以下有期徒刑或罚金。

按照德国刑法规定，我国建筑危险作业罪条款应表述如下：建造或拆除建物之规划、指挥或施工，或者规划、指挥或实施于在建物中安装技术设备或变更此类已安装之设备之建筑计划，执行职务或个人业务违反一般公认之技术规则，因而致生他人之身体、生命之危险者，处五年以下有期徒刑或罚金。故意违章作业但过失致生前述危险者，处三年以下有期徒刑或罚金。

过失违章作业与过失致生该危险者，处二年以下有期徒刑或罚金。

第 323c 条（不为救助罪）

于意外事故或公共之危险或危难发生时，如行为人之施予救助系属必要且依其所处情状系可期待，特别是施予救助不至于对行为人发生显著之危险与违背其他重大义务时之可能时，但行为人却未予以救助者，处一年以下有期徒刑或罚金。

评：

德国刑法规定见死不救是犯罪，一般主体。我国安全生产法设定了人人都有支持、配合救援的义务，但刑法没有给予支持。

按照德国刑法规定，我国将来的不救助罪条款应表述如下：意外事故或公共之危险或危难发生时，如行为人之施予救助系属必要且依其所处情状系可期待，特别是施予救助不至于对行为人发生显著之危险与违背其他重大义务时之可能时，但行为人却未予以救助者，处一年以下有期徒刑或罚金。

第二十九章　危害环境之犯罪

第 327 条（不法营运设备罪）

1.未经必要之许可或违反可执行之禁令，而有下列情形之一者，处五年以下有期徒刑或罚金：

（1）营运核能设施、占有已开始或停止营运之核能设施、拆除全部或一部重大变更其设施或营运者，或

（2）变更营运核燃料的设施，或将其位置予以重大变更者。

2.欠缺依法取得之必要许可或计划确定或违反依法发布之可执行的禁令而为下列之营运者，处三年以下有期徒刑或罚金。欠缺必要许可或计划确定或违反依法发布之可执行的禁令而在其他欧盟国家营运存放、使用危险物质或混合物的设施，或营运执行危险活动之设施，足以损害设施外之他人生命身体，或对动物或植物、水域、空气或土地的重大损害，亦同。

（1）需经许可的或其他依联邦公害防治法之规定的设施，因避免危险而禁止营运，

（2）需经许可的管道传输依环境影响评估法规定之危害水体的物质，

（3）以资源回收利用法规定之废弃物处理设施。

（4）依水资源法第 60 条第 3 项规定之污水处理设施。

3.因过失犯第 1 项之罪者，处三年以下有期徒刑或罚金。因过失犯第 2 项者，处二年以下有期徒刑或罚金。

评：

这里是环境危害罪，但也同时是安全犯罪。本条是属于未经许可而生产的非法生产罪。我国没有把应该取得许可生产证而未取得许可即生产的行为规定为犯罪。

按照德国刑法规定，我国将来的非法营运设备罪条款应表述如下：未经必要之许可或违反可执行之禁令，营运核能设施、占有已开始或停止营运之核能设施、拆除全部或一部重大变更其设施或营运者，或变更营运核燃料的设施，或将其位置予以重大变更者，处五年以下有期徒刑或罚金。

欠缺依法取得之必要许可或计划确定或违反依法发布之可执行的禁令，

而营运存放、使用危险物质或混合物的设施，或营运执行危险活动之设施，足以损害设施外之他人生命身体，或对动物或植物、水域、空气或土地的重大损害的，处三年以下有期徒刑或罚金。

需经必要许可、计划或禁令而营运的情形包括：（1）需经许可的或其他依联邦公害防治法之规定的设施，因避免危险而禁止营运；（2）需经许可的管道传输依环境影响评估法规定之危害水体的物质；（3）以资源回收利用法规定之废弃物处理设施；（4）依水资源法规定之污水处理设施。

因过失犯第一款之罪者，处三年以下有期徒刑或罚金。因过失犯第二款者，处二年以下有期徒刑或罚金。

第328条（未经允许处理核燃料、其他危险物质与物品罪）

……

（3）违反行政法上义务而为以下行为，足以危害他人健康，动物或植物、水域、空气或土地或他人之物之重大价值者，处五年以下有期徒刑或罚金。

a．营运设施，特别是工厂设施或技术设备、放射性物质，或储存、加工、处理或其他利用依欧洲议会及欧盟委员会于2008年12月16日关于物质与混合物之分级、标示与包装，变更与废止欧洲共同体规定的危险物质与混合物。

b．运输、寄送、包装或拆除危险货物，装运或卸运，收受或转交他人。

（4）未遂犯罚之。

（5）因过失犯之者，处三年以下有期徒刑或罚金。

评：

本条是未经允许处理核燃料、其他危险物质与物品罪，也属于非法生产罪。

按照德国刑法规定，我国将来的未经允许处理核燃料、其他危险物质与物品罪条款应表述如下：违反行政法规规定，营运设施（特别是工厂设施或技术设备）、放射性物质，或储存、加工、处理或利用其他危险物质与混合物，或者运输、寄送、包装或拆除、装运或卸运、收受或转交他人危险货物，足以危害他人健康，动物或植物、水域、空气或土地或他人之物之重大价值者，处五年以下有期徒刑或罚金。未遂犯罚之。

因过失犯之者，处三年以下有期徒刑或罚金。

第330a条（逸漏有毒物质致重大危险罪）

（1）散布或逸漏含毒或产生毒性之物质，致他人之死亡或重伤之危险，或不特定多数人之健康危险者，处一年以上十年以下有期徒刑。

（2）犯第1项之罪而致他人死亡者，处三年以下有期徒刑。

（3）犯第1项之罪，其情节重大者，处六个月以上五年以下有期徒刑。犯第2项之罪而情节较重者，处一年以上十年以下有期徒刑。

（4）因过失引起第1项规定之危险者，处五年以下有期徒刑或罚金。

（5）因重大过失犯第1项之罪或过失引起危险者，处三年以下有期徒刑或罚金。

评：

本条是对有毒物质进行刑事管理的条款，叫溢漏有毒物质致重大危险罪，危险犯、结果犯。其危险犯在我国可以归入重点或特殊危险作业罪。

按照德国刑法规定，我国将来的溢漏有毒物质致重大危险罪条款应表述如下：扩散或溢漏含毒或产生毒性之物质，致他人之死亡或重伤之危险，或不特定多数人之健康危险者，处一年以上十年以下有期徒刑；致他人死亡者，处三年以下有期徒刑；情节重大者，处六个月以上五年以下有期徒刑。致他人死亡而情节较重者，处一年以上十年以下有期徒刑。

因过失引起第一款规定之危险者，处五年以下有期徒刑或罚金；因重大过失犯第一款之罪或过失引起危险者，处三年以下有期徒刑或罚金。

第330c条（没收）

犯第326条，第327条第1项或第2项，第328条，第329条第1项、第2项或第3项（此项亦联结至第5项），或第4项（此项亦联结至第6项），得对下列之物宣告没收：

（1）因犯罪行为人所产生之物或供犯罪或预备犯罪所用或所特定之物，及

（2）与犯罪行为相关之物。第74a条适用之。

评：

我们往往忽视重大责任事故罪中没收所得、物品问题，本条给我们启示。

按照德国刑法规定，我国将来有关重大责任事故罪、危险作业罪中没收规定的条款应表述如下：犯重大责任事故罪、危险作业罪等，应当对因犯罪行为人所产生之物或供犯罪或预备犯罪所用或所特定之物与犯罪行为相关之物宣告没收。

八、法国刑法

文本选定《法国刑法典》。

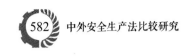

总评：

法国刑法特点是罪名较多，处刑没有幅度，有关安全的危险犯罪规定也比较全面。第三章置人于危险罪第一节对他人造成危险罪第223-1条规定"明显蓄意违反法律或条例强制规定的审慎或安全之特别义务，直接致使他人面临死亡或足以致人肢体残缺或永久残疾之紧迫危险的，处1年监禁并科15000欧元罚金。"就是业务伤害危险罪，主体是企业人员，危险犯，等同于我们的危险作业罪，极具借鉴价值。此外，法国规定了业务过失致人轻伤害罪，类似于我国重大责任事故罪中应该具有的较轻情节，但我国通常不追究过失轻伤害的刑事责任，司法量刑标准和实际工作存在问题，不利于管制业务违章作业行为。

第二编　侵犯人身罪第一章伤害人之生命罪第二节非故意伤害生命罪

第221-6条　依照第121-3条规定之条件及区别之情形，因笨拙失误、轻率不慎、缺乏注意、怠慢疏忽，或未履行法律或条例强制规定的审慎或安全义务，而导致他人死亡之行为，构成非故意杀人罪，处3年监禁并科45000欧元罚金。

明显蓄意违反法律或条例强制规定的审慎或安全义务的，当处刑罚加重至5年监禁并科75000欧元罚金。

评：

本条是非故意杀人罪，一般主体（不分企业内外人员），只要是过失导致他人死亡就按照此罪处理。但第二款规定了对具有法定审慎或安全义务的人（即业务人员或企业人员）明显蓄意违反法定审慎或安全义务而导致他人死亡的，按照非故意杀人罪加重处罚，这又是特殊主体，其实是对业务人员（企业等人员）有更高的要求，可以把本罪叫业务人员非故意杀人罪（法条竞合、择一适用）。第二款业务人员非故意杀人罪在我国是重大责任事故罪，但我国没有把重大责任事故罪看作比一般过失致人死亡罪更为严重的罪。法理上讲，业务人员应该比非业务人员（一般社会人员）具有更高的审慎或安全义务，我国可以借鉴法国做法。注意，本条表述的内容表明，违反安全义务是故意（蓄意），导致死亡则是过失。

按照法国刑法规定，我国过失致人死亡罪、重大责任事故罪条款应表述如下：因笨拙失误、轻率不慎、缺乏注意、怠慢疏忽，或未履行法定审慎或安全义务，而导致他人死亡之行为，构成非故意杀人罪，处三年有期徒刑并处罚金。（过失致人死亡罪）明显蓄意违反法定审慎或安全义务的，处五年有

期徒刑并处罚金。（重大责任事故罪）

第221-6-1条　如第221-6条规定之笨拙失误、轻率不慎、缺乏注意、怠慢疏忽，或未履行法律或条例强制规定的审慎或安全义务系陆地机动车辆驾驶员所为，非故意杀人罪处5年监禁并科75000欧元罚金。

具有如下情节时，当处刑罚加重至7年监禁并科100000欧元罚金：

1.陆地机动车辆驾驶员明显蓄意违反法律或条例强制规定的审慎或安全之特别义务；（此后各项略）

具有本条第1项及其后各项规定的两个或以上情节的非故意杀人行为，刑罚加重至10年监禁并科150000欧元罚金。

评：

道路机动车过失驾驶致人死亡罪，在我国是道路交通肇事罪。值得关注的是明显蓄意违章加重处罚幅度，多个情节的加重处罚幅度，我国刑法没有此规定。但我国交通肇事罪适用范围不限于道路。

第二章　伤害人之身体或精神罪第二节非故意伤害人之身体罪

第222-19条　依照第121-3条规定之条件及区别之情形，因笨拙失误、轻率不慎、缺乏注意、怠慢疏忽，或未履行法律或条例强制规定的审慎或安全义务，而导致他人完全丧失劳动能力超过3个月的，处2年监禁并科30000欧元罚金。

若明显蓄意违反法律或条例强制规定的审慎或安全之特别义务，法定刑加重至3年监禁并科45000欧元罚金。

如陆地机动车辆驾驶员实施第一项伤害行为，导致他人完全丧失劳动能力低于或等于3个月的，处3年监禁并科45000欧元罚金。

评：

本条3项罪名：过失致人伤害罪，一般主体；业务过失伤害罪，主体应是业务人员；道路机动车过失驾驶致人伤害罪，主体是驾驶员。业务过失伤害罪在我国应是责任事故罪，但我国实际中通常不追究过失伤害人的刑事责任，应该注意。

第222-20-1条　明显蓄意违反法律或条例强制规定的审慎或安全之特别义务，导致他人完全丧失劳动能力低于或等于3个月的，处1年监禁并科15000欧元罚金。

评：

业务过失致人轻伤害罪，即我国责任事故罪的较轻情节。但我国通常不

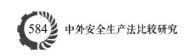

追究过失轻伤害的刑事责任，司法量刑标准和实际工作存在问题，不利于管制业务违章作业行为。

按照法国刑法规定，我国业务过失致人轻伤害罪条款应表述如下：明显蓄意违反法定审慎或安全特别义务，导致他人完全丧失劳动能力低于或等于三个月的，处一年有期徒刑并处罚金。

第三章　置人于危险罪

第一节　对他人造成危险罪

第 223-1 条　明显蓄意违反法律或条例强制规定的审慎或安全之特别义务，直接致使他人面临死亡或足以致人肢体残缺或永久残废之紧迫危险的，处 1 年监禁并科 15000 欧元罚金。

评：

业务伤害危险罪，主体是企业人员，危险犯，等同于我们的危险作业罪，极具借鉴价值。

按照法国刑法规定，我国业务伤害危险罪条款应表述如下：明显蓄意违反法定的审慎或安全之特别义务，直接致使他人面临死亡或足以致人肢体残缺或永久残废之紧迫危险的，处一年有期徒刑并处罚金。

第 223-2 条　按照第 121-2 条规定之条件，被宣布对于第 223-1 条规定之罪承担刑事责任的法人，除依据第 131-38 条之限制性规定当处的罚金外，还处第 131-39 条第 2 项、第 3 项、第 8 项及第 9 项规定之刑罚。

第 131-39 条第 2 项规定之禁止事项针对的是在从事该活动之中或之时实施了犯罪的那种活动。

评：

本条规定企业法人对责任事故罪、伤害危险罪承担罚金、民事权利禁止事项刑事责任。我国应采取什么态度，是双罚还是单罚？我们建议单罚，即只罚责任人，不罚企业，原因是安监部门对企业重大事故隐患有行政处罚权。

按照法国刑法规定，我国企业法人对伤害危险罪承担刑事责任条款应表述如下：被宣布对伤害危险罪承担刑事责任的企业法人，处罚金并处民事权利禁止事项。

第二节　抛弃不能自我保护的人罪

第 223-3 条　在任何地点、抛弃因年龄、身体状况或精神状况而不能自我保护之人的，处 5 年监禁并科 75000 欧元罚金。

第 223-4 条　抛弃他人致人肢体残缺或永久残疾的，处 15 年有期徒刑。

抛弃他人致人死亡的，处 20 年有期徒刑。

评：

抛弃不能自我保护人罪，法国刑法对犯罪主体没做特殊限定。我国没有规定此罪。此条对我国设定救援职责人员不履行救援的刑事责任有借鉴意义。

按照法国刑法规定，我国抛弃被救援人员罪条款应表述如下：负有救援职责的人员在任何地点、抛弃因危急、状况而不能自我保护之人的，处五年有期徒刑并处罚金；抛弃他人致人肢体残缺或永久残疾的，处十五年有期徒刑；抛弃他人致人死亡的，处二十年有期徒刑。

第三节　阻挠采取救助措施及疏于救助罪

第 223-5 条　故意阻挠为使面临紧迫危险之人脱险或者为抵御危及人们安全之灾难而给予之救助的行为，处 7 年监禁并科 100000 欧元罚金。

评：

阻挠救助罪，一般主体，我国缺少此罪，应补充。此类情况在我国似乎没有发现。

按照法国刑法规定，我国阻挠救助罪条款应表述如下：故意阻挠为使面临紧迫危险之人脱险或者为抵御危及人们安全之灾难而给予救助的，处七年有期徒刑并处罚金。

第 223-6 条　任何人能立即采取行动阻止侵犯他人人身之重罪或轻罪发生，且该行动对本人或第三人并无危险时，故意放弃采取该行动的，处 5 年监禁并科 75000 欧元罚金。

任何人对陷于危险境地的他人能够采取个人行动，或者能够唤起救助行动，且对本人或第三人并无危险时，而故意放弃给予救助的，处相同刑罚。

评：

不阻止侵犯罪、放弃救助罪，前者是一般主体，就是见死不救罪，后者主体是职责人员放弃救助。我国无此罪，应补充。职责人员放弃救助罪与抛弃被救援人员罪应当结合一起规定。

按照法国刑法规定，我国不阻止侵犯罪、放弃救助罪条款应表述如下：任何人能立即采取行动阻止侵犯他人人身之重罪或轻罪发生，且该行动对本人或第三人并无危险时，故意放弃采取该行动的，处五年有期徒刑并处罚金。

任何人对陷于危险境地的他人能够采取个人行动，或者能够唤起救助行动，且对本人或第三人并无危险时，而故意放弃给予救助的，处相同刑罚。

第 223-7 条　任何人故意不采取或者故意不促使采取能够抵御危及人们

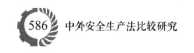

安全之灾难的措施，且该措施对本人或第三人均无危险的，处 2 年监禁并科 30000 欧元罚金。

评：

不帮助抵御灾难罪，我国无此罪，应补充，尤其对职责人员立法有借鉴意义。

按照法国刑法规定，我国不帮助抵御灾难罪条款应表述如下：任何人故意不采取或者故意不促使采取能够抵御危及人们安全之灾难的措施，且该措施对本人或第三人均无危险的，处二年有期徒刑并处罚金。

第二编 其他侵犯财产罪

第二节 对人具有危险的毁坏、破坏、损坏财产罪

第 322-5 条 由于不履行法律或条例强制规定的审慎或安全义务，引起爆炸或火灾，在非故意的情况下致使属于他人财产受到毁坏、破坏或损坏的，处一年监禁并科 15000 欧元罚金。

在明显蓄意不履行法律或条例规定的特别审慎或安全义务情况下，法定刑加重至 2 年监禁并科 30000 欧元罚金。

评：

过失损害他人财产罪，一般主体，不专门针对企业，我国无此罪。我国企业安全立法应结合法国过失损害财产罪，对责任事故罪予以补充。但法国过失损害财产罪指向对象是他人财产。企业财产对于作业人员来说，算不算是他人财产，有待讨论。

按照法国刑法规定，我国过失损害他人财产罪条款应表述如下：不履行法定审慎或安全义务，引起爆炸或火灾，过失致使他人财产受到毁坏、破坏或损坏的，处一年有期徒刑并处罚金。明显蓄意不履行法定的特别审慎或安全义务的，处二年有期徒刑并处罚金。

第 322-6 条 由爆炸性物质、火灾或其他能对人造成危险的任何手段导致属于他人的财产受到毁坏、破坏或损坏的，处 10 年监禁并科 150000 欧元罚金。

在他人的树林、森林、荒野、丛林、种植园或人工林造成火灾，且火灾的发生能造成人员身体伤害或者对环境造成不可逆转之损害的，刑罚加重至 15 年徒刑并科 150000 欧元罚金。

评：

法国注重保护私人财产，本条及前条都是旨在保护他人财产，一般主体，

故意犯、过失犯。

按照法国刑法规定，我国危害他人财产罪条款应表述如下：由爆炸性物质、火灾或其他手段导致他人财产受到毁坏、破坏或损坏的，处十年有期徒刑并处罚金。

在他人的树林、森林、荒野、丛林、种植园或人工林造成火灾，且火灾的发生能造成人员身体伤害或者对环境造成不可逆转之损害的，处十五年有期徒刑并处罚金。

第六卷　违警罪

第二编　侵犯人身之违警罪

第二章　侵犯人身之第二级违警罪

第一节　非故意伤害人之身体且未致他人完全丧失劳动能力罪

第 R622-1 条　在第 R625-3 条规定情形之外，因笨拙失误、轻率不慎、缺乏注意、怠慢疏忽，或未履行法律或条例强制规定的安全或审慎义务，伤害他人身体但未导致他人完全丧失劳动能力的行为，依照第 121-3 条规定之条件及区别之情况，处第二级违警罪之罚金。

第五章　侵犯人身之第五级违警罪

第二节　非故意伤害人之身体罪

第 R625-2 条　除第 222-20 条及第 222-20-1 条所指情况外，因笨拙失误、轻率不慎、缺乏注意、怠慢疏忽，或未履行法律或条例强制规定的审慎或安全义务，导致他人在 3 个月或者 3 个月以内完全丧失劳动能力的，依照第 121-3 条规定之条件及区别之情况，处第五级违警罪之罚金。

第 R625-3 条　明显蓄意违反法律或条例强制规定的安全或审慎义务，伤害他人身体而未致他人完全丧失劳动能力的，处第五级违警罪之罚金。

第 R625-4 条犯第 R625-2 条和第 R625-3 条规定之罪者，除这些条款本身规定的罚金刑之外，可处下列附加刑：

1. 暂扣驾驶执照，最长期限为 3 年，但可以仅限于暂扣职业活动之驾驶的车辆的执照；

2. 禁止持有或携带需经许可的武器，最长期限为 3 年；

3. 没收被判刑人所有或其自由支配的一件或数件武器；

4. 收回打猎执照，并且禁止申请颁发新执照，最长期限为三年；

5. 没收用于实施犯罪之物；

6. 20~120 小时的公益劳动。

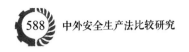

评：

第 R625-2 条、第 R625-3 条、第 R625-4 条规定过失伤害他人身体违警罪。违警罪类同于我国的治安处罚、行政部门罚款，在我国属于行政处罚。法国违警罪要由治安法院定罪，我国是由各行政部门在职权范围内自己处罚。

第四编　危害民族、国家或公共安宁之违警罪

第四章　危害民族、国家或公共安宁之第四级违警罪第二级妨碍公共道路自由通行罪

第 R644 — 2 条　在公共道路放置或遗留不必要的任何材料或物品，导致妨碍或降低公共道路通行自由与安全性的，处第四级违警罪之罚金。

犯本条规定之违警罪者，亦处没收用于或旨在用于实施犯罪之物或犯罪产物之附加刑。

评：

本条是公共道路通行自由与安全罪，仍是违警罪，一般主体。我国无此罪，应补充。

按照法国刑法规定，我国妨碍公共道路通行自由与安全罪条款应表述如下：在公共道路放置或遗留不必要的任何材料或物品，导致妨碍或降低公共道路通行自由与安全性的，处罚金并处没收犯罪物。

参考文献 *

一、著作

［1］关怀. 劳动法［M］. 2版. 北京：中国人民大学出版社，2001.

［2］遇华仁，等. 煤矿安全生产法律法规教程［M］. 徐州：中国矿业大学（徐州）出版社，2001.

［3］阚珂. 中华人民共和国安全生产法释义［M］. 北京：法律出版社，2014.

［4］陆愈实. 安全生产法解读［M］. 北京：中国工人出版社，2002.

［5］卞耀武. 中华人民共和国安全生产法释义［M］. 北京：法律出版社，2002.

［6］卞耀武，等.《中华人民共和国安全生产法》读本［M］. 北京：煤炭工业出版社，2002.

［7］刘志敏，等.《中华人民共和国安全生产法》条文释解与司法适用［M］. 北京：人民法院出版社，2002.

［8］李适时. 中华人民共和国安全生产法释义［M］. 北京：中国物价出版社，2002.

［9］应松年.《中华人民共和国安全生产法》及相关配套法律法规实用手册［M］. 北京：中国方正出版社，2002.

［10］应松年.《中华人民共和国安全生产法》条文释义与理解适用——事故防范、应急救援与法律责任分担［M］. 北京：中国方正出版社，2002.

［11］张世诚. 中华人民共和国安全生产法释解［M］. 北京：中国物价出版社，2002.

［12］扈纪华. 中华人民共和国安全生产法释义与适用指南［M］. 北京：中国言实出版社，2002.

---

* 正文引述近几年的文献在此多数没有列出。

［13］《安全生产、劳动保护政策法规系列专辑》编委会. 安全生产法专辑［M］. 北京：中国劳动社会保障出版社，2002.

［14］赵云胜，吴学成. 安全生产法规初探［M］. 北京：中国地质大学出版社，2003.

［15］卢岚. 安全工程［M］. 天津：天津大学出版社，2003.

［16］赵正宏. 举案解读安全生产法规［M］. 北京：气象出版社，2003.

［17］国务院法制办农业资源环保法制司，等. 建设工程安全生产管理条例释义［M］. 北京：知识产权出版社，2004.

［18］建设工程安全生产管理条例及相关法律法规［M］. 北京：中国水利水电出版社，2004.

［19］罗云，黄毅. 中国安全生产发展战略——论安全生产保障五要素［M］. 北京：化学工业出版社，2005.

［20］罗新荣. 安全法规与监察［M］. 北京：中国矿业大学出版社，2005.

［21］周慧. 安全与发展——中国安全生产理论与实践创新［M］. 北京：北京大学出版社，2006.

［22］《安全生产监察》编写组. 安全生产监察［M］. 北京：化学工业出版社，2006.

［23］徐明，师祥洪，王来忠. 企业安全生产监督管理［M］. 北京：中国石化出版社，2006.

［24］郭国政，陆明心，等. 煤矿安全技术与管理［M］. 北京：冶金工业出版社，2006.

［25］赵耀江. 安全法学［M］. 北京：机械工业出版社，2006.

［26］王嘉振. 安全生产综合防范体系理论与实践［M］. 济南：山东大学出版社，2006.

［27］赵挺生，李小瑞，邓明. 建筑工程安全管理［M］. 北京：中国建筑工业出版社，2006.

［28］黄典剑，李传贵. 突发事件应急能力评价——以城市地铁为对象［M］. 北京：冶金工业出版社，2006.

［29］中国安全生产协会注册安全工程师工作委员会. 安全生产法及相关法律知识（2008版）［M］. 北京：中国大百科全书出版社，2008.

［30］阎平凡，张长水. 人工神经网络与模拟进化计算［M］. 北京：清华大学出版社，2000.

［31］徐丽娜. 神经网络控制［M］. 哈尔滨：哈尔滨工业大学出版社，1999.

［32］焦李成. 神经网络的应用与实现［M］. 西安：西安电子科技大学出版社，1993.

［33］张铃，张钹. 人工神经网络理论及应用［M］. 杭州：浙江科技出版社，1997.

［34］飞思科技产品研发中心. MATLAB 6.5辅助神经网络分析与设计［M］. 北京：电子

工业出版社，2003.

［35］何玉彬，李新忠. 神经网络控制技术及其应用［M］. 北京：科学出版社，2000.

［36］杰夫·泰勒，等. 职业安全与健康［M］. 樊运晓，译. 北京：化学工业出版社，2008.

二、法规汇编

［1］《国家安全生产、劳动保护法制教育丛书》编委会. 机械、电子信息、电力安全生产法规读本［M］. 北京：中国劳动社会保障出版社，2001.

［2］《国家安全生产、劳动保护法制教育丛书》编委会. 建筑施工与市政建设安全生产法规读本［M］. 北京：中国劳动社会保障出版社，2001.

［3］《国家安全生产、劳动保护法制教育丛书》编委会. 交通运输安全生产法规读本［M］. 北京：中国劳动社会保障出版社，2001.

［4］《国家安全生产、劳动保护法制教育丛书》编委会. 矿山安全生产法规读本［M］. 北京：中国劳动社会保障出版社，2001.

［5］安全生产法及其配套规定［M］. 北京：中国法制出版社，2002.

［6］姚士东. 电力安全生产法规汇编［M］. 北京：中国科学技术出版社，2002.

［7］中华人民共和国安全生产法［M］. 北京：法律出版社，2002.

［8］赵耀江，等. 非煤矿山安全生产法规与安全生产技术［M］. 北京：煤炭工业出版社，2004.

［9］建设部工程质量安全监督与行业发展司. 建设工程安全生产法律法规［M］. 北京：中国建筑工业出版社，2004.

［10］安全生产法配套规定［M］. 北京：中国法制出版社，2005.

［11］来永宝. 煤矿安全生产法律法规导读［M］. 厦门：厦门大学出版社，2005.

［12］刘宏辉. 煤矿安全生产法律法规及标准汇编［M］. 北京：煤炭工业出版社，2005.

三、学位论文

［1］郑阳. 构建和谐山西煤矿安全生产管理体制与机制的研究［D］. 太原：太原理工大学，2007.

［2］杨荣广. 地方安全生产监管立法研究［D］. 兰州：兰州大学，2007.

［3］周丽．我国企业安全生产成本统计与控制分析——以石氏企业为案例［D］．北京：对外经济贸易大学，2007.

［4］苏哲．中油炼化企业安全生产管理控制系统研究［D］．北京：对外经济贸易大学，2007.

［5］孙俊伟．建筑施工安全生产危险源辨识与控制［D］．重庆：重庆大学，2007.

［6］徐芳．我国渔业安全生产管理长效机制建设问题研究［D］．上海：华东师范大学，2007.

［7］曹天林．论区域经济发展与安全生产［D］．成都：四川大学，2007.

［8］张新峰．浙江 A 电厂安全生产管理研究［D］．昆明：昆明理工大学，2007.

［9］陈淳慧．建设工程安全生产监理的法律问题研究［D］．汕头：汕头大学，2006.

［10］石薇．羊场湾煤矿安全生产多业务监测系统平台的设计与实现［D］．西安：西安科技大学，2006.

［11］孙肖．基于 SOA 的航空安全生产辅助系统的研究与实现［D］．成都：四川大学，2006.

［12］陈黎．我国煤矿安全生产的法律思考［D］．北京：中国地质大学（北京），2006.

［13］于亮．石油石化企业对外贸易中的安全生产体系建设探讨［D］．青岛：中国海洋大学，2006.

［14］余国华．矿山安全生产监管对策研究——以昆明市东川区为例［D］．杭州：浙江大学，2006.

［15］郑同超．牛肉安全生产加工全过程质量跟踪与追溯信息管理系统研发［D］．咸阳：西北农林科技大学，2006.

［16］寻新宇．铁路局工务安全生产管理辅助决策系统研究［D］．北京：北京交通大学，2007.

［17］王小凡．企业安全生产综合测评关键技术研究［D］．北京：中国地质大学（北京），2007.

［18］胡道成．社会责任视角下煤炭企业安全生产保障体系研究［D］．合肥：安徽大学，2006.

［19］张守健．工程建设安全生产行为研究［D］．上海：同济大学，2006.

［20］王祥尧．非煤矿山安全生产保障管理体系的研究［D］．西安：西安建筑科技大学，2006.

［21］张莹．安全生产监管博弈分析［D］．济南：山东大学，2007.

［22］杨昆．淮北集团安全生产应急预案研究［D］．合肥：合肥工业大学，2007.

［23］李瑞千．提高我国政府安全生产监管水平的现实思考——以长春市为个案［D］．长春：吉林大学，2007.

［24］李玉伟．企业安全生产事故隐患管理体系构建研究［D］．哈尔滨：哈尔滨工程大学，2007.

［25］李智彪．面向领域工程的安全生产监管软件的研究与应用［D］．南昌：江西师范大学，2007.

［26］胡东涛．宝钢分公司安全生产成本分析与优化［D］．武汉：武汉理工大学，2007.

［27］于欢．我国煤矿安全生产政策分析［D］．长春：东北师范大学，2007.

［28］杨晴晴．灰色系统理论在安太堡露天煤矿安全生产中的应用［D］．太原：中北大学，2007.

［29］许昕．齿轮箱故障诊断在安全生产中的应用［D］．太原：中北大学，2007.

［30］王婷．我国煤矿安全生产法律问题研究［D］．长沙：湖南大学，2007.

［31］廖永晖．贵州煤矿企业安全生产保障机制的探讨——以盘江媒电（集团）公司为例［D］．贵阳：贵州大学，2007.

［32］夏新．比较视野下的我国安全生产政府管制研究［D］．开封：河南大学，2007.

［33］姚鑫．我国煤矿安全生产管理的困惑与对策研究［D］．长沙：湖南师范大学，2007.

［34］黄国耀．重庆市建设工程施工项目安全生产管理研究［D］．重庆：重庆大学，2007.

［35］车轫．重庆市工程建设企业安全生产现状及对策研究［D］．重庆：重庆大学，2007.

［36］孙爽．我国煤矿安全生产法律制度研究［D］．哈尔滨：东北林业大学，2007.

［37］武增臣．镁合金安全生产技术及切屑安定化处理设备研究［D］．重庆：重庆大学，2005.

［38］柳长森．国有建筑施工企业专职安全生产管理队伍建设途径［D］．北京：对外经济贸易大学，2005.

四、普通论文

［1］About occupational health and safety regulation in Australia， National Research Centre for Occupational Health and Safety Regulation， Australia，http：//www.OHS.anu.edu.au/OHS/2008/0802.

［2］黄子惠，等．法定身体检查与职业卫生调查报告［R］.2002：25.

［3］David Walters. Workplace Arrangements for OHS in the 21st Century，Working Paper from National Research Centre for Occupational Health and Safety Regulation， Australia ，2003.

［4］D.O.Hebb.The Organization of Behavior.Wiley，New York，1949.

［5］A.Wiedand & R. Leighten.Geometric Analysis of Neural Network Capacity，Proc. IEEE First ICN ，1987（1）：385-392.

［6］G. Cybenko.Approximation by Superpositions of A Sigmoidal Function［J］．Math. Contr. Signal Sys.，1989，2（4）：303-314.

［7］K.I. Funahashi. On The Approximate Realization of Continuous Mapping by Neural Networks，1989.（2）：183-192.

［8］K.Hornik. Approximation Capabilities of Multilayer Feed forward Network［J］．Neural Networks，1991，4（2）：251-257.

［9］W.S. McCulloch，W.Pitts. A Logical Calculus of the Ideas Immanent in Nervous Activity［J］．Bulletin of Mathematical Biophysics，1943，5（4）：115-133.

［10］王小拾，王立春．德国企业劳动保护简介［OL］．中国安全文化网，2003.

［11］佚名．德国矿山安全卫生概况［OL］．中国安全文化网，2003.

［12］詹瑜璞．论煤矿生产安全事故技术鉴定、责任认定和赔偿机制［J］．法律适用，2008（12）.

［13］詹瑜璞．按管理权与监察权分离的原则完善我国安全生产监管体制——关于安全生产实施与完善问题的考察报告之一［M］//第一届全国安全科学理论研讨会论文集．北京：中国商务出版社，2007：90-100.

［14］傅贵，等．美、英、澳职业安全健康业绩指标及对我国借鉴的研究［J］．中国安全科学学报，2010，20（7）：103-109.

［15］周建新，任智刚，刘功智，等．我国生产安全事故伤亡比率分析［J］．中国安全生产科学技术，2008，4（2）：22-25.

［16］彭成．世界主要国家职业安全事故统计指标与安全状况比较［J］．中国煤炭，2003（8）：49-51.

［17］陈荣昌，刘敏燕，樊鸿涛，等．英国职业卫生法规、监管及统计体系［J］．中国安全科学学报，2007，17（4）：100-104.

五、互联网资源

1. 职业安全健康网：Occupational Health and Safety Resources Net.

2. 美国联邦职业安全与健康管理局：http：//www.osha.gov.

3. 美国联邦安全与健康复审委员会：http：//www.oshrc.gov.

4. 美国联邦矿业安全与健康管理局：http：//www.msha.gov.

5. 美国联邦矿业安全与健康复审委员会：http：//www.fmshrc.gov.

6. 美国国家交通运输安全委员会：http：//www.ntsb.gov.

7. 美国国家环保局：http：//www.epa.gov.

8. 美国能源部国家核军工管理局：http：//nnsa.energy.gov.

9. 新西兰职业健康安全网（Occupational Safety and Health Service of the Department of Labour）.

10. 芬兰职业安全健康资源网（Occupational Safety and Health Web）.

六、各国主要职业安全卫生机构名录

1. 国际性组织（International Organizations）

国际劳工组织〔International Labor Organization（ILO）〕；世界卫生组织〔World Health Organization〕；国际职业安全健康信息中心〔International Occupational Safety and Health Information Centre（ILO–CIS）〕；国际劳动监督协会〔International Association of Labour Inspection〕；国际职业卫生学会〔International Commission on Occupational Health（ICOH）〕；国际社会保障协会〔International Social Security Association〕；欧洲职业安全健康局〔European Agency for Safety and Health at Work〕；加拿大—欧洲工作地安全和健康联盟〔Canada and European Union Cooperation on Workplace Safety and Health〕；亚太职业安全健康组织〔Asia Pacific Occupational Safety and Health Organizations（APOSHO）〕

2. 美国（United States of America）

美国职业安全健康局〔Occupational Safety & Health Administration（OSHA）〕；美国职业安全健康复审委员会〔Occupational Safety and Health Review Commission（OSHRC）〕；美国国家安全委员会〔National Safety Council（NSC）〕；美国矿山安全健康局〔Mine Safety and Health Administration（MSHA）〕；美国联邦职业安全健康项目〔Federal Employee Occupational Safety and Health（FEOSH）Program〕；美国环境健康科学院〔National Institute of Environmental Health Sciences（NIEHS）〕；美国西部农业健康安全中心〔Western Center for Agricultural Health and Safety〕；美国国家环保局〔USA Environmental Protection

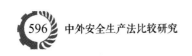

Agency〕；美国职业安全健康研究所〔National Institute for Occupational Safety and Health （NIOSH）〕；美国国家消防协会〔National Fire Protection Association，USA〕

3．英国（United Kindom）

英国健康安全执行局〔Health and Safety Executive（HSE），UK〕；英国健康安全委员会〔Health and Safety Commission（HSC），UK〕；英国职业安全健康学院〔Institution of Occupational Safety and Health（IOSH）〕；英国皇家事故预防学会〔Royal Society for the Prevention of Accidents，UK〕

4．澳大利亚（Australia）

澳大利亚职业安全健康委员会〔National Occupational Health and Safety Commission （NOSHC）〕；澳大利亚安全委员会〔National Safety Council of Australia〕

5．德国（Germany）

德国劳工部；德国联邦职业安全健康学院〔Federal Institute for Occupational Safety and Health，（FIOSH）〕

6．日本（Japan）

日本工业安全健康协会〔Japan Industrial Safety and Health Association〕；日本国际职业安全健康中心〔Japan International Center for Occupational Safety and Health（JICOSH）〕；日本工业健康学院〔National Institute of Industrial Health，Japan〕；日本煤炭能源中心〔Japan Coal Energy Center（JCOAL）〕

7．加拿大（Canada）

加拿大职业安全健康网〔Canada's National Occupational Health and Safety Web Site〕；加拿大工业事故预防协会〔Industrial Accident Prevention Association（IAPA）〕；加拿大职业安全健康中心〔Canadian Centre for Occupational Health and Safety（CCOHS）〕；加拿大安大略建筑安全协会〔Construction Safety Association of Ontario，Canada〕；加拿大职业安全杂志〔Canadian Occupational Safety（COS）magazine〕

8．其他国家（Others）

印度劳工部职业安全健康处〔The Indiana Occupational Safety and Health Division （IOSHA）〕；韩国职业安全健康局〔Korea Occupational Safety and Health Agency（KOSHA）〕；新加坡工业安全部〔The Department of Industrial Safety，Singapore〕；爱尔兰健康和安全署 〔Health and Safety Authority Ireland〕；南非职业安全健康学会〔Association of Societies for Occupational Safety and Health（ASOSH）〕；马来西亚职业安全健康学院〔National Institute of Occupational Safety And Health〕；菲律宾职业安全健康中心〔Occupational Safety and Health Center〕；埃及职业安全健康研究所〔National Institute of Occupational Safety & Health〕

后 记

把中国的安全生产法、职业病防治法与相关的国际公约、典型国家的职业健康安全法进行比较研究是我国安全生产法制建设事业不可缺少的部分和环节。2007 年 6 月，原国家安全生产监督管理总局决定开展安全生产法律制度实施与完善项目研究以来，我们就把中外比较研究作为其中一部分进行不间断的研究。各级政府部门工作人员和各类企业、事业单位人员也对外国的先进制度和经验做法有所考察和研究。

2011 年 1 月，为配合《中华人民共和国安全生产法》修订工作，我们开始系统而详细地进行了中外安全生产法条款比较研究，形成本书第一至第十二章基本稿。2017 年，为配合《中华人民共和国刑法》修订工作，我们开展《生产安全事故前违章行为入刑研究》，对我国港澳台地区法规及外国刑法进行了研究，并拟定了危险作业罪条款稿，形成本书第十三章。

在研究过程中，我们广泛收集和翻译了有关资料，主要是各有关国家法律英文本。其来源是国际劳工组织网站、各有关国家安全生产主管部门的官方网站、国外学术研究中心的网站、国外学术期刊数据库、国内学术期刊与图书资料，以及我们在国外进行安全生产法学习、考察时获取的资料。

本书是一本系统介绍和比较研究外国安全生产法的资料。其中有些成果已被 2014 年《安全生产法》修订组在法律修订时采纳，本书稿当时也连同《安全生产法修订稿》报送国务院法制办、全国人大。2017 年又有了一个新增的安全生产法部分修订稿。因此，它发挥了较大的辅助和支持作用。它帮助我们了解国外安全生产法的现状和先进的安全生产法律制度，有利于检查我国安全生产法的不足和改进我国的相关法律制度。它还是社会各界学习和继

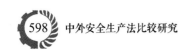

续深入研究外国安全生产法的资料。

　　本书是詹瑜璞、詹士杰父子二人合作完成。詹士杰在国外学习、生活八年，对收集、整理、翻译、研究各国安全生产法或职业安全健康法外文资料作出较大贡献。本书还吸收了中国矿业大学汤道路副教授的一些资料，在此表示感谢。

　　本书研究有些地方比较详细，有些地方比较粗陋，用力不匀。我们对一些粗陋之处并不满意，希望各位同人多提意见、多批评。

詹瑜璞　詹士杰

2019 年 5 月 5 日